HISTORIA

DE LA IMPRENTA

HISTOIRE

DE

L'IMPRIMERIE.

PARIS, IMPRIMERIE PAUL DUPONT,
RUE DE GRENELLE-SAINT-HONORÉ, 45.

HISTOIRE

DE

L'IMPRIMERIE

PAR

PAUL DUPONT

CHEVALIER DE LA LÉGION D'HONNEUR ET DE L'ORDRE DU MÉRITE DE DANEMARK,
DÉPUTÉ AU CORPS LÉGISLATIF.

TOME SECOND.

PARIS
CHEZ TOUS LES LIBRAIRES.

MDCCCLIV.

HISTOIRE DE L'IMPRIMERIE

CHAPITRE IX.

DE LA PROFESSION D'IMPRIMEUR.

SOMMAIRE.

I. Causes de la prospérité de l'imprimerie à sa naissance. — II. Mérite des premiers imprimeurs. — III. Imprimeurs illustres : les Alde. — IV. Les Estienne. — V. Les Elsevier. — VI. Les Didot. — VII. Bodoni, Panckoucke, Crapelet, Renouard. — VIII. Imprimeurs hommes de lettres. — IX. Situation actuelle de l'imprimerie.

I. L'éclat extraordinaire dont l'imprimerie a brillé tout d'abord est dû à la fois aux circonstances au milieu desquelles elle se produisit et au rare mérite des premiers imprimeurs. La cause en était encore dans les habitudes modestes et probes des imprimeurs et des libraires, et dans les relations élevées qu'ils avaient les uns et les autres. Il en était d'eux comme des orateurs dont parle Quintilien, lesquels étaient éloquents parce qu'ils étaient honnêtes. C'est aussi de leur honnêteté que les imprimeurs tiraient une grande partie de leur considération.

La France, dont le sol venait d'être affranchi de l'étranger, était merveilleusement préparée à recevoir cette belle découverte; la soumission des grands vassaux avait fait écrouler en partie le régime féodal; la bourgeoisie apparaissait, prête à réclamer ses droits; de toute part on éprouvait le besoin d'améliorations sociales, le désir d'apprendre et de connaître.

L'Italie, plus avancée, nous offrait un admirable exemple. En échange de l'accueil qu'elle avait fait aux Grecs fugitifs, elle recevait leur science et leurs précieux manuscrits. Dès 1469, les premières presses établies à Venise multipliaient les classiques grecs et latins, revus et annotés par ces savants réfugiés (1).

Tous les princes (2) de cette terre privilégiée, au moment où elle préludait ainsi à l'œuvre de la renaissance, appelaient à eux les gens de lettres, créaient des académies, des chaires de littérature, et coopéraient eux-mêmes aux impressions de livres (3).

Rome et ses papes (4), placés à la tête de cette noble croisade, qui avait pour but de ressusciter tous les grands génies de l'antiquité au moyen de la *découverte divine*, instituaient des colléges, des chaires et jusqu'à des imprimeries au Vatican, assignant aux imprimeurs des traitements considérables (5)

---

(1) Démétrius Chalcondyle, Démétrius de Crète; Zacharie Calliergi, Théodore Gaza, Michel Marulle, Jean Lascaris, etc.

(2) Les rois de Naples, les ducs de Ferrare, de Milan, de Florence.

(3) Pic de la Mirandole, collaborateur d'Ange Politien, son ami.

(4) Paul II, Sixte IV, Léon X.

(5) Cinq cents écus d'or, réduits à trois cents par la volonté et le désintéressement de l'imprimeur Paul Manuce.

et leur donnant des priviléges pour les encourager dans leurs entreprises (1).

La France, de son côté, marchait rapidement sur les traces de l'Italie. Il suffit de parcourir la collection des règlements qui concernent l'imprimerie pour juger de la haute estime et de la protection efficace dont elle fut l'objet, pendant les premiers siècles, de la part de tous les rois qui se sont succédé.

Cette impulsion si vive et si puissante donnée à l'imprimerie était dignement secondée par les hommes appelés à en diriger les premiers établissements. Qui disait alors imprimeur entendait par là un homme instruit, un érudit même, toujours consciencieux et honorable, n'ayant qu'une passion, celle de la science; qu'un désir, celui d'une noble illustration; qu'une crainte, celle de se voir surpasser en talents et en gloire.

De tous les pays les savants venaient à eux, apportant le tribut de leurs études et de leur érudition. Ils étaient leurs amis, leurs auxiliaires, vivaient sous le même toit et ne formaient pour ainsi dire avec eux qu'une seule famille.

L'immensité de la tâche que les imprimeurs avaient à remplir doublait leur ardeur et leur courage, et c'est à cette passion pour leur art, non moins qu'à l'intervention de ces savants qui leur faisaient en quelque sorte cortége, qu'on doit les rapides développements de l'imprimerie et la perfection qui s'y fit remarquer dès l'origine. Non-seulement les difficultés inséparables d'un art encore dans l'enfance furent surmontées, mais les ouvrages qu'on publiait, et qui étaient un sujet d'admiration pour tous les hommes lettrés,

---

(1) On prétend que, dans certaines villes d'Italie, on avait institué un professeur de typographie.

étaient, en effet, pour la plupart, des chefs-d'œuvre de soin et de correction.

Lorsque l'imprimerie parut, rien ou presque rien n'avait été fait dans l'intérêt des lettres. Des manuscrits en foule demeuraient inconnus, oubliés au fond des monastères, des bibliothèques, ou de quelques manoirs en ruine. Le peu de copies qu'on avait d'un auteur grec ou latin étaient souvent incomplètes, toujours remplies de fautes. La disette de livres élémentaires était telle, que les enfants auxquels on voulait donner une éducation lettrée étaient obligés d'étudier dans des livres indigestes, obscurs, pleins d'erreurs et d'absurdités. On ignorait donc absolument le monde antique, tant à cause des difficultés qu'on rencontrait pour y pénétrer, qu'à cause de l'idée qu'on se faisait de l'inutilité d'une pareille étude. Aussi, à part quelques rares esprits plus avancés, plus curieux, le plus grand nombre ne voyait pas quel intérêt il pouvait y avoir à se donner la peine de rétablir le sens d'un poëte, d'un historien, quand il était certain qu'un copiste maladroit, quoique payé fort cher, dénaturerait encore le texte sur lequel on avait pâli, et dont chaque mot avait coûté les plus pénibles efforts.

Mais, dès que la typographie fut inventée, dès qu'on fut assuré que le fruit de longs travaux serait dorénavant à l'abri de toute corruption, une incroyable émulation s'empara des esprits. Toutes les gloires antiques furent interrogées, pesées, rétablies et préservées, à l'avenir, des souillures de l'ignorance ou de ses attouchements profanes. Ce fut alors comme une croisade d'érudits courant à la conquête d'une autre terre sainte depuis trop longtemps ravagée par d'autres barbares. Chacun livra son combat particulier à la rouille et à la poussière des temps; chacun remporta sa victoire et enleva sa part de butin, qu'il venait aussitôt consacrer en quelque sorte aux autels de la typographie. Or, pour de pareilles batailles, il ne fallait pas de vulgaires, de médiocres champions. Ce n'étaient pas des écoliers qui pouvaient lutter corps à corps avec les géants de l'antiquité littéraire, vrais Protées qui échappaient aux étreintes à la faveur des mille formes diverses qu'ils avaient revêtues en traversant les siècles; l'honneur de les dompter, de les fixer enfin, ne devait appartenir qu'à des Alde, des Robert et des Henri Estienne.

Les premiers imprimeurs, et ce fut là leur plus grande gloire, s'attachèrent avec un soin pieux à la restauration des textes que les erreurs des copistes ou les altérations quelquefois intéressées des possesseurs de manuscrits avaient rendus presque méconnaissables. Ainsi furent reproduits par eux, avec autant de discernement dans le choix des livres que de soins dans leur exécution, ces œuvres remarquables de l'antiquité, qui exercèrent une influence si puissante sur les progrès des sciences et de la littérature. Fidèles à ces traditions, leurs successeurs apportaient à la correction une attention scrupuleuse; ils revoyaient eux-mêmes chaque épreuve, et regardaient leur honneur comme engagé à ce qu'il ne s'y glissât aucune faute.

II. Au reste, cette tâche était devenue plus facile à remplir; car l'imprimerie, dès le xvie siècle, était représentée par des hommes ayant pris leurs grades dans les universités, savants dans plusieurs langues, professeurs fameux, remarquables enfin à divers titres, soit par leurs propres ouvrages (1), soit

---

(1) Née de la Rochelle, dans sa *Notice des libraires et imprimeurs auteurs*, en comptait, jusqu'en l'année 1779, plus de trois cents qui avaient écrit quelques œuvres littéraires ou scientifiques, et le nombre s'en est beaucoup accru depuis cette époque.

par les progrès que chaque jour ils faisaient faire à leur art.

Gilles Gourmont, en 1507, publie, pour la première fois, avec de nouveaux types, d'excellents livres grecs, dont lui-même avait revu les textes. En 1516, Vascosan, dont les éditions se font remarquer par la beauté du papier et des caractères, substitue un des premiers les lettres latines aux caractères gothiques. Philippe Pigouchet, imprimeur d'un rare mérite, fait paraître des livres d'Heures gothiques, ornés de charmantes bordures en arabesques et de petites figures. Antoine Vitré dote la France de la Bible Polyglotte de Le Jay (10 vol. in-8°), qui lui demande dix-sept ans de travaux (1) et des sacrifices immenses, et témoigne à la fois de son énergie, de sa volonté ferme et de l'amour qu'il portait à son art. Coignard (2) (Jean-Baptiste), troisième du nom, dont la famille était une des plus renommées dans l'imprimerie et dans la librairie par la publication de nombreux ouvrages de piété, fonde un prix d'éloquence latine en faveur des maîtres ès arts qui ont fourni tant de sujets distingués à l'imprimerie ; et, le 23 août 1747, douze membres de la librairie et de l'imprimerie assistent à la cérémonie où ce prix est décerné.

Montaigne, dans ses *Essais*, constate le haut mérite de Turnèbe, imprimeur du roi et professeur de grec au collége royal. Il « estoit, dit-il, l'ame la plus polie du monde. Je l'ay
« souvent à mon escient iecté sur propos esloignez de son
« usage. Il y voyoit si clair, d'une appréhension si prompte,

---

(1) 1628 à 1645.

(2) « Le sieur Coignard, qui s'est illustré par sa fondation d'un prix en faveur des étudiants de l'université, a laissé dans son coffre-fort quarante sacs de mille louis d'or, ce qui fait une somme de 960,000 francs. » (*Mémoires secrets pour servir à l'histoire de la république des lettres en France*, tome IV, page 150, Londres, 1777.)

« d'un jugement si sain, qu'il sembloit qu'il n'eust iamais
« faict aultre mestier que la guerre et affaire d'estat (1). Il
« peut s'enorgueillir des illustres amitiés de l'Hospital, de
« Henry de Mesmes, de Christophe de Thou, etc. »

Etienne Dolet, l'un des plus habiles grammairiens du xvie siècle, est auteur de plusieurs traductions et poésies latines. Geoffroy Tory, de Bourges, libraire à Paris, publie, en 1512, son livre du *Champ-fleury*, ouvrage didactique sur le dessin, la gravure et la taille des poinçons.

Thiboust (Claude-Louis), imprimeur de l'université, fait paraître, en 1699, un poëme latin intitulé *Typographiæ excellentia*. Prosper Hérissant, apprenti chez son père, imprimeur du cabinet du roi, compose, en 1764, à peine âgé de dix-neuf ans, un poëme latin sur l'imprimerie, et, la même année, Fournier jeune, son *Manuel typographique* (2), ouvrage non moins utile aux hommes de lettres qu'aux imprimeurs.

Leur mérite était si généralement reconnu (3) que les honneurs et les distinctions civiles venaient les trouver, presque malgré eux, au milieu de leurs travaux.

Antoine Vitré, syndic de la communauté, imprimeur ordi-

---

(1) *Essais*, livre 1er, chapitre 24.

(2) Les deux premiers volumes seuls ont été publiés. — Dans sa dédicace à Louis XV, il constate ainsi la prééminence de l'imprimerie : « Lorsque
« Votre Majesté connaîtra par elle-même notre art, elle conviendra qu'il n'en
« est pas de plus noble, ni qui puisse être exercé avec plus de distinction
« dans son royaume. »

(3) Lottin, dans sa dédicace du *Catalogue des libraires et des imprimeurs* de Paris, adressée aux recteur et membres de l'université, s'exprime ainsi : « Vous offrir, Monseigneur et Messieurs, le catalogue des libraires
« et imprimeurs de la capitale, c'est présenter à l'université les noms d'une
« partie de ses enfants. »

naire du roi pour les langues orientales, était consul et directeur de l'hôpital général. Jean Mariette, auteur du *Traité des pierres antiques gravées du cabinet du roi*, qui a laissé un nom célèbre dans la science, et qui exerça l'imprimerie depuis 1722 jusqu'en 1750, était secrétaire du roi, contrôleur général en la grande chancellerie de France et membre honoraire de l'académie de Florence. Abraham Fabert, père du célèbre maréchal de France, qui a publié à Metz, en 1610, plusieurs ouvrages remarquables, fut réélu quatre fois échevin de la ville et reçut le cordon de Saint-Michel. Les plus grands peintres, Philippe de Champaigne, Van Dyck, Rigaud, Van Loo, Cochin et autres faisaient leurs portraits, qui étaient gravés par les premiers maîtres de l'époque : Rousselet, Morin, Pailly, Thomassin, etc. Ces portraits figurent encore aujourd'hui dans les grandes collections publiques et particulières. De leur côté, les savants, les historiens, les littérateurs écrivaient leurs éloges, soit dans leurs propres ouvrages, soit dans les écrits périodiques à la publication desquels ils présidaient.

Les familles les plus honorables et revêtues de grandes charges et de dignités avaient formé des alliances avec des imprimeurs ou des libraires. Philibert Orry, contrôleur général des finances sous Louis XV, et Louis Orry de Fulvy, intendant des finances, descendaient de Marc Orry, imprimeur-libraire en 1588. Tous deux avaient conservé dans leurs armoiries la marque typographique de leur auteur, laquelle était un lion rampant avec la devise : *Ad astra per aspera virtus*. Jean-François Henault, président au parlement, surintendant des finances de la reine, auteur de l'*Abrégé chronologique de l'histoire de France*, était arrière-petit-fils de Mathurin Henault, imprimeur-libraire de 1618 à 1633. Le père du président était fermier général, et son grand-père, Jean Henault, avait été reçu libraire le 15 mai 1659. Madame Le Mercier, qui exerçait l'imprimerie et la librairie à Paris, en 1786, eut pour gendre le comte de Missimy, procureur général au parlement de Dombes, et pour petit-gendre le comte de Romanet. La dernière descendante en ligne directe de Robert Estienne avait épousé, en 1758, le marquis d'Escagnel (Charles-Louis de Liancourt).

Quelques-uns périrent victimes d'un amour passionné pour leur art. Néobar, en 1540, meurt épuisé de fatigue. En 1768, Fournier, l'auteur du *Manuel typographique*, succombe aussi à l'excès du travail.

Au reste, naître et mourir imprimeur, telle était alors la loi commune. Sébastien Nivelle, surnommé dans son épitaphe *la perle des libraires* de France, exerça sa profession cinquante-trois ans. Sébastien Cramoisy, premier directeur de l'imprimerie royale, et ensuite échevin et juge consul, mourut en 1669, après une carrière typographique de soixante-sept ans. Le célèbre Antoine Vitré fut soixante-quatre ans imprimeur.

Faut-il s'étonner, en présence de ces laborieuses carrières, que des bibliographes se soient empressés de recueillir les indications de toutes sortes sur la vie et les travaux des imprimeurs, et d'en faire l'objet de traités, d'ouvrages spéciaux?

La Caille, en 1689, conçoit la pensée de publier et de classer par règne, depuis Louis XI jusqu'à Louis XIV, toutes les œuvres remarquables de l'imprimerie.

Plus tard, Lottin imprime des tables généalogiques de tous les imprimeurs et libraires qui avaient exercé de 1470 à 1789. Le nombre s'en élevait à plus de quatre mille, et voici en quels termes Lottin justifie l'utilité de son livre.

« Ce catalogue aura de quoi satisfaire toutes les familles de la librairie et imprimerie de Paris, qui aimeront à y trouver la suite de leurs aïeux et les différentes branches de leurs généalogies.

« Il offrira le même agrément à plusieurs autres familles du royaume qui ont pris leur origine dans la librairie et imprimerie de la capitale. Qu'on me permette de dire, pour exciter de plus en plus l'émulation de notre état, que s'il est des noms destinés à ne périr jamais, ce sont ceux des libraires et des imprimeurs. Quelques-uns ont acquis ce droit par leur propre mérite, comme nos Estienne, nos Morel, nos Turnèbe; quelques autres, par leur belle exécution typographique, tels que nos Vascosan, nos Léonard, nos Guérin, nos Coignard; ceux-là par l'importance de leurs entreprises : par exemple, lorsqu'ils ont formé des compagnies pour des éditions des pères grecs, latins, de livres de jurisprudence, de liturgie, et autres grands corps d'ouvrages... Chacun de nous doit donc veiller à transmettre fidèlement *aux derniers âges* les caractères distinctifs de son existence qui se trouve si intimement liée à l'histoire de la littérature nationale. »

Ce n'était pas seulement en France, mais dans beaucoup d'autres pays de l'Europe, que se formaient de grands imprimeurs, dont la seule pensée, pendant leur vie, était de publier au moins une édition remarquable, et cette pensée leur survivait au delà du tombeau, dans la personne de leurs héritiers.

Il faut s'incliner avec respect au nom de cet imprimeur de Bâle, Jean Amerbach, maître ès arts de l'université de Paris, et qui imprima, pour la première fois, les *Pères de l'Église*. Persuadé qu'on ne pourrait obtenir une bonne édition de saint Jérôme que si on était très-versé dans le grec et l'hébreu, il dirigea l'éducation de ses trois fils dans ce but, et leur fit étudier et apprendre ces langues. Près de mourir, et n'ayant pu, à cause du travail immense qu'exigeait l'impression de ce livre, l'exécuter lui-même, il fit promettre à ses fils de mener à fin cette grande et difficile entreprise. Les fils le jurèrent et tinrent parole, et « c'est par eux que fut accompli, avec non moins de sollicitude que de bonne foi, ce qu'avait voulu leur excellent père (1). » Ainsi parle Erasme, qui travailla à cette belle édition, et qui avoue avec franchise que le secours de ces trois frères lui a été fort utile, en ce qui concerne l'hébreu. Il loue le père d'avoir pris un si grand soin de ses enfants, et les enfants de s'être rendus si habiles dans les trois langues, et d'avoir si heureusement rempli les intentions de leur père, en publiant un livre qui lui avait coûté tant de peine et d'argent.

III. Parmi le grand nombre d'hommes illustres qui ont honoré la profession d'imprimeur, quelques noms méritent d'être distingués de tous les autres, car ils personnifient, en quelque sorte, toutes les gloires de l'imprimerie.

La vie si honorable des Alde ne fut liée à aucun des grands événements politiques de leur époque; réformateurs paisibles, ils n'aspiraient qu'à ramener le goût de la belle et saine littérature. La découverte qu'ils firent d'une foule de chefs-d'œuvre, la propagation des bons livres et des bonnes méthodes, habituèrent à de meilleures lectures, étendirent et rectifièrent les idées, et contribuèrent puissamment au progrès intellectuel. Les Alde s'appliquèrent, en outre, à rendre l'acquisition des livres moins dispendieuse, en les reproduisant sous des formats plus petits et plus commodes.

ALDE MANUCE (*Aldo Manuzio*), surnommé l'*ancien*, naquit, en 1449, à Bassiano, dans les États Romains. Il fit ses études

---

(1) *Per quos, non minore studio quam fide, peractum est quod optimus pater voluit.*

latines à Rome, puis alla suivre, à Ferrare, les leçons du célèbre professeur de grec Guarini. En 1482, à l'approche de l'armée vénitienne, Alde se retira à la Mirandole, chez l'illustre Jean Pic, avec qui il se rendit ensuite à Carpi, auprès du prince Alberto Pio. C'est là, probablement, que fut conçu le projet de la belle imprimerie dont le chef prit le surnom de Pio, du nom du prince de Carpi, Alberto Pio, qui l'autorisa à le porter, par reconnaissance de l'éducation littéraire qu'il en avait reçue.

Au moment où il s'établit à Venise, en 1489, et quoiqu'il eût fait d'excellentes études littéraires, Alde n'avait aucune connaissance de l'imprimerie; mais cette difficulté ne l'arrêta point. Il savait que les livres manquaient à ceux qui voulaient apprendre; que, dans ces temps, si voisins de l'origine de l'imprimerie, il n'existait que des éditions fautives, et que la plupart des manuscrits non encore publiés n'étaient pas moins défectueux; il résolut donc de se faire imprimeur, afin de retirer les anciens écrivains du chaos où huit siècles de barbarie les avaient plongés, et d'en multiplier les œuvres par l'impression. Les études, les travaux de toute sa vie tendirent constamment vers ce noble but, et il eut le bonheur de l'atteindre, grâce à sa vaste érudition, à son énergie et à une force de volonté qui ne se démentit jamais.

Les premiers livres qu'il imprima portent la date de 1494 (1). C'est le dernier jour de février de cette année qu'il fit paraître la grammaire de Lascaris, suivie de quelques traités in-4°, avec cette souscription : *Impressum summo studio, literis et impensis Aldi Manucii Romani*. Le caractère qui y est

---

(1) Plusieurs bibliographes regardent cependant comme antérieure l'édition du poëme de Musée, grec et latin, sans date.

employé comme essai ne reparut plus dans son imprimerie. Dans deux préfaces, Alde nous apprend que c'est sur des instances réitérées, et pour venir en aide aux études de la jeunesse, qu'il se décide à publier cet ouvrage dans des temps aussi malheureux, où la guerre, qui envahit toute l'Italie, menace le monde d'une commotion générale. « Mais j'ai fait vœu, « dit-il, de consumer ma vie à l'utilité publique ; et Dieu « m'est témoin que tel est mon plus ardent désir. A une vie « paisible j'ai préféré une vie laborieuse et agitée : l'homme « n'est pas né pour des plaisirs indignes d'une âme géné- « reuse, mais pour des travaux honorables. Laissons aux vils « troupeaux une telle existence. Caton nous l'a dit, la vie de « l'homme est comparable au fer : faites-en un emploi cons- « tant, il brille ; si vous n'en usez point, il se rouille. »

Le premier volume de la première édition grecque d'Aristote parut en 1495. Les nombreux traités d'Aristote, alors tous inédits, et dont les manuscrits étaient presque illisibles et défigurés par les erreurs des copistes, furent revisés par Alde avec soin, avant l'impression : travail immense, et qu'il dut renouveler pour toutes ses autres éditions grecques.

Dans la préface, Alde annonce qu'il a été secondé dans ces grands travaux par plusieurs savants, et particulièrement par Alexandre Boudinus, dont une préface en grec vient à la suite de celle d'Alde.

Alde avait pris à tâche de reproduire tous les chefs-d'œuvre de la littérature grecque, comme les premiers imprimeurs de Rome s'étaient chargés de reproduire les chefs-d'œuvre de la langue latine.

Il donna, dans cette même année, *Théocrite* et *Hésiode*, en un seul volume in-folio. Le caractère grec de ces deux ouvrages présente de la régularité et une netteté qu'on ne trouvait point dans les essais d'impressions grecques faits dans d'autres villes d'Italie.

« C'est une rude tâche, disait Alde dans une de ses préfaces, « que d'imprimer correctement les livres latins, et plus dure « encore les livres grecs, et rien n'est plus pénible que d'ap- « porter tous les soins qu'ils exigent dans des temps aussi « durs, où les *armes* (1) sont bien plus maniées que les *livres*. « Depuis que je me suis imposé ce devoir, voici sept ans que « je puis affirmer, sous la foi du serment, de n'avoir pas joui, « pendant tant d'années, même une heure, d'un paisible « repos. »

Son établissement comptait à peine trois années d'existence, et déjà il avait publié plus de quarante volumes de classiques, parmi lesquels *Théocrite*, *Aristophane*, la *Grammaire grecque* de Constantin Lascaris, la belle édition d'*Aristote*, etc.

Entendait-il parler de quelque manuscrit, il ne pensait plus qu'à se le procurer, et dépenses, voyages, sollicitations, rien ne lui coûtait pour y parvenir. D'ailleurs, il faut le constater à l'éloge de ce temps, Alde Manuce était déjà si honorablement connu, et sa réputation si étendue, que chacun s'empressait d'aller au devant de ses désirs, et de favoriser ses vues, en lui envoyant soit en don, soit à prix d'argent, de nombreux manuscrits. Il en recevait des pays les plus éloignés, de la Pologne, de la Hongrie, etc. Alors commençait pour lui une tâche aussi aride que laborieuse. La plupart de ces manuscrits étaient, comme nous l'avons dit, presque toujours remplis de fautes, mutilés ou à peu près illisibles. Il fallait jeter de la lumière et de l'ordre dans ce chaos, et, n'y ayant nulle publication antérieure qui pût l'aider ou le diriger,

---

(1) Charles VIII venait d'envahir l'Italie.

c'est en lui seul, et dans sa profonde instruction, qu'Alde devait trouver la solution des difficultés qui s'offraient à lui à chaque instant; c'est par son seul génie qu'il parvint à les surmonter, et à donner ces éditions, chefs-d'œuvre, pour la plupart, de pureté et d'élégance, et que nous avons pu à peine dépasser.

Alde était surtout un homme de conscience, qui connaissait toute la grandeur de ses devoirs. Jamais il ne réimprima, non plus que son fils Paul Manuce, une nouvelle édition, sans chercher à la rendre meilleure et plus utile que les précédentes (1). Les traductions étaient chaque fois retouchées, et les textes originaux rectifiés. C'était lui, le plus souvent, qui se chargeait de ce travail.

Dans la préface de la belle édition de *Platon*, publiée en 1513 par les soins réunis d'Alde et de Musurus, Alde écrit qu'il voudrait racheter d'un écu d'or toute faute qui pourrait s'y rencontrer (2).

Indépendamment de ses nombreuses éditions grecques et latines, qu'il accompagnait ordinairement de préfaces ou de dissertations, Alde a laissé plusieurs ouvrages qui justifient amplement la réputation d'érudit dont il jouit encore. Sa *Grammaire latine*, publiée en 1501, et à laquelle il joignit une introduction à la langue hébraïque, et sa *Grammaire grecque*, qui ne fut imprimée qu'en 1515, après sa mort, par les soins de Marc Musurus, son ami, témoignent des connaissances

---

(1) Aujourd'hui, on se contente trop souvent de réimprimer le titre, en y mettant 2e, 3e ou 4e édition.

(2) « Etsi opere in magno fas est obrepere somnum (non enim unius diei hic labor est noster, sed multorum annorum, atque interim nec mora nec requies), sic tamen doleo, ut, si possem, mutarem singula errata nummo aureo. »

qu'il avait acquises dans ces diversés langues. Plusieurs autres ouvrages d'Alde ne parurent aussi qu'après sa mort. Tels furent *Lucain*, l'*Éloge de la Folie* d'Érasme, *Dante*, *Lucrèce*.

Mais, comprenant qu'il ne pourrait suffire seul à la tâche qu'il s'était imposée, et trop modeste pour y persévérer à cette condition, il s'adjoignit pour collaborateurs les hommes les plus savants de son siècle, lesquels, heureux de partager des travaux qui avaient pour but de propager les lettres, répondirent avec empressement à son appel. Les uns n'avaient d'autre ambition que d'être, par là, utiles à un ami; mais d'autres recevaient des honoraires : il y en eut quelques-uns qui vécurent chez lui, et qu'il défrayait de tout généreusement.

Cette réunion de savants prit le nom d'*Aldi Neacademia*. Ils se rassemblaient dans sa maison, à des jours fixes, pour s'y occuper de questions littéraires, du choix à faire parmi les meilleurs livres qu'il fallait réimprimer, des manuscrits à consulter, des leçons qu'il était préférable de suivre. Ces discussions scientifiques entre tous ces hommes si habiles, contribuèrent encore à la perfection des éditions aldines. Loin de diminuer en rien, comme aurait pu le craindre un esprit vain et médiocre, la réputation du célèbre imprimeur, de l'homme qui avait su concevoir et exécuter un si beau plan, elles y ajoutèrent, s'il était possible, et les livres qui sortirent de ses presses n'en furent que plus recherchés.

La constitution de cette académie était rédigée en grec. Pour en assurer la durée, Alde sollicita de l'empereur Maximilien Ier son autorisation par un diplôme impérial. Cette académie était ainsi composée : Alde, président; Pierre Bembo (depuis cardinal); Daniel Rinieri, sénateur vénitien et procurateur de Saint-Marc, très-savant en grec, en latin, en hébreu;

Marino Sanudo, sénateur et historien de Venise ; Nicolas Guideco, Vénitien ; Scipion Fortiguerra, dit Carteromaco, de Pistoie, et son frère ou son parent, Michel Fortiguerra ; Valérien Bolzanio, de Bellune, religieux ; Didier Érasme, de Rotterdam ; Girolamo Avanzio, de Vérone ; les Vénitiens Benedetto Ramberti, Pierre Alcyoneo, J.-B. Egnazio, professeur d'éloquence à Venise ; J.-B. Ramusio, fils de Paolo, et auteur d'un Recueil de voyages ; Aless. Boudeno, dit Agathéméron ; Marc Musurus, de Candie, depuis archevêque de Malvoisie ; Marc-Antonio Coccio Sabellico, de Vicovaro, près de Rome ; J. Gregoropulo, de Candie ; Benedetto Tyrreno, Paul Canale, noble Vénitien ; Jean Giocondo, de Vérone ; François Rosetto, médecin de Vérone ; Girolamo Aleandro, depuis cardinal ; Girolamo Menocchio, de Lucques ; Jean de Lucca, médecin ; Giustino Decadeo, de Corfou ; Aristobulo Apostolio, de Candie ; Arsenio, depuis archevêque de Monembasie ; Thomas Linacre, anglais, grammairien et philosophe ; Gabriel Braccio, Jean Lascaris, Rhindacenus, grecs ; Démétrius Ducas, de Candie ; Angiolo Gabrielli, vénitien ; Alberto Pio, prince de Carpi ; Andrea Torresano, imprimeur, beau-père d'Alde, et les deux fils Torresani.

Chaque mois il sortait de cette académie plus de mille volumes de quelque bon auteur (1). Néanmoins, malgré les travaux et les soins que réclamaient leurs savantes éditions, Alde Manuce et ses collaborateurs trouvaient encore le loisir de cultiver eux-mêmes les lettres et de publier en nombre immense leurs propres ouvrages.

L'académie Aldine se dispersa après quelques années

---

(1) « Mille et amplius alicujus boni auctoris volumina singulo quoque mense emittimus ex academia nostra », dit-il dans sa préface de l'*Euripide*, 1503.

d'existence, les efforts de Manuce pour lui donner une organisation stable ayant été infructueux. Mais ses amitiés avec les savants n'en subsistèrent pas moins, et ses relations avec eux furent toujours actives. Il eut pour amis et correspondants Henri Estienne, premier du nom ; Arnold de Bergel, auteur d'un poëme sur l'origine de l'imprimerie; Théodore de Bèze, Joach. Camérarius, enfin les princes et les personnages les plus distingués de l'Italie. Ses collaborateurs étaient Démétrius Chalcondyle, Marc Musurus, Gir. Aleandro et Érasme, qu'il logea chez lui, mais avec lequel il eut le malheur de se brouiller vers la fin de sa carrière.

Érasme, dans une édition de ses *Adages* (1508), à l'article *Festina lente*, parle des immenses travaux littéraires et typographiques d'Alde l'ancien ; il dit à cette occasion que la gloire acquise par Ptolémée à former une bibliothèque vaste, mais circonscrite entre des murailles, n'est pas comparable à celle qui revient à Alde pour avoir fondé une bibliothèque qui n'aurait d'autres bornes que celles de l'univers.

D'après certaines indications en grec et en latin mises à la fin d'un des volumes d'*Aristote* publié en 1497, on est porté à croire que des ouvriers grecs étaient employés par Alde même pour l'assemblage et la reliure.

Dès son arrivée à Venise, Alde s'était chargé de lire et d'expliquer à une nombreuse réunion de jeunes gens les meilleurs écrivains grecs et latins anciens. Il continua pendant plusieurs années ce cours public ; mais cette occupation d'une autre espèce ne le détournait pas des soins particuliers qu'il donnait à la partie matérielle de son art. C'est ainsi qu'il dessina et fit exécuter à ses frais le caractère grec du premier volume qu'il imprima, caractère bien supérieur à ceux qu'on avait employés jusqu'alors.

En 1500, Alde mit en usage un caractère penché appelé *italique* ou *aldino*, dont il avait commandé l'exécution à Jean de Bologne, son habile graveur. C'est l'écriture de Pétrarque, dit-on, qui lui avait donné la première idée de ce caractère, qu'il dessina lui-même. Sur le titre même du petit *Virgile* in-8° où ce caractère parut pour la première fois, Alde plaça ces vers, qui rappellent les talents et le nom du graveur :

IN GRAMMATOGLYPTÆ LAUDEM.

Qui Graiis dedit Aldus, en Latinis
Dat nunc grammata scalpta dædaleis
Francisci manibus Bononiensis.

Cet ouvrage fut le premier de ceux publiés par Alde dans le format in-8°, lesquels, renfermant presque autant de matière que les in-4° ou les in-folio, étaient à la fois plus commodes et plus économiques (1). Ces charmants volumes, qu'on pouvait emporter avec soi à la promenade et en voyage, furent accueillis avec la plus grande faveur par les hommes studieux et les amis des lettres ; ils firent une concurrence redoutable aux in-folio. On put dès lors posséder dix ou douze volumes pour le prix d'un ouvrage de ce dernier format, incommode d'ailleurs et ne pouvant se lire que sur un pupitre.

Un privilége de dix ans fut accordé à Alde, le 13 novembre 1502, par le sénat de Venise, pour lui garantir l'emploi exclusif de ses caractères italiques ; privilége successivement renouvelé par le pape Alexandre VI, maintenu pour quinze

---

(1) Chaque volume in-8° ne coûtait alors que deux francs cinquante centimes, valeur actuelle.

ans par Jules II en 1513, et confirmé par Léon X (1).

Les guerres dont l'Italie était alors le théâtre firent éprouver à Manuce des pertes considérables et le forcèrent même à fermer ses ateliers (1505). Il lui fallut beaucoup de temps et de démarches pour recouvrer ses biens dont on l'avait dépouillé. Arrêté même à son retour d'un voyage à Milan, par une troupe de l'armée du duc de Mantoue, il fut emmené à Caneto et jeté dans une horrible prison, où il resta près d'un an. Mis en liberté sur la réclamation de ses amis, il revint à Venise plus pauvre que jamais. Mais on vint encore à son secours. Le père Sanctus, petit-fils de Marc Barbarigo, ancien doge de Venise, fut un de ceux qui l'aidèrent le plus à se relever de sa ruine et à reprendre ses travaux.

Alde Manuce, vers 1500, avait épousé la fille d'André Torregiano d'Asola, avec lequel il s'associa plus tard. André était un homme très-instruit, qui avait acheté et qui exploitait à Venise la célèbre imprimerie de Nicolas Jenson, et, comme il était riche, il lui fut aussi d'un grand secours. Cependant la ligue de plusieurs rois de l'Europe contre Venise et les désastres qui en furent la suite forcèrent Alde à suspendre de nouveau les travaux de son imprimerie pendant les années 1510 et 1511. Elle fut enfin rouverte en 1512, année de la naissance de Paul Manuce.

Alde Manuce parle ainsi de ses malheurs dans la préface qu'il adressa, en 1513, à André Navagero, noble Vénitien, poëte et orateur, qui fut longtemps ambassadeur de la république de Venise près de l'empereur Charles-Quint :

« Voici déjà quatre ans, cher Navagero, que j'ai dû sus-

---

(1) Malgré ce privilége, les livres imprimés par Alde étaient souvent contrefaits, surtout à Fano, par Soncino, et à Florence, par les Junte.

pendre mes travaux, quand j'ai vu l'Italie tout entière en proie au cruel fléau d'une guerre acharnée. Je fus forcé de quitter Venise pour tâcher d'obtenir la restitution de mes champs et jardins perdus, non par ma faute, mais par celle de ces temps désastreux. Démarches inutiles ! etc. »

On retrouve les mêmes plaintes dans la préface de l'*Alexander aphrodisiensis*, qu'il adressa la même année au prince de Carpi. Il y raconte qu'un grand travail entrepris sur les *Commentaires* et sur d'autres auteurs et médecins grecs par F.-V. Bergomas, fut brûlé ainsi que la bibliothèque si précieuse de ce savant ; puis, au sujet des guerres qui désolaient sa patrie au moment où il imprimait cet ouvrage, il dit :

> Vicinæ, ruptis inter se legibus, urbes
> Arma ferunt, sævit toto Mars impius orbe.

« Toutefois, ajoute-t-il, je ne cesserai pas de remplir mes promesses et de rouler le rocher jusqu'au sommet de la montagne. »

Les temps étaient devenus meilleurs, et Alde avait repris ses travaux typographiques avec une nouvelle ardeur, lorsque la mort vint les interrompre. Il mourut le 6 février 1515, à soixante-six ans, laissant quatre enfants en bas âge, parmi lesquels Paul, qui n'avait alors que trois ans, et qui devint presque aussi célèbre que lui. Après vingt-cinq ans de pénibles travaux et d'une vie économe et même parcimonieuse, il mourut dans un état voisin de la pauvreté.

Son corps fut porté, par ses ordres, à Carpi, chez le prince dont il avait été le précepteur ; il voulut aussi que sa veuve et ses fils allassent demeurer dans cette principauté, dont les maîtres leur firent don de quelques possessions. Alde fut enseveli dans l'église de Saint-Patrinian. On plaça des livres dans son tombeau, et son oraison funèbre fut prononcée après le service par Raphaël Regius, professeur de cette ville.

J.-B. Egnatius de Venise, dans une édition des *Divinæ institutiones* de Lactance, publiée l'année même de la mort d'Alde, fait de cet imprimeur une sorte d'éloge funèbre. Après avoir énuméré les grandes qualités qui rendent le nom d'Alde célèbre dans toute l'Europe, il ajoute que la mort de ce dernier fut occasionnée par un excès de travail de jour et de nuit.

Alde, en effet, ne prenait pas un instant de repos, et l'on a peine à croire qu'il ait pu résister si longtemps à un pareil abus de la force physique. Aussi, dans une note qu'on lit à la fin d'une de ses éditions de la Grammaire de Lascaris, il fait un douloureux tableau des exigences de sa *très-dure profession*. « Si vous en étiez témoin, dit-il au lecteur, vous auriez pitié de votre pauvre Alde ! (1) »

Les visites importunes lui suggéraient souvent aussi des plaintes fondées, et il fut obligé de mettre sur la porte de son cabinet un avis, imprimé en gros caractères, destiné à les éloigner. Cet avis était ainsi conçu :

« Qui que vous soyez, Alde vous prie avec les plus vives
« instances, si vous désirez lui demander quelque chose, de
« le faire très-brièvement, et de vous retirer aussitôt, à
« moins que vous ne veniez lui prêter l'épaule, comme Her-
« cule relayant Atlas fatigué ; car il y aura toujours de quoi
« vous occuper, vous et tous ceux qui porteront ici leurs
« pas (2). »

(1) Id quod, si videres, miseresceret te Aldi tui... O provinciam quam durissimam!... (*Constantini Lascaris Byzantini de octo partibus orationis*, édition de 1512, in-4°.)

(2) Quisquis es, rogat te Aldus etiam atque etiam : ut si quid est, quod a

Henri Estienne a composé en son honneur deux pièces de vers, l'une en grec, l'autre en latin.

Il ne faut pas oublier de rappeler de quelle nature étaient les encouragements dont les travaux d'Alde l'ancien furent l'objet, et les honneurs, les priviléges qu'on lui conféra, tant à cause de l'estime qu'on avait pour sa personne, que dans l'intérêt d'une profession, qu'en Italie surtout on se faisait gloire de favoriser.

Pic de la Mirandole, si passionné pour les lettres, fournit aux premiers frais de son imprimerie.

Alberto Pio, prince de Carpi, et l'un des hommes les plus distingués et les plus savants de son siècle, en souvenir des leçons qu'il avait reçues d'Alde, lui voua une amitié profonde, l'aida de sa fortune dans plusieurs entreprises, et enfin l'autorisa à porter son propre nom (1).

Plusieurs fois même il le sollicita de transporter son imprimerie à Novi.

Le 13 novembre 1502, le sénat de Venise lui accorda un privilége de dix ans pour l'emploi exclusif de ses caractères italiques, et fit défense à tous d'en copier les formes.

Le 17 décembre, Alexandre VI confirma ces priviléges.

Le 27 janvier 1513, Jules II les renouvela pour quinze ans, et le 28 novembre suivant, Léon X les confirma encore pour quinze ans, sous peine d'excommunication et d'amendes de 500 ducats d'or contre les contrefacteurs.

---

se velis : perpaucis agas : deinde actutum abeas : nisi tanquam Hercules, defesso Atlante : veneris suppositurus humeros. Semper enim erit : quod et tu agas : et quotquot huc attulerint pedes. (Voyez la préface du *Ciceronis libri oratorii*, 1514, in-4º.)

(1) 1505. Depuis lors, Alde signait *Aldo Pio Manuzio* ou *Aldus Pius Manutius Romanus*.

Ces concessions étaient magnifiques, quoique tout à fait contraires aux intérêts généraux de l'imprimerie ; mais Alde les fit tourner au profit des lettres, ce qui est rarement l'effet des priviléges exclusifs. Il en obtint de semblables pour la plupart de ses éditions. Du reste, le pape, dans ses priviléges, l'exhorte à vendre ses livres à un prix raisonnable et se confie à sa probité pour user loyalement des faveurs qui lui sont accordées.

Après la mort de son illustre chef, l'imprimerie aldine tomba dans les mains d'André Torregiano d'Asola, beau-père d'Alde, et qui s'était chargé de la tutelle des quatre enfants laissés par celui-ci. Secondé par ses deux fils, François et Frédéric, il acheva les travaux commencés par son gendre et publia plusieurs éditions grecques et latines, portant cette indication : *in œdibus Aldi et Andreæ Asulani soceri*.

Malgré les efforts et le mérite réel de ces trois hommes réunis, le jeune Paul Manuce eut la douleur de voir les traditions de son père abandonnées et la gloire de son nom faiblement soutenue. André d'Asola mourut en 1529, et l'imprimerie, par suite de discussions de famille, fut fermée pendant plusieurs années. Mais Paul Manuce, qui avait fait de fortes études, ne tarda pas à la rouvrir. Dès que l'âge, comme il nous l'apprend lui-même, la maladie et les ennuis domestiques lui permirent de prendre en main la gestion de l'imprimerie (1533), il se préoccupa vivement du besoin de rehausser l'éclat de la réputation paternelle et de revenir sur les traces glorieuses dont on s'était si malheureusement écarté. Lui seul gouverna dès lors l'imprimerie, mais au nom et au profit des héritiers réunis d'Alde et d'André : *in œdibus heredum Aldi et Andreæ Asulani soceri*.

En 1540, la société fut reconstituée au nom des seuls fils d'Alde : *Aldi filii*.

Non moins épris de l'étude et de la science que de son art, Paul se livra tout entier aux travaux littéraires et typographiques, et, comme presque tout était déjà fait pour la publication des livres grecs inédits, il se voua spécialement à la littérature latine. Dans ses nombreuses réimpressions, on est toujours sûr de trouver quelque amélioration, soit dans le texte, soit dans les notes ou scolies. A l'exemple de son père, jamais il ne négligea, par un excès d'amour-propre mal entendu, de s'entourer des conseils et de l'aide des savants. C'est ainsi qu'il atteignit ce haut degré de perfection qui distingue ses éditions de toutes sortes.

Après un court voyage à Rome, Paul Manuce reprit sa tâche d'éditeur et poursuivit ses études littéraires avec une assiduité telle, qu'en 1556 il écrivait à Selva que, depuis vingt ans, il n'avait point laissé passer un seul jour sans écrire quelque chose.

Si occupé qu'il fût de son imprimerie et de l'étude des lettres, il ne laissa pas de trouver encore le moment d'instruire douze jeunes gens appartenant à la noblesse, et qu'il nommait sa jeune *académie*. Mais, forcé par de nouveaux embarras de famille de quitter Venise une seconde fois, il alla visiter d'anciennes bibliothèques, notamment la bibliothèque des Franciscains à Césène, où il recueillit de précieux matériaux pour les belles éditions qu'il donna, à son retour, de *Virgile*, de *Pétrarque* et de *Cicéron*, son auteur favori. Des chaires d'éloquence lui avaient été offertes, l'une à Venise, l'autre à Padoue : il les refusa par attachement aux habitudes modestes et laborieuses de sa profession. Il refusa également et pour les mêmes motifs les offres des princes de

Ferrare, qui l'engageaient à y transporter son établissement, et celles de la ville de Bologne qui l'appelait aussi dans ses murs.

En 1561, le pape Pie IV invita Paul Manuce à venir à Rome. Depuis longtemps déjà Paul se proposait d'aller s'y fixer; ce qui l'empêchait de réaliser ce projet, c'était la création d'une *académie vénitienne* (1), pour laquelle on réclamait et à laquelle il dut donner son concours. Cette compagnie avait pour fondateur Badoaro, l'un des sénateurs les plus illustres de Venise, et eut pour chancelier Bernardo Tasso, le père du célèbre poëte, et lui-même poëte éminent. Un grand nombre d'ouvrages furent publiés sous ses auspices, et tous ont été imprimés par Paul Manuce, avec des caractères de moyenne grandeur qu'il avait fait fondre en France par Garamond. Malheureusement, cette académie ne dura pas longtemps (1556 à 1561) et ne put ainsi réaliser tout ce qu'elle avait projeté. Dès qu'elle fut dissoute, Paul, redevenu libre, abandonna provisoirement son imprimerie de Venise, que son fils continua de diriger, et partit pour Rome, où le pape Pie IV devait lui confier l'impression des *Pères de l'Église*, d'après les beaux manuscrits de la bibliothèque Palatine. Paul Manuce arriva à Rome le 7 juin 1561, et se mit immédiatement à l'œuvre.

Le saint père fit donner à Paul Manuce cinq cents ducats d'or par an, et trois cents pour ses frais de déplacement; il se chargea, en outre, de toute la dépense des impressions, sauf à s'en récupérer par la vente des livres, qu'il voulait établir au plus bas prix. Une belle et spacieuse maison fut mise à la

---

(1) On la désignait aussi sous le nom d'*Accademia della Fama*. Sa devise était une Renommée, avec ces mots : *Io volo al ciel per riposarmi in Dio*.

disposition de Paul Manuce ; on lui procura d'habiles correcteurs ; enfin, le pape fit aux cardinaux, en plein consistoire, cette recommandation : « Ayez soin que rien ne manque à Manuce et à l'imprimerie, parce que notre volonté est d'en faire un très-honorable établissement. »

Le premier soin de Paul Manuce fut de faire venir de France un assortiment de matrices ou frappes de beaux caractères. Les premiers livres qu'il imprima à Rome furent le *Saint Cyprien* (1563), la *Bible* en latin, le recueil des *Décrets du Concile de Trente*, puis un grand nombre d'autres ouvrages d'une haute importance. Ces éditions portent l'indication : *in œdibus populi romani*, ce qui fait supposer que l'imprimerie était en partie à la charge de la municipalité de Rome.

Mais à la mort de Pie IV, les magistrats *del popolo* enjoignirent à Paul Manuce de transporter son imprimerie hors des bâtiments de la ville, où elle était établie. Paul, se conformant à cette injonction, rendit, en effet, les clefs de l'imprimerie, le dimanche 6 janvier 1566. Mais le lendemain, le pape Pie V, ayant été élu, reçut durement les magistrats municipaux qui venaient le complimenter : « Retirez-vous, retirez-vous, leur dit-il, réinstallez tout de suite dans sa maison messire Paul Manuce, et puis revenez : s'il nous semble bon de vous accorder des grâces, nous vous les accorderons. »

Mais comme la volonté du pape était qu'on n'imprimât rien à Rome qui n'eût pour objet exclusif la religion, Paul Manuce était obligé de faire exécuter à Venise, chez son fils, les ouvrages qui faisaient son occupation favorite, tels que ses *Commentaires* sur les œuvres de Cicéron, sa traduction des *Philippiques de Démosthènes*, en latin ; ses quatre traités sur les *antiquités romaines*, etc.

Cependant, les tracasseries auxquelles il avait été en butte, sa faible santé, et le besoin de surveiller lui-même ses impressions de Venise, l'engagèrent à renoncer à la direction de l'imprimerie papale, confiée depuis neuf ans à ses soins.

Après un voyage à Vérone et à Milan, il retourna, en 1572, à Venise; mais il y resta peu de temps. Obligé de se rendre à Rome pour régler quelques intérêts, il y fut accueilli avec joie par ses anciens amis, et le pape Grégoire XIII, qui prenait intérêt à ses travaux, l'engagea à les poursuivre. Paul Manuce consentit donc à demeurer dans cette ville, où il mourut le 6 avril 1574. Il fut enterré dans l'église de Sainte-Marie à la Minerve.

Il avait vécu environ soixante-deux ans, dans des luttes presque continuelles contre la maladie, et livré sans relâche à ses travaux typographiques et littéraires. Il corrigeait fréquemment lui-même (1) les épreuves, tant il faut, dit-il en tête d'un de ses ouvrages, se défier de la négligence des correcteurs (*operariorum incuria*).

En un mot, il fut, comme son père, l'honneur de la typographie. Henri Estienne, pendant son séjour à Venise, s'était lié d'amitié avec lui et l'avait chargé d'imprimer sa traduction, en vers latins, de plusieurs idylles de Moschus, de Bion, de Théocrite, suivie de trois poëmes de sa composition et d'une traduction, en vers grecs, d'une élégie de Properce (2). Paul Manuce jouit pendant toute sa vie de la faveur des grands : l'empereur Maximilien II lui accorda des armes (1571). Il fut chargé pendant quelque temps de la surveillance de la bibliothèque Vaticane, ce qui le mettait en rapport avec les plus hauts personnages de la cour de Pie IV.

(1) Non, ut solet, per vicarium, sed ipsemet quotidiana cura. (*Ciceronis Epistolæ familiares*, 1546, in-8°.)

(2) *Venetiis, Aldus*, 1555.

Il compta de nombreux amis et trouva dans leur commerce plus de charme que dans les relations de sa propre famille. Ses deux frères lui donnèrent de graves sujets de mécontentement, et son fils, Alde le jeune, plus d'une fois rebelle à ses désirs et à ses volontés, ne sut pas toujours soutenir la renommée du beau nom qu'il portait. Néanmoins, il avait beaucoup d'érudition, comme l'attestent les nombreux écrits historiques, archéologiques et philologiques qu'il a laissés.

Alde le jeune était né le 13 février 1547. Dès sa plus tendre enfance, son père veilla avec le plus grand soin à son éducation. Ses dispositions précoces semblaient seconder les vœux paternels, et donnaient les plus belles espérances. Mais son caractère ardent et son inconstance rendirent sa jeunesse orageuse et l'empêchèrent de remplir sa carrière d'imprimeur aussi bien qu'on aurait dû l'attendre de lui.

Alde n'avait que dix ans lorsqu'il donna la première édition d'un recueil intitulé : *Eleganze della lingua toscana e latina, scelte da Aldo Manutio* (1556). A l'âge de quatorze ans (1561), il fit paraître son *Orthographiæ Ratio*, ouvrage où il expose un système ayant pour objet d'orthographier d'une manière régulière la langue latine.

De 1562 à 1565, il resta à Rome, où il avait été appelé par son père, qui lui fit faire une étude approfondie des monuments.

De retour à Venise (en 1565), il reprit la direction de l'imprimerie aldine et le cours de ses publications. Il épousa, en 1572, Francesca-Lucrezia, fille de Bernard Junte (*Giunta*), célèbre et habile imprimeur de Florence, possesseur d'une fortune honorable, et avec qui il forma une association avantageuse. En 1576, peu de temps après avoir fait paraître son *Commentaire sur l'Art poétique d'Horace*, accompagné d'une dissertation où il traite trente questions d'antiquités, il fut nommé professeur de belles-lettres et lecteur dans les écoles de la chancellerie, puis secrétaire du sénat de Venise. Mais son inconstance naturelle fut cause qu'il négligea tous ces avantages. En 1585, il abandonna sa patrie, son établissement, ses emplois, pour aller occuper une chaire d'éloquence à Bologne, où il était demandé. Il accepta ensuite la chaire de belles-lettres qui lui était offerte à l'université de Pise, par le grand-duc François de Médicis. Enfin, ayant été nommé par Sixte-Quint à la chaire qu'avait occupée le célèbre Muret, ami de son père, il quitta Pise et vint à Rome, où, deux ans après (1590), Clément VIII lui confia, en outre, la direction de l'imprimerie du Vatican. Il occupait ces deux emplois lorsqu'il mourut, à Rome, le 28 octobre 1597.

Comme érudit, Alde le jeune avait une réputation méritée en Italie : on le voit à la manière dont les universités s'y disputaient sa possession. Aussi est-ce peut-être à son goût pour les lettres qu'il faut attribuer la négligence qu'il mettait dans l'exécution matérielle des travaux de sa profession, et le malheur qu'il eut de rester, à cet égard, en arrière de son père et de son aïeul. Il publia d'ailleurs un grand nombre d'éditions. Celles du *Tasse* contiennent des corrections indiquées probablement par l'infortuné poëte, qu'il visita dans sa prison, à Ferrare. Mais sa publication la plus importante est le *Cicéron*, 10 volumes in-folio, 1583.

Il adopta pour marque typographique les armoiries que l'empereur Maximilien avait accordées à Paul Manuce, et dans lesquelles se trouve reproduite l'ancienne marque aldine.

En lui finit cette illustre famille de typographes, à qui nous devons la conservation de tant de précieux monuments littéraires de l'antiquité grecque et latine.

Voici les vers qu'Angelo Rocca a composés sur les trois Alde Manuce :

> Aldus Manucius senior moritura Latina
> Græcaque restituit mortua ferme typis.
> Paulus restituit calamo monumenta Quiritum,
> Utque alter Cicero scripta diserta ded't.
> Aldus dum juvenis miratur avumque patremque,
> Filius atque nepos, est avus atque pater.

L'indication seule des éditions faites à Venise par l'imprimerie des Alde formerait un gros volume.

Le cardinal de Brienne, qui avait conçu le projet d'une bibliothèque universelle, avait fait imprimer, en 1790, un catalogue des impressions aldines. Ce catalogue les fit rechercher encore davantage. Aussi, la rencontre d'un volume d'Alde est, aujourd'hui encore, pour un bibliophile, une bonne fortune qui, suivant le mot spirituel de Mirabeau à l'abbé de Saint-Léger, *le rend heureux pour trois jours*.

Mais l'ouvrage le meilleur sur les éditions aldines, celui où nous avons puisé les renseignements que nous venons de donner sur leurs illustres auteurs, est le catalogue de M. Renouard (1). Cet ouvrage, rédigé avec une grande conscience et fruit d'innombrables recherches, renferme l'indication de tous les livres publiés par les Alde, avec des notices qui font ressortir le mérite de chaque édition.

Alde, comme la plupart des imprimeurs de ces premiers temps, avait adopté une marque ou fleuron dont il décorait ses livres. C'était une ancre enroulée par un dauphin. Voici la définition qu'en donne M. Renouard : Le dauphin désigne la vitesse, à cause de la rapidité avec laquelle il fend les ondes.

---

(1) Un volume in-8°, 5ᵉ édition, 1834.

L'ancre est, au contraire, une marque de repos et aussi de solidité : ce qui exprime avec beaucoup de justesse que, pour travailler solidement et avec fruit, il faut travailler sans relâche, mais cependant avec une lente réflexion ; mettre tout le temps nécessaire dans la formation de ses plans, et toute célérité dans leur exécution : ce qui est très-bien exprimé par cet adage latin, *Festina lente*. C'était la devise d'Auguste. On connaît aussi plusieurs médailles de Vespasien, portant d'un côté son effigie, et de l'autre une ancre entortillée d'un dauphin. Il en existe une pareille de Domitien. P. Bembo fit présent à Alde d'une de ces médailles de Vespasien, en argent, ainsi qu'Érasme nous l'apprend dans ses *Adages*.

On fit beaucoup de vers en l'honneur des Alde ; on en a, entre autres, de Henri Estienne.

Presque tous les auteurs contemporains qui ont écrit sur l'état et les progrès des lettres ont payé aux Alde leur tribut d'éloges, et même aujourd'hui, il est difficile de parler d'histoire littéraire sans que ces noms honorables s'y trouvent mêlés.

Une médaille fut frappée en l'honneur d'Alde l'ancien, peu de temps après sa mort. Elle représente son effigie avec son nom en légende : *Aldus Pius Manutius*. Au revers est l'ancre d'Alde, mais non pas entièrement configurée comme celle qu'on voit sur ses livres. La devise est : ΣΠΕΥΔΕ ΒΡΑΔΕΩΣ (*Festina tarde*).

IV. Pendant que les Alde s'illustraient en Italie, une autre famille d'imprimeurs s'illustrait également en France, et balançait, si elle ne surpassait, leur célébrité. Nous voulons parler des Estienne, éternel honneur de l'imprimerie française, comme l'a dit si justement M. Taillandier, et dont la vie résume à elle seule l'histoire de l'imprimerie au xvie siècle.

Le chef de cette famille, Henri Estienne Ier, naquit en 1470, d'une famille noble de la Provence, et vint à Paris, vers l'an 1500. Grand admirateur de l'art typographique, récemment inventé, il ne craignit pas, pour l'exercer lui-même, de déroger à l'antique noblesse de sa race (1), ni même d'encourir l'exhérédation paternelle. Il commença à imprimer, en 1502, avec Hopil Wolfgang : leurs premières publications furent les

---

(1) M. Didot, dans l'*Encyclopédie moderne*, article *Typographie*, donne les renseignements suivants sur la généalogie de Henri Estienne :
« Le tableau généalogique de la famille des Estienne, que je possède et qui fut donné à mon père en 1816, par un descendant des Estienne, Antoine, cinquième de ce nom, colonel en retraite aux Invalides en 1821, ancien inspecteur de la librairie, mort à Paris, le 11 décembre 1826, n'indique pas l'année de la naissance de Henri Estienne, premier du nom. Il y est dit qu'en 1484 il fut déshérité par son père, et qu'il commença son établissement d'imprimeur à Paris avant 1500.
« Cette généalogie prouve que « les Estienne descendaient d'une très-
« noble famille de Provence, remontant en droite ligne à Pierre Estienne,
« seigneur de Lambesc en Provence, qui vivait en 1200, armé cheva-
« lier par Raymond de Porcelets, attendu qu'il tirait son origine d'an-
« ciens chevaliers, et qui fut confirmé dans tous ses droits et priviléges de
« vieille noblesse militaire par Charles d'Anjou, roi de Naples et comte de
« Provence, l'an 1307, ainsi qu'on le voit dans un titre déposé aux archives
« du roi, à Aix, livre B, folio 4º, cité en l'état de la noblesse de Pro-
« vence, etc. »
« Godefroi, père de Henri, premier du nom, avait épousé Laure de Montolivet. Je pense donc que c'est en souvenir de ce nom et de l'olivier, blason des armes de la famille de sa mère, que Henri adopta l'olivier comme emblème placé sur les livres qu'il imprimait, faisant revivre ainsi les armes de la famille de sa mère, puisque son père l'avait privé des siennes. Le vers d'Horace : *Inutilesque falce ramos amputans, feliciores inserit*, mis par mon père (*) au fleuron représentant l'olivier des Estienne, pour remplacer la modeste devise de Robert Estienne : *Noli altum sapere*, me paraît indiquer heureusement que le nouveau chef de cette illustre famille, retranchant de son arbre généalogique (l'olivier maternel) les branches *inutiles*, y greffa des rejetons *préférables*. »

(*) Note bibliographique et typographique placée à la fin de sa traduction en vers des *Bucoliques* de Virgile, 1809.

Ethiques d'Aristote, qui parurent la même année; la *Logique* d'Aristote et l'*Astronomicon* de J. Fabri d'Etaples, qu'ils donnèrent en 1503. Les livres que Henri Estienne publia seul dans la suite portent l'indication de *rue du Clos-Bruneau, quartier des Écoles de droit*, ou bien celle de *rue du Collége-de-Beauvais, en face des Écoles de droit*. Son plus beau livre, suivant M. Didot, est le *Quintuplex Psalterium*, contenant cinq versions latines des Psaumes, et imprimé en 1508, in-folio, en rouge et noir, et en caractères romains. On voit, par la souscription ajoutée à la *Chronique* d'Eusèbe, imprimée en 1512, qu'il eut Josse Bade pour associé dans cette édition : « *Absolutum est alma Parisiorum Academia per* HENRICUM STEPHANUM *et formularia literarum arte opificem, illius maxima cura et diligentia, nec non ejusdem et Jodoci Badii, in hoc opere sociorum, non parvis expensis.* » Il fut aussi associé avec Simon de Colines, graveur habile, qui enrichit son imprimerie de très-beaux types.

Henri Estienne mourut en 1520, après avoir imprimé, en dix-huit ans, cent vingt et un ouvrages in-folio, et laissant trois fils, François, Robert et Charles, qui exercèrent tous trois la profession d'imprimeur.

L'aîné, François, continua l'association que son père avait formée avec Simon de Colines, qui épousa la veuve de Henri Ier.

Le second, Robert, n'avait pas plus de dix-sept ans lorsqu'il perdit son père. Comme son frère aîné, il concourut, pendant plusieurs années, avec Simon de Colines, à l'exploitation de l'imprimerie. De plus, sans autre secours que sa propre intelligence et son extrême application, il fit des progrès incroyables dans l'étude des langues latine, grecque et hébraïque. A dix-neuf ans, il publia, en petit format, une édition du Nouveau-Testament, livre alors très-rare; et, chose plus rare encore, cette édition était fort correcte. Il paraît même que ses corrections, trop parfaites, furent jugées, par les théologiens de la Sorbonne, comme des atteintes à l'orthodoxie, car ils attaquèrent Robert Estienne dans leurs leçons publiques. Celui-ci se défendit : il étonna, par son savoir, les érudits de la Sorbonne, et resta, dit-on, étonné lui-même de leur ignorance.

Les attaques des théologiens ne firent qu'enflammer le zèle de Robert, qui conçut dès lors le projet de donner une édition complète de la Bible. Il s'entoura, à cet effet, de tous les manuscrits qu'il put réunir, se procura, à ses frais, des éditions faites en pays étrangers, collationna avec le plus grand soin les diverses éditions des bibliothèques de Paris, de Saint-Germain-des-Prés et de Saint-Denis, fit lui-même des sommaires en tête des chapitres de l'Ancien-Testament et ajouta des notes, des variantes, des interprétations en latin, des index et des tables. Il employa aussi, pour la première fois, dans cette édition de la Bible, des poinçons d'une forme élégante et nouvelle, au lieu des caractères gothiques, qu'il avait été, du reste, un des premiers à abandonner.

Pour le récompenser d'un travail si pénible et si consciencieux, les docteurs et les théologiens lui firent subir des persécutions acharnées, auxquelles la haute protection de François Ier put seule le soustraire.

Il était âgé de vingt et un ans (vers 1524), lorsqu'il rentra dans la propriété de l'imprimerie paternelle. On voit dans ses ouvrages qu'il habitait le quartier des Écoles de droit, *e regione Scholæ Decretorum*. En 1527, il épousa Perette Bade, fille de Josse Bade, femme aussi instruite que distinguée par son amabilité et sa modestie.

A cette époque, Robert Estienne établit chez lui une société de savants de diverses nations, qu'il accueillait avec autant de grâce que de générosité, et dont plusieurs étaient *correcteurs d'épreuves* dans son imprimerie. Chez lui, comme chez Henri Estienne, on ne parlait que latin; c'était la langue familière de tout le monde, hommes, femmes, enfants et domestiques.

Le poëte Daurat nous dépeint ainsi l'intérieur de cette savante maison :

> Intaminata quam latini puritas
> Sermonis et castus decor !
> Nempe uxor, ancillæ, clientes, liberi,
> Non segnis examen domus,
> Quo Plautus ore, quo Terentius, solent
> Quotidiane colloqui.

Robert publia plusieurs éditions des bons auteurs latins; mais s'étant aperçu bientôt que les jeunes gens manquaient de grammaires et de lexiques pour recueillir tout le fruit de ces éditions, il imprima quelques ouvrages de cette nature, et chargea plusieurs personnes de composer un dictionnaire latin. Malgré les récompenses qu'il offrit à ceux qui acceptèrent sa proposition, il ne put obtenir aucun résultat satisfaisant, à cause de l'énorme difficulté que le manque d'index faisait éprouver dans les recherches. Cependant il ne perdit pas courage. Il se mit lui-même à l'œuvre, et parvint à donner aux savants, en 1531, le *Thesaurus latinæ linguæ*, dont il fit un abrégé à l'usage des jeunes gens. Il y travailla pendant deux années avec une telle activité, que les deux presses de son imprimerie qui exécutaient le tirage de ce livre étaient constamment alimentées. Outre cela, il ne négligeait aucun des moindres détails typographiques, et corrigeait aussi les épreuves. S'il ne succomba pas à des travaux aussi compliqués et aussi assidus, il en eut l'obligation au personnel éclairé et choisi qui le secondait dans sa tâche, et particulièrement à Jean Thierry de Beauvais, qui s'était chargé de relire son travail.

Pendant deux ans que l'exécution de ce dictionnaire (1) le tint, jour et nuit, enfermé dans son cabinet et penché sur ses nombreux volumes, « qu'il usait à force de les feuilleter, » il avait rompu en quelque sorte avec les vivants, et oublié jusqu'au soin de sa propre personne, lui qui, d'ordinaire, avait une certaine élégance dans ses mœurs, et qui aimait à se distraire de ses longs travaux en faisant, avec une épouse aussi instruite qu'aimable, les honneurs de sa maison aux savants et à ses amis. Et si on considère qu'une si vaste entreprise s'est accomplie dans un si court espace de temps, on se demande, avec son fils Henri, comment « ce travail, qui dompta les autres hommes, s'est vu lui-même dompté par Robert Estienne. »

Robert Estienne s'occupait en même temps de perfectionner la gravure des caractères. Il les débarrassa des abréviations multipliées, qui étaient une imitation trop servile des manuscrits, fatiguaient la vue et gênaient la lecture. La deuxième

---

(1) Robert Estienne fit une nouvelle édition de cet ouvrage en 1543 ; on y lit ce distique :

Immensum modico venumdatur ære volumen,
Uberior fructus. Consule quæque boni.

Ce grand monument littéraire, qui a été réimprimé en 1551, à Venise, par Nizzolius ; à Lyon, en 1573, par Philippe Tinghy ; à Londres, en 1734, avec des additions considérables, par Johnson, Hutchinson, Taylor et Law; à Bâle, en 1740, par Birrius ; à Leipsick, en 1749, avec des additions considérables, par Jean-Mathieu Gesner, n'a pas encore été reproduit en France, quoique depuis longtemps déjà la maison Firmin Didot frères eût témoigné l'intention de se charger de cette grande et honorable entreprise.

édition de la *Bible* latine, et celle du *Virgile* (1532), attestent dans la gravure des progrès remarquables, et les lettres italiques, que les Alde avaient employées les premiers, y sont plus parfaites.

En 1539, Robert Estienne fut nommé imprimeur du roi pour le latin et l'hébreu. Le titre d'imprimeur pour le grec ayant été conféré précédemment à Conrad Néobar, ce n'est qu'après la mort de celui-ci, en 1545, que Robert devint aussi imprimeur du roi pour le grec. Toutefois, déjà, avant cette époque, François Ier lui avait fait remettre les caractères orientaux gravés par Guill. Lebé, et les beaux caractères grecs gravés par Garamond, sur les dessins du Crétois Ange Vergèce, calligraphe du roi.

Grâce à la munificence de François Ier, les presses de Robert Estienne, rivales de celles d'Alde l'ancien, mirent au jour, de 1544 à 1550, les nombreuses et savantes publications grecques dont ce célèbre imprimeur dota la France, et parmi lesquelles on ne compte pas moins de huit premières éditions. C'est en 1544, et pour l'impression de l'*Histoire ecclesiastique d'Eusèbe*, 2 vol. in-f°, que Robert Estienne se servit, pour la première fois, des caractères grecs dits *grecs du roi*. Il plaça en tête de cet ouvrage une *Épître dédicatoire* au roi François Ier, écrite en grec, et qui fait autant d'honneur au roi qu'à l'imprimeur. En voici la traduction :

« Robert Estienne, imprimeur du roi, à tous ceux qui liront ce livre, salut.

« Si le divin Platon a eu raison de dire que le genre humain serait heureux quand les philosophes régneraient, ou quand les rois deviendraient philosophes, il faut s'empresser de proclamer la France réellement heureuse sous un roi tel que François Ier. N'est-ce pas, en effet, une merveille que ses entretiens avec les hommes les plus instruits, dans lesquels, presque tous les jours, après avoir réglé les affaires de l'État, il traite, au grand étonnement de ceux qui l'écoutent, toutes sortes de questions littéraires et scientifiques? N'est-il pas admirable de voir un roi, forcé de s'occuper des plus graves intérêts, traiter tous les sujets avec une éloquence et une justesse que peuvent à peine égaler les hommes qui ont consacré toute leur vie à l'étude; de l'entendre proférer cette maxime, digne d'un philosophe accompli, que la règle qu'il doit appliquer à l'exercice de son pouvoir, c'est de faire à la société tout le bien que lui permettent les circonstances?

« Aussi son premier soin a-t-il été de choisir, avec une scrupuleuse attention, les maîtres les plus habiles dans les plus belles sciences, et de leur donner des chaires dans cette école si fameuse, où l'amour de l'étude attire de toutes parts d'innombrables élèves. Les hommes qu'il a trouvés suffisamment instruits, et déjà habitués au maniement des affaires, il les a élevés aux honneurs. D'autres encore ont reçu des présents véritablement dignes de la magnificence royale; et quant à ceux qui ont voulu rester étrangers à toute instruction, il s'est montré si sévère à leur égard, que ceux surtout qui avaient de la naissance et de la noblesse, et qui regardaient l'étude comme incompatible avec leur condition, s'efforcent maintenant de joindre la culture des lettres à la science des armes.

« Enfin, il a formé à grands frais une vaste bibliothèque, où il a rassemblé des livres de tout genre, et il ne se passe pas de jour qu'il n'en ajoute de nouveaux. Il a fait venir à grands frais de la Grèce et d'Italie les ouvrages des poëtes et des historiens les plus célèbres de l'antiquité, et il a pris tous les moyens de faire jouir de ses richesses quiconque le désire.

C'est dans ce but qu'il a ordonné aux ouvriers les plus habiles d'exécuter des caractères de forme moderne et élégante. Avec ces caractères, les plus beaux ouvrages, imprimés avec soin et multipliés à l'infini, se répandront dans toutes les mains, et déjà nous en livrons au public un spécimen en langue grecque.

« Pour parvenir plus sûrement à nous acquitter, comme nous le devons, de l'office que le roi nous a confié, nous avons pris soin de collationner et comparer les textes de plusieurs anciens manuscrits; nous avons appelé à notre aide les soins et les lumières des hommes les plus consommés dans ce genre de travail, et particulièrement attachés à notre maison.

« Jouissez pleinement, lecteurs, du fruit de nos labeurs, et rendez de justes actions de grâce au meilleur comme au plus libéral des princes, qui vous prodigue ces dons avec tant de sollicitude et de munificence.

« Paris, la veille des calendes de juillet 1544. »

En 1528, Robert Estienne publia la première édition de sa *Bible* in-folio, livre magnifique, dont le texte fut collationné, par ses soins, sur les manuscrits et sur la polyglotte d'Alcala. Cette édition est précédée du privilége de François Ier.

La seconde édition, publiée en 1532, contenait des annotations extraites des plus savants interprètes et des commentaires des Hébreux. Elle excita le courroux des docteurs de Sorbonne, et Robert Estienne, pour les apaiser, fut obligé de prendre l'engagement de ne rien imprimer désormais, *nisi cum bona eorum gratia*. Cependant cette Bible était publiée, comme la première, avec privilége du roi, et l'acte de privilége constatait que Robert Estienne avait eu la précaution de collationner les antiques manuscrits de Saint-Germain-des-Prés et de l'abbaye de Saint-Denis, et de consulter les docteurs en théologie les plus savants.

L'édition de 1534 offre peu de différence avec celle de 1532. Mais celle de 1540 donne les noms des hommes, des peuples, des idoles, des villes, des fleuves, des montagnes et des divers lieux indiqués dans la Bible en hébreu, chaldéen, grec et latin, le tout traduit en latin, avec la description des lieux d'après les cosmographes, et dix-huit grandes gravures en bois d'après les dessins de François Vatable, représentant le tabernacle de Moïse, le temple de Salomon, etc. Robert y prouve sa profonde connaissance des langues hébraïque, chaldéenne, grecque et latine. Voici ce que le père Le Long, dans sa *Bibliotheca sacra*, dit sur cette Bible :

« Hæc editio omnium Roberti Stephani præstantissima est et optima... opus sane in arte typographica, si unquam fuit, perfectum. »

Dans la Bible que Robert Estienne publia en 1545, en deux volumes in-8°, il plaça à côté de la Vulgate une nouvelle traduction du texte hébreu, et il ajouta aux marges et au bas des pages des variantes, des notes et des explications.

Après la mort de François Ier, arrivée en 1547, Robert Estienne imprima l'oraison funèbre de ce prince faite par Pierre du Châtel, évêque de Mâcon. Une phrase de cette oraison ayant, par malheur, effarouché les consciences timorées des docteurs de la Sorbonne, une plainte fut dirigée contre l'évêque imprudent ; mais celui-ci trouva abri et protection à la cour ; et les docteurs, irrités de voir le coupable leur échapper, se retournèrent contre le malheureux imprimeur, qu'ils n'eurent pas de peine à accabler, dépourvu qu'il était alors, auprès du roi Henri II, du généreux appui que François Ier s'était plu à lui accorder.

Le 16 août 1547, le roi Henri II envoya aux docteurs de Sorbonne des lettres patentes contenant ce qui suit :

« Comme ainsi soit que les maîtres, doyens et docteurs de la Faculté de théologie en notre université de Paris, n'auroient pas tenu grand compte de ce que notre feu seigneur et père leur auroit mandé touchant les Bibles de notre imprimeur Robert Estienne, et encore moins en auroient tenu compte depuis le trépas de notre dit feu seigneur et père; pour ce est-il que nous te mandons, huissier, que tu fasses très-exprès commandement de par nous aus dits maîtres, doyens et docteurs de livrer incontinent leurs critiques et observations, qu'ils les baillent à notre dit imprimeur, pour qu'il les imprime en leur nom, et les mette au-devant ou derrière les dites Bibles; et en cas de refus ou délai, comparoître à jour fixé par-devant le roi en son privé conseil. »

Les docteurs demandèrent jusqu'à la Toussaint pour donner leurs censures. Mais ce délai s'étant écoulé sans qu'ils les eussent produites, Robert Estienne provoqua une discussion solennelle. La conférence eut lieu dans le mois de novembre 1547, à Fontainebleau. D'un côté parurent les plus fameux docteurs et les théologiens les plus renommés de la Sorbonne, puis des cardinaux, des évêques, le grand écuyer du roi et le chancelier; de l'autre côté parut seul Robert Estienne. Accusé sur quarante-six articles, il ne fut condamné que sur six, et encore, les différences reprochées à ces six articles provenaient-elles uniquement de l'interprétation que le docte Vatable avait coutume d'en donner à ses disciples; mais Robert ne voulut pas mettre en cause son professeur dans une matière si délicate. L'édition de sa Bible fut interdite.

Les persécutions continuèrent malgré le bon vouloir du roi, qui daigna même, pour indemniser Robert Estienne des dommages qu'il avait éprouvés, lui faire donner une forte somme d'argent (2,500 écus), lui promettant en outre d'être plus libéral une autre fois.

Enfin, lorsqu'en 1550 Robert Estienne publia sa belle édition du *Nouveau Testament* in-folio, accompagnée de variantes placées en marge, le courroux de la Sorbonne n'eut plus de bornes. Elle attaqua avec violence le livre que cependant l'autorité avait déclaré irréprochable, et ses clameurs furent telles, que le docte Vatable crut devoir désavouer les notes que Robert Estienne lui avait empruntées.

Cependant Robert, en dépit de la protection que le roi continuait à lui accorder, allait être mis en jugement et subir peut-être l'affreux supplice auquel on condamnait alors les hérétiques (1). Il épargna cette honte à sa patrie en cherchant un refuge à Genève, où il embrassa la religion réformée (1550). Dès son arrivée, il fonda avec Conrad Bade, son beau-frère, une imprimerie d'où sortirent encore d'excellents livres. Il songeait aussi à donner au public un *Thesaurus græcæ linguæ*, comme il avait donné le *Thesaurus latinæ linguæ*; mais cette gloire était réservée à son illustre fils.

M. Didot (2) cite un document récemment découvert et publié dans le *Recueil de l'Ecole des chartes* (1840), qui fait connaître comment Robert Estienne parvint à faire passer sa nombreuse famille secrètement et successivement en Suisse, pour pouvoir fuir lui-même après elle et quitter la France sans fâcheux empêchement.

Après sa fuite, ses biens furent séquestrés; mais Charles

---

(1) « On les guindait en haut avec une poulie et une chaîne de fer, puis on les laissait tomber dans le feu, ce qu'on réitérait plusieurs fois. »
(MÉZERAY.)

(2) *Encyclopédie moderne*, article *Typographie*.

Estienne, oncle et tuteur des enfants mineurs (Henri, Robert, Charles, François, Jeanne, Catherine, Jean et Marie), obtint heureusement de Henri II, en août 1552, des *lettres de rémission et de mainlevée de leurs biens*, et par là sauva la famille de son frère d'une ruine complète. C'est à ces lettres royales que nous devons de n'avoir pas été privés des immenses travaux par lesquels le premier fils de Robert, Henri Estienne, s'est immortalisé.

« Ainsi donc, dit très-justement M. A.-A. Renouard, malgré la faiblesse de son caractère, le roi Henri II, par cet acte d'une sage clémence, jusqu'alors ignoré, sut préserver des derniers effets de la haine ecclésiastique la famille de l'imprimeur chéri du roi son père, et pour lequel il n'était pas lui-même sans estime. »

M. Magnin, dans le *Journal des Savants*, donne une appréciation très-judicieuse du caractère de Robert Estienne et des persécutions que lui suscitèrent ses opinions religieuses. Voici un extrait de cet article remarquable :

« Doué du génie de l'investigation et de la critique, ce qui l'entraînait vers la doctrine du libre examen, et dominé en même temps par une imagination austère et puritaine, ce qui le prédisposait à l'exaltation religieuse, le jeune Robert eut nécessairement un rôle marqué dans le terrible drame de la réforme.

« Sincère dans ce qu'il croyait la foi catholique, il se maintint pendant vingt-cinq ans dans cette orthodoxie un peu douteuse qui fut celle de tant d'hommes célèbres et modérés de cette époque, Érasme, Budé, Lambin, Turnèbe, Cujas, Guillaume Cop, de Thou, L'Hospital et beaucoup d'autres. Sans les attaques provocatrices des théologiens et les excitations fébriles de la polémique, il est probable qu'il aurait persévéré jusqu'à sa mort dans cette situation indécise et équivoque, à laquelle ne purent même pas se soustraire entièrement plusieurs hauts dignitaires du clergé catholique, les Du Bellay, le cardinal Guillaume Briçonnet, le cardinal Odet de Châtillon, Guillaume Parvi, Jean de Montluc, évêque de Valence, etc., etc. Mais, poussé à bout par des hostilités maladroites, irrité par des censures qu'il croyait entachées d'ignorance et d'injustice, emporté par l'impatience de la lutte, il franchit la distance de plus en plus faible qui le séparait du protestantisme. De tiède et douteux catholique il devint calviniste emporté. »

« La mansuétude, dit encore M. Magnin, n'était pas la vertu de Robert Estienne et n'était guère non plus celle de son époque. On est frappé de stupeur quand on voit un vieillard échappé à grand'peine aux persécutions et aux bûchers de la France, applaudir, dans son asile, à d'autres persécuteurs, regarder comme un crime les dissidences religieuses, approuver les supplices et mettre ses presses au service des apologistes de la condamnation de Michel Servet. On ne sait si on veille quand on voit dans une préface, datée de 1553, Robert Estienne reprocher aux théologiens de Paris, ses persécuteurs, de n'avoir pas seulement songé à faire brûler les livres et la personne de l'athée François Rabelais (1). D'aussi tristes inconséquences ne justifient pas, sans doute, mais expliquent et font comprendre les excès de la Sorbonne. On sent que les violences qui ont ensanglanté ce siècle ne sont pas le propre de tels hommes ou de telle corporation, mais le résultat de l'esprit général, ou plutôt de la maladie qui affligeait alors la société tout entière. »

(1) *Præfat. ad Gloss.*, novembre 1553.

Le caractère irascible de Robert Estienne se décèle surtout dans sa *Réponse aux censures des théologiens de Paris*, qu'il publia en français à Genève, en 1552; « chef-d'œuvre de polémique, dit encore M. Magnin, digne par le nerf de l'argumentation, la grâce et la malice des récits et des portraits, d'être regardé comme un avant-coureur des petites lettres fulminées un siècle plus tard contre cette même société de la Sorbonne. »

On ne lira pas sans intérêt quelques passages de ce pamphlet, qui est regardé, avec raison, comme un chef-d'œuvre de style. Voici comment Robert Estienne s'exprime au sujet des premiers démêlés qu'il eut avec la Sorbonne :

« Qu'avois-je fait, quelle étoit mon iniquité et mon offense
« pour me persécuter jusqu'au feu, quand les grandes flammes
« furent par eux allumées, tellement que tout étoit embrasé
« en notre ville l'an 1532; sinon parce que j'avois osé im-
« primer la Bible en grand volume, en laquelle tous gens de
« bien et de lettres connoissent ma fidélité et diligence? Et ce
« avois-je fait par la permission et conseil des plus anciens
« de leur collége, dont le privilége du roi rendoit bon témoi-
« gnage, lequel je n'eusse jamais impétré si je n'eusse fait
« apparoir qu'il plaisoit ainsi à messieurs nos maîtres. Eux,
« toutefois, ayant l'occasion, me demandoient pour me faire
« exécuter à mort, criant sans fin et sans mesure, à leur fa-
« çon accoutumée, que j'avois corrompu la Bible. C'étoit fait
« de moi, si le Seigneur ne m'eût aidé pour montrer que j'a-
« vois ce fait par leur autorité. Je me tais de ce qu'ils avoient
« tenté en 1522, quand le Nouveau Testament fut imprimé
« en petite forme par mon beau-père Simon de Colines, qui
« le rendit bien clair et correct et en belle lettre (c'étoit alors
« une chose bien nouvelle que de trouver des livres de la

« Sainte Écriture corrects), et d'autant que j'avois la charge
« de l'imprimerie ; quelles tragédies n'émurent-ils contre
« moi ? Ils crioient dès lors qu'il falloit m'envoyer au feu,
« parce que j'imprimois des livres si corrompus ; car ils
« appeloient corruption tout ce qui étoit purifié de cette
« bourbe commune, à laquelle ils étoient accoutumés. Or,
« combien qu'en leurs leçons publiques ils reprissent magis-
« tralement et aigrement le jeune homme duquel telle cor-
« rection étoit procédée, toutefois étant eux-mêmes bons té-
« moins de leur propre ignorance, ne l'osèrent jamais assaillir
« ouvertement..... En ce temps-là (je puis dire ceci à la vé-
« rité), comme je leur demandois en quel endroit du Nouveau
« Testament étoit écrite quelque chose, me répondoient qu'ils
« l'avoient lu en saint Jérôme ou ès Décrets ; mais ils ne
« savoient que c'étoit du Nouveau Testament, ne sachant pas
« qu'on eût accoutumé de l'imprimer après le Vieux. Ce sera
« chose quasi prodigieuse, et toutefois il n'y a rien de plus
« vrai, qu'il n'y a pas longtemps qu'un de leur collége disoit
« journellement : « Je suis ébahi de ce que ces jeunes gens
« nous allèguent le Nouveau Testament. *Per Diem!* j'avois
« plus de cinquante ans que je ne savois ce que c'étoit du
« Nouveau Testament....... »

« Sept ans passés, l'an 1540 j'imprimai de rechef la Bible
« en laquelle je restituai beaucoup de passages sur l'original
« d'une copie ancienne, notant en la marge la vraie lecture
« convenant avec les livres des Hébreux, ajoutant aussi le
« nom du manuscrit.

« Et lors de rechef furent alumées nouvelles flammes.

« Qui est-ce qui ne connoît les fâcheries qui m'ont été faites
« pour cela ? Combien de temps m'a-t-il fallu m'absenter de
« ma maison ? Combien de temps ai-je suivi la cour du roi,

« duquel à la fin j'obtins lettres pour réprimer leur forcénerie.

« Cependant pour ce que je leur étois suspect d'hérésie,
« comme ils disent, combien de fois ma maison a-t-elle été
« fouillée par les juges à leur instigation, pour voir si on y
« trouverait quelques livres suspects! En 1541 j'imprimai le
« Nouveau Testament avec brièves annotations. Il s'éleva un
« murmure dont saillirent tout soudain leurs crieries accoutu-
« mées, tellement que, pour la troisième fois, je fus contraint
« à me cacher.

« Je laisse une chose qui est surtout digne de mémoire,
« que cela même que ces bons censeurs avaient condamné en
« moi fut alors imprimé de leur commandement par Jean
« André, lequel n'est pas moins ignorant que méchant et in-
« fidèle : c'est leur suppôt en toutes leurs trahisons, et fort
« bon soufflet pour inciter à dresser calomnies, et le plus
« âpre bourreau en cruauté qui fut oncques : aussi ils n'ont
« pas eu de honte de l'admettre en leur secret conseil. »

Au sujet de la conférence qu'il eut à Fontainebleau avec les docteurs de Sorbonne, Robert Estienne dit :

« Après que nous eûmes été ouïs de part et d'autre, on nous
« fit retirer dans une garde-robe prochaine. Il leur est prohibé
« et défendu expressément de n'usurper plus en la matière
« de foi le droit de censurer, appartenant aux évêques; etc.

« Cependant la Faculté sollicite le bon prud'homme Guian-
« court, qui pour lors étoit confesseur du roi, afin qu'il s'em-
« ployât vaillamment et âprement à me combattre. «Avisez,
« lui écrivoit-on, que Robert Estienne soit condamné comme
« hérétique. Comment! qu'il soit dit qu'un homme *mécanique*
« ait vaincu le collége des théologiens! » Et à la fin des
« lettres (je les ai vues et lues) il y avoit de rechef écrit. «Sur-
« tout voyez que Robert Estienne ne vainque! »

« Et m'étant retiré à Lyon, par devers très-illustre prince
« cardinal de Guise, il m'avertit en grande compagnie de
« gentilshommes du changement qui étoit advenu; et quand
« je lui demandai s'il n'y avait nul remède, il me répondit :
« Nul. Je fus bien triste, et lui dis adieu et au pays.

« Je m'en allai vers Castellan (Pierre du Châtel, depuis
« cardinal), lui raconter ces choses, et lui dis le dernier
« adieu, voyant qu'il me falloit quitter le pays, et le priai
« bien fort qu'il lui plût savoir du roi que cela vouloit dire. —
« Castellan déclare au roi par assez long propos comment
« j'étois contraint d'abandonner le pays; que la nature des
« théologiens étoit telle de poursuivre jusqu'à la mort ceux
« auxquels ils se sont attachés. Lors le roi répondit que
« pour cela il ne me falloit pas laisser le pays; seule-
« ment que je me donnasse garde à l'avenir, ajoutant que
« j'eusse bon courage et que je poursuivisse comme de
« coutume à faire mon devoir à orner et embellir son impri-
« merie. »

Mais, ajoute Robert Estienne, les docteurs, « par leurs cla-
« meurs et remontrances, obtinrent ce que je désirois, c'était
« qu'on ne me baillât pas d'argent (car je puis dire en vérité
« que mon esprit a toujours été libre; je n'ai jamais servi à
« l'argent; le Seigneur m'a accoutumé au travail, comme
« l'oiseau au vol). »

Il raconte les difficultés qu'il éprouva pour obtenir des
lettres du bon vouloir du roi à son égard : « Après avoir été
cinq fois corrigées, à la fin elles furent scellées par le commandement du roi, très-clément prince.

« Je garde ces lettres par devers moi, et ne les divulgue
point. Incontinent j'entends que dans trois jours je dois être
mis en prison si je ne me garde. Alors je produis les lettres

du roi. Ils devinrent plus muets que poisson, sinon qu'ils murmuroient entre eux sans dire mot. »

Robert Estienne mourut le 7 septembre 1559, à Genève, où il avait acquis le droit de bourgeoisie. Il a rédigé en partie, imprimé et publié plus de cent éditions d'alphabets, de grammaires, de dictionnaires, de traités en hébreu, en grec, en latin et en français.

De Thou (1) a fait l'éloge de Robert Estienne en ces termes :

« Robert Estienne laisse loin derrière lui les Alde Manuce et Froben pour la rectitude et la netteté du jugement, pour l'application au travail et pour la perfection de l'art même. Ce sont là pour lui des titres à la reconnaissance de la France et du monde entier, titres plus solides que n'ont jamais été pour les plus fameux capitaines leurs plus brillantes conquêtes. Ces travaux seuls ont plus fait pour l'honneur et la gloire immortelle de la France que tous nos exploits militaires et que tous les arts de la paix. »

Nous avons dit jusqu'à quel point il portait le soin et l'amour de son art; ajoutons que, de peur qu'il ne fût omis quelque chose dans la correction de ses livres, il en affichait publiquement les épreuves avec promesse d'argent pour quiconque y découvrirait des fautes. François Ier allait souvent le voir travailler. Un jour même que le célèbre imprimeur était occupé à corriger une épreuve, le roi ne voulut pas l'interrompre et attendit qu'il eût achevé cette besogne. Charles-Quint, en ramassant le pinceau de Titien, ne donnait pas une moindre preuve de son respect pour les arts et pour le génie. La sœur de François Ier, l'aimable et savante Marguerite de Valois, reine de Navarre, honorait aussi de son estime l'illustre imprimeur.

(1) *Histoire de son temps*, liv. XVI.

Robert Estienne avait été élevé au rang des officiers domestiques et commensaux du roi; c'est à ce titre qu'il recevait une pension de 225 livres.

La plus vaste érudition, le plus grand attachement au devoir, un amour presque fanatique du travail, les services les plus signalés rendus à la typographie et à la science, tels sont les droits de Robert Estienne à l'admiration et à la reconnaissance de la postérité : l'amitié d'une foule de savants et d'hommes honorables, la considération de tous ceux qui l'approchaient, la protection constante d'un prince éclairé, ami des arts et gardien si jaloux des lois sévères de l'honneur, qu'on l'avait surnommé le roi-chevalier, tels sont ses titres à l'estime universelle. C'est cependant sur ce noble caractère qu'on n'a pas craint de faire planer des soupçons injurieux. Robert a été accusé d'abus de confiance, disons le mot, de vol. Plusieurs voix se sont élevées déjà pour défendre sa mémoire contre cette accusation ; mais le défaut de preuves matérielles qui déposassent contre ses accusateurs, avait empêché jusqu'ici qu'on ne démontrât d'une manière invincible son innocence.

Nous sommes heureux de pouvoir aujourd'hui produire ces preuves et effacer enfin la tache odieuse dont la grande figure de Robert Estienne demeurait toujours souillée.

Pour imprimer ses belles éditions grecques, Robert s'était servi des caractères appelés *grecs du roi*. Les poinçons de ces caractères, gravés, comme on l'a vu plus haut, par Garamond, restèrent dans les mains de Robert Estienne, qui fut seulement chargé par le roi de fournir des caractères, sous certaines conditions, à tous les imprimeurs qui en feraient la demande. La première de ces conditions était de constater sur le titre du livre que l'impression était faite avec les types royaux. En se retirant à Genève, Robert emporta les poinçons, et plus tard, son fils, Henri, les engagea, pour une somme de 1,500 écus d'or, à Nicolas Leclerc, grand-père du philologue Jean Leclerc, qui rapporte le fait (1). De là cette accusation dont nous avons parlé et que nous sommes désormais en mesure de confondre.

Voici, en effet, une pièce ignorée jusqu'à ce jour, qui a été découverte et publiée pour la première fois par M. Le Roux de Lincy, après avoir été copiée par lui sur l'original qui fait partie des manuscrits de la bibliothèque du Louvre.

« 1er OCTOBRE 1541.

« Francoys, par la grace de Dieu, roy de France, à nostre amé et féal conseiller et trésorier de nostre espargne, maistre Jehan Duval, salut et dilection. Nous voulons et vous mandons que des deniers de nostre espargne vous paiez, baillez et delivrez comptant à nostre cher et bien amé *Robert Estienne, nostre imprimeur*, demourant à Paris, la somme de deux cent vingt-cinq livres tournois que nous luy avons ordonnée, ordonnons par ces présentes, et voulons estre par vous mise en ses mains pour icelle delivrer à *Claude Garamond*, tailleur et fondeur de lettres, aussi demourant audit Paris, sur et en déduction du paiement des poincons (2) de lettres grecques qu'il a entreprins et promis tailler, et mettre es mains du dict Estienne à mesure qu'il les fera, pour servir à imprimer livres en grec pour mectre en nos librairyes ; et par rapportant es dictes présentes signées de nostre main,

---

(1) J. Leclerc, *Bibliothèque choisie*, tome XIX.

(2) On voit par cet acte et par le témoignage de Jean Leclerc, cité plus haut, que, dans cette affaire, il s'agissait de poinçons plutôt que de matrices, auxquelles, d'ailleurs, on n'aurait pas attaché autant d'importance si les poinçons fussent restés à Paris.

avec quittance sur ce suffisante du dict Robert Estienne. Seulement nous voulons la dicte somme de II^c XXV livres estre passée et allouée en la despence de vos comptes, et rabatue de vostre recepte, et de nostre dicte espargne par nos amez et féaulx les gens de nos comptes, ausquels nous mandons aussi le faire sans aucune difficulté, et sans ce que la délivrance que le dict Estienne aura faicte d'icelle somme audit tailleur, ne de la taille, fournitures et valleur des dits poincons, vous soiez tenu de faire autrement aparoir, ne en rapporter autre certification, ne enseignement ; dont nous vous avons relevé et relevons de grace espéciale par ces dictes présentes, car tel est nostre plaisir, nonobstant quelz conques ordonnances, restrinctions, mandemens ou deffences a ce contraires.

« Donné à Bourg en Bresse, le premier jour d'octobre, l'an de grace mil cinq cens quarante et ung, et de nostre regne le vingt-septiesme.

« FRANCOYS.

« *Par le roy*, BAYARD. »

Cette pièce importante, en constatant la générosité de François Ier, constate également que les poinçons de lettres grecques, gravés par Garamond, étaient remis à Robert Estienne, et que c'était lui aussi qui payait l'artiste. Ces poinçons lui appartenaient donc, ou du moins étaient devenus sa propriété par la munificence du prince.

Les lettres royales, récemment découvertes, données par Henri II pour la levée du séquestre mis sur les biens de Robert Estienne, émigré à Genève (voir ci-dessus, page 44), ne contiennent aucune restriction, aucune réclamation relative aux poinçons et aux matrices des caractères grecs : nouvelle preuve qu'ils lui appartenaient.

Ainsi se trouve confirmée d'une manière éclatante l'opinion que plusieurs personnes s'étaient déjà formée à ce sujet et qu'elles fondaient sur des remarques judicieuses, notamment sur les trois suivantes : 1° la réclamation de ces poinçons faite sous Henri IV n'eut pas de suite; elle fut donc reconnue non fondée; 2° dans la requête que le clergé adressa à Louis XIII pour les racheter, et dans l'arrêt du conseil qui intervint en 1619, on ne parle nullement d'objets frauduleusement enlevés; 3° c'est à Paul Estienne, fils de Henri, qui avait engagé ces poinçons, que l'on confia la mission d'aller les retirer (voir ci-après).

Nous avons vu que Henri Estienne Ier avait eu trois fils. Le troisième, Charles Estienne, commença à exercer la profession d'imprimeur vers 1551. En 1552, il fut nommé imprimeur du roi. Il paraît qu'il ne fit pas de très-bonnes affaires, car en 1561, il fut enfermé pour dettes au Châtelet, où il mourut en 1564. Il publia néanmoins un grand nombre d'éditions si belles, dit Voltaire, qu'elles n'ont jamais été surpassées. On cite notamment l'édition grecque d'*Appien*, in-fol. (1551), et celle du *Nouveau Testament*, in-8°, de 1553. Il était, du reste, rempli d'érudition, et l'on sait peu d'imprimeurs qui aient mis au jour de si nombreux ouvrages dans un espace de temps si court. Comme tous les membres de sa famille, il avait un esprit assez vaste pour embrasser plusieurs sciences à la fois, et il excella encore dans la médecine.

Nous arrivons enfin à Henri Estienne II, fils de Robert, le plus fameux imprimeur de la famille. Non-seulement il égala, mais il surpassa peut-être son père. Son intelligence et son érudition étaient immenses, et c'est lui qui, suivant l'heureuse expression de M. Villemain, *a dénoué notre langue*.

Il naquit à Paris en 1528. Son père, apercevant en lui le germe des qualités qui devaient le distinguer plus tard, donna des soins infinis à son éducation et lui apprit de bonne heure l'emploi du temps. Le jeune Henri fut confié, vers l'âge de neuf ou dix ans, à un professeur de grec sous lequel il fit les plus rapides progrès. Le goût naturel qu'il avait pour cette langue lui permit d'en poursuivre sans ennui l'étude longue et difficile. A quinze ans, il eut le bonheur d'avoir pour précepteur Pierre Danès, qui transmit à son jeune élève les trésors d'instruction qu'il avait reçus lui-même de Guillaume Budé et de Jean Lascaris. Ce savant professeur, le plus habile helléniste de son temps, ne voulut faire que deux éducations particulières, celle de Henri II, fils de François Ier, et celle de notre Henri, que la postérité, disons-le en passant, a désigné sous le nom de Henri II, comme on désigne les princes, lui attribuant ainsi, à lui et à sa famille, une sorte de royauté, la plus belle de toutes, celle du talent et de la science. En vain les personnes les plus distinguées de la cour et de la ville sollicitèrent de Danès la même faveur pour leurs enfants :
« Non, leur disait-il, je ne le puis ; les soins de ma charge auprès du Dauphin et mes fonctions épiscopales me forcent de renvoyer souvent trois fois de suite mon jeune Henri ; il s'en va tristement, mais il ne se lasse pas de revenir. »

Henri Estienne II eut encore pour précepteur le docte Jacques Tusan. Son oncle, Charles Estienne, le félicitait ainsi du bonheur qu'il avait de recevoir les leçons d'un si habile homme :

« Je vois en toi, cher petit neveu, ce que depuis longtemps je désirais avec une vive ardeur, et je ne puis assez exprimer combien cela me cause de joie. Car c'est une grande chose, de la part d'un jeune homme, de travailler à égaler ses pères, non-seulement en vertus, mais encore en génie, de sorte que, dès ses premières années, il laisse tout le monde dans l'heureuse attente de son génie. Mais je ne sais si l'on ne doit pas dire que le plus grand de tous les avantages, c'est d'avoir trouvé un précepteur qui sache cultiver le génie naturel de son élève, le former sur le modèle de son père, le rendre illustre et remarquable en l'ornant de la connaissance de toutes les bonnes lettres. Tel est Jacques Tusan que tu as eu, comme je l'apprends, le bonheur de rencontrer, homme qui, par ses leçons, par ses discours et ses écrits, s'est acquis, auprès de tous les savants, une si grande autorité, que jamais Chrysippe ne fut autrefois recommandé plus favorablement à Cicéron (1). »

Henri Estienne suivit aussi, pendant quelque temps, les leçons d'Adrien Turnèbe. Il savait d'ailleurs le latin dès l'âge de dix ans, pour l'avoir entendu toujours parler chez son père, où c'était la langue usuelle.

Il apprit ce que l'on connaissait alors de mathématiques ; il voulut même examiner ce qu'il pouvait y avoir de vrai dans l'astrologie ; mais il se convainquit bien vite de la vanité de cette science, et le temps qu'il employa à l'étudier fut à peu près le seul qu'il eut ensuite à regretter d'avoir perdu. Il s'empressa de revenir aux travaux sérieux ; et, à dix-huit ans, il collationna un manuscrit de Denys d'Halicarnasse avec son père qui donnait au public la première édition de cet auteur.

C'est à peu près vers cette époque que Robert Estienne engagea son fils à voyager en Italie pour y visiter les bibliothèques et exercer *l'art du graveur*, et peut-être aussi pour

---

(1) Préface du traité *De re hortensi*, publié par Charles Estienne en 1545.

éviter qu'il ne partageât plus longtemps les tourments que leur causait à tous deux la publication de la Bible de 1545. Henri n'eut pas de peine à apprendre la langue du pays avec ses différents idiomes. On raconte, à ce propos, un trait qui montre l'étonnante facilité avec laquelle cet homme extraordinaire s'appropriait les notions les plus diverses et pliait son organisation si souple à toutes les exigences de la science, aux caprices même de la nature. Comme il était à Naples, l'ambassadeur de France à Venise le chargea d'y remplir une mission délicate qui intéressait le roi, son maître, et dont l'exécution et le succès exigeaient qu'il gardât le plus strict incognito. Reconnu un jour et interpellé par un Napolitain qui l'avait rencontré chez l'ambassadeur de France, il feignit de ne pas reconnaître cet homme; toutefois, il répondit à ses questions; mais alors il prit si bien l'accent du pays et imita si parfaitement la volubilité naturelle aux Napolitains, que l'autre, tout confus, se retira en s'excusant et très-convaincu qu'il avait eu affaire à un pur Napolitain.

Accueilli partout avec distinction et bienveillance, tant à cause de la réputation de son père qu'à cause de son mérite personnel, Henri profita de la faveur dont il était l'objet de la part des ambassadeurs, des prélats, des princes et même des souverains, pour se faire ouvrir toutes les bibliothèques et tous les dépôts littéraires. Il se lia avec les hommes les plus remarquables dans la science et dans la littérature, et principalement avec Ch. Sigonius, Leunclavius, Castel-Vetro, Denis Lambin, Victorius, Muret, Paul Manuce, Camerarius et Annibal Caro.

Il voyagea ainsi longtemps. Pour chasser l'ennui, il s'amusait le long de la route à composer des vers grecs, latins et français.

Enfin il revint à Paris chargé de précieuses dépouilles. Le premier ouvrage qu'il publia, en 1554, fut *Anacréon*. On ne connaissait encore que deux odes de ce poëte : l'une d'elles avait été découverte par Henri Estienne lui-même, dans l'intérieur de la couverture d'un vieux codex. Mais il avait eu le bonheur de trouver un manuscrit entier d'Anacréon, qui pourrissait dans la vieille tour d'un monastère d'Italie ; il en avait fait une copie en se cachant, de peur qu'un moine ignorant ou dévot ne lui enlevât un tel trésor. A la fin du texte d'Anacréon, imprimé avec les plus beaux types de Garamond, Henri Estienne donna, dans les mêmes mètres que ceux du poëte grec, une traduction en vers latins qui est un chef-d'œuvre.

Après l'*Anacréon*, il publia la première édition de *Maxime de Tyr* : on peut même regarder les éditions de *Diogène Laërce* et de *Diodore de Sicile* comme de véritables *éditions princeps* par les augmentations, les fragments inédits et la traduction latine qu'il y ajouta.

Un riche banquier d'Augsbourg, Hulrich Fugger, d'abord camérier du pape Paul III, mais qui plus tard embrassa la réforme, secourait généreusement Henri Estienne dans ses travaux. On lit en effet au bas du titre du livre *Impp. Justiniani, Justini, Leonis novellæ Constitutiones*, publié en 1558, in-folio, ce premier témoignage de la reconnaissance de Henri Estienne : *Excudebat Henricus Stephanus, Huldrici Fuggeri typographus.*

A la mort de Robert, en 1559, Henri réunit l'imprimerie de son père à la sienne. Le frère de Henri, Robert II, avait été déshérité par son père pour n'avoir pas voulu embrasser la religion protestante. Mais il fut dédommagé de cette perte par sa nomination de garde des caractères et poinçons du roi.

En 1562, Henri Estienne publia quatre ouvrages in-folio commencés du vivant de son père : ce sont les Commentaires de Martorat, Vatable, Luther et Calvin sur la *Genèse*, les *Psaumes de David*, etc. Cette même année, il eut la douleur d'apprendre la mort de l'infortuné et savant Augustin Martorat, pendu le 30 octobre à Rouen, par ordre du connétable Anne de Montmorency et de François, duc de Guise.

On a attribué à Henri Estienne un pamphlet, imprimé en 1565 sans nom d'auteur, de lieu ni d'imprimeur, intitulé *Le Discours merveilleux de la vie, actions et déportements de Catherine de Médicis, royne mère*, etc., œuvre hardie et que l'auteur, s'il eût été connu, eût payée de sa vie.

Henri Estienne imprima une grande partie de ses éditions à Paris; d'autres furent imprimées à Genève et peut-être aussi en Allemagne. Il est assez difficile, en général, de préciser ces différentes origines.

Nous citerons ici quelques-unes de ces éditions les plus remarquables : en premier lieu est son *Traité de la conformité du langage françois avec le grec*, publié en 1566, dans lequel il estime que la langue grecque est la plus parfaite que les hommes aient jamais parlée, et que la langue française est de tous les idiomes modernes celui qui se rapproche le plus du grec. Il conclut de là que la langue française « tient le second lieu entre tous les langages qui ont jamais esté, et le premier entre ceux qui sont aujourd'hui. »

Il fit paraître, aussi en 1566, le *Nouveau Testament* en grec, format in-16, avec des additions en marge; le *Poetæ græci principes*, 2 volumes in-folio, véritable chef-d'œuvre typographique, qui fait l'admiration de tous ceux que leurs études spéciales ont mis à même d'apprécier convenablement la grandeur de l'entreprise et des difficultés vaincues (1); enfin, la traduction latine d'*Hérodote* par Laurent Valla, avec une préface où il fait l'apologie d'Hérodote.

La même année, il publia, en français, l'*Introduction au Traité de la conformité des merveilles anciennes avec les modernes, ou Traité préparatif à l'apologie pour Hérodote.* C'est un écrit satirique réimprimé douze ou treize fois de son vivant. Sous prétexte d'excuser les choses qui paraissent absurdes et révoltantes dans Hérodote par d'autres non moins étranges qui se rattachaient à des époques récentes, il accumula dans cet écrit, et dans des vues manifestes d'opposition politique et religieuse, une foule d'anecdotes, de traits satiriques, de petits contes plus ou moins inconvenants qu'il avait recueillis dans ses voyages, ses conversations et ses lectures. On a souvent répété que, cet ouvrage ayant été condamné, Henri se réfugia dans les montagnes d'Auvergne, fut brûlé en effigie à Paris, et disait plaisamment à ce sujet qu'il n'avait jamais eu si froid que quand il avait été brûlé. Mais cette historiette est apocryphe; Henri vint plusieurs fois depuis à Paris, sans y être inquiété.

Il donna en 1567 *Artis medicæ principes post Hippocratem et Galenum*, 1 vol. in-folio. C'est lui-même qui fit la traduction latine des auteurs grecs de ce recueil. Il n'était pas étranger à la médecine, que son oncle Charles lui avait apprise ainsi que la botanique. Dans la préface, il s'applaudit d'avoir réuni en un seul volume un grand nombre d'ouvrages épars, dont chacun, séparément, formait souvent plusieurs volumes. Il dit que la pratique lui ayant démontré, dans le cours de ses études, l'inconvénient qui résultait de cette dis-

---

(1) Le titre de cet ouvrage porte encore : « *Excudebat Henricus Stephanus, illustris viri Hulderichi Fuggeri typographus.* »

persion des auteurs en tant de volumes divers, il a cru, après mûre réflexion, rendre un grand service aux amis des lettres en réunissant sous *un même toit* les auteurs qui ont écrit sur un même sujet ou dans un genre analogue, afin qu'on pût les consulter simultanément.

En 1569, il publia son poëme sur la typographie, intitulé : ARTIS TYPOGRAPHICÆ QUERIMONIA *de illiteratis quibusdam Typographis, propter quos in contemptum venit*. On lit dans la préface : « Qu'est-ce, pensons-nous, je vous prie, que dirait Alde, si maintenant, revenu à la vie, il voyait les typographes qui lui ont succédé, dont la plupart ne comprennent presque autre chose dans les livres que la différence qu'il y a entre une page blanche et une page noire (car ceux qui sont assez avancés pour distinguer par leurs formes les lettres grecques d'avec les latines, les hébraïques d'avec les grecques, regarderaient comme une atroce injure à eux faite d'être comptés au nombre des ignorants)? Mais que diraient, pensons-nous, ce Marc Musurus et Jean Lascaris, les premiers dans lesquels la Grèce commença à revivre, et qui furent dans cette voie nos principaux guides, en nous ouvrant l'accès au sanctuaire de la langue grecque? Que pensons-nous qu'ils diraient, ajouterai-je, si, lorsqu'eux-mêmes portaient tant d'honneur à l'art typographique, qu'ils ne le croyaient pas indigne de leur coopération, en remplissant les fonctions de correcteurs (car qu'il soit permis de parler typographiquement des choses typographiques), ils voyaient que la chose en est venue à ce point que, si quelqu'un connaît trois mots de la langue latine et autant de la langue grecque, tous les plus nobles écrivains de l'une et l'autre langue sont confiés à sa correction typographique? Car, je vous prie, accorder une telle puissance sur ces écrivains à des hommes de cette sorte, qu'est-ce autre chose que de livrer des épées entre les mains des furieux? »

Il publia presque en même temps une lettre adressée à ses amis sur l'état de son imprimerie, où il rend compte des travaux qu'il prépare pour son édition du *Thesaurus grœcæ linguæ*, ce monument d'une prodigieuse érudition, que son père, au lit de mort, lui avait recommandé d'exécuter.

Les quatre premiers volumes de ce grand ouvrage parurent en 1572 (année de la Saint-Barthélemi), et le cinquième l'année suivante. Le *Thesaurus* fut publié sous les auspices de l'empereur d'Autriche Maximilien II, de Charles IX, roi de France (1); d'Élisabeth, reine d'Angleterre, et des illustrissimes princes et seigneurs Frédéric, comte palatin du Rhin; Auguste, duc de Saxe; Jean-Georges, marquis de Brandebourg, et de leurs illustres académies d'Heidelberg, de Leipsick et de Wittenberg, enfin de Francfort ad Viardum.

Cet ouvrage immense, où les lexicographes de tous les pays ont puisé et puiseront sans cesse, Henri Estienne l'exécuta en onze années. Mais, dit-il dans sa préface : « Ce fut pour moi une véritable tâche herculéenne à remplir pendant tout le temps que je dus rouler ce rocher de Sisyphe sur un terrain hérissé d'obstacles. Mais de même que Virgile a dit d'Énée *Vicit amor patriæ*, je puis dire aussi *Vicit amor linguæ.* »

Puis, rappelant ces vers d'un ancien poëte qui célèbre la patience avec laquelle un amoureux endure la rigueur d'une nuit orageuse et le soldat la rigueur du climat en hiver :

---

(1) Le privilége est daté de 1561, ce qui donne lieu de croire que l'impression en fut alors commencée, en sorte que les quatre volumes auraient été onze années sous presse. De 1815 à 1825, il en a paru à Londres une assez belle édition en 8 vol. La maison Didot a commencé l'impression d'une nouvelle édition, dont sept volumes sont déjà publiés.

« Je puis me comparer à eux : *Pervigilant ambo*, dit le poëte ; combien n'ai-je pas veillé aussi ! Mes amis, mes domestiques savent si je surpassais et le soldat et l'amant en abstinence : et de même qu'un poëte a dit au sujet de sa maîtresse,

> Quinetiam sedes jubeat si vendere avitas,
> Ite sub imperium sub titulumque, Lares ;

chacun sait que moi aussi, pour ma maîtresse, la langue grecque, et pour le passionné désir de créer mon Trésor, j'ai successivement dépensé tout mon avoir et épuisé mon propre trésor, heureux si je puis dire avec le poëte :

> ἡδύ τι τῷ σωθέντι μεμνῆσθαι πόνων. »

Ce travail altéra sa santé et acheva la ruine de sa fortune, déjà fort dérangée.

« Mais la perte de mes biens, dit-il au lecteur, la perte de
« ma jeunesse ont pour moi peu d'importance, si mon travail
« en a pour toi. »

> At Thesaurus me hic de divite reddit egenum
> Et facit ut juvenem ruga senilis aret ;
> Sed mihi opum levis est, levis est jactura juventæ,
> Judicio haud levis est si labor iste tuo.

En rapportant ces nobles et généreuses paroles, qui caractérisent si bien le digne fils de Robert Estienne, M. Firmin Didot laisse échapper cette exclamation : « O véritables typo-
« graphes, auprès desquels nous ne sommes rien !... » Sans nous associer complétement à une expression si absolue de regret et de découragement que dément d'ailleurs assez le nom seul de M. Firmin Didot, nous reconnaissons que l'art de la typographie a eu le rare privilége de s'élever tout d'abord à une perfection extraordinaire et de franchir d'un seul

coup les degrés successifs que d'autres gravissent d'ordinaire avec tant de lenteur, en s'appuyant d'un côté sur le temps, de l'autre sur le progrès, et en traînant après soi la routine et l'ignorance. L'honneur de cette ascension rapide appartient, en effet, à ces hommes illustres, à ces grands prêtres de la typographie, dont l'existence entière était vouée à son culte, et qui auraient dû ne recevoir de leurs contemporains que louanges et bénédictions. Cependant il n'en fut pas ainsi. Loin de là, la persécution et l'adversité empoisonnèrent leur gloire. Robert Estienne, poursuivi par la haine des théologiens, fut forcé de s'expatrier. Henri, son fils, ruiné par les énormes dépenses que lui avait occasionnées son *Thesaurus*, lequel, pour parler comme lui, *de riche qu'il était l'avait rendu pauvre*, et par l'abus de confiance dont Scapula s'était rendu coupable envers lui (1), termina tristement sa carrière si pleine et si utile.

C'est sur les instances du roi Henri III que Henri Estienne écrivit le livre *De la précellence du langage françois*, qui contient sur notre langue des renseignements précieux. Le roi lui en témoigna sa reconnaissance par une gratification de

---

(1) Scapula, correcteur chez Henri Estienne, rédigea furtivement un abrégé du *Thesaurus*, qu'il publia ensuite sous son propre nom, et qui causa un grand préjudice à Henri. Celui-ci, pour toute vengeance, se contenta de mettre le distique suivant sur un nouveau frontispice de son ouvrage, dont il avait été obligé de réimprimer quelques parties avariées ou détruites, ce qui a fait supposer, mais à tort, une seconde édition :

Quidam ἐπιτεμνων (dissecans) me, capulo tenus abdidit ensem :
Æger eram a scapulis, sanus at huc redeo.

Cette épigramme, dans laquelle H. Estienne joue sur le nom de *Scapula* (qui en latin signifie *épaule*), peut se traduire ainsi :

Un certain individu, en me disséquant, a enfoncé son couteau jusqu'au manche :
J'avais mal aux *épaules*, mais je redeviens sain de ce côté-là.

3,000 livres. Les deux *Dialogues du nouveau langage françois italianisé*, etc., publiés à Genève, en 1578, prirent aussi naissance dans les conversations de Henri III avec Henri Estienne. Tous deux s'indignaient de voir que, par un esprit servile d'imitation étrangère, les Français introduisaient, surtout dans le langage de la cour, une foule de mots et d'idiotismes italiens, en abandonnant ainsi *ce qu'ils avaient de mieux*.

Cependant, quelques plaisanteries un peu hardies que Henri Estienne s'était permises dans ce livre le firent citer et réprimander au conseil de Genève. Il jugea prudent de quitter cette ville, et n'y rentra qu'en 1580, grâce à la protection de Henri III et à l'intervention de son ambassadeur, M. de Sancy, qui bientôt intervint encore pour le faire sortir de prison. En 1581, il encourut de nouveau la réprimande et fut de plus condamné à l'amende pour avoir imprimé un ouvrage sans permission.

Dans son édition d'*Aulu-Gelle*, publiée en 1585, Henri Estienne inséra une épître à son fils Paul, où il donnait des détails intéressants sur son imprimerie et sur sa famille. M. Didot (1) en cite ce passage :

« Votre aïeul Robert avait réuni chez lui une espèce de décemvirat littéraire, qu'on pouvait appeler παντοεθνῆ (de toutes nations), aussi bien que πανγλωσσον (de toutes les langues), car les membres de cette docte réunion étaient de tous les pays et se servaient de tous les idiomes. Ces dix étrangers, d'un savoir profond, particulièrement ceux qui composèrent les *Epigrammata* qui sont en tête de la dernière édition du *Thesaurus latinæ linguæ*, remplissaient les fonctions de correcteurs. Originaires de diverses contrées, et

---

(1) Article *Typographie*, dans l'*Encyclopédie moderne*.

ne pouvant parler la même langue, ils se servaient entre eux du latin comme d'un commun interprète... Votre grand'-mère, à l'exception de quelques mots peu usités, entendait tout ce qui se disait en latin presque aussi facilement que si c'eût été du français. Que dirai-je de votre tante Catherine, ma sœur, qui vit encore? Elle, non plus, n'avait pas besoin d'interprète pour comprendre le latin; bien plus, elle sait s'exprimer en cette langue, à quelques fautes près, de manière à être comprise de tout le monde. Les domestiques, les servantes même, qui entendaient tous les jours converser à table sur des sujets divers, plus ou moins à leur portée, s'accoutumaient tellement à ce langage, qu'ils comprenaient presque tout et finissaient par s'exprimer en latin. Mais ce qui contribuait encore à habituer toute la maison à parler la langue latine, c'est que mon frère Robert et moi jamais nous n'aurions osé nous servir d'un autre langage en présence de notre père ou de l'un de ses dix correcteurs. »

Henri Estienne donne des détails de la même nature dans la préface d'*Appien* (1592), et y rappelle avec complaisance l'affection que François Ier portait à Robert Estienne, son père.

« Ce roi, qui aimait avec passion la littérature et les gens de lettres, avait une affection toute particulière pour mon père, et peu de jours avant de mourir il la manifesta devant toute la cour de la manière la plus signalée. Tout ce que mon père demandait, il l'obtenait sans peine, et l'extrême libéralité du roi pour les lettres et la science égalait l'importance de ses grandes entreprises typographiques; elle allait même au point de prévenir les désirs de mon père et de les surpasser tous. »

Dans les dernières années de sa vie, Henri Estienne, poursuivi par le malheur et plus que jamais esclave d'une inconstance qui lui était naturelle, quitta Paris et alla résider tour à tour en Suisse et en Allemagne. En 1594, il publia à Francfort, chez Wechel, qui s'y était retiré après la Saint-Barthélemi, une *Exhortation* à l'empereur Rodolphe, pour l'engager à faire une expédition contre les Turcs et à les combattre à outrance. Vers la fin de 1597, il passa quelque temps à Montpellier, chez son gendre, Casaubon, occupé alors d'une édition d'*Athénée*. Il voyagea ensuite, seul, selon sa coutume, dans quelques villes du Midi de la France.

Ayant ainsi erré de toutes parts dans un état voisin de la misère, ayant eu tous ses manuscrits, tous ses livres détruits dans un tremblement de terre, il tomba malade à Lyon et fut transporté dans un hôpital où il mourut en 1598. On l'enterra dans le cimetière des religionnaires près de cet hôpital. On a dit avec fondement que, vers la fin de sa vie surtout, il avait à peu près perdu la raison. Cependant, il se souvenait toujours de sa patrie, et à la ruine des nobles facultés de son intelligence survivait encore son amour pour cette France dont il avait été une des gloires et qui le récompensait si mal!

L'imprimerie doit une éternelle reconnaissance à Henri Estienne. La postérité ne saurait élever trop haut cet homme qui, indépendamment de ses correctes et nombreuses éditions de tous les bons auteurs, éditions publiées quelquefois avec une rapidité qui prouve que la langue grecque lui était aussi familière que la langue française, a fait encore sur ces auteurs des travaux de critique auxquels les savants n'ont pas cessé de rendre hommage; qui s'est montré littérateur plein de goût, lorsqu'il a donné en vers latins la seule bonne traduction qu'on ait d'Anacréon ; qui, sachant toutes les langues et traduisant avec autant de facilité les poëtes latins en vers grecs que les poëtes grecs en vers latins, a bien écrit en sa propre langue dans un temps où ce mérite était très-rare ; qui, de plus, avait laissé deux volumes manuscrits in-folio pleins d'une si vaste érudition, qu'elle étonna son gendre lui-même, le docte Casaubon ; qui a compilé enfin le *Trésor de la langue grecque*, ouvrage qui suffirait seul pour illustrer à jamais son auteur. Associons-nous donc aux sentiments d'admiration de M. Firmin Didot envers la mémoire de Henri Estienne, et disons très-haut que tout typographe, s'il a l'intelligence vraie de son art, doit se prosterner avec respect devant ce grand nom.

La marque typographique de Robert Estienne, que son fils Henri avait adoptée, était un olivier dont un homme détache les branches à sa portée, avec cette modeste devise : *Noli altum sapere*, à laquelle il ajoutait quelquefois *sed time*. (Ne recherchez pas l'élévation,... mais redoutez-la.)

L'illustration des Estienne ne s'arrête pas à Henri. Cette famille paraît avoir eu le monopole du talent et de la gloire. Elle a exercé l'imprimerie pendant cent soixante ans, et elle a produit des théologiens, des grammairiens, des commentateurs, des poëtes, des traducteurs, des critiques, des historiens, des jurisconsultes, des médecins.

Jeanne d'Albret, mère de Henri IV, visitant, en 1566, l'imprimerie de Robert Estienne II, y improvisa le quatrain suivant :

> Art singulier, d'ici aux derniers ans
> Représentez aux enfants de ma race
> Que j'ai suivi des craignants Dieu la trace,
> Afin qu'ils soient les mêmes pas suivants.

Et voici la réponse que lui fit immédiatement Robert Estienne :

Au nom de l'Imprimerie.

Princesse que le ciel de grâces favorise,
A qui les craignants Dieu souhaitent tout bonheur,
A qui les grands esprits ont donné tout honneur,
Pour avoir doctement la science conquise,

S'il est vrai que du temps la plus brave entreprise,
Au devant des vertus abaisse sa grandeur,
S'il est vrai que les ans n'offusquent la splendeur
Qui fait luire partout les enfants de l'Église,

Le ciel, les craignants Dieu et les hommes savants
Me feront raconter aux peuples survivants
Vos grâces, votre cœur et louange notoire.

Et puisque vos vertus ne peuvent prendre fin,
Par vous je demeurrai vivante à cette fin
Qu'aux peuples à venir j'en garde la mémoire.

Le fils de celui-ci, Robert Estienne III, interprète du roi pour les langues grecque et latine, commença à imprimer en 1588. Il traduisit les deux premiers livres de la *Rhétorique* d'Aristote. Pour n'être pas confondu avec son père et son aïeul, il mettait sur ses livres : Robertus Stephanus, R.F.R.N. (Roberti Filius, Roberti Nepos.)

Paul Estienne, premier fils de Henri, était digne de son père par son érudition. Il est auteur de plusieurs traductions. Ses éditions d'*Euripide* (1602) et de *Sophocle* (1603) sont les plus estimées. On sait toute la sollicitude que Henri portait à ce fils.

Après avoir terminé ses études littéraires et typographiques dans la maison paternelle, Paul Estienne fit plusieurs voyages, et se lia d'amité avec Jérôme Commelin à Heidelberg, à Lyon avec Jean de Tournes, et avec Norton en Angleterre. Son père lui avait inspiré surtout le goût de la poésie latine, et Paul Estienne s'y distingua, particulièrement dans la pièce qu'il publia en 1600 sur la mort de son père (1), dont il célèbre les grandes qualités avec les sentiments d'un fils aussi tendre que respectueux. Sa douleur y est profondément sentie et exprimée d'une manière touchante.

Il fut chargé, en 1619, d'aller auprès de la seigneurie de Genève, afin de retirer et de rapporter en France les poinçons des caractères grecs gravés par Garamond et engagés par Henri Estienne. Il reçut, pour l'accomplissement de cette mission, 3,000 livres, dont 400 lui furent allouées personnellement pour ses soins dans cette affaire.

Antoine Estienne, fils aîné de Paul, né à Genève, obtint des lettres de naturalisation et fut reçu imprimeur après avoir fait abjuration de l'hérésie de Calvin entre les mains du cardinal du Perron, dont il imprima les ouvrages; il fut nommé premier imprimeur ordinaire du roi en décembre 1623, avec 600 livres d'appointements; il recevait de plus du clergé une pension de 500 livres et la charge d'huissier de l'assemblée du clergé, dont Antoine Vitré fut ensuite pourvu. Il a imprimé un grand nombre de belles et bonnes éditions grecques et latines, entre autres l'*Aristote* de Duval, grec-latin, en 1629.

Un descendant de cette famille, Antoine Estienne (V^e du nom), ancien colonel en retraite, a exercé, sous la Restauration, les fonctions d'inspecteur de l'imprimerie. Un de ses fils, Paul II, né à Sedan le 23 mars 1806, apprenti de Firmin Didot, est en ce moment ouvrier imprimeur et dirige les

---

(1) En tête de la *Concordance grecque du Nouveau Testament*.

presses mécaniques chez MM. Firmin Didot frères. Le colonel Estienne a donné, en 1826, à Firmin Didot, un tableau généalogique qui prouve sa filiation avec l'illustre famille des Estienne. Ce tableau a été imprimé par Estienne (Paul II) dans les ateliers de MM. Didot (1).

V. Les Elsevier, imprimeurs hollandais du xviie siècle, se sont rendus célèbres par la beauté des éditions qu'ils ont publiées et qui sont encore recherchées et payées fort cher par les amateurs.

Leur véritable nom était *Elsevier* ou *Elzevier*, comme on le lit en tête de la plupart de leurs éditions françaises; mais, dans les éditions latines, suivant la méthode usitée à cette époque, ils le latinisaient et l'écrivaient *Elzevirius;* de là vient qu'on les a longtemps appelés et qu'on les appelle encore quelquefois *Elzevir.*

Louis Ier Elsevier est celui qui ouvre la carrière où ses descendants devaient acquérir une si grande renommée. Il ne paraît pas néanmoins avoir exercé la profession d'imprimeur.

---

(1) La dernière descendante en ligne directe de Robert Estienne Ier, Anne-Catherine, issue de la branche de Robert II, avait épousé, en 1758, Claude-Louis de Liancourt, marquis d'Escagnel, et vivait encore en 1765.

Le *Journal de la librairie* (feuilleton du 27 mars 1852) contient, en outre, sur cette famille, la note suivante : « Peu de personnes savent sans doute que les dernières descendantes des Estienne habitent la ville de Valenciennes et y vivent dans une modeste obscurité. Ces deux femmes, dont le nom est illustre dans les arts et dans les sciences, et dont la noblesse remonte, par dix-sept générations connues, à l'an 1270, sont filles du colonel Antoine Estienne, mort sans fortune. L'une, Henriette Estienne, née à Mézières, le 18 juillet 1795, est mariée à un honnête artisan ; l'autre, Sophie Estienne, née à Charleville, le 19 avril 1804, vit avec sa sœur, et vient de recevoir à Valenciennes l'hommage d'un exemplaire de l'*Essai sur la typographie*, par M. Ambroise-Firmin Didot, qui a cru ne pouvoir mieux le placer qu'entre les mains de la dernière descendante des plus illustres imprimeurs français. »

Né à Louvain, vers 1540, il y fut relieur, et alla, en 1580, s'établir libraire à Leyde : mais il avait des boutiques ou des correspondants à Francfort, à Dordrecht, à Paris, etc. ; car son nom se lit sur des ouvrages imprimés dans ces villes.

Il adopta pour marque typographique un aigle sur un cippe, tenant dans ses griffes un faisceau de sept flèches, avec cette devise autour : *Concordia res parvæ crescunt* (les petites choses s'accroissent par la concorde). C'étaient les armes des provinces unies de la Hollande, qui venaient de se soustraire à la domination de l'Espagne.

Quant au blason nobiliaire dont quelques Elsevier ont fait usage, c'était, dit-on, celui d'une famille française *De Verbois* ou *De Verdun*, à laquelle appartenait Mayke Duverdyn, femme de Louis Elsevier.

Des sept fils de Louis, qui mourut le 4 février 1617, cinq suivirent la profession de leur père : Matthys ou Mathieu, Louis II, Gilles (Ægidius), Joost (Josse ou Juste), Bonaventure (1). — Mathieu, mort le 6 décembre 1640, laissa trois fils : Abraham, Isaac et Jacob.

Isaac, second fils de Mathieu, est le premier des Elsevier qui exerça la typographie. Il imprima à Leyde, en 1617, in-8º, les ouvrages de l'empereur Constantin Porphyrogénète, édités par Meursius.

Abraham et Bonaventure s'associèrent comme imprimeurs en 1626, et leur société dura vingt-six ans, c'est-à-dire jusqu'à leur mort ; car Abraham mourut le 14 août 1652, et son oncle ne lui survécut pas d'une année.

Ce sont les deux plus célèbres typographes de la famille

---

(1) Nous suivons la généalogie établie par M. Charles Pieters, dans ses *Annales de l'imprimerie elsevirienne* (Gand, 1852, in-8º). D'après les biographes antérieurs, Bonaventure serait le fils, et non le frère, de Mathieu.

des Elsevier; ils ont imprimé à eux seuls plus que tous les autres ensemble. Les belles et nombreuses éditions sorties de leurs presses ont attaché à leur nom une gloire impérissable.

Ils étaient en correspondance avec tous les savants de cette époque. Balzac leur écrivit une lettre très-flatteuse à l'occasion de la dédicace qu'ils lui avaient faite à lui-même d'une édition de ses œuvres (1651). Néanmoins, d'autres écrivains célèbres se sont plaints de leur cupidité : Heinsius, dans une lettre à Gronovius (1643), les appelle *homines avari*.

Un reproche plus grave qu'on leur a fait, c'est d'avoir quelquefois prostitué leurs presses à la reproduction de livres infâmes, auxquels cependant ils n'osèrent pas joindre leur nom, tels que les *Capricciosi e piacevoli ragionamenti* et la *Puttana errante* de l'Arétin.

Ils n'avaient ni l'érudition des Alde ni celle des Estienne, et les impressions grecques et hébraïques de ces derniers sont bien supérieures à celles des Elsevier, qui ont cependant imprimé en hébreu l'*Apocalypse*, avec une version grecque et une latine, 1627, in-4°, et le *Talmud de Babylone*, 1630, in-4°; une *Vie de saint Pierre* en persan, 1639, in-4°, et quelques autres ouvrages en langues orientales.

Mais, dans leurs petites éditions in-12, in-16 et in-24, ils ont porté l'élégance, la finesse et la netteté des caractères à un degré de perfection qu'aucun typographe avant eux n'avait encore atteint. Le *Novum Testamentum græcum*, 1624, 1633; le *Psalterium Davidis*, 1635, 1653; *Virgilii opera*, 1636; *Terentii comediæ*, 1635, et plusieurs autres livres, ornés de caractères rouges, sont des chefs-d'œuvre typographiques.

Les *Respublicæ variæ*, in-24, collection connue sous le nom de *Petites Républiques*, et à laquelle les amateurs réunissent beaucoup d'autres ouvrages politiques et géographiques imprimés en Hollande dans le même format, a été plus estimée autrefois qu'elle ne l'est maintenant, bien qu'il soit difficile de la trouver complète.

Mais la collection des auteurs classiques latins, français et italiens, petit in-12, est toujours recherchée et arrive encore dans les ventes à un prix très-élevé.

Composée primitivement d'un petit nombre de volumes, elle a été augmentée de tous ceux du même format qui portent le nom des Elsevier; puis on y a joint une foule d'éditions anonymes, mais que l'on croit sorties de leurs presses. Enfin, ces additions successives l'ont fait monter de quatre-vingts volumes à plus de huit cents, parmi lesquels il en est beaucoup d'insignifiants; d'autres n'ont pour mérite que leur excessive rareté.

Cette considération, plus encore que l'exécution typographique, qui cependant est fort belle, a placé la collection elsevirienne au nombre des curiosités bibliographiques.

Tous les Elsevier qui ont exercé l'art de l'imprimerie à Leyde, à Amsterdam, à Utrecht et autres lieux de la Hollande, ne mettaient souvent que cette indication sous la rubrique de la ville: *Apud Elzevirios*, ou bien *Ex officina elzeviriana*. Mais quand ils imprimaient des livres à l'usage de l'église romaine, comme le saint-siége avait prohibé les éditions données par les protestants, ils y mettaient le nom d'une ville catholique.

La marque typographique prise par Isaac pour l'imprimerie de Leyde, est un arbre (1) autour duquel un cep de vigne entrelace ses rameaux chargés de fruits, et au-dessous de

---

(1) *Else*, en hollandais, veut dire *aune*; *vuur* signifie *feu*. C'est pour faire allusion à ces deux racines étymologiques de leur nom que les Elsevier ont représenté sur le frontispice des éditions de la *Sagesse* de Charon, des

l'arbre un homme debout avec ces mots : *Non solus*. Cette marque, quoique désignée sous le nom du *solitaire*, était l'emblème de l'union fraternelle des Elsevier.

Louis III, imprimeur à Amsterdam, adopta pour marque une Minerve avec l'olivier et cet ancien adage : *Ne extra oleas* (ne dépassez pas les oliviers, c'est-à-dire les limites indiquées par des oliviers plantés à l'extrémité du stade où les Grecs s'exerçaient à la course).

La marque des ouvrages auxquels les Elsevier ne voulaient pas mettre leur nom était une sphère.

La famille des Elsevier existe encore en Hollande, où plusieurs de ses membres ont rempli des fonctions publiques; mais on n'en trouve plus parmi les imprimeurs. M. Elsevier-Stockmans, libraire à Amsterdam, en descend par les femmes.

VI. Après la famille des Estienne, celle dont l'imprimerie française peut s'honorer le plus est sans contredit la famille des Didot, à laquelle on doit la plupart des perfectionnements obtenus, en ces derniers temps, dans les procédés de la typographie.

François Didot, né en 1699, le premier imprimeur de cette famille, était fils de Denis Didot, marchand de Paris. Apprenti d'André Pralard, il fut reçu libraire en 1713. La communauté des libraires le nomma syndic adjoint en 1735, et syndic en 1753. C'est seulement en 1754 qu'il fut reçu imprimeur. François Didot, homme instruit, aimé et estimé de tous ses collègues, se fit connaître par plusieurs importantes entreprises, entre autres par l'édition, en 20 volumes in-4°, de

---

Mémoires de Comines et de quelques autres un petit *bûcher enflammé*. Il paraît que leur nom s'écrivait primitivement *Helschevier* (feu d'enfer), et que Louis Ier le transforma en *Elsevier* (feu d'aune).

l'*Histoire des Voyages* de l'abbé Prévost, dont il était l'ami, et dont il publia tous les ouvrages.

L'abbé Bernis, sortant du séminaire, fut quelque temps employé chez lui comme correcteur, et y avait son logement. Son enseigne était à la *Bible d'Or*, quai des Augustins.

François-Ambroise Didot, son fils, né à Paris, en 1730, fut le premier qui donna aux caractères des proportions exactes et invariables, en inventant le système des points typographiques. On lui doit, en outre, l'invention de la presse à un seul coup, et l'introduction en France de la fabrication du papier vélin. Ses belles éditions dites du *comte d'Artois*, du *Dauphin*, et celle dite de *Monsieur*, jouissent encore d'une juste célébrité pour leur exécution et leur correction. Les types employés à ces éditions, beaucoup plus élégants que tous ceux qui existaient alors, avaient été gravés par son fils, Firmin Didot. François-Ambroise Didot avait été reçu imprimeur en 1753, et nommé imprimeur du clergé en 1788. Il est mort en 1804.

Benjamin Franklin voulut visiter son imprimerie, et lui confia son petit-fils, auquel Firmin Didot enseigna la gravure et la fonte des caractères.

Pierre-François Didot, son frère, né à Paris, en 1732, fut reçu libraire en 1753, et, en 1765, nommé imprimeur de Monsieur (depuis Louis XVIII). Il est créateur de la papeterie d'Essonne. Ses éditions les plus remarquables sont : l'*Imitation de Jésus-Christ*, in-folio, 1780; le *Télémaque*, in-4°; le *Tableau de l'empire ottoman*, in-folio. Il est mort en 1795. —Deux de ses fils, Henri Didot et Didot Saint-Léger se distinguèrent, le premier comme graveur en caractères et comme inventeur de la fonderie *polyamatype;* le second, par l'invention du papier sans fin. Une de ses filles épousa Bernardin de Saint-Pierre. Son troisième fils, Didot jeune, hérita de son imprimerie. Le plus bel ouvrage sorti de ses presses est une édition in-4° du *Voyage du jeune Anacharsis.* Édouard Didot, fils de Didot Saint-Léger, est auteur d'une traduction estimée des *Vies des poëtes anglais, par le docteur Johnson.*

Pierre Didot, né à Paris, en 1761, fils aîné de François-Ambroise, lui succéda, en 1789, comme imprimeur, et fit paraître de magnifiques éditions, entre autres le *Virgile* et l'*Horace*, in-folio, 1798 et 1799; les *Voyages de Denon*, l'*Iconographie grecque et romaine de Visconti*, et, surtout, le *Racine* de 1801, que le jury d'exposition de 1806 proclama la plus parfaite production typographique de tous les pays et de tous les âges (1). Ainsi, ce monument élevé à la gloire de Racine, et pour lequel M. Pierre Didot fit les plus grands sacrifices d'argent, en s'imposant des privations de toutes sortes, est, à tous égards, supérieur à celui que des capitalistes anglais ont élevé, avec des dépenses considérables, à la gloire de Shakspeare.

En 1798, ainsi que nous l'avons déjà remarqué quelque part, il présenta à l'exposition des produits de l'industrie sa grande édition de *Virgile*, dont les caractères avaient été gravés et fondus par son frère Firmin Didot; tous deux se trouvèrent au nombre des douze exposants qui reçurent la médaille d'or. Pour honorer l'imprimerie en sa personne, le gouvernement fit placer ses presses au Louvre, où elles restèrent sous le consulat et jusqu'au commencement de l'empire. C'est là que furent imprimées les magnifiques éditions dites *du Louvre.*

---

(1) M. Brunet, le savant bibliographe, s'exprime ainsi dans son *Manuel du libraire* : « Cette édition est le livre le plus magnifique que la typographie d'aucun pays ait encore produit. »

Il est auteur d'une *Épître sur les progrès de l'imprimerie* (1784), où on lit ces vers, qui témoignent des nobles sentiments de l'auteur en faveur de sa profession :

> Ah! puissé-je à mon tour étendre les progrès
> D'un art qui de mon père exerça la constance
> Et qui sut me charmer dès ma plus tendre enfance!

L'auteur dit modestement dans une note : « Il faut attri-
« buer à une espèce d'enthousiasme et non à un motif
« d'amour-propre ce souhait que, sans témérité, je ne pour-
« rais espérer d'accomplir. » Et, après avoir énuméré les connaissances que doit posséder un bon imprimeur, il ajoute : « Je sens combien ces connaissances sont au-dessus de mon
« âge et de mon expérience, puisque je vois mon père tra-
« vailler encore tous les jours à les acquérir. »

M. Pierre Didot est également auteur de traductions, en vers français, du IVe livre des *Géorgiques*, du Ier livre des *Odes d'Horace*, et de diverses poésies réunies en un volume, sous le titre de *Specimen des nouveaux caractères de la fonderie et de l'imprimerie de Pierre Didot l'aîné*, 1819, in-8°. Son fils, Jules Didot, qui lui a succédé, a publié, entre autres belles éditions, la *Collection des Poëtes grecs*, in-32, revue par M. Boissonade; les *Classiques français*, éditions compactes en un volume; une charmante édition de *Don Quichotte*, in-32.

Il s'est retiré du commerce en 1841.

Firmin Didot, né à Paris, en 1764, second fils de François-Ambroise Didot, s'est fait un nom célèbre comme littérateur, comme imprimeur, comme graveur et fondeur en caractères, et comme fabricant de papier. En 1789, il succéda à son père pour la fonderie, qu'il avait enrichie de types élégants.

Il inventa, en 1795, un procédé de stéréotypage, qu'il appliqua aux *Tables de logarithmes* de Callet. A l'exposition des produits de l'industrie de 1798, il présenta des éditions stéréotypes exécutées par son nouveau procédé.

Il fut nommé imprimeur de l'Institut de France le 16 octobre 1811, et imprimeur du roi le 1er avril 1814; il obtint seul, et ensuite avec ses fils, six fois la médaille d'or aux expositions de l'industrie.

Il a exécuté de très-beaux caractères d'écriture sans interruption dans le délié, caractères qu'on avait vainement tenté de graver en Angleterre, et qui permirent de répandre en France, à bon marché, d'excellents modèles d'écriture pour les enfants (1). Les caractères qui ont servi à l'impression du *Racine* in-folio, publié par son frère, avaient été gravés et fondus par lui.

Les plus beaux ouvrages sortis de ses presses, sont : une *Henriade*, in-4°; un *Camoëns*, en portugais, in-4°; un *Salluste*, in-folio. Il a, en outre, publié, en société avec ses fils : les *Ruines de Pompeï*, par Marois ; les *Antiquités de la Nubie*, par Gau ; le *Panthéon égyptien*, de Champollion ; les *Tournois du roi René*, de M. Champollion-Figeac ; les *Contes du Gai savoir* et *l'Historial du jongleur*, imprimés en caractères gothiques, avec vignettes et fleurons, comme les éditions du quinzième siècle.

Les hommes les plus distingués se plaisaient à visiter son

---

(1) Le gouvernement a fait l'acquisition, en 1831, des frappes d'écritures anglaises et rondes de Firmin Didot. Ces chefs-d'œuvre de gravure, qui sont restés pendant trente années la propriété exclusive de leur auteur, et qui sont encore ce qu'on a fait de plus parfait, quant au système de gravure et de fonte, devaient naturellement trouver place dans le trésor typique de l'imprimerie de l'État.

établissement, où toutes les branches de la typographie se trouvaient réunies. L'empereur Alexandre y vint en 1814, et lui confia deux jeunes Russes pour les instruire dans l'art typographique.

Plusieurs imprimeurs de Paris et des départements se sont formés à son école en faisant leur apprentissage dans ses ateliers. C'est pour nous un titre d'honneur, auquel nous attachons le plus grand prix, d'avoir été du nombre de ses élèves. Plusieurs imprimeurs de l'étranger ont sollicité la même faveur, et ont été admis chez lui avec la même bienveillance.

Firmin Didot céda à ses fils, en 1827, son immense maison de commerce, où se trouvaient réunies une fonderie en caractères, une fabrique de papiers, une imprimerie et une librairie. Envoyé la même année à la chambre des députés par les électeurs du département de l'Eure, il y siégea parmi les membres de l'opposition modérée, fut, en 1830, au nombre des 221, et défendit, en plusieurs occasions, les intérêts de la liberté de la presse. Il est mort en 1836. Ami de Delille, et poëte distingué lui-même, il avait écrit plusieurs ouvrages remarquables, entre autres, deux tragédies, dont l'une, *la Reine de Portugal*, a été plusieurs fois représentée; des traductions en vers français des *Bucoliques de Virgile*, des *Chants de Tyrtée*, des *Idylles de Théocrite*, et une intéressante *Notice sur les Estienne*.

Il dédia la traduction des *Bucoliques de Virgile*, son premier ouvrage littéraire, à son frère Pierre Didot. « Puissent
« nos enfants, lui disait-il, par leur goût pour l'étude, et par
« une érudition aussi solide que profonde, marcher sur les
« traces des anciens imprimeurs de Paris! Puissent-ils un
« jour, et c'est là le but de tous mes soins, de tous mes vœux

« et le dernier degré de mon ambition, rappeler celui qui
« est incontestablement à la tête des imprimeurs de tous les
« pays et de tous les âges, le fameux Henri Estienne ! »

M. Ambroise-Firmin Didot, qui, avec son frère Hyacinthe, dirige maintenant la maison Firmin Didot, est né à Paris, en 1790. Élève de Coray, il fut attaché, en 1816, à l'ambassade de France à Constantinople, parcourut la Grèce et l'Asie-Mineure, et, pour se perfectionner dans la connaissance de la langue grecque, il séjourna quelque temps au collége de Cydonie. Sous le titre modeste de *Notes d'un Voyage fait dans le Levant*, il a publié, en 1834, le récit intéressant de ses longues courses dans les lieux célèbres de l'antiquité. On lui doit, en outre, une bonne traduction de *Thucidyde*, en 4 volumes in-8°.

On trouve dans des fragments de lettres, insérées à la suite de cet ouvrage, l'explication des motifs qui l'ont porté à abandonner la carrière diplomatique pour se vouer exclusivement à l'imprimerie.

« Non, jamais, lui disait son père dans une de ces lettres,
« jamais tu ne renonceras à la typographie, puisque c'est à
« elle que notre famille doit une considération qu'il te faut
« non-seulement maintenir, mais accroître, en n'oubliant ja-
« mais que la considération attachée à un art diminue dès
« l'instant qu'il ne fait plus de progrès.

« Je vois avec plaisir que tu désires, à ton retour, t'occuper
« de la gravure des caractères orientaux. Nous n'examinerons
« pas si ce travail doit nous être avantageux sous le rapport
« du commerce ; il suffit sans doute qu'il puisse te faire hon-
« neur sous le rapport de l'art, et contribuer à augmenter
« ton goût pour l'étude des langues savantes.

« Les principaux imprimeurs ont tous trouvé du temps à

« consacrer à l'étude. En effet, l'étude des sciences fait une
« grande partie du mérite de l'imprimeur. Comment, sans
« instruction, peut-il prétendre à donner des éditions cor-
« rectes? Comment pourra-t-il avertir les auteurs dont il
« mérite la confiance, ou de quelques négligences, ou de
« quelques erreurs qui leur seraient échappées? N'est-ce pas
« même là une partie de ses devoirs?

« Il faut cependant qu'un imprimeur se préserve d'un dan-
« ger qui n'a que trop de charmes. S'il est utile et même in-
« dispensable pour lui de consacrer du temps à l'étude, il ne
« faudrait pas qu'il se permît d'en donner trop à la composi-
« tion, et, moi-même, j'avoue que je me suis trop laissé sé-
« duire au doux chant des Syrènes. J'ai, dans ma jeunesse,
« introduit les Muses jusque dans les forges de Vulcain; et,
« s'il faut même le dire, la médaille d'or que m'a accordée le
« jury des arts pour mes travaux typographiques, m'a peut-
« être moins flatté que la mention honorable qui m'a été ac-
« cordée par l'Institut, pour une traduction en vers des Pas-
« torales de Virgile et de Théocrite.

« Toi-même, tu te souviendras un jour que, lorsque tu
« travaillais auprès de ton père, les écrits d'Homère, de So-
« phocle, de Théocrite, de Virgile, d'Horace, disputaient la
« place à nos burins et à nos travaux commencés; tu te
« rappelleras, non sans quelque douloureux souvenir, qu'en
« répétant les vers divins d'Homère, soit dans le morceau
« de Priam aux pieds d'Achille, soit dans les adieux d'Hector
« et d'Andromaque, ou de Sophocle, dans ceux d'Ajax à son
« jeune fils, ou de Virgile, dans la mort de sa Didon, des
« larmes d'attendrissement tombaient quelquefois sur ces
« types, qui, depuis, nous ont fait quelque honneur. »

M. Didot a travaillé, avec son père, à la gravure des types

de l'écriture *cursive* ou *anglaise*, dont nous avons parlé précédemment, et en a surveillé la fonte.

Il fut le premier qui, en 1823, proposa une souscription en faveur des Grecs, et contribua puissamment à l'organisation du comité grec de Paris, dont il fut nommé secrétaire.

C'était à la famille Didot, qui, au dix-huitième et au dix-neuvième siècle, occupe si dignement la place tenue au seizième siècle, dans la typographie française, par la famille des Estienne, qu'il appartenait de compléter l'œuvre immense commencée par le membre le plus célèbre de cette dernière maison. MM. Ambroise-Firmin et Hyacinthe Didot n'ont point failli à cette mission, et c'est faire un digne éloge de leur édition du *Thesaurus græcæ linguæ*, et de leur magnifique collection des *Classiques grecs, avec traductions latines*, que de dire que Henri Estienne n'aurait pas mieux fait s'il eût vécu de nos jours.

VII. Jean-Baptiste Bodoni, de Parme, a porté l'art typographique à un point de perfection où les secrets de la mécanique et les inspirations du goût pouvaient seuls permettre d'aspirer.

Cet imprimeur célèbre était né le 13 mars 1740, à Saluces, chef-lieu de l'une des provinces du Piémont. Son père, Augustin Bodoni, qui exerçait aussi la profession d'imprimeur, donna la première direction au talent du jeune artiste.

La carrière de Jean-Baptiste Bodoni, comme artiste, date de sa quinzième année. Il s'exerçait à travailler les métaux dans l'atelier d'un sieur Capra, serrurier. A dix-huit ans, il se rendit à Rome pour se perfectionner (1758). Placé à l'imprimerie de la Propagande, sous la direction de l'abbé Ruggieri, celui-ci lui persuada d'apprendre les langues orientales, pour parvenir à être compositeur de livres à l'usage des missions étrangères. Bodoni fit de rapides progrès dans cette étude :

un *Missel* arabe et l'*Alphabet du Thibet*, furent les premiers fruits de son travail.

Le 24 février 1768, Jean-Baptiste Bodoni arriva à Parme, pour y prendre la direction de l'imprimerie ducale, qui acquit dans ses mains une grande importance. La multiplicité des éditions entreprises par Bodoni semble un prodige, et leur supériorité a été attribuée aux perfectionnements qu'il avait apportés dans les procédés pour graver les matrices et pour couler les caractères, et aussi aux améliorations introduites dans les diverses parties de la presse.

L'imprimerie de Parme a fourni des moyens d'impression à plusieurs nations. La France elle-même lui demanda, en 1798, une frappe de caractères phéniciens et palmyréniens, pour assortir l'imprimerie nationale.

Bodoni, entre autres distinctions honorables, avait reçu le titre d'imprimeur du roi d'Espagne. L'empereur Napoléon lui accorda l'ordre impérial de la Réunion et une pension de 3,000 francs. Une autre pension lui était assignée par le prince Eugène. Le roi de Naples le décora de l'ordre des Deux-Siciles.

A l'exposition française de 1806, Bodoni obtint la médaille d'or.

Il est mort à Parme le 30 novembre 1813.

Charles-Louis-Fleury Panckoucke est né à Paris, le 23 décembre 1780. Il avait dix-sept ans quand il perdit son père, Charles-Joseph Panckoucke, qui, comme lui, fut un imprimeur distingué. Peu après, nonobstant sa jeunesse, il fut nommé secrétaire de la présidence du sénat, fonctions qu'il abandonna en 1807, pour se livrer, comme son père, à de grandes entreprises d'imprimerie et de librairie.

Sa première opération fut le *Dictionnaire des sciences*

médicales, auquel travaillaient les Alibert, les Marc, les Pinel, les Larrey, etc. : vaste répertoire, en 60 vol. in-8°, où sont analysés les misères de la nature humaine et les moyens les plus efficaces d'y remédier.

Encouragé par le succès de cette première entreprise, il enrichit bientôt après la botanique d'un ouvrage précieux, *la Flore médicale*, dont une partie des peintures est due au talent remarquable de Mme Panckoucke.

Ce dernier ouvrage fut suivi de la *Biographie médicale*, et d'un *Journal complémentaire des sciences médicales*.

Après 1815, M. Panckoucke publia son grand ouvrage des *Victoires et Conquêtes des Français*, monument national destiné à consoler nos braves par le spectacle de leurs anciennes vertus guerrières, et à perpétuer la mémoire de leurs exploits.

La *Description de l'Égypte*, histoire complète de notre expédition et de l'Égypte elle-même, en 26 volumes in-8°, accompagnés de 887 planches, suivit de près la publication des *Victoires et Conquêtes*, ainsi que le *Barreau français*, contenant tous les chefs-d'œuvre de l'éloquence judiciaire en France. Ces publications, d'un ordre élevé, furent couronnées par une entreprise colossale, la traduction des auteurs latins, avec le texte en regard.

Les travaux littéraires de M. Panckoucke ont contribué également à sa réputation. Ses études classiques étaient à peine terminées, qu'il prononça, sous le titre de *l'Influence des lois sur la morale*, un discours qui fut accueilli favorablement et inséré, sur la demande de M. Lanjuinais, au *Bulletin de l'Académie de législation*.

Bientôt après, il publia un petit ouvrage intitulé : *Études d'un jeune homme*.

En 1807, il fit paraître un opuscule sous ce titre : *De l'exposition, de la prison, de la peine de mort*, avec cette épigraphe : *Point d'humiliation, point de désespoir, point de sang.*

Dès 1803, M. Panckoucke avait donné des fragements de la *Vie d'Agricola*. En 1824, il publia une traduction complète de *la Germanie*, avec un nouveau commentaire extrait de Montesquieu et des principaux publicistes, et, en 1827, *l'Ile de Staffa et sa grotte basaltique*, grand in-folio, avec carte et planches; enfin, la traduction des *OEuvres complètes de Tacite*, ouvrage adopté par le conseil de l'instruction publique.

Comme imprimeur, M. Panckoucke ne fut pas au-dessous de sa réputation littéraire et de la célébrité qu'il s'était acquise comme éditeur.

En 1827, il présenta à l'exposition des produits de l'industrie une magnifique édition latine des *OEuvres complètes de Tacite*, en 4 volumes in-folio, tirée seulement à 80 exemplaires. A cette occasion, M. Panckoucke reçut la médaille d'or décernée par le jury d'exposition. Il fut décoré en 1826 et élevé plus tard au grade d'officier de la Légion d'honneur.

Il était associé correspondant de la société des Antiquaires d'Edimbourg, de la société de l'Ouest, des Académies d'archéologie de Rome et de Naples, de la société de Géographie et de plusieurs autres corps savants.

Charles-Louis Panckoucke est mort laissant une grande fortune. Son fils, M. Ernest Panckoucke, gère aujourd'hui l'imprimerie que lui a léguée son père. Il est propriétaire du journal officiel *le Moniteur universel*, et auteur d'une traduction estimée des *Fables de Phèdre*, et de plusieurs parties de la *Bibliothèque latine-française*, dont il a été un des collaborateurs.

Nous ne terminerons pas la notice des imprimeurs célèbres sans dire un mot de la famille Crapelet.

Charles Crapelet était, à l'âge de dix-huit ans, prote et correcteur de l'imprimerie de Stoupe, l'une des plus considérables de Paris. Il devint bientôt un des imprimeurs les plus capables et les plus renommés de son temps. Il passait ordinairement une partie de ses nuits au travail, et était tellement esclave des devoirs que lui imposait sa profession, que le jour même de son mariage, vers minuit, il quitta la compagnie réunie à l'occasion de ses noces, pour aller corriger des épreuves qu'il savait être attendues par les imprimeurs.

M. G.-A. Crapelet succéda à son père, le 19 octobre 1809, à l'âge de vingt ans. On cite parmi ses éditions les plus importantes les *OEuvres de Destouches* et de *Regnard*, les *Poëtes français*, les *Fables de La Fontaine*, la collection des *Anciens monuments de la langue française* (en 4 vol. in-8°) : ces éditions sont remarquables par les soins apportés à l'impression et à la correction. En 1837, il fit paraître le premier volume d'un ouvrage auquel il travaillait depuis longtemps, intitulé *Études sur la typographie*. Ce livre, qui fait honneur à M. Crapelet, comme littérateur, n'a jamais été achevé. Il a, en outre, publié trois petits volumes, sous les titres suivants : *Du Progrès de l'imprimerie*, 1836 ; *Des Brevets d'imprimeur*, 1840 ; *De la Profession d'imprimeur*, même année. En 1841, il a fait paraître sous ce titre : *De la Profession d'imprimeur*, une brochure dont la matière devait, suivant le plan primitif, entrer dans le second volume des *Études*.

Vers la fin de 1841, l'affaiblissement de sa santé le força de partir pour l'Italie, où il est mort, après trente-deux ans de travaux assidus, sans laisser de fortune, son patrimoine entier ayant été consumé dans l'imprimerie : triste exemple des difficultés qui assiégent aujourd'hui la profession d'imprimeur, et que ne peuvent pas toujours surmonter le talent et le courage.

Nous devons également citer M. Renouard, imprimeur habile et distingué qui a montré, dans ses *Annales de l'imprimerie des Alde* (3ᵉ édit., 1834, un vol. in-8°), et dans sa brochure intitulée *Alde l'Ancien et Henri Estienne* (1838, in-8°), un vrai talent littéraire et des connaissances historiques très-étendues.

Il publia une édition complète de Voltaire qui obtint un succès mérité, et dont lui-même avait surveillé la partie littéraire. C'est à quelques entreprises heureuses de la librairie et non à son imprimerie qu'il dut sa fortune.

Après sa mort, l'un de ses fils eut en partage son imprimerie, l'autre sa librairie, qui est restée l'une des plus importantes de Paris.

VIII. Comme on vient de le voir, tous les imprimeurs qui se sont distingués ont été tout ensemble imprimeurs et hommes de lettres. C'est là une preuve des rapports étroits qui unissent la littérature à l'imprimerie. Mais une preuve plus décisive encore, c'est le grand nombre d'hommes remarquables à différents titres qui, avant d'entrer dans la carrière où ils ont acquis de la célébrité, ont exercé la profession d'imprimeur. Nous nous bornerons à en citer quelques exemples pris parmi ceux que nous offrent le XVIIIᵉ et le XIXᵉ siècle.

Le premier des romanciers, Richardson, était imprimeur (1).

---

(1) Sir Richardson, l'auteur de *Paméla*, de *Grandisson*, de *Clarisse Harlowe*, etc., dont le mérite est également apprécié par toutes les nations; écrivain qui, au milieu de ses plus grands succès, conserva toujours une extrême simplicité de mœurs, écoutant les autres et ne parlant presque

Gessner l'était aussi, et il grava lui-même les planches de ses ouvrages.

Franklin, pour qui Turgot, son ami, fit ce vers heureux :

Eripuit cœlo fulmen sceptrumque tyrannis,

joignait à la connaissance de l'imprimerie celle de la fonderie en caractères. Il voulut que son petit-fils, Benjamin, exerçât son ancienne profession. Il le conduisit en France et le confia aux soins de Firmin Didot. Dans sa visite à l'atelier de Didot, il fit manœuvrer une presse avec une dextérité qui étonna tous les ouvriers. Son petit-fils exerça l'imprimerie à Philadelphie; mais il survécut de peu de temps à son aïeul, et son imprimerie passa en des mains étrangères (1).

Bordazar, grammairien, poëte, mathématicien, chronologiste, qui a écrit sur tous les arts et sur toutes les sciences, était le plus savant imprimeur de l'Espagne. Il demeurait à Valence et y mourut en 1744.

jamais, chose assez rare chez les auteurs, n'était encore qu'adolescent quand il fut placé comme apprenti chez un imprimeur de Londres. Ce ne fut qu'au bout de sept ans qu'il parvint au rang de correcteur d'imprimerie. Il aimait à raconter qu'il se crut alors un personnage. L'excessif travail d'esprit auquel il se livra, dans un âge déjà avancé, pour la composition de ses romans attaqua chez lui le système nerveux et abrégea sa vie.

(1) On cite une lettre de Franklin à un imprimeur de Londres, qui peut donner une idée du patriotisme qui animait cet homme célèbre; nous reproduisons cette lettre à titre de document historique :

A M. Strahaus, imprimeur du roi, à Londres.

« Vous êtes membre de ce parlement, vous avez fait partie de cette majorité qui a condamné mon pays à la destruction; vous avez commencé à brûler nos villes et à tuer leurs habitants. Regardez vos mains, elles sont teintes du sang de quelques-uns de vos parents et de vos amis. Longtemps nous fûmes amis, vous et moi, vous êtes à présent mon ennemi et je suis le vôtre.

« Philadelphie, le 5 juillet 1775. »

Retif de la Bretonne (1), homme de lettres, dont la célébrité aujourd'hui n'est pas en proportion avec la fécondité, puisqu'il écrivit plus de 200 volumes, entra très-jeune en apprentissage chez un imprimeur d'Auxerre. En 1755, il fit son compagnonnage à Paris, dans l'imprimerie royale, sous la direction d'Anisson-Duperron, qui lui donnait 50 sous par jour. A trente-trois ans, il était encore ouvrier imprimeur, lorsqu'il écrivit son premier roman dédié aux beautés (2).

A la révolution de 1789, il établit une imprimerie rue de la Bûcherie, près la place Maubert, quartier digne de l'auteur. Cet atelier était seulement à son usage ; il s'y renfermait, et, passant alternativement de la casse à la presse, il composait et imprimait lui-même ses ouvrages. Le cynisme de cet auteur se retrouve un peu dans la forme de ses livres. De tant d'ouvrages qu'il a publiés, on a beaucoup de peine aujourd'hui à en retrouver un seul : l'épicier, ce vampire de la littérature, les a tous dévorés. Retif de la Bretonne est mort pauvre, après une vie misérable : triste exemple d'une fécondité malheureuse ! Dans un de ses meilleurs ouvrages, dont la sérieuse Angleterre a publié jusqu'à 42 éditions, le *Paysan perverti*, il a donné à deux de ses personnages des noms de caractères d'imprimerie : *Madame Parangon* et *Madame Palestine*.

Le maréchal Brune, qui mourut assassiné à Avignon le 2 août 1815, avait été, dans les premières années de la révo-

---

(1) Son véritable nom paraît être *Restif*. Du reste, il ne s'est jamais bien accordé avec lui-même à cet égard : le premier de ses romans est signé *de la Bretonne*; le troisième, *Retif*; le *Paysan perverti*, *Retif de la Bretonne*; c'est ce dernier nom qui a prévalu.

(2) Son *Théâtre*, 1784-1793, qui forme sept volumes avec figures, a été imprimé en partie par lui-même; il dit dans un avis : « Je suis le seul auteur qui s'occupe de littérature dans ce temps de troubles. J'ai le cœur serré aujourd'hui, en composant ceci sans copie. »

lution, directeur d'une petite imprimerie établie à Paris, rue de la Harpe. Il rédigeait et imprimait, en 1789, le *Journal général de la Cour et de la Ville*, feuille qui fut connue plus tard sous le nom du *Petit-Gauthier*, l'un de ses rédacteurs. Elle était écrite dans un esprit satirique contre les énergumènes de la révolution ; elle paraissait tous les jours dans le format in-8°, et avait pour devise : « Tout journaliste doit tribut à la malice. » Brune a aussi écrit et publié un *Voyage pittoresque et sentimental*, en prose et en vers (1798, in-8°), lequel fut réimprimé en 1802 et 1806 (in-18).

Un autre imprimeur, Nicolas Bonneville, fit paraître vers le même temps plusieurs ouvrages estimés. Il est auteur de l'*Esprit des religions*, où il fit ressortir habilement les rapports intimes et nécessaires de la législation d'un peuple avec son culte. Il publia, sous le titre de *Poésies de Nicolas Bonneville*, un autre ouvrage où l'on trouve de l'originalité, de la verve, et quelquefois de la bizarrerie. Accusé par Levasseur et par Marat d'être aristocrate, il fut défendu par Lanthenas, qui rappela à cette occasion plusieurs de ses écrits. Il fit partie de la réunion qui eut lieu pour célébrer l'anniversaire du 10 août, à laquelle assistaient Kosciusko, Desaix, Chabert et plusieurs autres personnages célèbres, et s'y fit remarquer par ses sentiments républicains.

Charles Pougens, élève du cardinal de Bernis, membre de l'Institut national, de l'Institut de Bologne, des Académies de Cortone et de Rome, de la société philotechnique, de la société libre des Sciences et des Arts, associé honoraire de l'Athénée de Lyon, membre correspondant de la société d'Émulation et d'Agriculture du département de l'Ain, ayant perdu à la révolution presque toute sa fortune, se vit forcé, sous le consulat, de se livrer au commerce pour subvenir à ses besoins.

Il devint libraire, puis imprimeur. On lui doit de nombreuses et belles éditions d'ouvrages de sciences et de littérature. Lorsqu'il se fit libraire, il s'occupait, depuis vingt ans, du *Dictionnaire étymologique et raisonné de la langue française*. Il fut le fondateur et le rédacteur de la *Bibliothèque française*, qui paraissait périodiquement. Il paraît s'être exercé dans plusieurs genres avec un égal succès ; car on lui doit aussi un drame touchant, *la Religieuse de Nîmes* ; des *Lettres sur les cataclysmes ou révolutions du globe ; sur le système sexuel des plantes ; sur la minéralogie* ; des traductions de l'anglais et de l'allemand, etc.

Hégésippe Moreau, ce poëte de grande espérance, qui mourut si jeune, avait passé dans une imprimerie de province ses premières années qui furent les plus agréables de sa vie. « Je m'étais arrêté, dit-il, dans une toute petite imprimerie coquette, hospitalière. » Cet établissement appartenait à M. Lebeau, à Provins. En 1828, il vint à Paris et entra dans l'imprimerie de M. Firmin Didot, rue Jacob, justement en face de cet hospice de la Charité où il devait, comme Gilbert, aller bientôt mourir à vingt-neuf ans, de misère et de dégoût de la vie.

Il dédia à son patron une *Épître sur l'imprimerie* dans laquelle se trouvent de beaux vers descriptifs :

> Au lieu de fatiguer la plume vigilante,
> De consumer sans cesse une activité lente
> A reproduire en vain ces écrits fugitifs,
> Abattus dans leur vol par les ans destructifs,
> Pour donner une forme, un essor aux pensées,
> Des signes voyageurs, sous des mains exercées,
> Vont saisir, en courant, leur place dans un mot.
> Sur ce métal uni l'encre passe, et bientôt,
> Sortant multiplié de la presse rapide,
> Le discours parle aux yeux, sur une feuille humide.

L'épître devient surtout remarquable, lorsque le jeune compositeur se plaint d'être forcé d'imprimer pour les autres, alors qu'il serait si désireux de composer pour son propre compte :

> Hélas! pourquoi faut-il qu'aveuglant la jeunesse,
> Comme tous les plaisirs, l'étude ait son ivresse?
> Les chefs-d'œuvre du goût, par mes soins reproduits,
> Ont occupé mes jours, ont enchanté mes nuits;
> Et souvent, insensé, j'ai répandu des larmes,
> Semblable au forgeron qui, préparant des armes,
> Avide des exploits qu'il ne partage pas,
> Siffle un air belliqueux et rêve des combats!

Baour-Lormian, de l'Académie française, l'élégant traducteur du *Livre de Job*, était fils d'un imprimeur de Toulouse (1).

Balzac, l'un de nos plus féconds et plus spirituels romanciers, avait aussi exercé dans sa jeunesse la profession d'imprimeur.

Béranger, notre immortel chansonnier, l'une des gloires les plus pures de la France, a également débuté par être imprimeur. Mais ce fut un ouvrier peu consommé, si l'on en juge par sa lettre spirituelle, en réponse aux renseignements qui lui avaient été demandés à ce sujet :

« Monsieur,

« Si j'ai tardé à vous remercier du beau volume dont vous

---

(1) On connaît sa querelle avec Lebrun, et les épigrammes qu'ils ont échangées amusèrent beaucoup le public. On a retenu les deux suivantes :

> Lebrun de gloire se nourrit;
> Aussi, voyez comme il maigrit.

A quoi l'autre répondit :

> Sottise entretient l'embonpoint;
> Aussi, Baour ne maigrit point.

m'avez fait présent (1), c'est qu'après en avoir admiré l'exécution typographique, j'ai voulu le lire avec l'attention que j'apporte à tout ce qui concerne votre noble profession.

« Ce livre résume quantité de faits et de détails intéressants, Monsieur, et ce précis rapide des progrès et de la position actuelle de l'imprimerie fait désirer vivement l'ouvrage plus complet que votre lettre m'annonce. La matière est belle, et, malgré tout ce qui a déjà été écrit sur ce sujet, je suis sûr que vous en tirerez une œuvre digne d'un grand succès, et qui répondra au nom que vous vous êtes fait dans la typographie.

« Mais, Monsieur, je ne vois pas à quel titre mon nom figurerait dans un pareil ouvrage, à moins que ce ne soit pour mentionner quelques éditions de mes chansons.

« Quant aux détails que vous avez la bonté de me demander, Monsieur, ils se réduisent à zéro.

« Pauvre petit apprenti, resté deux ans à peine dans une imprimerie de province, ainsi que je l'ai dit dans quelques notes, j'ai tenu les balles, tiré même le barreau, lessivé les caractères, distribué et composé, avec accompagnement, pour prix de mes fautes, de coups de pied et de chiquenaudes; ce qui ne m'a pas empêché de conserver un grand goût pour cette profession, que j'ai regretté d'avoir quittée avant seize ans.

« Bien des années après, d'anciens camarades m'ont dit souvent que si j'avais persévéré, je serais devenu un très-habile compositeur. Mais, Monsieur, j'ai aussi appris à jouer de la flûte pendant trois mois ; et, longtemps après, mon maître m'assurait que je promettais de devenir un Tulou. Or, dans

---

(1) *Notice sur l'imprimerie*, par Paul Dupont. — Paris, 1849.

mes trois mois de leçons, je n'avais jamais pu trouver l'embouchure. Chez nous, réussissez à quelque chose, on vous croira propre à tout. N'a-t-on pas voulu me faire législateur !

« Croyez-moi, Monsieur, toute ma gloire, comme typographe, se réduit à la confection de bonnets de papier. Je puis m'en vanter : j'en ai fait de magnifiques.

« Je ne pense pas que vous en parliez dans l'ouvrage dont je vais attendre la publication avec impatience. Hâtez-vous de le donner au public, je vous en prie, si vous voulez que je le lise.

« Avec mes remercîments pour le présent que vous avez bien voulu me faire, agréez, Monsieur, l'assurance de mes sentiments les plus distingués.

« Votre dévoué serviteur,

« *Signé* BÉRANGER. »

IX. Il est fâcheux que ces hommes distingués n'aient pas persévéré à suivre une carrière où ils pouvaient rendre de si grands services, et dans laquelle il est plus fâcheux encore de ne rencontrer trop souvent que des gens qui n'y apportent pas des études et une instruction assez approfondies.

Sans doute, tant qu'il y eut des découvertes à faire, des auteurs anciens à exhumer et à traduire, tant que le domaine de la science fut inséparable de celui de l'imprimerie, il y eut des imprimeurs plus savants et à la hauteur de cette belle mission. Lorsque le champ fut moissonné, lorsqu'il ne resta plus qu'à glaner dans quelques rares endroits, quand la tâche de l'imprimerie se borna à la reproduction lente et progressive des travaux des premiers maîtres, alors, les besoins n'étant plus les mêmes, on vit tout naturellement diminuer la grandeur des moyens, et la profession d'imprimeur compta moins d'hommes supérieurs parmi ses représentants. Toutefois, on ne se fait pas toujours une idée exacte de ce qu'elle exige de qualités réunies de quiconque veut encore aujourd'hui l'exercer avec distinction.

Ces qualités sont de deux sortes : les unes sont propres à la profession même, les autres communes à toutes les carrières industrielles.

« La perfection de cet art, a-t-on dit (1), exige que ceux qui le professent aient de l'instruction, parce que la considération dont les imprimeurs doivent jouir en dépend essentiellement. »

Il y a plus d'un siècle que ces mêmes principes avaient été exposés par les imprimeurs de Paris.

« Le discernement, le bon goût, l'exactitude, et même, si on ose le dire, l'érudition, sont les parties essentielles d'un excellent imprimeur. Il doit être nourri dans l'usage de ces belles éditions de France et d'Italie, qui ont paru dans le cours du XVIe et du XVIIe siècle, et ce n'est pas moins sur ces modèles qu'il doit se former et s'inspirer de l'émulation que dans la conversation et sur les avis de ceux qui font profession de cultiver les sciences.

« Assembler des lettres de métal, travailler à une presse sont des occupations qui dépendent peu des lumières de l'esprit. Savoir la mécanique de l'imprimerie ne conduit pas à corriger un ouvrage avec exactitude, à disposer avantageusement le texte d'un auteur, à y placer à propos les notes, les citations, les sommaires et les divisions. Enfin, il faut plus que des connaissances acquises par la seule habitude du travail, lorsqu'il s'agit de soulager le lecteur par une distribu-

---

(1) Catineau-Laroche, *Projet de décret*, etc.

tion bien entendue des parties qui composent un ouvrage de critique (1). »

Un imprimeur, parfaitement compétent, définit ainsi les qualités qu'il faut réunir : « J'ai appris, sous mon père, à considé-
« rer toute l'étendue des connaissances essentielles à un bon
« imprimeur. Un bon imprimeur doit faire la nuance entre
« l'homme de lettres et l'artiste. Il n'est pas nécessaire qu'il
« soit homme de lettres ; il s'occuperait trop exclusivement
« de quelques parties qui auraient plus d'attrait pour lui, ou
« qu'il aurait plus étudiées ; mais il faut qu'il ait sur presque
« toutes des notions générales, afin que les diverses matières
« contenues dans les ouvrages dont on lui confie l'exécution
« ne lui soient pas tout à fait étrangères. Il lui importe sur-
« tout d'être bon grammairien, et il serait à désirer qu'à la
« connaissance de la langue latine, exigée par les règle-
« ments (2), il joignît celle du grec, et de deux ou trois lan-
« gues vivantes les plus répandues. Les principes de la mé-
« canique doivent lui être assez familiers pour qu'il puisse
« les appliquer utilement à son art. Enfin, il doit être exercé
« dans les fonctions manuelles des ouvriers, afin de les diri-
« ger dans leurs travaux, et de leur indiquer les méthodes
« les plus promptes et les plus sûres (3). »

Ces qualités si diverses et si difficiles à acquérir sont essentielles à tout homme qui veut exercer avec gloire la noble

---

(1) *Mémoire des imprimeurs*, publié en 1721.

(2) Il s'agit des règlements qui étaient en vigueur en 1784. — On est beaucoup moins exigeant aujourd'hui, car l'administration ne regarde même pas comme indispensable qu'un imprimeur sache lire, et plus d'un breveté s'est bien trouvé de cette opinion.

(3) M. Pierre Didot, *Épître sur les progrès de l'imprimerie*, note, Paris, 1784.

profession d'imprimeur. En relation avec les hommes de lettres, les savants, les artistes les plus distingués, il reçoit tout naturellement comme un reflet de leur génie, et sa pensée s'ennoblit et s'élève au contact de cette société d'élite, à laquelle il rend souvent, de son côté, des services réels. Il est peu de personnes, en effet, ayant fait imprimer, qui n'aient reçu de salutaires avis de leur imprimeur, qui est quelquefois pour eux un censeur aussi éclairé que judicieux.

L'imprimeur doit donc savoir la langue de son pays, posséder une instruction solide, étendue, et même la connaissance du latin (1), du grec et de plusieurs langues vivantes, non pour corriger lui-même ses épreuves comme le faisaient ses plus illustres devanciers, son temps n'y suffirait pas, aujourd'hui surtout que les travaux d'une imprimerie sont devenus si considérables, mais pour juger de l'aptitude et de l'habileté de ses correcteurs, savoir s'ils travaillent consciencieusement, les remettre dans la bonne voie s'ils s'en écartent, et s'assurer ainsi que chaque épreuve ne laisse rien à désirer.

S'il se fait éditeur de livres, il faut qu'il soit sinon homme de lettres, du moins homme de goût, afin de pouvoir discerner le mérite du livre qu'on lui propose d'acquérir ; qu'il ait un esprit juste, sûr, et un grand tact commercial pour juger de l'opportunité de la publication, du format et du caractère qui conviennent à l'ouvrage et le feront accueillir le plus favorablement. En effet, tous les quinze ans au plus, s'élève une nouvelle génération, apportant avec elle, en éco-

---

(1) Les Estienne parlaient tous le latin, et, dans une épître qu'il adresse à son petit-fils Paul Estienne, Henri Estienne conclut en disant : *L'ignorance, que l'on peut appeler seulement honteuse dans les autres familles, serait presque un sacrilége dans la mienne.*

nomie sociale comme en littérature, de nouvelles idées, souvent de nouvelles doctrines qui viennent modifier dans les esprits ce qui avait été admis sans conteste jusqu'alors ; c'est ce qu'on appelle, peut-être improprement, le progrès. Soit que l'esprit du temps s'épure et entre réellement dans des voies d'amélioration, soit qu'il s'égare, l'imprimeur doit savoir distinguer les livres qui conviennent à son époque, s'abstenir des publications qui tendraient à agiter ou à faire éclater les mauvaises passions, et sans cesse s'appliquer cette recommandation adressée par Boileau aux écrivains de son temps, qu'il ne voulait pas voir diffamer le papier :

> Que votre âme et vos mœurs, peintes dans vos écrits,
> N'offrent jamais de vous que de nobles images.

Une fois l'ouvrage commandé, il doit surveiller la remise de la copie, la lecture des épreuves, les revoir feuille à feuille et s'assurer ainsi jour par jour si la voie qu'il a tracée d'avance (1) a été rigoureusement suivie. Une sage retenue doit

---

(1) Quelquefois, un auteur de la meilleure foi du monde s'égare dans son travail, et son erreur peut entraîner l'éditeur à des pertes considérables. Nous n'en fournirons d'autres preuves que le fait suivant : Nous avions résolu de réimprimer le *Bulletin officiel des Lois*, vaste chaos où lois, décrets et ordonnances sont entassés pêle-mêle dans cent vingt volumes, au grand désespoir des légistes et des pauvres administrateurs qui ont besoin de les consulter. Dans notre plan, il fallait simplement retrancher toutes les lois et ordonnances d'intérêt particulier, et relier les autres par des renvois et des notes, indiquant simplement les dispositions abrogées ou modifiées par les lois nouvelles; mais on devait conserver religieusement tous les actes dans leur intégrité, afin de leur laisser leur caractère primitif et officiel. Nous nous adressâmes pour ce travail à un homme de mérite, connu par son profond savoir, auteur lui-même d'un grand ouvrage de droit et membre de la cour souveraine. Confiant dans son talent et son expérience, nous ne prîmes même pas la peine de parcourir son manuscrit lorsqu'il fut remis au compositeur, croyant qu'il suf-

sans cesse le mettre en garde contre l'enthousiasme de l'auteur qui lui propose un livre, car celui qui a consacré à traiter une matière ses jours et ses veilles, souvent une partie de sa vie, est fort mauvais juge du plus ou moins de facilité du placement et est toujours porté à ne voir que des beautés dans son œuvre et à s'en exagérer outre mesure le mérite.

Nous ne parlons pas ici des vieux manuscrits à exhumer de la poussière, des textes erronés à rétablir, des versions à comparer afin de s'assurer de leur exactitude, car alors il lui faudrait joindre au goût et au discernement ce profond savoir, cet amour des lettres et cette persévérance dans le travail qui animaient les premiers imprimeurs, qui leur firent surmonter de si grands obstacles et créer des chefs-d'œuvre : « qu'on ne voit plus guère aujourd'hui. »

Si des qualités de l'esprit, du jugement et du savoir nous passons aux qualités industrielles, nous dirons à celui qui veut se faire imprimeur :

Sachez tous les détails de la composition, de la mise en pages, du tirage, en un mot des divers travaux qui concourent à la confection des œuvres de la typographie, et qu'un long apprentissage fait dans votre jeunesse aura pu seul vous apprendre. Ces connaissances pratiques vous serviront à apprécier, sans intermédiaire, la valeur de chaque chose, à discuter les prix de revient, à prononcer sur les difficultés qui pourront s'élever avec les ouvriers, lesquels sont toujours

---

firait de revoir les feuilles imprimées. Mais quelle fut notre surprise, en reconnaissant qu'au lieu d'une compilation exacte, d'un recueil de textes purement officiels, on nous faisait imprimer un ouvrage de doctrine, très-méritant sans doute, mais qui était tout l'opposé de ce que nous voulions faire. Le demi-volume imprimé dut être mis immédiatement au pilon, avec une perte d'environ 4,000 fr.

plus disposés à se laisser convaincre par celui qu'ils savent avoir été ouvrier comme eux. Un chef d'établissement doit tout savoir par lui-même et n'avoir besoin de consulter personne. C'est à ce prix seulement qu'il lui sera possible de réduire les dépenses et les frais généraux de sa maison, de faire progresser son art, de lui ouvrir des voies nouvelles et de conquérir ainsi une réputation non moins précieuse que la fortune.

Sachez encore le dessin et la gravure, afin de pouvoir donner le modèle des types, vignettes, fleurons et autres ornements typographiques que vous voudrez reproduire. Les procédés matériels d'exécution de la fonderie, si vous les connaissez à fond, pourront seuls vous mettre à même de surveiller les détails de cette branche si difficile et si compliquée de l'art typographique.

« Ce n'était et ce n'est encore, disait un imprimeur, que par la réunion de connaissances approfondies dans ces diverses parties (la presse, la composition, la fonderie, etc.) et *après des études soignées,* qu'on pouvait et qu'on peut être à la tête d'une imprimerie; et, sans ce *faisceau de talents,* quiconque ose se dire *imprimeur* en impose à sa conscience et trompe le public (1). »

Enfin, ne vous bornez pas à faire votre profit des perfectionnements obtenus avant vous, mais sachez personnellement en opérer de nouveaux. Quelle que soit l'imperfection de vos premiers essais, il faut y persévérer opiniâtrément; rien ne s'améliore en ce monde qu'avec une extrême lenteur, et le bien n'arrive pas d'un seul bond à sa dernière limite. Les

---

(1) M. Jacob, 1806, Orléans.

premiers pas dans la voie du progrès sont toujours chancelants, timides, incertains; c'est avec le temps, et par une application judicieuse et soutenue, que les premiers éléments de toutes les sciences se sont successivement développés et qu'elles sont arrivées à ce haut degré de perfection où nous les voyons de nos jours. Lorsque chaque genre a ses modèles, une foule d'idées naissent, se propagent, appellent d'autres idées; et la science acquiert ainsi rapidement plus d'étendue. On vous tiendra donc compte des efforts que vous aurez faits; et même alors que vos tentatives seront restées infructueuses, elles pourront profiter aux expériences qui leur succéderont, et seront autant de jalons placés sur la route des progrès et des découvertes plus décisives que réserve l'avenir. L'invention de l'imprimerie en est elle-même un exemple frappant.

Mais il ne suffit pas que vous ayez du savoir et de l'esprit, un véritable génie commercial, des connaissances pratiques, un esprit inventif; tout cela ne sera rien ou à peu près si vous ne possédez encore de grands capitaux. On les exigeait même autrefois de celui qui se destinait à l'imprimerie.

Cette profession, disait-on, diffère des autres arts en ce qu'elle exige, pour être exercée, autant d'argent que d'intelligence. Qu'un homme soit habile dans la peinture ou la sculpture, ses talents lui suffisent, il les peut mettre au jour, quoique né sans biens. Au contraire, dans l'imprimerie, quelque expérience qu'un homme ait de la mécanique de l'art, s'il est sans fortune, sans goût et sans lumières, il peut être et rester tout au plus ouvrier. S'il parvient à la maîtrise et que les fonds lui manquent pour lever une imprimerie bien assortie, n'étant pas d'ailleurs pourvu des autres qualités nécessaires à un imprimeur, il est hors d'état de *produire le beau*, il est, par conséquent, inutile à la république des lettres (1).

La fortune est bien plus indispensable encore aujourd'hui que les imprimeries sont devenues de véritables manufactures qui coûtent plusieurs centaines de mille francs, même alors qu'elles ne sont que de deuxième ordre.

Ce ne sont plus quelques presses en bois qui valaient à peine 200 francs chacune, mais des mécaniques au prix de 6,000 à 20,000 francs qu'il faut acquérir, pour les remplacer à leur tour aussitôt que l'esprit inventif du mécanicien a trouvé de nouveaux perfectionnements. Dans ces temps de concurrence et de luttes, celui qui s'arrête un instant, qui ne se maintient pas au niveau du progrès, déchoit, et la ruine l'attend presque inévitablement. C'est pour les manufactures que semble avoir été faite la fable de Sisyphe.

Les caractères ou types d'imprimerie sont pour l'imprimeur une autre source de dépenses. Autrefois, une imprimerie marchait avec cinq ou six caractères différents qui se renouvelaient rarement, tous les vingt ans en moyenne, tant les presses à plateau de bois ménageaient l'œil de la lettre. C'était un jour remarquable dans les anciennes imprimeries que celui où une fonte nouvelle y était introduite. Aujourd'hui, il n'est pas un établissement, de deuxième ou troisième ordre, qui n'ait besoin de deux cents sortes de caractères, non compris ce qu'on appelle les lettres d'affiches et de fantaisie, qui sont trois ou quatre fois plus nombreuses. Et, comme dans le tirage à la mécanique, la pression s'opère au moyen de cylindres, et non de plateaux, l'œil de la lettre s'use plus vite, et le caractère dure à peine deux années en moyenne. On doit alors le jeter au creuset; trop heureux si, lorsqu'il est

---

(1) *Mémoire des imprimeurs*, Paris, 1721.

encore neuf, il ne faut pas l'échanger contre un autre plus à la mode, quoique bien inférieur sous le rapport de l'art à celui qu'il remplace, pour satisfaire à l'exigence d'un client. Or, chaque changement entraîne une perte de 75 pour 100 (1).

C'est sans doute par ces diverses causes que l'imprimerie, malgré le privilége derrière lequel elle s'abrite, et dont nous avons montré le peu de valeur, a toujours été une profession plus honorable que lucrative. Depuis Géring, le premier imprimeur qui vint s'établir à Paris, en 1470, et qui, étant mort sans enfants, après avoir exercé sa profession pendant quarante années, laissa tous ses biens à la Sorbonne, on cite à peine, en quatre siècles, deux ou trois imprimeurs qui aient fait fortune.

Les mauvaises chances de l'imprimerie tiennent encore au peu de sécurité de ses rapports avec la librairie, qui est un des états les plus aventureux. Si un livre réussit, il procure d'énormes bénéfices à l'éditeur, c'est-à-dire plusieurs capitaux pour un. S'il n'a pas de succès, tous les frais faits pour sa confection sont perdus sans ressources. Ainsi, un volume imprimé à 2,000 exemplaires, et qui a coûté deux francs à peine, y compris les honoraires de l'auteur, peut être vendu six ou sept francs, lorsque le public l'agrée à ce prix; mais, dans le cas contraire, les 3 ou 4,000 francs déboursés sont compromis en totalité, car l'ouvrage ne vaut intrinsèquement que le poids du papier livré à l'épicier, soit dix à quinze centimes par volume. Un tel contraste explique suffisamment les fréquents embarras dans lesquels a été jetée la librairie, dont les produits n'ont qu'un prix de convention, tandis que ceux des

---

(1) Le caractère neuf coûte en moyenne 4 fr. le kil.; le vieux qu'on cède au fondeur ne produit que 1 fr.

autres professions ont une valeur réelle, qui ne peut être que légèrement affectée par les circonstances. L'imprimeur se trouve, malgré lui, solidaire de toutes les chances que court la fortune du libraire, fortune toujours incertaine et précaire, puisqu'il suffit d'une seule opération mauvaise pour absorber les bénéfices réalisés précédemment sur d'autres. C'est là une des causes principales des désastres qui, à toutes les époques, ont frappé si rudement l'imprimerie dans quelques-uns de ses membres, et souvent dans les plus distingués.

L'imprimeur ne doit pas plus prétendre aux honneurs qu'à la fortune. Dans les temps de trouble politique, de tourmente sociale, comme ceux où nous vivons, où tant de positions longuement et laborieusement acquises se trouvent bouleversées, ruinées en un seul jour, tandis que pour d'autres s'ouvrent inopinément des horizons inespérés, l'homme intelligent, énergique, aventureux, peut tenter la fortune, arriver aux affaires, s'y distinguer et parvenir peut-être aux plus hautes charges de l'État. Cela s'est vu; il y en a encore aujourd'hui des exemples. Mais l'industriel, imprimeur ou autre, s'il veut rester dans sa sphère, peut-il espérer un sort pareil? Assurément non; trop heureux si le sillon qu'il a péniblement tracé dans les temps de calme et de prospérité ne devient pas, au jour des révolutions, le tombeau de sa fortune!

Puisse ce tableau fort triste, mais dans lequel cependant rien n'est exagéré, éclairer ceux qui se destineraient à la profession d'imprimeur en leur ôtant de dangereuses illusions. On ne saurait trop le publier, l'art d'imprimer exige des connaissances et une vocation spéciales : on ne se fait pas imprimeur comme on se fait marchand, agent de change, banquier ou négociant.

Mais si ingrate que soit cette carrière, il y aura toujours quelques esprits généreux qui ne seront point arrêtés par ses difficultés. Ces merveilleuses machines qui remplacent aujourd'hui les anciennes presses; les nombreux et intelligents ouvriers avec lesquels on vit, et dont il est si facile de se faire des amis; les relations multipliées qu'on entretient avec les savants de toutes les nations; la pensée de propager des œuvres impérissables qui feront la gloire de son pays : tout cela vaut bien les jouissances d'argent que peuvent procurer des professions plus faciles !

CHAPITRE X.

DES LIVRES.

SOMMAIRE.

I. Définition du mot livre; utilité des livres; des diverses sortes de livres. — II. Formes des anciens livres : livres écrits sur des tables de pierre, sur des lames de métal, sur des planches de bois ou d'ivoire, sur des feuilles, des écorces, des peaux, des étoffes, etc. Livres en rouleaux; livres carrés. Opisthographie. Instruments pour écrire. — III. Des anciens manuscrits et des premiers livres imprimés. Ornementation des manuscrits. Livres imprimés par la xylographie ou gravure en bois. Livres imprimés par la typographie en caractères mobiles. Formes des caractères. Lettres ornées et coloriées. Du prix des livres avant et après l'invention de l'imprimerie. Imperfection des premiers livres imprimés. — IV. Dispositions diverses introduites dans les livres. Titres, épilogues, préfaces, notes, etc. Marques typographiques, registre, signatures, réclames, chiffres de foliotage et de pagination; colonnes, tables, papier, encre, format; impressions compactes, impressions à grands blancs. — V. Satinage, assemblage, etc.; brochure, cartonnage, reliure chez les anciens, au moyen âge et après l'invention de l'imprimerie. — VI. Bibliographes, bibliophiles, bibliomanes. — VII. Bibliothèques chez les anciens, au moyen âge, chez les modernes; principales bibliothèques de l'Europe; bibliothèques françaises, bibliothèques communales.

I. Les livres ont fait dans tous les temps le délassement des esprits cultivés de toutes les conditions et à tous les degrés. C'est par eux que les connaissances s'acquièrent, se développent, s'appliquent utilement et servent à civiliser le monde.

Dépositaires de la mémoire, ils sont, pour ainsi dire, le véhicule de la science, car ils emportent avec eux tout ce qui est de son domaine, et la religion, comme la science, leur doit, en grande partie, son établissement et sa conservation.

On a vu souvent des hommes, dont la mémoire était lente, arriver, par l'étude des livres, à se rendre supérieurs à d'autres hommes que la nature semblait avoir doués d'une intelligence plus vive et plus brillante.

C'est encore avec justice qu'on représente les livres (et par là il faut entendre les bons) comme le miroir de la vérité. Conseillers intimes et désintéressés, toujours prêts, toujours à nos heures, nous les trouvons là où s'arrête le savoir du maître. L'ignorant, en leur empruntant des connaissances, leur a dû parfois une estime usurpée.

« Je ne voyage sans livres, disait Montaigne, ny en paix, ny en guerre; toutesfois, il se passera plusieurs jours et des mois, sans que je les employe; ce sera tantost, dis-je, ou demain, ou quand il me plaira. Le temps court et s'en va cependant sans me blesser, car il ne se peut dire combien je me repose et séjourne en cette considération, qu'ils sont en mon costé pour me donner du plaisir à mon heure, et à recognoistre combien ils portent de secours en ma vie. C'est la meilleure munition que j'aye trouvée à cet humain voyage, et je plains extrêmement les hommes d'entendement qui l'ont à dire. Chez moy, je me détourne un peu plus souvent à ma librairie, d'où tout d'une main je commande à mon mesnage. »

Le mot français *livre* vient du latin *liber* que les anciens Romains avaient adopté pour désigner un cahier d'écriture, parce que c'était le nom de la première écorce intérieure des arbres sur laquelle ils écrivaient. Plus tard, on employa d'autres substances, telles que le papyrus, le parchemin, le papier de différentes sortes ; mais le mot *liber* resta en usage ; on l'appliqua même à des lames de cuivre, à des tablettes d'ivoire où l'écriture était gravée. De là les expressions de *libri ærei*, livres d'airain ; *libri elephantini*, livres d'ivoire.

Le mot grec *biblos* (βίϐλος), qui signifie aussi livre et d'où sont dérivés Bible, bibliothèque, bibliographe, etc., a une origine analogue ; car *biblos* était le nom que les Grecs donnaient au papyrus d'Egypte, espèce de jonc dont la tige est formée de membranes qu'on détachait comme des feuilles de papier, et qui pendant longtemps ont servi à écrire.

Les Romains employaient de préférence le tilleul pour la composition du papier et des livres ; les peuples du Nord, et surtout les Danois, ont employé le hêtre. Cet arbre, très-commun chez eux, se nomme *bog* en danois, *bœk*, *bueke* en flamand et en saxon ; *buch* en allemand moderne ; *boe*, *beoe*, *boec* en anglo-saxon. De là viennent les mots *book* en anglais, *buch* en allemand, *boek* en flamand et en hollandais, qui tous signifient *livre*.

On désigne les livres sous diverses dénominations qui se rapportent à leur origine, à leur destination ou aux matières dont ils traitent.

Ainsi, on appelle livres *divins* ceux que la Divinité elle-même, à différentes époques, a pris le soin de dicter : tels sont les livres de la Bible, c'est-à-dire de l'ancien et du nouveau Testament, qu'on appelle aussi livres *sacrés*, livres *saints*.

Tous les autres sont des livres *humains*, et, dans ce cas-là, on emploie souvent le mot *profane* : les auteurs sacrés, les auteurs profanes ; l'histoire sainte, l'histoire profane.

Les livres *canoniques* sont ceux que l'Église a reconnus comme divinement inspirés ; ceux qu'elle a admis plus tard dans le canon ou catalogue des livres sacrés se nomment *deutéro-canoniques*.

On emploie aussi le mot canonique, en parlant des autres religionnaires ; par exemple, il y a des livres bibliques qui sont canoniques pour les chrétiens et qui ne le sont pas pour les juifs ; il y en a que les catholiques reçoivent comme tels et que les protestants n'admettent pas.

Dans le Koran, Mahomet appele livres *célestes*, c'est-à-dire descendus du ciel, le Pentateuque, le Psautier, l'Evangile et le Koran.

On appelle livres *authentiques* ceux dont la date ou les auteurs sont connus.

Les livres *anonymes* sont ceux qui ne portent pas de nom d'auteur : l'*Imitation de Jésus-Christ* est un livre anonyme. Malgré les nombreuses et savantes polémiques qui se sont engagées au sujet de cet admirable livre, on en est toujours réduit à des conjectures sur son véritable auteur.

Les livres *pseudonymes* sont ceux qui portent un nom supposé. Toutefois, on désigne d'une manière générale, sous le nom d'*apocryphes*, les écrits dont l'auteur est inconnu ou supposé. Mais, dans l'antiquité, on appliquait ce nom à tout écrit gardé secrètement et dérobé à la connaissance du public. Ainsi, les livres des Sibylles à Rome, confiés à la garde des décemvirs, les Annales d'Egypte et de Tyr, dont les prêtres de ces royaumes étaient seuls dépositaires, étaient des livres *apocryphes*.

Les premiers chrétiens classaient en deux catégories les *apocryphes*; ils nommaient *antilégomènes* ceux dont l'authenticité était douteuse, par opposition au mot *homologoumènes*, par lequel ils désignaient les ouvrages authentiques. D'autres étaient appelés *illégitimes*, parce qu'on les attribuait à tort à des personnages inspirés, quoiqu'ils ne continssent rien que d'édifiant.

Par rapport à leur destination, on appelle livres d'*église* ou *eucologes*, livres d'*offices*, livres d'*heures*, *paroissiens*, *missels* ou livres de *messe*, ceux qui contiennent les différents offices de l'Église; livres de *chœur* ou de *lutrin* ceux qui servent pour chanter les psaumes, les hymnes, etc. ; livres *élémentaires* ou *classiques* ceux dont on fait usage dans les classes, dans les écoles.

Par rapport aux matières dont ils traitent, on appelle livres *sapientiaux* cinq livres sentencieux de la Bible.

On dit, dans le même sens, livres de *piété*, de *prières*, de *chant*, de *musique*, d'*histoire*, de *mathématiques*, de *droit* ou de *jurisprudence*, etc., etc.

Il est plusieurs livres anciens dont les noms sont restés célèbres. Tels étaient à Rome les livres *sibyllins*, les livres *fulguraux*, le livre *exercituel*, etc. ; et, dans des temps plus rapprochés, le *Livre d'or*, le *Livre des mestiers*, le *Livre rouge*, etc.

Les livres *sibyllins* contenaient les oracles des sibylles sur les destinées de l'empire romain. On les conservait dans un souterrain pratiqué au-dessous du temple de Jupiter Capitolin. Les livres *sibyllins* furent consumés par l'incendie qui détruisit le Capitole pendant la dictature de Sylla (83 ans avant J.-C.). Un second recueil apporté de Grèce fut brûlé, dit-on, par ordre de Stilicon, général de l'empereur Honorius. On a encore huit livres sibyllins, mais qui sont évidemment supposés.

Les livres toscans, qui enseignaient l'art de prendre les augures par la foudre, étaient appelés livres *fulguraux*. On les conservait dans le temple d'Apollon à Rome.

Le *Livre des armées* ou *Livre exercituel* était celui où se trouvaient décrits tous les augures qui concernaient une armée.

Un livre prophétique des Étrusques était appelé *Livre fatal*. A Rome, on donnait aussi quelquefois ce nom aux livres sibyllins.

Au moyen âge, dans plusieurs villes d'Italie, on appelait *Livre d'or* un registre officiel sur lequel étaient inscrits en lettres d'or les noms de toutes les familles patriciennes. Le plus célèbre de tous fut le *Livre d'or* de Venise, créé à la suite de la révolution aristocratique de 1297, et qui devint dès lors, dans cette république, la source unique du patriciat et du pouvoir. Par imitation, en France, sous le règne de Louis XVIII, on a appelé *Livre d'or* le registre sur lequel étaient inscrits les noms des pairs de France.

On appelait *Livre des mestiers* les règlements de police sur les différentes confréries des marchands et des artisans. Ces règlements, faits et rédigés par Etienne Boyleau, que la confiance du roi saint Louis appela au poste de prévôt de la ville de Paris, furent longtemps conservés manuscrits dans la chambre des Comptes, et sont aujourd'hui dans les Archives impériales.

On nommait plus tard *Livre rouge* trois volumes in-4°, reliés en maroquin rouge, sur lesquels se trouvaient consignés toutes les pensions, gratifications secrètes accordées à des particuliers, et tous les subsides payés à différents souverains, etc., depuis 1750 jusqu'à 1788.

Quant à l'origine des livres, elle se perd dans la nuit des temps. Les livres sacrés de Moïse sont généralement regardés comme les plus anciens. Moïse domine les générations et les siècles comme une colonne impérissable de vérité. Le Pentateuque (1) est la base de l'histoire universelle : c'est là que se trouve tout ce que nous avons de plus positif sur le premier établissement des nations ; car les investigations de la science, loin d'infirmer les données de la chronologie mosaïque, n'ont servi qu'à les confirmer.

Hérodote, Manéthon, les historiens chinois et hindous, toutes ces sources premières de l'histoire, sont de mille ans, de douze cents ans postérieurs à Moïse.

En effet, Lao-Tseu, auteur des livres primordiaux des Chinois, vivait environ 600 ans avant notre ère. Hérodote, le père de l'histoire, florissait en 440 avant J.-C.; ses écrits n'ont donc pas encore 2,300 ans d'ancienneté. Les écrivains qu'il a pu consulter, et dont les livres nous sont inconnus, Cadmus, Phérécide, Aristée de Proconèse, ne l'ont précédé que d'un siècle. D'un autre côté, les historiens Bérose, Manéthon, où l'on a puisé tous les documents de l'histoire sur les anciens peuples de l'Orient, datent de plus d'un siècle après lui.

Les poëtes sont plus anciens. Homère, le premier de tous ceux que l'on connaisse, Homère, le maître et le modèle de l'Occident, a précédé l'âge actuel de 2,700 à 2,800 ans. Ses écrits sont donc de plus de 400 ans antérieurs à ceux d'Hérodote.

On croit qu'Hésiode, dont on connaît un poëme sur l'agriculture, *les OEuvres et les Jours*, était contemporain d'Homère.

Sapho, dont les ouvrages firent les délices de l'antiquité,

---

(1) Les cinq livres bibliques qui forment le Pentateuque : *la Genèse*, *l'Exode*, *le Lévitique*, *les Nombres* et *le Deutéronome*, contiennent l'histoire du monde depuis la création, et particulièrement l'histoire du peuple juif. Ces livres ont été écrits par Moïse, prophète et législateur des Hébreux, né 1725 ans et mort 1605 ans avant Jésus-Christ.

vivait dans la 44ᵉ olympiade (600 ans avant notre ère), et elle a ainsi précédé de près de 200 ans l'historien grec (1).

Le prince des poëtes lyriques, Pindare, était né à Thèbes, dans la Béotie, environ 500 ans avant notre ère.

Quant aux autres livres antérieurs à celui d'Hérodote, tels que ceux attribués à Hermès, Orphée, Linus, Zoroastre, on ne peut leur assigner de date précise; ils ne sont pas venus jusqu'à nous, sauf quelques courts fragments, parmi lesquels un chant célèbre, la *Prière du véritable Orphée*, que l'hiérophante récitait dans les anciens mystères des Grecs :

« Marchez dans la voie de la justice, adorez le seul maître de l'univers. Il est un, il est seul par lui-même. Tous les êtres lui doivent leur existence; il agit dans eux et par eux. Il voit tout et jamais n'a été vu des yeux mortels. »

---

(1) Le temps, qui ne respecte rien, ne nous a malheureusement transmis que quelques vers de Sapho : un hymne à Vénus, et cette ode fameuse tant admirée par Longin, traduite en latin par Catulle, et par Boileau dans les vers suivants :

> Heureux qui, près de toi, pour toi seule soupire,
> Qui jouit du plaisir de t'entendre parler,
> Qui te voit quelquefois doucement lui sourire :
> Les dieux, dans son bonheur, peuvent-ils l'égaler ?
> Je sens, de veine en veine, une subtile flamme
> Courir dans tout mon corps, sitôt que je te vois,
> Et, dans les doux transports où s'égare mon âme,
> Je ne saurais trouver de langue ni de voix.
> Un nuage confus se répand sur ma vue,
> Je n'entends plus, je tombe en de douces langueurs,
> Et, pâle, sans haleine, interdite, éperdue,
> Le frisson me saisit, je tremble, je me meurs.

On a de Sapho quelques autres fragments très-courts, recueillis dans Aristote, Plutarque, Athénée et Démétrius de Phalère.

Selon Voltaire, les plus anciens livres du monde seraient, après les écrits de Moïse, les *Cinq Kings* des Chinois, le *Shastabad* des Brames, dont Holwell nous a fait connaître des passages admirables ; quelques chapitres du livre de Zoroastre, échappés à la destruction, et des fragments de Sanchoniathon qu'Eusèbe nous a conservés, et qui portent avec eux le caractère de l'antiquité la plus reculée.

II. Les matières sur lesquelles on a tracé jusqu'ici l'écriture ont varié selon le temps et les lieux. On a écrit sur la pierre, la brique, le bois, l'écorce, les feuilles, les coquillages, l'ivoire, les métaux, les peaux, la cire, les tissus, le papyrus ; sur le papier de soie ou de coton, et, en dernier lieu, sur le papier de chiffon.

C'est sur les pierres ou sur les briques qu'on trouve les plus anciennes écritures, témoin les nombreux bas-reliefs de Ninive, apportés récemment à Paris.

Ces pierres avaient la forme de blocs ou de tables ; il en est fait mention dans l'Écriture, sous le nom de *sepher*, mot hébreu que les Septante ont traduit par Αξων, Αξονες, qui était le nom donné chez les Athéniens aux tables de bois sur lesquelles les lois étaient écrites.

Tout porte à croire que le *Livre de l'Alliance*, celui *de la Loi*, le *Livre des Malédictions* et celui *du Divorce* avaient cette forme.

Les Talmudistes prétendent que les lettres des deux tables de Moïse étaient taillées et percées à jour, afin qu'on pût les lire en même temps des *deux côtés* (1). Mais ceci est peu probable, car il faudrait supposer que le peuple juif savait également lire à rebours.

(1) Dom Calmet, *Dictionnaire de la Bible*, tome IV.

Le *livre de Job* mentionne l'écriture sculptée sur la pierre avec un ciseau, ou gravée sur une lame de plomb avec un poinçon de fer. Plus tard, les Hébreux écrivirent sur le bois, puis ils employèrent des substances plus molles et susceptibles de se rouler (1).

Les anciens Égyptiens taillèrent leurs hiéroglyphes en creux sur la pierre longtemps avant de les peindre sur les étoffes et sur le papyrus. On dit qu'Hermès, pour mettre ses découvertes à l'abri d'un déluge, grava sur des colonnes de pierre les éléments des sciences.

Les Chaldéens, qui avaient une grande prétention à l'antiquité, puisque, au temps d'Alexandre, ils comptaient jusqu'à 470,000 ans depuis que l'astronomie florissait chez eux (2), inscrivaient leurs observations sur la brique.

Les Grecs se servaient aussi du bois et de la pierre. On croit que Solon, le second des sept sages de la Grèce, législateur des Athéniens, écrivit son Code sur des planches de bois.

Les fameux marbres, dits d'Arundel, découverts dans l'île de Paros, au commencement du xviie siècle, contiennent les annales des Athéniens. Ces annales remontent jusqu'à Cécrops ; mais les marbres n'ont été gravés que 1319 ans après lui, c'est-à-dire 263 ans avant notre ère.

L'histoire de Rome, qui ne fut écrite, pour la première fois, que 500 ans après sa fondation, a été presque entièrement composée sur les Annales écrites par les prêtres. La suite en fut gravée sur des tables de marbre, qu'on exposait aux yeux du public dans le Forum, vers les comices. En 1545, on dé-

---

(1) C'est ce qui résulte d'un passage de *Jérémie*, chapitre 36, versets 18 et 23, où il est parlé, en outre, d'encre et de canif.

(2) On a vérifié que les observations astronomiques des Chaldéens ne remontent en réalité qu'à sept cent cinquante ans avant l'ère chrétienne.

terra, dans ce lieu, les Fastes capitolins, par lesquels furent remplacées les Annales des pontifes.

En général, on préférait la pierre pour les documents législatifs ou historiques, pour les inscriptions tumulaires et tous les autres documents pour lesquels on voulait avoir des garanties de conservation.

On confiait aussi aux métaux les inscriptions qui avaient de l'importance. Les lois des Douze-Tables furent ainsi appelées, parce qu'on les avait gravées sur un pareil nombre de planches d'airain. On cite encore comme monuments de ce genre les tables Eugubiennes, la colonne de Druilius et le sénatus-consulte sur la célébration des bacchanales. Il y avait aussi à Rome une sorte de livres terriers appelés *Libri œris*, et sur lesquels étaient inscrites les concessions de terres et les partages dans les colonies.

Suétone (1) dit que 3,000 tables de bronze, qui étaient conservées au Capitole, périrent dans un incendie, sous le règne de Vitellius.

Les tablettes de bois, d'ivoire, etc., enduites de cire, sur lesquelles on écrivait avec un style ou poinçon, et dont on effaçait à volonté l'écriture, sont d'un usage très-ancien, qui s'est conservé jusqu'au moyen âge : on a cru même en avoir trouvé l'indication dans l'*Iliade*.

Les livres qu'on appelait à Rome *livres de lin* ou *lintéens* (*lintei libri*), étaient des tablettes couvertes d'une toile enduite de cire ou de plâtre, sur lesquelles on écrivait les annales de la république, et qui étaient déposées dans le temple de la déesse Monéta. Les oracles sibyllins étaient aussi tracés sur des livres de lin.

---

(1) *Vie de Vespasien*, chapitre VIII.

Les livres éléphantins (*libri elephantini*) étaient formés, selon Turnèbe, de bandes ou feuilles d'ivoire, et d'intestins d'éléphant, selon Scaliger. On inscrivait sur des livres de cette sorte les *actes du sénat*, que les empereurs faisaient conserver. On appelait aussi de ce nom certaine collection volumineuse (35 volumes) qui contenait les noms de tous les citoyens des trente-cinq tribus romaines.

Il serait impossible de désigner ici toutes les matières qui ont servi à la composition des livres avant que le papier soit devenu partout l'unique dépositaire de la pensée écrite. Chaque peuple lettré employait la substance qui lui semblait la plus propre à recevoir et à conserver l'empreinte des caractères. Les procédés les plus étranges, et quelquefois aussi les plus ingénieux, furent mis en usage. On rapporte que les Russes, en pénétrant chez les Tartares Kalmouks, vers l'an 1721, y trouvèrent une bibliothèque dont les livres avaient une forme extraordinaire. Ces livres, extrêmement longs et sans largeur, renfermaient des feuillets fort épais, qui semblaient composés d'une espèce de coton, ou faits avec des écorces d'arbres enduites d'un double vernis. L'écriture y était blanche sur un fond noir.

Les Péruviens et les Mexicains, qui n'avaient point d'écriture, tenaient cependant leurs annales régulièrement : les premiers au moyen de leurs *quipos*, c'est-à-dire de tresses ou de nœuds qu'ils faisaient à des cordons de diverses couleurs ; les autres au moyen de figures qu'ils traçaient sur des peaux d'animaux ou sur des écorces (1).

(1) Ces figures n'étaient ni des emblèmes, ni des symboles ; c'était la représentation des objets eux-mêmes. Elles diffèrent essentiellement en cela de l'écriture hiéroglyphique des Egyptiens, à laquelle on a voulu les comparer.

Les Birmans (nation importante de l'Asie méridionale) écrivent sur des feuilles de palmier, ou sur une sorte de papier grossier fait de bambou macéré dans l'eau et noirci avec du charbon mêlé au jus de certaines feuilles, ou bien encore sur des tablettes d'ivoire.

En Chine, dans les temps anciens, les caractères étaient tracés sur des planchettes de bambou, soit en creux, soit avec une pointe trempée dans du vernis. Vers le IIIe siècle avant notre ère, on commença à se servir d'étoffes de soie, de coton ou de fil ; un siècle après, on avait inventé le papier et substitué l'encre au vernis.

Les tables de pierre ou de marbre, les lames de plomb ou d'autre métal, les planchettes de bois ou d'ivoire, quoique désignées improprement dans l'antiquité sous le nom de livres, ne méritaient pas plus cette dénomination que les épitaphes et autres inscriptions commémoratives que nous gravons encore aujourd'hui sur les mêmes matières. Ce n'étaient pas d'ailleurs des objets portatifs et manuels ; les lois des Douze-Tables, par exemple, gravées sur l'airain, étaient un peu plus pesantes que ne le fut plus tard le Code Justinien, écrit sur papyrus ou sur parchemin. Celui-ci était un livre dans la véritable acception du mot, et c'est ainsi qu'on appelait tous les ouvrages écrits de cette façon.

Après la transcription, les peaux ou les feuilles de papyrus étaient cousues ou collées les unes aux autres, de gauche à droite, et formaient une longue bande roulée autour d'un bâton, comme nos cartes géographiques.

Les Latins nommaient ces rouleaux *volumina*, du mot *volvere*, rouler. Ouvrir un volume, c'était le dérouler, *explicare*.

Au reste, la coutume de confectionner les livres en rouleaux, dès qu'il s'agissait d'ouvrages un peu étendus, était commune à presque tous les peuples. Les Égyptiens, les Juifs, les Grecs, les Romains, les Perses, les Indiens la pratiquaient. Elle s'est continuée plusieurs siècles après la naissance de Jésus-Christ, et même les Chinois l'observent encore quelquefois.

Les anciens donnaient cependant aussi à leurs livres la forme carrée, en attachant les feuilles placées l'une sur l'autre, comme cela se fait maintenant. Plusieurs manuscrits très-anciens ont la forme carrée. Le père Montfaucon assure même que, parmi les manuscrits grecs qu'il a vus, il n'en a trouvé que deux ayant la forme de rouleau (1).

Les Romains avaient aussi des *codices*, livrets carrés en parchemin ou papyrus.

Martial regarde l'emploi des *codices* comme un perfectionnement important, en ce qu'il permettait de réunir, sous un format commode et portatif, des ouvrages renfermés auparavant dans un grand nombre de volumes.

La forme des *codices* leur avait valu le nom de *libri quadrati*.

Les anciens n'écrivaient ordinairement que d'un seul côté, et laissaient en blanc la page du revers, peut-être à cause de la finesse du papier d'Égypte. Jules-César paraît être le premier qui ait introduit l'usage d'écrire des deux côtés, dans sa correspondance avec les généraux et les gouverneurs. Au reste, c'était une marque de politesse de n'écrire que sur le recto, puisque, au IVe siècle, saint Augustin s'excusait encore quand il s'écartait quelquefois de cet usage. Mais l'*opisthographie*, c'est-à-dire l'écriture des deux côtés du feuillet, prévalut généralement,

---

(1) *Palæograph. græca*, liber I, caput IV; Reimann, *Idea system. antiq. litter.*, pages 227 et 242; Swartz, *De Ornam. libror.*, dissert. II.

comme on le remarque dans les manuscrits du moyen âge. L'écriture sur le recto seulement s'appelle *anopisthographie*.

Les instruments dont les hommes se sont servis pour écrire ont varié selon la matière sur laquelle ils traçaient leurs pensées. Un caillou tranchant, la pointe de fer, le ciseau, le burin ciselaient la pierre, le marbre, le bois, les métaux. La canne, le roseau ou jonc peignaient l'écorce, le papyrus et les peaux. Baruch écrivait ses prophéties avec l'encre et le roseau. Perse, dans sa troisième satire, dit : *Inque manus chartæ nodosaque venit arundo.* (Et le papier et le roseau noueux viennent dans les mains.)

Les Arabes, les Perses, les Turcs, les Grecs, les Arméniens se servent encore aujourd'hui de ces *cannes*.

Clément d'Alexandrie, qui vivait dans le troisième siècle de l'Église, parle de l'écritoire, du jonc, de la plume des copistes : *Deinde autem sacrorum scriba procedit habens pennas super capite, librum in manibus, vasculum in quo atramentum scriptorium, et juncum.* (Clém. Alex., lib. VI.) (Et ensuite l'écrivain du temple arrive à son travail, ayant des plumes sur la tête, un livre dans les mains, un vase dans lequel est l'encre à écrire et un jonc.)

Le grattoir, le canif, le compas pour mesurer les espaces des lignes, les ciseaux pour couper et préparer le papier, le vase rond en plomb ou l'écritoire, et la règle pour guider les plumes, étaient en usage chez les anciens ; on en trouve les noms dans l'Anthologie : *Scalpellus, cultellus, circinus pro metiendis linearum spatiis, forfices scindendæ aptandæque chartæ, vasculum plumbeum rotundum, sive atramentarium, et canon calamorum custos* (1).

---

(1) Lambinet, pages 15 et 16.

III. Chez les Égyptiens, les Perses et la plupart des anciens peuples de l'Orient, il y avait des personnes chargées nommément d'écrire les annales publiques. Moïse qui, au témoignage de l'ancien Testament, fut élevé à la cour d'Égypte, établit cet usage chez les Hébreux. Le livre des Paralipomènes donne les noms de plusieurs de ces scribes, que les Hébreux appelaient prophètes.

Dans la Grèce antique, les scribes étaient déjà nombreux; Jules Pollux leur a consacré un chapitre dans son *Onomasticon*. Il les qualifie d'hommes habiles et instruits.

Quoique les livres fussent connus à Rome dès la fondation de cette ville, l'art d'écrire y fut à peu près ignoré pendant plusieurs siècles. Seuls, durant 400 ans, les prêtres, qui tenaient les Annales de la république, pratiquaient nécessairement cet art. Les scribes vinrent plus tard en grand nombre et formèrent, pour multiplier les copies des ouvrages, des espèces d'ateliers de transcription, où ils écrivaient sous la dictée d'un lecteur. Le prix de leur travail s'évaluait par cent lignes; mais on ignore quel était leur salaire.

Ces copies, hâtivement faites, étaient très-souvent fautives, et les auteurs s'en plaignaient amèrement. Horace déclarait indigne de pardon un copiste qui, après avoir été averti, retombait dans les mêmes fautes.

Lorsqu'un auteur s'apercevait des fautes des copistes, il invitait immédiatement le libraire à les corriger. Mais ces corrections ne pouvaient être faites que sur les copies non vendues; les autres restaient avec leurs fautes. C'est de cette diversité, dit M. Giraud, qu'ont pris naissance les variantes recueillies par les érudits des temps modernes dans les anciens manuscrits qui nous restent d'un même ouvrage.

Il y avait à Rome des amateurs tellement avides de se former promptement une belle bibliothèque, qu'ils occupaient à la fois jusqu'à cent copistes. Atticus était de ce nombre.

Pendant le moyen âge, il y eut également un grand nombre d'ateliers de transcription, d'abord dans les monastères, puis dans des maisons séculières. Ces ateliers avaient leurs chefs, leurs règlements auxquels étaient tenus d'obéir les copistes qui y étaient attachés. Nous ne rappellerons pas ce que nous avons déjà dit (chapitre III) sur la transcription des livres avant la découverte de l'imprimerie. Alors les manuscrits, comme aujourd'hui les imprimés, étaient plus ou moins beaux, plus ou moins solides et riches, selon le prix qu'on y voulait mettre. Les livres usuels, écrits rapidement, étaient remplis d'abréviations quelquefois indéchiffrables. Dans les ouvrages de luxe, l'écriture des copistes rivalisait avec les impressions élégantes de nos typographes modernes. Les lettres capitales étaient en or, en argent, en azur, de couleur pourpre ou verte, etc. Toutes les bibliothèques d'Europe et même des cabinets d'amateurs possèdent quelques-uns de ces précieux manuscrits antérieurs à l'invention typographique.

Lorsqu'on examine avec soin les anciens manuscrits enrichis de miniatures, n'ayant pas une marge qui ne soit ornée de fleurs, de feuillages, de fruits ou d'animaux, peints en or ou coloriés, de même que les lettres capitales en torneures, on est frappé de la vivacité des couleurs, du poli de l'or, de la beauté du dessin, et l'on regrette la perte de cet art, dont se servaient encore les scribes du XIIIe, du XIVe et du XVe siècle pour décorer leurs manuscrits.

Rendus de jour en jour plus magnifiques, les manuscrits devenaient en même temps des objets du luxe le plus recherché. Il n'y avait que les petits livres d'éducation qui fussent sans ornement. On les écrivait même souvent en sigles ou en caractères tyroniens (écriture abréviative), afin de les mettre à la portée des pauvres écoliers. Mais cela ne suffisait pas encore, les transcriptions étaient toujours trop lentes et trop peu nombreuses pour répondre aux besoins des hommes avides de s'instruire. On chercha des procédés plus expéditifs.

Après bien des tâtonnements, des essais, on trouva un de ces procédés ; et, ce qui a lieu de surprendre, là où des hommes intelligents, érudits, avaient échoué, de simples artisans, des fabricants de cartes à jouer, réussirent. En appliquant la gravure aux besoins de leur industrie, ils donnèrent l'idée de l'imprimerie tabellaire ou xylographique, laquelle, comme on sait, fut le premier rudiment de l'imprimerie en caractères mobiles.

D'abord, on avait dessiné et grossièrement colorié à la main ces grandes cartes tarotées, hautes de six à sept pouces, dont se servaient les joueurs du moyen âge. On avait eu recours ensuite, pour en accélérer la fabrication, à des patrons découpés sur lesquels on appliquait des encres de diverses couleurs : de sorte qu'on faisait à la fois le dessin et l'enluminure. Jansen affirme que, pour les initiales des manuscrits, les copistes, à partir du VIe siècle, n'employaient pas d'autres moyens.

Plus tard, et comme par réminiscence de l'empreinte des cachets antiques, et surtout des sceaux du moyen âge, on eut l'idée de tailler l'image des cartes dans d'épaisses planches de bois qu'on enduisait d'encre grasse, et qui reproduisaient cette image à l'infini.

La gravure en bois ou xylographie s'étendit de la fabrication des cartes à jouer à celle des images de saints. On fit des livres d'images, comme le *Speculum humanæ Salvationis*, l'*Ars moriendi*, la *Biblia pauperum*, etc.

Enfin, les textes qui accompagnaient ces images, écrits quelquefois à la main, mais qui s'imprimaient aussi en même temps, donnèrent l'idée d'appliquer la xylographie à d'autres livres. On l'appliqua notamment à la grammaire de Donat et au petit vocabulaire *Catholicon*.

Ces livrets ne s'imprimaient que d'un seul côté, à cause des difficultés que le frotton de crin ou brosse, ou même le rouleau recouvert d'étoffe, dont on se servait alors, présentait pour la retiration; mais on collait ordinairement l'un sur l'autre les côtés blancs de deux feuillets qui semblaient n'en faire qu'un.

Cependant les travaux minimes et informes de la xylographie ne pouvaient pas remplacer la transcription manuelle, parfois si élégante, et les manuscrits se payaient toujours fort cher.

Enfin la typographie véritable fut trouvée, et ce merveilleux procédé brisa la plume des calligraphes et le grossier burin des xylographes.

Gutenberg et ses associés donnèrent à leurs caractères la forme des lettres gothiques, dont l'usage, alors général en Europe, se conserve encore en Allemagne, tant dans l'écriture que dans l'impression.

Les premiers livres imprimés ressemblaient si fort à des manuscrits qu'on les prit d'abord et que les premiers imprimeurs les vendaient pour tels, quand ils trouvaient des dupes. On a même accusé Fust d'avoir commis cette supercherie à Paris où il avait apporté des exemplaires de la Bible.

Mais bientôt la divulgation de l'art typographique, l'emploi du caractère romain et les autres accessoires de l'imprimerie ne permirent plus d'en confondre les productions avec celles de la calligraphie.

Les rubricateurs, les enlumineurs, les miniaturistes, les dessinateurs, après avoir travaillé si longtemps à la confection des manuscrits, continuèrent d'exercer leurs arts, même après l'invention de l'imprimerie, non-seulement pour les ouvrages héraldiques, généalogiques et autres, que l'on faisait souvent copier à la main, mais encore pour les livres imprimés ; car, dans les premières productions typographiques, il y a absence de grandes lettres capitales, au commencement des livres ou des chapitres. On laissait en blanc les espaces où les artistes que nous venons de désigner dessinaient des majuscules ornées, puis coloriées, rehaussées d'or et d'argent. Cet usage se prolongea jusqu'au XVIe siècle ; mais il fut abandonné lorsque la fonte des caractères offrit à la typographie des lettres fleuronnées, des vignettes et autres ornements, auxquels s'adjoignirent les produits de la gravure ; alors les *rubricatores, illuminatores, miniatores, miniculatores* disparurent, comme des auxiliaires inutiles.

Cependant, l'impression en couleur fut pratiquée dès l'origine de l'imprimerie. Le Psautier de 1457 (*Psalmorum codex*), in-folio, exécuté par Fust et Schœffer, en fournit la preuve.

Ce livre, imprimé en lettres rouges et noires, faites sur le modèle des manuscrits liturgiques du XVe siècle, et dont la grosseur peut être comparée à celle du caractère connu en typographie sous le nom de *gros-canon*, est décoré de 288 capitales délicatement gravées en bois et tirées d'une manière surprenante, par rentrées à deux couleurs : en rouge quand les ornements sont en bleu, et en bleu quand les ornements sont en rouge.

En 1474 et 1475, Zainer à Ulm, Ratdolt à Venise, employaient aussi des lettres capitales ornées, sculptées en bois, tandis que tous les autres imprimeurs les laissaient en blanc pour être dessinées à la main.

Les grandes capitales, ornées ou simples, étaient de la hauteur de plusieurs lignes et rentraient dans la justification. L'usage n'en a été abandonné que depuis environ soixante ans, et se conserve même encore dans les livres d'église. Hors de là, ces lettres rentrées ne sont employées que comme caractères de fantaisie.

Nous avons déjà parlé (chapitre III) de l'excessive cherté des manuscrits avant l'invention de l'imprimerie; nous avons vu qu'en 1251, un seul volume revenait, en moyenne, à 583 fr., valeur actuelle, ou coûtait tout au moins de 400 à 500 fr. de cette même valeur.

D'après les cotes marquées en 1292, à la suite de chaque article du catalogue de la bibliothèque de la Sorbonne, nous voyons, il est vrai, que le prix d'un livre ne s'élève plus, terme moyen, qu'à la somme de 148 fr. (monnaie actuelle). Cette différence de prix entre les volumes portés sur le catalogue de la docte école et ceux vendus au public résulte de ce que les livres de la Sorbonne jouissaient du privilége de la taxe que l'Université avait établie, pour modérer la vente de chaque ouvrage en faveur des étudiants.

On ne peut guère déterminer la valeur des livres pendant les premières années qui suivirent la découverte de l'art typographique, car elle variait en raison de l'ornementation plus ou moins riche qu'on leur donnait; mais ce qu'il y a de certain, c'est que cette admirable découverte fit baisser considérablement les prix qu'on avait payés jusqu'alors.

En effet, dès 1468, trois ans seulement après l'établissement de l'imprimerie à Rome, Jean Andrea, évêque d'Aleria, disait dans sa dédicace, au pape Paul II, des *Épîtres* de saint

Jérôme, que des volumes qui, en d'autres temps, auraient coûté 100 écus d'or (environ 450 francs) en coûtaient à peine 20 (90 francs), et que ceux qui auraient coûté jadis 20 écus n'en coûtaient tout au plus que 4 (18 francs).

Les livres furent encore moins chers dans le siècle suivant; car plus l'imprimerie prenait de l'accroissement, plus le prix des livres diminuait.

On trouve dans les premières productions typographiques une foule d'irrégularités qui tiennent à l'enfance de l'art et à l'état d'imperfection de la langue à cette époque.

Ainsi, des imprimeurs, n'ayant pas de lettres capitales, mettaient une petite lettre à un nom propre où il aurait fallu une majuscule; manquant d'œ, ils mettaient un *e* simple, *epistole* pour *epistolæ*. Les signes prosodiques, d'accentuation et de ponctuation, alors peu connus, sont fréquemment omis ou mal placés; l'orthographe française n'étant pas encore fixée, présente des bizarreries, dont quelques-unes se reproduisent dans l'orthographe latine : on lit, par exemple, *hystoria*, ou même *ystoria*, *simbolum*, *Horacius*, etc. Les abréviations sont nombreuses et souvent peu intelligibles (1). Au reste, toutes ces anomalies se rencontrent aussi dans les anciens manuscrits, copiés quelquefois trop servilement par les typographes.

Quoique la typographie soit devenue l'unique moyen qu'on emploie pour la reproduction des livres à un grand nombre d'exemplaires, la calligraphie n'a pas été entièrement abandonnée; mais elle n'a plus été considérée que comme une œuvre artistique.

---

(1) On remarque aujourd'hui le même défaut dans quelques ouvrages usuels, notamment dans les dictionnaires géographiques. L'économie qui en résulte ne nous paraît pas un motif valable.

Les scribes si renommés du moyen âge ont eu des rivaux non moins célèbres dans le XVIe siècle, dans le XVIIe siècle et jusque dans ces derniers temps.

Ainsi Ange Végèce ou Vergèce, né dans l'île de Crète, excellait à écrire le grec. Appelé en France par François Ier, il fut nommé calligraphe du roi et pensionnaire du collège de France. On conserve à la Bibliothèque impériale un *Oppien*, que Vergèce écrivit par ordre de Henri II, pour Diane de Poitiers, maîtresse de ce prince; il est de toute beauté et orné de figures supérieurement peintes. L'écriture de ce manuscrit est si régulière et si gracieuse, que c'est sur ce modèle que les beaux caractères grecs dont s'est servi Robert Estienne pour ses magnifiques éditions ont été gravés par Garamond. La reliure de ce manuscrit est très-curieuse; d'un côté sont les armes de Henri II, de l'autre on voit Diane de Poitiers représentée avec les attributs de la déesse dont elle portait le nom. Ange Vergèce fut le maître d'écriture grecque de Henri Estienne. Il vécut jusque sous le règne de Charles IX. On dit que son talent calligraphique a donné naissance à cette expression proverbiale : Écrire comme un ange.

Nicolas Jarry, né à Paris vers 1620, écrivain et noteur de la musique de Louis XIV, fut un des plus habiles calligraphes du XVIIe siècle. La beauté de son écriture surpassa tout ce que l'on connaissait jusqu'alors. Les productions de sa plume sont nombreuses et atteignent encore dans les ventes des prix très-élevés. La plupart sont des livres d'office écrits sur vélin, parmi lesquels nous citerons le volume intitulé : *Preces christianæ* (1652, in-12), avec miniatures, vendu 1,240 fr. ; les *Heures de Notre-Dame* (1647, in-8° de 120 feuillets), en lettres rondes et bâtardes, ornées de sept miniatures. Ce manuscrit a été vendu 1,601 francs à la vente de la bibliothèque du duc de La Vallière; il passa plus tard dans le cabinet de M. De Bure l'aîné.

On regarde comme un des chefs-d'œuvre de Jarry, la *Guirlande de Julie*, ouvrage exécuté sur vélin en 1641, par ordre du duc de Montausier, qui en fit hommage à Julie-Lucine d'Angennes de Rambouillet, quelque temps avant son mariage avec cette dame. C'est un volume in-folio dont le frontispice est entouré d'une guirlande de trente fleurs différentes; puis chaque fleur est reproduite sur un feuillet séparé avec un madrigal au-dessous. Les fleurs sont peintes par Robert; les vers ont été composés par le duc de Montausier et par les beaux esprits qui se réunissaient à l'hôtel de Rambouillet; mais ici le calligraphe l'emporte infiniment sur le peintre et sur les poëtes. Après la mort de Montausier, cet admirable manuscrit passa dans la bibliothèque du duc de La Vallière; il fut ensuite vendu 14,510 francs et transporté en Angleterre, d'où la famille de La Vallière l'a fait revenir. Une copie sur vélin, format in-8°, exécutée par Jarry, mais sans peintures, a été vendue 622 francs.

Didot jeune donna une édition de la *Guirlande de Julie*, accompagnée d'une notice historique, par M. de Gaignières, 1784, in-8°; papier vélin; tirée à 250 exemplaires.

Une nouvelle édition in-18, avec figures coloriées, a été imprimée à Paris, en 1818, et une autre à Montpellier en 1824, in-18.

Nous citerons encore une merveille calligraphique de Jarry; c'est *Adonis*, poëme de La Fontaine, dédié au ministre Fouquet, 1658; grand in-4° avec peintures. Ce superbe manuscrit se trouvait dans le cabinet du prince Michel Galitzin à Moscou, lorsqu'il fut rapporté à Paris et vendu 2,900 francs en mars 1825.

Comme on le voit, Jarry écrivait des livres dans tous les formats, depuis l'in-folio jusqu'à l'in-32. L'*Office de la Vierge*, qu'il écrivit en 1660, dans ce dernier format, a été vendu 850 francs.

Nous dirons à cette occasion que la calligraphie est allée plus loin que la typographie dans l'écriture microscopique. On rapporte qu'un Français offrit à Élisabeth, reine d'Angleterre, un papier de la grandeur d'un liard, où étaient écrits les dix commandements de Dieu, le symbole des apôtres, l'oraison dominicale, le nom de la reine, la date de l'année. Il lui présenta en même temps des lunettes au moyen desquelles on pouvait distinguer toutes les lettres.

La calligraphie a été cultivée avec succès jusqu'à nos jours; les Rossignol, les Roland du dernier siècle ont encore de dignes héritiers dans celui-ci.

Les écrivains experts, chargés des vérifications d'écritures ordonnées par la justice, formaient autrefois une communauté, qui fut même érigée en bureau académique.

IV. Les premiers livres imprimés ne portent pas de titre sur un feuillet séparé. On lit seulement en tête de la première page : *Incipit liber......* si le livre est en latin, ou, s'il est en français : *Cy commence le livre......* par exemple : *Incipiunt epistole Horacii; — Cy commence la Légende dorée*. Quelquefois, cette espèce d'intitulé est au verso du premier feuillet, apparemment quand on voulait réserver le recto pour dessiner un titre.

Ce ne fut que vers 1470 que l'on imprima séparément sur un feuillet le titre de l'ouvrage.

Beaucoup de ces éditions primitives n'indiquent ni la date, ni le lieu de l'impression, ni le nom de l'imprimeur. Quand on les mettait, c'était ordinairement à la fin du volume, en forme d'épilogue, comme dans ces exemples : *Explicit speculum historiale..... impressum per Johannem Mentelin anno domini*, etc. — *Cy finist la Légende dorée..... imprimée en la dicte ville de Lyon par Barthelemy Buyer le dix et huitieme iour d'apuril mil quatre cens septante et six.*

Ces épilogues, puis les titres, lorsqu'on les imprima séparément, ainsi que les sommaires et les lignes finales des chapitres ou autres divisions des ouvrages, représentaient souvent un cône renversé de cette manière :

Depuis longtemps déjà la typographie donne aux titres principaux et secondaires un aspect plus agréable, tant par la variété des caractères que par une diversité bien entendue dans l'agencement des lignes.

La première impression avec une *préface* est l'*Apulée*, et la première avec des *notes marginales* est l'*Aulu-Gelle*, l'un et l'autre ouvrage imprimés en 1469, à Rome, par Sweynheym et Pannartz, qui introduisirent l'imprimerie dans cette ville.

Lorsque l'on eut mis des titres imprimés aux livres, la plupart des imprimeurs adoptèrent des marques typographiques, espèces d'écussons ou de cachets qu'ils plaçaient au frontispice de chaque exemplaire de leurs éditions, pour les faire reconnaître et pour opposer à la contrefaçon une barrière trop souvent franchie par les faussaires.

L'origine des emblèmes et devises que les anciens imprimeurs et libraires avaient adoptés provient certainement de ce que les imprimeurs avaient voulu qu'on reconnût, à une marque distinctive, les productions sorties de leurs presses. La législation même leur en fit une obligation, ainsi qu'on le voit par l'article 16 de la déclaration du 31 août 1539 :

« Ne pourront prendre, les maîtres imprimeurs et libraires, *les marques des uns des autres*, ains chacun en aura une à part soi différente les unes des autres; en manière que les acheteurs des livres puissent facilement connoître en quelles officines les livres auront été imprimés, et lesquels se vendront auxdites officines et non ailleurs. »

Ces emblèmes étaient souvent des jeux de mots qui faisaient allusion au nom de celui qui les avait choisis.

Les armes de Fust et de Schœffer étaient deux écus suspendus à un tronçon d'arbre posé en travers. La marque particulière de Fust était deux bâtons passés en sautoir, ayant à chaque extrémité un crochet et alaisés; celle de Schœffer, un chevron finissant en crochets aux deux bouts et alaisé, accompagné de trois étoiles, deux en chef et une en pointe (1).

Schœffer, qui s'est si honorablement distingué par ses écrits dans le siècle dernier, descendait de P. Schœffer, et sa famille, dont les membres se décorent du titre de chevalier, porte encore aujourd'hui les mêmes armes.

Le fils de Pierre Schœffer, qui lui succéda comme imprimeur à Mayence, mettait aussi ses armes à la fin de ses éditions; mais il y avait fait quelques changements et les avait rendues parlantes. Au lieu de la troisième étoile en

---

(1) Voici ce que dit M. Philarète Chasles sur les armes des premiers imprimeurs : « Dès l'origine, la profession d'imprimeur s'était classée à la tête de la société. Elle avait déjà ses armoiries féodales; l'*ancre* des Alde, l'*oranger* des Henri Estienne, ne sont pas autre chose. Erasme disait que le blason des Alde était celui du savoir faisant la guerre à l'ignorance. »

pointe, il mettait une rose ; il y ajoutait des bergers avec leur chien et des moutons, pour exprimer apparemment son nom allemand *Schœffer*, qui signifie berger. On voyait dans le champ même, ou bien dans un petit cartouche séparé, les initiales I.S. entrelacées (Jean Schœffer).

Un autre descendant du célèbre imprimeur, Jean Jans Schœffer, c'est-à-dire Jean fils de Jean Schœffer, établi à Bois-le-Duc, en Brabant, à l'enseigne du *Missel* (sa famille habitait encore la même maison en 1740), avait pour armes parlantes trois moutons d'argent en champ de sinople au chef d'argent à deux houlettes en sautoir, avec gueule foncée d'azur.

Les insignes des Alde étaient une ancre et un dauphin. Erasme dit que cet emblème, le dauphin s'enroulant autour d'une ancre, se trouvait sur des médailles impériales. On le voit, en effet, sur le revers d'une médaille d'argent de Vespasien, et aussi de Domitien. Bembo fit présent d'une de ces médailles de Vespasien à Alde, qui, se rappelant l'adage latin *Festina lente*, adopté par Auguste, crut que le dauphin désignant la vitesse, à cause de la rapidité avec laquelle il fend les ondes, et l'ancre étant une marque de solidité et de constance, ces deux emblèmes exprimeraient avec justesse que, pour travailler solidement, il faut travailler sans relâche, mais cependant avec une lente réflexion. Alde développe sa pensée en écrivant au prince de Carpi, à la fin du recueil des anciens *Astronomes*, qu'il imprima en 1499 : « Je me rends à moi-même ce témoignage que j'ai toujours eu pour compagnons, comme cela est convenable, dit-on, le dauphin et l'ancre ; car nous avons donné et nous donnons assidûment beaucoup de choses, sans nous hâter » (1).

(1) Voyez M. Didot, article *Typographie* de l'*Encyclopédie moderne*.

L'empereur Maximilien II, par un diplôme de noblesse du 28 avril 1574, accorda à Paul Manuce le droit d'ajouter à ses armes l'aigle impériale. Mais la mort de Paul Manuce, survenue peu après, ne lui permit pas d'imprimer ces armes sur aucun de ses livres. Elles ne parurent que sur ceux d'Alde le jeune, son fils.

La figure qui sert d'insigne au frontispice du premier livre où se trouve le nom d'Elsevier (*Histoire romaine d'Eutrope*, 1592), représente un ange qui tient d'une main un livre et de l'autre une faux.

Louis Elsevier avait pour marque habituelle de sa librairie un aigle sur un cippe, avec un faisceau de sept flèches, accompagné de cette devise empruntée à Salluste, et où semble prophétisée la gloire de sa famille : *Concordia res parvæ crescunt*.

Isaac substitua à cet insigne l'arbre embrassé par un cep chargé de raisins, avec le Solitaire et sa devise : *Non solus*.

Daniel adopta pour marque Minerve et l'olivier avec la devise *Ne extra oleas*. Depuis 1629, on trouve dans ses livres un fleuron où est figuré un masque de buffle. Dans le *Salluste*, imprimé en 1634, on remarque la figure d'une sirène. Cependant Daniel ne fut pas toujours fidèle à ces insignes : dans le *Térence* de 1661, par exemple, il substitua à la tête de buffle et à la sirène une guirlande de roses trémières qu'on retrouve dans un grand nombre de ses éditions.

Les premiers imprimeurs de Paris, comme faisant partie de l'Université, mettaient souvent en tête de leurs éditions les armes de ce corps. Ces armes sont l'écu de France chargé d'une main qui sort d'une nuée et présente un livre fermé. Elles figurent sur plusieurs impressions de Wolfgang Hopil, de Henri Estienne Ier, de Jean Petit, de Guillaume Lerouge, de Simon de Colines.

Quelquefois les imprimeurs joignaient les armes du roi à celles de l'Université, comme firent Antoine Caillaut, Galliot Dupré, Jean Cornilleau, Josse Bade.

D'autres, François Regnault, Gilles Gourmont, etc., y ajoutaient encore les armes de la ville de Paris, c'est-à-dire un vaisseau, comme fit aussi la première compagnie de libraires associés, de la *Grand'Navire* (1586).

André Boccard, imprimeur (1497), avait pour devise, autour de sa marque représentée par les armes du roi, de l'Université et de la ville de Paris, ces vers :

> Honneur au roi et à la court,
> Salut à l'Université,
> Dont notre bien procède et sourt.
> Dieu gard'de Paris la cité.

Mais, outre cela, les imprimeurs et les libraires avaient aussi leurs marques particulières avec des devises.

L'enseigne du *Soleil d'or*, que Géring avait adoptée, et qui fut conservée par Rembolt, son associé et son successeur, passa ensuite à Claude Chevallon, après qu'il eut épousé Charlotte Guillard, veuve de Rembolt. Il la mettait au-dessus de ses armes soutenues par deux chevaux debout, faisant allusion à son nom *Chevallon* (cheval long).

Les premiers concurrents de Géring, Pierre Cæsaris et son associé Jean Stoll, avaient pour enseigne un soufflet vert. Cæsaris, vers la fin de sa carrière, abandonna cette enseigne et adopta celle du *cygne et du soldat*.

La marque d'Antoine Vérard (1480) consistait dans son chiffre ou monogramme placé dans un cœur, surmonté de l'écu de France, avec ornements, et accompagné de ces vers écrits dans l'encadrement :

> Pour provoquer ta grant miséricorde
> De tous pecheurs faire grace et pardon,
> Anthoine Verard humblement te recorde;
> Tout ce qu'il a il tient de toi par don.

Guyot ou Guy Marchand (1483) avait pris pour enseigne le *chant gaillard*, et pour marque deux mains jointes, emblème de foi, surmonté de ses initiales G. M. et de cette devise : *Sola fides sufficit*, tirée de l'hymne *Pange lingua*, et qu'il exprimait en rébus par les notes *sol, la*, avec le mot *fides* au-dessus de *ficit*.

Pierre Jacobi, prêtre et imprimeur à Toul (1505), adopta pour marque une croix avec la devise de Guy Marchand, exprimée par le même rébus.

Denis Janot, libraire-imprimeur à Paris (1484), avait pour devise autour de sa marque : *Amor Dei omnia vincit Tout par amour, amour par tout, par tout amour, en tout bien.*

Geoffroi de Marnef imprima souvent en société avec ses deux frères, Enguilbert et Jean. Ils avaient une marque représentée par trois symboles : des *grues* qui font un nid en volant, un *perroquet* qui parle, un *pélican* qui donne la vie à ses petits, et *trois bâtons* sur lesquels sont les premières lettres de leurs prénoms : G. (Geoffroi), E. (Enguilbert), I. (Jean).

Jean Bouyer et Guillaume Bouchet avaient pris pour emblème de leur laborieuse association deux bœufs paissant, accompagnés de ces vers :

> En la parfin de l'œuvre, louer Dieu
> Chacun de nous doit, pour avoir sa grace;
> A luy donc os (*louange*), pour ce qu'il luy a pleu
> Nous donner temps de ce faire et espace.

Josse Bade, surnommé *Ascensius*, avait pour marque la représentation d'une imprimerie avec ces mots : *Prœlum ascensianum*. — Jean de Roigny, gendre et successeur de Josse Bade, conserva sa marque.

Henri Estienne Ier (1502), en prenant pour marque les armes de France ou celles de l'université, les accompagnait de l'une de ces deux devises : *Plus olei quam vini*. — *Fortuna opes auferre, non animum potest*. Son officine était à l'enseigne des *lapins*.

C'est peut-être pour rappeler cette circonstance que Simon de Colines, allié à la famille des Estienne, prit quelquefois pour emblème *deux lapins*. Il adopta aussi pour marque le *Temps* armé de sa faux, avec cette devise : *Virtus hanc aciem sola retundit*. Son gendre Regnault Chaudière la conserva.

Robert Estienne prit pour marque l'olivier, avec la devise : *Non altum sapere*, et cette marque devint celle de tous les Estienne.

Nicolas de la Barre avait pour marque un cœur percé d'une flèche, deux têtes de mort aux deux côtés, et deux os de mort, avec ces mots : *Mors omnibus æqua*.

Jean Barbier, imprimeur, avait pour marque une épée, avec ces mots : *Tout par honneur*.

Pierre Vidouve, libraire juré, imprimeur et maître ès arts (1510), avait pour marque la Fortune, avec ces mots : *Par sit fortuna labori*, et au-dessus de la figure : *Audentes juvo*.

Jean Gourmont avait pour marque trois roses, deux en chef et une en pointe ; au-dessus : *Spes mea Deus*, et autour : *Chacun soit content de ses biens. Qui n'a suffisance n'a riens*.

Chrétien Wéchel (1522) eut d'abord pour marque l'*écu de*

Bâle, ville où il était peut-être né ; il adopta ensuite la devise *sub Pegaso*, et, sur quelques impressions, il prit pour emblème un arbre et deux écureuils, avec ces mots : *Unicum arbustum non alit duos erithacos.*

Orry (1588) avait pour marque un lion rampant regardant les étoiles, avec cette devise : *Ad astra per aspera virtus*, que les descendants de cet imprimeur, qui furent contrôleurs des finances, conservèrent dans leurs armes.

La marque de Laurent Sonnius (1590) était un compas, avec cette devise : *Suo sapiens sic limite gaudet ;* et celle de Fouet, libraire-juré, nommé syndic le 2 juillet 1626, le *Temps* et l'*Occasion*.

Mathurin Dupuis, libraire (1628 à 1653), avait adopté une couronne d'or, avec cette devise : *Donec totum ambiat orbem,* et l'enseigne et la marque de Jean de la Caille, imprimeur-libraire (1664), auteur d'une *Histoire de l'imprimerie et de la librairie*, était la *Prudence*, représentée par une femme, tenant un miroir dans la main droite et des serpents dans la main gauche, avec cette devise : *Vincit prudentia vires.*

Les marques des imprimeurs faisaient quelquefois allusion à leurs noms.

Celle de Michel Lenoir, éditeur de livres de chevalerie, était une rose en fasce sur un fond de sable, soutenue par deux mores.

Jean Petit (1498) mettait, en tête de ses livres, cette devise modeste : *Petit à petit.*

Galliot Dupré (1512) avait pour emblème une galiote, avec cette devise : *Vogue la guallée.*

Sébastien Gryphe, imprimeur à Lyon (1525), avait pour marque un griffon, et pour devise cette sentence de Cicéron : *Virtute duce, comite fortuna.*

Son frère, François, à Paris, avait également pris le griffon, avec ces mots : *Vires et ingenium.*

Gilles Corrozet, libraire à Paris (1536), avait pour marque une rose dans un cœur, avec cette devise, tirée du livre des Proverbes : *In corde prudentis requiescit sapientia.*

La marque d'Étienne Dolet (1539) était une hache ou doloire tenue par une main sortant d'un nuage, avec ces mots : *Préserve-moi, ô Seigneur, des calomnies des hommes!*

Celle de Guillaume Dumont, imprimeur à Anvers (1539), était une main sortant d'un nuage et touchant des montagnes fumantes, avec ces paroles tirées du psaume CIV : *Tangit montes et fumigant.*

Grafton, imprimeur à Londres dans le XVIe siècle, mettait, au frontispice de ses livres, une *tonne*, d'où sortait un arbre greffé, couvert de fruits, avec cette devise : *C'est à leurs fruits qu'on les reconnaît.*

La marque d'Arnould et Charles Angelier, libraires associés à Paris (1542), était deux anges liés, avec cette devise : *D'un amour vertueux l'alliance immortelle;* celle d'Olivier Harsy, imprimeur-libraire (1556), une herse, avec cette devise : *Evertit et œquat;* celle de Sébastien Chapelet (1614), un chapelet ou rosaire, avec cette devise : *Cœloque rosaria florent;* enfin, celle de Jean de la Caille, imprimeur-libraire (1641), père de Jean de la Caille, auteur d'une *Histoire de l'imprimerie et de la librairie*, était *trois cailles*, avec ces mots placés autour d'un soleil, et qui formaient l'anagramme de son nom : *Ille candela Dei.*

Ces diverses marques, dont nous n'avons décrit ici qu'un très-petit nombre, étaient, en général, fort compliquées pendant le XVe et le XVIe siècle. On y voyait des blasons, des monogrammes, des figures représentant des anges, des hommes, des animaux, avec des fleurs, des arbres, des vases et des ornements de toute espèce, accompagnés presque toujours de devises. Depuis le xviie siècle, ces marques furent beaucoup plus simples, et l'usage en devint moins fréquent, quoiqu'il se soit perpétué en France jusqu'à la révolution de 1789. Alors, l'abolition des anciens règlements, la désorganisation de l'imprimerie, le nombre prodigieux des imprimeurs qui s'établirent, par suite de la liberté laissée à chacun d'exercer cette profession, tout cela fit oublier les traditions typographiques. Aujourd'hui, les marques et les emblèmes ont presque totalement disparu en Europe; les imprimeurs et les libraires se bornent, le plus souvent, à mettre leur chiffre dans une vignette, sur le frontispice de leurs livres. Cependant MM. Renouard, dont un est l'auteur des *Annales des Alde*, ont adopté la marque de ces illustres devanciers, une ancre autour de laquelle s'enlace un dauphin.

On voit souvent sur le frontispice d'un livre un emblème qui n'est pas la marque de l'imprimeur, mais qui se rapporte aux matières traitées dans le livre. Ainsi, par exemple, en tête d'un ouvrage sur l'agriculture, on mettra des instruments aratoires. Les actes imprimés du gouvernement ont ordinairement pour symbole la représentation des armes de l'État.

On introduisit aussi, dans la confection des livres, quelques autres améliorations qui étaient devenues nécessaires. Nous voulons parler du *registre*, des *signatures*, des *réclames*, des *chiffres* ou folios et des *colonnes*.

Le registre (*registrum chartarum*) est un index, une table rappelant les premiers mots des feuillets jusqu'à la moitié de chaque cahier d'un livre (1), afin de guider les assembleurs

---

(1) Même avant l'invention de l'imprimerie, les juifs, à la fin de chaque

et les relieurs, pour placer dans leur ordre les différents cahiers d'un volume.

Il paraît que c'est Ulric Han, imprimeur à Rome, qui, le premier, a fait usage du registre vers 1469.

Quelques années après (1472), Jean Kœlhof de Lubeck, imprimeur à Cologne, inventa les signatures, c'est-à-dire l'indication de chaque cahier d'un livre par une lettre de l'alphabet : le premier cahier porte la lettre *a*, le deuxième la lettre *b*, et ainsi de suite.

Il les employa pour la première fois dans l'ouvrage intitulé : *Johannis Nider Præceptorium divine legis*, Cologne, 1472, in-folio, édition longtemps inconnue aux bibliographes.

Cette utile méthode fut adoptée successivement dans les imprimeries d'Europe. Géring la mit en pratique à Paris dès 1476.

L'usage des signatures fit abandonner celui du registre, moins commode en effet. Par surcroît de précautions, plusieurs imprimeurs les employaient simultanément.

Mais, depuis la fin du xvie siècle, les signatures seules sont employées en typographie.

D'abord, comme nous l'avons dit, on les marquait par des lettres en ajoutant un numéro en chiffre romain mineur, ou même un chiffre arabe, après la lettre, jusqu'à la moitié du cahier.

Ainsi, le premier cahier d'un volume in-4° portait, sur le

---

livre du Pentateuque, ajoutaient le nombre de versets que le livre contenait, afin que ce divin ouvrage pût être transmis dans son entier à la postérité. Les docteurs hébreux appelés Massorètes et les Mahométans ont fait bien plus encore : les premiers ont marqué le nombre des chapitres, des versets, des mots et des lettres de l'Ancien Testament; les autres en ont usé de même à l'égard du Koran.

premier feuillet, au-dessous de la dernière ligne du recto à droite, A ; sur le deuxième, Aij ; sur le troisième, Aiij ; sur le quatrième, Aiv. Si le volume était in-8°, le numérotage allait jusqu'à Aviij. Quelquefois, au lieu de mettre Aij, Aiij, on mettait A2, A3, etc.

Au second cahier, on employait la lettre B, et l'on continuait de la même manière.

Quand l'alphabet était épuisé, on recommençait en doublant, triplant, quadruplant la lettre ; la première était majuscule, les lettres subséquentes étaient minuscules : Aa, Aaij, etc. ; Aaa, Aaaij, etc.

Il est assez singulier qu'on n'ait pas songé plus tôt à remplacer les lettres des signatures par des chiffres arabes. Cette méthode, beaucoup plus simple, n'est cependant usitée que depuis environ soixante ans. Au lieu d'indiquer les cahiers d'un volume par A, B, C, etc., on les indique assez généralement aujourd'hui, surtout en France, par les chiffres 1, 2, 3, etc., qu'on place au bas du premier feuillet recto de chaque cahier, sans mettre, comme autrefois, des signatures aux feuillets suivants, ce qui n'a aucune utilité réelle.

On se sert néanmoins encore de lettres, presque toujours italiques, pour les signatures des discours préliminaires, des appendices ou autres pièces détachées du corps de l'ouvrage, quand elles ont une pagination séparée.

Nous remarquerons que les Chinois qui, plusieurs siècles avant nous, connaissaient des procédés d'impression, n'ont appris que dans ces derniers temps, par les missionnaires européens, l'usage des signatures ; ils les marquent au recto de chaque feuillet de cette manière : $\genfrac{}{}{0pt}{}{-}{=}$ $\genfrac{}{}{0pt}{}{=}{-}$, en augmentant ou diminuant le nombre supérieur ou l'inférieur des lignes transversales. Les signatures leur sont d'autant plus utiles qu'ils ne chiffrent pas toujours leurs feuillets.

L'*Histoire de l'Ancien Testament*, la *Vie* et l'*Apocalypse de saint Jean*, l'*Ars moriendi*, ouvrages imprimés avec des tables gravées en bois, et même, dit-on, des manuscrits antérieurs, ont au milieu de chaque page une lettre ou un chiffre. Meerman (*Orig. typogr.*) et quelques auteurs en ont conclu que l'usage des signatures était connu avant qu'elles fussent employées en typographie ; mais les lettres et les chiffres dont il s'agit se rapportent plutôt à la pagination qu'aux signatures, qui servent à indiquer les différents cahiers dont se compose un volume.

La réclame consiste à mettre au bas d'un feuillet ou d'un cahier le premier mot du feuillet ou du cahier suivant.

Une des premières impressions, avec date, où l'on trouve des réclames, est le *Confessionale* de saint Antonin, in-4°, imprimé à Bologne en 1472, probablement par Balthazar Azzoguidi.

Alde Manuce en propagea l'usage, qui ne s'introduisit en France que vers 1520, et qui s'est maintenu jusque dans ces derniers temps où il a été abandonné comme inutile, puisque les signatures ont la même destination que les réclames (*custodes* ou *reclamantes*) avec lesquelles on les employait simultanément. Presque toujours, elles étaient placées horizontalement au-dessous de la dernière ligne, à droite ; mais, dans quelques anciens livres, on les trouve à gauche ou au milieu, et même perpendiculairement.

Au reste, c'est aux écrivains qui se servaient déjà de réclames dans la copie des manuscrits que les imprimeurs en avaient emprunté l'usage.

Les chiffres indiquant l'ordre numérique des feuillets se

remarquent dans des manuscrits antérieurs à l'invention de la typographie, et l'on s'étonne, avec raison, que les imprimeurs ne les aient pas adoptés plus tôt ; car ils joignaient quelquefois à leurs livres des tables qui renvoyaient à des feuillets dont les numéros n'existaient pas. Probablement, ils laissaient aux acheteurs le soin de les écrire à la main, ou bien ils les faisaient mettre par les dessinateurs, rubricateurs, etc., chargés de remplir les blancs des lettres capitales.

La première impression où l'on trouve des pages chiffrées est le *Sermo ad populum*, opuscule in-4°, imprimé en 1470, à Cologne, par Arnold Therhoernen. Les chiffres arabes qu'il a employés étaient depuis longtemps en usage dans les manuscrits ; mais jusqu'alors et même plus tard les typographes se servaient presque toujours de chiffres romains.

Therhoernen est aussi le premier, dit-on, qui ait placé des titres courants au haut des pages, comme on le voit dans son édition du *Quodlibeta* de saint Thomas d'Aquin, 1471, in-fol

Dans le *Compendium theologiæ veritatis* d'Albert le Grand, sans date, sans nom de ville et d'imprimeur, mais que l'on croit être de 1473, les feuillets sont chiffrés au recto dans le milieu de la marge supérieure (f. 1, f. 2, etc.), avec un titre courant au verso (liber primus, liber secundus, etc.).

Géring, premier imprimeur à Paris, employa les chiffres en 1477, et les mit au haut des pages.

Quelques imprimeurs, entre autres Hugues de Rugeriis à Bologne, André Torregiani à Venise, Thomas Anshelme à Haguenau, placèrent les chiffres au bas des pages ; mais cette méthode n'a pas été adoptée.

Enfin, les tables, les index que l'on ajouta aux livres, les renvois à un endroit du même ouvrage ou de l'ouvrage d'un auteur cité, firent sentir de plus en plus le besoin des chiffres.

dont l'usage cependant ne devint général que vers le milieu du xvie siècle.

Dans les premiers livres chiffrés, on se contentait souvent de numéroter chaque feuillet sur le recto; comme cela se pratique encore pour les registres administratifs, judiciaires ou commerciaux : c'est ce qu'on appelle le *foliotage*.

Enfin on numérota constamment les deux côtés du feuillet, c'est-à-dire chaque page, méthode beaucoup plus commode qu'on nomme *pagination*. La pagination des livres est communément en chiffres arabes; on ne se sert guère de lettres numérales que pour les annexes du volume, comme les préfaces, les discours préliminaires, etc.

Ces chiffres et ces lettres numérales se placent au-dessus de la première ligne et près de la marge, à droite sur le recto, à gauche sur le verso, quand il y a un titre courant.

Lorsqu'il n'y en a pas, on met les chiffres de pagination au milieu de la marge supérieure, soit entre parenthèses, soit entre deux tirets.

L'usage de diviser en colonnes les pages d'un volume est bien antérieur à l'invention de l'imprimerie. Il existe à la Bibliothèque impériale de Paris un manuscrit du vi^e ou du viie siècle, contenant les Epîtres de saint Paul en grec et en latin, écrites sur vélin en lettres majuscules, format in-4° à deux colonnes; méthode que l'on pratiqua dès l'origine de l'imprimerie : la première Bible imprimée à Mayence, par Gutenberg et ses associés, est à deux colonnes. Cette disposition typographique, qui soulage la vue en diminuant la longueur des lignes, est fort usitée aujourd'hui.

Souvent aussi, dans les ouvrages avec version, on mettait le texte sur le verso d'un feuillet et la traduction en regard sur le recto du feuillet suivant, comme cela se fait encore à présent.

Alde Manuce employa dans quelques éditions grecques et latines un procédé particulier. Il imprimait le texte grec sur le verso du premier feuillet, et la traduction latine vis-à-vis sur le recto du deuxième feuillet; il continuait le latin sur le verso de ce deuxième feuillet, et le grec sur le recto du troisième; puis le grec sur le verso de ce troisième feuillet, et le latin sur le recto du quatrième, de manière que le grec était toujours en regard du latin, et que cependant on aurait pu détacher l'un et l'autre texte, qui avaient leurs signatures et leurs réclames distinctes, et les faire relier séparément. Cette méthode n'a pas eu d'imitateurs.

Les savants ont regretté le papier collé dont on se servait autrefois pour l'impression, et qui leur permettait d'écrire des annotations sur les marges des livres, de faire même dans le texte les corrections indiquées dans l'errata placé à la fin du volume et qu'on oublie souvent de consulter.

Depuis une soixantaine d'années, on n'emploie en général dans l'imprimerie que du papier non collé, ordinairement moins terne et sur lequel le tirage est plus facile, mais souvent si mince qu'en retournant un feuillet, on risque de le déchirer. Le papier non collé peut cependant avoir de la consistance, mais il est toujours spongieux et ne supporte pas l'encre à écrire.

L'encre d'imprimerie n'est pas limpide: elle est épaisse et visqueuse, et ne s'attache au papier que lorsqu'il a été convenablement humecté. La netteté et l'uniformité du tirage dépendent donc à la fois du mouillage du papier et de la qualité de l'encre. Sur un papier qui n'est pas suffisamment trempé, l'impression se fait mal, des mots, des lignes entières sont à peine lisibles; sur un papier trop mouillé, elle est pâteuse et toute noire.

La bonne composition de l'encre est aussi un point essentiel ; car, si elle est mal préparée elle répand autour des lettres une teinte jaune et huileuse ; ou bien elle ne sèche pas, l'impression macule et les pages se décalquent, pour ainsi dire, les unes sur les autres.

Dans la première période de l'imprimerie, les livres étaient de formats in-folio et in-4°. Alde Manuce, à la fin du xve siècle, imagina le format in-8°. Au xviie, les Elsevier publièrent leurs charmantes collections qui mirent en vogue les formats in-16 et in-24. Dans le siècle dernier, l'in-12 était fort commun. Aujourd'hui, c'est l'in-8° et l'in-18 qui sont le plus en usage. L'in-folio est à peu près abandonné, si ce n'est pour des atlas, des registres, etc. On n'imprime guère in-4° que des dictionnaires, des recueils scientifiques et autres ouvrages qui ne sont consultés que dans le cabinet.

Nous ne parlons pas des journaux, surtout de ceux d'Angleterre et d'Amérique, qui, par leurs dimensions exagérées, pourraient couvrir entièrement leur lecteur.

Enfin, dans ces derniers temps, la grandeur donnée aux papiers fabriqués à la mécanique a augmenté proportionnellement la grandeur des formats : ainsi tel volume in-8° équivaut presque à un in-4° d'autrefois ; tel in-18 à un fort in-12, etc.

Deux systèmes opposés se sont produits de nos jours dans la confection des livres : les éditions compactes et les éditions à grands blancs.

Sans doute, en mettant dans un seul volume la matière que pourraient contenir trois ou quatre volumes ordinaires, on épargne le papier, on diminue les frais de tirage, d'assemblage, de brochure ou de reliure, et il en résulte une réduction dans le prix du livre ; puis un rayon suffit pour placer des collections précédemment volumineuses et qui auraient occupé une travée de bibliothèque.

Mais, si les éditions compactes sont commodes quand il s'agit de livres que l'on consulte seulement de temps à autre, il faut avouer que la lecture suivie d'ouvrages imprimés de la sorte deviendrait une fatigue, au lieu d'être un amusement.

Les éditions à grands blancs sont l'antithèse des éditions compactes : celles-ci renferment trois ou quatre volumes en un, celles-là donnent en trois ou quatre volumes ce qu'un seul contiendrait facilement. Les gros caractères, les triples interlignes, les alinéas multipliés, les amples intervalles entre les chapitres, les grandes marges, tous les moyens sont employés pour allonger le texte et vendre, par exemple, à sept francs chacun, neuf volumes qui n'en représentent que trois ; ce qui fait une différence des deux tiers dans le prix total.

Mais qu'arrive-t-il, quand l'attrait de la nouveauté ou la vogue éphémère est passée? On réimprime convenablement l'ouvrage, s'il en vaut la peine ; et les volumes de sept francs, s'ils ne sont pas vendus à la rame, sont livrés à trente ou quarante sous, réduits ainsi à leur juste prix.

On a exécuté quelquefois des éditions amplement interlignées et blanchies ; mais c'étaient des livres de luxe, d'apparat, ou même un monument typographique élevé à la gloire d'un écrivain célèbre, et non point, comme aujourd'hui, une spéculation mercantile sur des ouvrages qui, pour la plupart, sont destinés à tomber bientôt dans l'oubli.

Au reste, le public se lasse de ces éditions compactes à bon marché et des éditions si coûteuses à grands blancs, pour lesquelles une vaste bibliothèque deviendrait bientôt trop étroite. D'ailleurs, ni les unes ni les autres ne satisfont agréablement la vue, parce qu'elles n'offrent pas ces proportions convenables, ces intervalles régulièrement ménagés qui rehaussent la beauté de l'impression ; et c'est ici le cas d'appliquer le précepte d'Horace : « Il y a une mesure dans les « choses, il y a enfin certaines limites au delà ou en deçà « desquelles la rectitude ne peut exister. »

V. Quand l'impression d'un volume est terminée, plusieurs opérations restent encore à faire avant qu'il puisse être livré au public : le séchage, l'assemblage et la brochure sont indispensables ; le satinage, le cartonnage ou la reliure, sans être nécessaires, ont leur utilité.

Aussitôt qu'une feuille est tirée, on l'étend pour la faire sécher ; et ensuite on la satine. Ce procédé, dont l'effet est d'enlever le foulage produit par l'impression, n'est pas fort ancien. Il s'exécutait, dans l'origine, avec une presse en bois et n'avait lieu que pour les ouvrages de luxe. Aujourd'hui, le satinage se fait d'une manière plus uniforme, plus expéditive, au moyen de la presse hydraulique, et, par la modicité de son prix, il est devenu à peu près général.

Chaque feuille se tirant séparément au nombre d'exemplaires que doit avoir le volume dont elle fait partie, il en résulte que tous les exemplaires de la feuille première sont ensemble, tous ceux de la feuille deuxième le sont également, de même que ceux de la feuille troisième, etc.

C'est dans cet état qu'on les remet à l'assembleur, afin qu'il les dispose en volumes.

L'ouvrier place les piles de feuilles à la suite les unes des autres ; puis, prenant successivement une feuille à chaque pile, c'est-à-dire une feuille 1re à la première pile, une feuille 2 à la seconde, une feuille 3 à la troisième, etc., il arrive à former un exemplaire complet du livre ou du volume ; et il recommence autant de fois qu'il y a de volumes à faire.

Ainsi un livre de trente feuilles, tiré à 500 exemplaires, nécessite 500 fois l'opération de l'assemblage.

Ce travail est purement manuel, mais il demande une certaine dextérité qui ne s'acquiert que par l'habitude.

Après avoir assemblé les feuilles d'un volume, il faut les plier en cahier : chaque feuille in-4°, in-8°, in-16, etc., forme un cahier; dans les formats in-12, in-18, in-24, la feuille se divise en plusieurs cahiers.

Le pliage, fait ordinairement par des femmes, s'exécute avec une lame de bois qu'on appelle *plioir*.

Si un ouvrage n'a que quelques feuilles d'impression, quand elles sont pliées, on les pique, c'est-à-dire on les perce au dos avec une grosse aiguille, et on les attache avec un fil.

Les ouvrages composés d'un plus grand nombre de feuilles sont brochés, cartonnés ou reliés.

La brochure consiste à coudre les feuilles les unes avec les autres, et à recouvrir le volume d'une feuille de papier de couleur.

Aujourd'hui, l'usage est de faire des couvertures imprimées avec un encadrement où les titres des livres sont reproduits. C'est plus joli qu'un papier uni ou marbré, comme on en mettait autrefois.

Le cartonnage pur et simple est entièrement recouvert en papier : celui des livres destinés aux écoliers, tels que rudiments, grammaires, dictionnaires, se recouvre ordinairement en parchemin.

Le cartonnage dit *à la Bradel*, du nom du relieur qui le pratiqua le premier en France, il y a environ cinquante ans, est un procédé venu d'Allemagne. Les marges n'étant pas rognées et le dos étant brisé, le volume reste intact et tout disposé pour être relié.

L'art de la reliure, tel qu'il s'exerce maintenant, n'était pas connu dans l'antiquité, parce que la forme des livres était alors toute différente de celle que nous leur donnons.

Les anciens appelaient *bibliopegus*, mot latin tiré du grec et qui signifie *librorum compactor*, assembleur de livres, celui qui était chargé de les confectionner après que le *librarius* ou copiste en avait achevé la transcription.

Les livres, ainsi que nous l'avons déjà dit, étaient ordinairement en rouleaux : les feuillets, écrits d'un seul côté, étaient collés de gauche à droite l'un à l'autre, et formaient une longue bande que l'on roulait autour d'un bâton, comme nous le faisons pour les cartes géographiques, les plans, les tableaux synoptiques.

Ce bâton, auquel tenait la dernière page du livre, était en buis ou en ébène et s'appelait *cylindrus*; les extrémités, *cornua*, se terminaient par de petit boutons en ivoire, en argent, en or, nommés *umbilici*, du mot *umbilicus*, qui signifie proprement *nombril*, et, au figuré, *milieu*, parce que le volume étant roulé le bouton se trouvait au milieu, au centre du rouleau.

Le premier feuillet, qui enveloppait tout le rouleau, était recouvert au verso non écrit d'une feuille de parchemin, *membrana*; on y collait une étiquette en vélin sur laquelle était inscrit le titre de l'ouvrage, quelquefois en lettres d'or. A cette couverture étaient attachés des rubans ou courroies ordinairement rouges (*lora rubra*), qui serraient le rouleau autour du cylindre.

La tranche des feuillets, appelée *frons*, c'est-à-dire l'extérieur, était poncée et peinte en pourpre ou autre couleur.

Le volume ou rouleau avait communément un pied de hauteur ; il était composé de 60 à 80 pages contenant chacune 30 à 40 lignes.

On comprend facilement que tout ce luxe de confection et d'agencement des livres, joint à la dépense calligraphique, c'est-à-dire aux frais de leur transcription qui s'élevaient en raison du soin qu'on y apportait, devait influer beaucoup sur leur valeur matérielle, qui variait suivant leur degré de magnificence.

Un disciple de Zénon ou d'Epictète, par exemple, plus chargé de sentences philosophiques que de pécune, ne pouvait pas consacrer à l'achat des livres dont il avait besoin la même somme qu'un patricien.

Pour un grand nombre de personnages opulents, les livres, comme nous l'apprend Sénèque, étaient *les ornements des maisons plutôt que des instruments d'études* (1) : paroles qu'on pourrait encore appliquer à certains Lucullus de notre époque. Sur les rayons de leurs bibliothèques d'apparat sont rangés symétriquement des volumes d'élégante et riche reliure, plus ou moins digne du contenu ; car le choix ne leur en importe guère, attendu qu'ils ne les ouvrent jamais.

Constatons cependant que le goût pour la lecture est devenu général et se manifeste aujourd'hui dans toutes les classes de la société. Si l'imprimerie, par ses produits incessants, en a été le stimulant le plus actif, la reliure n'est pas restée étrangère à ce mouvement intellectuel ; car les somptueux vêtements qu'elle donne aux livres sont un attrait qui engage souvent les personnes du monde à les lire, et qui pourrait

---

(1) Plerisque..... libri non studiorum instrumenta sunt, sed ædium ornamenta.
(*De Tranquillitate animi*, cap. IX.)

même leur faire préférer au bouquin substantiel le roman frivole bien habillé. C'est ainsi que la musique sert quelquefois de passe-port aux paroles, et, comme le dit Beaumarchais, *ce qui ne vaut pas la peine d'être lu, on le chante.*

Nous ne prétendons pas pour cela proscrire la belle reliure ; car si c'est un honneur gratuit accordé aux ouvrages médiocres, c'est un juste hommage rendu aux chefs-d'œuvre de l'intelligence.

Dans le moyen âge, les manuscrits, qui avaient généralement la forme carrée, étaient reliés en ais de bois, unis ou sculptés. Les livres d'un usage habituel, ou destinés aux étudiants et aux personnes qui ne pouvaient pas y mettre un prix élevé, étaient, par-dessus les ais, recouverts en cuir ou en parchemin. On consolidait quelquefois la reliure par des coins en métal, comme on le fait aujourd'hui pour les registres. On ajoutait des fermoirs en cuivre à ceux qui, d'un format épais et devant être longtemps ouverts, n'auraient pu se refermer facilement ; c'est ainsi que se confectionnent encore les Missels et les livres de chœur.

Les princes, les seigneurs, les personnes riches faisaient recouvrir leurs livres en veau, en maroquin, en chagrin, en velours, en soie, avec de précieux ornements et des fermoirs d'argent ou d'or.

Charlemagne, en accordant un diplôme de chasse à l'abbé de Saint-Bertin, avait mis pour clause que les peaux du gibier tué seraient employées à la reliure des livres du monastère. Geoffroi Martel, comte d'Anjou, consacrait au même objet, en faveur de l'abbaye de Saintes, qu'il avait fondée, la dîme de peaux de biche que lui devait l'île d'Oléron.

L'artiste chargé des opérations de la reliure était appelé

ligator librorum, lieur (*liéeur*) de livres, et plus brièvement *religator*, d'où est venu le mot français *relieur*.

Après l'invention de l'imprimerie, les livres se multiplièrent et l'art de la reliure prit un accroissement rapide. Aux ais de bois on substitua le carton, moins lourd et plus facile à mettre en œuvre; la beauté des couvertures acquit un nouvel éclat. On commença sous le règne de François Ier à dorer la tranche des livres sur laquelle on inscrivait le nom du possesseur ou quelque devise. Ils étaient alors posés de face dans les bibliothèques, et voilà pourquoi le plat était plus orné que le dos ; c'est ordinairement le contraire depuis que le dos seul est apparent sur nos rayons : ce qui n'empêche pas que le plat des livres, aujourd'hui comme autrefois, ne soit souvent encadré de filets, de fleurons, de vignettes dorées, ou rempli d'ornements, tels que des armoiries, des chiffres, des emblèmes.

Les reliures du xvie siècle unissaient l'élégance à la solidité, et, sans être réputé louangeur exagéré du temps passé, on peut dire que, dès cette époque, l'art du relieur était parvenu à sa perfection. On a simplifié, amélioré les moyens d'exécution, mais on n'a pas fait mieux. Sachons donc gré à nos artistes modernes d'avoir pris leurs habiles devanciers pour modèles. En effet, les reliures actuelles, dont nous admirons à juste titre l'ornementation riche et variée, sont des beautés rajeunies, des imitations heureuses de ces brillantes reliures qui figuraient dans les bibliothèques de nos aïeux, et devant lesquelles, quand ils en retrouvent, les amateurs s'inclinent encore.

On conserve aujourd'hui, plus qu'autrefois, un grand nombre de livres à l'état de brochure. L'enjolivement des couvertures imprimées y a sans doute contribué, indépendamment de l'économie. Cependant la reliure n'est pas une dépense inutile; elle conserve mieux les livres et les rend plus commodes pour la lecture.

Les opérations principales de la reliure sont 1° le débrochage et un pliage plus régulier des feuilles, s'il s'agit d'un livre déjà broché; 2° le battage; 3° la couture; 4° le cartonnage; 5° la rognure en presse; 6° la jaspure, marbrure ou dorure des tranches; 7° la couverture du carton en peau de veau préparée à cet effet, en maroquin, en basane ou en mouton maroquiné; 8° enfin, la dorure de lettres et d'ornements sur le dos, et quelquefois sur le plat du livre.

Lorsque le dos du livre seulement est couvert en peau, et le plat du livre couvert en papier de couleur, l'opération prend le nom de *demi-reliure*.

On l'appelle *cartonnage*, lorsque les livres sont entièrement recouverts, soit en papier de couleur, soit en percale, ou en toile gauffrée.

La brochure et la reliure ne faisaient autrefois, et ne font encore en province, qu'une seule profession; mais à Paris, la reliure est maintenant une industrie distincte (1).

Nous n'entrerons pas ici dans le détail des opérations de la reliure; nous ne parlerons que des résultats.

---

(1) Le nombre des relieurs de Paris s'élève à 381. Le total de leurs affaires a été, en 1847, de 4,211,300 fr.; moyenne par industriel, 11,053 fr. En 1848, le total a été de 1,474,000 fr.; réduction, 65 p. %.

Le nombre d'ouvriers est de 1,895 individus; la moyenne d'affaires par ouvrier employé est de 2,222 fr.

Les ouvriers sont *batteurs, endosseurs, couvreurs*. Les ouvrières sont *assembleuses, brocheuses, couseuses*.

Un certain nombre de relieurs font faire la dorure au dehors, par des entrepreneurs spéciaux; quelques-uns emploient des ouvriers *doreurs*, beaucoup sont doreurs eux-mêmes.

(*Statistique de la chambre de commerce de Paris.*)

Après avoir cartonné le livre, on le recouvre de peaux de différentes sortes (1) et de diverses couleurs. La *basane* est une peau de mouton préparée: ce genre de reliure est d'une jolie apparence, mais n'a pas une grande solidité et s'use promptement. La reliure en *veau* est plus solide; celle qu'on faisait autrefois en *parchemin* ou en *vélin* avait aussi beaucoup de consistance, mais elle n'est plus en usage. Le *maroquin* se fabrique avec des peaux de bouc ou de chèvre, dont les plus belles viennent du Maroc, et qu'on teint en rouge, en vert, en noir, etc.: c'est une reliure solide et brillante qui s'emploie pour les ouvrages de luxe, et surtout pour les livres d'église. On appelle *chagrin* une peau grenue d'âne ou de mulet, ordinairement teinte en noir; on en fait des reliures magnifiques. Quelquefois encore on recouvre les livres d'apparat, comme anciennement, en velours, en soie ou autre étoffe.

---

(1). Suivant plusieurs auteurs contemporains, Prudhomme (*Histoire impartiale des Révolutions*, tome VIII); le général Danican (*les Brigands démasqués*); Galletti, rédacteur du *Journal des Lois;* Montgaillard (*Histoire de France*, tome VIII), dont les témoignages sont consignés dans l'*Histoire du Directoire*, par M. Granier de Cassagnac, on a tanné, pendant la terreur, des peaux humaines, pour les employer à divers usages (*), notamment à la reliure des livres.

Feu M. Villenave, ancien avocat et homme de lettres, dont la bibliothèque contenait un grand nombre de pièces curieuses, tant imprimées que manuscrites, possédait un volume in-18 de 103 pages, intitulé : *Constitution de la république française*, sur vélin, doré sur tranche, imprimé à Dijon, chez P. Causse, en 1793. La reliure, avec trois filets dorés sur plat, imite le veau fauve; mais une note écrite de la main de M. Villenave, sur un feuillet placé avant le titre, apprend que le livre est *relié en peau humaine*.

Ce volume, déjà décrit par le journaliste Galletti, en 1793, a été acheté à la vente de la bibliothèque de M. Villenave, en novembre 1849, par M. France, libraire, quai Malaquais, n° 17.

(*) On a parlé de culottes, de bottes, de pantoufles en *cuir humain*.

C'est dans le xviiie siècle que l'on a commencé à faire des dos brisés. Autrefois, le dos était collé sur le livre : de sorte qu'en l'ouvrant il se formait au milieu un pli qui, à la longue, produisait une déchirure. On remédiait à cet inconvénient au moyen de nervures saillantes qui divisaient le dos en plusieurs compartiments. Aujourd'hui, le dos n'étant plus collé, étant, pour ainsi dire, élastique, ne se déforme pas quand on ouvre le livre : voilà l'avantage du dos brisé ; on y figure encore des nervures, mais comme ornements seulement. Cette reliure, quoique moins solide que l'ancienne, est généralement adoptée.

Les beaux livres reliés sont ordinairement dorés sur tranche ; les autres ont la tranche coloriée en rouge, en bleu, jaspée ou marbrée.

Une observation utile qui s'adresse aux amateurs, c'est de ne pas faire relier des livres nouvellement imprimés et de laisser à l'encre le temps de bien sécher ; autrement les pages maculeraient. Les impressions des Junte, ces célèbres typographes de Florence et de Venise, ont ce défaut, sans doute à cause de la mauvaise qualité de l'encre qu'ils employaient (1) ; après trois siècles, elles maculent encore sous le marteau du relieur. Il est vrai que les relieurs modernes, pour rendre le papier plus uni, battent en général les livres plus fortement qu'on ne le faisait jadis, et quelquefois même avec exagération.

Les relieurs, avant et après l'invention de l'imprimerie, étaient comptés, ainsi que les libraires, les enlumineurs et les

---

(1) L'exemple des Junte est une exception, car l'encre dont se servaient les premiers imprimeurs était presque toujours d'une excellente qualité, et elle conserve encore aujourd'hui tout son éclat. On n'en dira pas autant de celle qu'on emploie pour un grand nombre d'impressions modernes.

écrivains, auxquels succédèrent les imprimeurs, au nombre des officiers de l'université, et jouissaient de tous les priviléges, de toutes les franchises attachés à ce titre; les uns et les autres formaient une seule et même communauté.

Mais, en 1686, en vertu d'un édit du roi, les imprimeurs et libraires furent constitués en une communauté particulière, et les relieurs et doreurs en une corporation distincte, toutes deux à peu près indépendantes de l'université, qui réclama inutilement contre ces dispositions restées en vigueur jusqu'à l'époque de la révolution où toutes les corporations furent supprimées.

C'est en France que l'art de la reliure a été et est encore pratiqué avec le plus de succès. Dibdin (*Voyage bibliographique*), malgré les réserves de l'orgueil britannique, en fait presque l'aveu.

Le plus célèbre relieur au XVIe siècle fut Gascon, dont M. Lesné, dans son poëme sur la reliure, a dit, en parodiant les vers de Boileau sur Malherbe :

> Gascon parut alors, et, des premiers en France,
> Sut mettre en sa reliure une noble élégance.

Cet artiste relia beaucoup de livres pour la bibliothèque de Henri II.

Dans le siècle suivant, Jean Cusson et Éloi Levasseur, libraires à Paris, étaient aussi d'habiles relieurs. Levasseur fut même le premier garde de la communauté des relieurs et doreurs, après que l'édit de 1686 les eut séparés de celle des imprimeurs et libraires.

Dans des temps plus rapprochés de nous, Duseuil, Padeloup, Derome, Delorme se sont acquis une juste réputation.

Les Bozerian, les Thouvenin, les Simier tiennent le premier rang parmi les relieurs modernes ; leurs travaux seront toujours admirés des amateurs de beaux livres.

La *Typographie* a été l'objet de plusieurs poëmes didactiques en latin ou en français ; nous citerons, entre autres, ceux de Thiboust, de Gillet et de Dondey-Dupré. M. Lesné, relieur distingué, en a fait un en vers français sur l'art qu'il professe ; son poëme sur la *Reliure* est accompagné de notes intéressantes.

VI. Indépendamment de leur mérite littéraire ou scientifique et de leur utilité, d'autres causes donnent encore du prix aux livres manuscrits et imprimés. Ainsi, l'antiquité, la rareté d'un ouvrage, la beauté ou même la bizarrerie de sa forme matérielle, le font rechercher par les curieux. Il y a dans les bibliothèques publiques, et dans les cabinets des particuliers, certains livres qui jouissent, sous ces différents rapports, d'une grande célébrité.

Nous placerons en première ligne le manuscrit original d'Ulphilas, évêque des Goths, du IVe siècle. Ce manuscrit est le fragment d'une traduction des quatre évangiles en langue gothique : on le désigne sous le nom de *Codex argenteus*, parce que les lettres en sont argent et or, sur vélin couleur pourpre. Il est conservé précieusement dans la bibliothèque d'Upsal, en Suède. On croit qu'il a été imprimé lettre à lettre au moyen de l'estampille.

L'abbaye de Saint-Germain-des-Prés, à Paris, possédait le *Psautier* de saint Germain, œuvre du Ve siècle, en parchemin violet, à lettres d'or et d'argent, obtenues, dit-on, par le même procédé.

On a trouvé dans le tombeau de Charlemagne, à Aix-la-Chapelle, les quatre évangiles en latin, dont se servait ce monarque. Ils sont écrits également en lettres d'or sur un vélin pourpré.

En ces derniers temps, à la vente du cabinet de M. Debruge-Duménil, le *Missel* de Juvénal des Ursins a été acquis, dit-on, par le prince de Holtikoff, pour le prix de 9,900 fr.

Ce livre est un des produits les plus riches et les plus exquis de la calligraphie et de la peinture du xve siècle. On y voit figurer, sous l'éclat des plus vives couleurs, les hommes de toutes les conditions, avec leurs costumes et leurs armes; les monuments, l'intérieur des habitations, les ustensiles de la vie privée, y sont reproduits; les usages, les cérémonies de l'Église, les combats, les supplices même y sont exprimés dans leur vivante réalité.

Ce *Missel* a été exécuté pour Jacques Juvénal des Ursins, pair de France, alors qu'il était administrateur perpétuel de l'évêché de Poitiers. M. Labarte en a été le dernier possesseur.

C'est à ce livre remarquable que M. du Sommerard a emprunté le plus grand nombre des vignettes renfermées dans son grand ouvrage *les Arts au moyen âge*. M. Lassus, architecte de la Sainte-Chapelle, en a aussi tiré le dessin du magnifique autel qui décorera ce beau monument.

On conserve aux Archives impériales de Paris d'antiques tablettes de cire, dont on se servait autrefois dans la maison de nos rois, pour inscrire les recettes et les dépenses de l'hôtel, et qui remontent aux années 1256 et 1257, sous le règne de saint Louis. Ce précieux monument se compose de quatorze feuilles en bois de platane, enduites de cire au recto et au verso, excepté la première et la dernière, qui en portent seulement sur leur surface intérieure, l'autre côté n'étant destiné qu'à servir de couverture au registre. Ces feuilles, arrondies par le haut, ont 20 centimètres de largeur et 47 centimètres de hauteur. Une marge, légèrement élevée, protége la cire et conserve l'écriture sans altération, quand les feuilles sont reployées les unes sur les autres. Des bandes de parchemin relient entre elles les diverses feuilles, et permettent de les ouvrir facilement.

Ces curieux documents sont connus aujourd'hui sous le nom de *Tablettes du trésor des chartes*.

On appelle le livre unique, l'ouvrage intitulé *Liber passionis Domini nostri Jesu Christi cum figuris et caracteribus ex nulla materia compositis*.

L'empereur Rodolphe II, fils de Maximilien II, en offrit, dit-on, 11,000 ducats. On le voyait encore à Bruxelles, en 1640, dans le cabinet du prince de Ligne.

Ce livret in-12 contient 24 feuillets, y compris 9 estampes. Le vélin en est de la plus grande blancheur et du plus beau poli. Le premier feuillet, qui sert de frontispice, représente des H couronnés, entremêlés de roses. Le second, qui est également une vignette, a pour dessin les armes d'Angleterre, avec la devise *Honni soit qui mal y pense*. Au-dessous de cette devise, on aperçoit une rose et deux herses qui sont les armes de Henri VII, parvenu au trône en 1481, et mort en 1509. On présume donc que ce livre remarquable a été fait entre ces deux époques.

Au troisième feuillet, commence *Passio Domini nostri Jesu Christi secundum Johannem, cap. XVIII.* Le texte entier de la Passion occupe quatre feuillets. Sept autres représentent les principaux mystères de la Passion, et sont placés à côté du texte qui les cite. Sur chaque feuillet, on a découpé avec la pointe d'un canif, ou d'un instrument fort tranchant, toutes les lettres et les traits des figures qui y avaient été préalablement dessinées. Par cette opération, chaque feuillet se trouve percé à jour, et ne présente que différentes espèces de vides. Entre chaque feuillet de vélin, on a intercalé une feuille volante en papier bleu, qui laisse voir les lettres et les figures aussi distinctement que si elles étaient gravées ou imprimées. Les lettres rouges du texte sont d'une forme et d'une netteté parfaites. Leur découpure et celle des traits des figures sont d'un délié, d'un fini et d'une précision admirables.

Le catalogue de La Vallière, n° 307, cite un livre exécuté de la même manière : ce sont des Heures de Henri III, de Henri IV et de Louis XIII, in-8°. Ce volume n'est ni écrit ni imprimé ; les caractères, formés avec un emporte-pièce, en sont percés à jour.

Le Musée britannique de Londres, s'est enrichi naguère du célèbre Missel, dit de *Bedford*, et qui a appartenu à Henri V, roi d'Angleterre, mort à Vincennes en 1422, pendant l'occupation anglaise. Ce Missel, que l'on s'accorde à regarder comme un des plus grands chefs-d'œuvre de calligraphie, et qui est orné à profusion de miniatures remarquables, appartenait à sir John Tobyn, à Plymouth, qui, après de très-longues négociations, s'est décidé à le céder, avec quelques autres manuscrits, au Musée britannique de Londres, moyennant l'énorme prix de 3,000 liv. st. (75,000 fr.) (1).

Aux curiosités bibliographiques dont nous venons de parler, il faut ajouter les premiers livres imprimés, qu'on appelle *incunables*, parce qu'ils remontent au berceau de l'art, et que les amateurs recherchent comme des monuments précieux. Nous allons en citer par ordre chronologique quelques-uns des

(1) *Bulletin du bibliophile*, janvier 1852.

plus remarquables ; ces ouvrages montrent l'éminent degré de perfection auquel, dans l'espace de vingt ans seulement, la typographie était parvenue en Europe.

Lettres d'indulgence du pape Nicolas V, imprimées à Mayence en 1454 et 1455 : l'édition de trente lignes est attribuée à Gutenberg ;

Bible dite aux quarante-deux lignes (Mayence, 1450 à 1455), imprimée par Gutenberg pendant son association avec Fust et Schœffer ;

Psautier de 1457, publié par Fust et Schœffer, mais auquel Gutenberg avait travaillé ;

Rational de Durand, imprimé par Fust et Schœffer, Mayence, 1459 ;

Lactance, imprimé en 1465, au monastère de Subiaco, près de Rome, par Sweynheym et Pannartz ;

Les *Épîtres familières de Cicéron*, imprimées en 1467, à Rome, par les mêmes ;

Autre édition, par Ulric Han, Rome, 1468 ;

Autre édition, par Jean de Spire, Venise, 1469 ;

Épîtres de Gasparin de Bergame, imprimées à Paris, en 1470, par Géring, Crantz et Friburger ;

Eusèbe, imprimé à Venise, en 1470, par Jenson, renommé par la beauté des caractères qu'il employait.

Sans doute, on ne peut pas mettre en parallèle les chefs-d'œuvre de la typographie moderne avec les productions du premier âge de l'imprimerie ; mais, en se rappelant que ces productions datent de 1450 à 1470, peut-être trouvera-t-on que l'art typographique a fait relativement plus de progrès pendant les vingt années qui suivirent son invention que dans les trois siècles et demi qui se sont écoulés depuis.

Nous sommes loin cependant de méconnaître la perfection

à laquelle l'imprimerie s'est élevée de nos jours; entre tant d'exemples que nous pourrions citer, nous mentionnerons ici un livre vraiment merveilleux, dû à la presse anglaise : c'est le *Nouveau Testament* imprimé en lettres d'or, sur papier de porcelaine. Ce livre, dont on n'a tiré que cent exemplaires, est imprimé sur recto et verso, ce qu'on n'avait encore jamais pu obtenir; il a fallu deux ans pour le composer et l'imprimer. On se figurera aisément ce qu'a dû coûter un pareil ouvrage, quand on saura que chaque exemplaire a absorbé pour 125 fr. d'or.

Les hommes qui ont le goût des livres, qui aiment à les posséder, qui les recherchent avec ardeur, dont l'existence tout entière s'écoule très-souvent à en former des collections coûteuses, se divisent en trois catégories distinctes : les bibliographes, les bibliophiles, les bibliomanes.

La *bibliographie*, comme l'étymologie grecque de ce mot l'indique (βιβλιὸν, livre; γραφεὶν, écrire), était le nom qu'on donnait autrefois à la profession du copiste. Aujourd'hui on appelle bibliographe celui qui est versé dans la connaissance des livres, manuscrits et imprimés, qui en signale l'ancienneté, les différentes éditions, les diverses traductions, qui en recherche les auteurs et les imprimeurs quand ils ne sont pas nommés, qui dresse les catalogues de bibliothèques.

Sous ce rapport, il y a eu des bibliographes dans l'antiquité : tels étaient les rhéteurs à qui l'on confiait le soin de ces belles bibliothèques de Pergame, d'Alexandrie, de la Grèce et de Rome. Nous savons que Varron, bibliothécaire de Jules-César, avait composé des ouvrages de bibliographie, mais ces écrits ne sont pas parvenus jusqu'à nous. On trouve seulement, dans les auteurs anciens qui nous restent, particulièrement dans Suidas, Zonare et autres lexicographes, les titres ou quelques passages d'une foule de livres qui n'existent plus aujourd'hui.

Saint Jérôme, au IVe siècle, a donné la nomenclature des écrivains ecclésiastiques qui l'avaient précédé. Photius, patriarche de Constantinople au VIIIe siècle, a laissé dans son *Myriobiblon* la liste et l'analyse de tous les ouvrages sacrés et profanes qu'il avait lus, et dont le plus grand nombre a péri.

Mais c'est surtout depuis l'invention de l'art typographique que la bibliographie a pris de l'extension. La multiplicité des livres imprimés, la disparition et la rareté des manuscrits anciens, ont ouvert un vaste champ aux explorations du bibliographe, homme précieux dans la république des lettres, et par les travaux duquel bien des savants ont été mis à portée de consulter sur les objets de leurs études beaucoup d'ouvrages dont ils ne soupçonnaient pas même l'existence.

La science bibliographique a été appliquée, soit d'une manière générale aux livres écrits en différentes langues et sur toutes sortes d'objets, soit d'une manière spéciale aux manuscrits ou aux livres imprimés; aux livres hébreux, grecs, latins, etc.; à ceux qui traitent de quelques sujets déterminés : tels que la médecine, la jurisprudence, les mathématiques, les voyages. Plusieurs bibliographes se sont exercés sur les ouvrages anonymes et pseudonymes dont ils ont cherché à découvrir les auteurs ; d'autres ont consacré leurs investigations aux écrivains de leurs pays; les religieux aux écrivains de leurs ordres.

On a fondé aussi des journaux, des feuilles périodiques, comme la *Bibliographie de la France*, la *Bibliothèque britannique*, qui enregistrent et analysent tous les mois, toutes les semaines, les publications qui ont lieu pendant ce laps de temps.

Les catalogues des bibliothèques publiques, rédigés par les

conservateurs et dont plusieurs sont imprimés, ceux des bibliothèques particulières ou des librairies fournissent souvent de précieux documents bibliographiques. Nous citerons, entre autres, le catalogue des livres de la bibliothèque du duc de La Vallière, dressé par les libraires G. De Bure et Nyon, 1783-84, 9 vol. in-8°.

Parmi les plus savants bibliographes que l'Europe a produits, nous trouvons, en Suisse, Gessner, Haller; en Allemagne, Fabricius, Meusel, Harles, Ersch; en Italie, Argelati, Fontanini, Paitoni; en Espagne, Nicolas Antonio; en Angleterre, Egerton-Brydges, Dibdin.

La France ne s'est pas moins distinguée dans cette branche de littérature; les vieilles *Bibliothèques françoises* de La Croix du Maine et de Duverdier sont fort utiles pour la connaissance des livres du XVIe siècle; plus tard, Baillet, Goujet, Lelong, De Bure; et, de nos jours Barbier, Peignot, Beuchot, MM. Brunet, Quérard et beaucoup d'autres ont cultivé avec succès la bibliographie.

Il est une partie de cette science qui nous touche de plus près: c'est celle qui traite des ouvrages sur l'origine et les progrès de l'imprimerie dans tous les pays. Le nombre en est considérable, et nous consacrerons un article spécial à l'indication des principaux livres composés sur ce vaste sujet.

Le bibliophile (mot formé du grec βιϐλιὸν, livre; φιλεῖν, aimer) est l'amateur des livres.

Le tableau que fait un de nos littérateurs (1) de la maison d'un bibliophile ne manque pas de justesse et d'à-propos :

---

(1) M. Paulin Paris, à l'occasion d'une vente de livres de M. de Monmerqué, l'un de nos bibliographes les plus distingués. (*Moniteur*, mai 1851.

« Quand on commence à rassembler des livres, on aime à les voir prendre dans le logis la meilleure place, s'y pavaner avec orgueil... Le cabinet d'étude est bientôt occupé, puis l'arrière-cabinet, puis les couloirs, les corridors. Une pièce servait de petit salon, les livres s'y introduisent ; on y pratique graduellement des armoires et des cachettes ; les dessus de portes étaient décorés de charmants tableaux champêtres ; on enferme les paysages dans un vaste réseau de *Mercures galants*. Quand tous les domaines du mari sont envahis, on frappe chez la maîtresse de la maison ; car, d'ordinaire, le bibliophile est ou devient mari, la passion des ouvrages d'esprit amenant naturellement le besoin d'une conversation enjouée, délicate, ingénieuse.

« Or, quelles que soient les dispositions littéraires de la dame de céans, elle ne verra pas sans une sorte de terreur l'arrivée menaçante de tant de volumes en bataillons serrés. Leur a-t-elle cependant ouvert le boudoir ? Ils s'y précipitent, sans penser que le boudoir n'avait pas été fait pour eux. Ils vont au delà ; rien n'est à l'abri de leurs indiscrètes tentatives. Charles Nodier avait toujours dix volumes sous la toile de son oreiller, et c'est, je m'en souviens, à la suite d'une explication avec l'indulgente et aimable Mme Nodier, que l'illustre bibliophile comprit la nécessité de sa première vente. Mais reprenons notre propos. Nous avons laissé les livres dans la chambre à coucher, les voilà dans le salon ; chaque jour une nouvelle glace est supprimée à leur profit ; chaque jour ils exigent la libre disposition de nouveaux guéridons, tables et consoles... »

L'ancienneté des livres, leur rareté, la singularité du sujet de l'ouvrage, du style ou de l'orthographe de l'auteur, la confection même du volume, soit par rapport au papier, soit par rapport à l'exécution typographique; enfin, la reliure et l'ornementation, quand elles présentent quelque chose de remarquable ou qu'elles sont dues à des artistes renommés, voilà les motifs qui guident l'amateur dans la recherche des livres.

On sait quel prix les bibliophiles attachent aux impressions *incunables*, c'est-à-dire qui remontent au *berceau* de l'imprimerie, aux éditions des Alde, des Estienne, des Elsevier, des Bodoni, des Didot, aux reliures des Bozerian, des Thouvenin et des Simier.

Le fameux *Psautier* de Mayence, de 1457, un des premiers monuments de l'art typographique, a été acheté 12,000 fr., à la vente du comte de Mac-Carthy, en 1817, par Louis XVIII, qui en a fait don à la bibliothèque royale. — A la même vente, un exemplaire des *Sonetti e trionphi* de Pétrarque, imprimé sur vélin à Venise, en 1473, par Jenson, a été payé 3,000 fr.

Les bibliophiles recueillent encore avec soin ces pamphlets éphémères qui pullulent dans les jours de troubles et deviennent introuvables quand le calme est rétabli, tels que les libelles qui parurent du temps de la Ligue, les *Mazarinades* du temps de la Fronde. M. Deschiens, instituteur à Versailles, avait réuni la plus riche collection des écrits politiques publiés pendant la première révolution.

Par de singuliers hasards, on retrouve quelquefois des livres bien loin des lieux où ils ont vu le jour; un savant bibliographe, M. Brunet, dans ses *Recherches sur Rabelais*, mentionne un livre des plus rares, la *Généalogie du Grand-Turc*, imprimé à Paris, il y a trois siècles, qui ne s'y trouvait plus et qu'un amateur parisien a rencontré à Philadelphie. Le célèbre bibliophile anglais Richard Heber, dont la bibliothèque contenait plus de cent mille volumes, avait inutilement cherché dans toute l'Europe un volume français imprimé à Bruges par Colard Mansion à la fin du xve siècle. Il désespérait de le trouver, lorsque son frère, Reginald Heber, évêque de Calcutta, lui en envoya un exemplaire qu'il venait de rencontrer sur les bords du Gange (1).

Les manuscrits et les autographes sont aussi l'objet des investigations des bibliophiles modernes; avec le prix d'une lettre autographe de Molière, on achèterait une édition complète de ses œuvres.

Le goût des livres se trouve chez tous les peuples civilisés. Sans parler ici des anciens Ptolémées d'Égypte, de Charlemagne, de Charles V, de Léon X, des Médicis, de François Ier et de tant d'autres princes éclairés qui ont formé, à grands frais, des bibliothèques plus ou moins nombreuses, suivant les époques, une foule de personnages distingués ont fait dans le même but un noble usage de leur fortune.

Parmi les plus célèbres amateurs de livres, nous citerons, dans le xviie siècle, le duc de Wolfenbuttel, qui dépensait 50,000 écus pour acheter des livres ou faire copier des manuscrits; dans le xviiie siècle, le cardinal Dubois, le duc de La Vallière, le marquis de Paulmy, Mirabeau; plus récemment le colonel Stanley, lord Spencer, etc.

Il existe des sociétés de bibliophiles en Angleterre, en France, en Belgique et en d'autres pays.

M. Renouard raconte qu'à la vente des livres du duc de Roxburghe, en 1812, les prix passèrent toutes les proportion connues; il semblait que les guinées ne fussent que des schellings. C'est là qu'un *Decamerone di Boccaccio* (Valdarfer, 1471) fut payé 2,260 liv. sterling (plus de 54,000 fr.) par

---

(1) *Bulletin du bibliophile*, octobre 1852.

le marquis de Blandford, maintenant duc de Marlborough, pour en prendre, dit-on, cinq feuillets, manquant ou gâtés dans un plus bel exemplaire qui, depuis près d'un siècle, était dans sa famille. En mémoire de ce fait si remarquable dans les fastes de la bibliomanie, des amateurs anglais ont formé une société, qu'ils ont nommée *Roxburghe club*, dans laquelle ils s'entretiennent exclusivement de ce qui tient aux livres, tant intérieurs qu'extérieurs ; enfin de tout ce qui est du ressort de la bibliomanie.

Chaque année, le 17 juin, ils célèbrent, par un banquet, l'anniversaire de la vente du *Boccace*.

Un des principaux objets de leur association est l'engagement que prend chacun des membres, dont le nombre ne peut excéder trente et un, de fournir annuellement, et à tour de rôle, quelque ancienne rareté, réimprimée au nombre fixe de trente et un exemplaires pour les seuls membres du club. Déjà plusieurs de ces réimpressions ont été ainsi distribuées, et, jusqu'en 1819, le choix n'avait pas été porté sur des ouvrages d'un mérite assez réel pour faire de ces éditions autre chose que des singularités bibliographiques ; à cette époque, elles sortaient des presses de Bulmer, Bensley, Walpy, et de l'imprimerie particulière de M. Boswel, dans l'Ayrshire en Écosse (1).

A l'instar des bibliophiles anglais, la France a aussi son Roxburghe club, sous le titre de *Société des bibliophiles français*. Cette société, fondée à Paris en 1834, publie un *Bulletin* mensuel, consacré à des articles de bibliographie, à l'indication d'ouvrages rares ou curieux.

Enfin, divers opuscules, dont il était difficile de trouver des

---

(1) *Catalogue de la bibliothèque d'un amateur*, tome IV, p. 268.

exemplaires, ont été réimprimés dans leur forme primitive par les soins de la société ou de quelques-uns de ses membres. Ces *fac-simile*, sans remplacer les originaux, en offrent du moins l'image ; et, n'étant tirés qu'à un petit nombre d'exemplaires, ils acquièrent ainsi eux-mêmes une certaine valeur.

Le procédé litho-typographique Dupont, à l'aide duquel on peut décalquer et reproduire les anciennes impressions et gravures, et dont nous parlerons ailleurs plus amplement, a servi fréquemment à la réimpression d'anciens ouvrages.

Le bibliophile est un amateur, le bibliomane est un maniaque : celui-là est guidé, dans la recherche des livres, par un goût éclairé ; celui-ci n'a pour règle que sa passion. Il y a entre eux la même différence qu'entre l'homme généreux qui distribue ses dons avec sagesse, et le prodigue qui les jette sans discernement.

En effet, le bibliomane ne considère pas ce qui peut donner du prix à un livre ; il lui suffit d'entasser volume sur volume. C'est une jouissance pour lui de réunir toutes les éditions du même ouvrage, quand même elles ne différeraient que par la qualité du papier, la grandeur des marges, le nombre des lignes contenues dans une page, le nombre des lettres contenues dans une ligne, etc. Dans le siècle dernier, un médecin anglais, le docteur Douglas, avait réuni environ 450 éditions d'Horace.

Le bibliomane ne se contente pas non plus d'avoir les meilleures et les plus fidèles traductions, il voudrait les avoir toutes.

Il tient beaucoup à être le seul possesseur d'un livre rare, et, parfois, il ne veut le communiquer à personne, semblable à l'avare qui renferme son argent et le soustrait à la circulation. Le bibliomane prend alors le nom de *bibliotaphe*, c'est-à-dire d'enterreur de livres.

Tel était à peu près Naigeon. « Il poussait sa manie à un point excessif, dit M. Renouard (1) : une ligne de marge, un maroquin un peu plus brillant le faisaient pâlir et pâmer d'aise, quand le livre lui appartenait ; de chagrin et de mécontentement, quand un autre en était l'heureux possesseur. Chez lui nul n'avait le droit d'ouvrir un livre. »

C'est en Angleterre que la bibliomanie a été poussée au plus haut point. La bibliothèque du colonel Stanley, composée seulement de 1,136 articles et dont la formation lui avait coûté, dit-on, 2,500 liv. st. (62,500 fr.), a produit, à la vente qui en fut faite à Londres, en 1813, une somme de 8,232 liv. st. (205,800 fr.) Un *Don Quichote* (Madrid, 1605 et 1615, 2 vol. in-4°, 1re édit.) y fut vendu 1,050 fr. ; un *Orlando furioso* de l'Arioste (1508, in-4°, édit. de Ferrare), 1,575 fr. ; les *Chroniques* de Monstrelet (Paris, 1572, 3 vol. in-fol.), exemplaire qui avait appartenu à l'historien Jacq.-Aug. de Thou, 3,400 fr.

Au reste, ces prix fabuleux ne doivent pas effrayer les amateurs moins enthousiastes ; c'est quelquefois pour un motif très-futile qu'un bibliomane donne une valeur excessive à un livre, qui souvent sera vendu et acheté les deux tiers, les trois quarts de moins au contentement des deux parties.

Ainsi le *Décaméron* de Boccace, dont nous avons parlé, et qui fut acheté 54,000 fr. par le marquis de Blandford, à la vente du duc de Roxburghe, en 1812, fut racheté, en 1849, par lord Spencer, pour 22,950 fr.

M. Boulard, ancien notaire et homme de lettres, mort en 1825, était renommé pour sa bibliomanie, que la fortune dont il jouissait lui permettait de satisfaire. Après la bibliothèque nationale, la sienne était la plus nombreuse de Paris ; car elle

---

(1) *Catalogue de la bibliothèque d'un amateur.*

se composait de 500,000 volumes. On le voyait tous les jours devant les libraires-étalagistes faire des acquisitions et remplir ses larges poches de livres; il en achetait même des lots considérables sans les regarder. Propriétaire d'une vaste maison, quand le logement qu'il y occupait fut encombré, il donna successivement congé à tous ses locataires et transforma leurs appartements en dépôts de livres. On comprend qu'une telle conduite devait prêter au ridicule; cependant cette bibliomanie cachait un acte de générosité; le but de cet homme honorable était de venir en aide au commerce de la vieille librairie, dont l'utilité est si bien appréciée par les littérateurs peu aisés.

On ne peut se figurer combien est forte chez quelques personnes la passion de la bibliomanie, et à quels excès cette passion peut entraîner parfois les bibliomanes.

On a vu de nos jours un membre de l'Institut, professeur au Collége de France, chargé par le Gouvernement d'inspecter les principales bibliothèques et profitant de cette mission pour commettre de nombreuses soustractions de livres rares et précieux, évalués à près de 400,000 francs.

Du reste, cette passion étrange paraît être commune aux autres antiquaires. Il y a quelques années, les journaux ont rapporté le fait suivant :

Un soir, M. de S..., antiquaire célèbre, fut volé de sa montre à la sortie de l'Opéra. Parmi les cachets qui ornaient la chaîne se trouvait un magnifique camée antique, représentant l'empereur Adrien : ce bijou est connu, dans le monde des artistes et des archéologues, par le fini du travail et la beauté de la pierre. M. de S... fit sa déclaration à qui de droit; mais il n'entendit plus parler de sa montre. Dernièrement seulement, un commissionnaire lui apporta une boîte, en annonçant que le port en avait été payé. Cette boîte contenait bien la montre et la chaîne, mais le camée manquait. M. de S... prit son parti et racontait gaiement la chose, lorsqu'il lui arriva un ordre de comparaître par-devant le juge d'instruction.

On avait arrêté à une vente de curiosités un homme soupçonné d'avoir volé plusieurs objets d'antiquité. Conduit chez le commissaire, cet homme avait été reconnu pour être M. de..., collectionneur des plus passionnés. Dans une perquisition faite à son domicile, on avait retrouvé, entre beaucoup de raretés dont il ne pouvait justifier la possession, le fameux camée de l'empereur Adrien. Interrogé de qui il tenait cette précieuse antiquité, il avoua naïvement que pendant deux ans il avait suivi M. de S... pour la lui enlever, et qu'un soir ayant trouvé moyen de s'en saisir, il n'avait pas craint de commettre un vol pour en devenir propriétaire, mais qu'il avait religieusement renvoyé à M. de S... la montre et la chaîne à laquelle était appendue la pierre gravée!...

Parmi les bibliomanes les plus illustres de notre époque, nous citerons M. Verbeyst, le premier bouquiniste de l'Europe, et probablement des cinq parties du monde, mort récemment à Bruxelles dans un âge avancé.

Il avait fondé une maison à plusieurs étages, aussi grande et aussi haute qu'une église, disposée pour contenir environ trois cent mille volumes rangés par ordre de matières dans les enfilades de chambres recevant le jour d'un seul côté, le côté du midi et du jardin de la maison.

Jamais un livre nouveau n'entra chez M. Verbeyst: c'est ce qui fit sa fortune.

A ce premier nom, joignons celui de Charles Motteley, mort au mois de septembre 1850. C'était un des bibliomanes les plus ardents et les plus fougueux qui aient jamais existé. Il égua par son testament sa bibliothèque à la nation française, sous les auspices du Président de la République.

M. Motteley possédait la plus riche et la plus nombreuse réunion d'éditions elseviriennes, le plus magnifique musée de reliures françaises et étrangères, le plus curieux cabinet de livres rares, de manuscrits à miniatures, etc. : tout cela forme un ensemble fort intéressant qui témoigne des soins intelligents et éclairés du collecteur.

Voici le texte du codicille en vertu duquel le Gouvernement est appelé à recueillir le legs de M. Motteley :

« Je donne de mon vivant et, en cas de mort prématurée, je lègue à la nation française, sous les auspices de M. le Président de la République, ma remarquable bibliothèque, à condition que le Gouvernement la fera placer dans une galerie ou salon portant cette inscription : *Musée bibliographique formé par le bibliophile Motteley.* »

Le donateur exige, par un autre article du testament, que notre savant bibliophile Paul Lacroix soit spécialement chargé de rédiger une notice sur sa bibliothèque, et d'en composer le catalogue, qui devra passer à la postérité. Il demande, en outre, que ce travail important soit rémunéré d'une manière digne du Gouvernement français.

Malheureusement tous les collectionneurs de livres ne savent pas faire un emploi aussi judicieux des richesses bibliographiques qu'ils ont amassées au prix de tant de peines et de si grands sacrifices. Trop souvent ces richesses passent en la possession de gens qui ne savent en apprécier ni l'utilité ni le mérite, et n'ont rien de plus pressé que d'en tirer le plus d'argent possible dans les ventes publiques. C'est ce qui arriva, pour n'en citer qu'un exemple, des livres du marquis de Chalabre, bibliomane célèbre, qui avait légué sa bibliothèque à Mlle Mars. Cette bibliothèque était réellement du plus grand prix, mais Mlle Mars lisait peu ou plutôt ne lisait pas du tout. Elle chargea Merlin, son ami, de classer les livres du défunt et d'en faire la vente. Merlin s'acquitta de cette mission en toute conscience; il feuilleta et refeuilleta si bien chaque volume, qu'un jour il entra dans la chambre de Mlle Mars, tenant trente à quarante billets de mille francs, qu'il déposa sur une table.

— Qu'est-ce que cela, Merlin? demanda Mlle Mars. — Je ne sais, Mademoiselle, dit celui-ci. — Comment, vous ne savez? Mais ce sont des billets de banque. — Sans doute. — Où donc les avez-vous trouvés? — Mais dans un portefeuille pratiqué sous la couverture d'une Bible très-rare. Comme la Bible était à vous, les billets de banque sont aussi à vous.

Mlle Mars prit les billets de banque qui, en effet, étaient bien à elle, et eut grand'peine à faire accepter à Merlin, en cadeau, la Bible dans laquelle les billets de banque avaient été trouvés.

Quant aux autres livres, auxquels il semble que cette aubaine inattendue aurait dû servir de rançon, ils n'en furent pas moins vendus aux enchères et à beaux deniers comptants au profit de la légataire.

Ainsi se trouvent trop souvent dispersées des collections savamment et laborieusement faites, et qui, par leur ensemble, auraient pu rendre les plus grands services aux arts, aux sciences, aux lettres et même à l'industrie. Aussi, avec une plus grande masse de livres, avons-nous moins de bibliothèques particulières qu'autrefois; nous devons donc savoir gré à ceux qui ne bornent pas leurs soins à une jouissance égoïste de leurs bibliothèques, mais en assurent après eux la conservation, soit dans leurs familles, soit dans les mains de l'État.

VII. Selon son étymologie grecque, le mot *bibliothèque* signifie dépôt de livres, lieu destiné à mettre des livres.

Pour en déterminer l'origine, il est permis de supposer que, dans les sociétés déjà organisées, les chefs politiques et religieux eurent des endroits destinés au dépôt des livres qui concernaient l'histoire nationale et l'administration de l'État, ou les cérémonies du culte. N'y pénétrait pas qui voulait. On se bornait à publier oralement, ou bien à inscrire sur des tables de pierre ou d'airain ce qui était d'un intérêt général. Ce fut par une faveur particulière que les prêtres d'Égypte permirent à Hérodote de prendre connaissance de leurs annales.

Plus tard, la vanité suggéra aux particuliers l'idée des archives de famille, et, quand on fit des livres, le besoin de les conserver donna l'idée des bibliothèques privées aux personnes assez opulentes pour acheter de quoi les garnir; car, ainsi que nous l'avons vu, les livres chez les anciens et même chez les modernes, avant l'invention de l'imprimerie, se vendaient très-cher.

C'est pour venir en aide aux hommes studieux, mais qui n'ont pas le moyen de se procurer les livres nécessaires à leurs études, que les gouvernements, que des princes ou de riches personnages ont fondé des bibliothèques publiques.

Ces institutions remontent à une haute antiquité. On en trouve chez les Égyptiens, chez les Hébreux, chez les Grecs, chez les Romains. Au moyen âge, les bibliothèques étaient concentrées dans les monastères et dans les maisons princières.

Enfin, l'invention de l'art typographique reproduisit ou fit naître une quantité prodigieuse de livres. Des bibliothèques publiques et particulières se formèrent de toutes parts et propagèrent l'instruction dans toutes les classes de la société.

En France, avant la révolution, chacun des ordres de l'État avait sa bibliothèque, chaque couvent possédait la sienne. Les personnes de robe et d'épée tenaient à honneur, comme il est encore d'usage en Angleterre, de conserver de père en fils la bibliothèque paternelle, que chaque descendant augmentait selon ses goûts ou les besoins de sa profession. Telles étaient celles des *de Thou*, des *Colbert*, des *Letellier*, des *Bethune*, des *Soubise*, des *La Vallière*, des *d'Aguesseau*, des *Paulmy*, des *Lamoignon*, des *Séguier*, des *Brienne* des *Choiseul*, et celle de *Grollier de Servières*, à Lyon, ce généreux et confiant bibliophile, qui, sur tous les beaux livres de sa bibliothèque, ne craignit point de mettre cette inscription : *Sibi et amicis*.

Les bibliothèques les plus considérables et les mieux choisies de l'antiquité furent celles des Égyptiens.

Selon Diodore de Sicile, Osymandias, successeur de Protée et contemporain de Priam, roi de Troie, fonda la première bibliothèque à Thèbes en Égypte. Cette bibliothèque était magnifique. On lisait sur le frontispice ces mots, écrits par ordre du prince égyptien : *le Trésor des remèdes de l'âme*.

Il y avait aussi à Memphis, aujourd'hui le Grand Caire, une très-belle bibliothèque renfermée dans le temple de Vulcain. Naucrates accusa Homère d'avoir volé, dans cette bibliothèque, l'*Iliade* et l'*Odyssée*, qu'il donna dans la suite comme étant ses propres œuvres.

Mais la plus grande et la plus fameuse bibliothèque de l'ancien monde fut celle d'Alexandrie, qui posséda, au rapport de tous les historiens, jusqu'à 700,000 volumes (1).

---

(1) Il est bon de remarquer que les volumes manuscrits des anciens étaient loin d'équivaloir à nos livres imprimés. Souvent on appelait volumes

Ptolémée Soter, mort 283 ans avant J.-C., en fut le fondateur. Elle fut augmentée par Ptolémée Philadelphe, son fils, et par les successeurs de celui-ci, entre autres par Évergètes II. Cette bibliothèque fut divisée en deux parties : les 400,000 premiers volumes furent déposés dans le quartier de la ville appelé le Bruchium ; les livres nouveaux, qui à la longue atteignirent le nombre de 300,000, formèrent une bibliothèque supplémentaire établie dans un autre quartier, appelé le Sérapéum.

La bibliothèque principale ayant été incendiée, lors de l'entrée de César à Alexandrie, il ne resta que les 300,000 volumes du Sérapéum, qui s'augmentèrent toutefois des livres des rois de Pergame, dont Antoine fit présent à la reine Cléopâtre.

Lorsque les Musulmans s'emparèrent de l'Égypte, en 642, cette nouvelle bibliothèque fut livrée aux flammes par ordre du calife Omar. Son général Amrou, sur les représentations du bibliothécaire Jean le Grammairien, hésitait à accomplir cette œuvre de destruction ; mais le calife lui en réitéra l'ordre : « Si les livres de cette bibliothèque, répondit-il, con-« tiennent des choses contraires au Koran, ils sont mauvais, « et il faut les brûler ; s'ils ne contiennent que la doctrine du « Koran, brûlez-les encore, ils sont superflus. »

Attale, roi de Pergame, et son fils Eumènes, pour rivaliser avec les Ptolémées, avaient fondé, au IIe siècle avant Jésus-Christ, une bibliothèque, qui devint aussi fort célèbre. Elle

---

des divisions d'un même ouvrage : ainsi, le poëme de l'*Iliade*, en vingt-quatre chants ou livres, formait vingt-quatre volumes. Les bibliothèques les plus renommées dans l'antiquité, pour le nombre de livres qu'elles contenaient, ne peuvent donc pas, sous ce rapport, être comparées aux bibliothèques modernes.

renfermait, selon Plutarque, 200,000 volumes lorsqu'elle fut donnée par Antoine à la reine d'Egypte, comme nous venons de le dire.

Les Juifs, outre leur bibliothèque sacrée qui renfermait les livres saints, possédaient encore une bibliothèque dans chaque synagogue.

Il en existait une entre autres à Gaza où l'on trouvait d'anciens livres qui présentaient des figures d'animaux et des signes à la manière des Égyptiens. On croit que ces livres provenaient de la bibliothèque d'Alexandrie.

La bibliothèque de Ninive fut célèbre au IIe siècle avant Jésus-Christ. Un envoyé du roi d'Arménie, en fouillant à cette époque dans les archives de Ninive, y trouva des manuscrits qui venaient de sa patrie, d'où ils avaient été enlevés lorsqu'elle fut conquise par Alexandre le Grand.

Un grand nombre de livres qu'on avait amassés dans les temples de Nisibe et de Sinope furent transportés à Edesse sous la domination romaine.

La bibliothèque d'Edesse devint alors fort importante. Elle fut divisée en deux parties, l'une consacrée aux ouvrages écrits en syriaque, l'autre aux ouvrages grecs.

Diodore de Sicile parle d'une bibliothèque considérable que possédait la ville de Suze en Perse. Celle d'Ardevil, dans la même contrée, était aussi très-belle. La bibliothèque de Césarée jouissait également d'une certaine réputation; elle avait été fondée par Jules Africain.

La première bibliothèque grecque fut celle d'Athènes, établie par Pisistrate. Xerxès, lors de son invasion en Grèce, la fit transporter en Perse; mais plus tard elle fut restituée aux Athéniens par Séleucus Nicanor.

Peu d'historiens ont parlé des bibliothèques grecques. Les

renseignements sans importance que nous fournissent à ce sujet les différents auteurs qui ont traité une partie aussi intéressante que celle de l'histoire de la littérature chez les Grecs nous feraient présumer que ce peuple frivole, si ingrat envers la plupart de ses grands hommes, abandonna à ses voisins le soin de réunir, pour les transmettre à la postérité, les ouvrages de ses enfants.

Cependant, de nos jours, les Grecs schismatiques possèdent un grand nombre de bibliothèques : une entre autres sur le mont Athos. Ces bibliothèques se composent en majeure partie de manuscrits, et renferment très-peu de livres imprimés. On y a déjà fait d'importantes découvertes, et on en ferait probablement de nouvelles, si les possesseurs de ces richesses en étaient moins avares et permettaient qu'on les explorât.

Les Romains, au contraire, aimèrent passionnément les livres. Outre les bibliothèques étrangères, fruit de leurs conquêtes, telles que celle de Persée, roi de Macédoine, et celle d'Aristote, transportées toutes deux à Rome, l'une par Paul Emile et l'autre par Sylla, on voyait chez eux des bibliothèques sacrées qui contenaient les livres relatifs à la religion et qui étaient sous la garde des augures et des pontifes.

Certains patriciens possédaient aussi des bibliothèques admirables. Avec quel plaisir ne lit-on pas, dans la correspondance de Cicéron et de son ami Atticus, le détail des soins qu'ils donnaient aux leurs? Elles faisaient leur consolation, elles étaient leur refuge dans les jours de trouble et d'anarchie. Cicéron dit qu'il préférait la sienne aux trésors de Crésus.

On remarquait encore la bibliothèque de Lucullus et celle

de Jules César, confiée aux soins de Marcus Varron, qui lui-même en avait une magnifique.

Postérieurement enfin on vit s'élever plusieurs bibliothèques publiques à Rome ; la plupart étaient conservées dans les temples.

Asinius Pollion fut le fondateur de celle qui était placée, suivant Ovide, dans un temple de la Liberté.

Auguste en établit une autre près du temple d'Apollon, situé sur le mont Palatin. Une troisième fut créée par Vespasien dans le voisinage immédiat du temple de la Paix.

Mais la plus remarquable de toutes fut celle qu'on appelait la *bibliothèque Ulpienne*, du nom d'Ulpius que portait Trajan, son fondateur.

Pour réparer les pertes que des incendies avaient fait éprouver aux bibliothèques de Rome et des provinces, Domitien fit recueillir des livres de toutes parts, notamment à Alexandrie, où il envoya des copistes pour transcrire et collationner un grand nombre d'ouvrages.

Rome, au IVe siècle, renfermait, suivant la description de Publius Victor, vingt-neuf bibliothèques publiques, dont les deux plus importantes étaient la bibliothèque Palatine et la bibliothèque Ulpienne.

Bientôt des hordes de barbares ayant envahi l'empire romain, détruisirent ces établissements, et l'on n'en retrouve plus guère, pendant toute la durée du moyen âge, que dans les communautés religieuses où les moines s'occupaient de la transcription des livres. La bibliothèque du Mont-Cassin, en Calabre, fut une des plus célèbres ; les philologues et les bibliographes modernes y ont souvent fait des recherches fructueuses.

Lorsque les souverains pontifes furent devenus paisibles

possesseurs de Rome, ils s'appliquèrent à lui restituer l'ancien éclat qu'elle avait perdu. Nicolas V peut être regardé comme le fondateur de la bibliothèque du Vatican, vers 1450. Elle n'était alors composée que de manuscrits; mais elle ne tarda pas à s'enrichir des produits de l'art typographique, introduit à Rome dès 1465. Dévastée quand l'armée de Charles-Quint pilla cette ville en 1527, elle se releva cependant de ses ruines, et le pape Sixte-Quint fit même construire au Vatican le bel édifice où elle est actuellement. Elle contenait, parmi ses manuscrits précieux, une copie de Térence faite sous le règne et par l'ordre d'Alexandre Sévère. Quoique moins considérable que beaucoup d'autres, cette bibliothèque est encore bien riche aujourd'hui en manuscrits antiques et en livres imprimés dans toutes sortes de langues, grâce surtout à la célèbre imprimerie Vaticane ou de la Propagande, qui possède une des plus nombreuses collections de caractères typographiques.

Outre la bibliothèque du Vatican, il y a encore à Rome celles du palais Farnèse, de Sainte-Marie *in ara cœli*, de Casanate ou de la Minerve, de la Sapience, etc.

Indépendamment des bibliothèques monastiques, il en existait au moyen âge quelques-unes fort remarquables, fondées par des souverains, surtout en Orient où le siége de l'empire avait été transporté, et où les sciences et les lettres fleurirent longtemps encore après qu'elles eurent presque disparu dans l'Occident.

Il faut mettre au premier rang de ces bibliothèques celle que Constantin le Grand établit à Constantinople vers l'an 330, et qui fut augmentée considérablement par les soins de Théodose le jeune.

Elle contenait cent mille volumes; c'est là que fut déposée

la copie authentique des actes du concile de Nicée. Léon l'Isaurien, fauteur de l'hérésie des Iconoclastes, fit brûler plus de la moitié des livres que renfermait cet établissement. Entre autres ouvrages précieux qui devinrent la proie des flammes, on regrette les œuvres d'Homère écrites, dit-on, en lettres d'or.

L'empereur Constantin Porphyrogénète fonda, pendant le XIe siècle, une nouvelle bibliothèque publique dans la même ville. Elle fut respectée par Mahomet II, lorsque ce prince s'empara de Constantinople en 1452 ; mais Amurath IV, un de ses successeurs, animé d'une haine implacable contre les chrétiens, la détruisit.

Pour entretenir de manuscrits la première bibliothèque de Constantinople, les empereurs d'Orient avaient des copistes à leurs gages. Le Code Théodosien en compte sept soumis aux ordres du bibliothécaire principal ; en 730, le nombre en était de douze. En Occident, Charlemagne, dans le courant du VIIIe siècle, créa aussi plusieurs bibliothèques, dont une, celle de Saint-Gall en Suisse, jouit encore d'une grande renommée. La bibliothèque d'Aix-la-Chapelle dont il fut également le fondateur, et qui était bien plus considérable que la précédente, n'eut qu'une courte existence ; il la fit vendre avant sa mort au profit des pauvres.

A la même époque, les Maures qui avaient envahi l'Espagne, où ils se maintinrent pendant longtemps, y fondèrent aussi des bibliothèques : Al-Hakem II, roi de Cordoue, en possédait une magnifique.

Il existe aujourd'hui en Europe un grand nombre de bibliothèques publiques et particulières, que l'invention de l'imprimerie a puissamment contribué à enrichir ou à former.

Ces établissements s'accroissent continuellement soit par

des acquisitions ou par des dons, soit par les dispositions législatives que la plupart des États européens ont adoptées, et d'après lesquelles un exemplaire de chaque ouvrage qui s'y imprime doit être déposé dans la principale bibliothèque du pays.

La recherche des anciens manuscrits n'en est pas moins restée très-active; on les regarde toujours comme des monuments précieux sous le rapport de la paléographie, de l'ornementation, etc. ; ils peuvent, ils doivent même toujours servir à la confrontation des textes.

La plus ancienne bibliothèque d'Angleterre est celle de l'université d'Oxford, nommée bibliothèque Bodléienne. Elle a eu pour premier fondateur Richard de Bury (1), évêque de Durham et grand chancelier d'Angleterre en 1334, qui lui donna tous les livres qu'il possédait. En 1440, Humphrey, duc de Glocester, lui légua 600 volumes; enfin, en 1597, agrandie, dotée et enrichie d'une grande quantité de livres, tant imprimés que manuscrits, par sir Thomas Bodley, elle prit le nom de bibliothèque *Bodléienne*. Elle possède maintenant 300,000 volumes imprimés et 25,000 manuscrits.

Le *British Museum* de Londres, qu'on peut regarder comme la bibliothèque royale d'Angleterre, fut fondé en 1753 et ne contenait guère, alors, que 40,000 volumes. Il y a quelques années on y comptait déjà 30,000 manuscrits et 200,000 volumes imprimés, mais le nombre en est peut-être doublé aujourd'hui.

L'accès des bibliothèques, si facile en France, en Italie et en Allemagne, présentait beaucoup de difficultés en Angleterre.

---

(1) Pendant un voyage qu'il fit à Paris, il fut émerveillé des richesses bibliographiques de cette capitale. (Voyez tome Ier, chap. III, p. 77.)

D'après les anciens statuts de la bibliothèque bodléienne, les bacheliers ès lettres, par exemple, ne pouvaient demander en communication que des ouvrages relatifs à leur faculté, tels que des dictionnaires ou des grammaires ; la lecture des livres de médecine et de jurisprudence leur était interdite.

Les élèves des universités étaient tenus de prêter, sur l'Evangile et entre les mains du bibliothécaire, un serment par lequel ils s'engageaient à ne point maculer, déformer ni lacérer les livres, à n'y faire aucun pli, aucune rature, aucune annotation, etc. Les infractions pouvaient être punies de l'amende et de la prison.

Ces règlements et ces formalités, s'ils ne sont pas abrogés, sont sans doute tombés en désuétude.

Il y a en Italie un grand nombre de bibliothèques, dont nous ne mentionnerons que les plus remarquables.

La bibliothèque de Saint-Marc à Venise, qui se vante d'avoir l'original de l'Evangile de son saint patron, fut d'abord formée avec les manuscrits dont Pétrarque fit présent à la république, en 1370. Dans le XVe siècle, le cardinal Bessarion lui donna une nombreuse collection de livres ; maintenant elle renferme près de 100,000 volumes imprimés et 5,000 manuscrits.

La bibliothèque Brera à Milan contient plus de livres imprimés que la bibliothèque Ambrosienne ; mais celle-ci, fondée par le cardinal Frédéric Borromée, archevêque de cette ville, est plus riche en manuscrits ; elle en possède une collection connue sous le nom de *Codice atlantico*, dont l'auteur est Léonard de Vinci. Un roi d'Angleterre en offrit en vain 3,000 pistoles : la ville de Milan refusa de lui céder le volume, par un motif qui honore autant la ville que le grand artiste : « Léonard de Vinci est tout entier dans ce livre, fut-il répondu au roi d'Angleterre ; il s'est légué lui-même à la ville de

Milan, et la ville de Milan se déshonorerait en renonçant pour un prix quelconque à un tel héritage. »

La bibliothèque Ambrosienne renferme aussi des manuscrits fort anciens, parmi lesquels se trouvent plusieurs palimpsestes, c'est-à-dire des parchemins qui ont servi deux fois et dont l'écriture actuelle est tracée par-dessus une écriture plus ancienne et à moitié grattée. C'est en les examinant que l'abbé Angelo Mai, depuis cardinal, reconnut dans cette écriture primitive quelques fragments d'ouvrages inédits de Cicéron qu'il publia en 1814. Plus tard il mit au jour des fragments de la *République* de Cicéron qu'il avait découverts à Rome dans les palimpsestes de la bibliothèque du Vatican.

A Florence, la bibliothèque Laurentienne, fondée par le pape Léon X, fils de Laurent de Médicis, dit le Magnifique, et la bibliothèque Magliabecchi sont très-renommées.

Pise se glorifie d'une très-belle bibliothèque qu'on dit avoir été enrichie de 8,000 volumes par Alde Manuce, qui en mourant les légua à l'académie de cette ville.

Nous avons déjà parlé des bibliothèques que renferme la ville de Rome.

En Espagne, la bibliothèque de l'Escurial, établie au couvent de Saint-Laurent, dans la Vieille-Castille, renfermait 130,000 volumes imprimés et 5,000 manuscrits, dont 3,000 arabes; mais elle éprouva de grandes pertes en 1671 dans un incendie causé par la foudre.

La bibliothèque royale de Madrid contient 200,000 volumes. Le bibliothécaire, M. Patino, homme de zèle et d'intelligence, en a rédigé le catalogue. C'est à ses soins qu'est dû aussi le dépôt, dans une des salles de la bibliothèque, des archives de don Louis de Salazar de-Castro, qui gisaient oubliées dans l'ancien couvent de Montserrat.

La plus ancienne des grandes bibliothèques d'Allemagne est la bibliothèque impériale de Vienne, fondée en 1440, où l'on compte plus de 300,000 volumes imprimés et de nombreux manuscrits hébraïques, grecs, arabes, turcs, latins.

La bibliothèque royale de Munich, dont la fondation remonte au commencement du XVIe siècle, contient 600,000 volumes imprimés; 12,000 datent des premiers temps de l'imprimerie.

Celle de Berlin a 400,000 volumes; celle de Dresde (Saxe) en a 300,000; elle possède un calendrier mexicain écrit sur peau humaine.

Les bibliothèques de Gœttingue (Hanovre), de Stuttgard (Wurtemberg), de Wolfenbuttel, sont aussi très-considérables.

La bibliothèque impériale de Saint-Pétersbourg, au commencement de 1833, possédait 263,647 volumes imprimés et 14,632 manuscrits. Dans le courant de cette même année, l'empereur y fit ajouter 7,728 livres de la bibliothèque du Pulawy, 13 cartons de manuscrits de l'ancienne société des Amis des sciences de Varsovie, et 499 caisses de la bibliothèque de la même ville, renfermant 150,000 volumes d'ouvrages classiques dans presque toutes les langues vivantes. Par achats et par dons particuliers, la bibliothèque impériale s'augmenta, dans la même année 1833, de 1,049 livres et de 12 manuscrits (1). Les acquisitions successives l'ont portée depuis au nombre de 446,000 volumes.

La bibliothèque royale de Copenhague est très-riche; elle possède 460,000 volumes imprimés et 20,000 manuscrits.

Il existe encore beaucoup d'autres bibliothèques importantes

(1) *Journal de Saint-Pétersbourg*, 5 mai 1854.

en Europe : celles de Naples, de Bruxelles, de Louvain, de La Haye ; d'Upsal en Suède, qui conserve le précieux manuscrit des Evangiles d'Ulphilas ; de Prague en Bohême, etc.

La Turquie a aussi des bibliothèques : celle qu'on désigne sous le nom de bibliothèque du Sérail fut établie au commencement du XVIe siècle par le sultan Selim Ier (1) ; mais elle n'est pas considérable.

Sans parler d'un grand nombre de bibliothèques particulières résultant de legs pieux faits anciennement aux mosquées, où elles restent enfouies sans profit pour la science et pour l'étude, Constantinople compte à présent quarante bibliothèques publiques (*Kitab-Khane*), généralement placées dans les mosquées impériales, dont elles sont considérées comme des dépendances nécessaires. Une des plus importantes est celle de Sainte-Sophie.

Quelques-unes cependant, érigées dans les différents quartiers de la ville par des vizirs, des muftis ou de riches particuliers, sont indépendantes des mosquées et consacrées par leurs fondateurs à l'usage du public. Mais les étrangers pénètrent difficilement dans ces divers établissements.

La collection des livres manuscrits destinés au grand seigneur forme aujourd'hui deux bibliothèques considérables dans l'intérieur du sérail. L'une fut fondée par Ahmed III (2) ; l'autre doit son existence à Moustapha III qui l'éleva à côté de la mosquée Bostandjiler-Djeamissy, dont il est également le

---

(1) C'est ce même sultan qui défendit aux Turcs, en 1515, sous peine de mort, de se servir de livres imprimés. Il y en a cependant aujourd'hui dans la bibliothèque qu'il a fondée.

(2) Ahmed III autorisa, en 1727, l'établissement d'une imprimerie turque à Constantinople, et leva les prohibitions portées par ses prédécesseurs contre l'art typographique.

fondateur. Ce prince composa cette nouvelle bibliothèque de tous les ouvrages qu'avaient recueillis Mahmoud Ier et Osman III, et de tous ceux qu'il avait acquis lui-même pendant son règne. Ces deux bibliothèques, qui renferment plus de 15,000 volumes, s'augmentent tous les jours soit des présents de ce genre que font au monarque les grands de l'Etat, soit des confiscations exercées sur les biens des officiers publics dont le mobilier renferme presque toujours un certain nombre de livres.

Quoique l'imprimerie soit maintenant assez active à Constantinople, la transcription et le commerce des manuscrits y occupent encore beaucoup de monde, parce qu'il y a différentes sortes d'ouvrages, entre autres ceux qui traitent de la religion, qu'il n'est pas permis de livrer aux presses.

Le gouvernement turc s'occupe, dit-on, de créer à Constantinople une vaste bibliothèque publique qui se composerait des principaux manuscrits actuellement disséminés dans une multitude de bibliothèques de province, et d'une collection des plus importants ouvrages scientifiques qui ont été publiés dans les pays d'Europe. Cette bibliothèque deviendra une ressource précieuse pour les recherches des orientalistes de tous les pays, qui y trouveront des livres jusqu'à présent inaccessibles pour eux, et dont même ils ignorent l'existence.

Les Arabes d'aujourd'hui ne sont point versés dans les lettres, et pourtant vers le xe siècle aucun peuple ne les cultivait avec plus de succès. Almanzor, un de leurs princes, fonda plusieurs écoles et bibliothèques publiques à Maroc. Celle de Fez, principalement, contient 32,000 volumes, parmi lesquels se trouvent, assure-t-on, toutes les Décades de Tite-Live et d'autres ouvrages de l'antiquité qui ne sont pas venus jusqu'à nous. Il est permis d'en douter.

Les empereurs de la Chine, où, de temps immémorial, l'impression tabellaire a multiplié les livres, possèdent des bibliothèques considérables. Suivant M. Sirr, voyageur anglais, la bibliothèque de l'empereur actuel (Taouk Wang) renferme deux millions et demi de volumes.

Aux Etats-Unis d'Amérique, le nombre des bibliothèques, en 1849, s'élevait à 182 et celui des volumes à 1,294,000. Ces nombres ont toujours augmenté depuis cette époque; chaque société académique, chaque institution scolaire a sa bibliothèque, mais aucune n'est considérable.

Le célèbre Benjamin Franklin peut être regardé comme le promoteur de ces établissements dans sa patrie. En 1731, il provoqua une souscription pour fonder à Philadelphie une bibliothèque, « qui fut, dit-il, la mère de toutes celles qui existent dans l'Amérique septentrionale et qui sont aujourd'hui si nombreuses. »

Cette bibliothèque, qui contient maintenant 52,000 volumes, renferme une précieuse collection d'anciens journaux, notamment le *Mercure* hebdomadaire de Bradford depuis 1719, et la *Gazette de Pensylvanie* de Franklin depuis 1728. —La bibliothèque Loganienne, ainsi appelée du nom de James Logan, son fondateur, est annexée à celle de Philadelphie et contient 10,000 volumes. Elle possède de curieux manuscrits et un certain nombre de livres qui datent de l'origine de l'imprimerie, entre autres un exemplaire de la *Légende dorée*, imprimé en 1483 par Caxton, le plus ancien typographe de l'Angleterre.

On peut emprunter à ces bibliothèques des livres pour les lire chez soi, mais en déposant une somme d'argent comme garantie et en payant une rétribution.

Il nous reste à parler des bibliothèques de la France, et nous regardons comme un devoir de raconter avec plus d'étendue l'histoire de ces établissements qui ont tant contribué à propager l'instruction, qui ont fourni de si grands secours à tous les genres d'études et qui ont placé notre patrie au premier rang des nations civilisées.

Notre bibliothèque nationale est sans contredit la plus riche, la plus précieuse qui existe dans le monde; aucune autre ne peut lui être comparée ni pour le nombre des livres, ni dans son ensemble pour les monuments bibliographiques. Elle renferme aujourd'hui plus de 900,000 volumes imprimés et 100,000 manuscrits (1); elle possède en outre, 1,200,000 estampes, 40,000 cartes, 100,000 médailles et objets d'antiquités.

La munificence des souverains, les dons que lui ont faits d'illustres personnages ou de généreux bibliophiles, des acquisitions importantes, le dépôt légal, voilà les sources de ses richesses.

Depuis Charlemagne, plusieurs rois de France eurent des bibliothèques dans leurs palais; mais elles ne subsistaient que pendant la vie de ces princes, qui en disposaient par testament en faveur de monastères ou de particuliers : leurs successeurs n'héritaient guère que des livres à l'usage de la chapelle royale. Ainsi, en 1255, saint Louis ayant fait copier un grand nombre de manuscrits des Saintes Écritures et des ouvrages des Pères de l'Église, plaça ces livres au trésor de la Sainte-Chapelle du Palais à Paris, où les hommes lettrés

---

(1) La bibliothèque royale se composait de 910 volumes sous Charles V; de 1,890 sous François Ier, et de 16,746 sous Louis XIII. En 1684, elle possédait 50,542 volumes; en 1775, près de 150,000, et environ 200,000 en 1790.

pouvaient les consulter ; mais à sa mort il les partagea entre les cordeliers, les jacobins (dominicains) et l'abbaye de Royaumont, et cette bibliothèque se trouva presque totalement dispersée.

Le roi Jean, qui régna de 1350 à 1364, n'avait plus qu'une vingtaine de volumes. Mais Charles V, son fils, en eut jusqu'à 910, qu'il fit placer dans une des tours du Louvre, appelée, pour cette raison, *la tour de la Librairie*. On possède encore l'inventaire de ces 910 volumes, nombre considérable, si l'on se reporte à l'époque (1373) où fut créée cette collection que la France perdit, ainsi qu'on l'a déjà remarqué, par suite des calamités qu'elle éprouva au commencement du règne de Charles VII.

Durant l'occupation anglaise, le duc de Bedfort, qui commandait à Paris, emporta la bibliothèque du Louvre en Angleterre. Mais Louis XI et Charles VIII s'appliquèrent avec beaucoup de sollicitude à la reconstituer. Sous Louis XII elle fut transférée à Blois, et à Fontainebleau sous François Ier, qui créa, en faveur de Guillaume Budé, la charge de maître de la librairie du roi, c'est-à-dire de bibliothécaire en chef.

Enfin, en 1595, Henri IV rétablit la bibliothèque royale à Paris, au collége de Clermont, où elle s'augmenta de la bibliothèque de Catherine de Médicis. Ce collége, d'où les jésuites avaient été expulsés, leur ayant été rendu après leur retour en France, la bibliothèque fut placée, en 1604, au couvent des cordeliers, puis, sous Louis XIII, dans une grande maison rue de la Harpe, appartenant aussi à ces religieux. Un des ministres de Louis XIV, Colbert, la fit transporter, en 1666, dans deux maisons de la rue Vivienne qui étaient sa propriété. On y réunit, l'année suivante, le cabinet des estampes et des médailles, jusqu'alors au Louvre.

Pendant la minorité de Louis XV, le régent voulait placer la bibliothèque dans la grande galerie du Louvre ; mais ce projet fut dérangé par l'arrivée de l'infante d'Espagne, qui devait occuper ce palais.

Après la chute du système de Law, l'hôtel de Nevers, rue de Richelieu, où le célèbre banquier avait tenu ses bureaux, fut affecté, par lettres patentes de 1724, au service de la bibliothèque. C'est dans ce même local qu'elle est encore aujourd'hui. Les savants, les gens de lettres, les personnes studieuses y entraient facilement ; mais elle ne fut régulièrement ouverte au public qu'en 1737.

En 1842, on a fait placer dans deux grandes armoires vitrées, disposées dans la salle dite des Pyramides, plusieurs monuments d'un grand intérêt pour l'histoire de la typographie. Dans une de ces montres, on voit une édition de l'Apocalypse de saint Jean, sans date ; une planche et une épreuve d'un Donat xylographique, l'*Ars moriendi*, sans date ; la *Bible* de Jean Gutenberg, inventeur de l'imprimerie, en caractères mobiles, Mayence, 1450-1455 ; les fragments d'un calendrier de 1457, découvert en 1804 dans les archives de Mayence ; un Psautier, publié à Mayence, la veille de l'Assomption de l'année 1457, par Jean Fust et Pierre Schœffer, élèves de Gutenberg ; le dernier feuillet de la *Bible* latine, imprimée, dit-on, à Bamberg, vers 1460, rubriqué en 1461 par Albert Pfister, élève de Gutenberg ; le livre de saint Jean Chrysostôme sur le psaume 50, Cologne, 1466, par Ulric Zell, élève de Gutenberg ; un Lactance, imprimé en 1465 au monastère de Subiaco, dans la campagne de Rome, par Conrad Sweynheym et Arnold Pannartz, imprimeurs mayençais qui portèrent l'art typographique en Italie ; *Ciceronis Epistolæ familiares*, 1469, par Jean de Spire, premier imprimeur de Venise ;

le premier livre imprimé à Paris, 1470, par Michel Friburger, Ulric Gering et Martin Crantz; la *Légende des saints*, par Barthélemi Buyer, premier imprimeur de Lyon, 1477; le premier livre imprimé en Hollande, 1473; le *Virgile* imprimé en Angleterre, 1490, par William Caxton; la *Somme* de saint Thomas, Valence, 1477; la *Rhétorique* de Cicéron, en lettres romaines; la *Chronique* de saint Denis, 1493, présentée à Charles VIII; la première édition grecque des œuvres d'Aristote, publiée par les Alde, Venise, 1495-1497; enfin des Robert Estienne, des Simon de Colines, des Gryphe, des Cramoisy, le *Télémaque* de Didot, 1793; des Elsevier, des Plantin, etc.

Malheureusement, les richesses amassées à la bibliothèque, quoique encore très-considérables, ont été bien diminuées par le défaut de surveillance. Le nombre d'ouvrages, de manuscrits précieux qui y ont été dérobés est considérable.

Il a été prouvé que des hommes passionnés pour ces raretés poudreuses, pour ces souvenirs de nos premiers et illustres écrivains, sont devenus parfois de véritables recéleurs, et ont fait, par amour excessif de la science, ce que d'autres faisaient par une honteuse spéculation. Des procès fameux et à peine terminés, des brochures très-curieuses ont révélé sur ces faits si graves des détails, des chiffres que nous n'avons pas à rappeler ici. Ce sont, par exemple, les 10,000 autographes dont l'enlèvement a été avoué, et parmi lesquels il y en a bon nombre qui, comme ceux de Raphaël, de Molière et de Montaigne, ont été estimés et vendus à des prix très-considérables. Ce sont encore des manuscrits précieux, uniques pour l'histoire et les sciences, des milliers de volumes dépareillés ou répandus au dehors, des collections incomplètes.

On ne remédiera entièrement à ces abus qu'en faisant dresser des catalogues exacts et minutieux, et en organisant une surveillance active et sévère.

Le Gouvernement s'est déjà préoccupé de la formation des catalogues; des crédits considérables ont été successivement alloués par les Chambres dans ce but. Cependant, les résultats sont loin d'avoir répondu jusqu'ici aux sacrifices et aux promesses qui avaient été faites. On est encore à attendre une organisation et des mesures capables de rassurer complétement sur l'avenir : le règlement du 26 mars 1833, concernant le service de la bibliothèque, ne suffisant pas pour donner toutes les garanties désirables.

On assure que, dans les plans qui ont été dressés pour l'achèvement du Louvre, figure une grande galerie pour y loger la bibliothèque impériale qui quitterait ainsi la rue Richelieu.

Depuis Guillaume Budé, pour qui François Ier créa la charge de maître de sa librairie, la bibliothèque du roi a eu pour administrateurs des hommes d'un grand mérite parmi lesquels nous citerons Jacques Amyot, traducteur de *Plutarque*, l'historien de Thou, Casaubon, Nicolas Rigault, Jérôme Bignon, Capperonnier. L'abbé Barthélemy, auteur du *Voyage d'Anacharsis*, était garde du cabinet des médailles, et refusa, à cause de son grand âge, la place de conservateur des livres imprimés, qui fut occupée successivement, pendant la révolution, par Chamfort et le fameux Carra. Plus tard, Van-Praet, bibliographe distingué, remplit les mêmes fonctions. Feu M. Letronne, avant d'être garde des archives, fut directeur de la bibliothèque. Le titulaire actuel est M. Naudet, membre de l'institut, et tous les conservateurs qui le secondent appartiennent à l'élite de la littérature et des sciences.

Outre la bibliothèque royale, Paris possédait six autres

bibliothèques publiques : c'étaient celles de l'abbaye Saint-Victor, des Prêtres de la Doctrine chrétienne, des Avocats, de l'Université, de la Faculté de Médecine, du Corps de Ville, et enfin la bibliothèque Mazarine, ainsi appelée du nom du cardinal Mazarin, fondateur du collége dit des Quatre-Nations.

Les bibliothèques de Sainte-Geneviève, de la Sorbonne, de l'abbaye Saint-Germain-des-Prés, chef-lieu de la célèbre congrégation de Saint-Maur, celles de la plupart des monastères et des corporations, étaient aussi d'un accès facile.

La suppression des ordres monastiques, à l'époque de la révolution, amena la fermeture de leurs bibliothèques, dont un grand nombre de volumes furent dilapidés ou détruits ; le reste fut entassé dans des dépôts et servit plus tard à la formation des bibliothèques départementales.

Les bibliothèques publiques éprouvèrent aussi les atteintes du vandalisme révolutionnaire : on brûla une foule de manuscrits précieux pour l'histoire, sous prétexte qu'ils étaient relatifs à la féodalité ; on détruisit des reliures magnifiques, parce qu'elles étaient ornées de blasons et d'armoiries nobiliaires.

Déjà, dans une émeute populaire, la maison des Lazaristes, située au faubourg Saint-Denis, à Paris, et qui est actuellement une maison de détention, fut saccagée ; les livres de la bibliothèque furent lacérés et foulés aux pieds. — Une semblable dévastation eut lieu en 1831, lors du pillage de l'archevêché de Paris, dont les archives et la bibliothèque furent anéantis ; les manuscrits, les livres étaient brûlés ou jetés dans la rivière. Les mêmes désordres se renouvelèrent, en 1848, au Palais-Royal et au château de Neuilly, avec des circonstances si dégoûtantes que la plume se refuse à les raconter.

Aujourd'hui il y a cinq principales bibliothèques publiques

à Paris, au premier rang desquelles se place la bibliothèque impériale.

La bibliothèque Sainte-Geneviève fut fondée par le cardinal de La Rochefoucauld, évêque de Senlis, lorsqu'il fut nommé, en 1623, abbé commendataire des chanoines réguliers dits Genovéfains. Ses successeurs l'augmentèrent considérablement et en firent une des plus riches de la capitale.

Dispersée à l'époque de la révolution, elle fut reconstituée plus tard et appelée pendant quelque temps bibliothèque du Panthéon. On y compte actuellement plus de 200,000 volumes imprimés, notamment une collection complète des éditions aldines, et 3,000 manuscrits. Elle est ouverte, comme toutes les autres, depuis dix heures du matin jusqu'à trois heures; mais c'est le seul établissement de ce genre qui, éclairé au gaz, soit encore ouvert le soir, depuis six heures jusqu'à dix heures et demie. Cette mesure a été prise en faveur des élèves en droit et en médecine, dont un grand nombre ne peuvent la fréquenter qu'après avoir suivi pendant la journée les cours de leurs Facultés.

La bibliothèque Mazarine a eu pour premier fond celle que le cardinal Mazarin avait formée dans plusieurs salles du magnifique palais qu'il s'était fait construire dans la rue Neuve-des-Petits-Champs, et où est installée maintenant la bibliothèque impériale. Les livres qui composaient la bibliothèque du cardinal avaient été réunis à grands frais par les soins de Gabriel Naudé, un des hommes qui, de son temps, connaissaient le mieux les livres. On y fit entrer d'abord 6,000 volumes de l'excellente collection de Descordy, chanoine de Limoges, et elle s'accrut successivement des livres que Naudé choisit chez les libraires de Paris, et de ceux qu'il recueillit dans divers voyages faits par lui dans ce but en Italie, en Allemagne, en Angleterre et en Hollande. Enfin, il y adjoignit une partie de la bibliothèque du cardinal de Tournon, ce qui porta le nombre des volumes composant cette collection à plus de 40,000. Cette bibliothèque fut ouverte au public vers l'année 1644, un siècle environ avant la bibliothèque royale qui ne devint tout à fait publique qu'en 1737.

En 1688, la bibliothèque du palais Mazarin fut transportée dans les bâtiments du collége des Quatre-Nations qui venaient d'être construits sur l'emplacement de l'hôtel de Nesles, et elle y resta placée jusqu'en 1791 sous la direction de la maison et société de Sorbonne.

La bibliothèque Mazarine possède environ 100,000 volumes imprimés et 4,000 manuscrits; elle renferme aussi un assez grand nombre d'ouvrages fort remarquables et appartenant au premier âge de l'imprimerie.

Cette bibliothèque a eu pour administrateurs ou bibliothécaires, depuis le commencement de ce siècle, MM. Amar, de Feletz, Dillon, Guillon de Mauléon, Auguis, Thiébault de Berneaud, J.-J. Ampère, Sainte-Beuve, Silvestre de Sacy.

La bibliothèque de l'Arsenal doit son origine au marquis de Paulmy, célèbre bibliophile, après la mort duquel elle fut achetée par le comte d'Artois (depuis Charles X), qui l'augmenta d'une partie des livres du duc de la Vallière dont il fit aussi l'acquisition en 1781. Elle était d'un accès très-facile; aujourd'hui c'est une des grandes bibliothèques publiques de Paris. On y compte environ 180,000 volumes imprimés et 6,000 manuscrits; elle possède les collections les plus complètes de romans et de pièces de théâtre.

La bibliothèque de la ville de Paris fut formée, en 1763, sous les auspices de Camus de Pontcarré de Viarmes, prévôt des marchands, avec le legs de 20,000 volumes que Moriau, procureur du roi, avait fait à la ville. Elle fut placée au collége Saint-Louis, rue Saint-Antoine, où elle resta longtemps. Une partie des livres en fut distraite, en 1795, pour former le fonds de la bibliothèque de l'Institut; mais on recomposa celle de la ville avec le secours des dépôts littéraires provenant des bibliothèques supprimées, et maintenant elle contient environ 60,000 volumes.

Depuis l'agrandissement de l'Hôtel-de-Ville, la bibliothèque municipale est placée dans l'aile orientale de cet édifice.

La bibliothèque du Louvre était, avant la révolution, une des bibliothèques particulières du roi, et fut dispersée comme toutes les autres. Napoléon la recomposa à son usage et en confia la direction au célèbre bibliographe Barbier. Elle devint successivement la bibliothèque particulière de Louis XVIII, de Charles X et de Louis-Philippe. Après la révolution de 1848, elle a été rendue publique.

Il y a encore à Paris plusieurs bibliothèques où l'on est admis facilement.

Telle est la bibliothèque de l'Institut. Située, ainsi que la bibliothèque Mazarine, dans l'ancien collége des Quatre-Nations, elle fut réunie à cette dernière par mesure d'économie, en vertu d'une ordonnance royale du 16 décembre 1819, que l'expérience fit bientôt rapporter; l'ordonnance du 26 décembre 1821 remit les choses sur l'ancien pied, et ces deux bibliothèques sont redevenues distinctes comme elles l'étaient auparavant. La bibliothèque de l'Institut se compose aujourd'hui d'environ 95,000 volumes, mais elle s'enrichit continuellement par des acquisitions et surtout par les dons fréquents que les savants et les littérateurs de tous les pays lui font de leurs ouvrages.

Nous citerons aussi les bibliothèques de l'Université, de l'École de droit, de l'École de Médecine, du Muséum d'histoire naturelle, du Conservatoire des Arts-et-Métiers, des Invalides, de la Cour de Cassation, du Sénat, du Corps législatif, des Ministères, etc.

Après Paris, les villes de France qui possèdent les plus grandes bibliothèques sont :

Bordeaux	110,000	volumes.
Strasbourg	80,000	—
Aix	80,000	—
Lyon	70,000	—
Besançon	60,000	—

Viennent ensuite Arras, Grenoble, Marseille, Troyes, Versailles, qui ont de 40,000 à 50,000 volumes; Amiens, Chartres, Chaumont, Colmar, Dijon, Fontainebleau, Le Mans, Metz, Montpellier, Rouen, Saint-Omer, Toulouse, Tours, qui ont de 30,000 à 40,000 volumes.

Parmi les bibliothèques de nos provinces, la bibliothèque de Versailles est sans contredit l'une des plus riches et des plus curieuses de la France. Voici son origine :

Avant la grande révolution, la ville n'avait pas de bibliothèque publique, mais le roi, les princes, les grands seigneurs avaient des bibliothèques considérables, qui se trouvèrent confisquées en 1793, enlevées des hôtels ou palais qu'elles occupaient et transportées dans les salles du château. On y entassa ainsi environ 200,000 volumes avec une grande quantité d'objets d'art. La plupart de ces richesses furent successivement transportées à Paris, et il n'en restait environ que 30,000 volumes et quelques curiosités, lorsque la Convention ayant créé les écoles centrales, arrêta qu'il serait formé auprès de chacune de ces écoles une bibliothèque et un cabinet d'histoire naturelle. Versailles devint alors le siége de l'école centrale du département de Seine-et-Oise, et l'on prit ce qui restait de livres dans le château pour former la bibliothèque de cette école, laquelle devint bibliothèque de la ville lorsque les écoles centrales furent supprimées.

Cette bibliothèque fut d'abord placée dans l'aile méridionale du château ; plus tard, en 1799, on la transporta dans l'hôtel des archives des affaires étrangères, qui avait été dépouillé de la plus grande partie de ses papiers (les archives de la marine y sont restées jusqu'en 1838), mais sans subir aucune dévastation ; de sorte que la bibliothèque se trouva installée sans dépense dans un magnifique local qui semblait avoir été fait pour elle. Le nombre des volumes était alors, comme nous l'avons dit, d'environ 30,000. Tous, venant des palais des princes ou des hôtels des seigneurs, étaient remarquables, non-seulement par la magnificence des reliures, mais encore par la beauté et la rareté des éditions : ainsi on y trouvait des Estienne, des Elsevier, des Vascosan, des Baskerwille, des Ibarra. Depuis cette époque, des dons ou des achats ont porté le nombre des volumes à 50,000, et le legs de M. Pernot, ancien conseiller à la cour des comptes, qui laissa dans ces derniers temps à la bibliothèque de Versailles 7,000 volumes d'ouvrages rares ou choisis, dont la valeur est estimée à plus de 50,000 francs, va élever ce nombre à 57,000 volumes.

De tous les livres riches ou curieux que renferme cette bibliothèque, nous n'en nommerons qu'un, parce qu'il est probablement unique et forme un véritable bijou : c'est le livre du Carrousel de Louis XIV, en 1662. Les exemplaires de cet ouvrage ne sont pas rares ; mais celui-ci, sans doute destiné au roi, a toutes ses figures coloriées ou plutôt peintes avec une grande perfection. Le coloris en est aussi frais que si elles sortaient des mains de l'artiste. Cet artiste est Bailly, le grand-père de l'illustre président de l'Assemblée constituante.

La bibliothèque de Versailles contient en outre l'une des plus riches collections musicales qui soient en France : c'est le recueil des œuvres religieuses et dramatiques des compositeurs français, depuis Louis XIV jusqu'en 1789. On y trouve aussi un petit nombre de manuscrits précieux, entre autres les archives du bailliage et de la police de Versailles, en 42 vol. in-folio.

On s'est beaucoup occupé, depuis quelques années surtout, de la fondation d'une bibliothèque publique dans chaque commune de France. Un grand nombre de projets ont été formulés et proposés ; mais aucun d'eux n'a réussi, parce que leurs auteurs en avaient fait principalement l'objet de spéculations privées.

Suivant nous, pour que cette institution populaire puisse réussir, il faut qu'elle soit propagée avec le plus complet désintéressement, et sous la haute surveillance du ministre de l'instruction publique; que tous les hommes éclairés dans chaque commune y concourent par une souscription patriotique et suppléent ainsi à l'insuffisance presque générale des ressources communales. — Les moyens d'exécution devraient être basés sur la plus stricte économie, et tels, en un mot, que chaque volume in-8°, relié et rendu dans la commune, ne coutât pas au delà d'un franc. Nous croyons aussi, pour plus de garantie de bonne exécution, que tous les ouvrages nouveaux devraient être confiés aux littérateurs les plus distingués à la suite d'un concours.

Les bibliothèques communales, au lieu d'être comme précédemment placées dans les mairies, sous la surveillance des maires, qui, comme on le sait, sont pour la plupart des cultivateurs peu lettrés, n'ayant point de secrétaires, seraient remises aux soins des instituteurs.

Elles auraient les écoles mêmes pour local, les élèves devant être les premiers appelés à profiter de la lecture des livres, et les maîtres, par les fonctions qu'il remplissent, étant plus souvent que tout autre obligés de les consulter.

Chaque école posséderait ainsi une bibliothèque communale, qui pourrait facilement être fondée au moyen d'une souscription de 20 francs par an, pendant dix ans. Du jour où cette souscription serait ouverte, nous sommes certain qu'on ne trouverait pas en France une seule localité où quatre personnes au moins ne s'obligeassent à verser 5 francs pendant dix ans. Si le nombre des souscripteurs s'élevait à huit, chacun d'eux n'aurait plus à donner que 2 fr. 50 c. Enfin, la souscription serait réduite à 1 fr. dans les villages où vingt habitants souscriraient.

Ce projet, d'une grande simplicité, serait d'une exécution facile, immédiate, et aurait le précieux avantage de produire encore un véritable bien, alors même que l'on ne réussirait d'abord à créer qu'un petit nombre de bibliothèques.

Il n'encourage aucun intérêt privé, et deviendrait la source de travaux utiles pour les hommes de lettres et pour un grand nombre d'industries.

Quant au bienfait moral d'une semblable institution, il est immense, et ne pourrait qu'ajouter à la popularité du gouvernement qui saura en prendre l'initiative.

Aux Etats-Unis, dans ce pays nouveau, mais qui devance en tant de choses la vieille Europe, il existe déjà plusieurs séries d'ouvrages approuvés et destinés à former des bibliothèques soit dans les municipalités, soit dans les familles.

Une autre question attire aussi en ce moment l'attention des bibliophiles, nous voulons parler du système d'échanges internationaux. Ce système n'est pas une pensée de spéculation, c'est une œuvre toute désintéressée ; aussi son promoteur (M. Vattemare) a-t-il conquis partout les plus vives sympathies. Législateurs, corporations municipales, sociétés savantes, particuliers, lui ont prêté un généreux appui ; car tous ont vu, dans ce commerce scientifique étendu à toutes les nations civilisées, des efforts de paix et d'union générales.

CHAPITRE XI.

OUVRAGES PÉRIODIQUES.

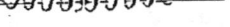

SOMMAIRE.

I. Journaux chez les anciens. — II. Journaux chez les modernes. — III. Journalisme. — IV. Journalistes. — V. Calendriers, Almanachs, Annuaires. — VI. Censure et priviléges

I. Quoique la typographie reproduise avec infiniment plus de rapidité que l'écriture tous les livres que peut enfanter l'esprit humain, il est une classe d'ouvrages qui profitent plus spécialement de sa célérité, qui donnent un travail incessant à la presse, qui lui ont même imposé leur nom : ce sont les écrits *périodiques*, tels que les Journaux, les Revues, les Annales, les Bulletins, puis les Almanachs, les Annuaires, et autres publications quotidiennes, hebdomadaires, mensuelles, trimestrielles, annuelles.

Nous allons consacrer quelques pages à ces diverses productions, et d'abord aux journaux de toutes sortes, dont l'importance aujourd'hui ne saurait être mise en doute. Ceux qui traitent des matières politiques agissent puissamment sur l'opinion et acquièrent ainsi une autorité parfois redoutable ; ceux qui s'occupent des sciences, de la littérature, des arts, contribuent certainement aux progrès des lumières et de l'industrie, ils établissent des relations aussi utiles que promptes entre les savants et les artistes des différents pays.

Enfin, si la presse périodique présente des dangers qu'une sage réglementation d'ailleurs peut atténuer, elle a aussi d'immenses avantages : c'est un lien commun qui rattache tous les peuples, c'est un flambeau qui éclaire toutes les contrées de la terre.

Les journaux qui, depuis environ deux siècles, ont apparu en Europe et qui, dans ces derniers temps surtout, ont pris un accroissement prodigieux, ne sont cependant pas tout à fait une invention moderne. Il y a eu chez les anciens des publications de ce genre.

Nous ne parlons pas ici de ces annales, de ces éphémérides où l'on enregistrait les événements remarquables qui se passaient dans un pays. Ces archives nationales, qui remontent presque à l'origine des sociétés, restaient déposées dans les temples, dans les palais des princes, dans les bibliothèques publiques; quelquefois elles n'étaient à la disposition que des chefs politiques et religieux.

Les Romains avaient aussi des fastes, des annales, espèces d'annuaires historiques qu'on exposait publiquement dans des lieux où chacun pouvait aller les consulter. Mais plus tard ils eurent des *Acta diurna* (actes journaliers) dont Suétone (1) attribue l'institution à Jules César (50 ans avant J.-C.).

C'est de là, dit-on, que datent les journaux ou plutôt les feuilles quotidiennes; car il existait probablement des bulletins périodiques avant cette époque; quelques philologues en re-

---

(1) *Vie de Jules César.*

portent la création vers l'an 620 de la fondation de Rome (130 avant J.-C.)

Quoi qu'il en soit, Cicéron, Pline, Sénèque, Tacite, Juvénal et d'autres écrivains postérieurs mentionnent fréquemment les journaux exploités par l'industrie privée.

La vente des *Acta diurna* devait être productive, car ils contenaient une foule de détails propres à piquer la curiosité. On y rendait compte des discussions du Forum, des procès fameux; les plaidoyers des avocats, recueillis par des sténographes (car il y en avait déjà), étaient insérés ou du moins analysés, avec les *très-bien, applaudissements, murmures*, etc., qui exprimaient souvent, comme aujourd'hui, l'opinion du journaliste plutôt que celle du public. Les fêtes civiles ou religieuses, les ovations des généraux victorieux, les funérailles splendides; puis les représentations théâtrales, les spectacles du cirque, les combats des gladiateurs s'y trouvaient décrits. On y mentionnait les mariages, les adultères, les divorces, les décès; les incendies, les constructions de monuments, les faits singuliers, etc. Ces nouvelles diverses n'étaient quelquefois pas plus véridiques que celles qui sont rapportées dans nos journaux : ainsi, par exemple, Cicéron se trouvant en Asie lut dans une gazette, venue de Rome, l'annonce de sa mort. Les impératrices Livie et Agrippine faisaient insérer dans les *Acta* les noms des personnages illustres qui venaient les saluer. On y mettait aussi les acclamations du sénat en l'honneur des princes. Jules César les fit servir à ses intérêts; Tibère en était, pour ainsi dire, le censeur et le directeur; on n'y inscrivait que ce qu'il voulait, et le journaliste qui se serait émancipé aurait payé cher sa hardiesse. S'il laissait publier des articles contre lui, c'était un piége qui cachait souvent un arrêt de proscription.

Commode poussait l'impudence jusqu'à faire raconter dans les *Acta* ses cruautés et ses turpitudes. Mais, lorsque l'idole qu'on avait encensée la veille était renversée, les invectives succédaient aux adulations.

Le plus long fragment des journaux romains qui nous soit parvenu contient les imprécations du sénat contre ce même Commode : « Pour l'ennemi de la patrie, point de funé-
« railles ; pour le parricide, point de tombeau ; que le parri-
« cide soit traîné, que l'ennemi de la patrie, le gladiateur
« soit mis en pièces dans le spoliaire. » Il en avait été de même à la chute de Séjan, ministre de Tibère. N'est-ce pas là, en bien des choses, l'histoire du journalisme moderne ?

Quoique l'imprimerie n'existât pas alors, ces journaux se multipliaient sous la plume des copistes et circulaient dans toute l'étendue de l'empire. C'est ainsi que se publièrent en France, pendant les deux derniers siècles, des espèces de chroniques scandaleuses dites *Nouvelles à la main*, qui furent souvent en butte aux rigueurs de l'autorité.

Les *Acta* cessèrent de paraître lorsque l'empire romain eut été envahi et démembré par les barbares au ve siècle. Sous les Goths, les Vandales, les Lombards, et pendant toute la durée du moyen âge, les journaux furent inconnus, car on ne peut pas appeler de ce nom les légendes, les chroniques embrassant une longue période. Ce n'est qu'après plus de mille ans que le journalisme reparut en Europe. Alors l'imprimerie était inventée, et les publications périodiques trouvèrent dans le nouvel art un moyen rapide de multiplication.

II. Les premiers journaux chez les modernes datent de la fin du xvie siècle. Ce mode de publication se propagea pendant le xviie et le xviiie, surtout pour les matières scientifiques et littéraires, car les journaux politiques n'étaient pas nombreux.

Mais les grands événements survenus en France en 1789 donnèrent à la presse périodique, dans ce pays d'abord, et bientôt dans toute l'Europe, une extension dont jusqu'alors on n'avait pas encore eu d'exemple : aujourd'hui le journalisme a pénétré dans toutes les contrées du globe.

C'est, dit-on, en Angleterre, sous le règne d'Élisabeth, que parut en 1588, par cahiers périodiques, le premier journal moderne sous le titre d'*English Mercury* (Mercure anglais); mais l'authenticité en est bien douteuse.

Les prétentions de Venise, à cet égard, sont mieux fondées; un journal y fut publié dès le commencement du XVIIe siècle. Chaque numéro coûtait une *gazetta*, petite pièce de monnaie du pays, et c'est de là qu'est venu le nom de *Gazette* qu'on donne aux publications de ce genre.

Le premier recueil périodique qui parut en France fut le *Mercure français*, publié de 1611 à 1643, dont la collection forme 25 volumes in-8°; il fut d'abord rédigé par J. et Ét. Richer, et plus tard par Eusèbe Renaudot. Ce journal, qu'il ne faut pas confondre avec le *Mercure de France*, faisait suite à la Chronologie novennaire et à la Chronologie septennaire de Cayet; mais celles-ci n'étaient pas périodiques.

En 1631, les frères Renaudot, Eusèbe, Isaac et Théophraste, fondèrent la *Gazette de France*, pour laquelle ils obtinrent un privilége de Louis XIII, qui créa pour cette feuille une imprimerie spéciale dont il donna la direction à Théophraste Renaudot, médecin; sous Louis XIV cette imprimerie était établie dans les entresols du Louvre.

La *Gazette de France*, publiée d'abord une ou deux fois par semaine, commença en 1792 et continua à paraître tous les jours; c'est la doyenne de tous les journaux français, car elle compte plus de deux siècles d'existence.

A côté de cette gazette sérieuse il y eut aussi une gazette burlesque, composée en vers par Loret, et qui parut en forme de lettres adressées à la duchesse de Longueville, de 1650 à 1665, sous le titre de *Muse historique;* elle fut continuée jusqu'en 1678. A la même époque le poëte Boursault publiait aussi une gazette en vers qui fut supprimée pour quelques traits trop satiriques. Ces publications facétieuses étaient le prélude des *Lunes* et du *Courrier des planètes* du cousin Jacques (Beffroy de Reigny), du *Charivari* de France, du *John Bull* d'Angleterre, et de tant d'autres feuilles modernes du même genre.

En 1665, Denis de Sallo, conseiller au parlement de Paris, fonda, sous le pseudonyme du sieur d'Hédouville, le *Journal des savants* qui subsista jusqu'en 1792, et forme 111 vol. in-4°. Il a été repris et se continue depuis 1816. C'est le premier journal scientifique qui ait paru en Europe.

Le *Mercure de France*, appelé d'abord *Mercure galant*, fondé par Jean Donneau de Visé en 1672, s'est continué jusqu'en 1818.

Voilà les principaux journaux publiés en France dans le xviie siècle.

Le nombre s'en accrut beaucoup pendant le xviiie siècle. Outre les feuilles consacrées aux affaires publiques, toutes les conceptions de l'intelligence, toutes les branches des arts eurent leurs organes. Ainsi il y eut des journaux d'agriculture, de commerce, de médecine, de physique, de littérature, etc. Alors se publiaient les *Mémoires* ou le journal de Trévoux, rédigé par des jésuites (1701-67, 265 vol. in-12); l'*Année littéraire* par Fréron et autres (1754-90, 292 vol.), etc. Dès 1773, Desessarts, avocat, puis libraire, rédigea jusqu'en 1789 le *Journal des causes célèbres* (196 vol.);

Boudet, imprimeur-libraire, collaborateur du *Journal économique*, fonda les *Affiches de Paris*.

Parmi les journaux les plus remarquables qui, avant 1789, s'occupaient de matières politiques, mais avec une circonspection à laquelle nous ne sommes plus habitués, nous citerons la *Gazette de France*; le *Mercure de France*; la *Clef du cabinet des princes de l'Europe*, connue sous le nom de *Journal de Verdun*, publication mensuelle de 1704 à 1776, fondée par Jordan; le *Journal de Paris*, fondé, en 1777, par Corancez; le *Courrier de l'Europe*. Il circulait aussi quelques journaux rédigés en français, mais imprimés à l'étranger, tels que l'*Esprit des journaux*, imprimé en Belgique; les *Annales politiques et littéraires* de Linguet, imprimées à Londres, etc. Lorsque la liberté de la presse eut été décrétée, on vit surgir une multitude de journaux. La plupart n'eurent qu'une courte existence; il n'en reste plus aujourd'hui que le *Journal des Débats*, créé en 1789 par l'imprimeur Baudouin, et qui, en 1800, passa dans les mains de MM. Bertin; puis le *Moniteur universel*, fondé aussi en 1789 par Panckoucke, et qui est devenu l'organe officiel des différents gouvernements qui se sont succédé en France (1).

Sous le Directoire les journaux politiques étaient encore assez nombreux; mais au 18 fructidor an v (septembre 1797) on en supprima 42; les rédacteurs et même les imprimeurs qui ne purent pas se soustraire aux recherches furent déportés.

---

(1) En 1797-98 (an v et an vi), Coulon-Thévenot proposa au Corps législatif l'établissement d'un journal spécialement consacré au compte rendu des séances, recueillies fidèlement par un procédé tachygraphique de son invention. Cette proposition, après de longs débats dans le conseil des Cinq-Cents et dans celui des Anciens, fut définitivement rejetée. Plus tard, des propositions analogues, faites à la chambre des députés, n'ont pas eu plus de succès.

Sous le Consulat et sous l'Empire les feuilles politiques étaient peu nombreuses et soumises d'ailleurs à la censure.

Sous la Restauration, la presse périodique redevenue libre prit une extension qui augmenta encore après la révolution de 1830.

Celle de 1848, qui supprima momentanément le timbre et le cautionnement (1), vit naître et mourir une foule de journaux d'une opinion plus ou moins tranchée.

On comprend facilement que l'esprit de rédaction ait souvent varié dans les journaux dont l'existence s'est prolongée au milieu des commotions politiques. Le changement d'administration d'un journal, l'influence des événements ou la circonspection qu'ils imposent, expliquent la différence de langage, sinon du même rédacteur, du moins de la même feuille publique à diverses époques ; contradictions cependant qui donnent lieu parfois à des récriminations acerbes dans la guerre que se font les journaux antagonistes.

Le champ du journalisme continue d'être exploité dans tous les sens. On compte actuellement en France environ mille publications périodiques quotidiennes, hebdomadaires, mensuelles, soit politiques, administratives, judiciaires, commerciales, soit littéraires, scientifiques, artistiques, etc.

Jusqu'à l'époque de la révolution, la plupart des journaux étaient hebdomadaires ou mensuels, de format in-4°, in-8° et même in-12; il y en avait très-peu qui parussent tous les jours. Maintenant les feuilles politiques sont presque toutes quotidiennes, et depuis le commencement du siècle elles ont adopté le format in-folio et lui ont même donné, dans ces

---

(1) Le timbre des journaux fut établi en l'an VI (1797), et le cautionnement en 1819.

derniers temps, une grandeur démesurée à l'instar des journaux anglais et américains.

Le journalisme ne commença réellement en Angleterre qu'en 1722, par la publication des Nouvelles hebdomadaires (*Weekly news*) ; les journaux pullulèrent pendant les agitations du règne de Charles Ier ; comprimés sous Cromwell et sous la restauration royale, ils prirent un nouvel essor après la révolution de 1688, grâce à la liberté de la presse dont ils usent et abusent largement. La pénalité contre les délits de presse est pourtant très-rigoureuse ; elle est toujours inscrite dans les lois, mais depuis longtemps elle est tombée en désuétude. Le journalisme fit des progrès pendant le XVIIIe siècle, quoique, en 1709, il n'y eût encore à Londres qu'un seul journal quotidien ; les autres feuilles ne paraissaient qu'à des époques plus ou moins rapprochées. Steele et Addison publièrent *le Spectateur*, *le Causeur*, consacrés à la critique littéraire ; le *Gentleman's Magazine*, journal d'illustration, commença en 1731 une carrière qu'il poursuit avec succès depuis plus d'un siècle ; il en est de même du *Monthly Review*, revue mensuelle fondée en 1749, par le libraire Griffiths, et qui fut le précurseur de la *Revue d'Edimbourg*, fondée en 1802 par M. Brougham et ses amis ; du *Quarterly Review*, revue trimestrielle, etc.

De nouvelles feuilles politiques hebdomadaires et quotidiennes parurent aussi dans le cours du XVIIIe siècle.

En 1753, on publiait annuellement en Angleterre 7,411,757 exemplaires de journaux ; en 1760, le nombre s'en élevait déjà à plus de 9 millions ; en 1839, il dépassait 58 millions, et il est encore plus considérable aujourd'hui qu'on y publie 1,200 journaux politiques, littéraires, scientifiques, industriels, commerciaux, etc.

Les feuilles quotidiennes anglaises se vendent deux tiers plus cher que celles de Paris (1) ; mais la publication en est infiniment plus coûteuse ; aussi les journaux quotidiens ne sont-ils pas nombreux en Angleterre. On n'en compte qu'une dizaine à Londres : le *Morning Chronicle*, fondé en 1769, est aujourd'hui le plus ancien ; mais le *Times*, qui date de 1785, est le plus important par l'universalité de ses relations, par la variété de sa rédaction ; son tirage a dépassé quelquefois 40,000 exemplaires.

Les autres journaux anglais se tirent en général à un moins grand nombre que les journaux français, et cependant ils rapportent bien davantage. La propriété d'un journal accrédité vaut de un à deux millions (2).

Les journaux hebdomadaires, beaucoup plus nombreux que

---

(1) En Angleterre, on s'abonne rarement au bureau d'un journal. Les abonnements se font au mois, chez des libraires ou des marchands de gazettes établis dans les divers quartiers de Londres, et qui jouissent d'une remise d'environ un tiers sur le prix du journal. Ils se chargent aussi de les expédier en province.

(2) Ce qui fait le bénéfice des feuilles anglaises, ce sont les annonces, malgré les droits énormes dont le fisc les frappe. Elles sont classées par séries, pour faciliter les recherches parmi ces milliers d'*advertissements*. Il n'est pas rare d'y trouver des avis en style énigmatique ou en chiffres, dont les deux correspondants seuls ont la clef.

Voici un exemple du produit que la presse périodique d'Angleterre retire des annonces :

Un numéro du *Times* contenait 2,062 annonces. Les droits à payer sur ces annonces s'élevaient à la somme de 154 liv. 13 sh. (3,365 fr. 95 c.). Le tirage était de 52,000 exemplaires. Si l'on calcule que les annonces soldent à peu près les frais, le prix de vente du journal au bureau étant de 4 pence ou 40 c. le numéro, on verra que le revenu net de cette entreprise colossale est de 12,800 fr. par jour, ou plus de 4 millions par an. Dans ce calcul sont supprimés les 52 dimanches.

En effet, aucun journal anglais ne paraît le dimanche ; les feuilles que l'on appelle journaux du dimanche s'impriment le vendredi ou le samedi.

les journaux quotidiens, se tirent aussi à un bien plus grand nombre. Le tirage de quelques-uns s'élève jusqu'à cinquante mille exemplaires.

En 1851, lors de l'exposition universelle, le *London illustrated news* a été tiré plus d'une fois à cent cinquante mille.

C'est pour l'impression des journaux que l'on a d'abord employé en Angleterre les presses mécaniques.

Ainsi que nous en avons déjà fait la remarque, une des premières gazettes ou feuilles publiques parut à Venise au commencement du xviie siècle. Cependant, jusqu'à la fin du xviiie, il y eut peu de journaux politiques en Italie; mais on en vit naître un grand nombre lors de l'invasion de ce pays par les armées françaises. A Naples, Éléonore Pimentel, issue d'une noble famille, publia en 1799 un *Moniteur républicain*; la réaction subite qui mit fin à la république parthénopéenne fit disparaître toutes les feuilles démocratiques, et conduisit Éléonore à l'échafaud.

Sous le régime napoléonien, les journaux italiens furent assujettis aux mêmes mesures que les journaux français. Sous le régime autrichien depuis 1814, ils furent réglementés comme les journaux allemands.

Les mouvements insurrectionnels de 1820, de 1830 et de 1848, donnèrent encore naissance à une foule de journaux, qui n'eurent qu'une existence éphémère.

Aujourd'hui, on compte en Italie environ deux cents journaux tant politiques que littéraires.

Depuis l'établissement du régime constitutionnel en Espagne et en Portugal, le nombre des journaux, fort restreint jadis dans ces deux pays, a beaucoup augmenté. En 1850, on comptait à Madrid, ville de 200,000 âmes, treize journaux politiques paraissant tous les jours, non compris les recueils hebdomadaires et mensuels. Dans les autres villes de la péninsule, tant espagnoles que portugaises, la presse périodique a pris le même essor.

Dès 1610, on publiait à Anvers une gazette en flamand, composée par l'imprimeur Abraham Werhœven. En 1651 parut à Bruxelles la première gazette en langue française, rédigée à l'imitation de celle de Paris. Plus tard, d'autres journaux écrits en français s'imprimaient en Belgique, tels que le *Journal encyclopédique*, dirigé par P. Rousseau (1756-91, 288 vol. in-12); l'*Esprit des journaux* (1772-1818, 495 vol.).

La Belgique compte actuellement (1851) environ cent quatre-vingts publications périodiques. Il paraît à Bruxelles plus de vingt journaux quotidiens; c'est plus que n'en avait il y a quelques années tout le royaume.

Pendant le XVIIe siècle, d'importants journaux scientifiques et littéraires parurent en Hollande, où les auteurs trouvaient une plus grande liberté d'écrire. Ainsi Bayle commença en 1684, à Amsterdam, les *Nouvelles de la république des lettres*. Vers la même époque, J. Leclerc y publiait la *Bibliothèque universelle;* H. Basnage, à Rotterdam, l'*Histoire des ouvrages des savants*, etc. Ces diverses publications étaient écrites en français. La *Gazette de Leyde*, journal politique rédigé aussi en français et qui obtint une certaine célébrité, date de 1738. Les principales villes de la Hollande ont aujourd'hui leurs feuilles publiques, mais imprimées dans la langue nationale.

La première feuille publique d'Allemagne, l'*Avis*, parut en 1612. Le *Journal de Francfort*, publié par Emmel, en 1615, se continue encore et compte ainsi près de deux siècles et demi d'existence.

Les *Acta eruditorum,* imprimés à Leipzig, sont un des plus anciens et des plus célèbres journaux littéraires d'Allemagne. La collection, de 1682 à 1776, forme 117 vol. in-4°.

Sous le règne du grand Frédéric, Nicolaï publia en 1765, à Berlin, la *Bibliothèque allemande universelle*, qui a été continuée et qui, en 1806, formait 256 volumes.

En 1833, l'Allemagne possédait sept cent quatre-vingts journaux scientifiques, littéraires, religieux, philosophiques, agricoles, administratifs, etc. Les journaux politiques y sont beaucoup moins nombreux. Nous citerons, parmi les principaux, l'*Observateur autrichien*, la *Gazette d'Augsbourg*, le *Journal de Francfort*, le *Moniteur prussien*, le *Mercure de Souabe*.

L'effervescence de 1848 enfanta aussi dans cette contrée plusieurs centaines de journaux, dont la plupart n'ont pas survécu aux circonstances qui les avaient fait naître.

La première gazette publiée dans le royaume de Danemark date de 1644.

Aujourd'hui, le plus ancien des journaux de Copenhague est le *Berlingske tidende* (Gazette de Berling), ainsi appelé du nom de son fondateur. Le 3 janvier 1849, les ouvriers typographes de ce journal ont célébré le centième anniversaire de la publication de son premier numéro, et ont offert un vase d'argent à Mme Berling, veuve du dernier descendant du fondateur de cette feuille dont elle est actuellement propriétaire et imprimeur.

Le nombre des publications quotidiennes, hebdomadaires ou mensuelles, s'élève en Danemark à près de cent.

La Suède compte aussi beaucoup de journaux et de recueils périodiques.

La plus ancienne des feuilles publiques de Russie est la

Gazette de Saint-Pétersbourg, publiée par l'Académie des sciences de cette ville dès 1703, sous le règne de Pierre le Grand.

Il existe actuellement dans l'empire environ 150 journaux, dont près de la moitié s'impriment dans la capitale. La plupart sont rédigés en russe ; un assez grand nombre en allemand ; quelques-uns en polonais, en français, en anglais.

La Pologne, malgré ses démembrements, possède dans ses diverses parties plusieurs journaux écrits dans la langue nationale.

Il y a environ vingt ans qu'on publie à Constantinople deux journaux : le *Moniteur ottoman*, rédigé en turc, et la *Gazette de Constantinople*, rédigée en langue française. De là le journalisme n'a pas tardé à s'introduire dans les autres provinces de l'empire turc, tant en Europe qu'en Asie. Depuis 1841 on imprime à Jassy, capitale de la Moldavie, un recueil périodique, scientifique et littéraire, en français, intitulé le *Glaneur moldo-valaque;* il y avait déjà en cette ville un journal russe, l'*Abeille du Nord*. Dans ces dernières années, des journaux ont été fondés à Smyrne, à Jérusalem, dans l'île de Candie. Au reste les publications périodiques sont en usage aujourd'hui chez presque tous les peuples de l'Asie.

Il se publiait déjà dans la Perse une gazette officielle lithographiée, lorsque, au commencement de 1851, un Anglais, nommé Burgess, a établi, avec la permission du schah, une imprimerie à Téhéran, et a fondé dans cette capitale un nouveau journal, rédigé en persan.

Les Anglais qui possèdent la plus grande partie de l'Hindoustan ont fondé, dans les principales villes, des imprimeries et des journaux. Le goût du journalisme s'est propagé parmi les indigènes, et plusieurs feuilles politiques et littéraires, rédigées en hindoustani et lithographiées élégamment, paraissent à Bombay, à Madras, à Dehli, etc.

Depuis que les missionnaires ont fait connaître la typographie européenne à la Chine, les journaux s'y impriment en caractères mobiles.

La *Gazette de Pékin* est le journal officiel du gouvernement ; elle paraît tous les jours et on la placarde sur les murs de la capitale. Des copies en sont adressées aux principaux fonctionnaires de l'État. Une entreprise particulière la fait réimprimer en un cahier de dix à douze pages pour la vendre dans les différentes villes de l'empire.

Le 1ᵉʳ janvier 1850, il a paru un nouveau journal, le *Moniteur de Pékin*, qui s'imprime aux frais des hauts mandarins et qui est envoyé gratis aux fonctionnaires inférieurs.

Les relations de l'Europe devenues aujourd'hui plus fréquentes avec la Chine y propagent le journalisme. Déjà les Anglais ont publié dans l'île de Hong-Kong, qu'ils nomment Victoria, la *Gazette de Hong-Kong* et l'*Ami de la Chine* (The Friend of China).

On trouve aussi quelques journaux en Afrique, surtout dans les possessions des Européens.

Pendant le peu de temps que l'Egypte fut occupée par les Français (de 1798 à 1801), l'imprimerie que Bonaparte avait établie au Caire publia deux journaux, le *Courrier du Caire* et la *Décade égyptienne*. En 1822, le vice-roi Méhémet-Ali fonda à Boulak, près du Caire, une imprimerie d'où sort un journal français, arabe et turc.

Depuis que l'*Algérie* est devenue colonie française, il s'y publie plusieurs journaux, dont les principaux sont le *Moniteur algérien* et l'*Akhbar*.

Ce n'est qu'au commencement du xviiiᵉ siècle que le journalisme se naturalisa en Amérique. Auparavant on se bornait, dans quelques colonies, à réimprimer les gazettes que l'on recevait d'Europe. Le premier journal américain, intitulé *The Boston news letter*, fut publié en 1704 par un Écossais, nommé John Campbell, libraire et maître de poste à Boston, dans la Pensylvanie, alors colonie anglaise. Cette feuille paraissait une fois par semaine et se continua jusqu'en 1776.

Un second journal, *The Boston gazette*, parut le 21 décembre 1719, et un troisième, *The new England courier*, fut publié en août 1721 ; l'un et l'autre étaient imprimés par James Franklin, frère aîné de Benjamin Franklin, qui était en apprentissage chez lui et qui devint un des collaborateurs de ces deux feuilles. Plus tard, Benjamin s'étant établi imprimeur à Philadelphie fonda dans cette ville un nouveau journal.

Depuis cette époque les journaux se sont multipliés prodigieusement en Amérique. Les diverses colonies européennes, l'empire du Brésil, les autres États indépendants ont leurs feuilles publiques ; mais c'est aux États-Unis que l'on en compte davantage : il y en a 2,800, dont 350 paraissent tous les jours, 2,000 toutes les semaines, et les autres à des intervalles plus ou moins éloignés. 500, parmi ces différents journaux, sont rédigés en allemand, une trentaine en français ; presque tout le reste est en anglais. On y traite de politique, de sciences et même de littérature, mais surtout d'agriculture, d'industrie, de commerce et de navigation.

La dimension des journaux américains est encore plus grande que celle des feuilles anglaises ; un journal quotidien aux États-Unis et dans la Grande-Bretagne équivaut à un volume in-8° ordinaire.

Des sectaires appelés *Mormons* sont établis, au nombre de

plus de trente mille, dans les montagnes rocheuses de l'Utah, où ils ont bâti la ville de Nauvoo, qui renferme un temple à l'usage de la nouvelle religion. Vers 1844, plusieurs dissidents fondèrent à Nauvoo un journal, intitulé *The Expositor* (le Révélateur), dans le premier numéro duquel ils attaquaient leurs anciens coreligionnaires. Le conseil supérieur des Mormons décréta la suppression de la feuille, et aussitôt deux cents fanatiques vinrent briser les presses et rasèrent la maison où s'imprimait le journal, dont les rédacteurs se réfugièrent à Carthage, ville de l'Illinois, l'un des États de l'Union. Sur leur plainte des mandats d'amener furent décernés contre les instigateurs présumés de cet acte de violence. Les Mormons n'en tinrent compte et s'apprêtaient à résister, lorsque Joseph Smith, fondateur de la secte, et son frère Hirum leur firent déposer les armes et allèrent eux-mêmes se constituer prisonniers à Carthage, d'après l'invitation du gouverneur qui avait promis de les préserver de toute insulte; mais, la populace ayant forcé les portes de la prison, les deux frères Smith furent tués. Les Mormons n'en ont pas moins continué à dogmatiser et ont même envoyé quelques apôtres en Europe pour y faire des prosélytes. Ils prétendent professer le christianisme en prêchant et en pratiquant la polygamie; et, malgré les réclamations des journaux américains, cette doctrine est enseignée dans une revue mensuelle intitulée *The Seer* (le Voyant), rédigée et publiée à Washington par Orson Pratt, l'un des chefs de la secte.

Bon nombre de journaux se publient dans l'Océanie. Il y en a aujourd'hui dans les îles Sandwich. M. Bruat, lorsqu'il commandait le protectorat de France à Taïti, fonda aussi dans cette île un journal auquel la reine Pomaré s'empressa de s'abonner.

III. Le journalisme comprend un grand nombre de catégories. Indépendamment des journaux qui ne contiennent que des annonces judiciaires ou mercantiles, il y a des journaux consacrés aux sciences, aux arts, à la littérature : les uns ont une spécialité, par exemple, l'agriculture, l'administration, la jurisprudence, la médecine, la physique, la musique, le théâtre; les autres ont un cercle plus étendu et embrassent tous les travaux de l'intelligence humaine, tels sont les nombreux recueils périodiques appelés *Revues*.

Il existe aussi une sorte de publications ou de macédoines qui s'occupent de littérature, de beaux-arts, de voyages, d'histoire, d'archéologie, de physique, d'histoire naturelle, etc., etc., et qui sont enrichies d'*illustrations*, c'est-à-dire de gravures en bois imprimées dans le texte; tels sont en France le *Magasin pittoresque*, le *Musée des familles*, et en Angleterre le *Gentleman's magazine*, le premier en date (1731).

Les journaux dont nous venons de parler se publient ordinairement par cahiers à des époques déterminées.

La publication quotidienne n'a guère lieu que pour les journaux politiques, dont chaque numéro contient une feuille d'impression. Le format en était assez exigu autrefois; mais depuis quelque temps il a pris, surtout en Angleterre et en Amérique, des dimensions énormes.

Outre les annonces, les nouvelles, les actes du gouvernement, les comptes rendus des séances des assemblées, des académies ou des audiences des tribunaux, et de longues dissertations sur les affaires publiques, ces journaux traitent aussi des matières scientifiques, littéraires et artistiques; ils analysent les ouvrages nouveaux, les pièces de théâtre; ils publient, dans une série de feuilletons, des romans en plusieurs volumes. En un mot, c'est une espèce de panorama encyclopédique, et l'on peut dire que, sous plus d'un rapport, le journalisme actuel fait une rude concurrence au commerce de la librairie.

Au reste, comme les discussions littéraires et surtout politiques auxquelles se livrent les journaux s'appliquent à des actualités, elles sont presque toujours passionnées et dégénèrent parfois en personnalités ; cela résulte en quelque sorte de la nature de ces publications. La polémique est leur vie, et l'on se tromperait souvent si, des débats animés des journaux, on concluait que l'agitation publique est extrême. Convenons cependant qu'ils sont bien capables de la faire naître; l'expérience, depuis la fin du siècle dernier, en fournirait plus d'un exemple.

Enfin, sans parler de ces nouvelles inventées à plaisir, de ces mystifications désignées sous le nom de *puf*, et dont les journalistes régalent quelquefois leurs lecteurs, on reproche encore à la presse périodique un empressement irréfléchi à rapporter des faits dont un examen plus attentif et des informations plus sérieuses auraient démontré la fausseté, et qu'on est obligé de démentir le lendemain. Si, comme cela peut arriver, le fait controuvé est susceptible d'alarmer des familles sur le sort de quelques-uns de leurs membres, la publication en est doublement regrettable.

Le journalisme n'a pas laissé sans réponse les attaques dirigées contre lui. Il est une objection, dit la *Revue britannique* (1), que répètent avec complaisance certaines personnes qu'importune le contrôle exercé par les journaux sur leur vie publique. Elles prétendent que la presse est fort

---

(1) *Revue britannique*, 1re série, t. V, 1826.

dangereuse, attendu que c'est un instrument très-actif de calomnie.

Cette objection s'évanouit quand on considère que la presse, qui sert merveilleusement à corriger les erreurs générales, n'est pas moins utile pour réfuter les bruits injurieux répandus à tort contre des particuliers. L'action de la loi elle-même paraîtra faible et bornée si on la compare aux services que la presse périodique rend à des milliers d'individus, en leur fournissant les moyens de défendre publiquement leur honneur et leur innocence. S'il lui arrive de se tromper, l'erreur est rectifiée avec autant de rapidité qu'elle s'était produite.

Suivant le géographe Balbi, plus de 3,000 journaux se publiaient dans les diverses contrées de la terre en 1832. Dans ce calcul l'Europe figurait pour 2,141 et l'Amérique pour 978; mais, depuis cette époque, le nombre des feuilles publiques s'est considérablement accru dans tous les pays et pourrait bien aujourd'hui être porté à 6,000. En Europe, c'est la France et l'Angleterre où les journaux sont le plus nombreux; mais les États-Unis d'Amérique en publient encore davantage.

Le titre d'un journal, comme celui d'un livre, est une propriété littéraire qui ne peut tomber dans le domaine public que lorsque la feuille qui le porte a cessé d'exister. Plus d'un journal a été condamné par les tribunaux pour avoir pris un titre identique à celui d'une autre feuille existante; mais il est des dénominations banales qu'on ne saurait interdire. Combien de livres, par exemple, sont intitulés *Dictionnaire historique*, *Grammaire française!* Il y a de même pour les journaux une foule d'appellations génériques : Annales, Archives, Bulletin, Chronique, Courrier, Gazette, Journal,

Magasin, Messager, Moniteur, Postillon, Revue, etc., etc., auxquelles, il est vrai, on joint une épithète distinctive : Journal des Débats, Journal du Palais, Journal des Chasseurs ; Gazette de France, Gazette des Tribunaux ; Courrier de la Gironde, Courrier de la Moselle ; Revue encyclopédique, Revue britannique. Dans cette masse énorme de journaux publiés en France depuis 1789 et qui ont disparu successivement après une existence plus ou moins longue, beaucoup ne différaient dans l'intitulé que par de légères variantes ; il y avait simultanément : l'Orateur du peuple, l'Avocat du peuple, l'Ami du peuple, l'Ami des citoyens, l'Ami des patriotes, l'Ami de la constitution, l'Ami de la révolution ; puis l'Ami du roi, titre sous lequel paraissaient trois journaux à la fois. Le nom de Père Duchesne figurait aussi en tête d'une foule de journaux démagogiques. Il y avait force Courriers, Chroniques, Postillons.

A des noms communs plus ou moins modifiés certains journaux préfèrent, comme plus remarquables, des noms particuliers, quelquefois même assez excentriques. Ainsi il y a eu ou il y a le Voleur, le Menteur, l'Argus, le Nain jaune, Brid'oison, le Figaro, le Charivari, etc.

Plusieurs feuilles publiques reprirent, à différentes époques, les titres de journaux qui les avaient précédées. Pendant la révolution de 1848 on vit reparaître des Père Duchêne, des Sans-Culotte, des Ami du Peuple.

Les titres renouvelés ne s'appliquent pas toujours à des journaux de même nature. Après l'extinction du Journal de Paris, qui fut si longtemps une feuille politique, il parut un Journal de Paris qui était un programme des théâtres.

Enfin, il n'est pas rare de trouver, dans des pays différents, des journaux portant le même titre, soit par imitation, soit par rencontre fortuite. L'Angleterre avait déjà son *Globe*, son *Times* (Temps), lorsque la France eut aussi un *Globe* et un *Temps*; nous avions *l'Époque* quand *la Epoca* fut créée en Espagne. *Nil novum sub sole.*

La presse périodique, si rapide, si influente, a toujours été particulièrement surveillée. Autrefois elle était soumise, dans presque tous les États de l'Europe, à une censure rigoureuse. En Angleterre même, où elle jouit d'une liberté qui dégénère souvent en licence, une ancienne et cruelle pénalité pèse toujours sur elle, comme nous l'avons déjà fait remarquer; mais, depuis plus d'un siècle, on ne l'applique pas. Aux États-Unis d'Amérique, la liberté illimitée de la presse provoque quelquefois la fureur populaire contre certains journaux dont les imprimeries sont alors saccagées. En France, des excès semblables ont eu lieu à des époques de réaction; mais le journalisme y fut encore frappé plus rudement par les gouvernements révolutionnaires : les exécutions sanglantes de 1793 et 94, sous la Convention, les déportations de fructidor, sous le Directoire, étaient de terribles restrictions à la liberté de la presse.

Sous l'Empire, la censure préalable était imposée aux journaux.

La Restauration, sauf en quelques circonstances où la censure fut momentanément rétablie, rendit la liberté aux journaux, à la condition de répondre de leurs articles devant les tribunaux. Sous le gouvernement de juillet, l'appréciation des délits de presse attribuée à la police correctionnelle fut soumise au jury. Mais, comme la plupart des articles insérés dans les feuilles publiques étaient anonymes, la responsabilité ne pesait que sur les gérants. En 1850, M. de Tinguy, représentant du peuple à l'Assemblée nationale, fit introduire dans la loi du 16 juillet, sur la presse périodique, une disposition portant que tous les articles de journaux qui présentent un cas de responsabilité seront signés par leurs auteurs, et cette législation est toujours en vigueur.

Depuis les événements de décembre 1851, de nouvelles modifications ont été apportées aux lois sur la presse périodique. Les journaux politiques restent soumis au timbre et au cautionnement ; ils ne peuvent paraître sans l'autorisation préalable du gouvernement ; la publication des débats judiciaires leur est interdite en certains cas ; ils ne doivent rendre compte des séances des corps constitués qu'en reproduisant les articles ou les procès-verbaux insérés dans le *Moniteur ;* les délits de presse sont portés devant les tribunaux de police correctionnelle ; un journal peut être suspendu par voie administrative et supprimé par condamnation judiciaire ou par mesure de sûreté générale.

IV. Le journalisme moderne a toujours compté parmi ses rédacteurs des écrivains éminents. Beaucoup de savants et de littérateurs ont prêté leur collaboration à la presse périodique.

En Hollande, Bayle rédigeait les *Nouvelles de la république des lettres.* En France, Fontenelle, de Guignes, Lalande, Daunou, etc., travaillèrent successivement au *Journal des savants ;* Marmontel, La Harpe, Fontanes, Châteaubriand, au *Mercure de France.* En Angleterre, Addison et Steele publièrent *le Spectateur ;* plus tard, Henri Brougham, Sydney Smith, James Mackintosh fondaient en 1802 la *Revue d'Édimbourg.*

Depuis que la politique a pris une si grande place dans les journaux, des publicistes ont concouru à leur rédaction ; plus d'un homme d'État y a fait ses premières armes. C'est surtout à l'époque de la révolution française de 1789 qu'une foule d'écrivains, appartenant à toutes les opinions, s'élancèrent dans l'arène du journalisme pour défendre et propager leurs doctrines.

Un des premiers fut le célèbre Mirabeau. Il venait d'être nommé, par la sénéchaussée d'Aix en Provence, député du Tiers-État aux États généraux, lorsqu'il publia, quelques jours avant l'ouverture de l'assemblée, le prospectus d'un journal qu'il se proposait de rédiger sous le titre d'*États-Généraux*. Il en fit paraître le premier numéro le 2 mai, et le second le 5 mai 1789 ; mais la hardiesse de langage du rédacteur, déjà connu par ses écrits politiques, alarma le ministère et provoqua deux arrêts du conseil d'État, dont l'un, du 6 mai, défendait de publier sans permission des journaux ou écrits périodiques, et l'autre, du 7 mai, supprimait la feuille intitulée *les États-Généraux*.

Target dénonça cet arrêt à l'assemblée électorale du Tiers-État de Paris, qui réclama contre la mesure ministérielle et demanda la liberté provisoire de la presse, spécialement pour les journaux. Le garde des sceaux déclara, au nom du roi, le 19 mai, que les journaux pourraient rendre compte des délibérations des États généraux, mais sans y ajouter des réflexions ou des commentaires.

Quant à Mirabeau, en protestant énergiquement contre cette restriction apportée à la liberté de la presse, que déjà il regardait comme un droit acquis, il écrivit à ses commettants qu'il allait leur adresser une série de lettres destinées à continuer son journal des *États-Généraux*. Du 10 mai au 25 juillet 1789 il publia dix-neuf *Lettres à mes Commettants* ; chacune formait un cahier in-8°, contenant bien souvent deux ou trois feuilles d'impression. Ces lettres sont écrites avec la véhémence qui caractérisait le fougueux tribun.

Le vingtième cahier parut sous le titre de *Courrier de Provence*, et portait le numéro 20, pour indiquer que ce nouveau journal était la continuation des *Lettres*. Cependant, depuis le commencement de 1790 jusqu'à sa mort, 3 avril 1791, Mirabeau ne fournissait plus que de rares articles à cette publication, qui fut continuée par ses collaborateurs jusqu'au 350e numéro, 30 septembre 1791, jour de la dernière séance de l'Assemblée constituante.

Le journal fondé par Mirabeau forme 17 volumes in-8° d'environ 650 pages chacun, comprenant une période de deux ans.

Mirabeau eut de nombreux imitateurs; à son exemple, Cérutti, Condorcet, Barère, Brissot, Gorsas, Carra, dans le parti démocratique; Montjoye, Royou, Rivarol, Champcenetz, Fontanes, dans le parti royaliste, et beaucoup d'autres dans l'une et l'autre opinion se firent journalistes.

Nous n'entreprendrons pas même d'énumérer les écrits périodiques auxquels la révolution française donna naissance. Parmi ces innombrables journaux, les plus connus sont les *Révolutions de Paris*, publiées par Prudhomme, imprimeur-libraire; les *Révolutions de France et de Brabant* et le *Vieux Cordelier*, rédigés par Camille Desmoulins; l'*Ami du peuple*, par Marat; le *Père Duchesne*, par Hébert, etc. En opposition à ces feuilles révolutionnaires, il y avait aussi plusieurs journaux monarchistes, tels que le *Journal de la Cour et de la Ville*, rédigé par Gauthier et Brune (alors imprimeur, plus tard maréchal de France); la *Gazette de Paris*, par Derosoy; l'*Ami du Roi*, par Montjoye et Royou; les *Actes des Apôtres*, par Peltier, Rivarol, Champcenetz; et il faut convenir que l'injure, la licence et la violence furent souvent à l'ordre du jour dans les deux camps du journalisme.

Au reste, quoique la liberté de la presse fût proclamée, la

profession de journaliste n'en était pas moins dangereuse dans toutes les nuances d'opinion ; plusieurs fois la fureur populaire saccagea les imprimeries de différents journaux ; plus souvent encore l'échafaud ou la déportation fut le partage d'un grand nombre de rédacteurs de feuilles publiques, et même de leurs imprimeurs.

Les catastrophes qui amenaient des changements dans le système politique du gouvernement réagissaient sur les journaux. Ainsi les feuilles royalistes succombèrent au 10 août 1792; les journaux girondins au 31 mai 1793, les journaux jacobins au 9 thermidor, an II (1794). Le 13 vendémiaire, an IV (1795), et surtout le 18 fructidor, an V (1797), frappèrent d'un rude coup les nombreuses feuilles royalistes qui avaient reparu.

Pendant cette triste période la plupart des journaux littéraires et scientifiques n'existaient plus. Néanmoins Marmontel, La Harpe et quelques autres littérateurs travaillaient toujours au *Mercure*; J.-B. Say, Amaury Duval, Guinguené, etc., fondèrent, en l'an II (1794), la *Décade philosophique*, qui fut le prélude du *Magasin encyclopédique*, de la *Revue encyclopédique*, et de tant d'autres recueils du même genre.

Après le 18 brumaire, an VIII (1799), les journaux politiques, réduits à un petit nombre et placés sous la surveillance de l'autorité, ouvrirent largement leurs colonnes aux sciences, à la littérature et aux arts, et réclamèrent le concours de MM. Auger, de Feletz, Malte-Brun, Boissonade, Guizot, etc. Il est peu de nos célébrités actuelles qui n'aient aussi travaillé pour la presse périodique.

C'est de la même époque que date le feuilleton. On se souvient encore de la réputation que Geoffroy s'était acquise au *Journal des Débats*, par ses feuilletons dramatiques.

Un fait curieux dans l'histoire du journalisme, c'est que

Napoléon lui-même, parvenu au pouvoir, rédigeait souvent des articles de haute politique qu'il faisait insérer dans le *Moniteur* (1), et où l'on reconnaît facilement le cachet de son génie. On y remarquait d'ailleurs, à l'égard des grands corps de l'État, et sur les rapports de la France avec les puissances étrangères, des traits hardis qu'un simple journaliste n'aurait osé se permettre, attendu que la presse était loin d'être libre à cette époque.

Nous ajouterons un autre fait qui se rattache également à Napoléon et au journalisme. Un Français nommé Peltier, qui, dans les premières années de la révolution, rédigeait un journal royaliste, intitulé les *Actes des Apôtres*, s'était réfugié en Angleterre, et il y avait fondé l'*Ambigu*, journal écrit dans le même sens, où il attaquait avec violence le premier consul. Après la paix d'Amiens, au lieu de mépriser ces vaines attaques, Bonaparte ordonna au général Andréossi, son ambassadeur à Londres, de poursuivre judiciairement le journaliste. Peltier, traduit devant un jury anglais, fut défendu par Erskine, dont l'éloquence sarcastique ajouta encore au scandale de ces débats, qui eurent du retentissement dans toute l'Europe. Peltier cependant fut condamné à une faible amende, payée sur le produit beaucoup plus considérable d'une souscription ouverte aussitôt; ce qui prouve qu'une poursuite éclatante peut donner de l'importance à un libelle que le dédain seul aurait fait tomber dans l'oubli.

Nous dirons en terminant : Heureux le pays où les journaux politiques sont ennuyeux, car c'est l'indice que la paix et la tranquillité publique y règnent.

---

(1) Le cardinal de Richelieu, et même Louis XIII, fournirent quelquefois des articles à la *Gazette de France*, créée en 1631.

V. Le calendrier (1), l'almanach (2) ou l'annuaire, dans le sens le plus restreint, est un tableau ou un livret contenant la nomenclature des jours de chaque année avec l'indication des lunaisons, des éclipses, etc. Ordinairement on y ajoute divers renseignements d'un besoin journalier, des détails statistiques, même des anecdotes et des chansons. Souvent aussi une publication annuelle sur un sujet spécial prend la même désignation : Calendrier du Cultivateur, Almanach du Commerce, Annuaire militaire.

L'imprimerie a prodigieusement multiplié ce genre d'écrits périodiques, mais il en existait antérieurement.

La supputation du temps remonte à l'origine du monde. Sans parler de ces époques reculées, où, en l'absence de l'écriture, on marquait avec des clous de différentes grosseurs les jours, les mois, les années, nous trouvons chez tous les peuples civilisés de l'antiquité, tels que les Égyptiens, les Chaldéens, les Hébreux, les Grecs, les Romains, des calendriers auxquels on joignait même l'indication des fêtes civiles

---

(1) Le mot *calendrier*, qu'on écrivait autrefois *kalendrier*, vient du latin *calendæ*, calendes (dont l'étymologie grecque ou latine est fort incertaine), nom par lequel les Romains désignaient le premier jour de chaque mois. On appelle calendrier julien le calendrier romain corrigé par Jules César (quarante-cinq ans avant J.-C.), et calendrier grégorien celui de Jules César corrigé par le pape Grégoire XIII en 1582. La correction grégorienne, que les Etats non catholiques n'avaient pas d'abord voulu adopter, fut nommée nouveau style, et l'on qualifia de vieux style le calendrier julien, encore suivi en Russie, où toutes les dates sont maintenant en retard de treize jours sur celles des autres nations de l'Europe.

Lorsque l'on substitua, en France, le calendrier républicain (1793) au calendrier grégorien, celui-ci fut désigné momentanément sous le nom de vieux style; mais l'usage en fut rétabli en 1806.

(2) Selon l'opinion ordinaire des étymologistes, le mot *almanach* vient de deux mots arabes, *al manah*, qui signifient le comput, la supputation du temps.

ou religieuses, des jours de marchés, des dignitaires de l'État, etc.

Pendant le moyen âge, c'était principalement dans les monastères que se fabriquaient les calendriers ou almanachs. Avant la révolution, le trésor de l'abbaye de Saint-Denis en possédait un composé par Alberon, archevêque de Reims, pour l'usage du roi Hugues Capet. Il était écrit sur parchemin, en lettres d'or et d'argent, enrichi de miniatures et relié en peau de serpent avec des lames d'ivoire. On y trouvait, outre le calendrier, des remarques astronomiques et des prières.

En Orient, où les sciences avaient continué de fleurir après l'invasion de l'empire romain, ces petits livres étaient plus communs qu'en Occident. Les Arabes surtout s'adonnaient à cette sorte de composition, et c'est même de leur langue que dérive le nom d'*almanach*; aussi les croisades contribuèrent à propager de plus en plus les almanachs en Europe. Jean de Tignonville, du temps de saint Louis, le savant Thomas de Pisan, sous le règne de Charles V, rédigèrent des almanachs qui obtinrent beaucoup de succès.

Une des premières publications typographiques de ce genre est un calendrier pour l'année 1457, pancarte *in plano*, intitulée : *Conjunctiones et oppositiones solis et lunæ*. La Bibliothèque impériale de Paris en possède un fragment donné par M. Fischer qui le découvrit à Mayence en 1804, et qui en attribue l'impression à Gutenberg.

Il existe un autre calendrier portant la date de 1455 et annexé à une exhortation (*mahnung*), écrite en vers allemands, pour faire la guerre aux Turcs. Cette pièce formant 6 feuillets in-4°, se trouve dans la bibliothèque royale de Munich et pourrait aussi avoir été imprimée par Gutenberg; mais quelques bibliographes contestent la date de 1455.

Jean de Muller ou Regiomontanus, imprimeur à Nuremberg, homme d'une profonde érudition, composa et publia son *Calendarium*, qualifié de livre d'or, et ses *Éphémérides*, espèces de calendriers perpétuels calculés pour les années 1475 à 1506.

Un almanach des bergers, en latin, sous le titre de *Compostus*, fut imprimé à Lyon en 1488, 1489, 1492, et à Rome, 1493, in-4°.

Un ouvrage semblable, publié en français vers la fin du xve siècle, le *Compost* (comput) et *Kalendrier des Bergiers*, fut réimprimé fréquemment, jusqu'au commencement du xviiie siècle, à Paris, à Genève, à Lyon, à Rouen, à Troyes, etc., in-4° et in-folio avec figures en bois ; il y en a même une traduction du français en anglais, imprimée à Paris en 1503, in-fol., fig., dont un exemplaire a été payé 180 liv. sterling (4,500 francs) à la vente de Roxburghe.

On imprima aussi à Paris, vers 1499, le *Compost et Calendrier des Bergères*, in-fol., fig.

François Rabelais ne dédaigna pas de composer des almanachs. Sous l'anagramme *Alcofrybas Nasier*, il publia une *Pantagruéline prognostication certaine, véritable et infaillible pour l'an mil D. xxxiii* (1533), qui a été réimprimée, avec changement de date, à la suite de plusieurs éditions du *Pantagruel*, dont quelques-unes ont paru à Lyon. C'est peut-être ce qui a fait dire à deux anciens bibliographes (La Croix du Maine et Antoine Le Roy), que Rabelais avait publié à Lyon des almanachs pour les années 1533, 1535, 1548 et 1550. Quoi qu'il en soit, M. Guillemot, libraire à Paris, a découvert dernièrement (1853), dans le cartonnage d'un vieux livre de 1542, dont il dépeçait la reliure, deux feuillets appartenant à un almanach composé par *maistre Francoys Rabelais*, *docteur en médicine*, daté de Lyon, 1541. La Bibliothèque impériale a fait l'acquisition de cette rareté bibliographique.

Jean Tabourot publia, sous le nom de *Toinot Arbeau*, anagramme du sien, un *Compost et Manuel kalendrier* en dialogues, Langres, 1582, in-4°. C'est une explication de la correction grégorienne.

Les almanachs de Nostradamus eurent une grande vogue dans le XVIe siècle. Ils contenaient des sentences morales, des préceptes d'hygiène, des recettes médicales combinées avec des observations astrologiques; puis des prédictions en vers formant plusieurs centaines de quatrains et de sixains, et que, pour cette raison, on appelle centuries. Ces almanachs, et quelques autres de la même époque, ne paraissaient pas régulièrement tous les ans.

Ce fut vers 1636 qu'on publia le fameux almanach de Liége, sous le nom de Mathieu Laensberg, que l'on croit avoir été chanoine de l'église de Saint-Barthélemi de cette ville. Depuis plus de deux siècles, cet almanach, à la suite duquel se trouve souvent un calendrier des bergers, conserve encore une réputation populaire, partagée plus tard par le *Messager boiteux* de Berne et celui de Bâle, en Suisse.

Au reste, un grand nombre d'almanachs dits liégeois ou messagers boiteux s'impriment à Paris et sont souvent préférés par les étrangers à ceux qui se publient dans leurs pays, quoiqu'ils ne vaillent guère mieux les uns que les autres.

Charles IX en 1560 (1), Henri III en 1576 avaient assujetti les almanachs à l'examen des évêques. Louis XIII, par édit

---

(1) Ce prince, par édit de 1564, fixa le commencement de l'année, en France, au 1er janvier. Auparavant, elle y commençait à Pâques; mais cette fête étant mobile, le commencement et la durée de l'année étaient aussi variables.

du 20 janvier 1628, défendit « à toutes sortes de personnes de faire aucun almanach et prédiction hors les termes de l'astrologie licite, même d'y comprendre les prédictions concernant les états et personnes, les affaires publiques et particulières. » Mais ces dispositions n'ont jamais été strictement exécutées. Aujourd'hui même on retrouve dans ces livrets, comme dans ceux du XVIe siècle, les variations du temps pendant toute l'année, les horoscopes, etc. dont il paraît que tout le monde ne rit pas encore.

En 1774 l'almanach de Liége avait prédit, pour le mois d'avril, qu'une grande dame jouerait son dernier rôle. Madame du Barry, maîtresse de Louis XV, croyant que la prédiction la regardait, s'écriait souvent : « Quand donc ce vilain mois d'avril sera-t-il passé ?. » Le mois d'avril passa, mais le roi mourut le 10 mai, et le rôle de la grande dame fut fini. On cite encore d'autres coïncidences relatives à l'astrologie; mais, comme le dit La Fontaine (1) :

.... Tout aveugle et menteur qu'est cet art,
Il peut rencontrer juste une fois entre mille ;
Ce sont les effets du hasard.

C'est en Amérique que les almanachs populaires ont commencé à être rédigés d'une manière raisonnable. Le célèbre Benjamin Franklin, alors imprimeur à Philadelphie, publia, en 1732, sous le nom de Richard Saunders, un almanach devenu célèbre sous celui du *Bonhomme Richard*. Aux pronostications, aux remèdes prétendus merveilleux, il substitua des préceptes de morale, des règles d'hygiène pratique, des leçons d'agriculture et d'économie domestique.

Son exemple fut suivi, et depuis cette époque la composi-

(1) *Fable* 16, livre VIII.

tion des almanachs a fait de grands progrès. Il y en a qui sont rédigés avec talent et auxquels des écrivains distingués ne dédaignent pas de coopérer; les nombreux documents qu'ils contiennent sur toutes sortes de matières en font comme de petites encyclopédies. Ces livrets, d'un prix modique, peuvent être fort utiles aux ouvriers et aux habitants des campagnes en leur donnant une foule de notions instructives et de connaissances usuelles qu'ils puiseraient difficilement ailleurs.

Nous avons déjà dit qu'on désigne encore sous les noms de calendrier, d'almanach et d'annuaire, des publications annuelles consacrées à des spécialités quelconques. Ainsi chez nous l'Almanach du commerce donne la liste des commerçants et la statistique commerciale au commencement de chaque année; l'Almanach ecclésiastique, l'état du clergé; l'Annuaire militaire, l'état de l'armée, les noms des chefs de corps, etc.

L'Almanach royal de France est une des plus anciennes publications de ce genre. Fondé en 1679, il fut présenté à Louis XIV en 1697 et prit le titre de *royal* en 1699. L'éditeur Laurent d'Houry, libraire, et plus tard imprimeur, obtint, pour l'impression de cet ouvrage, un privilége particulier dont sa famille a joui jusqu'en 1789; la propriété en a passé depuis à l'imprimeur Guyot, qui en continue toujours l'exploitation.

Dans l'origine, cet ouvrage n'était qu'un très-mince volume donnant le nom et la demeure de quelques personnes attachées à la cour; il s'augmenta successivement et forme aujourd'hui un fort volume in-8°, contenant l'indication des princes et souverains de l'Europe, la nomenclature des fonctionnaires publics et tout ce qui se rapporte à l'organisation politique de la France ; aussi l'Almanach royal est-il devenu, selon le temps, Almanach impérial ou national.

Il y a maintenant, dans chaque État de l'Europe un almanach officiel publié sous les auspices du gouvernement.

Pendant longtemps on a imprimé à Gotha, capitale du duché de ce nom, un almanach très-recherché, parce qu'il donnait des détails généalogiques fort étendus sur les maisons régnantes et princières, avec des tableaux de la population, des forces militaires, de la situation financière, etc., des diverses souverainetés.

Quelques provinces, quelques villes ont aussi leurs almanachs spéciaux ; l'almanach de Versailles, par exemple, était en vogue lorsque la cour de France faisait sa résidence au château. Actuellement chaque département a son annuaire, et parfois ces collections offrent de curieux renseignements sur l'histoire, la topographie et la statistique.

C'est François de Neufchâteau, lorsqu'il était ministre de l'intérieur, qui généralisa cette mesure. Le 20 floréal an VII (9 mai 1799), il invita les professeurs et bibliothécaires des écoles centrales à rédiger des annuaires départementaux dont il leur traça le plan dans sa circulaire, et qui s'impriment aujourd'hui par les soins des préfets.

Il existe aussi des calendriers liturgiques à l'usage des diverses communions religieuses; ceux que les évêques publient dans leurs diocèses s'appellent *brefs*.

Parmi les publications annuelles nous ne devons pas oublier l'*Annuaire* du Bureau des longitudes, rédigé par cette compagnie savante, créée en l'an III (1795) à l'Observatoire de Paris, annuaire qui enregistre les phénomènes astronomiques et météorologiques arrivés pendant l'année précédente, et contient des dissertations à ce sujet. Le Bureau fait paraître aussi par anticipation, c'est-à-dire quelque temps à l'avance, un autre annuaire à l'usage des astronomes et des navigateurs, sous le titre de *Connaissance des temps*, dont la publication remonte à 1678 et que l'Académie des sciences était autrefois chargée de rédiger.

On imprime encore sous forme d'almanach des recueils historiques, littéraires, agricoles, même des facéties et des pamphlets : Almanach des centenaires, Almanach des Muses, Almanach comique, Étrennes mignonnes, Étrennes lyriques, etc.

Enfin, grâce à l'imprimerie, il se fait chaque année dans tous les pays un débit prodigieux de ces sortes de publications, car il y en a pour tous les âges, pour toutes les conditions, pour tous les goûts.

VI. A toutes les époques, les gouvernements ont cherché à mettre obstacle à la progagation des écrits immoraux, nuisibles à autrui ou dangereux pour l'ordre public, et en ont puni sévèrement les auteurs. L'histoire ancienne nous fournit de nombreux exemples d'actes législatifs ou judiciaires destinés à prévenir ou à réprimer les écarts de la liberté d'écrire. A Athènes, les écrits blasphématoires étaient interdits; les livres de Protagoras furent condamnés par les juges de l'Aréopage à être brûlés et l'auteur lui-même fut banni parce que, en tête d'un de ses ouvrages, il déclarait qu'il ne savait s'il y avait des dieux ou s'il n'y en avait pas. — Lorsque les livres de Numa furent retrouvés dans son tombeau, l'an 272 avant J.-C., le sénat romain ordonna qu'ils fussent brûlés parce qu'ils contenaient des choses qui n'étaient plus en harmonie avec la religion du moment. C'est, du reste, un principe qui n'a été méconnu chez aucun peuple, soit ancien, soit moderne, que la loi peut raisonnablement et sans être accusée de tyrannie surveiller la parole et l'écriture, et en châtier les écarts.

Les mesures qui ont été prises pour empêcher les mauvais livres, les publications dangereuses de se répandre ont varié selon les temps et les lieux ; mais de tous les moyens mis en usage, il n'en est aucun qui ait soulevé autant de récriminations et de plaintes que la censure préalable, c'est-à-dire le droit laissé au gouvernement d'examiner et de supprimer tout ou partie d'un écrit avant sa publication. Presque tous les grands écrivains modernes se sont montrés opposés aux mesures préventives en ce qui concerne les œuvres de l'esprit. Milton est un de ceux qui les ont flétries avec le plus de vigueur : voici ce qu'il écrivait, il y a plus de deux cents ans, à la législature de la Grande-Bretagne :

« Je ne prétends pas que l'Église et le gouvernement n'aient intérêt à surveiller les livres aussi bien que les hommes, afin, s'ils sont coupables, d'exercer sur eux la même justice que sur des malfaiteurs, car un livre n'est point une chose absolument inanimée. Il est doué d'une vie active comme l'âme qui le produit ; il conserve même cette prérogative de l'intelligence vivante qui lui a donné le jour. Je regarde donc les livres comme des êtres aussi vivants et aussi féconds que les dents du serpent de la fable, et j'avouerai que, semés dans le monde, le hasard peut faire qu'ils y produisent des hommes armés. Mais je soutiens que l'existence d'un bon livre ne doit pas plus être compromise que celle d'un bon citoyen ; l'un est aussi respectable que l'autre, et l'on doit également craindre d'y attenter. Tuer un homme, c'est détruire une créature raisonnable ; mais étouffer un bon livre, c'est tuer la raison elle-même. Quantité d'hommes n'ont qu'une vie purement végétative, et pèsent inutilement sur la terre ; mais un livre est l'essence pure et précieuse d'un esprit supérieur ; c'est une sorte de préparation que le génie donne à son âme, afin qu'elle puisse lui survivre. La perte de la vie, quoique irréparable, peut quelquefois n'être pas un grand mal ; mais il est possible qu'une vérité qu'on aura rejetée ne se représente plus dans la suite des temps, et que sa perte entraîne les malheurs des nations. »

La censure préalable existait avant l'invention de l'imprimerie. Les libraires-jurés apportaient aux députés des Facultés de l'Université les manuscrits, afin qu'ils les examinassent et qu'ils permissent de les mettre en vente.

On trouve beaucoup d'actes qui prouvent que les manuscrits étaient souvent l'objet de censures et de poursuites. Ainsi un arrêt du Parlement, du 17 juillet 1406, supprima un libelle ayant pour titre : *Lettres de l'Université de Toulouse.* Un autre arrêt du 29 février 1413, suivi de lettres patentes du 16 mars, condamnait au feu un écrit de Jean Petit, cordelier.

L'Université conserva encore, après l'invention de l'imprimerie, le droit d'examiner les livres avant leur publication.

En effet, on lit dans un arrêt du Parlement, du 12 janvier 1508, qui accorde à Berthold Rembolt, ancien associé de Géring, premier imprimeur de Paris, un privilége pour imprimer un ouvrage de saint Bruno, que le livre a été « vu et corrigé par plusieurs docteurs en théologie, à ce commis par ladite Faculté ; » et que d'autres arrêts semblables ont déjà été donnés par la cour. L'approbation préalable est mentionnée également dans l'arrêt de 1511, en faveur de Poncet Lepreux ; dans celui de 1517, en faveur de Josse Bade.

Il paraît cependant que, depuis l'introduction de l'imprimerie, les visites prescrites par les règlements universitaires dans les librairies, pour vérifier si les livres qu'on y vendait étaient approuvés, n'avaient pas lieu exactement, et que les imprimeurs et les libraires qui ne demandaient pas de priviléges négligeaient de soumettre leurs livres à l'examen des Facultés; mais bientôt les nouvelles opinions religieuses firent remettre la censure en vigueur. En 1521, François Ier défendit d'imprimer ou de vendre aucun livre qui n'ait auparavant été visité et approuvé par l'Université. Deux arrêts du Parlement, du 18 mars et du 4 novembre 1521, défendent aux imprimeurs, sous peine de 500 liv. d'amende et même du bannissement, d'imprimer des livres relatifs à la foi chrétienne et à l'interprétation de l'Écriture sainte, en langue vulgaire ou en latin, avant qu'ils soient examinés par la Faculté de théologie ou par les députés de ladite Faculté.

Un arrêt de règlement du Parlement, en date du 28 août 1527, défendit d'abord aux imprimeurs de publier aucun livre de l'Écriture en français sans permission du Parlement. Un autre arrêt, du 2 mars 1535, fit défense d'imprimer et mettre en vente aucun livre de médecine qui n'aurait été *vu et visité par trois docteurs*, et prohibait aussi la publication de livres de pronostications et d'almanachs, *sous peine de 10 marcs d'argent et de prison*, et d'autres *amendes arbitraires*. Enfin des lettres patentes datées de Montpellier, du 28 décembre 1537, généralisèrent les prohibitions. Elles portent défense de vendre et imprimer aucuns livres, anciens ou modernes, avant de les avoir communiqués à un censeur, sous peine de confiscation des livres et d'amende. Ce fut le poëte Mellin de Saint-Gelais, abbé de Reclus, garde de la librairie et aumônier de François Ier, qui fut investi de ces rigoureuses fonctions.

Sous Henri II, un grand nombre d'ouvrages réputés hérétiques furent censurés par la Faculté de théologie, puis condamnés par le Parlement, et enfin brûlés par la main du bourreau sur la place du Parvis-Notre-Dame, au son de la grosse cloche de cette église. Cependant ce prince leva l'interdiction que la Sorbonne avait prononcée, en 1551, contre le quatrième livre du *Pantagruel* de Rabelais, et en permit la vente. Mais il n'en continua pas moins d'exiger que les livres de théologie fussent soumis à l'examen préalable de la Faculté, conformément à ses ordonnances de 1547 et 1551, et il inséra expressément cette clause dans le privilége qu'il accorda, en 1553, à Michel Vascosan pour ses impressions.

Nous donnerons ici quelques détails sur les priviléges et permissions.

C'est pour se prémunir contre les contrefaçons que les imprimeurs et les libraires demandèrent des priviléges à l'autorité. Nous avons déjà vu que Manuce en obtint du sénat de Venise et des souverains pontifes pour l'emploi exclusif de ses caractères italiques. Erasme en fit accorder un par l'empereur à Jean Froben pour les livres qu'il imprimerait le premier. En France, dès 1507, sous le règne de Louis XII, des priviléges sont donnés par le roi, par le Parlement, par le prévôt de Paris. Mais ce qu'on sollicitait d'abord comme une faveur est rendu plus tard obligatoire comme mesure de surveillance. L'édit de Charles IX, de 1563, et son ordonnance de Moulins, de 1566, qui défendent d'imprimer aucun livre sans approbation et privilége, furent confirmés et renouvelés par ses successeurs et restèrent en vigueur jusqu'en 1789.

Les priviléges du roi étaient délivrés à la chancellerie; le directeur général de l'imprimerie et de la librairie accordait des permissions simples, principalement pour des réimpressions; les lieutenants de police en accordaient pour les livrets n'ayant pas plus de deux feuilles d'impression.

Les privilèges généraux demandés par des communautés ou par des particuliers, pour imprimer les ouvrages dont ils pourraient avoir besoin ou qu'ils pourraient composer, s'obtenaient rarement et furent plusieurs fois révoqués à cause des abus qui en résultaient. Des privilèges spéciaux délivrés à quelques imprimeurs ou libraires, pour l'impression exclusive d'almanachs, de factums, de billets d'enterrement, etc., furent annulés dans l'intérêt du commerce et sur les représentations de la chambre syndicale. Les règlements de 1686 et de 1723 défendirent même d'en accorder.

Cependant les évêques obtenaient des privilèges généraux pour l'impression des livres liturgiques à l'usage de leurs diocèses (1); les académies royales en obtinrent aussi pour approuver et publier les ouvrages émanés d'elles.

Les privilèges accordés aux imprimeurs, aux libraires et même aux auteurs, n'avaient qu'une durée plus ou moins longue, à l'expiration de laquelle une nouvelle permission était nécessaire. Ce fut seulement en 1777 que les auteurs purent obtenir des privilèges perpétuels. (Voir au chapitre suivant l'article de la *Propriété littéraire*.)

Les approbations, privilèges et permissions devaient être imprimés au commencement ou à la fin des livres, et enregistrés à la chambre syndicale.

Les infractions à toutes ces dispositions étaient rigoureusement punies; elles le furent quelquefois cruellement. (Voir ci-dessus, chapitre IV.)

Malgré la sévérité des ordonnances, l'examen des livres et

---

(1) Aujourd'hui encore, en vertu du décret impérial du 7 germinal an XIII (29 mars 1805), aucun livre liturgique ne peut être imprimé ou réimprimé sans la permission de l'évêque diocésain.

la permission étaient souvent éludés. Louis XIII, pour y remédier, créa, par lettres patentes de 1623, quatre censeurs royaux. L'Université, voyant dans cette mesure une atteinte portée au droit immémorial qu'elle avait d'approuver les livres, fit des réclamations, et les choses restèrent en suspens; mais, par son édit de 1629, le roi, dérogeant au droit universitaire, donna pouvoir au garde des sceaux de choisir les censeurs, et déclare que les lettres du grand sceau « ne pourront être expédiées qu'il n'ait été présenté une copie du livre manuscrit à nos chancelier ou garde des sceaux, sur laquelle ils commettront telles personnes qu'ils verront être à faire selon le sujet et la matière du livre, pour le voir et examiner et bailler sur icelui, si faire se doit, leur attestation en la forme requise sur laquelle sera expédié le privilége. »

Cependant ce n'est que vers 1741 que les censeurs royaux furent nommés avec un titre permanent. Ils étaient au nombre de 79, savoir : 10 pour la jurisprudence; 10 pour la thélogie; 1 pour la jurisprudence maritime; 10 pour la médecine, histoire naturelle et chimie; 2 pour la chirurgie et l'anatomie; 8 pour les mathématiques; 35 pour les belles-lettres; 1 pour la géographie, la navigation et les voyages; 1 pour la peinture, gravure et sculpture, enfin 1 pour l'architecture (1).

Ce nombre considérable de censeurs paraît avoir été encore insuffisant pour la prompte expédition des priviléges. On lit, en effet, dans l'*Encyclopédie* de Diderot et d'Alembert, le passage suivant : « Il arrive quelquefois que le grand nombre de livres qu'ils sont chargés d'examiner ou d'autres raisons les mettent (les censeurs) dans la désagréable nécessité de

---

(1) Peignot, *Essai historique sur la liberté d'écrire*.

réduire les auteurs ou les libraires qui attendent leur jugement, à l'état de ces pauvres âmes errantes sur les bords du Styx, qui priaient longtemps Caron de les passer. »

Un abus bien plus grave de la censure nous est signalé dans une lettre de Boileau à Maucroix. Ce dernier ayant remis entre les mains du censeur le manuscrit d'une traduction qu'il avait faite du *Traité de la Vieillesse*, de Cicéron, Dubois, qui avait traduit le même traité, intrigua pour que la traduction de Maucroix restât longtemps dans les bureaux de la censure, et il profita de ce retard pour publier la sienne. Lorsque, au bout d'une année, on rendit à Maucroix son ouvrage approuvé, il fut si outré de ce procédé déloyal dont il eut connaissance, qu'il renonça à faire paraître sa traduction, qui ne fut imprimée qu'après sa mort.

Investis d'un privilége royal accordé après une censure préalable, les auteurs n'étaient pas toujours entièrement à l'abri des poursuites pour la publication de leurs livres.

En effet, à l'apparition de l'édit de 1686, rédigé par Colbert, et portant règlement sur la librairie et l'imprimerie, le Parlement prétendit avoir le droit d'examiner les livres (1), même ceux publiés avec autorisation et privilége du roi, se fondant sur ce que l'autorité souveraine avait sans doute l'administration et la police de l'imprimerie, mais qu'elle ne pouvait soustraire à l'autorité de la justice les crimes et délits commis par la voie de l'impression, sous le permis d'un censeur inhabile ou partageant les idées d'un auteur ; la remontrance alla

---

(1) Par un arrêt du 1er septembre 1595, sous le règne de Henri IV, le Parlement avait fait supprimer, dans une édition de la *Jérusalem conquise* du Tasse, imprimée en italien à Paris, par Abel Langelier, trois stances du 20e chant, où l'auteur admettait l'autorité du pape sur le temporel des rois.

jusqu'à contester l'autorité du conseil du roi en matière de concession de privilége littéraire.

Voilà ce qui autorisa le Parlement à sévir, à plusieurs époques, contre certains ouvrages dont il fit citer les auteurs à sa barre. Il les jugea, les condamna à l'amende, à la prison ; quelquefois il ordonna seulement la destruction du livre par la main du bourreau. C'est ainsi qu'on peut se rendre compte des procès faits à l'*Encyclopédie* de Diderot et d'Alembert, et à l'*Émile* de Rousseau (1).

Le livre de l'*Esprit* d'Helvétius avait déjà été poursuivi et condamné au feu par le Parlement. Le privilége accordé à cet ouvrage, le 10 mai 1758, fut révoqué par le conseil du roi le 10 août suivant. On exigea des rétractations de l'auteur ; le censeur lui-même (Tercier) déclara, dans une lettre au Parlement, qu'il avait signé l'approbation par inadvertance et se démit de ses fonctions.

La Faculté de théologie censurait aussi des livres revêtus d'approbation et de privilége. C'est ce qui eut lieu à l'égard du *Bélisaire* de Marmontel. Le privilége ne fut pas révoqué, mais le censeur Lebret fut suspendu.

Du reste, il paraît que, comme on l'a vu de notre temps, les livres dont la publication était prohibée par la censure ou poursuivie par les parlements, n'en étaient que plus avidement recherchés par le public. L'anecdote suivante en est la preuve : Lamothe-Levayer, qui fut précepteur du frère de Louis XIV et père de l'abbé Levayer, à qui Boileau dédia sa satire : les *Folies humaines*, ayant fait un livre d'un dur débit, comme on disait alors, son libraire lui en fit des plain-

---

(1) *Notice sur la législation de l'imprimerie*, par M. Baudouin, Paris, in-8°, 1852.

tes. « Pour Dieu, lui dit Levayer, ne vous mettez pas en peine; je sais un secret pour le faire acheter. » Il employa ses amis de Versailles et le fit défendre. Dès qu'il fut défendu, tout le monde voulut l'avoir, et on fut bientôt obligé d'en publier une seconde édition.

Sous la régence et le règne de Louis XV, la censure continua d'être exercée avec rigueur, mais les écrits illicites se multipliaient au moyen des imprimeries particulières tolérées par le pouvoir, et des imprimeries clandestines, dont le nombre n'a peut-être jamais été plus grand qu'à cette époque.

Il n'était pas rare de voir des ouvrages qui n'avaient pas obtenu d'autorisation officielle publiés et souvent imprimés à Paris, avec l'indication d'une ville étrangère, après laquelle on lisait quelquefois : *Et se trouve à Paris, chez tel libraire.* L'autorité fermait les yeux sur ces infractions et transigeait même en certains cas. Ainsi, après la condamnation de l'*Encyclopédie* de Diderot, dont nous venons de parler, l'imprimeur Lebreton eut la permission d'en continuer la publication sous la rubrique de Neufchâtel.

Nous ajouterons qu'on rencontre dans plusieurs livres, imprimés avec approbation et privilége, des passages qui prouvent que le censeur ne connaissait guère les matières soumises à son examen, ou qu'il partageait les opinions de l'auteur, ou même que, s'en rapportant au titre, qui ne présentait rien de scabreux, il se dispensait de lire l'ouvrage.

Enfin le choix des censeurs n'offrait pas toujours des garanties bien imposantes. Quelle valeur par exemple pouvait avoir le témoignage de Crébillon fils, auteur de romans licencieux, lorsqu'il terminait son approbation d'un livre par cette formule accoutumée : *Je n'y ai rien trouvé de contraire à la foi ni aux bonnes mœurs.*

Les fonctions de censeur, largement rétribuées, et, par conséquent fort recherchées, ne laissaient pas que d'être parfois très-délicates. Placé entre le pouvoir et les auteurs, le censeur, en accédant aux exigences de celui-ci, froissait souvent l'amour-propre de ceux-là. On raconte que Marin, chargé d'examiner une pièce de théâtre, substitua *morbleu* à *ma foi*, jugeant cette dernière exclamation plus choquante que l'autre. Mais, après avoir cherché à contenter tout le monde, il finit par ne satisfaire personne. Réprimandé plusieurs fois par l'autorité, détenu pendant un mois à la Bastille, il fut enfin révoqué.

Malesherbes, qui fut directeur de la librairie sous Louis XVI, voulait autant que possible la liberté de la presse, et n'était d'avis, dans aucun cas, d'entraver les critiques littéraires. Il se montra même quelquefois d'une extrême indulgence. Dans ses *Mémoires sur la Librairie*, il parle souvent des difficultés qu'il rencontrait pour concilier les amours-propres, au sujet des ouvrages qui étaient soumis à la censure :

« J'ai entendu dire sérieusement, remarquait-il, qu'il est contre le bon ordre de laisser imprimer que *la musique italienne est la seule bonne*...

« Je connais des magistrats qui regardent comme un abus de laisser imprimer, sur la jurisprudence, des livres élémentaires, et qui prétendent que ces livres diminuent le nombre des véritables savants.

« La plupart des médecins voudraient qu'on défendît d'écrire en langue vulgaire sur la médecine.

« Presque tous ceux qui ont joué un rôle dans les affaires publiques, n'aiment point à voir écrire sur la politique, le commerce, la législation.

« Les gens de lettres pensent de même sur la critique littéraire ; ils n'osent pas proposer de la proscrire entièrement, mais leur délicatesse sur cet article est si grande, que, si l'on y avait tout l'égard qu'ils désirent, on réduirait la critique à rien. »

Louis XVI lui-même n'était pas ennemi de la liberté de la presse, et on dit que, sous le ministère Turgot, il songea un instant à l'octroyer par édit, bien qu'il la voulût assez restreinte.

La révolution ne lui laissa pas le temps d'accomplir ce dessein. Comme on l'a vu au chapitre V, un des premiers actes de l'Assemblée constituante fut de garantir à tout homme « *la liberté de parler, d'écrire, d'imprimer et de publier ses pensées sans que ces écrits puissent être soumis à aucune censure ni inspection avant leur publication.* (1) »

En 1806, la censure fut rétablie de fait pour les journaux et recueils périodiques. Le décret du 5 février 1810 la fit revivre pour toute espèce de publications. Un moment supprimée pendant les Cent-Jours, elle reparut au second retour des Bourbons, et, malgré la Charte, qui proclamait la liberté de la presse, elle resta en vigueur jusqu'en 1819, époque où elle fut écartée. A partir de ce moment, la censure ne fut plus exercée qu'à de courts intervalles, savoir : en 1820, après l'assassinat du duc de Berry; en 1824, pendant quelques jours avant la mort du roi Louis XVIII.

Charles X, en montant sur le trône, avait dit : « Mes amis, plus de censure! » Oublieux de ses promesses, il tenta de la rétablir en 1830 par un coup d'État; mais on sait quelle fut la suite de cette téméraire tentative. La censure était désor-

---

(1) Déclaration des droits de l'homme (26 août 1789). — Constitution du 3 septembre 1791.

mais condamnée en France. Durant les dix-huit ans de règne de Louis-Philippe, il ne fut pas une seule fois question d'y revenir; et si, depuis 1848, les journaux furent à deux reprises obligés, avant de paraître, de passer sous les yeux d'un comité de censure, ce ne fut là qu'une mesure exceptionnelle, nécessitée par les circonstances critiques où se trouvait le pays, mesure qu'on s'empressa d'abandonner aussitôt que l'ordre fut rétabli.

CHAPITRE XII.

LIBRAIRIE.

SOMMAIRE.

I. Des libraires chez les anciens. — II. Librairie en France, avant et après l'invention de l'imprimerie. — III. Libraires-éditeurs; leurs rapports avec les auteurs; rémunération des auteurs. — IV. Propriété littéraire; contrefaçon. — V. Souscriptions; prospectus. — VI. État de la librairie de nos jours. — VII. Location des livres; cabinets de lecture. — VIII. Afficheurs; colporteurs; crieurs publics.

I. Le commerce des livres que nous appelons *librairie* est fort ancien. Quoique l'invention de l'imprimerie, en multipliant les livres, lui ait donné dans ces derniers siècles une immense extension, il ne laissait pas de s'exercer avec activité chez les Grecs et chez les Romains, qui comptaient tant de poëtes, d'orateurs, d'historiens, de philosophes, dont les nombreux écrits étaient livrés à la publicité; mais, par suite des bouleversements politiques, nous n'en possédons qu'une bien faible partie. Xénophon (1) est un des premiers auteurs qui fassent mention du commerce des livres.

En Grèce, le libraire concentrait dans sa profession tous les travaux relatifs à la confection d'un livre. « Il était à la fois, dit Vossius, dans son commentaire sur Catulle, l'écrivain

---

(1) *Anabase*, VII, 5.

(*bibliographus*), le relieur (*bibliopegus*) et le marchand (*bibliopola*). »

Les librairies d'Athènes ressemblaient à des cercles littéraires : le libraire y lisait à haute voix la publication nouvelle. On y discutait des matières philosophiques; on parlait des affaires d'État; on s'entretenait du théâtre, on pesait le mérite des acteurs et des auteurs. C'était le rendez-vous des savants et des oisifs.

A l'opposé des libraires de Rome, qui s'occupaient principalement des ouvrages sérieux, ceux d'Athènes recherchaient d'ordinaire les livres d'agrément. Une grande partie s'écoulait dans les contrées voisines, quelques-uns étaient expédiés jusque dans les colonies grecques établies sur le Pont-Euxin (1).

C'est à Athènes et à Corinthe que se trouvaient les principaux établissements de librairie en Grèce.

Les Romains distinguaient les *librarii* ou copistes de livres, des *bibliopolæ*, marchands de livres, bien que souvent on ait confondu ces deux expressions. On appelait aussi les premiers *antiquarii*, parce qu'ils copiaient d'anciens ouvrages; c'étaient, pour la plupart, des esclaves comme les *medici, bibliothecarii, informatores*, etc. Ceux, pourtant, qui servaient bien leurs maîtres, et qui savaient gagner leur affection, étaient certains de recevoir leur affranchissement; mais ils n'en restaient pas moins attachés à la personne du maître, qui seulement les traitait alors avec distinction. On sait l'amitié que Cicéron portait à l'affranchi qu'il avait fait le précepteur de son fils.

Les citoyens riches et puissants qui se livraient à l'étude

---

(1) *Anacharsis*, tom. III, p. 129.

des lettres, entretenaient un grand nombre de ces esclaves rendus à la liberté ; ils les employaient à copier principalement des ouvrages grecs. Beaucoup d'entre eux, dit Paulus, copiaient sans rien comprendre au contenu de l'ouvrage dont ils étaient chargés ; ils ne savaient, comme plus tard les copistes de France, que peindre les caractères ; de là vient que les savants ont eu si souvent à se plaindre de l'inexactitude des copies. L'un des plus grands services que l'imprimerie ait rendus au monde a été non-seulement de multiplier à volonté les exemplaires d'un ouvrage, mais encore de les reproduire sans en altérer la fidélité.

Les femmes exerçaient aussi le métier de copistes, *librariæ*. Origène, qui était un grand amateur de livres, employait dans sa maison, outre des copistes, un certain nombre de jeunes filles, *puellæ*, qui s'acquittaient de leur tâche avec beaucoup d'exactitude et de goût.

Ce n'est guère que sous les empereurs que la librairie devint un commerce spécial et important, et que ceux qui l'exploitaient formèrent un corps de négociants qui eut ses règlements et ses priviléges particulièrement spécifiés dans la législation romaine. Le célèbre critique Quintilien exhorte, dans un passage de ses œuvres, Tryphon, le premier libraire de Rome, à ne livrer au public que des ouvrages bons et corrects. Ce Tryphon, plus habile que ses confrères, choisissait ses copistes parmi les personnes les plus instruites et les plus capables ; c'était l'Estienne de son temps. Il avait une haute idée de son art, et, par un excès de vanité dont ne se défendent pas toujours les hommes sensés, il se faisait appeler le *docteur copiste, doctorem librarium.*

Les *bibliopolæ* ou libraires romains, comme ceux de nos jours, distribuaient des prospectus et publiaient le catalogue de leurs ouvrages. Ils nommaient ce catalogue *index* ou bien *syllabus*, du mot grec συλλαμβανω, car il résumait les matières contenues dans l'ouvrage. Il n'était point fait comme aujourd'hui par ordre alphabétique, mais sous forme de sommaire et en tête du livre.

Un grand nombre de libraires faisaient revoir et corriger les ouvrages par les auteurs eux-mêmes, afin qu'ils fussent plus corrects. Aulu-Gelle en cite un, qui défiait qu'on lui montrât la moindre faute dans les livres qu'il étalait en vente. Comme on voit, la belle devise *sine menda, sans faute*, n'est pas nouvelle. Toutefois, ajoute le même auteur, il se trouvait des libraires qui, tout en prétendant n'avoir que des livres corrects, trompaient le public ignorant : le charlatanisme est de tous les temps.

Il existait à Rome plusieurs quartiers spécialement consacrés au commerce de la librairie. Dans celui qu'on appelait les *Sigilleria*, parce qu'on y vendait de petites images des dieux en forme de cachets, il y avait aussi un bazar où l'on pouvait acheter à bon compte les œuvres de Virgile et d'Horace. Un autre marché de librairie se tenait encore *in Argileto ad forum Cæsaris*, c'est-à-dire sur une grande place que Jules César avait fait construire. C'est là que furent exposés les poëmes de Martial (1).

Plusieurs boutiques de libraires se tenaient aussi *in vico Sandaliario*, ou dans *la rue des Fabricants de chaussures*.

Il y en avait aussi beaucoup sous les portiques des temples ou des théâtres. La librairie des Sosies, si vantée par Horace, était située près des temples de Janus et de Vertumne.

---

(1) Voyez les poésies de Martial ; elles sont pleines de renseignements curieux, tant sur les libraires de Rome, leurs boutiques et leurs habi-

Les propriétaires de ces boutiques affichaient les titres de leurs ouvrages sur les colonnes du vestibule, d'autres sur les portes, comme on le fait encore de nos jours. On donnait le nom de *libraria* aux boutiques des libraires, et c'est par analogie que le mot français *librairie* signifia longtemps bibliothèque.

Les auteurs se servaient de ces boutiques comme de lieux de rendez-vous. Ils y venaient lire leurs ouvrages et discuter sur les nouvelles du jour. Cet usage existait également dans la Grèce.

La probité n'était pas la vertu distinctive des libraires romains, ils avaient souvent recours à des ruses de charlatan pour mystifier le public ; c'est ainsi qu'il leur arrivait de mettre sur un nouveau livre le nom d'un auteur connu, afin de donner de la vogue à cet ouvrage. Galien raconte qu'un libraire de Rome fit apposer son nom sur l'œuvre d'un autre auteur ; mais qu'un érudit, ne reconnaissant pas son style, s'aperçut bientôt de la supercherie.

Le prix des livres, si l'on considère celui du papyrus, du parchemin et la peine de les copier, était assez modique. Cependant, si les demandes d'un même ouvrage venaient à se multiplier, les libraires en haussaient immédiatement le prix. Ce n'est pas ainsi pourtant qu'en agit le libraire Atrectus, qui demeurait dans le quartier Argilète. Il mit le premier livre des Épigrammes de Martial à un prix si juste, que, déduction faite des frais de parchemin et de copiste, il ne lui restait presque rien. Malgré cela, le poëte se plaignit encore que son ouvrage se vendait trop cher (1).

---

tudes, que sur les livres, leurs copistes, leurs reliures, leurs affiches et les endroits où ils étaient étalés.

(1) « Pour cinq deniers, il te donnera du premier ou du second rayon

Lucien se moque au contraire d'un Crépis ignorant, qui, voulant se monter une bibliothèque complète, se laissait toujours duper par les libraires, parce qu'il n'avait aucune notion de littérature.

On pense que déjà les libraires achetaient aux auteurs le droit de publier leurs ouvrages. Ils faisaient la chasse aux bons écrivains; et, s'ils en dépistaient un qui eût du talent et de la vogue, ils le relançaient si bien, que de gré ou de force il fallait qu'il comptât avec eux. Ils ne lui laissaient ni repos ni trêve qu'il n'eût mis la dernière main à ses œuvres : c'est ainsi qu'en agit Tryphon. Il arrivait souvent que les amateurs surenchérissaient un ouvrage, si cet ouvrage était écrit de la propre main de l'auteur. Cette enchère s'appelait *pretium affectionis*, prix d'affection. Aulu-Gelle rapporte que l'on offrit vingt pièces d'or du manuscrit de l'*Énéide* (la pièce d'or valait environ 14 francs).

Les libraires romains faisaient aussi des envois dans les provinces même les plus reculées de l'empire et jusqu'en Afrique; mais il paraît que ce pays ne recevait que les livres de rebut, comme qui dirait des livres de colportage.

Au reste, des établissements de librairie existaient à Naples, à Marseille, à Lyon, dans les Gaules alors soumises aux Romains.

II. Pendant la plus grande partie du moyen âge la transcription des livres en France, comme dans le reste de l'Europe, se faisait presque exclusivement dans les monastères, qui étaient en même temps des écoles publiques, et dans les bibliothèques desquels les étudiants pouvaient consulter ou

---

(*nidus*) un Martial, poli à la pierre ponce et colorié en pourpre. — Tu ne vaux pas tant, me diras-tu. — Tu as raison, Lupercus. »

copier les livres dont ils avaient besoin. Les monarques, les princes avaient aussi des copistes attachés à leur service.

On comprend que, dans cette période, les libraires ne furent que des espèces de courtiers qui se chargeaient de procurer des livres aux personnes assez riches pour en acheter.

Mais au XIIIe siècle, après la fondation des universités (1), la profession de copiste (*stationarius*) se sécularisa; le grand nombre d'écoliers que ces établissements attiraient donna aussi au commerce du libraire (*librarius*) un plus grand essor; et tout ce qui concernait la confection des livres, papier, parchemin, copie, enluminure, reliure, vente, achat, etc., comme plus tard l'imprimerie elle-même, fut placé sous la juridiction de l'Université de Paris.

Les premiers statuts qu'elle dressa pour la librairie remon-

(1) Quoique Charlemagne soit le patron du corps universitaire, à cause de la sollicitude que ce prince montra pour l'établissement d'écoles publiques, où l'on enseignait les lettres et les sciences, il n'est pas, comme on l'a dit quelquefois, le fondateur de l'Université de Paris. Cette institution, telle qu'elle existait jadis, ne remonte qu'au règne de Louis VI ou à celui de Louis VII. Sous saint Louis, on l'appela *université*, soit parce qu'elle comprenait dans son enseignement l'universalité des connaissances humaines, soit parce qu'elle réunissait sous sa juridiction les maîtres, les écoliers, les écrivains, les libraires, relieurs, papetiers, parcheminiers, et plus tard les imprimeurs. De grands et nombreux priviléges lui furent concédés par les rois de France, et, depuis Charles V, elle prenait le titre de fille ainée du roi. C'était la plus ancienne et la plus illustre université d'Europe. A l'instar de celle-ci, beaucoup d'autres furent fondées en différentes villes et à diverses époques. Il y en eut une à Toulouse, en 1209; à Montpellier, en 1284; à Oxford (Angleterre), vers 1206; à Valence (Espagne), en 1209; puis à Vienne (Autriche), à Prague, à Salamanque, à Louvain, à Florence, etc.; et, dans ces derniers temps, à Berlin, en 1810; à Saint-Pétersbourg, en 1819.

Toutes nos anciennes universités furent supprimées en 1790; ce n'est qu'en 1808 qu'un décret impérial créa un nouveau corps enseignant, sous le nom collectif d'Université de France, dont le siége est à Paris, dans les bâtiments de l'ancienne Sorbonne.

tent à 1275; elles les renouvela et les compléta à diverses époques, notamment en 1323 et 1342. Ces règlements sont communs aux stationnaires et aux libraires, parce que souvent les deux professions étaient exercées par la même personne, ou que, du moins, le libraire, se chargeant de faire transcrire les livres, était responsable de ceux qu'il vendait; il devait, avant de les exposer, les soumettre à l'examen de l'Université, puis en afficher dans sa boutique le catalogue avec le prix.

Les libraires fournissaient un cautionnement et prêtaient serment entre les mains du recteur d'observer fidèlement les règlements; ils n'étaient d'ailleurs reçus que sur l'attestation de leur probité et de leur capacité. Quatre d'entre eux, qu'on appelait grands libraires (*majores librarii*), étaient spécialement délégués par l'Université pour surveiller le corps de la librairie et taxer le prix des livres (voir ci-dessus, chap. III, et IV). Comme les manuscrits étaient alors rares et chers, l'Université, dans le but de favoriser l'instruction, enjoignait aux libraires de louer des livres, moyennant caution suffisante, à ceux qui, n'ayant pas le moyen de les acheter, voulaient les lire ou les copier.

Les libraires qui signèrent le règlement de 1323, après avoir prêté serment, la main étendue vers un crucifix, *manibus omnium et singularium ad crucem extensis*, étaient au nombre de vingt-huit, parmi lesquels se trouvaient deux femmes : Thomas de Malbodia; Jean Briton dit aussi de Saint-Paul; Thomas Normand; Godefroi Briton, notaire public; Geoffroi de Saint-Léger; Guillaume le Grand, rue des Noyers, *anglais*; Étienne dit Sauvage; Godefroi Lotharingo, *lorrain*; Pierre dit Bon Enfant; Thomas de Sens; Nicolas dit Petit Clerc; Jean dit Guyvendale, *anglais*, l'un des servants de l'Université; Jean de Meillac; Pierre de Pérone, sa femme; Nicolas *d'Ecosse*; Radulphe de Varedis; Guillaume dit au Bâton (*cum Baculo*); Pontius Gilbose de Noblans; Jean Poucher; Gilles de Vivars; Jean Briton le Jeune; Jean de Reims; Nicolas dit Challamame; Nicolas de Ybuna; Godefroi dit le Noymant; Marguerite, femme d'un certain Jacques de Troancio; Mathieu d'Arras (*de Atrebate*), et Thomas de Wymondlkold, *anglais*; entre lesquels furent élus quatre grands libraires jurés : Jean de Guyvendale; Jean de Saint-Paul; Jean Briton le Jeune, et Pierre dit de Pérone.

Voici maintenant les noms des vingt-huit libraires et stationnaires-jurés qui apposèrent leurs signatures au règlement universitaire du 6 octobre 1342 : Thomas de Sens; Nicolas des Branches; Jean Vachet; Jean du Petit, *anglais*; Guillaume d'Orléans; Robert d'Écosse; Jean dit *Prestre Jean;* Jean Poniton; Nicolas Tuel; Geoffroi le Cauchois; Henri de Cornouille; Henri de Nennane; Jean Magni; Conrard l'Allemand; Gilbert de Hollande; Jean de la Fontaine; Thomas l'Anglais; Richard de Montbaston; Ebert dit *du Martray*; Ives Greal; Guillaume dit *le Bourguignon*; Mathieu Levavasseur; Guillaume de Capri; Ives dit *le Breton*; Simon dit *l'Escholier*; Jean dit le Normant; Michel de la Vacherie et Guillaume Herbert. — Les quatre grands libraires que l'Université élut cette année pour la taxe des livres furent Jean de la Fontaine, Ives dit Greal, Jean Vachet et Alain Briton.

On ne retrouve, dans cette seconde liste, qu'un seul des libraires nommés dans la première dix-neuf ans auparavant, Thomas de Sens, à moins que Thomas l'Anglais ne soit aussi le même que Thomas de Wymondlkold, anglais.

Outre les libraires assermentés, qu'on appelait libraires jurés, il y avait des libraires non-jurés, c'est-à-dire qui n'avaient pas été reçus par le recteur et n'avaient pas prêté serment. C'étaient pour la plupart de pauvres écrivains qui, ne pouvant plus exercer leur profession, s'étaient faits libraires.

L'Université les tolérait, mais à condition qu'ils ne vendraient que des livres de bas prix, dix sols au plus (environ deux écus), et qu'ils fourniraient caution pour répondre des contraventions qu'ils pourraient commettre ; car ils étaient toujours sous la juridiction de l'Université, et jouissaient, comme les autres, des priviléges et immunités concédés à ce corps enseignant ; aussi le nombre des non-jurés s'étant prodigieusement accru, Charles VIII, sur les représentations des fermiers des impôts, régla, par son édit de 1488, qu'il n'y aurait plus que les jurés qui jouiraient des priviléges universitaires : 24 libraires (1) ; 4 parcheminiers ; 4 marchands de papier, demeurant à Paris, et 7 manufacturiers, 3 en la ville de Troyes, et 4 à Corbeil et à Essonne ; 2 enlumineurs ; 2 relieurs ; 2 écrivains de livres.

Les libraires pouvaient exercer en même temps ces différentes professions qui toutes dépendaient de l'Université ; Charles VIII leur avait même permis, par sa déclaration du mois d'avril 1485, de cumuler avec leur commerce les fonctions de praticien, de notaire, etc. On voit, en effet, dans un acte universitaire du 21 juin 1488, qu'un avocat du roi en Parlement avait été reçu au nombre des libraires jurés. Mais l'Université leur défendait d'embrasser des états infimes. Ainsi, le 19 juin 1456, elle admonesta en assemblée générale les libraires qui ne tenaient pas dignement leur office, et sur-

(1) Déjà, depuis quelque temps, les libraires jurés étaient réduits à 24 ; c'est ce qui semble résulter d'un acte universitaire du 18 avril 1448, commençant ainsi : « Jean Pocquet l'aîné, libraire juré en l'Université, du nombre des 24. »

tout ceux qui se mêlaient de métiers vils (*maxime illi qui se immiscent ministeriis vilibus*). Un siècle plus tard, le 17 septembre 1568, Jean Ricouart fut cité au tribunal du recteur, qui lui enjoignit de quitter le métier de charbonnier, sous peine d'être déchu de son office de libraire.

Après l'établissement de l'imprimerie, les typographes, ayant succédé aux écrivains, participèrent aux droits et aux prérogatives des libraires, et comme eux furent astreints à demeurer dans le quartier de l'Université ; et de même qu'il y avait eu des libraires stationnaires, il y eut alors des imprimeurs-libraires parmi les vingt-quatre jurés (Voir t. Ier, pag. 266). Les uns et les autres continuèrent d'être considérés comme officiers de l'Université, aux processions de laquelle ils étaient tenus d'assister, et dont ils arboraient souvent les armes en tête de leurs éditions : ces armes étaient l'écu de France chargé d'une main qui sort d'une nuée et présente un livre fermé.

L'Université les couvrit toujours de sa protection et ne cessa de revendiquer en leur faveur les franchises qu'elle avait obtenues pour ses membres, au nombre desquels elle supplia Charles VIII de comprendre les libraires, relieurs, etc. ; elle sollicita Louis XII de les décharger de leur part d'une taxe de 30,000 livres imposée sur la ville de Paris pour les frais de la guerre, et demanda à François Ier de les exempter de faire le guet, de garder les portes de la ville et de payer aucune contribution à cet effet. Plus tard, on la trouve encore présentant pour eux une requête au Parlement, afin d'empêcher les fripiers et merciers, d'acheter ou vendre de vieux livres et des parchemins ; puis, adressant une remontrance à Henri III, pour qu'il fît cesser les vexations dont ils étaient l'objet de la part des fermiers de la douane touchant le transport de leurs livres ; enfin, après les guerres civiles, elle s'emploie auprès de Henri IV pour obtenir de ce prince la confirmation des priviléges dont ils jouissaient, de ne payer pour leur commerce aucun impôt, taxe, subside ou péage; ce qui leur fut accordé par les lettres-patentes du 20 février 1595.

Les quatre grands libraires jurés dont nous avons parlé plus haut, et qui, dans l'origine, étaient principalement chargés de fixer le prix des manuscrits, eurent dans leurs attributions, après l'invention de l'art typographique, l'inspection de l'imprimerie. Ils devaient veiller à ce que les livres fussent imprimés correctement, en beaux caractères et sur bon papier. De 1610 à 1618, on les appela gardes de l'Université; mais, en 1618, un édit de Louis XIII les remplaça par une chambre syndicale, composée d'un syndic et de quatre adjoints élus par la communauté des libraires et imprimeurs.

En 1649, cette communauté dressa un règlement en trente-six articles où les libraires jurés furent supprimés, et pour lequel le roi donna ses lettres patentes. L'Université s'opposa en vain à l'enregistrement; les guerres civiles et étrangères qui survinrent l'empêchèrent de poursuivre cette affaire.

Enfin, en 1686, un édit, enregistré au Parlement le 21 août, régla tout ce qui concerne l'imprimerie et la librairie de Paris, fixa le nombre des imprimeurs à trente-six (1) et ne parla plus de libraires jurés, de sorte que ces deux professions furent soustraites à l'autorité de l'Université. Il paraît que ce nouvel ordre de choses fut amené par les libraires non jurés dont le nombre s'était extrêmement multiplié; déjà les lettres patentes de Henri III, du 16 novembre 1581, les avaient fait

---

(1) Cette disposition fut maintenue jusqu'à l'époque de la révolution. Le nombre des imprimeurs, dans les autres villes du royaume, fut fixé et modifié par différents édits, et notamment par les arrêts du conseil du 21 juillet 1704 et du 31 mars 1739. (Voir tome Ier, pages 165, 219, 265-67.)

participer aux exemptions de la librairie, et sous le règne de Louis XIII ils commencèrent à être admis, avec les libraires jurés, dans le gouvernement des affaires de la corporation.

Les imprimeurs et les libraires continuèrent de former une seule communauté ; mais les relieurs et doreurs, qui jusqu'alors en avaient fait partie, en furent distraits et reçurent un règlement particulier par un édit enregistré le 7 septembre 1686 (1).

L'Université, malgré ses réclamations, ne conserva dans la nouvelle organisation de l'imprimerie et de la librairie que quelques prérogatives honorifiques. Ainsi le certificat constatant que l'aspirant à la maîtrise d'imprimeur ou libraire était congru en langue latine, et savait au moins lire le grec, devait être délivré par le recteur de l'Université. Chaque fois qu'un nouveau recteur était élu, ce qui avait lieu tous les trois mois (mais le même était ordinairement continué pendant deux ans), il se faisait une procession solennelle, appelée procession du recteur, à laquelle assistaient les imprimeurs, les libraires, les papetiers, les parcheminiers, les relieurs, les écrivains jurés, les enlumineurs, comme appartenant au corps universitaire. Cette procession partait du siége de l'Université, jadis le couvent des Mathurins-Saint-Jacques, et plus tard le collége Louis-le-Grand, pour se rendre dans une église de Paris.

Au reste, la communauté des imprimeurs et libraires conserva en partie les franchises dont elle avait joui sous le pa-

---

(1) Dès lors, il ne fut plus permis aux relieurs de joindre à leur profession celle de libraire, comme ils le faisaient souvent auparavant. On défendit aussi aux libraires d'exercer simultanément à l'avenir l'imprimerie et la librairie ; mais cette dernière disposition fut abrogée par le règlement de 1723.

tronage universitaire, et qui avaient souvent été confirmées et même augmentées par l'autorité royale, comme elles furent maintenues dans les règlements subséquents, notamment dans ceux de 1723 et de 1777. Ce dernier règlement resta en vigueur jusqu'à la révolution.

Il n'y avait pas autrefois de ces petits marchands appelés libraires étalagistes, si nombreux aujourd'hui et qui sont établis principalement sur les parapets des ponts et des quais. Aucun étalage de livres n'était toléré sur la voie publique. Les libraires et imprimeurs eux-mêmes étaient astreints à n'avoir qu'une boutique ou officine pour y exercer leur profession; il leur était expressément défendu d'avoir des boutiques portatives pour y exposer des livres dans les places publiques ou même dans les foires (1).

Cette prohibition de l'étalage des livres avait pour but, dit le règlement de 1649, « de remettre l'imprimerie et la librairie en honneur, et de retrancher les choses qui tendent à son avilissement. »

Depuis que les anciens règlements ont été abrogés par la révolution de 1789, on voit souvent des livres figurer, dans certains étalages, à côté de vieilles ferrailles, de vieux meubles, etc.

Quant aux libraires étalagistes de profession, ils ne sont pas assujettis au brevet, mais ils doivent se munir d'une permission de l'autorité.

Le commerce de la librairie a toujours été d'une grande importance en Allemagne. Il y a longtemps déjà que la nation allemande passe pour aimer singulièrement les livres. Aussi

---

(1) Déclaration de François Ier du 31 août 1539. — Édit de Charles IX, mai 1571. — Règlements de 1618, 1649, 1686, 1723. — Nombreux arrêts y relatifs.

les écrivains de ce pays se sont-ils souvent occupés de suivre le mouvement de la branche d'industrie qui est le plus en honneur dans leur studieuse patrie.

La ville de Leipsick en Saxe est depuis plusieurs siècles le centre de la librairie allemande. Il s'y tient deux fois par an, à Pâques et à la Saint-Michel, une foire aux livres. La première eut lieu en 1592, et l'usage en a continué sans interruption depuis cette époque jusqu'à présent.

Les deux pays d'Europe où la librairie s'exerce encore le plus activement sont l'Italie et l'Angleterre.

La librairie italienne a été jadis plus florissante qu'elle ne l'est aujourd'hui.

La librairie anglaise au contraire n'a pris une grande extension que depuis environ un siècle.

Hors d'Europe, nous ne citerons que les États-unis d'Amérique, où le commerce des livres est devenu très-considérable.

III. L'éditeur est celui qui publie un ouvrage; mais, quoiqu'un auteur, en faisant imprimer et en vendant lui-même ses œuvres, devienne ainsi son propre éditeur, on entend ordinairement par ce mot le publicateur des ouvrages d'autrui.

Après l'invention de l'imprimerie, on vit les Erasme, les Budé, les Lascaris; plus tard, les Heinsius, les Scaliger, les Vossius, même de savants imprimeurs, tels que les Alde, les Estienne, etc., donner des éditions des auteurs de l'antiquité, revues sur différents manuscrits et enrichies d'annotations et de commentaires.

Le même travail s'est opéré pour les auteurs modernes; on en a publié de nombreuses éditions auxquelles on a joint aussi des remarques, des préfaces, des notices biographiques, et plus d'un homme de lettres s'est acquis de la réputation en propageant, comme éditeur, celle des autres.

Le plus souvent, ce sont les libraires qui se font éditeurs, soit d'ouvrages tombés dans le domaine public, soit d'ouvrages pour lesquels ils ont à traiter avec les auteurs, et c'est principalement sous ce point de vue que nous envisageons la question.

Les spéculations de ce genre sont bien chanceuses; il faut y réfléchir à deux fois avant d'entreprendre une publication importante, surtout dans notre siècle où l'ornementation typographique, la gravure et autres illustrations coûteuses sont une condition presque indispensable du succès d'un livre.

De faux calculs, une concurrence téméraire peuvent entraîner la ruine d'un éditeur et la faire peser plus ou moins gravement sur l'imprimeur et sur ceux qui ont coopéré à une entreprise mal concertée.

Les valeurs de la librairie ne ressemblent pas à celles des autres genres de commerce. Ces dernières sont à peu près réelles, celles de la librairie sont souvent idéales. Ce n'est pas toujours, ce n'est presque jamais la bonté, l'importance des ouvrages qui en fait le succès commercial; ainsi la *Mécanique* de Lagrange, la *Statistique chimique* de Berthollet, la *Théorie de la chaleur* par Fournier, n'ont point eu de succès commercial.

Il y a trente ans, c'était une fureur de réimprimer nos grands écrivains français; les éditions de luxe surgissaient de toutes parts. Le public en fut rassasié; et, quelques années après, des volumes qui se vendaient primitivement 8 ou 10 francs valaient à peine le poids du papier.

L'éditeur qui traite avec les auteurs pour la publication de leurs ouvrages a encore plus de chances à courir. Il faudrait qu'il fût lui-même homme de lettres pour apprécier le mérite de l'ouvrage qu'on lui propose d'éditer; il faudrait qu'il eût un tact bien sûr pour pressentir le goût du public.

L'auteur est naturellement porté à vanter son œuvre ; mais ce jugement favorable, fût-il ratifié par les hommes compétents, ne l'est pas toujours par la masse des lecteurs : tel livre, vraiment digne d'éloges, reste enseveli dans les magasins de librairie, tandis que tel autre, bien inférieur, mais plus en rapport avec les idées de l'époque, obtient du succès.

On ne peut pas exiger que l'éditeur sacrifie ses capitaux à des publications utiles, mais dont l'impression serait fort dispendieuse et le débit très-lent. De savants et zélés typographes ou libraires l'ont fait, et plusieurs sont morts pauvres, après avoir dépensé des sommes immenses pour éditer des ouvrages qu'ils jugeaient devoir servir aux progrès des lettres : Bomberg, à Venise ; les Amerbach, à Bâle, sont de ce nombre. Dans ces derniers temps même, lorsque Firmin Didot a réimprimé le *Thesaurus græcæ linguæ* de Henri Estienne, ce n'était pas assurément pour réaliser un bénéfice pécuniaire : le but du célèbre imprimeur était de conserver aux générations futures un ouvrage éminemment utile, fruit de la constance et de l'érudition prodigieuses d'un de ses plus illustres devanciers. Mais l'esprit mercantile domine trop aujourd'hui dans toutes les opérations, et ces beaux exemples trouveraient peu d'imitateurs ; la plupart des éditeurs répondraient comme le maréchal de Villars à qui l'on citait le désintéressement de Turenne, pour stimuler sa générosité : « M. de Turenne était « un homme inimitable. »

Cependant, s'il est permis d'éditer des écrits frivoles dont on espère tirer un certain bénéfice, l'éditeur qui se respecte devrait du moins s'interdire la publication de livres infâmes. Malheureusement, en pareil cas, la cupidité prévaut trop souvent contre le devoir.

D'autres reproches sont encore adressés aux éditeurs. C'est

d'abord de faire paraître quelquefois des livres médiocres, ou même répréhensibles, sous les noms d'hommes célèbres, qui n'y ont nullement participé, et dont ils compromettent la réputation, en trompant le public. C'est aussi de falsifier les ouvrages qu'ils publient par des retranchements, des interpolations, des corrections qui en dénaturent le sens et qui ont fréquemment provoqué les plaintes et les réclamations des auteurs vivants. Mais les morts ne peuvent pas réclamer (1)!

En résumé, si les auteurs n'ont pas toujours eu à se louer de leurs éditeurs, si des récriminations se sont élevées de part et d'autre, ceux-ci prétendant avoir acheté les manuscrits trop cher, ceux-là regrettant de les avoir livrés à un prix trop bas, il faut convenir cependant, pour être juste, que beaucoup d'écrivains n'auraient jamais pu se faire connaître dans la littérature ou dans les sciences, s'ils n'eussent trouvé un éditeur qui, à ses risques et périls, se fût chargé de la publication de leurs ouvrages.

Du reste, ce n'est pas toujours sur les livres qui leur ont le plus coûté que les éditeurs réalisent les plus beaux succès : témoin les *Caractères* de La Bruyère. M. de Sainte-Beuve raconte à ce sujet l'anecdote suivante : « La Bruyère, à l'âge de quarante ans, n'avait encore rien publié ; il venait presque tous les jours, à une certaine heure, s'asseoir dans la bouti-

---

(1) M. de Talleyrand s'est fortement élevé contre les suppositions d'ouvrages. Voici ce qu'il disait en 1818, à l'occasion de la publication des *Mémoires du duc de Biron* : « Les suppositions et falsifications d'ouvrages ne sont pas une chose nouvelle : de tout temps, des âmes passionnées ou mercenaires ont abusé des facilités que leur offrent des mémoires particuliers, inédits, pour répandre, sous le nom d'autrui, le venin dont elles étaient remplies. Mais ce genre de crime semble devenir plus commun au lieu de diminuer, et il s'accroîtra sans doute, si l'on se borne toujours à s'en plaindre, sans y remédier. »

que d'un libraire nommé Michallet, où il feuilletait les nouveautés et s'amusait avec une fort gentille enfant, fille du libraire, et qu'il avait prise en amitié. Un jour, il tira un manuscrit de sa poche et dit à Michallet : « Voulez-vous imprimer ceci (c'étaient les *Caractères*) ? Je ne sais si vous y trouverez votre compte ; mais, en cas de succès, le produit sera pour *ma petite amie.* » Le libraire, ajoute-t-on, plus incertain de la réussite que l'auteur, entreprit l'édition ; mais à peine l'eut-il exposée en vente, qu'elle fut enlevée, et qu'il fut obligé de réimprimer plusieurs fois ce livre qui lui valut cent mille francs et plus. Telle fut la dot imprévue de sa fille, qui fit dans la suite le mariage le plus avantageux. — N'admirez-vous pas comme ce livre d'observations amères et un peu chagrines devient un don souriant du philosophe et fait la fortune de la petite Michallet ?

Les *Œuvres posthumes* de Molière furent vendues, en 1679, par sa veuve au libraire Denis Thierry, qui les publia en deux volumes. Voici ce que dit Bordelon de cette vente dans ses *Diversités* : « On disait que le sieur Thierry, libraire de la rue Saint-Jacques, *a donné 150 livres à la veuve de Molière pour les pièces qui n'avaient pas été imprimées du vivant de l'auteur.* Si cela est vrai, il y a longtemps qu'il a retiré son argent. Il y gagnera encore de quoi bâtir un appartement des plus magnifiques dans le Château-Thierry, si l'envie lui en prend. »

Ajoutons cependant que les libraires ont souvent montré de la générosité envers les auteurs. Reiniers-Leers, imprimeur de Bayle, ayant appris que ce dernier venait de perdre sa pension, lui offrit aussitôt d'augmenter le prix qu'il payait pour son travail. M. Panckoucke, éditeur du *Dictionnaire des sciences médicales*, ayant obtenu sur cet ouvrage un succès inespéré, augmenta de son propre mouvement la rétribution des auteurs, et cette seule augmentation s'est élevée au delà de cent mille francs.

Les travaux littéraires n'étaient pas aussi lucratifs autrefois qu'ils le sont actuellement. Loin de là, on vit, dans les commencements de l'imprimerie, des savants rivaliser de zèle avec les premiers typographes pour faire progresser les bonnes études au prix de leurs veilles, et quelquefois au détriment de leur fortune.

Au XVe siècle, en Italie, les ouvrages étaient déjà l'objet de traités entre les auteurs et les libraires, comme ils le sont aujourd'hui. On dit que cent exemplaires de *Roland furieux* furent cédés par l'Arioste à son libraire au prix de 150 fr., à condition que chaque exemplaire ne serait pas vendu plus de quarante sous.

Les grands écrivains du siècle de Louis XIV et du siècle dernier ne retiraient pas non plus de leurs œuvres ces produits fabuleux que se font avec leur plume les auteurs modernes. Le reproche de Boileau serait bien plus applicable à notre époque qu'à la sienne :

> Travaillez pour la gloire, et qu'un sordide gain
> Ne soit jamais l'objet d'un illustre écrivain.
> Je sais qu'un noble esprit peut, sans honte et sans crime,
> Tirer de son travail un tribut légitime ;
> Mais je ne puis souffrir ces auteurs renommés
> Qui, dégoûtés de gloire et d'argent affamés,
> Mettent leur Apollon aux gages d'un libraire,
> Et font d'un art divin un métier mercenaire (1).

(1) *Art poétique*, chant IV.

Voltaire s'est élevé aussi contre la littérature salariée par les libraires.

« La malheureuse espèce qui écrit pour vivre, dit-il quelque part dans sa correspondance, est charlatane d'une autre manière. Un pauvre homme, qui n'a point de métier, qui a eu le malheur d'aller au collége, et qui croit savoir écrire, va faire sa cour à un marchand libraire, et lui demander à travailler. Le marchand libraire sait que la plupart des gens domiciliés veulent avoir de petites bibliothèques, qu'il leur faut des abrégés et des titres nouveaux ; il ordonne à l'écrivain un abrégé de l'*Histoire de Rapin Thoyras*, un abrégé de l'*Histoire de l'Église*, un *Recueil de bons mots* tirés du Menagiana, un *Dictionnaire des grands hommes*, où l'on place un pédant inconnu à côté de Cicéron, et un sonettiero d'Italie auprès de Virgile.

« Un autre marchand libraire commande des romans ou des traductions de romans. Si vous n'avez pas d'imagination, dit-il à son ouvrier, vous prendrez quelques aventures dans *Cyrus*, dans *Gusman d'Alfarache*, dans les *Mémoires secrets d'une femme de qualité*, et du total vous ferez un volume de 400 pages à 20 sous la feuille.

« Un marchand libraire donne des gazettes et des almanachs de dix années à un homme de génie. Vous me ferez un extrait de tout cela, et vous me le rapporterez dans trois mois, sous le nom d'*Histoire fidèle du temps*, par M. le chevalier de trois étoiles, lieutenant de vaisseau, employé dans les affaires étrangères.

« De ces sortes de livres, il y en a environ cinquante mille en Europe, et tout cela passe comme le secret de blanchir la peau, de noircir les cheveux et la panacée universelle. »

Remarquons cependant que, s'il y a encore des auteurs faméliques dont la besogne est toujours assez rétribuée, beaucoup d'écrivains estimables, doués d'un véritable talent, mais à qui l'occasion de se faire connaître a manqué, ne retirent de leur travail qu'une minime rémunération. N'ayant pas les moyens de payer des frais d'impression, ils sont souvent à la merci d'un éditeur, si toutefois ils peuvent en trouver un.

Mais, en revanche, les hommes de lettres qui, par leur position sociale, par des succès déjà obtenus, par un talent supérieur, sont en possession de la faveur publique, font, à leur tour, la loi aux éditeurs qu'ils n'ont pas besoin d'aller chercher, mais qui viennent eux-mêmes se proposer.

L'*Histoire de la révolution française*, par M. Thiers, a rapporté, dit-on, à son auteur 400,000 francs, et la suite de cet ouvrage, l'*Histoire du Consulat et de l'Empire*, a été cédée d'avance, et à forfait, à des conditions non moins avantageuses.

En juillet 1843, M. Béthune, imprimeur, alla trouver M. de Lamartine à son château de Saint-Point, pour solliciter du célèbre écrivain la cession de la propriété de ses œuvres inédites et de celles dont l'auteur devait plus tard ressaisir la possession. Ces œuvres inédites consistaient en cinq volumes de l'*Histoire des Girondins*, trois volumes de *Mélanges*, deux volumes de *Tragédies*, et un volume de *Confidences*. Le prix fut fixé d'un commun accord à 350,000 francs comptant, et 8,000 francs de rente viagère, dont 4,000 francs réversibles, en cas de décès, sur Mme de Lamartine. Ce traité ayant été résilié d'un commun accord peu de temps après, les ouvrages de M. Lamartine s'éditèrent séparément, et probablement sans désavantage pour l'auteur, puisque un seul volume des *Confidences* fut cédé au prix de 40,000 francs à M. Émile Girardin, pour être publié dans *la Presse*. Ce dernier promettait en même temps à ses nombreux abonnés une autre bonne fortune, les *Mémoires d'Outre-Tombe*, de M. de Châteaubriand, ouvrage payé 100,000 fr. à l'illustre écrivain.

Le roman-feuilleton a été surtout pour certains auteurs une source de bénéfices énormes. Un roman en dix volumes s'est vendu 100,000 fr., ce qui porte le prix de chaque ligne à 1 fr. 25 c. ; car c'est par ligne, par certain nombre de lettres, que s'estiment les œuvres destinées au feuilleton.

Vers la fin du règne de Louis-Philippe, le roman-feuilleton s'était si impérieusement établi dans la presse quotidienne, et il lui donnait une telle valeur, qu'il était devenu pour un journal une condition indispensable de succès, quelquefois même d'existence. Aussi, les écrivains préférés pour cette besogne, et gâtés par la faveur d'un public qui n'avait plus de goût que pour les lectures excitantes, se crurent tout permis, et se jouèrent même quelquefois de leurs engagements envers les directeurs de journaux. Nous allons en donner ici un exemple, comme aussi des sacrifices énormes que le roman-feuilleton imposait alors aux feuilles publiques.

En mars 1845, les gérants du *Constitutionnel* et de *la Presse* conçurent la pensée de s'associer, pour ces deux journaux, la collaboration exclusive de M. Alexandre Dumas. Cela fut entre eux et le célèbre romancier l'objet d'une convention qui disposait que, pendant cinq ans, ce dernier, sauf quelques engagements pris antérieurement, ne doterait plus de ses romans que les deux feuilles en question, et ne produirait plus rien pour aucun autre journal. M. Alexandre Dumas promit de ne publier, dans le cours de cinq ans, que dix-huit volumes par an : neuf pour *le Constitutionnel* et neuf pour *la Presse*. Il stipula, en outre, le prix de l'honneur qu'il faisait à ces deux journaux, en homme qui a la conscience de son mérite, et qui sait la valeur de son nom. Il exigea que chaque volume, formant l'équivalent de vingt-deux feuilletons ou de six mille lignes, les bouts de lignes compris (et il y en a beaucoup dans ses romans), lui serait payé sur le pied de 3,500 francs par volume, soit 63,000 francs par an pour les dix-huit volumes, ou 315,000 francs pour les cinq ans. Ces conventions furent arrêtées par deux actes sous seing privé.

Mais les douces espérances dont s'étaient bercés les deux gérants ne tardèrent pas à être déçues. Une foule de journaux : *le Soleil, le Siècle, la Patrie, l'Esprit public, le Commerce, la Mode*, prétendirent avoir droit aux faveurs de M. Dumas, et déclarèrent avoir en portefeuille des ouvrages qu'il leur avait livrés. Ils annoncèrent même les époques auxquelles ils devaient publier ces romans dont la propriété leur appartenait. C'était un torrent qui allait déborder de toutes parts : de là préjudice immense pour *la Presse* et *le Constitutionnel*, qui avaient promis à leurs lecteurs le privilége exclusif pour eux et leurs ayants cause de lire, pendant cinq ans, les romans de M. Dumas.

Il y avait donc infraction aux deux traités. Pour pouvoir les notifier aux autres journaux et à M. Dumas, afin d'engager ensuite un procès, il fallut les faire enregistrer : ce qui coûta 7,000 francs. Pendant ce temps-là, l'auteur continuait à vendre des romans à droite et à gauche, écrivait des pièces, fondait un théâtre à Paris, un autre à Saint-Germain, voyageait, quittait l'Espagne pour l'Algérie....., et ne songeait pas plus aux volumes, qu'il avait pris l'engagement de livrer au *Constitutionnel* et à *la Presse*, qu'à l'arriéré littéraire dont il était redevable envers ces feuilles pour l'année 1845.

M. Alexandre Dumas plaida lui-même sa cause devant le tribunal, dans un plaidoyer, curieux à plus d'un titre, et qui peindra mieux que nous ne pourrions le faire les mœurs littéraires de l'époque.

« Messieurs, dit-il aux juges, j'ai désiré me présenter en personne devant vous et vous parler de mes affaires, parce que les circonstances qui m'amènent ici ne sont pas seulement une affaire d'homme à homme, d'intérêts à intérêts, mais une espèce de duel d'honneur à honneur. Je regrette donc de ne pas voir à cette audience mes adversaires ; je serai obligé de tirer en l'air, et la balle, au lieu de leur traverser le corps, tombera sur leur nez. Le lendemain du jour où j'ai signé le traité en vertu duquel on me fait ce procès, *le Constitutionnel* et *la Presse* publièrent une note dans laquelle ils annonçaient que j'avais assuré aux deux journaux ma collaboration exclusive. Cela n'était pas vrai, et la preuve, c'est que j'ai encore quatre-vingts volumes à livrer à d'autres libraires.

« Voici le nombre de lignes que je devais : pour *Monte-Christo*, trente mille ; *Vingt ans après*, vingt-quatre mille ; *le Vicomte de Bragelone*, trente-six mille ; *le Chevalier de Maison-Rouge*, vingt-quatre mille ; le journal *le Commerce*, vingt-quatre mille ; *la Patrie*, six mille ; M. Cadot, six mille ; M. Dumont, douze mille ; l'*Histoire de la peinture*, etc. ; le tout enfin formant un total de deux cent vingt mille lignes. Il y a là peut-être de quoi effrayer les plus hardis. Si MM. les académiciens (ils sont quarante) étaient mis en demeure d'en produire autant, ils feraient banqueroute à coup sûr. Au surplus, le procès qu'on me fait aujourd'hui me servira à répondre à un grand nombre de calomnies que j'ai déjà poursuivies ailleurs. Ici le gérant du *Constitutionnel* se trompe. Au rebours de madame de Sévigné, qui disait qu'une femme met toujours sa pensée la plus chère dans le post-scriptum d'une lettre, M. Véron avait oublié le post-scriptum du traité, et la réserve que j'y ai mise. Je ne pouvais livrer au *Constitutionnel* et à *la Presse* une seule ligne avant la résiliation de mon traité avec Dujarier. Cependant, M. Véron vint un jour me trouver : c'était le 15 août, je me le rappelle bien.

« Mon cher Dumas, me dit-il, nous venons d'avoir le mal-
« heur de publier un roman qui a renouvelé pour nous les
« plus beaux jours de désabonnement au *Constitutionnel* ;
« il nous faudrait donc une chose amusante et spirituelle...
« Sans vous, nous sommes perdus ; je n'ai d'espoir qu'en
« vous, et il nous faut quelque chose dans huit jours... »

« Huit jours ! lui dis-je ; je suis bien occupé. En effet, j'habitais Saint-Germain. J'avais trois chevaux en mouvement continuel, trois domestiques et le chemin de fer continuellement occupés à porter de la copie. M. Véron me demandait, en outre, un service. Il y allait, disait-il, de la vie de son journal. Je lui promis un volume qui devait contenir six mille lignes. Vous allez, lui dis-je, prendre cent trente-cinq feuilles de grand papier ; je n'écris que sur du grand papier ; vous allez les numéroter, les parafer vous-même, et jeudi prochain je vous livre l'ouvrage. Je tins parole. »

Après les répliques, l'avocat du roi, M. de Mongis, conclut aux dommages-intérêts et à la contrainte par corps.

« La contrainte par corps que nous réclamons, disait-il en terminant, est nécessaire. Nous le demandons à regret, mais il faut que force reste à la loi et aux conventions régulièrement formées. Il ne tiendra d'ailleurs qu'à M. Dumas de briser dans les mains de ses adversaires l'arme que vous allez leur confier. Sa conscience lui dira plus haut que votre jugement qu'il peut garder sa liberté en gardant sa parole ; il reprendra sa fortune et sa renommée, et ne perdra rien sans doute à s'appuyer sur le respect dû à la foi jurée. »

Le jugement rendu sur ce procès, unique dans les fastes judiciaires, n'est guère moins curieux lui-même que les débats dont nous avons donné un aperçu. Le tribunal déclara l'effet du traité suspendu par le fait d'engagements antérieurs, il fixa à huit volumes un cinquième, le débet de M. Alexandre Dumas, lui accorda un délai de huit mois et demi pour se libérer de cet arriéré, ordonna que le manuscrit du premier des volumes dont le tribunal le déclarait débiteur, c'est-à-dire la continuation des *Mémoires d'un médecin*, serait remis au créancier dans les six semaines du jour du jugement ; les autres de mois en mois, jusqu'à parfaite libération, sans préjudice du courant, etc., etc.

Ne dirait-on pas qu'il s'agit dans toute cette procédure d'une fabrication de sucre indigène ou d'une livraison de denrées coloniales !

On trouve, il est vrai, dans les siècles précédents, des exemples de profits littéraires plus élevés encore ; mais ces émoluments avaient surtout leur source dans la popularité des ouvrages, dans leur immense succès, et ne s'obtenaient d'ailleurs qu'avec le temps.

Le livre de Fénelon, *Télémaque*, ne donnait en moyenne que 14 centimes de droit d'auteur par exemplaire ; et cependant, imprimé à 12 millions d'exemplaires, il a rapporté la somme énorme de 1,680,000 francs, tant à l'auteur qu'à ses héritiers.

Un autre ouvrage, *Paul et Virginie*, n'eut pas un succès moins prodigieux. En 1833, les héritiers de Bernardin de Saint-Pierre touchaient encore des droits considérables d'auteur.

Tous les ouvrages, à leur apparition, ne se classent pas si haut dans l'opinion et dans la librairie. La *Concordia chrono-*

logica du père Labbe est un excellent livre. Colbert le fit imprimer au Louvre en cinq volumes in-folio, et en fixa le prix à 60 francs. Le public ne le goûta pas et Colbert le donna à Cramoisy qui abaissa le prix à 12 francs; mais il n'en vendit pas davantage. Il en envoya 300 exemplaires à la beurrerie, et au bout de trente ou quarante ans on s'est avisé que c'était un bon livre et on l'acheta 100 francs de plus.

En Angleterre, ce n'est guère qu'au xviiie siècle que les ouvrages ont pris de la valeur. Quand Milton eut écrit le *Paradis perdu*, aucun libraire ne voulut l'acheter, aucun lecteur ne témoigna le désir de le connaître. C'est à grande peine que Milton, aveugle, put obtenir cinq livres sterling pour un ouvrage dont le mérite, révélé plus tard par Addison, fit réaliser à l'éditeur un bénéfice de plus de 400,000 fr. Fielding vendit son roman d'*Amélia* 25,000 fr.; Robertson, son histoire de Charles-Quint, 100,000 fr.; Anne Radcliff, chacun de ses romans 20,000 fr. On a calculé que Byron avait reçu de ses libraires 493,000 fr.; il est aussi de notoriété publique, en Angleterre, que Walter Scott a gagné sur ses romans plus de 2 millions.

Dans l'antiquité, c'était souvent par des gratifications que l'on récompensait les travaux des historiens et des poëtes. Hérodote reçut, dit-on, un don de dix talents (environ 54,000 fr. de notre monnaie actuelle) pour les récits dont il donna lecture aux Grecs assemblés à l'occasion des jeux olympiques. L'histoire romaine contient de nombreux exemples de ces sortes de rémunérations. On rapporte qu'Oppien reçut de Septime Sévère et de Caracalla un statère d'or pour chacun des vers de ses poëmes sur la chasse et sur la pêche, qui, d'après Suidas, n'en contenaient pas moins de 20,000.

En France, l'autorité s'est toujours montrée généreuse

envers les auteurs. Henri Estienne obtint du roi Henri III 1,000 écus pour son livre sur la *Précellence du langage françois*. Colletet reçut 600 livres de Richelieu pour six vers faisant la description d'une pièce d'eau du jardin des Tuileries. On ne finirait pas s'il fallait rappeler tous les dons qui ont été faits aux hommes de lettres par nos souverains et nos hommes d'État les plus éminents.

Depuis le cardinal de Richelieu surtout, la nation a appris à considérer la littérature comme une partie de ses gloires, et à confondre les grands écrivains avec les autres grands hommes. Nos rois, sans en excepter ceux qui ont cru avoir le plus à se plaindre des effets de l'imprimerie, n'ont pas pensé différemment. Racine a reçu de Louis XIV plus de 240,000 livres, non compris le produit d'une pension. Boileau en avait une aussi sur la cassette du roi. Chapelain, qui fut chargé par Colbert de dresser la liste des savants que Louis XIV voulait récompenser, recevait lui-même une pension de 4,000 livres. Les libéralités de Louis XV envers les gens de lettres ne furent ni moins nombreuses ni moins considérables. La Convention nationale, elle-même, conserva, sous ce rapport, les traditions de la monarchie ; elle accorda jusqu'à 400,000 livres d'indemnités aux sciences et aux lettres, dans une seule année.

Toutefois, il faut convenir que le génie littéraire, grâce aux libraires éditeurs, a bien plus de facilité aujourd'hui que dans les temps passés à fonder sa réputation en conservant une indépendance honorable. C'est ce que M. de Lamartine a judicieusement exprimé en répondant à des toasts portés en son honneur dans un banquet que lui offrirent, le 30 janvier 1852, les éditeurs de ses œuvres.

« Ce n'est pas seulement, dit-il, la gloire de leur nom que

les poëtes, les historiens, les publicistes doivent à cette profession des éditeurs que j'ai appelée autrefois la noblesse des industries. Ils leur doivent quelque chose de plus, Messieurs, ils leur doivent, dans les temps modernes, cette indépendance de sentiments, cette dignité de caractère et cette fierté d'attitude devant la puissance, qui conviennent si bien à ceux qui cultivent la pensée et qui doivent dignifier en eux les lettres.

« Cette indépendance, Messieurs, que des moyens d'existence modestes, mais suffisants, contribuent tant à assurer aux caractères, les grands poëtes, les plus splendides génies, les plus immortels écrivains des temps antiques et des époques récentes n'en donnèrent malheureusement pas toujours l'exemple à leur temps et à la postérité. Pendant que leur génie s'élevait, leur âme était souvent abaissée par leur fortune. Horace et Virgile, ces noms que rien ne saurait diminuer ni grandir comme poëtes, seraient néanmoins plus grands aux yeux des philosophes s'ils n'eussent été ni les courtisans de Mécène ni les complaisants du palais d'Auguste. Dans notre propre pays, sous notre plus beau règne, ces Corneille, ces Racine, ces Boileau, ces La Fontaine font souffrir la dignité et l'indépendance du caractère civique, par les complaisances d'esprit et de cœur que les tristes nécessités de leur existence et celles de leur famille leur imposaient envers les rois, les cours, les favoris, les financiers même du temps, devant lesquels ils s'inclinèrent plus bas qu'il n'est permis au génie ou à la vertu de s'incliner. Grâce à vous, grâce à cette large et honnête rémunération des travaux de l'esprit que nous vous devons, et dont vous êtes les créateurs et les dispensateurs, de pareilles servilités d'esprit seraient inexcusables dans les hommes de lettres d'aujourd'hui. Le génie était serf, vous l'avez émancipé.

« Mais si vous avez émancipé le génie de ses complaisances et de ses servitudes envers les puissants ou les heureux de ce monde, vous avez fait plus encore, vous l'avez émancipé de ce qu'Horace appelait jadis *res angusta domi*, c'est-à-dire des nécessités, des misères et des indigences de la vie d'homme de lettres. Si votre généreuse profession avait existé avant la fin du dernier siècle, Cervantès en Espagne, Camoëns en Portugal, le Tasse en Italie, et l'infortuné Gilbert en France n'auraient pas mendié le pain du génie à travers les mers et les Apennins. Ils ne seraient pas morts sur les pailles fétides des hôpitaux ou des prisons, et leur dernier soupir, immortalisé souvent dans leurs beaux vers, n'eût pas été une plainte amère à la Providence et un reproche à leur patrie. »

IV. Les œuvres d'un écrivain, qui sont souvent le fruit de pénibles travaux, de longues et laborieuses recherches, constituent, sans contredit, une propriété réelle; et si l'intérêt général de la société exige qu'on apporte quelques restrictions à cette possession, du moins est-il de toute justice que l'auteur en conserve la jouissance, en puisse disposer pendant sa vie, et que, même après sa mort, elle ne soit pas immédiatement enlevée à ses héritiers.

Depuis longtemps, en France, le droit de propriété littéraire est consacré par la loi, et l'on peut même dire qu'elle l'a toujours reconnu implicitement.

Dans un rapport qu'il fit au parlement, le 10 août 1779, l'avocat général Séguier s'exprimait ainsi : « Jusqu'au XVIIe siè-
« cle, nous ne trouvons aucune ordonnance, aucun arrêt, en
« un mot, aucune loi dans laquelle la propriété des auteurs
« ait été reconnue ou contestée : il paraît qu'elle n'avait pas
« été mise en problème..... Dans le XVIIIe siècle, on com-

« mença à sentir le droit de propriété des auteurs, et on le
« reconnut dès qu'ils le réclamèrent et tel qu'ils le réclamè-
« rent ; cette propriété est incontestable : elle n'est pas même
« contestée ; disons mieux, elle est reconnue ; elle est consa-
« crée aujourd'hui. »

Avant l'invention de l'imprimerie, les auteurs, en général, ne tiraient aucun profit pécuniaire de leurs travaux ; ils devaient même s'estimer heureux de trouver un libraire qui voulût bien se charger de faire copier leurs ouvrages, d'en confectionner les volumes, de les vendre et de contribuer ainsi, comme aujourd'hui les éditeurs, à fonder la réputation d'écrivains jusqu'alors ignorés dans la république des lettres. Loin d'exiger une rétribution, les auteurs auraient plutôt payé un pareil service ; car, eussent-ils eu les moyens de faire copier à leur compte un certain nombre d'exemplaires de leurs ouvrages, ils n'avaient pas, comme le libraire, des relations commerciales pour en effectuer le débit.

Cependant, il est permis de croire que les auteurs renommés, outre les rémunérations qu'ils pouvaient recevoir des gouvernements ou des princes, vendaient quelquefois ce qu'on appelle dans plusieurs législations le *droit de copie*.

Lorsque l'art typographique eut offert à tout le monde un moyen de reproduction plus prompt et moins dispendieux que la transcription à la plume, les auteurs traitèrent plus avantageusement avec les libraires ; mais cette transaction était forcée.

En effet, d'après les anciens règlements, les libraires et les imprimeurs étaient seuls autorisés à faire le commerce des livres ; voilà pourquoi la plupart des priviléges étaient délivrés à leur nom. Les auteurs pouvaient en obtenir pour leurs propres ouvrages, et l'on en trouve des exemples qui remontent à plus de deux siècles ; mais ils n'avaient pas le droit de les vendre eux-mêmes : ce droit ne leur fut concédé que par le règlement de 1777 qui leur en assure la jouissance pour eux et leurs héritiers à perpétuité.

Auparavant, tous les priviléges ne s'accordaient que pour un temps limité. Cette mesure, assez bizarre à l'égard des auteurs, se conçoit à l'égard des libraires et imprimeurs ; un privilége perpétuel, surtout pour les ouvrages tombés dans le domaine public, eût été dans leurs mains un monopole. Quelquefois, et rarement, dans le but de les indemniser des dépenses considérables que l'impression de certains ouvrages leur avait occasionnées, on leur accordait des priviléges de cinquante ans et même plus.

Néanmoins, quand un privilége était expiré, on pouvait en demander un nouveau qui n'était jamais refusé aux auteurs ni à leurs héritiers.

Soixante-six ans après la mort de La Fontaine, ses petites-filles sollicitèrent et obtinrent, pour la réimpression des ouvrages de leur aïeul, un privilége, auquel plusieurs libraires de Paris formèrent opposition. Dans leur requête au conseil d'État, les demoiselles de La Fontaine disaient : « Il est certain qu'aucun
« libraire et imprimeur n'a de privilége subsistant pour l'im-
« pression des ouvrages du sieur de La Fontaine ; les sup-
« pliantes ont donc pu réclamer les bontés du roi pour ob-
« tenir la permission qui leur a été accordée : les suppliantes
« descendent en ligne directe du sieur de La Fontaine ; ainsi
« ses ouvrages leur appartiennent naturellement par droit
« d'hérédité, puisqu'il n'existe aucun titre, aucun privilége
« qui les en prive ; par conséquent l'opposition des libraires
« est insoutenable ; il est donc juste de les en débouter. »
C'est ce qui eut lieu ; l'arrêt du 14 septembre 1761 ordonna l'enregistrement du privilége à la chambre syndicale.

On voit, par cet exemple, que la propriété littéraire était reconnue par l'autorité, quoiqu'il n'existât encore aucune disposition législative en sa faveur ; mais elle fut consacrée formellement par l'arrêt du conseil du roi, du 30 août 1777, portant règlement sur la durée des priviléges en librairie, dont l'article 5 est ainsi conçu :

« Tout auteur qui obtiendra en son nom le privilége de son ouvrage aura droit de le vendre chez lui, sans qu'il puisse, sous aucun prétexte, vendre ou négocier d'autres livres, et jouira de son privilége pour lui et ses hoirs, à perpétuité, pourvu qu'il ne le rétrocède à aucun libraire, auquel cas la durée du privilége sera, par le fait seul de la cession, réduite à celle de la vie de l'auteur. »

Si l'auteur venait à mourir avant que dix ans se fussent écoulés depuis l'obtention de son privilége, le cessionnaire n'en jouissait que jusqu'à l'expiration des dix ans.

Telle était la législation française sur la propriété littéraire au moment de la révolution.

Le décret de la Convention nationale, du 19 juillet 1793, lui fut bien moins favorable.

En garantissant à l'auteur, pendant sa vie, le droit de propriété sur ses ouvrages, droit que lui assurait déjà l'ancienne jurisprudence, ce décret le restreignit démesurément à l'égard des héritiers ; il porte que tout ouvrage quelconque tombera dans le domaine public dix ans après la mort de son auteur.

Sans doute l'intérêt public est respectable ; mais l'intérêt privé mérite aussi d'être pris en considération.

Pour beaucoup d'ouvrages, le délai de dix ans ne suffit pas toujours à l'écoulement d'une édition ; et c'était cependant le terme fatal où la veuve et les enfants d'un auteur perdaient la propriété du seul bien quelquefois qu'un homme de lettres puisse laisser à sa famille.

On ne conçoit pas que cette disposition peu équitable soit demeurée si longtemps en vigueur. On trouve plus de justice dans le décret impérial du 5 février 1810 ; il conserve à la veuve, sa vie durant, la propriété des ouvrages de son mari, et en garantit la jouissance à leurs enfants pendant vingt ans.

Un avis du conseil d'État, du 23 août 1811, porte que ces dispositions ne s'appliquent aux œuvres dramatiques et aux compositions musicales qu'autant qu'elles sont imprimées ou gravées ; autrement, elles sont régies par des lois spéciales, dont nous parlerons bientôt.

L'autorité s'est encore occupée plus tard de la propriété littéraire. Sous la restauration, une commission, instituée par ordonnance royale du 20 octobre 1825, et présidée par M. de La Rochefoucauld, élabora un projet de loi qui étendait à cinquante ans le droit des héritiers et cessionnaires ; mais il ne fut pas donné suite à ce projet. Sous le gouvernement de juillet, M. Salvandy, ministre de l'instruction publique, nomma, le 22 octobre 1836, une nouvelle commission, présidée par M. de Ségur. Le projet de loi qu'elle avait préparé et qui restreignait à une durée de trente ans le droit des héritiers ou ayants cause d'un auteur décédé, fut présenté à la chambre des pairs et adopté le 1er juin 1839 ; mais à la chambre des députés, où M. de Lamartine en fut le rapporteur, ce projet de loi fut rejeté le 2 avril 1841. Déjà les principaux libraires et éditeurs de Paris avaient demandé à l'assemblée que l'on substituât au terme de trente ans celui de cinquante, comme l'avait fixé la commission de 1825.

Toutes ces modifications projetées ou proposées n'eurent aucun résultat, et la propriété littéraire, quant à sa durée, est restée sous le régime de la loi du 19 juillet 1793 et du décret du 5 février 1810.

Les propriétaires, par succession ou à d'autres titres, d'un ouvrage posthume jouissent des droits de possession et de transmission qu'aurait eus l'auteur décédé, à la charge néanmoins d'imprimer séparément les œuvres posthumes, sans pouvoir les joindre aux ouvrages déjà publiés du même auteur. (Décret du 1er germinal an XIII.)

Pour garantir la propriété littéraire aux auteurs ou éditeurs et leur donner le droit de poursuivre les contrefacteurs, la loi exige la remise d'un certain nombre d'exemplaires des ouvrages entre les mains de l'administration. C'est ce qu'on appelle le dépôt légal.

L'origine de cette formalité est fort ancienne, car elle remonte au règne de François Ier, en 1536. Cette mesure, prescrite par tous les règlements concernant l'imprimerie et la librairie promulgués depuis Louis XIII, sous peine de nullité du privilége obtenu, avait été primitivement adoptée en faveur de la bibliothèque royale à laquelle deux exemplaires de chaque ouvrage étaient fournis. Plus tard, on en demanda trois pour la chambre syndicale, un pour le cabinet du Louvre, un pour le chancelier de France, un pour le censeur. Ainsi, à l'époque de la révolution, le dépôt légal était de huit exemplaires ; il fut réduit à deux par la loi du 19 juillet 1793, porté à cinq par le décret du 5 février 1810 et par l'ordonnance du 24 octobre 1814. Quelques autres modifications ont eu lieu depuis, et aujourd'hui les règlements exigent le dépôt de deux exemplaires pour les ouvrages imprimés sans planches, de trois pour les ouvrages imprimés avec planches, et de quatre pour les planches et estampes.

A l'égard de la propriété des ouvrages dramatiques, il est

plus que probable que les premiers auteurs se contentaient de la gloire qu'ils retiraient de leurs ouvrages lorsqu'ils venaient à bout de les faire représenter. S'ils les vendaient à des comédiens ambulants, ces premières cessions ne pouvaient être que des cessions absolues. L'idée d'un droit proportionnel sur les recettes ne peut se concilier qu'avec l'établissement des théâtres fixes et des troupes sédentaires.

Au moment de la révolution, les comédiens ne payaient aux auteurs, qui ne consentaient pas à leur faire la cession absolue de leurs ouvrages, qu'une rétribution très-faible; et encore ce droit que les auteurs ne pouvaient transmettre à leurs enfants, qui s'éteignait avec eux au jour de leur mort, les comédiens étaient-ils autorisés à le leur refuser, si l'ouvrage avait produit aux premières représentations moins de quinze cents livres de recette pendant l'hiver et de mille livres pendant l'été (1).

Quelquefois même, par suite de ces règlements dressés tout à l'avantage des théâtres, l'auteur n'était plus libre de retirer sa pièce, qui tombait définitivement et sans indemnité pour lui dans le répertoire des comédiens.

Néanmoins, tant que durait cette propriété précaire de l'auteur, elle était légalement protégée. Une saisie faite sur Crébillon, entre les mains des comédiens français, de sa part d'auteur dans le produit des représentations de sa tragédie de *Catilina*, fut annulée par un arrêt du conseil, du 21 mars 1749, qui déclare insaisissables les fruits des productions de l'esprit humain, et les assimile aux honoraires des avocats et de toute personne de profession libre.

Mercier, Palissot et plusieurs autres écrivains publièrent

---

(1) Voir les procès-verbaux de la commission de la propriété littéraire (nommée en 1825 pour préparer un projet de loi), Paris, 1826, in-4º.

des mémoires et adressèrent aux tribunaux des requêtes contre les priviléges exorbitants des comédiens; mais leurs plaintes ne furent pas accueillies par le conseil d'État, auquel ressortissaient toutes les affaires de ce genre.

Plus tard, La Harpe, à la tête d'une députation des auteurs dramatiques, présenta à l'assemblée constituante une pétition qui provoqua la loi du 19 janvier 1791.

Cette loi reconnaît aux auteurs dramatiques, pendant leur vie, le droit d'autoriser la représentation de leurs ouvrages; mais elle n'accordait ce droit à leurs héritiers ou cessionnaires que pendant cinq ans après la mort des auteurs.

Il fut porté à dix ans par le décret du 19 juillet 1793, que celui du 1er septembre suivant déclare applicable aux ouvrages dramatiques.

La loi du 3 août 1844 a prorogé ce droit à vingt ans pour la veuve et les enfants; il reste fixé à dix ans pour les autres héritiers.

Dans les derniers jours de mai 1853, le gouvernement a présenté au corps législatif un projet de loi qui garantit la jouissance de ce droit, pendant leur vie, aux veuves des auteurs dramatiques, et à leurs enfants pendant trente ans; mais la clôture de la session n'a pas permis d'entamer la discussion de ce projet.

Quant aux droits perçus par les auteurs sur la recette provenant de la représentation de leurs ouvrages, ils furent d'abord fixés par des conventions privées, et plus tard par des règlements émanés de l'autorité, tels que ceux de 1697, 1757, 1774, 1776, etc.

Dans la séance annuelle de la société des auteurs dramatiques, tenue le 27 avril 1851, le rapport lu par M. Ferdinand Langlé contenait quelques détails curieux sur les droits touchés par les auteurs dramatiques du siècle dernier. Nous citons textuellement :

« A partir de la promulgation de la loi de 1791, qui a rendu aux écrivains une propriété si injustement confisquée au profit des théâtres et des libraires, les droits d'auteur ont pris une importance véritable. Il résulte d'un relevé fait sur des pièces authentiques dans les archives de notre société :

« Que, dans le compte personnel de Ducis, par exemple, on trouve qu'il a touché en une seule année, à la Comédie-Française, 32,928 fr. 15 c.; que l'année suivante, il émargeait 41,479 fr. 19 c.;

« Que Chénier a recueilli, pour la première série des représentations de son *Caïus Gracchus*, 5,320 fr. à Paris;

« Que déjà dans la province, à peine organisée, Dalayrac comptait chaque mois, en moyenne, 3,600 fr.;

« Marsollier, 1,017 fr.;

« Sedaine, 1,884 fr. 17 c.;

« Que *les Étourdis* ont rapporté à Andrieux 17,955 fr.;

« Mais qu'en revanche, pour *le Boudoir des Muses*, il n'a quittancé que 2 fr. 90 c.;

« Enfin, que notre illustre fondateur, Beaumarchais, a réglé un bordereau s'élevant dans une seule année, pour la province, à 14,669 fr. 20 c.; pour Paris, à 125,134 fr. 15 c. »

D'après ce même rapport, les droits d'auteur se sont élevés, tant pour Paris que pour la province :

En 1847, à 941,368 francs;
    1849, à 724,000 —
    1850, à 895,368 —

Un décret impérial du 15 octobre 1812, dont les dispositions sont restées en vigueur, a réglé la part des auteurs dramatiques dans le produit des recettes (1), mais en laissant toujours à ceux-ci la liberté de traiter de gré à gré avec les administrations théâtrales.

Enfin, en vertu du décret du 8 juin 1806, les propriétaires d'ouvrages dramatiques posthumes ont les mêmes droits que les auteurs.

La reconnaissance légale de la propriété littéraire exige la répression de la contrefaçon : aussi les anciens règlements sur l'imprimerie et la librairie et les priviléges pour l'impression des livres décrétaient des peines sévères contre les contrefacteurs. Cependant cette pénalité ne pouvait être appliquée que dans le pays où le privilége avait été obtenu : on confisquait bien les ouvrages contrefaits venant de l'étranger, on punissait même le correspondant complice de la fraude; mais les premiers coupables n'étaient pas atteints.

Ainsi, Alde Manuce, à qui le sénat de Venise et les souverains pontifes avaient accordé des priviléges, voyait avec chagrin que ses éditions fussent contrefaites à Lyon.

De son côté, la librairie française eut longtemps à souffrir des contrefaçons étrangères qui s'exécutaient surtout dans les Pays-Bas; et, il faut bien le dire, les fameux Elsevier tenaient en Hollande le sceptre de la contrefaçon dont la Belgique est devenue le chef-lieu.

Nous avons vu qu'en 1838, le gouvernement français entama des négociations avec les autres puissances pour mettre

---

(1) « La part d'auteur dans le produit des recettes, le tiers prélevé pour les frais, est du huitième pour une pièce en cinq ou en quatre actes, du douzième pour une pièce en trois actes, et du seizième pour une pièce en un ou deux actes. » (Art. 72.) — Avant la révolution, la part d'auteur n'était que du neuvième de la recette, déduction faite des frais, pour une pièce en cinq actes.

un frein à cette piraterie littéraire, contre laquelle les libraires de Paris avaient réclamé des mesures énergiques.

Une pétition adressée à la chambre des députés par un imprimeur d'Avesnes, M. Viroux, excita particulièrement l'attention. Selon lui, il ne suffisait pas de prohiber les exemplaires introduits *sciemment et pour être vendus*; il fallait de plus que la prohibition fût *absolue*, qu'aucun exemplaire d'un ouvrage contrefait ne pût être introduit sous aucun prétexte, et même que les exemplaires frauduleusement introduits depuis la publication de la loi pussent être saisis dans l'intérieur, en quelques mains qu'ils fussent tombés, sans en exempter les bibliothèques particulières. D'un autre côté, pour que les éditeurs français ne détruisissent pas l'œuvre du législateur, en mettant un prix exorbitant à leurs publications, le pétitionnaire demandait que la loi fixât le maximum de la feuille d'impression pour la vente des livres.

La chambre, tout en reconnaissant que les prix excessifs assignés très-souvent aujourd'hui aux productions littéraires sont une des causes qui en empêchent le débit et donnent naissance à la contrefaçon, ne voulut pas rétablir le maximum, même par mesure d'exception, ni autoriser dans un intérêt de librairie des perquisitions au domicile des citoyens; elle passa donc à l'ordre du jour sur cette pétition.

Nous avons dit plus haut que les principaux libraires et éditeurs de Paris, au commencement de 1841, adressèrent des observations à la chambre des députés sur un projet de loi concernant la propriété littéraire, projet qui ne fut pas adopté. Ils présentèrent encore à l'assemblée une pétition collective contre la contrefaçon étrangère. On inséra, dans la loi de douane du 6 mai 1841, des dispositions qui prohibaient l'introduction en France et même le transit des ouvrages français contrefaits à l'étranger ; mais les pétitionnaires auraient voulu des mesures plus générales : ils demandaient que le droit de réciprocité fût ôté à la librairie française, et que le droit littéraire international fût reconnu d'une manière absolue et sans restriction. « Par là, disaient-ils, nous obtiendrons immédiatement l'adhésion des pays qui ont admis la condition de réciprocité ; nous fortifierons le principe moral qui frappe de réprobation la contrefaçon et empêche ses développements ; nous encouragerons les éditeurs et les hommes de lettres de toutes les nations à réclamer sans relâche la reconnaissance politique de leurs droits, et nous prendrons l'initiative d'un exemple honorable et utile. »

La chambre ne partagea pas cette manière de voir, et le vœu de la librairie ne fut réalisé que dix ans plus tard, par un décret du Président de la République, en date du 28 mars 1852, et qui a force de loi. Ce décret reconnaît le droit de propriété littéraire et artistique pour les ouvrages publiés à l'étranger ; il en prohibe la contrefaçon sur le territoire français, et interdit aussi l'exportation des ouvrages contrefaits. n'impose d'autre obligation à l'auteur étranger que le dépôt des exemplaires exigés par les lois françaises, et lui accorde tous les droits des nationaux, lors même que son pays n'admettrait pas le principe de la réciprocité.

En l'absence de cette généreuse initiative et en attendant l'issue des négociations entamées avec les puissances étrangères, les libraires de Paris cherchaient par tous les moyens particuliers en leur pouvoir à se préserver du fléau de la contrefaçon. Un d'eux, M. Hector Bossange, poussa le zèle jusqu'à faire un voyage aux États-Unis et dans les deux Canadas, pour aviser aux moyens de lutter avec avantage contre les contrefacteurs belges.

A l'intérieur, ils avaient organisé, dit-on, un service de surveillance au moyen duquel ils étaient tenus au courant des entreprises et presque des projets de ceux qui déconsidéraient depuis quelque temps, par la contrefaçon, la librairie française. Ce serait grâce à cette police particulière que les propriétaires-éditeurs auraient pu quelquefois parvenir directement jusqu'aux presses qui reproduisaient le corps du délit et arrêter, à la lettre, le bras de l'ouvrier. C'est ainsi qu'on saisit à Dijon une édition contrefaite de la *Géographie* de l'abbé Gauthier, ouvrage classique du fonds de MM. Jules Renouard et Cie, fait qui fut constaté par un procès-verbal.

Des libraires de Limoges, qui exploitaient la contrefaçon sur une grande échelle, et qui, depuis plusieurs années, inondaient nos départements et l'étranger, par ce moyen coupable, d'une foule de livres élémentaires, propriété d'éditeurs de Paris, furent également surpris au milieu de leurs opérations et atteints par la justice. Déclarés contrefacteurs, et, de plus, récidivistes, ils furent condamnés à 100,000 fr. de dommages et intérêts et à des amendes considérables.

Les libraires allemands se préoccupaient aussi beaucoup, à la même époque, de la contrefaçon; ils se réunirent même en congrès, au nombre de deux cent quarante-un, à Weinheim, grand-duché de Bade, pour aviser aux moyens de détruire cette plaie de la librairie. La plupart des membres de ce congrès, qui devait durer deux mois et tenir trois séances par semaine, étaient de Leipsick, Berlin, Francfort-sur-le-Mein, Heidelberg, Darmstadt, Manheim, Coblentz, Visbaden, Kreuznach, Carlsruhe, Trèves, Giessen. La première séance eut lieu le 26 mai 1839. Nous n'avons pas appris que ces conférences aient eu quelque résultat, relativement au but qu'on voulait atteindre.

Un libraire de Stuttgard, M. Cotta, qui avait refusé de se rendre au congrès, résolut néanmoins de faire la guerre aux contrefacteurs. A cet effet, il lança une déclaration portant que, dès qu'on publierait la contrefaçon d'un ouvrage dont il serait propriétaire, il vendrait immédiatement cet ouvrage moitié du prix fixé pour la contrefaçon. La maison Cotta a tenu parole : instruite qu'il avait paru une contrefaçon de ses éditions des *OEuvres complètes de Schiller* et *de Goethe*, dont elle avait acquis fort chèrement le droit de publication des héritiers de ces deux illustres écrivains, elle réduisit le prix de ses éditions exactement selon sa déclaration, et cela, sans tenir compte de ce que les contrefaçons étaient d'une impression plus compacte, sur mauvais papier et en petit format, tandis que les éditions originales étaient sur papier très-fin, en grand format et avec de larges marges et interlignes.

Mais ces moyens, comme ceux qui avaient été pris par les libraires français, étaient impuissants à étouffer la contrefaçon belge, qui a des débouchés dans toutes les parties du monde. C'est le gouvernement français qui, selon la déclaration qu'il en avait faite aux libraires de Paris, porta enfin un remède efficace à cette piraterie, en provoquant l'établissement de conventions internationales pour la prohibition générale des produits de la contrefaçon. Déjà plusieurs gouvernements ont souscrit aux propositions de la France, et il y a lieu d'espérer que cette mesure conservatrice deviendra bientôt la loi commune à toutes les nations.

V. Lorsqu'une publication doit entraîner des dépenses considérables, on la propose souvent par souscription. Cet usage, aujourd'hui si commun dans tous les pays, a commencé en Angleterre, où la *Bible polyglotte* du docteur Walton fut ainsi publiée en 1657. Il s'introduisit bientôt en France : la

Collection des Conciles du père Labbe (1671), quelques ouvrages de Montfaucon, de dom Calmet, etc., parurent aussi par souscription. Le règlement de 1723, concernant l'imprimerie et la librairie, et l'arrêt du conseil du 10 avril 1725 contiennent des dispositions relatives à ce mode de publication, qui ne pouvait être proposé que par un libraire ou un imprimeur, avec la permission du garde des sceaux. Le prospectus de l'ouvrage, accompagné d'un spécimen, présentant le format, le papier, le caractère que s'engageait à employer l'éditeur, devait énoncer le prix et l'époque de la livraison. Il devait, en outre, être déposé à la chambre syndicale et inscrit sur ses registres avec l'obligation, signée du libraire, de s'y conformer ponctuellement. Tout libraire ou imprimeur qui manquait à ses engagements était condamné envers le souscripteur à la restitution du double de ce qu'il avait reçu, et à une amende arbitraire, suivant la gravité du délit.

Depuis la suppression des chambres syndicales (1790), ces règlements ont cessé d'être en vigueur, et l'éditeur ne se trouve lié ni avec l'autorité ni avec le souscripteur.

Les publications par souscription étaient moins fréquentes autrefois qu'à présent. Les souverains, les seigneurs, les traitants même si dénigrés, et qui, disons-le en passant, se montraient souvent plus généreux envers les artistes et les hommes de lettres que nos financiers actuels, souscrivaient à titre d'encouragement plutôt que dans tout autre but.

Pendant que Voltaire s'occupait de ses *Commentaires sur Corneille*, qui devaient être vendus au profit d'une petite-nièce du grand poëte tragique, l'impératrice de Russie, Elisabeth, qu'il comptait au nombre de ses souscripteurs, mourut. « Ce qui me fâche, écrivit-il à d'Argental, c'est que voilà la « czarine morte. J'y perds un peu, mais je me console ; les

« têtes couronnées et les libraires m'ont toujours joué quel-
« ques tours. » Bientôt cependant Elisabeth fut remplacée
sur sa liste par Catherine II.

Aujourd'hui, les souscriptions sont un des moyens les plus
actifs de publication ; et, pour les mettre à la portée de toutes
les classes, on publie les ouvrages volumineux par livraisons
de deux ou trois feuilles et même d'une seule ; mais le défaut
de garantie peut amener des déceptions.

Par exemple, un ouvrage qui devait avoir 40 feuilles s'arrête à la 20e ; le souscripteur, qui a reçu et payé les 20 premières, reste avec la moitié d'un volume dont il ne verra
jamais la fin. Il ne peut pas réclamer, car il n'a dans les mains
aucun titre pour forcer l'éditeur à tenir sa promesse.

Celui-ci, au contraire, cherche à prendre ses sûretés ; il
présente un bulletin d'engagement à la signature du souscripteur, mais il se garde bien de donner la sienne.

Les tribunaux ont eu quelquefois à réprimer certains procédés subreptices employés pour obtenir ou plutôt pour ex-
torquer des souscriptions.

Un journal (1) signalait encore, il y a peu de temps, sous
le titre de *Chronique judiciaire*, le fait suivant :

« M. d'Hédouville était, en 1835, sous-lieutenant de hussards. Il fit annoncer un jour dans les *Petites-Affiches* qu'il
avait une jument à vendre, moyennant 800 francs. Un sieur
Cussac, mandataire de M. Dubois, éditeur du *Plutarque français*, se présente aussitôt. Il examine la jument, la trouve charmante, l'achète sans marchander, et puis, marché conclu, il
tire le *Plutarque* de sa poche.

« En sa qualité de sous-lieutenant de hussards, M. d'Hé-

---

(1) *Journal de la librairie*, 1er mars 1851.

douville n'avait qu'un sentiment d'estime, sans enthousiasme, pour le biographe grec ; mais il ne s'agissait que de 30 fr. ; il avait fait une bonne affaire, il prit une livraison. On lui présenta un papier imprimé, qui n'était autre qu'un acte de souscription au *Plutarque français* tout entier, et il le signa. On lui envoya la livraison de *Plutarque ;* il la mit dans un coin et n'y pensa plus.

« L'année suivante, il reçut une autre livraison. Cela l'inquiéta. Il alla aux renseignements et il apprit avec étonnement qu'il avait souscrit au *Plutarque* de M. Dubois, ce qui l'effraya beaucoup. Pour réparer autant que possible son imprudence, il signifia, par acte extra-judiciaire, à l'éditeur, qu'il n'avait jamais entendu devenir souscripteur du *Plutarque*, et que c'était à l'aide d'une fraude indigne qu'on lui avait fait signer l'acte de souscription. M. Dubois se tint tranquille ; mais en 1849, quinze ans après la souscription, il envoya à M. d'Hédouville toutes les livraisons en retard, et en lui réclamant 4,500 francs. »

Le mode de publication dont nous venons de signaler les abus a pourtant ses avantages : il permet à un auteur ou à un libraire d'éditer un ouvrage important à l'impression duquel ses ressources pécuniaires n'auraient pu suffire ; puis il en facilite l'acquisition à beaucoup de gens, qui, moyennant une légère dépense hebdomadaire ou mensuelle pour chaque livraison successive, se trouvent ainsi, dans l'espace de quelque mois ou de quelques années, possesseurs d'un livre qu'ils ont acheté en détail, et qu'ils n'auraient pas pu payer immédiatement en totalité.

Il est vrai que les ouvrages acquis par livraisons reviennent, en définitive, à un prix assez élevé ; aussi des personnes moins pressées, et ne voulant pas d'ailleurs s'exposer aux éventualités de la publication, attendent que l'ouvrage soit terminé et que tous les souscripteurs soient servis ; alors les exemplaires qu'on tire toujours en plus se vendent moitié moins cher qu'ils n'ont coûté aux souscripteurs.

Mais ces considérations ne détruisent pas entièrement l'utilité des souscriptions.

VI. Ce qui prouve qu'aujourd'hui la librairie est dans des conditions fâcheuses, ce sont les expédients qu'on emploie dans ce commerce pour écouler les éditions qui encombrent les magasins. Ce n'était pas assez d'avoir, par la publication des éditions à 20 centimes la livraison, enlevé à la librairie ordinaire un très-grand nombre de bons ouvrages qui auraient eu cours longtemps encore ; on a employé d'autres moyens : à celui qui consent à acheter un ouvrage, on donne en prime, soit une pendule ou une montre, soit un habit, un paletot, un meuble, etc.

Des libraires de province sont allés plus loin : ne pouvant offrir les mêmes avantages que leurs confrères de la capitale, ils ont gratifié leurs souscripteurs de remèdes secrets fabriqués en dehors des prescriptions du *Codex*. Mais la Faculté, ayant vu dans ce fait un empiétement sur ses attributions, a fait condamner les deux malencontreux libraires, l'un, à 500 francs d'amende ; l'autre, à 100 francs, pour vente d'une eau colorée à 16 francs le flacon, qui n'avait rien moins que la propriété, disait l'affiche, de rendre l'ouïe aux sourds.

Ces spéculations bizarres, qui ne sont, à la vérité, que des exceptions déplorables, montrent cependant la plaie de la librairie moderne, c'est-à-dire l'imprudence avec laquelle certains libraires se livrent aux entreprises les plus considérables, les plus coûteuses et souvent les plus ruineuses. On a vu, il y a peu d'années, des maisons qui paraissaient solidement constituées, et semblaient réunir toutes les conditions de succès, crouler sous le poids d'une ou deux opérations malheureuses. Mais ces exemples ne corrigent personne.

Il est du caractère français de se jeter avec témérité et aveuglément dans toutes les entreprises qui paraissent présenter quelque chance de succès. Nous nous éprenons de la surface sans nous inquiéter des dangers qui sont au fond, et nous aventurons de grands capitaux qui se trouvent presque toujours compromis, souvent perdus complétement. Ajoutons à cela un sentiment d'envie et de rivalité qui nous pousse vers toute affaire qui réussit, sans que nous calculions si cette affaire, aujourd'hui excellente, ne sera pas mauvaise demain, lorsque cent autres concurrents nous suivent dans la même voie.

Produire, toujours produire, sans s'inquiéter si la consommation et les débouchés marchent de pair, voilà comment procède ordinairement l'industrie française, quand elle n'est pas, comme autrefois, contenue, par de sages règlements, dans de justes limites.

Les Anglais tombent rarement dans de telles fautes, non-seulement parce qu'ils sont plus réfléchis, mais aussi parce que, en général, ils n'entreprennent que ce qu'ils connaissent et ce qu'ils savent faire. Chez eux, le fils succède au père ; il trouve des relations établies, de vieux employés, des traditions ; on y profite des bonnes affaires ; rarement on en fait de mauvaises. C'est à ce respect des traditions, qui se transmet de famille en famille dans le même genre de commerce, que nos voisins sont redevables de ces magnifiques établissements, de ces fortunes colossales qu'on voit chez eux. Nous, au contraire, notre principale et constante ambition est d'être plus que n'étaient nos pères : à quoi ils ont eux-mêmes la folie de nous encourager. Nous nous jetons dans des affaires où tout est nouveau, inconnu, et qui finissent ordinairement par une catastrophe.

Quand les premières papeteries mécaniques furent fondées en France, et qu'on vit qu'il y aurait quelque argent à gagner, ce fut à qui en établirait. Les moulins à farine, les filatures, se transformèrent, dans la plupart des localités, en papeteries. Toutes les presses d'imprimerie de l'Europe auraient à peine suffi à l'écoulement de cette énorme fabrication. Qu'arriva-t-il ? C'est qu'au bout de quelques années, les trois quarts des papeteries furent ruinées et redevinrent moulins à blé. — Les mêmes résultats se produisirent, presque en même temps, à l'égard des manufactures de sucre de betterave et des filatures, etc.

Si la fin de ces folles entreprises était de dévorer l'argent de capitalistes imprudents, ce serait un mal réparable ; mais les conséquences en sont bien autrement graves. Une fois ces établissements formés contre toute idée de sagesse et de prudence, ils ne tardent pas à éprouver dans leur marche des embarras de toute nature; alors, dans l'espoir qu'il viendra pour eux un temps meilleur, ils essayent de se soutenir à tout prix ; et, comme leurs frais généraux sont considérables, ils n'ont d'autre moyen de les réduire que d'augmenter la production : tout les entraîne dans cette fatale voie.

Un jour enfin, l'établissement succombe; mais c'est après avoir encombré les marchés et ruiné toutes les autres maisons moins ambitieuses, et qui, n'opérant qu'avec moins de capitaux, sont dans l'impossibilité de soutenir une concurrence aussi redoutable.

C'est à cette cause qu'il faut attribuer le désordre et l'état de malaise qu'on a remarqués dans la plupart des industries françaises, et qui menacent d'empirer chaque jour. La librairie, qui depuis longtemps déjà n'obéissait plus qu'à des impulsions purement mercantiles, eut particulièrement à en souffrir.

Le succès de quelques éditions ayant surexcité toutes les ambitions, ce fut à qui se ferait libraire ou éditeur : bientôt cette profession fut envahie par des gens de toutes les classes, de toutes les conditions. Nous avons connu un de ces libraires improvisés, qui abandonna l'état de jardinier, qu'il exerçait avec son père, pour entreprendre, quoiqu'il fût dépourvu de toute espèce d'instruction, une édition magnifique de Voltaire, dont le format, le papier et le luxe typographique dépassaient tout ce qui avait paru jusqu'alors. Comme il était sans fortune, il fit faillite peu de temps après, laissant inachevé son ouvrage. Ce Voltaire n'en fut pas moins continué plus tard ; mais sa seule apparition avait porté un coup mortel aux autres éditions entreprises dans un format et des proportions plus modestes.

Ce qui excitait surtout les gens sans fortune à se jeter dans la librairie, c'est le mode des ouvrages par souscription. Quelque crédit chez le papetier, chez l'imprimeur, qui avait besoin d'utiliser un vaste matériel, suffisait pour éditer le premier volume sans bourse délier. Si les souscriptions arrivaient, on recueillait l'argent nécessaire pour publier le tome suivant, et ainsi de suite. Si, au contraire, les abonnés faisaient défaut, on en était quitte pour ne payer ni l'imprimeur ni le marchand de papier.

Ce fut le sort de beaucoup de ces opérations ; car tous les éditeurs n'étaient pas également consciencieux, et le public se lassa vite.

La librairie se rappelle encore ce volume de *la Henriade*, dont on était parvenu à multiplier si énormément les livraisons, que le prix s'en éleva jusqu'à 500 francs. Le *Plutarque* atteignit le prix scandaleux de 7 ou 8,000 francs. Des souscripteurs trop confiants, qui ne se doutaient guère de l'élasticité qu'on donnerait au prospectus, eussent été obligés de payer cette somme, si les tribunaux n'eussent fait justice des prétentions de l'éditeur (1).

De tels faits, qui constituent de véritables escroqueries, étaient fréquents, et on pourrait en citer par centaines, lesquels, bien que d'une moindre importance, n'en sont pas moins coupables. Ils contribuèrent à hâter le discrédit où tombait la librairie française, en même temps qu'ils firent regretter l'heureuse époque où de sages règlements condamnaient le libraire, qui manquait à ses engagements envers le souscripteur, à la *restitution du double de ce qu'il avait reçu*, et, de plus, à une *amende*, qui croissait en raison de la *gravité du délit*.

Le prospectus est un contrat qui lie l'éditeur, et lui impose l'obligation rigoureuse de donner *gratis* toutes les livraisons qui dépassent le nombre fixé. S'il s'est trompé dans ses calculs, c'est une faute qu'il doit supporter seul. Les libraires honnêtes n'ont jamais agi autrement.

Un autre symptôme de la décadence de la librairie, c'est le penchant que montrent les auteurs de notre époque à se faire éditeurs de leurs ouvrages, et même de ceux d'autrui qui sont tombés dans le domaine public. Ils traitent personnellement avec l'imprimeur, en recourant, au besoin, à la ressource des

---

(1) Souvent les bulletins de souscription étaient présentés et colportés par de jeunes et jolies femmes, qui obtenaient d'autant plus facilement qu'on signât le bulletin de souscription, sans chercher à se rendre compte des conditions, exposées d'ailleurs d'une manière fort vague dans le prospectus.

souscriptions; le livre porte au frontispice qu'il se vend *chez l'auteur*, et le libraire, si son nom y figure, n'est plus qu'un dépositaire.

Dans les siècles passés, il était rare que les auteurs fissent les frais d'impression de leurs ouvrages, qui, dans ce cas-là même, ne pouvaient être vendus pour leur compte que par l'entremise d'un libraire. Ainsi le *Tartufe* de Molière, *imprimé aux despens de l'autheur*, se vendait à Paris, chez Jean Ribou, en 1669; la comédie des *Femmes savantes* se vendait pour l'auteur, à Paris, au Palais, chez Pierre Promé, en 1672.

La prohibition prononcée par les règlements de 1618, de 1686 et de 1723, au profit de la librairie, était absolue et s'appliquait même aux auteurs. On cite notamment un arrêt du conseil, du 11 juin 1708, qui fait défense au sieur Jean-Baptiste Lulli, surintendant de la musique du roi, de vendre ou faire vendre ses opéras par autre que par un imprimeur ou libraire.

De nouvelles dispositions législatives changèrent cet ordre de choses. Le règlement du 30 août 1777 mit une restriction au monopole de la librairie. Il proclama ce principe de droit naturel, qui se retrouve dans le décret de 1793 : « Tout auteur qui obtiendra en son nom le privilége de son ouvrage aura le droit de le vendre chez lui, sans qu'il puisse, sous aucun prétexte, *vendre ou négocier d'autres livres.* »

Mais, avant 1789, les auteurs usaient rarement du droit qui leur avait été de nouveau accordé, tandis qu'aujourd'hui ils en usent largement au grand préjudice de la librairie professionnelle. C'est un fait que nous constatons plutôt qu'un blâme que nous formulons; cependant, si l'usage dont nous parlons devenait général, il porterait un coup mortel à la librairie proprement dite, et nous y verrions plus d'inconvénients que d'avantages (1).

Nous ne terminerons pas ce chapitre sans exprimer notre regret qu'il n'y ait plus maintenant en France un seul organe spécial des intérêts et des progrès de la typographie. On a essayé, à diverses époques, de fonder à Paris des publications consacrées à ce but; mais aucune n'a pu se soutenir devant l'indifférence des imprimeurs.

On a vu successivement paraître et s'éteindre les *Annales de la Typographie*, dues à un bibliophile distingué, M. Alcan ; le *Journal spécial de la Typographie*, la *Presse française*, l'*Écho des Imprimeries*, l'*Iconographe*. Seul, le *Journal de la Librairie* s'est maintenu.

L'infatigable et savant M. Desportes, qui avait fondé, il y a quelques années, *le Lithographe*, publie aussi, depuis 1851, un nouveau journal mensuel, les *Annales de l'Imprimerie*. Espérons, pour l'honneur même du corps typographique, que ce recueil, qui contient tant de documents intéressants, et s'adresse à la fois à l'imprimerie, à la lithographie, à la taille-douce, à la photographie, à la fonderie de caractères, à la gravure, à la papeterie, réunira dans ces diverses professions assez d'abonnements pour assurer son existence.

VII. Les livres, avant l'invention de l'imprimerie, se vendant très-cher, les personnes qui voulaient connaître ou pos-

---

(1) Depuis 1789 jusqu'au règlement de 1810, l'imprimerie, pouvant être exercée par tout le monde, eut beaucoup à souffrir de cette liberté illimitée. (Voyez ci-dessus, chapitre V, page 218.) — Quant aux presses particulières que des seigneurs possédaient autrefois dans leurs châteaux, c'était un agrément qu'ils se procuraient, et non une exploitation ou une concurrence qu'ils prétendissent faire à la typographie industrielle; ces presses, d'ailleurs, n'étaient que tolérées, car les règlements généraux les défendaient. (Voyez chapitre IV, pages 164 et 184.)

séder un ouvrage, et qui n'étaient pas en état de l'acheter, l'empruntaient ou le louaient pour le lire ou pour le copier. Hugo de Timberg, poëte allemand du XIVe siècle, disait avec satisfaction : « Je suis possesseur d'une bibliothèque de deux « cents volumes, dont douze écrits de ma main, cinq en latin, « sept en allemand. » Nous avons vu que l'Université de Paris non-seulement permettait, mais enjoignait aux libraires et aux scribes qui étaient sous sa juridiction de prêter des livres moyennant une caution suffisante.

Depuis que les livres, grâce à l'imprimerie, sont devenus si communs, c'est leur abondance même, malgré la modicité du prix, qui en a fait continuer la location ; car bien des gens veulent lire les ouvrages nouveaux, mais ne peuvent pas toujours les acheter, ou ne s'en soucient pas.

Le louage des livres est donc resté une des branches du commerce de la librairie ; c'est là aussi l'origine des cabinets de lecture, si nombreux aujourd'hui, petites bibliothèques où, pour une légère rétribution, on peut passer la journée à lire et même à copier les livres qui s'y trouvent. Il est vrai qu'on n'y trouve guère que des journaux, des pièces de théâtre, des romans ; quelques-uns de ces salons littéraires contiennent un assortiment plus considérable, formé surtout des nouveautés le plus en vogue.

En 1811, le conseil d'État fut saisi d'un projet de décret qui avait pour but d'interdire l'établissement de cabinets de lecture à tout particulier non pourvu d'un brevet de libraire. Mais ce projet fut retiré devant l'opposition de Napoléon. Aujourd'hui cependant une autorisation spéciale est nécessaire.

Différents moyens sont employés par les auteurs ou les libraires pour faire connaître les ouvrages qu'ils publient : les prospectus qui, distribués quelquefois avec profusion, sont plus souvent égarés ou détruits que soigneusement conservés ; les annonces dans les journaux, publicité fugitive qu'on peut réitérer, mais qui devient très-coûteuse ; enfin l'affichage et le colportage dont nous allons parler.

VIII. L'usage des affiches est fort ancien. Chez les Romains, les boutiques des libraires avaient leurs façades couvertes de placards indiquant les ouvrages qui s'y vendaient, et sans doute de pareilles affiches étaient apposées dans divers endroits de la ville. Des écriteaux ou des lames de métal gravées étaient employés pour la publication des lois et des règlements, et suppléaient à la proclamation orale.

L'affichage, de quelque manière qu'il fût exécuté, s'est perpétué jusqu'à nous ; mais l'imprimerie lui a donné une nouvelle vie. Dans ces derniers temps surtout la typographie s'est ingéniée, pour fixer les regards du passant sur les affiches, par la diversité des caractères, la bizarrerie de leurs formes, comme le rédacteur s'efforce souvent de faire lire l'affiche jusqu'au bout par l'étrangeté de son style.

« C'est seulement au XVIIe siècle, dit un écrivain spirituel, que l'affichage a pris de l'extension dans nos villes. Jusque-là ce moyen de publicité n'avait guère été appliqué qu'à la promulgation des ordonnances royales et des arrêts de justice, ainsi qu'aux annonces de spectacles. La manie des spéculations, importée en France par le financier Law, fit recourir aux affiches pour instruire le public du mouvement des affaires. Ce fut là comme une révélation pour le commerce qui en était encore réduit à se faire annoncer par la voie des crieurs. Du petit au grand, chacun se mit à afficher sa marchandise. Le débordement des affiches, du temps de la régence, donna lieu à quelques satires.

« Au moment où les affiches d'utilité publique et privée se

multipliaient de la sorte, la discorde régnait dans le clergé, à cause de la bulle *Unigenitus*. Les adversaires de la bulle, réduits au silence par la police, ne laissaient pas que d'imprimer clandestinement des milliers de pamphlets ; l'émission ne pouvant s'en faire que par des voies détournées, on imagina d'y employer l'industrie des afficheurs... Bien des vauriens sans feu ni lieu, bien des batteurs de pavé, qui ne savaient pas seulement leurs lettres, avaient pris la jatte à colle et la brosse. Pour un peu d'argent, les uns, dans leur audace, les autres, dans leur ignorance, consentaient facilement à se charger des placards diffamatoires, dont ils couvraient les murs pendant la nuit.

« De ces abus naquit la législation sur les afficheurs, dont le plus ancien titre est un arrêté du grand conseil rendu le 20 octobre 1721. On y limite à quarante le nombre des personnes pouvant exercer ce métier à Paris. Les quarante afficheurs devaient être porteurs d'une plaque et d'une commission. La plaque était fixée sur le devant de leur habit ; la commission était dans leur poche, prête à être exhibée à la première réquisition. Défense leur était faite de travailler avant sept heures du matin, ni passé six heures du soir. Toute contravention à ce règlement était punie de 200 livres d'amende ; la récidive entraînait l'interdiction du métier.

« Par surcroît de précautions, l'année suivante (1722), on exigea des afficheurs qu'ils sussent lire et écrire ; qu'ils ne possassent d'affiches que celles qui seraient revêtues du privilége ; qu'ils opérassent deux fois par semaine le dépôt à la chambre des libraires d'un exemplaire des pièces qui leur auraient été confiées ; enfin, que leurs noms et fonctions fussent placardés à la porte de leur domicile.

« Le gouvernement de Louis XV eut besoin de renouveler

plusieurs fois ces prescriptions. Nous en avons gardé dans notre législation l'article 283 du Code pénal, qui punit de six jours à six mois d'emprisonnement toute personne posant des affiches sans nom d'auteur ni d'imprimeur (1). »

L'article 290 du Code pénal assujettissait les afficheurs à une autorisation de la police; mais cette disposition a été abrogée par la loi du 10 décembre 1830. D'après cette loi (art. 2), quiconque veut exercer, même temporairement, la profession d'afficheur d'écrits imprimés, lithographiés, gravés ou à la main, est tenu d'en faire préalablement déclaration devant l'autorité municipale, d'indiquer son domicile, et, chaque fois qu'il en change, de renouveler cette déclaration.

Déjà antérieurement la loi prohibait d'une manière absolue la publication et l'affichage de nouvelles politiques; la loi du 10 décembre 1830 a sanctionné cette disposition. L'article 1er de cette loi dispose qu'aucun écrit contenant des nouvelles politiques ou traitant d'objets politiques ne peut être affiché ou placardé dans les rues, places ou autres lieux publics. Il en serait de même de l'affiche où, sous prétexte d'annoncer un ouvrage ou une brochure, on insérerait des extraits ayant rapport à la politique.

Une loi du 8 mars 1831 a complété celle de 1830, en exposant la marche et la procédure à suivre dans la poursuite des contraventions.

Ajoutons quelques mots sur l'affichage par rapport aux imprimeurs. Un décret du 22 juillet 1791 leur enjoint de n'imprimer les affiches des particuliers que sur papier de couleur, le papier blanc ne devant être employé que pour les actes de l'autorité publique; d'après la loi du 28 germinal

(1) *Magasin pittoresque*, juin 1850.

an IV, toute affiche doit porter le nom de l'imprimeur; les affiches sont soumises au timbre (loi du 9 vendémiaire an VI), et l'impression n'en peut être faite que sur du papier timbré à l'avance (arrêté du 3 brumaire an VI).

Il est défendu d'arracher les affiches ou de les couvrir par d'autres quand les premières sont encore utiles : délit cependant très-commun à cause de la difficulté de l'empêcher.

A l'égard des affiches peintes sur toile ou sur les murs, un décret du 25 août 1852, rendu en exécution de la loi du 8 juillet 1852, les assujettit à un droit.

Le règlement de 1723, qui fut jusqu'à la révolution la charte de la librairie, défendait (art. 4) « à toutes personnes de quelque qualité et de quelque condition qu'elles soient, autres que les libraires et imprimeurs, de faire le *commerce des livres.* »

Cependant, il y eut dérogation au droit exclusif des libraires, pour le colportage, c'est-à-dire pour la vente à domicile et sur la voie publique. Une corporation de cent vingt colporteurs fut créée dans la ville de Paris, et un titre tout entier du règlement de 1723 fut consacré à leur industrie.

D'après l'article 69 de ce règlement, le colporteur devait savoir lire et écrire ; il était présenté au lieutenant général de police par le syndic et les adjoints des libraires et des imprimeurs, et agréé sur les conclusions du procureur de Sa Majesté au Châtelet.

Les colporteurs, qu'on appelait aussi crieurs d'arrêts, ne pouvaient vendre aucun livre ayant plus de huit feuilles d'impression (art. 72).

Ils étaient astreints à porter, au devant de leurs habits, un écusson de cuivre indiquant leur profession (art. 74).

Le règlement permettait en outre aux marchands merciers

grossiers de la ville de Paris, « de vendre des A, B, C, almanachs et petits livres d'Heures et prières, imprimés dehors ladite ville, » exception qui fut limitée par un arrêt du conseil, du 13 mars 1730, aux almanachs et livres de prières n'excédant pas *deux feuilles d'impression*.

Ces mesures ne parurent pas sans doute suffisantes pour empêcher le trafic de libelles diffamatoires et de livres défendus, qui trop souvent se faisait à l'ombre de ce commerce autorisé. Une ordonnance de 1732 enjoignit à tout colporteur d'obtenir la permission du lieutenant général de police, avant de *crier, vendre ou débiter dans la rue* aucun ouvrage, et cette permission devait être renouvelée tous les mois. Cette ordonnance est remarquable en ce qu'elle a servi de type à notre législation sur les crieurs publics.

Toutes ces dispositions, qui n'avaient été arrêtées originairement que pour la librairie de Paris, furent étendues à toutes les villes du royaume par arrêt du conseil, du 24 mars 1744.

Mais le goût de l'étude et de la lecture se répandant de plus en plus, une foule de petits marchands non autorisés s'exposèrent à vendre des livres de maison en maison; on les laissa faire. La preuve de cette tolérance est consignée dans les *Mémoires sur la librairie*, écrits en 1759, par M. de Malesherbes, à qui on donnait le titre de recteur de la librairie et de la littérature. Voici ce qu'on lit dans ces Mémoires : « La tolérance de ces colporteurs a été établie par la nécessité. Le commerce de livres étant devenu, depuis quelques années, beaucoup plus considérable dans Paris, et les libraires étant cantonnés dans un seul quartier, il n'a pas été possible d'empêcher que beaucoup de particuliers sans qualité ne se mêlassent de revendre des livres. Les magistrats préposés à la police ont pris le parti d'exiger seulement que ces revendants ou colporteurs fussent connus d'eux, et les ont autorisés tacitement. Je crois qu'il y a toujours de l'inconvénient à laisser subsister une infraction publique et continuelle de la loi ; et puisque ces colporteurs ont été jugés nécessaires, il aurait fallu décider, par une loi expresse, que le lieutenant de police de Paris pourra leur donner des permissions de faire ce commerce. »

D'après M. de Malesherbes, la même tolérance existait pour le colportage dans les provinces, où le colportage forain continuait malgré l'ordonnance de 1744, qui avait rendu commun pour tout le royaume le règlement de 1723.

« Tout est rempli dans les provinces, dit M. de Malesherbes, de marchands vagabonds, qui étalent des livres dans les foires, les marchés, les rues des petites villes. Ils vendent sur les grands chemins ; ils arrivent dans les châteaux, et y étalent leurs marchandises ; en un mot, leur commerce est si public, qu'on a peine à croire qu'il ne soit pas autorisé. Si on voulait remédier à cet abus, en exécutant strictement la loi, il faudrait interdire tout à fait la vente des livres à ces colporteurs ou marchands forains. Or, par là on gênerait beaucoup le commerce ; on nuirait à la littérature et au progrès des connaissances, en ôtant le moyen d'avoir des livres à tous ceux qui habitent hors des villes ; enfin on tomberait dans d'autres inconvénients non prévus et relatifs aux usages particuliers des lieux. »

M. de Malesherbes, après avoir constaté l'abus, indique le remède : « Cet usage du Dauphiné était inconnu à Paris ; il y en a peut-être de pareils dans les autres provinces, et il en faut conclure qu'il serait très-dangereux et peut-être impossible de faire exécuter littéralement la défense de vendre des livres à d'autres qu'aux libraires. D'un autre côté, il y a aussi un grand inconvénient à remettre ce commerce dans les mains de gens inconnus ; et ce que je proposerai sur cela est de faire une loi plus douce et qui puisse être observée. Cette loi pourrait être de permettre le commerce des livres, hors des villes où il y a des libraires, à des colporteurs autorisés par l'intendant dans chaque généralité. Ce colporteur serait obligé de porter avec lui la permission de l'intendant, pour en justifier aux brigades de maréchaussée par lesquelles il serait rencontré (1). »

Les choses étaient dans cet état, lorsque l'assemblée constituante décréta, le 17 mars 1791, « qu'il serait libre à toute personne de faire tel négoce, d'exercer telle profession, art ou métier qu'elle trouverait bon. » Le colportage, comme l'exercice de l'imprimerie et de la librairie, fut donc complétement libre ; et, chose étrange, le décret du 5 février 1810 n'apporta aucune restriction à cette liberté absolue : il n'y fut pas dit un mot du colportage.

Le Code pénal de 1810 n'interdit pas non plus le colportage. Toutefois, le législateur prononce des peines sévères pour des délits et des contraventions déterminés (art. 283 et suiv.). La distribution avec cris sur la voie publique doit être autorisée par la police (art. 390).

La loi du 21 octobre 1814 sur la presse garda encore le silence sur ce point. Aussi, lorsque le colportage des brochures et des livres devint l'objet d'une lutte passionnée, et que l'autorité voulut poursuivre les colporteurs, elle se vit forcée d'invoquer, à défaut d'une législation récente, le règlement de 1723.

Les cours royales jugeaient que le règlement était abrogé. Mais la cour de cassation a reconnu, jusqu'en 1836, la juris-

---

(1) On reconnaît là le germe de la loi de 1849.

prudence qu'il avait établie. En conséquence, le colportage des imprimés, autres que ceux dont le règlement avait autorisé la vente et le débit, était regardé comme exercice du commerce de la librairie et devait être breveté.

Dans l'exposé des motifs d'un projet de loi sur la librairie, qui fut présenté à la chambre des pairs le 8 juin 1829, le ministre parlait du dissentiment survenu entre les cours royales et la cour de cassation, et expliquait ainsi le but de la disposition spéciale dont le colportage des livres était l'objet dans la nouvelle loi :

« La dernière disposition du projet concerne les individus qui exercent le *colportage de livres*. Une fâcheuse expérience démontre la nécessité d'imposer à ces hommes des règles particulières, de les soumettre à une surveillance exacte, et d'établir contre eux des moyens efficaces de répression. C'est par le colportage que des livres impies ou obscènes, réduits par une criminelle spéculation au plus bas prix, se répandent par les campagnes et y portent la corruption et le mépris de tous les devoirs. Le colportage y introduit aussi des écrits absurdes, propres à faire naître ou à perpétuer des erreurs nuisibles, des préjugés funestes et des superstitions que réprouve une religion éclairée.

« La nécessité de propager l'instruction primaire parmi les classes laborieuses est maintenant comprise. Mais, pour que les immenses bienfaits de cette institution ne soient pas compensés par les plus déplorables inconvénients; pour que la corruption n'arrive pas chez les paisibles villageois, à la suite des lumières, il faut que le colportage soit soumis à un régime qui prévienne ses dangers. Tel est le but de l'article 9 et dernier du projet. Cet article *n'interdit pas le colportage des livres*, mais il soumet les individus qui veulent l'exercer à la nécessité d'obtenir une autorisation spéciale, qui peut toujours être révoquée.

« Le pouvoir discrétionnaire doit être repoussé quand il s'agit soit d'accorder, soit de retirer l'autorisation à des libraires, dont la capacité et la moralité sont justifiées, dont la consistance commerciale offre une garantie de plus, et qui sont placés dans des villes où la surveillance du ministère public peut facilement s'étendre sur eux.

« Ce pouvoir est nécessaire à l'égard d'individus sans *domicile fixe*, et presque toujours dénués d'instruction et de ressources pécuniaires. Ils ne remplissent pas les conditions que la prudence oblige d'exiger de ceux qui veulent exercer le commerce de la librairie.

« Ce n'est donc pas en vertu de leur propre droit, mais en vertu de la permission de l'autorité, qu'ils peuvent se livrer au *colportage des livres;* et une telle permission est toujours susceptible d'être révoquée, dès que les fonctionnaires, qui l'ont délivrée, reconnaissent qu'elle devient dangereuse. »

Mais la révolution de Juillet survint, et le projet de loi fut abandonné.

La liberté du colportage resta donc entière et telle que l'avait faite l'assemblée constituante. Les pamphlets se multipliaient et circulaient sans aucune entrave. C'est pour remédier à un état de choses si dangereux pour l'ordre public, que fut rendue la loi du 16 février 1834, dont l'article 1er était ainsi conçu : « Nul ne pourra exercer, même temporairement, la *profession* de crieur, vendeur ou distributeur, *sur la voie publique*, d'écrits, dessins ou emblèmes imprimés, lithographiés, autographiés, moulés, gravés ou à la main, sans *autorisation préalable* de l'autorité municipale. Cette autorisation pourra être retirée. »

La loi s'appliquait aux journaux comme à tous les autres imprimés.

La loi de 1834, on le voit, se bornait à la vente et à la distribution des écrits ou dessins *sur la voie publique*; elle ne prohibait pas le colportage à domicile. La loi du 27 juillet 1849 contient une prescription plus générale. Dans l'exposé des motifs de cette loi, le ministre s'exprimait ainsi:

« Il nous a paru indispensable de prendre quelques précautions, soit contre la publication des petits écrits, des brochures, des feuilles détachées, soit contre *le colportage* de ces brochures et de ces écrits. Il est certain que ce *mode de publication* a pris un développement considérable et tend à corrompre, jusque dans les campagnes, le bons sens des classes laborieuses, par la diffusion des plus funestes doctrines. Nous proposons donc d'obliger *tous les colporteurs de livres* à la condition d'être pourvus du brevet que la loi impose à ceux qui font le commerce des livres. »

Mais la commission nommée par l'assemblée modifia le projet du gouvernement. Au brevet proposé par le ministre elle préféra l'autorisation.

L'assemblée, après une discussion approfondie, pendant laquelle plusieurs amendements furent proposés et repoussés, adopta les propositions de la commission. L'article 6 de la loi est ainsi conçu:

« Tous *distributeurs* ou *colporteurs* de livres, écrits, brochures, gravures et lithographies, doivent être pourvus d'une *autorisation*, qui leur sera délivrée: pour le département de la Seine, par le préfet de police, et pour les autres départements, par les préfets.

« Ces autorisations peuvent toujours être retirées par les autorités qui les ont délivrées. »

Cependant, l'obligation d'une autorisation spéciale pour chacun des départements que les colporteurs veulent parcourir eût été encore inefficace, si le ministre de la police générale n'eût prescrit que chaque livre colporté serait revêtu d'une estampille, et n'eût institué une commission permanente pour l'examen des livres et gravures destinés au colportage.

Dans un rapport fort remarquable (1) présenté au ministre, le 4 avril 1853, sur les résultats des premiers travaux de la commission, les principes d'après lesquels elle procède à l'accomplissement de sa mission y sont exposés de la manière suivante :

« Nous avons pensé que, pour remplir les intentions du gouvernement, nous n'avions pas à exercer la censure des opinions et des idées, mais seulement à écarter des intelligences et des âmes tout ce qui pourrait les égarer et les corrompre..... Ainsi la commission n'a pas hésité à rejeter du catalogue des livres autorisés les ouvrages blessants pour les mœurs, injurieux pour la religion et pour ses respectables ministres, mensongers envers l'histoire. Elle a même cru devoir écarter des livres qui, sans attaquer l'origine et la vérité des dogmes de l'Eglise, contiennent des controverses dont le ton et l'esprit ne peuvent qu'affaiblir le sentiment religieux dans des intelligences peu habituées à ces polémiques ardentes, et par conséquent plus faciles à leurs entraînements et à leurs erreurs. Mais elle s'est arrêtée à cette limite, et, en se trouvant en face de certaines renommées, elle ne s'est pas crue dispensée des égards dus au génie, même quand il se trompe.

---

(1) Ce rapport a été rédigé par M. de la Guéronnière, député au corps législatif, membre de la commission du colportage.

Elle n'a proscrit de Voltaire, par exemple, que certaines pages qui souillent le regard et la pensée. Elle ne s'est pas attribué le droit de repousser celles qui n'intéressent que l'imagination et n'engagent que la raison. Elle a agi de même pour tous les auteurs anciens ou contemporains dont les œuvres lui ont été soumises. Elle n'a pas eu à juger ce qui est faux en histoire, en philosophie, en politique et en économie politique ; elle n'a eu qu'à condamner ce qui est irréligieux, immoral et antisocial. »

C'est d'après ce document qu'une transformation complète a été opérée dans le colportage, grâce à l'ensemble des mesures prescrites par l'habile ministre de la police générale, M. de Maupas. Mais laissons parler le rapport :

« Il y a dans le colportage une source immense de produits pour les travaux utiles et honnêtes. Les neuf millions de livres qu'il distribue, chaque année, dans toute la France, représentent un capital de six millions de francs qui, prélevés sur la journée des ouvriers et des cultivateurs, ne servaient qu'à salarier l'athéisme, l'immoralité et la licence. Cet argent si mal employé aura bientôt une meilleure destination : il payera les bonnes renommées, les nobles sentiments, les pensées justes et vraies. C'est six millions de plus que la bonne et saine littérature, celle qui fait aimer Dieu et la patrie, pourra désormais porter au budget de ses recettes...

« On a pu dire que, sous le régime de la liberté illimitée du colportage, les colporteurs n'étaient que les malfaiteurs de la pensée publique. Sous le régime nouveau, le colportage peut devenir un des instruments les plus actifs et les plus précieux de moralisation, de lumière et de progrès. »

Le ministre de l'intérieur (M. de Persigny), dans les attributions duquel est rentrée la direction de la police, a complété par de nouvelles mesures la réglementation du colportage. Ainsi, toute personne exerçant la librairie devant être munie d'un brevet, il est interdit aux papetiers, merciers, épiciers et autres commerçants, d'acheter en gros des almanachs pour les revendre ensuite à des colporteurs qui les débitent en détail. (*Circulaire du 22 juillet 1853.*)

Par une autre disposition ministérielle (11 septembre 1853) les libraires forains sont assimilés aux colporteurs pour l'estampillage des livres qu'ils exposent en vente.

On nomme *crieurs publics* ceux qui font métier de vendre publiquement, en les colportant dans les rues, des imprimés traitant de nouvelles ou d'objets politiques, ou contenant des actes du gouvernement, des arrêts, etc.

L'exercice de ce métier a été soumis à la surveillance spéciale de la police. Une loi du 5 nivôse an v (25 décembre 1796) défend d'annoncer autrement que par leurs titres aucun journal ou écrit périodique, aucune loi, aucun jugement ou autres actes de l'autorité. La loi du 10 décembre 1830 a maintenu cette disposition.

L'article 290 du Code pénal avait assujetti les crieurs et afficheurs publics à l'autorisation de la police. La loi du 10 décembre exigeait seulement, comme pour les afficheurs, une déclaration préalable devant l'autorité municipale. Mais une loi du 16 février 1834 a prescrit de nouveau l'autorisation.

Tout crieur est tenu de faire, au bureau de police de la mairie, le dépôt de tout imprimé ou écrit qu'il voudra vendre, autre que les journaux, jugements et actes de l'autorité.

CHAPITRE XIII.

DES PAPIERS.

SOMMAIRE.

I. Importance de l'invention du papier ; des différentes sortes de papiers employées avant le papier européen.—II. Du parchemin ; franchise du papier.—III. Fabrication des papiers ; papiers à la forme : vergé, vélin ; papiers à la mécanique ; papiers de couleur ; papiers peints ou de tenture ; carton ; carton-pierre. — IV. Des fabriques de papiers les plus renommées ; commerce de la papeterie. — V. Marques du papier ; papier timbré ; papier-monnaie ; papier de sûreté. — VI. Qualités du papier.

I. Nous ne rappellerons pas ici que, dans les premiers âges du monde, l'écriture était gravée dans la pierre ou sur des lames de cuivre, de plomb, etc. Aussitôt que les hommes furent réunis en société, en corps de nation, cette manière d'écrire fut réservée pour les monuments ; mais, pour les relations ordinaires, on imagina de tracer l'écriture, avec une liqueur colorante, sur des peaux d'animaux, sur des étoffes, sur des écorces d'arbre, notamment sur celle du papyrus.

Le parchemin et le papyrus furent, dans l'antiquité et jusqu'au milieu du moyen âge, les deux principales substances sur lesquelles on écrivait.

Cependant les anciens avaient aussi des tablettes de bois ou d'ivoire enduites de cire, sur lesquelles, au moyen d'un style ou aiguille, ils écrivaient des notes qu'ils effaçaient à volonté, et cet usage dura jusqu'au xiiie siècle. Aujourd'hui on enlève avec la même facilité l'écriture tracée au crayon sur des tablettes de parchemin ou même sur du papier ordinaire.

Le papier (1) contribue puissamment à la beauté de l'impression, et son invention se lie d'une manière intime à celle de l'imprimerie.

Voici la définition qu'en donne l'*Encyclopédie* : « Merveilleuse invention qui est d'un si grand usage dans la vie, qui fixe la mémoire du fait et immortalise les hommes ! Cependant ce papier admirable par son utilité est le simple produit d'une substance végétale, inutile d'ailleurs, pourrie par l'art, broyée, réduite en pâte dans de l'eau, ensuite moulée en feuilles carrées de différentes grandeurs, minces, flexibles, collées, séchées, mises à la presse, et servant dans cet état à écrire ses pensées, et à les faire passer à la postérité ! »

Ne pourrait-on pas ajouter que ce haillon de toile de lin ou de chanvre connu sous le nomde chiffon, ramassé dans la rue, devenu livre ou journal, transforme la société toute entière, ses mœurs, son esprit, sa conscience, ses lois ; rend à la lumière et à la justice les droits du genre humain, élève la raison publique jusqu'au niveau de la liberté, donne de la splendeur, de l'éloquence et de la poésie à l'histoire, sauvegarde les trésors du génie, féconde les champs de l'intelligence universelle, multiplie les principes et les instruments de travail, fait la guerre sans verser de sang, gagne des batailles

---

(1) Du mot grec πχπυρός, papyrus.

sans combattre, élargit, non les frontières mais les horizons, crée après Dieu, renouvelle le monde et le gouverne par la philosophie, tout en le moralisant et l'améliorant par l'éducation et par les idées?

Avant le papier européen, on employait autrefois différentes sortes de papiers que nous allons décrire sommairement.

1° Le *papier d'Egypte*, le plus célèbre de tous, était fait avec un jonc appelé *papyrus*, qui croissait sur les bords du Nil. On prétend que Memphis a la gloire d'avoir la première fait le papier de papyrus. Grâce à sa légèreté et aux nombreux avantages qu'il présentait, il remplaça bientôt les diverses matières sur lesquelles on avait écrit jusqu'alors, et il devint d'un usage général dans le monde civilisé.

L'usage du papyrus remonte à une haute antiquité : non pas sans doute jusqu'au siége de Troie, comme l'ont prétendu quelques anciens auteurs latins ; mais on s'en servait antérieurement au règne d'Alexandre le Grand, et peut-être même au règne de Pisistrate (500 ans avant J.-C.).

Les papiers employés à Rome étaient faits avec le papyrus d'Égypte, mais après avoir été préparés et travaillés de nouveau. Cassiodore, écrivain du vi^e siècle, dit que les feuilles employées de son temps étaient blanches comme la neige et composées d'un grand nombre de petites pièces, sans qu'il y parût aucune jointure.

On conservait à l'abbaye de Saint-Germain-des-Prés, avant l'incendie qui fit disparaître toutes les richesses de sa bibliothèque, des *Epîtres de saint Augustin*, écrites sur du papier d'Egypte entremêlé de feuilles de parchemin destinées à soutenir le papyrus naturellement trop fragile. Ce vieux manuscrit datait de 1100 ans.

Les Egyptiens faisaient dans le monde entier un grand commerce de leur papier, qui devint encore plus florissant sous le règne d'Auguste. Le débit en était si prodigieux chez les nations étrangères, qu'on en manquait quelquefois à Rome, et qu'un jour entre autres cet événement causa un tel tumulte, que des commissaires furent nommés pour en distribuer à chacun suivant ses besoins, autant que la disette le permettait, absolument comme dans certaines villes on fait pour l'eau dans les temps de grande sécheresse.

2° Le *papier d'écorce*, que nous ne citons ici que pour mémoire, était fait avec la pellicule blanche intérieure placée entre l'écorce et le bois de différents arbres, tels que le tilleul, l'acacia, le hêtre et l'orme. Les anciens écrivaient des livres sur cette pellicule après l'avoir enlevée, battue et séchée. On prétend qu'il existe encore quelques-uns de ces livres Théophraste parle de bandelettes d'écorce sur lesquelles on écrivait des noms ; Pline mentionne en beaucoup d'endroits le papier d'écorce de tilleul, et Symmaque rapporte que les premiers peuples d'Italie n'écrivaient que sur des écorces, avant qu'ils employassent le papier d'Egypte.

3° Le *papier de coton*, qui remplaça partout le papyrus, est incontestablement meilleur, plus propre à écrire et se conserve mieux.

Suivant plusieurs auteurs, ce fut à la Mecque, vers la fin du VIIIe siècle, que le papier de coton fut inventé ; selon d'autres, les Arabes apprirent l'art de le fabriquer dans la Bucharie dont ils firent la conquête en 704.

Quoi qu'il en soit, il fut bientôt connu en Afrique ; les Maures, après s'être emparés de l'Espagne, l'introduisirent dans ce pays, où on le fabriqua d'abord avec du coton cru. Les moulins à eau et l'emploi des chiffons de coton ne furent probablement en usage que sous les rois chrétiens de Valence.

Le papier de coton fut importé par les Arabes en Sicile, où le roi Roger, par un diplôme de 1102, autorisa la construction d'une manufacture. C'est ce que rapporte l'historien Rocchus Pirrhius (*Sicilia sacra*).

4° Le *papier de Chine* est, en général, plus doux, plus uni que ceux d'Europe. Quoique souvent très-mince et transparent, il a beaucoup de consistance; celui qui est destiné aux emballages est épais et solide. Enfin il y en a de tant d'espèces, que chaque province a, pour ainsi dire, la sienne.

Les principales substances qui servent à fabriquer ces divers papiers sont le bambou, le mûrier, le papyrier ou broussonétie, le coton, le chanvre, la bourre de soie, la paille de riz et de blé.

Les Chinois trempent leur papier dans de l'eau d'alun qui tient lieu de colle et qui lui donne un brillant pareil au vernis.

Il s'en exporte maintenant une grande quantité, non-seulement dans l'Inde, mais pour l'Angleterre, la Hollande, la France.

On fait remonter l'invention du papier en Chine à deux siècles environ avant Jésus-Christ; mais la fabrication en était encore bien imparfaite et ne donnait que des produits grossiers. Ce ne fut que vers l'an 95 de notre ère qu'elle se perfectionna notablement et que les papiers chinois acquirent des qualités supérieures. Toutefois, il paraît que l'usage en restait concentré dans le céleste empire et dans les contrées voisines; car les autres nations continuèrent longtemps encore d'employer le papyrus d'Égypte, auquel succéda le papier de coton. Celui de soie, qui de la Chine se propagea dans toute l'Asie, ne fut guère connu en Europe avant les croisades.

Telles sont les diverses espèces de papiers qui ont précédé

le papier européen, appelé plus généralement papier de linge ou de chiffe, parce qu'il est fait avec du vieux linge qu'on a porté, et qu'on ramasse même dans les rues sous le nom de chiffon.

Il est difficile de déterminer le lieu et l'époque où ce papier fut inventé. Quelques auteurs en reportent l'origine à la fin du XIe ou au commencement du XIIe siècle.

Dans le Traité contre les Juifs, composé en 1120 par Pierre le Vénérable, abbé de Cluni, on trouve le passage suivant : « Les livres que nous lisons tous les jours sont faits de *peau de bélier ou de bouc, ou de veau, ou de plantes orientales, ou enfin de chiffon (ex rasuris veterum pannorum).* » Ces paroles sont remarquables ; elles prouvent qu'on se servait encore simultanément, au XIIe siècle, de parchemin, de papyrus et de papier de chiffon. Mais peut-être n'est-il ici question que du papier de coton, et non de notre papier de linge, qui ne fut communément employé que vers le milieu du XIVe siècle.

Au reste, quelques auteurs pensent que le papier de coton et même celui de chiffe sont, comme le papier de soie, des inventions chinoises importées d'abord dans l'Inde et qui, plus tard, ont été introduites et perfectionnées en Occident.

II. L'usage d'écrire sur des peaux d'animaux remonte à une époque reculée ; Hérodote, Diodore de Sicile parlent de peaux de mouton, de bouc, de veau, soit blanches, soit de couleur jaune ou pourpre, sur lesquelles on écrivait en lettres d'or et d'argent avec des roseaux.

Suivant Pline (*Hist. nat.*, liv. XII, chap. 21) et d'autres écrivains, le parchemin fut inventé à Pergame, sous le règne du roi Eumènes (200 ans av. J.-C.), et c'est de là qu'il a été appelé *charta pergamena*, ou *pergamenum*, dont nous avons fait le mot *parchemin* ; mais cela signifie seulement que c'était dans cette ville qu'on le fabriquait le mieux ; car Josèphe Flavius et Philon rapportent que Ptolémée Philadelphe, lorsqu'il eut fait traduire par les Septante le Pentateuque d'hébreu en grec, reçut du grand-prêtre Eléazar les livres sacrés dont il admira la beauté du parchemin (environ 270 ans av. J.-C.); et ce n'était sans doute pas une invention nouvelle.

Les diplomatistes distinguent le parchemin du vélin. Le *parchemin* est une peau de mouton ou de chèvre polie avec la pierre-ponce; le jaunâtre annonce le plus d'antiquité. Le *vélin* est tiré de la peau d'un veau mort-né ou d'un veau de lait; il est beaucoup plus blanc, plus fin, plus uni que le parchemin.

Le meilleur vélin ou parchemin se fabriquait en Orient, et les parcheminiers de Paris n'étaient souvent que des entrepositaires.

Le comte de Nevers, après avoir visité la Chartreuse de Grenoble, envoya aux religieux des cuirs de bœuf et des parchemins pour leurs livres, pensant que c'était le présent le plus agréable qu'on pût leur faire (XIe siècle).

En effet, le parchemin était devenu rare et cher, parce que les troubles qui agitaient l'empire d'Orient en avaient rendu l'importation difficile, et qu'on en fabriquait peu en Occident. Souvent, on râclait d'anciens manuscrits pour écrire sur le même parchemin un nouvel ouvrage. C'est ainsi que, vers 1820, l'abbé Angelo Mai, depuis cardinal et alors bibliothécaire du Vatican, retrouva une partie du texte encore lisible de *la République* de Cicéron, sous des commentaires de saint Augustin sur les psaumes.

Au reste, l'usage de ces parchemins *palimpsestes*, c'est-à-dire grattés, était connu chez les anciens. Cicéron, répondant au jurisconsulte Trébatius, qui lui avait envoyé un billet écrit sur un palimpseste, lui disait en plaisantant, après avoir loué son économie : « Je ne pense pas que vous effaciez mes lettres « pour y substituer les vôtres (1). »

Le papyrus qui, dans l'antiquité, s'employait concurremment avec le parchemin, était également rare et coûteux depuis que les Arabes avaient envahi l'Egypte. Le papier de coton, plus solide que le papyrus, le remplaça et s'introduisit en Europe vers le IXe siècle ; mais, comme il était souvent mal confectionné, on préférait encore le parchemin.

Dans les *Constitutiones siculæ* (Constitutions siciliennes) de l'empereur Frédéric II, en 1224, il y a une ordonnance par laquelle il est dit qu'à l'avenir tous les actes publics ne pourront être dressés que sur parchemin ; que tous ceux qui auraient été écrits sur papier ne seront pas reçus en justice, et que tous les actes faits sur papier de coton devront être transcrits sur parchemin dans l'espace de deux ans. Cela prouve que le papier de coton de ce temps était d'une mauvaise qualité, et que celui de lin n'était pas encore connu en Italie. L'ordonnance de l'empereur Frédéric était encore observée rigoureusement cent ans après.

En France, l'usage habituel du parchemin dura longtemps. Dans le XIIIe et le XIVe siècle, la plupart des parcheminiers de Paris étaient établis au quartier des Arcis, dans la rue des Écrivains, qui fut appelée momentanément rue des Parcheminiers ; dans la rue des Blancs-Manteaux, qu'on appela aussi rue de la Petite ou de la Vieille-Parcheminerie ; et enfin dans une rue du quartier de la Sorbonne, qui porte encore le nom de rue de la Parcheminerie.

---

(1) Non puto te meas epistolas delere ut reponas tuas. (*Epistolæ ad familiares*, lib. VII, epist. 18.)

Les parcheminiers étaient sous la juridiction de l'Université; les jurés, c'est-à-dire ceux qui avaient prêté serment entre les mains du recteur, jouissaient des franchises et priviléges accordés aux officiers universitaires. Ils étaient chargés de visiter, de marquer et de taxer le parchemin destiné à être vendu, et sur lequel le recteur percevait un droit de seize deniers parisis ou vingt deniers tournois par botte.

Ce droit, déjà mentionné en 1291, fut confirmé par lettres patentes de Henri II (1547), de Louis XIV (1673), et par plusieurs arrêts du parlement rendus contre les parcheminiers qui cherchèrent souvent à s'y soustraire. Il était affermé depuis 1564, et formait le seul revenu fixe du recteur.

Celui qui arrivait à Paris devait être déposé à la halle au Parchemin, située d'abord dans le couvent des Mathurins, et plus tard dans un collége de l'Université.

On ne pouvait en acheter que là, ou bien à la foire de Saint-Lazare et à celle du Lendit (1). Cette dernière, qui se tenait à Saint-Denis, était très-renommée. Le recteur s'y rendait processionnellement, accompagné des maîtres, des officiers et des écoliers de l'Université, et c'était seulement après que les marchands du roi, l'évêque de Paris et le corps universitaire s'étaient approvisionnés en parchemin, que les particuliers pouvaient faire leurs achats.

(1) Ce mot se trouve écrit *Landit, Landi* ou *Lendit*. La première orthographe a prévalu; mais la dernière paraît plus conforme à l'origine du nom, qui vient du latin *indictum*, indiction, convocation d'une assemblée ; on disait : *campus indicti* (le champ de la convocation, de l'indiction, d'où l'on a fait le champ du Lendit.

Cette foire, dont l'établissement est attribué à Charles le Chauve, s'ouvrait le lendemain de la Saint-Barnabé (11 juin); et celle qui se tient encore à la même époque, dans la ville de Saint-Denis, a conservé le nom de *Landit*.

Plusieurs fois, l'abbé de Saint-Denis voulut contester le droit du recteur pendant la foire du Lendit ; mais, en 1469, le parlement jugea en faveur de l'Université.

Au commencement du xviie siècle, le Lendit, où les écoliers causaient souvent du désordre, cessa d'être inauguré par les recteurs, qui perdirent ainsi le droit qu'ils y percevaient sur le parchemin ; mais ils le conservèrent sur celui qu'on apportait à Paris.

Quoique, depuis le milieu du xive siècle, l'usage du papier de linge fût devenu à peu près général, on se servit longtemps encore de parchemin pour écrire des livres d'heures, même des romans de chevalerie, et autres précieux manuscrits enrichis d'ornements et de miniatures.

Les premiers imprimeurs employèrent aussi quelquefois le parchemin dans leurs travaux typographiques. Plusieurs exemplaires de la *Bible* de Mayence de 1455 et de différents *Missels* sont imprimés sur vélin.

Quant aux actes publics, tels que diplômes, chartes, lettres patentes, contrats, etc., ils ont été presque toujours, jusque dans le siècle dernier, et sont parfois encore écrits sur parchemin. Mais le commerce de la parcheminerie n'a plus aujourd'hui l'importance qu'il avait jadis.

Dès son apparition en France, le papier y fut affranchi de toute contribution.

Les papetiers de Troyes ayant réclamé contre une taxe à laquelle la ville les avait imposés, Henri II les en déchargea par sa déclaration du 17 mars 1552, « à cause, y est-il dit, que par les priviléges de l'Université octroyez par aucuns de nos prédécesseurs roys, et successivement par les autres, et par nous confirmez, *la marchandise de papier a toujours esté exempte de tous péages et subsides*, pour le grand besoin qu'elle fait à la chose publique, en plusieurs et maintes manières, comme chacun sait, et entre autres à imprimer les livres, pour l'entretènement et accroissance des bonnes études et sciences. »

En 1564, Charles IX ayant mis un impôt sur le papier, l'Université porta ses réclamations devant le parlement. L'avocat Montholon parla au nom du recteur pour revendiquer les antiques priviléges universitaires.

« La chose la plus nécessaire aux étudiants, dit-il, est le papier, qu'on peut dire nous avoir été transmis par un don spécial de Dieu ; et la preuve en est aisée en remémorant la difficulté, voire la chereté, qui estoit de recouvrer livres auparavant et lorsque l'escriture se mettoit *in tabulis cera delibutis*. En cette considération, il y a eu spécial privilége au papier..... Le pauvre escholier a un double ou un liard pour avoir une feuille ; que si elle passe de plus haut prix, il sera contraint de laisser l'estude. »

De Thou plaida pour les libraires et imprimeurs, écrivains et papetiers.

« Est, dit-il, la papeterie une manufacture qui ne s'est pas cy-devant faite qu'en France, et se sont les estrangers, mesme ceux d'Espagne, toujours fournis en France, et s'est par le moyen de la papeterie, plus que par autre trafic et marchandise qui se fasse en France, tiré l'or estranger. Il n'y a en France mine d'or ny d'argent, et n'avons moyen de trafiquer avec l'estranger et d'avoir leur or et leur argent, que par le moyen de la manufacture de la papeterie. Si l'aide que l'on veut de nouvel lever sur le papier a lieu, et est une fois levée, l'on bannit une infinité de pauvres gens du royaume de France, lesquels apprendront aux estrangers, qui cy-devant se sont fournis en France, leur art et leur manufacture, et seront les

François pour l'avenir contraints, au lieu que les estrangers se fournissoient en France de papier, d'en aller querir aux pays estrangers. »

Versoris, avocat des maîtres gardes de la marchandise, parla d'abord de la fabrication peu coûteuse du papier qui le maintient à un prix modéré : « Car personne n'ignore que chose plus abjecte, vile et contemptible, ne peut estre que la matière dont se fait le papier. Tellement qu'à dire le vray, il n'y a rien que la manufacture de l'ouvrier, laquelle est d'autant plus louable et recommandable, comme c'est une industrie très-grande, et d'une si vile et contemptible matière, *et quasi ex nihilo*, faire une chose si utile, si nécessaire et si commode pour tous. »

Puis, craignant que le renchérissement du papier, occasionné par l'impôt dont on veut le frapper, ne décourage à la fois l'imprimeur et le fabricant, il ajoute : « Que si l'imprimeur délaisse son art et les marchands d'acheter, il faudra bien que les maistres papetiers délaissent leurs manufactures ; ne trouvant à qui vendre leur marchandise quand elle sera faite, il faudra que les serviteurs papetiers soient et demeurent inutiles, recherchant les pays estrangers pour estre employés. Les Espagnols, qui avaient coutume de venir acheter et se fournir de papier en France, ont commencé, depuis six ans, à construire des moulins à papier, où ils retirent des ouvriers de France le plus qui leur est possible. Et, à leur exemple, la roine d'Angleterre en fait construire, et a fait défense de plus venir acheter papier en France. Si l'imposition a lieu, on verra en bref les ouvriers passés aux pays estrangers, et cette manufacture tellement délaissée en ce royaume, qu'au lieu que par cy-devant on avoit en France le papier à vil prix, et que l'on en vendoit grande quantité aux estrangers, dont on en tiroit grand argent, on sera dorénavant contraint d'en acheter bien chèrement d'eux, et ce dont la France abondoit y défaudroit à l'advenir. Ceux qui ont fréquenté la ville de Lyon et les villes de France esquelles il y a Université ont pu remarquer quel trafic se fait de l'imprimerie, et comme les Allemands, Italiens, Espagnols et Anglois laissent par chacun an au royaume un denier inestimable pour livres imprimés qu'ils en tirent. Sur quoy si le papier se fait dorénavant ailleurs, il n'y a doute que plutost on n'imprime ès estranges pays qu'en France, conséquemment cessera cette négociation, qui est une des plus grandes du royaume. »

L'Université gagna sa cause. Charles IX défendit aux fermiers de lever l'impôt sur le papier, par lettres patentes du 14 août 1565, confirmées par celles de Henri III, du 16 novembre 1582, et par celles de Henri IV, du 15 novembre 1595.

En 1635, sous Louis XIII, on établit un impôt sur le papier, mais à la condition que le fermier payerait chaque année, à titre d'indemnité, une somme de dix mille livres à l'imprimerie royale et à l'Université de Paris.

En 1654, sous Louis XIV, cette indemnité fut remplacée par l'exemption de droits de trente mille rames de papier de toutes qualités et fabriques dont la distribution fut laissée au recteur.

Actuellement, le papier est affranchi des droits d'octroi à l'intérieur, et même de ceux d'exportation à l'extérieur; mais le papier importé de l'étranger est soumis aux droits de douane.

III. La fabrication du papier telle qu'elle se fait maintenant n'a pas été connue des anciens ; car la préparation du papyrus n'y ressemblait en rien ; elle consistait à enlever les pellicules de cette plante, à les couper régulièrement, à les coller les unes aux autres et à les lisser de manière à ce qu'elles pussent recevoir l'écriture.

Il est vrai que de temps immémorial les Chinois et les Japonais broient avec de l'eau les écorces de bambou, de coton, même les chiffons de coton, de soie, et les réduisent en pâte dont ils font du papier; mais ce procédé, analogue à celui que nous employons, ne fut pratiqué dans les autres contrées du globe que du VIIIe au IXe siècle.

Par une charte de 1189, Raimond Guillaume, évêque de Lodève, accorda, moyennant un cens annuel, le droit de construire des moulins à papier sur l'Hérault.

Dans le XIIIe, le XIVe et le XVe siècle, les moulins à eau, en avant et en aval de Troyes, étaient presque tous occupés par la papeterie.

Dans ces derniers temps, la fabrication des papiers s'est bien perfectionnée; on y a appliqué les machines à vapeur qui jouent un si grand rôle dans l'industrie moderne.

Les papiers confectionnés par les anciens procédés s'appellent papiers *à la forme* ou *à la main*, parce que la plupart des détails de la fabrication s'exécutent par la main de l'homme.

Ceux qui sont faits au moyen des machines se nomment papiers *à la mécanique*. Ce procédé, outre la rapidité de l'exécution, présente encore l'avantage de donner au papier telle dimension que l'on désire.

M. Johnson et MM. Spicer, célèbres fabricants de papiers en Angleterre, ont présenté à l'exposition universelle de Londres (1851) un rouleau de papier de 2,500 yards (2,275 mètres, ou environ 7,013 pieds) de longueur. Il résulte de la perfection du mécanisme que la bouillie aqueuse, coulant sans interruption à l'une des extrémités de la machine, se trouve convertie en une feuille continue de large papier à écolier, qui arrive sec et prêt à être employé à l'autre extrémité.

Rien n'est plus facile pour le visiteur de la papeterie que de suivre des yeux tous les dégrés de cette transformation merveilleuse. Les chiffons sont classés suivant la qualité de leur matière première ; on les décrasse, on les lave, on les blanchit, on les triture, on les réduit en pâte. Quand la pâte est devenue blanche, fine, douce, floconneuse, elle tombe dans un grand bassin rempli d'eau ; elle se dissout, elle se liquéfie, elle disparaît presque, et le papier commence. L'eau épaissit de nouveau, en passant dans un second réservoir ; à sa troisième étape, elle s'étend et se consolide en glissant sur une espèce de tamis en laine ; l'eau du premier bassin redevient pâte, elle roule tout doucement autour d'un cylindre qui la presse, qui la sèche, et qui la remet aux mains d'un ouvrier, sous la forme d'une immense feuille de papier ; c'est là un miracle qui ne dure pas cinq minutes. Il ne reste plus qu'à faire la *toilette* du papier : on le coupe en formats, on le rogne, on le glace, s'il y a lieu, on le met en rames, et la métamorphose du chiffon est complète. L'étude de cette transformation n'est pas seulement quelque chose de singulier et de charmant pour les personnes ; on assiste à la *représentation* de ce mystère de l'industrie et de la mécanique, avec une secrète émotion, jusqu'à l'achèvement du travail.

Dans le papier fait à la forme, c'est-à-dire sur une espèce de tamis en fils métalliques attachés à des tringlettes, nommées vergeures et pontuseaux, formant plusieurs compartiments, on voit des raies qu'on appelle aussi vergeures, pontuseaux et filigranes, produites par ces fils et tringlettes ; et l'on nomme papier *vergé* celui qui est ainsi fabriqué.

Le papier *vélin*, c'est-à-dire imitant le parchemin, est fait sur une forme plus fine et d'une seule pièce, et ne laisse voir aucune vergeure.

François-Ambroise Didot, membre de cette famille à laquelle l'art typographique doit tant d'améliorations, introduisit en France l'usage du papier vélin.

« Vers la fin de 1779, dit-il, je m'aperçus que le papier de l'épreuve des caractères d'un fondeur anglais, nommé Caslon, n'avait ni pontuseaux, ni vergeures. Mes recherches me firent connaître que cette fabrication n'était point récente en Angleterre, et que la première édition du *Virgile*, de Baskerville, qui parut en 1757, était imprimée en grande partie sur cette sorte de papier.

« Regrettant que cette fabrication ne fût point encore introduite en France..., j'envoyai aussitôt à MM. Johannot père et fils une feuille que je détachai de ce livre d'épreuve (1). »

Ces fabricants, aidés des conseils de Didot, commencèrent des essais qui réussirent; et, en 1781, ils lui fournirent du papier vélin grand-raisin dont il se servit pour imprimer d'abord un conte allégorique tiré des œuvres de la marquise de Montesson, in-4°, puis un extrait du poëme des *Jardins* de Delille. Quelque temps avant MM. Johannot, c'est-à-dire en novembre 1779, MM. Montgolfier avaient fait, en présence de M. Desmarets, de l'Académie des sciences, des essais de fabrication de papier vélin; mais ils ne les poursuivirent pas alors, et, quand ils entreprirent définitivement de fabriquer cette sorte de papier, les ateliers de MM. Johannot en avaient déjà livré au commerce et à l'imprimerie.

(1) *Essai de fables nouvelles, suivi de poésies diverses et d'une Épître sur les progrès de l'imprimerie*, par M. Didot fils aîné; Paris, 1786, in-12, note.

Le papier vélin, d'une pâte plus épurée que le papier vergé, et par conséquent plus uni et plus blanc, était employé pour l'impression des ouvrages de prix.

Aujourd'hui, le papier à la mécanique remplace presque partout le papier à la forme, soit vergé, soit vélin, dont la fabrication, déjà bien restreinte, finira par être totalement abandonnée.

Aux chiffons de toile ou de lin, on ajoute malheureusement trop souvent des débris de vieux papiers, connus sous le nom de rognures. Mais la mauvaise foi, qui est la plaie du commerce, ne s'arrête point là, et emploie, au grand détriment de la qualité, des chiffons de coton, et jusqu'à du plâtre, afin d'en augmenter le poids.

Au reste, bien des substances peuvent se convertir en papier. Pallas, naturaliste prussien, en a fabriqué avec le parenchyme de maïs ; Léorier-Delisle avec toutes sortes de végétaux ; le marquis de Salisbury et Armand Seguin avec de la paille. Mais ces procédés, imités des Chinois, sont encore loin de produire des papiers équivalant à celui de chiffon.

Il n'y a pas très-longtemps qu'on fabrique des papiers de couleur en mêlant dans la pâte des substances colorantes. Autrefois on se contentait de les peindre ; et, comme c'était plus long et plus coûteux, on ne le faisait pas fréquemment. A présent on imprime sur des papiers colorés des couvertures de livres, des affiches, etc.

Quant aux papiers peints nommés papiers de tenture, qu'on emploie presque généralement aujourd'hui, au lieu de tapisseries, pour la décoration des appartements, et qui offrent les dessins les plus variés, ils se fabriquent par le moyen de l'impression et se vendent en rouleaux. L'usage en vient de la Chine et fut introduit en Europe par les Hollandais et les

Espagnols, vers le milieu du xvie siècle; mais ils ne furent en vogue et l'on n'en commença la fabrication que dans le siècle dernier.

L'Angleterre eut des manufactures de papiers peints vers 1746, et depuis quelques années les frères Potter ont créé à Manchester un établissement colossal qui, par son système mécanique, imprime quinze couleurs à la fois, et qui, avec ses huit machines, produit en un seul jour 8 à 10,000 rouleaux, c'est-à-dire plus que toutes les manufactures de Londres réunies.

On fabrique maintenant des papiers peints dans toute l'Europe et même en Amérique; mais la France est le pays où se confectionnent les plus beaux papiers de tenture. La fabrique de M. Zuber à Rixheim, près Mulhouse (Haut-Rhin), fondée en 1790, et celles de Paris sont les plus renommées; ces dernières sont presque toutes situées dans le faubourg Saint-Antoine. Avant la révolution il y en avait déjà une tenue par Réveillon et qui fut saccagée le 28 avril 1789, dans une émeute politique où plusieurs personnes perdirent la vie. Cette catastrophe lui a donné une célébrité historique.

La fabrication du carton est analogue à celle du papier ordinaire; mais la pâte en est plus grossière: elle se fait avec de vieux papiers, de vieilles toiles d'emballage, des chiffons de toute espèce, connus sous les dénominations de gros de Paris, gros de campagne, blanc sale ou blanc fin, des toiles de fil dites bulle ou gros bulle.

Le carton de Bristol en Angleterre est très-estimé.

En 1817, un Français, M. Mézières, inventa une sorte de carton appelé *carton-pierre*, avec lequel on moule des figures, des vases, des ornements, etc., aussi solides que s'ils étaient en plâtre ou en bois.

IV. Dans l'antiquité les plus célèbres fabriques de papyrus étaient à Alexandrie en Égypte; celles de parchemin, à Pergame, dans l'Asie Mineure. Au viiie siècle, les fabriques de papier de coton de Septa, aujourd'hui Ceuta, en Afrique, de Xativa, de Valence, de Tolède en Espagne, étaient renommées.

Samarkand, ville de la Tartarie russienne, rivalise maintenant avec la Chine pour la fabrication du papier de soie.

Après l'invention du papier de chanvre et de lin, un grand nombre de manufactures s'établirent en France, dans le Languedoc, l'Auvergne, la Champagne, etc.

Un édit de Charles VIII, de 1468, atteste qu'il y avait des manufactures de papier à Troyes, à Corbeil, à Essonne.

Rabelais, dans le 4e livre de son *Pantagruel*, parle d'un beau et grand papier de Languedoc, nommé *canonge*, du mot latin *canonicus* qui signifie chanoine.

Dès le xiiie siècle, les papetiers troyens formaient une corporation nombreuse; c'était parmi eux que l'Université prenait ses papetiers jurés.

Les fabriques de France soutiennent avec succès leur antique réputation. Nous citerons, entre autres, celle d'Essonne, dirigée par M. Gratiot; celles d'Annonay, tenues par MM. Johannot, par MM. Montgolfier, dont le nom se rattache à l'invention des aérostats. C'est là aussi que MM. Canson ont une fabrique de papier à la mécanique. Les belles papeteries de MM. Didot, au Mesnil, près Dreux, de MM. Lacroix, d'Angoulême, et beaucoup d'autres se recommandent également pour la bonté de leurs produits.

L'Allemagne est une contrée où la fabrication du papier est ancienne, mais en général il n'est pas très-beau.

Les papiers de Hollande, au contraire, ont joui et jouissent encore d'un bon renom. En 1768 et 1777, Desmarets, de l'Académie des sciences de Paris, fut chargé d'aller visiter les fabriques hollandaises et d'en étudier les procédés.

La fabrication du papier s'introduisit tardivement en Angleterre et ne s'y développa que lentement.

Dans la souscription d'un livre (1) imprimé à Londres vers 1490, par Wynkin de Worde, l'un des plus anciens typographes de ce pays, on lit des vers anglais qui apprennent que John Tate le jeune avait fabriqué le papier qui servit pour l'impression du livre.

Vers 1564, comme le témoignent les paroles de Versoris que nous avons citées plus haut (voir page 334), on construisit quelques moulins à papier sous le règne d'Élisabeth, et, en 1588, John Spilman, allemand, joaillier de cette princesse, obtint la permission d'en construire un près de Dartfort; plusieurs manufactures s'élevèrent aussi dans le comté de Kent; mais il ne sortait de ces diverses fabriques qu'un papier bis et grossièrement confectionné. Aussi est-ce en vain qu'on voulut prohiber les papiers étrangers : les Anglais continuèrent d'en tirer de la Hollande et surtout de la France, à laquelle, suivant Adam Anderson (2), ils en achetaient annuellement pour 100,000 liv. sterling (2,500,000 fr.).

Après la révocation de l'édit de Nantes (1685), une foule d'industriels protestants quittèrent la France, se réfugièrent en Angleterre et fondèrent à Londres les premières fabriques de papier blanc et fin. Le gouvernement français parvint plus tard, à prix d'argent, à rappeler tous ces ouvriers en France,

---

(1) C'est la traduction anglaise, faite par Jean Trevisa, du livre latin de Barthélemi de Glanville, cordelier anglais, intitulé : *De proprietatibus rerum*.

(2) Tableau historique et chronologique de l'origine du commerce, etc., en anglais.

et les fabriques de Londres furent anéanties ; mais on les rétablit sous le règne de Guillaume III.

La papeterie a fait de grands progrès en Angleterre à partir de cette époque et surtout depuis 1770, que Whatmann, après avoir visité les plus importantes fabriques du continent, en fonda une, à Maidstone, qui jouit d'une grande renommée et dont les exploiteurs actuels ont obtenu une médaille de première classe à l'exposition universelle de Londres en 1851.

Maintenant, grâce aux mécaniques, on manufacture chaque année en Angleterre environ 130,000,000 livres pesant de papier, dont la valeur dépasse 75,000,000 fr. et produit au budget un revenu de 21,700,000 fr. Les neuf dixièmes de cette quantité sont consommés dans le pays, car les exportations ne s'élèvent pas à plus de 7,500,000 fr.

Vers le milieu du xviiie siècle, la fabrication du papier s'est propagée rapidement en Amérique, surtout aux Etats-Unis où la typographie est si active. On a même établi à Philadelphie une foire annuelle pour la papeterie et la librairie. C'est dans cette ville que Benjamin Franklin, alors imprimeur, fonda la première papeterie américaine ; auparavant, les colonies tiraient leur papier de la métropole.

Depuis l'invention de l'imprimerie, le commerce des papiers a pris une extension prodigieuse, devenue plus grande encore grâce à la liberté de la presse qui existe presque partout. Le fameux munitionnaire Ouvrard, fils d'un propriétaire de papeteries, prévoyant, en 1789, que le régime de liberté qui venait d'être proclamé en France allait donner lieu à une foule de publications, acheta à l'avance tout le papier que les fabriques du Poitou et de l'Angoumois pourraient produire en deux années ; et, son marché signé, il réalisa cent mille écus en le cédant.

Lorsque le papier est fabriqué, on le met en ballots, c'est-à-dire en rames ; la rame contient 20 mains de 25 feuilles chacune, et c'est ainsi qu'il se vend en gros. Les papetiers détaillants le vendent à la main et même à la feuille.

En termes typographiques, on appelle mains de passe ou chaperon les mains qu'on livre à l'imprimeur en sus de la quantité de papier nécessaire pour l'impression d'un ouvrage. Ce chaperon, destiné à la mise en train et au remplacement des feuilles gâtées ou mal tirées, est ordinairement d'une main par rame.

Les sortes de papiers à la forme le plus en usage encore dans les imprimeries, sont le papier carré, la coquille et le grand-raisin pour les livres et ce qu'on appelle les bilboquets, c'est-à-dire les circulaires, les factures, etc.; puis le papier pot, l'écu, la couronne, le jésus, le colombier, pour les registres, les tableaux.

Quoique le papier à la mécanique, presque généralement adopté aujourd'hui, ne porte pas habituellement de marques, on conserve les dénominations de carré, de raisin, etc., pour indiquer les dimensions qu'on veut lui donner.

Il se fabrique encore quelques autres sortes de papiers qu'on emploie à divers usages : le papier bulle à faire des bandes, des enveloppes ; le papier gris, très-épais, pour les emballages ; le papier brouillard pour filtrer des liquides ; le papier joseph, soyeux et mince, pour servir de garde aux gravures ; le papier serpente, transparent, dont les dessinateurs se servent pour calquer.

En considérant l'immense consommation de papier qui se fait aujourd'hui dans le monde, la multiplicité des livres et la diffusion des lumières qui en résultent, on regrette que les anciens n'aient pas été abondamment pourvus de papier, comme nous le sommes ; cependant cet utile secours n'aurait pu leur suffire, et la civilisation n'eût encore marché que bien lentement avec la plume des copistes.

C'est l'imprimerie qui a véritablement propagé l'instruction et l'a rendue universelle. La papeterie est devenue presque l'auxiliaire obligé de l'art typographique, c'est à lui que cette industrie doit ses inspirations et ses perfectionnements.

V. Les anciens Romains avaient différentes espèces de papyrus qui prenaient leurs dénominations des lieux de fabrique : papyrus d'Egypte, d'Alexandrie, comme nous disons maintenant papier d'Angoulême, d'Auvergne, de Hollande ; ou des princes sous le règne desquels on les avait fabriqués : papier *auguste, livien, claudien*. Nous avons aussi aujourd'hui une sorte de papier dit à la *Tellière*, parce qu'il fut fabriqué pour l'usage de Le Tellier, marquis de Louvois, ministre de Louis XIV.

Mais dans le xve siècle, et surtout après l'invention de l'imprimerie, les papeteries se multiplièrent et les fabricants adoptèrent des marques particulières pour désigner leurs papiers.

C'est ainsi qu'on y trouve des ancres de diverses formes, des dés, des ciseaux, des têtes de bœuf, des fleurs de lis, une grappe de raisin et un griffon (ces trois dernières marques existaient encore il y a peu de temps) ; puis on y vit un croissant, une licorne, un lion, un pot à fleurs, un navire, et enfin le chapeau ou bonnet de la liberté en Hollande. Tout cela est bien grossièrement dessiné, et ne peut guère prouver qu'un livre a été imprimé par tel ou tel imprimeur, puisque le papetier a pu fournir à différents typographes du papier portant les mêmes signes.

On peut reconnaître les éditions faites à Mayence, et en d'autres pays, dans les trente premières années après l'invention de l'imprimerie, par le papier qui est un peu bis, épais et fort, et qui porte presque toujours les marques suivantes :

1° Un croissant, les pointes en bas, surmonté d'une ligne, en haut de laquelle est une étoile ;

2° Un oiseau ;

3° Une tour avec sa porte ;

4° Une rose, ayant quelquefois une croix ou une couronne dans le centre ;

5° Deux clefs adossées ;

6° L'écu de France surmonté d'une couronne avec des fleurs de lis ;

7° Une main ouverte dont le doigt du milieu est surmonté d'une croix ;

8° Un veau debout ;

9° Une tête de veau.

Tous les ouvrages imprimés à Besançon le furent sur du papier estampillé à tête de bœuf, sortant de la papeterie de Baume, qui était florissante dès 1411, et de celle d'Arcier, dite de la *Calas*. Elles en fournissaient non-seulement à la Franche-Comté, qui faisait alors partie de l'Allemagne, mais encore aux contrées voisines.

Henri VIII, roi d'Angleterre, égaré par la haine qu'il portait au chef de l'Église catholique, se servait habituellement pour sa correspondance d'un papier dont la marque était (on a honte de le dire) un cochon mitré.

Nous avons eu, lorsque la papeterie s'est perfectionnée, d'autres marques qui servaient à faire connaître la grandeur du papier, comme grand-aigle, grand-raisin, etc. On trouve dans le *Manuel pratique de la typographie française* de

M. Brun, la nomenclature de tous les papiers employés en France avant l'invention du papier mécanique.

Quelques bibliographes ont prétendu que les anciennes marques du papier étaient celles des typographes : c'est une erreur; elles ne désignaient que les fabricants, et maintenant elles ne servent plus qu'à désigner les différentes sortes de papier. Ces marques sont dessinées dans les formes mêmes, quelquefois estampillées en manière de timbre sec.

Quant aux marques typographiques, dont nous avons déjà parlé, elles étaient placées et imprimées sur le frontispice des livres.

L'emploi du papier timbré, c'est-à-dire revêtu d'une marque apposée par l'État, pour la transcription des actes publics, remonte à l'empire romain. L'empereur Justinien prescrivit une forme particulière de timbre pour la ville de Constantinople, en 537.

Après une longue interruption, l'usage du papier timbré fut rétabli dans les États modernes au XVIe et au XVIIe siècle.

Le papier-monnaie est une invention chinoise qui date de l'an 1155 de notre ère, et accréditée depuis longtemps en Europe.

Quand on a voulu lui donner, en France, un cours forcé, et le substituer au numéraire, soit en 1720, lors du fameux système de Law, soit en 1790, lors de l'émission des assignats, cette mesure a été désastreuse ; mais lorsqu'elle se borne à des billets de banque, à des actions sur l'État ou sur des entreprises commerciales, qu'elle repose sur un gage certain, et que la libre acceptation en est laissée à la confiance publique, le papier-monnaie peut devenir une mesure éminemment utile.

Cependant de grandes précautions doivent être prises contre les contrefacteurs, soit dans la fabrication même du papier qu'on parsème de filigranes, de marques et d'ornements intérieurs, soit dans l'application extérieure de l'écriture, des vignettes et dessins, qui se fait avec une encre particulière et par des procédés spéciaux.

On s'est beaucoup occupé dans ces derniers temps de la fabrication d'un *papier de sûreté*. Le lavage frauduleux du papier timbré, les falsifications d'écriture dans les actes publics et privés, ont pris de nos jours de telles proportions, et les faussaires ont acquis une telle habileté, que les intérêts les plus chers des familles se réunissent à ceux de l'État pour demander à la science les moyens de garantir la sûreté des transactions et de préserver le Trésor des dommages que lui cause une coupable industrie.

D'après le compte rendu d'une séance de l'Académie des sciences, insérée au *Moniteur* du 15 septembre 1849, c'est le 13 février 1826 que cette Académie a été consultée pour la première fois à ce sujet, et c'est seulement le 4 décembre 1848 que la commission, formée à la suite de cette communication, annonçait par l'organe de son rapporteur, M. Dumas, que le problème lui semblait résolu.

Dans le cours de ces vingt-trois années, on a écarté successivement les encres indélébiles, les papiers imprégnés de réactifs chimiques, ceux formés de deux feuilles superposées, munies d'une vignette délébile, cachée dans leur intérieur. Le procédé auquel on paraît s'être arrêté est celui qui a été soumis à l'Académie par M. Grimpé. Toutefois, ce procédé n'est pas arrivé à l'état pratique, car ni le Gouvernement ni les particuliers ne l'ont encore employé.

Jusqu'à présent, pour rendre infalsifiables les titres, actions et billets, les seuls moyens expérimentés sont le papier filigrané et les fonds de hasard obtenus par la gravure sur des planches d'acier ou de cuivre; encore l'ont-ils été rarement, attendu que l'exécution en est longue et dispendieuse.

Le procédé le plus fréquemment appliqué aujourd'hui, parce qu'il est à la fois sûr, prompt et plus économique, est celui des fonds de hasard obtenus par la lithographie. La pierre, soumise à des agents chimiques, fournit un dessin moiré, granité ou marbré, dû au hasard et, par conséquent, inimitable (1), sur lequel on peut tracer des signes, des lettres, comme dans le papier filigrané ; une contre-impression en couleur reproduit ensuite identiquement sur le verso tous les détails des traits, caractères ou vignettes du recto, de telle sorte que les deux impressions se confondent en une seule.

VI. La qualité du papier contribue beaucoup à faire ressortir la beauté de l'écriture ou de l'impression. Le même ouvrage présente un aspect tout différent, selon qu'il est écrit ou tiré sur de bon ou de mauvais papier.

L'imprimerie donna un grand essor à la papeterie dont les progrès ont toujours été croissants. Cependant il faut reconnaître que, à l'époque où la typographie fut inventée, on fabriquait déjà de bon papier, comme le prouvent les éditions du XVe siècle; en examinant celui de la *Bible* de Mayence, de 1455, on est frappé de sa solidité et surtout de son égalité.

La consistance, la blancheur, une surface unie, voilà les qualités qu'il faut rechercher dans le papier.

La consistance du papier dépend en partie du collage. Cette opération se faisait autrefois avec de la gélatine sur des feuilles déjà fabriquées et entraînait une main-d'œuvre fort coûteuse; aujourd'hui, c'est la pâte même qui est collée au moyen d'un

---

(1) Procédé Paul Dupont.

savon résino-alumineux et de fécule, procédé plus prompt et moins dispendieux.

Les anciens papiers d'impression étaient presque toujours collés ; ceux d'à présent ne le sont presque jamais, parce que le tirage s'y exécute mieux; mais ils n'ont pas la même solidité. On trouve beaucoup de livres imprimés depuis deux ou trois siècles, et parfaitement conservés, grâce à la consistance du papier; nous doutons que les impressions faites sur la plupart de nos papiers modernes atteignent une aussi longue durée.

Cependant on imprime encore, mais rarement, quelques ouvrages sur du papier collé, ce qui permet aux lecteurs d'écrire à la main des annotations marginales. On peut même effectuer le collage après l'impression.

Le battage que les relieurs font subir au papier lui donne aussi de la consistance.

En général, les papiers sont maintenant d'un très-beau blanc et d'une pâte très-unie. Le blanchiment des chiffons par le chlore a remplacé les procédés plus lents et moins énergiques que l'on employait autrefois. Cette substance corrosive altère un peu la fermeté du papier; mais la chimie a déjà essayé et trouvera sans doute les moyens de parer à cet inconvénient.

Les papiers de France surpassent ceux d'Angleterre sous le rapport de la blancheur; mais ils leur sont inférieurs pour la distribution égale de la pâte qui ne laisse pas d'endroits faibles dans le corps du papier.

Ce qu'on doit encore rechercher, c'est l'égalité de nuance : rien n'est plus désagréable à l'œil qu'un livre imprimé sur du papier dont la nuance n'est pas constamment la même depuis la première jusqu'à la dernière feuille.

Fuller, écrivain anglais du xviie siècle, signale ainsi les papiers employés de son temps, prétendant qu'ils participent, en quelque sorte, des nations qui les fabriquent : le papier vénitien est élégant et fin ; le papier français est léger, délié et mou ; le papier hollandais est épais, corpulent, spongieux.

Cette appréciation, plus ingénieuse que vraie, ne tombe que sur les qualités ostensibles du papier. La superstition est allée plus loin ; elle a attribué des qualités occultes à des encres, à des papiers prétendus sympathiques, au moyen desquels des personnes éloignées les unes des autres correspondraient instantanément, l'écriture tracée sur une feuille se reproduisant sympathiquement sur les feuilles homogènes, à quelque distance qu'elles se trouvent.

Cette idée, basée sur des influences chimériques, la science vient de la réaliser par des moyens physiques, en appliquant l'électricité à la télégraphie.

Il existait autrefois de sages règlements sur la bonne qualité du papier. Dans tous les priviléges accordés pour l'impression des livres, on insérait cette clause, que l'ouvrage serait imprimé sur bon papier et en beaux caractères, nouvelle preuve de l'intérêt que les rois de France portaient à l'art typographique. C'est pour le même motif qu'un arrêt du conseil du 6 mars 1630, rendu en faveur du syndic et des adjoints de la communauté des libraires et imprimeurs de Paris, décharge de toute imposition quelconque le papier qui se fabriquera dans le royaume.

A Rome, où l'imprimerie eut une époque si brillante, les souverains pontifes enjoignirent aux syndics et adjoints de veiller, en faisant leurs visites, à ce que les livres fussent imprimés sur de bon et beau papier.

Aujourd'hui ces mesures sont impraticables, à cause de

la multiplicité et de la rapidité des entreprises typographiques ; d'ailleurs, en présence d'un système de liberté illimitée, comment assujettir les imprimeurs et les libraires à venir, chaque fois qu'ils mettent un ouvrage sous presse, apporter devant une chambre syndicale ou un jury d'examen le modèle du papier et des caractères dont ils prétendent se servir? C'est à l'acheteur à juger ce qui lui est offert, et à le payer en raison de sa valeur.

CHAPITRE XIV.

MATÉRIEL ET PERSONNEL TYPOGRAPHIQUES.

SOMMAIRE.

I. Caractères d'imprimerie; procédés employés pour la gravure et la fonte des caractères; artistes célèbres. — II. Gravure sur bois appliquée à la typographie. — III. Typographie musicale; impression topographique. — IV. Composition typographique; mise en pages. Procédés mécaniques appliqués à la composition. — V. Correction typographique. — VI. Presses, divers systèmes; tirage; photographie; télégraphie électrique. — VII. Encre; impressions en couleurs. — VIII. Stéréotypie; procédés analogues. — IX. Ouvriers typographes.

I. Les caractères d'imprimerie sont mobiles et représentent séparément toutes les lettres de l'alphabet, ainsi que les signes de ponctuation, chiffres, etc.

Avant l'invention des caractères mobiles, on se servait pour imprimer de types gravés en relief sur des planches de bois, procédé lent et coûteux, puisqu'il obligeait de graver une à une toutes les lettres d'un livre, sans que ces caractères pussent servir à aucun autre ouvrage. Aussi ce procédé n'était-il guère employé que pour les livres de peu d'étendue et d'un usage très-répandu, tels que les *specula*, les *donats*, etc.;

quant aux autres livres, on continua à les demander à l'industrie des copistes, jusqu'au moment où Gutenberg eut trouvé le moyen de composer toutes les pages d'un livre avec des caractères mobiles pouvant servir successivement à l'impression d'un grand nombre d'ouvrages.

Les premiers essais furent nécessairement fort imparfaits. Les caractères, taillés en bois, étaient presque toujours inégaux, manquaient de netteté et formaient quelquefois d'une seule pièce des syllabes et des mots entiers. Ces formes de lettres et de mots étaient liées entre elles avec de la ficelle, moyen tout à fait insuffisant pour les tenir serrées convenablement.

Lorsqu'on voulut employer le plomb, le cuivre ou même l'argent, la difficulté ne parut pas moins grande. On perdit d'abord beaucoup de temps à scier, limer, polir, équarrir et réduire à une égale hauteur les petites pièces de métal sur lesquelles chaque lettre devait être gravée. Les inventeurs imaginèrent alors de fondre le métal selon les proportions désirées de manière à ce qu'il ne restât plus que la lettre à graver. Enfin, ils cherchèrent le moyen de fondre l'œil même de la lettre avec ce corps, par une seule opération, consistant à couler le métal dans des moules qui contiendraient chaque lettre gravée en creux. Le mécanisme de l'imprimerie était dès lors inventé.

Quand on songe aux difficultés de toute nature qu'il fallut surmonter avant d'arriver à fondre les caractères dans des proportions assez exactes pour pouvoir les employer à la composition des livres, on ne s'étonne plus du temps, des peines et des sommes énormes qui furent prodigués par Gutenberg et ses associés pour mener à bonne fin leur entreprise.

Cette invention, comme nous l'avons déjà dit ailleurs, fut

perfectionnée en 1452 par Pierre Schœffer, devenu l'associé de Faust et de Gutenberg, après le retour de celui-ci à Mayence. Schœffer grava le type de chaque caractère sur un poinçon d'acier, auquel il donna ensuite par la trempe une assez grande dureté pour pouvoir tirer une empreinte de la lettre sur une matière solide, capable de résister à l'action d'une chaleur prolongée. Le cuivre lui parut remplir ces dernières conditions; il enfonça dans une lame de ce métal, à l'aide d'un marteau, son poinçon d'acier, dont il obtint ainsi une empreinte parfaite en creux; il n'eut plus alors qu'à chercher les moyens d'y couler du plomb, de manière à en faire ressortir un relief en tout semblable au poinçon dont il s'était servi.

C'est ce qu'il obtint aisément, en montant sur l'empreinte faite dans le cuivre un moule propre à donner à chaque lettre une épaisseur convenable et en prenant toutes les précautions nécessaires pour que les caractères fussent parfaitement d'aplomb et de même hauteur à la surface de la lettre.

Quant à la fonte même du caractère, c'est-à-dire à l'introduction dans le moule du métal en fusion, on ne connaît exactement ni le métal employé ni les procédés en usage dans les premiers temps de l'imprimerie. Aujourd'hui, on se sert d'un alliage de plomb, d'antimoine et d'étain; quant à l'opération même, qui ne laisse pas que de demander une certaine habileté, on y procède de la manière suivante :

L'ouvrier tient de la main gauche un moule formé de deux pièces en équerre, coulant l'une sur l'autre, de manière à se rapprocher à volonté pour donner les différentes épaisseurs aux tiges des lettres.

La matrice est placée, à la partie inférieure du moule, entre deux registres qui la maintiennent de chaque côté, tandis qu'un ressort la retient appliquée devant l'ouverture, et fixe la hauteur des lettres.

Placé devant un creuset, l'ouvrier y puise le métal en fusion avec une petite cuiller de fer en contenant juste la quantité nécessaire pour remplir le vide. Il coule ce métal avec célérité par l'ouverture du jet, placée à la partie supérieure du moule, en même temps qu'il élève son bras gauche avec force pour accélérer, par un mouvement brusque, la chute du métal jusqu'à la partie inférieure qu'elle doit atteindre pour prendre, dans le creux de la matrice, l'empreinte de la lettre.

De ce mouvement brusque d'ascension du bras gauche, au moment où le métal en fusion touche les parois du moule, dépend le succès de l'opération; car si la matière était coulée simplement par son contact avec le fer, elle serait immédiatement figée à la superficie du moule ou ne donnerait que des produits imparfaits sans aucune netteté.

Ce travail demande de la part de l'ouvrier une grande habitude, pour saisir justement la force d'impulsion à donner au moule au moment où il applique la cuiller à l'orifice du jet. Tous ces mouvements exigent une grande célérité, puisqu'un ouvrier doit fondre, en moyenne, trois mille lettres par jour.

Le caractère des premières éditions typographiques ressemble à l'écriture du temps, qui est une sorte de demi-gothique. En 1471, le gothique pur était employé à Strasbourg. L'Allemagne, dit M. Philarète Chasles, avait imité avec scrupule les pointes et les angles aigus de ce caractère gothique, qui semble avoir introduit dans l'écriture les caprices de l'architecture ogivale.

Le caractère gothique s'est perpétué jusqu'à nos jours en Allemagne, soit dans les manuscrits, soit dans les livres imprimés ; cependant l'écriture et l'impression en lettres romaines y sont maintenant fort usitées.

Les premiers typographes allemands avaient adopté dans leurs impressions l'écriture nationale ; il en fut de même de ceux qui portèrent l'imprimerie dans les pays étrangers. Ainsi Sweynheym et Pannartz qui, sortis des ateliers de Mayence, allèrent s'établir à Rome et introduisirent l'art typographique en Italie, employèrent le caractère romain. Leur exemple fut suivi par la plupart des autres imprimeurs de cette contrée, notamment par Jean et Vindelin de Spire, premiers imprimeurs de Venise. Nicolas Jenson, Français d'origine, qui bientôt aussi alla s'établir dans la même ville comme imprimeur, graveur et fondeur, détermina la forme et les proportions du caractère romain, tant majuscule que minuscule, tel qu'il existe encore aujourd'hui, à quelques modifications près, dans les imprimeries.

Géring et ses associés à Paris se servirent d'un seul caractère de gros-romain pour tous les ouvrages qu'ils imprimèrent en Sorbonne. Après qu'ils se furent établis rue Saint-Jacques, ils employèrent plusieurs sortes de caractères, dont quelques-uns ressemblent à une écriture à la main ; sans être gothiques, ils se rapprochent de ceux des éditions de Mayence faites par Pierre Schœffer ; mais les ouvrages qu'il imprima seul, en 1478, sont en beaux caractères romains, et peuvent même rivaliser avec les impressions vénitiennes alors très-renommées.

Günther Zainer, premier imprimeur d'Augsbourg, et plusieurs autres typographes d'Allemagne, employèrent aussi le caractère romain ; mais, par un retour bizarre, le gothique non-seulement prévalut en Allemagne où il est encore en usage, mais il s'introduisit en Italie, en France, en Espagne, en Angleterre. Ainsi, à Venise, Jenson, qui s'était illustré par la perfection de ses caractères romains, donna plus tard de nombreuses éditions en caractères gothiques ; à Paris, Géring abandonna aussi les types romains pour ces caractères disgracieux que certains typographes cependant appelaient très-agréables, très-élégants, *jucundissimi*, *elegantissimi*, et que l'on continua d'employer dans beaucoup d'imprimeries jusqu'à la fin du xvie siècle, mais qui ne sont plus aujourd'hui que des caractères de fantaisie.

Simon de Colines, Robert Estienne, Michel Vascosan furent les restaurateurs du caractère romain en France, plutôt que Josse Bade qui, au contraire, se servait fréquemment du gothique.

En Italie, les belles éditions des Alde arrêtèrent les progrès de l'impression en gothique et ajoutèrent encore à la pureté des lettres romaines.

Ce fut Alde Manuce, à Venise, qui inventa, vers 1500, le caractère penché appelé *italique*, avec lequel il imprima un *Virgile*, un *Horace* et autres classiques latins. A Paris, Simon de Colines, qui était en même temps imprimeur, graveur et fondeur, introduisit ce caractère dans la typographie française. Il est maintenant adopté partout, mais l'usage en est bien restreint. Manuce imprimait des ouvrages entiers en italique. Pendant le siècle dernier, on imprimait souvent avec ce caractère les avertissements, les préfaces, les sommaires des chapitres, même le texte d'un auteur lorsqu'on en donnait la traduction en regard, qui était alors en romain. Aujourd'hui, on se borne à imprimer en italique les mots et les phrases sur lesquels on veut appeler l'attention, les titres d'ouvrages qu'on indique, les citations, quand elles sont courtes ; car, si elles ont une certaine étendue, on les imprime ordinairement en romain, en faisant précéder de guillemets chaque ligne, ou du moins chaque alinéa.

Avant l'invention du caractère italique, et encore après, plusieurs imprimeurs combinaient le gothique avec le romain : dans quelques dictionnaires imprimés en romain, les premiers mots, au lieu d'être en capitales de ce caractère, sont en gothique (Robert Estienne lui-même et son beau-père Simon de Colines en ont fourni des exemples); ou bien les premiers mots sont en capitales romaines et le reste en gothique. Les imprimeurs d'Allemagne mélangent encore ces deux caractères; mais, dans les autres pays, on ne combine actuellement que le romain et l'italique; néanmoins, les affiches, les prospectus, les titres de quelques livres présentent parfois le mélange, gracieux ou bizarre, de toutes sortes de caractères.

Pour les circulaires, on emploie souvent des caractères calligraphiques, c'est-à-dire imitant l'écriture à la main. L'idée du caractère italique qui s'en rapproche fut, dit-on, suggérée à Manuce par l'écriture de Pétrarque. En France, on soumit aussi diverses écritures aux procédés typographiques : ainsi, il y eut, en 1556, une cursive connue depuis sous le nom de *civilité*; vers 1640, une ronde et une bâtarde; en 1741, une bâtarde coulée, et, dans ces derniers temps, une écriture anglaise, perfectionnée par MM. Didot.

Les premiers imprimeurs n'avaient pas de caractères grecs; quand ils rencontraient quelques mots grecs dans les ouvrages latins qu'ils imprimaient, ils laissaient des espaces en blanc pour écrire ces mots à la main. Cependant, Pierre Schœffer, dans son édition des *Offices de Cicéron* (Mayence, 1466), imprima plusieurs mots en caractères grecs mobiles, mais gravés seulement. Sweynheym et Pannartz employèrent des types grecs fondus dans l'impression du *Lactance* (Subiaco, 1465).

Enfin les imprimeurs de Milan donnèrent des éditions entièrement grecques ; la Grammaire de Constantin Lascaris, 1476, imprimée par Denis Paravisinus, est le premier ouvrage de ce genre, après lequel on cite un *Psautier* en grec et en latin à deux colonnes (Milan, 1481) ; un Homère en grec, imprimé à Florence, par les frères Nerli, en 1488.

Mais le célèbre Alde Manuce de Venise peut être regardé comme le promoteur de la typographie grecque en Italie, et même en Europe, soit à cause du grand nombre d'éditions grecques qu'il imprima, soit à cause de la beauté de ses caractères dont François de Bologne grava les poinçons.

C'est aussi en Italie que commença l'impression hébraïque, pratiquée d'abord par des juifs : le premier livre imprimé en hébreu est un commentaire du rabbin Jarchi sur le *Pentateuque*, Reggio de Calabre, 1475. Alde Manuce eut des caractères hébreux, mais n'en fit presque aucun usage ; Daniel Bomberg, établi à Venise en 1511, est, dit-on, le premier typographe chrétien qui imprima des ouvrages en hébreu.

La France ne tarda pas à rivaliser avec l'Italie pour la gravure et la fonte des caractères. Les premiers imprimeurs exécutaient ou du moins faisaient exécuter sous leurs yeux ces opérations. Parmi ceux qui s'appliquèrent spécialement à cette industrie, nous citerons Josse Bade, Simon de Colines, Geoffroi de Tory, qui publia, en 1529, sur les proportions des lettres, un ouvrage curieux intitulé le *Champ fleuri*.

Claude Garamond, élève de Tory, fut un des plus célèbres graveurs et fondeurs de la France : ses caractères égalent, s'ils ne surpassent même en beauté, ceux des artistes vénitiens. C'est lui qui, par ordre de François Ier, grava, sur les dessins du calligraphe royal Ange Vergèce, les trois sortes de caractères grecs dits *grecs du roi*, et dont Robert Estienne fit un fréquent usage (voir ci-dessus, page 51). Ils ont servi, en 1797, à l'impression des œuvres de Xénophon, éditées et traduites par Gail, édition faite à l'imprimerie nationale, où l'on conserve encore les poinçons de Garamond. Les caractères de cet habile artiste étaient recherchés et imités dans les pays étrangers. Longtemps ces types ont été désignés sous le nom de Garamond, que l'on continue de donner en Allemagne et en Angleterre à un caractère du corps de 8 points.

D'autres graveurs marchèrent à Paris sur les traces de ces premiers maîtres. Guillaume Le Bé grava les caractères hébreux que Robert Estienne employa dans ses éditions bibliques, et il fut chargé, en 1567, par Philippe II, roi d'Espagne, de graver les caractères de la Bible polyglotte que ce monarque faisait imprimer chez Plantin, à Anvers, dans les Pays-Bas espagnols. Les descendants de Guillaume Le Bé suivirent la même carrière que leur aïeul jusqu'au commencement du xviiie siècle.

Robert Granjon exerça son art à Lyon, à Rome, où il fut appelé, en 1578, par le pape Grégoire XIII, et à Paris. Il se distingua dans la gravure des caractères orientaux.

Jacques de Sanlecque grava aussi, pour Antoine Vitré, des types hébreux, syriaques, arméniens, chaldéens, arabes, qui servirent à l'impression de la *Polyglotte* de Lejay (1628). Il eut pour successeurs ses fils et ses petits-fils. Les caractères employés par les Elsevier provenaient de la fonderie des Sanlecque.

Les Thiboust, qui furent pendant deux siècles imprimeurs-libraires jurés de l'Université, étaient en même temps graveurs et fondeurs. Claude-Louis publia, en 1718, un poëme latin, traduit en français par son fils, sur l'*Excellence de la Typographie*, dans lequel il décrit les procédés de la fonte.

Depuis 1694 jusqu'en 1774, Grandjean, Alexandre et Luce furent attachés comme graveurs de caractères à l'imprimerie royale.

L'ancienne et belle fonderie des Le Bé passa, en 1730, dans la famille Fournier, dont tous les membres ont exercé jusqu'à nos jours cette industrie, soit à Paris, soit en province.

Le plus célèbre est Fournier jeune (Pierre-Simon). Frappé de la décadence de l'art qu'il professait, il entreprit lui-même de rendre des formes régulières et agréables aux caractères d'imprimerie. Il publia, en 1737, une table des proportions qu'il faut observer entre les caractères pour déterminer leurs hauteurs et fixer leurs rapports. En 1764, il fit paraître un *Manuel typographique* où de nombreux spécimens témoignent du soin et de l'habileté qu'il déployait lui-même dans la gravure et la fonte des caractères. C'est grâce à ses efforts que les Barbou, les Coustelier, les Prault purent imprimer, à cette époque, de beaux livres où les vignettes se montraient aussi sagement qu'élégamment employées.

Pendant que Fournier ranimait en France le goût de la bonne typographie, Baskerville, célèbre imprimeur et fondeur de caractères, opérait une réforme semblable en Angleterre. Après plusieurs années de tentatives et beaucoup de dépenses, il parvint à produire un type dont il fut lui-même content, et dont il fit, en 1756, un premier essai dans une édition in-4° de *Virgile*.

Toutefois, ces deux habiles graveurs ne changèrent rien à la forme même du caractère romain, qui resta telle que l'avaient déterminée trois siècles auparavant François de Bologne et Garamond, sous l'inspiration des Alde Manuce et des Robert Estienne.

C'est Firmin Didot qui, le premier, en 1783, en modifia les proportions. Il diminua la largeur du caractère par rapport à sa hauteur, et donna aux déliés et aux contours des lettres une finesse et une netteté que nul n'avait obtenues avant lui. La lettre, prise isolément, gagna par là en élégance, il est vrai; mais on est forcé de reconnaître qu'elle n'offre pas à l'impression les mêmes avantages que l'ancien caractère. Avec ce dernier, les mots ressortent toujours clairs et distincts dans le texte; tandis que les caractères qu'on emploie aujourd'hui se confondent plus facilement et chatoient pour ainsi dire sous le regard. De là, pour le lecteur, le besoin d'une attention soutenue, et, par suite, une fatigue que ne cause pas au même degré la lecture de l'ancien caractère.

L'imprimerie impériale qui, comme toutes les imprimeries particulières, avait adopté le nouveau système créé par Firmin Didot, paraît avoir compris la première l'inconvénient grave que nous venons de signaler; car on remarque, en effet, dans quelques-unes de ses impressions actuelles, une forme de caractères qui se rapproche beaucoup de celle des éditions aldines.

Dès les premiers temps de l'imprimerie, des noms ont été donnés aux caractères, pour les distinguer suivant leur grandeur. Ainsi, le caractère qui fut employé à l'impression d'un des premiers livres imprimés à Rome, *la Cité de Dieu* de *saint Augustin*, prit le nom de l'auteur du livre. Le nom de *Cicéro* resta de même au caractère qui servit aussi dans cette ville à l'impression des *Epîtres familières* de Cicéron. C'est par une cause semblable qu'on nomma plus tard *Lettres de Somme* certains caractères imités de l'écriture allemande du xve siècle, et qui avaient été employés à l'impression de la *Somme de saint Thomas*. On peut assigner, en général, une origine pareille aux autres dénominations sous lesquelles les caractères de différentes sortes étaient distingués anciennement.

C'est François-Ambroise Didot qui fut le promoteur du système de points typographiques inventé par Fournier jeune, en 1737, et qui sert actuellement à désigner le corps des caractères, système inappréciable pour la coïncidence des types, ainsi que pour la précision, la justesse et la célérité des travaux.

A diverses époques, on a essayé d'introduire dans l'imprimerie l'usage des caractères syllabiques, tentatives qui n'eurent aucun succès.

Cette méthode, destinée à produire une économie de temps et de travail, consiste à fondre d'un seul jet les groupes de lettres formant un son, au lieu d'employer des caractères isolés. L'ouvrier se trouve ainsi composer d'un seul mouvement ce qui, par le système ordinaire des lettres détachées, en demande deux ou trois. Barletti de Saint-Paul, ancien secrétaire du protectorat de France en cour de Rome, fut, en 1774, l'inventeur de ce système. Les calculs les plus minutieux ont été faits pour en prouver la supériorité sur le mode d'impression ordinaire, et un rapport avantageux fut même présenté à ce sujet à l'Académie des sciences par MM. Desmarets et Barbou. Mais la complication et le grand nombre de signes ou caractères composés qui seraient nécessaires ont fait considérer ce système comme impraticable. Cependant le Gouvernement accorda à l'auteur une gratification de 20,000 fr. et l'impression à 500 exemplaires de l'ouvrage qu'il avait écrit pour faire ressortir les avantages de son invention (1).

(1) *Nouveau système typographique ou moyen de diminuer de moitié le travail et les frais de composition, de correction et de distribution*, Paris, imprimerie royale, 1766, in-4º.

Un imprimeur de Strasbourg, du nom d'Hoffmann, reprit un peu plus tard l'œuvre de Barletti. Il forma deux genres de types ou poinçons : l'un, pour les lettres isolées ; l'autre, pour les lettres réunies en syllabes les plus usitées dans la langue française. Un brevet lui fut même délivré le 16 février 1792, pour exercer, pendant quinze ans, ce procédé. Mais il le céda presque aussitôt, et il ne paraît pas que le cessionnaire ait pu en tirer parti.

Des essais de même nature ont été faits en Belgique, avant 1830 ; ils ont été abandonnés comme ne produisant pas l'économie de temps qu'on en espérait.

De nouvelles tentatives ont eu lieu dans ces derniers temps. M. Legrand (Marcellin), en 1844 ; M. Édouard Joostens, en 1849, ont exposé des groupes de lettres ou syllabes fondues ensemble, et destinées à abréger le travail de l'ouvrier. Il n'est pas à notre connaissance que ces nouveaux caractères multiples soient encore en usage dans aucune imprimerie de Paris.

Enfin, tout récemment encore, M. J.-H. Tobitt, imprimeur à New-York, a introduit dans ses ateliers l'usage des caractères syllabiques. Mais nous croyons que l'expérience lui fera reconnaître, comme à ceux qui l'ont essayé avant lui, que cette innovation, toute séduisante qu'elle paraît au premier abord, offre encore plus d'inconvénients que d'avantages, par la multiplicité des signes et l'espèce de confusion qu'elle introduit nécessairement dans la casse d'imprimerie.

On a essayé aussi, dans divers pays et à diverses époques, en vue d'activer le travail du fondeur, de composer des moules multiples, de manière à pouvoir fondre plusieurs lettres à la fois. Cette méthode a été appliquée, pour la première fois, à New-York et à Philadelphie.

En France elle a été améliorée et pratiquée plus en grand par M. Henri Didot, inventeur du moule multiplicateur, dit moule polyamatype, qui, dès l'année 1810, avait obtenu, par son nouveau procédé, des résultats satisfaisants. En 1815, il prit un brevet d'invention, et dès le commencement de 1816 diverses imprimeries de Paris employaient avec succès les caractères sortis de ses moules.

M. Marcellin Legrand, graveur à l'Imprimerie impériale, neveu et successeur de Henri Didot, depuis 1824, a introduit dans ce procédé des perfectionnements pour lesquels il a pris un brevet. Il a donné à son établissement un grand développement, et depuis longtemps les caractères fondus par le procédé mécanique sont en usage dans l'imprimerie concurremment avec ceux des fonderies ordinaires.

Ce procédé permet d'employer indifféremment les matières les plus dures en usage pour la fonte des caractères, et deux ouvriers produisent quarante mille lettres par jour.

Les moules étant fixes et ne dépendant en rien du plus ou moins d'habileté de l'ouvrier, les produits présentent toujours une grande netteté et une parfaite régularité : il en résulte que des fontes livrées à différentes époques ont entre elles une identité que l'on obtient difficilement par le procédé ordinaire, qui nécessite l'emploi de plusieurs moules mis entre les mains d'ouvriers qui n'ont pas tous la même habileté.

On a parlé aussi récemment d'une machine qui aurait été inventée par un fondeur de Lyon, M. Calès, et qui, tout en fabriquant bien, aurait l'avantage de produire beaucoup et à bon marché. Cette machine, qu'il a nommée *monotype*, donne, dit-on, environ soixante lettres à la minute.

M. Brockaus, imprimeur à Leipsick, fait aussi usage dans sa fonderie d'un fondeur mécanique.

M. Petyt, à Paris, présenta à l'exposition de 1849 une machine propre à fabriquer des caractères en cuivre, nommés *apyrotypes*, parce qu'ils sont frappés à froid, au lieu d'être fondus ; cette machine peut produire trente-six mille lettres par jour.

Nous avouons toutefois être moins disposé à applaudir à ces moyens expéditifs qu'aux autres progrès obtenus depuis quelques années dans la fonte des caractères. Comme nous, les Anglais ont beaucoup cherché à activer l'opération, et cependant les hommes véritablement pratiques, chez eux comme en France, persistent à croire que la précision et la délicatesse du travail ne permettent pas de fondre plus d'une lettre à la fois.

Pendant longtemps il n'y eut en France, comme nous l'avons dit, d'autres fondeurs de caractères que les imprimeurs eux-mêmes : ceux qui n'avaient pas de fonderie s'approvisionnaient chez leurs confrères. Maintenant la fonte des caractères est devenue un art particulier. L'imprimerie en a réellement tiré un double avantage : d'abord les caractères se sont perfectionnés dans les mains des fondeurs, artistes distingués pour la plupart ; en second lieu, les imprimeurs économisent par là un temps précieux.

L'Italie, autrefois si renommée pour ses belles fonderies, ne possède presque plus d'établissements considérables de ce genre ; on cite cependant la fonderie du Vatican à Rome, et celle des religieux arméniens mekhitaristes, établie dans les lagunes de Venise (île Saint-Lazare). Mais c'est en France, en Angleterre, en Allemagne et aux États-Unis d'Amérique, qu'on trouve aujourd'hui les plus importantes fonderies.

En définitive, les caractères typographiques se sont améliorés dans ces derniers temps ; moins toutefois dans le dessin, qui ne présente qu'une assez fâcheuse variété de formes, que dans la pureté de la gravure des poinçons et la précision dans la fonte des types, qui rendent la composition et la mise en train plus faciles.

L'imprimerie française possède actuellement un grand nombre de caractères, qui cependant ne forment ensemble que deux types bien distincts:

Le *type ordinaire* d'impression, qu'on subdivise en *régulier* et *irrégulier;*

Le *type auxiliaire* ou de fantaisie, qu'on subdivise aussi en plusieurs espèces, suivant la forme particulière de ses caractères.

Les caractères de *fantaisie* se sont multipliés considérablement depuis 1840. Plus de cent espèces différentes figurent dans nos *Essais d'imprimerie*. Ils doivent être employés avec réserve dans les titres d'ouvrages sérieux, d'où les bibliophiles voudraient même les voir totalement exclus; mais on ne peut s'empêcher de reconnaître qu'ils produisent un excellent effet pour les labeurs courants, appelés *ouvrages de ville*, tels que les programmes, les actions commerciales, etc., dont ils permettent de varier les titres à l'infini. Lorsque ces ouvrages sont bien exécutés, ils peuvent rivaliser avec la lithographie pour ses plus beaux travaux d'écriture.

On a également perfectionné, dans ces dernières années, les *filets*, les *vignettes* et les *fleurons*. Les *traits de plume* notamment sont gravés et fondus avec un tel succès qu'on les croirait sortis de la main d'un écrivain habile. — Quant aux *lettres ornées*, celles des volumes anciens sont inférieures aux lettres que l'on trouve dans la plupart de nos éditions illustrées. Sous ce rapport même, l'imprimerie moderne a fait de véritables progrès.

Voici les noms des graveurs et fondeurs de caractères qui se sont le plus distingués par leurs travaux :

xve siècle. — Schœffer, à Mayence ; Jenson, François de Bologne, à Venise.

xvie siècle. — Josse Bade, à Paris; Geoffroi Thory, Simon de Colines, Claude Garamond, Guillaume Le Bé, Robert Granjon, Pierre Hautin, Nicolas Duchemin.

xviie siècle. — Jacques Langlois, Jacques de Sanlecque père et fils; Pierre Moreau, Le Bé (Guillaume II).

xviiie siècle. — Grandjean (Philippe), Thiboust (Claude-Louis), Gando (Jean-Louis), de Sanlecque (Jean-Eustache-Louis), Fournier (Jean-Pierre), Fournier le jeune (Pierre-Simon), Gillé (Joseph), Didot (François-Ambroise), Didot (Pierre-François), Momoro. — Baskerville, à Birmingham en Angleterre ; Breitkopf, à Leipsick en Allemagne; Bodoni, à Parme en Italie.

xixe siècle. — Didot (Pierre), qui grave et fond des caractères pour son imprimerie seule ; — Didot (Firmin), à qui l'on doit un nouveau caractère imitant l'écriture cursive, les derniers perfectionnements apportés aux caractères romains et plusieurs caractères étrangers ; — Didot (Henri), inventeur du moule polyamatype, honoré de la médaille d'or aux expositions de 1819, 1823 et 1827 ; — Didot (Jules), fils et successeur de Pierre Didot; — Léger; — Pinard; — Molé jeune; — Marcellin Legrand, graveur de l'Imprimerie impériale (neveu et successeur de Henri Didot), qui a gravé sur acier et fondu en types mobiles un caractère chinois, des caractères tamouls, hébreux, etc., honoré de la médaille d'or à l'exposition de 1844; — Tarbé, qui a obtenu la médaille d'or à l'exposition de 1839; — Laurent et Deberny; — Aubanel d'Avignon; — Petibon, graveur de vignettes, fleurons, etc. ; — Biesta, Laboulaye et Cie, dont l'établissement est aujourd'hui le plus considérable de l'Europe. — Nous devons surtout citer, pour les vignettes, fleurons et traits de plume, M. Derriey, inventeur des cadrats cintrés et d'un coupoir ingénieux pour les filets.

II. La gravure sur bois diffère de la gravure en taille-douce, en ce que celle-ci reproduit le dessin en creux, et que celle-là le présente en relief.

Nous ne parlons pas ici de l'art même de la gravure ; de temps immémorial, on a gravé en creux et en relief sur toutes sortes de substances. Nous parlons de ces deux genres de gravure appliqués, depuis quelques siècles seulement, à l'impression sur toile ou sur papier.

Sous ce rapport, la xylographie ou gravure sur bois est plus ancienne que la typographie (1), puisque c'est une planche xylographique qui a donné à Gutenberg l'idée de l'imprimerie en caractères mobiles de bois, bientôt remplacés par des caractères métalliques et fondus, plus symétriques et plus durables.

Cependant on emploie encore des caractères de bois pour l'impression des affiches en grosses lettres, pour les grandes initiales ornées, les lettres de fantaisie, les vignettes, les fleurons et autres ornements typographiques. Les marques ou les blasons que les premiers imprimeurs mettaient sur leurs livres étaient aussi gravés en bois, de même que les petits dessins placés dans le texte, et les arabesques qui encadraient les pages. Tous ces ornements, en pièces mobiles et en relief, comme les caractères d'imprimerie, s'intercalent dans les for-

---

(1) La gravure sur bois fut pratiquée en Europe vers la fin du XIVe siècle (voir tome 1er, page 25) ; la gravure en taille-douce sur métal ne paraît pas plus ancienne que la typographie dont les procédés d'ailleurs sont tout différents.

mes typographiques et se tirent en même temps. Souvent cette ornementation est en fonte ; mais elle s'obtient maintenant au moyen du clichage opéré sur la gravure en bois, moins dispendieuse que la gravure en relief sur métal.

Ainsi la gravure sur bois est restée associée à la typographie, pour l'illustration des livres, comme la peinture l'était jadis à la calligraphie, pour l'ornementation des manuscrits.

Les premiers xylographes, appelés tailleurs de bois ou dominotiers, travaillaient d'une manière informe et grossière : on en peut juger par les livrets d'images exécutés avant l'invention de l'imprimerie ; mais, vers la fin du XVe siècle, la xylographie fut exercée et perfectionnée par d'habiles artistes.

On cite les cartes géographiques gravées sur bois par Jean Schnitzer de Armsheim, pour la *Cosmographie* de Ptolémée, imprimée à Ulm en 1482 (1) ; les nombreuses gravures qui accompagnent les ouvrages de l'empereur Maximilien Ier, faites par Hans (Jean), Burgmair et Albert Durer, ou du moins d'après leurs dessins.

Fournier jeune (2) mentionne une œuvre xylographique de Marie de Médicis, femme de Henri IV. « Une estampe, dit-il, gravée en bois, de huit pouces de haut, représentant un buste de jeune fille, coiffée à la romaine, porte ces mots gravés au bas de la planche :

MARIA MEDICI F.

M.D.LXXXVII. »

La personne à qui l'exemplaire appartenait a écrit sur la marge, en caractères assez mal formés : *Gravé par la Rayne*

---

(1) Une édition antérieure du même ouvrage, imprimée à Rome en 1478, est accompagnée de cartes gravées sur métal.

(2) *Dissertation sur l'origine et les progrès de l'art de graver en bois*, 1758.

Maiee en bouest. Suivant la note jointe à un autre exemplaire, la reine fit présent de la planche de ce buste au peintre Philippe de Champagne, qui écrivit dessus : « *Ce vendredi 22 de février 1629 la reine Marie de Médicis m'a trouvé digne de ce rare présent, fait de sa propre main.*

« Champagne. »

Pendant le XVIIe et le XVIIIe siècle, quelques artistes se distinguèrent dans ce genre de gravure, entre autres Vincent, Lesueur, Papillon, mort en 1776, qu'on appela le dernier des Romains, parce que, après lui, l'art xylographique dégénéra et fut presque abandonné.

Fournier, Gillé, Gando gravèrent des poinçons métalliques pour frapper des matrices de lettres fleuronnées et de vignettes.

Le *Manuel typographique* de Fournier (Paris, 1764-66) contient de nombreux modèles de vignettes en fonte exécutées d'après cette méthode, et qui d'ailleurs décèlent un goût parfait. Ce Manuel est un petit chef-d'œuvre typographique. L'école de Fournier pour l'ornementation des livres dura près d'un demi-siècle. En 1789, l'imprimeur Valade la suivait encore pour l'impression des petits formats Cazin.

Bien souvent aussi les vignettes et dessins des livres étaient gravés en taille-douce, et imprimés avant le tirage typographique.

La xylographie continua cependant d'être appliquée à l'impression des étoffes, des papiers de tenture, et à celle des estampes ou images communes, souvent coloriées et accompagnées d'un texte.

C'est de nos jours seulement qu'on la vit fleurir de nouveau.

Il y a environ soixante ans que les éditeurs anglais ont adopté la gravure sur bois pour leurs publications de luxe.

M. Thompson, habile graveur de Londres, commença à l'employer à Paris vers l'an 1820. Depuis cette époque, les artistes français ont porté cet art à un tel degré de perfection, que leurs gravures, tant pour le dessin que pour l'exécution, peuvent maintenant soutenir la comparaison avec tout ce qui se fait de mieux en Angleterre (1). Ils exécutent un grand nombre de planches pour les pays étrangers, surtout pour la Russie, l'Espagne et l'Italie.

Parmi les artistes qui se sont le plus distingués dans l'art de la gravure appliquée à la typographie, nous citerons M. Brevière, qui a été chargé par l'Imprimerie nationale de l'illustration de l'*Histoire des Mongols* et du *Livre des Rois*, et qui a obtenu la médaille d'argent à l'exposition de 1839; — MM. Andrew, Best, Leloir, graveurs associés, qui ont obtenu la médaille d'or à l'exposition de 1844; — enfin, comme dessinateurs, MM. Raffet, Charlet, David et Monnier.

III. Lorsque le livre des *Psaumes* fut imprimé à Mayence, après la *Bible*, on y écrivit la musique à la main dans les espaces laissés en blanc. Plus tard, on imprima la notation en caractères mobiles, et l'on se servit d'une seconde forme qui imprimait, en encre rouge, les initiales et les portées, ainsi que cela se voit dans le *Psautier* de 1490.

---

(1) Il y avait, en 1847, 59 industriels de ce genre à Paris.

Le chiffre des affaires s'est élevé en 1847 à 521,950 fr., moyenne par entrepreneur 13,585 fr.; l'un d'eux fait pour plus de 200,000 francs d'affaires.

Le nombre des ouvriers employés est de 193 individus. La moyenne par ouvrier est de 2,704 fr.

En 1848, le total des affaires est descendu à 187,884 fr., réduction 64 p. 0/0. — Par suite, 124 ouvriers sur 193 ou 64 sur 100 ont été congédiés pendant les quatre mois qui ont suivi février.

46 ouvriers gagnent 6 et 7 francs par jour, 52 gagnent 8 francs, 11 gagnent 10 francs. (Extrait de la statistique publiée par la Chambre de commerce de Paris en 1847.)

Mais la notation n'ayant pas alors de règles fixes, on n'imprimait quelquefois que les portées sur lesquelles chaque acheteur inscrivait les notes à la main : c'est ce qui eut lieu pour le *Psautier* de 1502.

Géring, à Paris, imprima aussi un *Psautier* en 1494, avec le plain-chant noté.

Les traités de musique de Gafori furent imprimés en caractères mobiles dès la fin du xve siècle à Naples, à Milan, à Brescia; Erhard Oglin, à Augsbourg, imprima de la même manière, en 1507, un ouvrage lyrique intitulé *Tritonius*.

Pierre Hautin, imprimeur à Paris, vers 1525, grava des poinçons pour l'impression de la musique; la note et sa portée étaient d'une seule pièce. Il employa lui-même ces caractères et en vendit à ses confrères ; Pierre Attaignant, libraire, en fit usage dans un livre de *chansons nouvelles*, imprimé en 1527; Nicolas Duchemin, Robert Granjon, au xvie siècle; Jacques de Sanlecque, au xviie, se distinguèrent dans la gravure de ces sortes de caractères; mais la typographie musicale resta encore longtemps bien imparfaite, comme l'attestent nos anciens livres d'église.

Dans le xviiie siècle, Breitkopf, à Leipsick ; Fournier jeune et Gando, à Paris, améliorèrent l'impression de la musique en caractères mobiles, et leurs procédés obtinrent quelque succès.

Petrucci eut le premier l'idée de graver isolément chaque note en y adjoignant la partie des portées sur lesquelles elle repose. Cette innovation fut imitée simultanément à Paris, à Rome et à Florence, et, pendant de longues années, on ne changea rien à ce système de typographie musicale, système défectueux cependant, en ce que la portée se liait rarement avec la note, ce qui formait une ligne interrompue, indécise, irrégulière.

De 1832 à 1834, M. Duverger est parvenu à surmonter ces obstacles en appliquant le polytypage à la musique. D'après son procédé, les lignes, les portées et les croisures, les caractères des notes, les indications accidentelles, tout est produit par la composition typographique avec autant de continuité que dans la gravure la plus délicate.

MM. Tantenstein et Cordel, imprimeurs de musique, suivant une autre voie que celle de M. Duverger, ont perfectionné les anciens procédés d'Olivier et de Breitkopf, par lesquels on compose des notes de musique ayant leur portée adhérente. Ce procédé, plus simple et plus économique que celui de M. Duverger, n'a d'autre inconvénient que de laisser quelquefois apercevoir des solutions de continuité aux endroits où les portées se rejoignent; mais, au clichage, il est facile, en retouchant les moules en plâtre, de faire disparaître ces légères imperfections. MM. Tantenstein et Cordel impriment journellement d'une manière très-satisfaisante, et la variété de leurs caractères leur permet d'imiter le plus complétement possible toutes les combinaisons de la musique.

Une première récompense leur a été accordée à l'exposition de 1839; à l'exposition de 1844, le jury leur a décerné la médaille d'argent.

Toutefois, ces différents systèmes d'impression typographique de la musique ne peuvent être employés avec avantage que pour les ouvrages imprimés à un grand nombre d'exemplaires, tels que les livres d'église ou ceux qui servent à l'étude de la musique dans les écoles publiques. Quant à la musique des salons et aux œuvres qui se vendent à petit nombre, l'ancien procédé, consistant dans la gravure sur planche métallique, est encore, il faut l'avouer, plus économique et plus satisfaisant sous le rapport de la beauté de l'impression, ce qui explique sans doute la préférence que lui donnent les éditeurs de musique.

Nous ajouterons ici quelques mots sur l'impression topographique, c'est-à-dire des cartes et plans. Dès le xvie siècle, on imprimait des figures de géométrie avec des filets, comme cela se pratique souvent encore; mais dans ces derniers temps on a tenté d'imprimer des cartes géographiques avec des pièces mobiles. Breitkopf, de Leipsick, dont nous avons parlé plus haut, fit, vers 1754, quelques essais de ce genre, mais avec peu de succès. Periaux, imprimeur à Rouen, publia, en 1806, une carte du théâtre de la guerre pendant la campagne d'Austerlitz, et, en 1807, une carte du département de la Seine-Inférieure, exécutées l'une et l'autre en caractères mobiles. M. Duverger, à Paris, inventa aussi un nouveau système d'impression topographique dont les spécimens ont figuré à l'expositon de 1844. Enfin, M. Monpied, prote d'imprimerie, a reproduit en filets typographiques, avec autant de patience que de talent, l'*Enlèvement de Pandore*, d'après Flaxman; l'*Amour et Psyché*, d'après Canova. Ces deux dessins au trait ont été imprimés et présentés à l'exposition de 1849.

Ces ingénieux procédés ne remplacent pas la gravure; mais ils attestent, dans leurs auteurs, un amour passionné pour l'art typographique, et l'amour de l'art est la cause la plus puissante de ses progrès.

IV. La main-d'œuvre de l'imprimerie en lettres, ou *typographie*, consiste en deux opérations principales : savoir, la composition ou l'assemblage des caractères, et l'impression ou l'empreinte des caractères sur le papier.

On appelle, dans l'imprimerie, *compositeur* ou *ouvrier de la casse* celui qui travaille à l'assemblage des caractères.

On appelle *imprimeur* ou *ouvrier de la presse* celui qui

travaille à l'impression ou à l'empreinte des caractères sur le papier par le moyen de la presse.

La composition, depuis l'époque où la lettre a cessé d'être fabriquée en bois, n'a fait aucun progrès. On compose aujourd'hui comme l'on composait il y a plusieurs siècles ; disons même que l'on compose moins bien. En effet, sur dix ouvriers compositeurs, il est difficile d'en trouver un bon. Cela provient de la facilité avec laquelle sont reçus les apprentis, depuis qu'il n'existe plus de chambre syndicale.

De là aussi les nombreuses fautes qui se trouvent dans nos livres modernes et dont les ouvrages anciens étaient exempts, grâce aux soins multipliés qu'on apportait à leur confection. Dans le nombre des fautes qui peuvent être faites en composant, la plus commune consiste à mettre une lettre à la place d'une autre, ce qui s'appelle *coquille*, et produit quelquefois des quiproquo assez spirituels. On a cité souvent l'un des plus beaux vers de Malherbe comme le résultat d'une erreur de ce genre. Le poëte, dit-on, avait écrit :

> Et *Rosette* a vécu ce que vivent les roses,
> L'espace d'un matin.

Mais le compositeur, prenant les deux *t* pour deux *l*, composa :

> Et *Rose elle* a vécu ce que vivent les roses,
> L'espace d'un matin.

Pour prouver que le hasard produit souvent des combinaisons sinon aussi heureuses, du moins fort singulières, un compositeur a énuméré, dans les vers suivants, quelques-unes des espiègleries de la coquille :

> Toi qu'à bon droit je qualifie
> Fléau de la typographie,

Pour flétrir tes nombreux méfaits,
Ou pour mieux dire tes forfaits,
Il faudrait un trop gros volume
Et qu'un Despréaux tînt la plume....
S'agit-il d'un homme de bien,
Tu m'en fais un homme de rien;
Fait-il quelque action insigne,
Ta malice la rend indigne,
Et, par toi, sa capacité
Se transforme en rapacité;
Ce qui, soit dit par parenthèse,
Dénature un peu trop la thèse....
Un cirque a de nombreux gradins,
Et tu le peuples de gredins;
Parle-t-on d'un pouvoir unique,
Tu m'en fais un pouvoir inique
Dont toutes les prescriptions
Deviennent des proscriptions....
Certain oncle hésitait à faire
Un sien neveu son légataire,
Mais il est enfin décidé.....
Décidé devient décédé.....
A ce prompt trésor, pour sa gloire,
Ce neveu hésite de croire,
Et même il est fier d'hésiter:
Mais tu le fais fier.... d'hériter;
A ce quiproquo qui l'outrage,
C'est vainement que son visage
S'empreint d'une vive douleur;
Je dis par toi: vive couleur;
Plus, son émotion visible
Devient émotion risible;
Et s'il allait s'évanouir,
Tu le ferais s'épanouir.....
Te voilà, coquille effrontée;
Ton allure dévergondée
Ne respecte raison ni sens.

> Mais de m'arrêter il est temps ;
> Pour compléter la litanie
> (Car ce serait chose infinie)
> Chaque lecteur ajoutera
> D'innombrables *et cætera*.

A l'exception des gens de lettres et des hommes du métier, il est bien peu de personnes qui aient une juste idée du mécanisme de l'imprimerie. Nous croyons donc utile et intéressant à la fois d'entrer ici dans quelques détails techniques sur la composition typographique, qui consiste dans l'arrangement des caractères mobiles, de manière à en former des mots, des phrases, des lignes, et enfin des pages et des volumes.

Voici comment l'ouvrier compositeur procède à cet arrangement.

On sait que les caractères d'imprimerie sont mobiles et représentent séparément toutes les lettres de l'alphabet, ainsi que les signes de ponctuation, chiffres, etc.

Ils sont placés méthodiquement dans une double boîte nommée *casse* et divisée en un nombre suffisant de compartiments ou *cassetins*. On appelle *haut de casse* la partie de la boîte qui contient les grandes majuscules (*grandes capitales*), les petites majuscules (*petites capitales*), quelques lettres accentuées et signes de ponctuation dont l'usage est le moins fréquent. Le *bas de casse* contient les minuscules ou *bas de casse*, les chiffres, les signes de ponctuation qui se représentent le plus souvent, et les *blancs*, c'est-à-dire des morceaux de plomb, plus ou moins épais, appelés *espaces* ou *cadrats*, moins élevés que le caractère, et destinés à séparer les mots ou à remplir les bouts de lignes, lorsque le texte n'est pas suffisant pour cela.

Chaque casse se met sur une espèce de pupitre ou *rang*,

ordinairement près d'une fenêtre, de manière que l'ouvrier qui y travaille reçoive le jour de gauche.

L'ouvrier ou *compositeur* travaille debout devant sa casse; il tient de la main gauche un outil en fer nommé *composteur*, qui, au moyen d'une partie mobile, permet de donner à celle qui doit recevoir les caractères, les dimensions convenables, qu'on appelle *justification*.

Tout en suivant du regard la copie placée devant lui, le compositeur saisit rapidement par la tête (*l'œil*) les lettres indiquées et les met dans le composteur, en ayant soin de placer toujours du même côté les entailles ou *crans* dont le corps de chaque lettre est marqué. Quand la ligne est à peu près remplie, il augmente ou diminue les blancs qui se trouvent entre chaque mot, afin que les lettres, pressées les unes par les autres, se trouvent maintenues dans le composteur, sans ballotter. L'ouvrier peut faire ainsi plusieurs lignes les unes après les autres.

Lorsque le compositeur a rempli son composteur, il en met le contenu sur une *galée*, espèce de planche à rebords, placée obliquement sur la partie droite du haut de casse; il renouvelle cette opération jusqu'à ce qu'il ait terminé un *paquet*, c'est-à-dire un nombre de lignes déterminé, qu'il lie au moyen d'une ficelle, pour en recommencer un autre.

Lorsqu'un nombre de lignes ou de paquets suffisant pour faire une feuille est composé, un compositeur, nommé *metteur en pages*, et qui ordinairement a plusieurs compositeurs ou *paquetiers* sous ses ordres, reprend ces paquets, y met les folios, dispose les titres, et, au moyen d'une mesure nommée *réglette*, leur donne à tous une longueur uniforme pour en faire des pages, dont le nombre à la feuille varie suivant le format. On appelle *in-folio* le format qui contient 4 pages à la feuille, *in-8°* celui qui en contient 16, *in-12* celui qui en contient 24, *in-18* celui qui en contient 36, etc.

La mise en pages de la feuille étant terminée, le metteur en pages dispose les pages sur un marbre dans un ordre tel que la feuille de papier pliée, après impression, devra reproduire les pages dans leur ordre numérique.

On place alors en tête et sur les côtés de ces pages des blancs calculés d'après le format et la dimension du papier sur lequel on doit imprimer : ces blancs se nomment *garnitures*.

Ensuite, on prend deux cadres en fer, appelés *châssis* ; on les place de manière que chacun d'eux circonscrive la moitié de la feuille, qu'on appelle *forme;* on met entre les pages et le châssis des bois taillés en biseau, et, pour cette raison, nommés *biseaux;* puis on assujettit le tout avec des *coins* en bois serrés convenablement pour permettre d'enlever les châssis avec les pages, et de les porter sur une presse, où l'on fait alors une épreuve qu'on soumet au correcteur ; puis on conserve la forme dans un lieu convenable de l'atelier.

Quand le correcteur a lu et corrigé l'épreuve, on remet la forme sur le marbre ; on la desserre pour exécuter les corrections indiquées, et l'on fait une nouvelle épreuve. Ces opérations se répètent autant de fois qu'il est nécessaire, et ce n'est qu'après avoir été corrigée sur le bon à tirer, c'est-à-dire sur la dernière épreuve, que la feuille se tire définitivement au nombre d'exemplaires convenu.

On comprendra facilement que ces milliers de morceaux de plomb doivent être assemblés avec une grande précision; car si les lignes étaient ou trop longues ou trop faibles, il y aurait des parties qui ne seraient pas serrées également, et, en enlevant la forme, on pourrait en laisser une bonne partie sur le marbre.

Quant aux *tableaux*, et autres ouvrages à difficultés, la composition des mots et des lignes s'en fait comme la composition ordinaire. La difficulté d'exécution qui exige toute l'intelligence du compositeur, et beaucoup d'adresse dans la main, réside dans l'appréciation de la largeur à donner aux diverses colonnes, dans l'effet que leur combinaison pourra produire, et dans la précision avec laquelle seront coupés les filets, dont les points de jonction doivent, pour ainsi dire, être imperceptibles. Là, plus que dans la composition ordinaire, tout doit être compassé, et rigoureusement juste ; car autrement, lorsqu'on aurait serré, une partie du tableau pourrait rester sur le marbre, en l'enlevant, ou les bouts de filets s'écraseraient les uns les autres, par suite d'un serrage forcé.

L'attention publique a été éveillée, il y a quelques années, par l'annonce d'un système de composition par procédé mécanique, devant abréger singulièrement le temps et les frais de la composition des livres.

Pour se faire une idée des difficultés que présente la solution de ce problème, il faut savoir que l'opération de la composition se divise en trois parties distinctes : *distribution*, *composition*, *justification*.

La composition, en tant que lecture du manuscrit et choix des lettres qui doivent former les mots, étant une opération de l'intelligence, le rôle de la mécanique appliquée à la composition ne peut évidemment consister que dans un moyen qui abrége le temps nécessaire pour prendre la lettre dans le cassetin et l'apporter sur le composteur. La première idée qui a dû se présenter à l'esprit a été de chercher à lever la lettre au moyen d'un clavier, comme celui d'un piano. Tous les essais ont, en effet, pris le clavier pour point de départ, notamment celui fait par M. Ballanche, alors imprimeur à Lyon, il y a plus de vingt ans, et, on comprendra aisément tout ce que cette idée a de séduisant, si l'on compte le nombre de notes que touche par heure un habile exécutant, et qui, dans certains morceaux, atteint peut-être douze à quinze mille.

MM. Young et Delcambre ont présenté, à l'exposition de 1844, une machine exécutée d'après ce système. Elle a été essayée dans plusieurs imprimeries, et elle a offert des difficultés insurmontables, qui ont forcé à l'abandonner.

M. Gobert a également tenté de construire, dans des conditions semblables, une machine qui a donné lieu à un rapport de M. Séguier.

Voici la description qu'en donne le savant académicien :

« La machine, que l'inventeur appelle *composeuse*, est composée de trois parties. Le haut reçoit les réceptacles chargés de caractères, le milieu est occupé par un clavier, le composteur a sa place dans le bas. L'ouvrier compositeur s'asseoit devant la machine comme un organiste devant son orgue : il a le manuscrit devant les yeux ; sous ses doigts est un clavier. Les touches en sont aussi nombreuses que les divers éléments typographiques nécessaires à la composition. La plus légère pression des doigts suffit pour faire ouvrir une soupape dont l'extrémité inférieure de chaque récipient est munie ; à chaque mouvement du doigt, un caractère s'échappe, il tombe dans un canal qui le conduit précisément à la place qu'il doit occuper dans le composteur ; successivement les caractères arrivent et prennent position. Pendant leur chute, ils ne sont pas abandonnés à eux-mêmes, ils sont soigneusement préservés contre toutes les chances de perdre la bonne position qu'ils ont en partant. Chaque caractère, quel que soit son poids, arrive à son rang ; les plus lourds ne peuvent devancer les plus légers ; ils conservent rigoureusement l'ordre dans lequel ils ont été appelés. Les mots, les phrases se composent par le mouvement successif des doigts des deux mains, comme se jouerait un passage musical qui ne contiendrait pas de notes frappées ensemble.

« La machine déplace le composteur à mesure qu'il se remplit; c'est elle qui prendra encore le soin de la justification. »

Les commissaires de l'Académie ajoutent que l'inventeur leur a donné l'assurance qu'il s'occupait d'exécuter la partie relative à cette dernière opération.

Jusqu'à présent, aucune de ces inventions n'a pu passer à l'état pratique. Nous croyons que le génie humain pourra vaincre un jour les premières difficultés, et que les machines à composer viendront se placer dans toutes les imprimeries à côté des machines à imprimer; mais nous doutons qu'elles puissent y produire de grandes économies. Pour une œuvre qui demande de la part de l'ouvrier une si grande somme d'intelligence, la composition à la main nous semble toujours devoir lutter sans désavantage contre la composition mécanique.

V. Quand la composition et la mise en pages sont terminées, on tire, comme nous l'avons dit, une première épreuve sur laquelle le correcteur indique, par des signes de convention, les fautes qui pourraient s'y trouver, afin qu'elles soient corrigées. Souvent même il est nécessaire de revoir successivement plusieurs épreuves pour vérifier si les corrections ont été bien exécutées, et si, en corrigeant les premières fautes, l'ouvrier n'en a pas fait de nouvelles.

Dans les imprimeries d'une certaine importance, il y a plusieurs correcteurs, qui sont chargés de lire les épreuves avant de les envoyer aux auteurs ou aux éditeurs, et de les relire après que ceux-ci ont fait leurs corrections et donné leur *bon à tirer*.

Les correcteurs qui font la première lecture sont appelés *correcteurs en première*. On appelle *correcteurs en seconde* ceux qui lisent les autres épreuves. Quelquefois un correcteur spécial voit les *tierces*, c'est-à-dire s'assure de l'exécution des corrections indiquées sur le *bon à tirer*. Dans quelques ateliers, c'est le prote qui se charge de ce dernier travail, et même, jusqu'à la fin du xviiie siècle, les fonctions de prote se confondaient avec celles de correcteur, comme le témoigne l'article IMPRIMERIE de l'*Encyclopédie*, in-fol. (1765), article rédigé par Brulé, prote de Lebreton, imprimeur du roi.

Aujourd'hui, les travaux typographiques ont pris une telle extension que, dans la plupart des imprimeries, l'emploi de prote et celui de correcteur sont tout à fait distincts.

Les premiers typographes, qui étaient presque toujours des hommes instruits, corrigeaient eux-mêmes les épreuves : c'est ce que faisaient souvent Alde Manuce, Robert Estienne et beaucoup d'autres ; et, de nos jours encore, les Didot, les Crapelet ont suivi cet exemple, autant que la gestion d'un établissement considérable pouvait le leur permettre.

Au reste, l'autorité s'est préoccupée, à diverses époques, des moyens d'assurer la correction des livres.

Avant même l'invention de l'imprimerie, l'Université exigeait, par ses règlements, que les manuscrits destinés à la vente lui fussent préalablement soumis, non-seulement pour les examiner sous le rapport de la doctrine, mais encore pour vérifier l'exactitude et la pureté du texte. Elle faisait jurer aux libraires que les livres qu'ils vendaient et aux copistes que les livres qu'ils transcrivaient étaient corrects ; elle punissait leurs infractions à cet égard et enjoignait même à chacun de les lui signaler.

Après la découverte de l'art typographique, la sollicitude

du gouvernement dut se porter sur la correction des livres imprimés.

L'article 17 du règlement donné, en 1539, par François Ier, contenait la disposition suivante :

« Se les maistres imprimeurs des livres en latin ne sont
« sçavans et suffisans pour corriger les livres qu'ils imprime-
« ront, seront tenuz avoir correcteurs suffisans, sur peine
« d'amende arbitraire ; et seront tenuz lesdicts correcteurs
« bien et songneusement de corriger les livres, *rendre leurs*
« *corrections aux heures accoustumées* d'ancienneté, et en
« tout faire leur debvoir ; autrement seront tenuz aux inté-
« restz et dommages qui seroient encouruz par leur faulte
« et coulpe. »

Cette disposition, reproduite dans l'édit de 1571, fut mitigée, sur la réclamation des intéressés, par la déclaration du 10 septembre 1572, portant sur ce même article 17 : « Lesdits mais-
« tres bailleront les *copies diligemment revues, correctes et*
« *mises au net*, au compositeur, afin que par le defaut de ce
« leur labeur ne soit retardé. » L'obligation de fournir des *copies correctes et mises au net* devait, en effet, faciliter et abréger la tâche des correcteurs ; mais c'est une obligation à laquelle malheureusement les auteurs et les éditeurs ne se soumettent guère.

Le règlement de 1723, article 56, reproduit les dispositions du règlement de 1539, sauf une légère variante. Il porte que si, par la faute des correcteurs, il y avait nécessité de réimprimer les feuilles qui leur ont été données pour corriger, elles seraient réimprimées à leurs dépens.

Mais, comme l'a fait remarquer M. Crapelet, une telle mesure était plutôt faite pour dégoûter du métier que pour procurer aux imprimeurs des correcteurs capables. Aussi ne fut-elle pas appliquée. L'article 11 de l'arrêt du conseil du 10 avril 1725 la modifie de la manière suivante : « Seront tenus les « imprimeurs de donner une attention particulière à ce que « les éditions des livres qu'ils feront imprimer à l'avenir soient « absolument correctes, *autant que faire se pourra.* »

Pendant le premier âge de l'imprimerie, les savants qui exhumèrent de la poussière des bibliothèques les grands auteurs de l'antiquité ne se contentaient pas de collationner les différents manuscrits pour rétablir la pureté des textes et donner des éditions correctes ; ils en surveillaient l'impression et ne dédaignaient pas de s'occuper de la révision typographique. Ainsi, Jean Andrea, évêque d'Aleria, revoyait la plupart des ouvrages imprimés chez Sweynheym et Pannartz, à Rome ; Campano, évêque de Teramo, en faisait de même pour les éditions publiées par Ulric Han, aussi imprimeur à Rome. Erasme corrigea dans les imprimeries d'Alde Manuce, à Venise, d'Amerbach et de Froben, à Bâle, de Thierri Martens, à Louvain, plusieurs ouvrages dont il était éditeur ou auteur ; mais il se défendit fortement d'avoir jamais travaillé chez ces imprimeurs, comme on le disait, à titre de correcteur. C'était une faiblesse de sa part ; la chose, eût-elle été vraie, ne devait pas blesser son amour-propre ; car d'illustres personnages, non moins érudits que lui, ont exercé ces fonctions ou, si l'on veut, ce métier.

Alde Manuce eut pour correcteurs deux savants Grecs, Marc Musurus, plus tard archevêque de Malvoisie, et Jean Lascaris, dont les aïeux avaient occupé le trône de l'empire d'Orient. Ces hommes, dit Henri Estienne (1), « portaient tant d'hon- « neur à l'art typographique qu'ils ne le jugeaient pas indigne

(1) *Artis typographiæ Querimonia.*

« de leur coopération en remplissant eux-mêmes les fonctions
« de correcteur. »

Parmi les autres correcteurs célèbres, nous nous bornerons à citer Chappuis, jurisconsulte, qui fut correcteur chez Géring, premier imprimeur de Paris, alors associé avec Rembolt (1504); Frédéric Morel, chez Charlotte Guillard, à Paris; Josse Bade, chez Trechsel, à Lyon ; Jean OEcolampade, chez Froben, à Bâle; Mélanchthon, disciple de Luther, chez Anselme, à Tubingue; Frédéric Sylburge, chez Wechel, à Francfort ; Juste Lipse, François Raphelenge, Corneille Kilian, chez Plantin, à Anvers.

Nous pourrions ajouter à cette liste beaucoup de noms également recommandables dans les sciences et dans les lettres. Des docteurs en théologie, en droit, en médecine, des humanistes, des philologues se glorifiaient alors d'appartenir au corps typographique.

Aujourd'hui même, dans certaines imprimeries, des hommes pleins d'érudition exercent encore le modeste emploi de correcteur, qui n'est pas toujours apprécié comme il devrait l'être par le public et par les auteurs, parce qu'ils n'en connaissent pas les difficultés. Un écrivain en renom les comprenait mieux lorsqu'il écrivait à son imprimeur, le 27 avril 1826 : « Je me recommande à vos correcteurs : les correcteurs
« sont l'âme (1) et la prospérité d'une imprimerie. »

Crapelet ne voit pas d'exagération dans ces derniers mots;

---

(1) Henri Estienne exprimait la même pensée dans une élégie où il se plaint de l'ignorance de quelques imprimeurs : La correction, dit-il, est à l'art typographique ce que l'âme est au corps humain; elle lui donne l'être et la vie.

    Namque quod humano mens est in corpore....
    Hoc opere in nostro præstat correctio...

il ajoute lui-même : « Instruction, intelligence, mémoire, ju-
« gement, goût, patience, application, amour de l'art, et sur-
« tout l'œil typographique : voilà ce que l'imprimeur attend
« pour le moins du correcteur auquel il confie la lecture des
« épreuves; et, à ce compte, on pourrait dire que bien peu
« d'imprimeurs seraient aujourd'hui capables d'être correc-
« teurs. Honorons, encourageons ces hommes utiles, qui, par
« leurs talents et leurs modestes travaux, contribuent si es-
« sentiellement à la réputation et à la prospérité de l'impri-
« merie française! (1) »

En effet, le principal mérite d'un livre, sous le rapport typographique, c'est une impression nette et correcte. Le célèbre Froben, imprimeur à Bâle, dans le XVIe siècle, disait qu'un livre où les fautes fourmillent de toutes parts est une fatigue et un tourment pour le lecteur; et il ajoutait, dans la préface du *Rhodiginus* : « Quiconque achète, même très-cher, un livre bien corrigé l'achète à un prix modique. Quiconque achète, même au plus bas prix, un livre rempli de fautes l'achète très-cher. »

C'est pourtant cette économie mal entendue qui produit les impressions fautives et incorrectes. Beaucoup de libraires et d'éditeurs répètent encore aujourd'hui ce qu'on disait déjà du temps de Henri Estienne : L'édition ne s'en vendra pas moins pour cela : *Non minoris propterea vœniet* (2).

Les contrefacteurs surtout, ces forbans littéraires, pensent et agissent ainsi : mauvais papier, texte tronqué, mal imprimé, mal corrigé; ces détails ne leur importent guère, pourvu qu'ils vendent un livre à meilleur marché que le pro-

---

(1) *Études typographiques.*
(2) *H. Stephani Epistola ad quosdam amicos.*

priétaire légitime. Si la contrefaçon se fait en pays étranger, les imprimeurs ne connaissant qu'imparfaitement ou même pas du tout la langue dans laquelle le livre est écrit, commettront une multitude de fautes.

Mais un imprimeur et un éditeur consciencieux comprennent l'importance de la correction typographique, et ne regardent pas comme inutile la dépense qu'elle entraîne.

Les irrégularités qui peuvent se présenter dans une épreuve, et que le correcteur doit signaler, sont en grand nombre : tantôt, c'est une lettre mise pour une autre (faute qu'en terme d'imprimerie on appelle *coquille*); tantôt, c'est un mot, une ligne, une phrase répétés (*doublon*), ou omis (*bourdon*); puis, des lettres ou des mots retournés ou transposés; puis des lettres tombées, hors ligne, cassées ou qui ne sont pas du même œil que le caractère employé; des minuscules lorsqu'il faudrait des majuscules, ou des mots en italique qui devraient être en romain, *et vice versâ*. Le correcteur doit aussi rectifier les fautes d'orthographe et de ponctuation, le mauvais agencement des lignes, trop serrées ou trop larges, les mots mal divisés, etc., etc.

Pour effectuer ce travail de manière à ce qu'un livre sortît sans faute de dessous la presse, disait un auteur qui surveillait l'impression de ses ouvrages et la correction des épreuves, il faudrait avoir des yeux de lynx ou les cent yeux d'Argus (1).

Lorsque le compositeur est instruit et soigneux, il diminue considérablement la tâche fatigante et épineuse des correcteurs. Au contraire, toute l'énergie intellectuelle de ceux-ci, toute l'attention qu'ils peuvent apporter à leur travail ne suf-

---

(1) Lynceis enim opus foret oculis aut centum Argi luminibus. *Josse Clictou*, Épître en tête de ses sermons, 1534, in-fol.

firaient pas pour dégager totalement de fautes et rendre correct le travail d'un compositeur incapable et sans soin.

Cependant, il ne faut pas faire retomber sur l'imprimeur seul toutes les erreurs typographiques qu'on trouve dans un livre ; l'auteur y contribue souvent lui-même pour une large part, soit en donnant une copie indéchiffrable qui, outre la perte de temps qu'elle occasionne, expose le compositeur à commettre beaucoup de fautes ; soit en bouleversant sur les épreuves la rédaction primitive par des suppressions, des additions, des changements dont l'exécution, que l'auteur demande immédiatement, est parfois plus coûteuse, plus difficile et plus longue que ne le serait une composition nouvelle. Et, après tant de remaniements, il s'étonne de rencontrer quelques fautes d'impression dans son ouvrage !

Si l'on considère qu'un volume in-8° ordinaire de 600 pages contient à peu près un million de caractères, c'est-à-dire de petits morceaux de plomb que l'ouvrier aligne et place un à un, et dont plusieurs centaines, plusieurs milliers doivent ensuite être déplacés, replacés ou enlevés selon que l'exigent les corrections typographiques ou les modifications du texte, on s'étonnera plutôt de ne pas trouver un plus grand nombre de fautes dans la plupart des livres imprimés.

Tous les hommes judicieux et les plus illustres typographes avouent qu'il est impossible, quelque soin qu'on y apporte, qu'un livre imprimé soit sans faute ; plusieurs imprimeurs se sont pourtant vantés de n'en avoir laissé passer aucune ; mais, si l'expression n'est pas hyperbolique, le fait du moins est une exception trop rare pour affaiblir une expérience de quatre cents ans.

En effet, un des premiers monuments typographiques dont on admire la belle exécution, le *Psautier* de 1457, chef-d'œuvre de Fust et de Schœffer, présente une faute grave sur le feuillet même de souscription, où il est dit que l'ouvrage a été imprimé au moyen d'une ingénieuse invention. On y lit *Spalmorum codex*, au lieu de *Psalmorum codex*; la faute a été rectifiée dans la seconde édition de 1459.

Robert Estienne, cet imprimeur si exact, déclare, dans la préface de son *Nouveau Testament* grec (1549, in-16), qu'il ne s'y trouve pas une seule lettre mal placée ; et à cet endroit-là même on lit *pulres*, au lieu de *plures*.

Nous avons cité plus haut des vers facétieux où l'on trouve quelques exemples des bizarreries, des contre-sens que peut produire la substitution d'une lettre à une autre. Malheureusement ces quiproquo se glissent réellement, et parfois d'une manière bien fâcheuse, dans la composition typographique.

Erasme rapporte que, dans son ouvrage intitulé *Vidua christiana*, imprimé chez Froben, à Bâle, en 1529, et qu'il avait dédié à la reine de Hongrie (Marie, sœur de Charles-Quint), les mots *mente illa* furent changés en celui de *mentula*, et déjà mille exemplaires étaient tirés quand on remarqua cette expression obscène, qui ne put disparaître qu'au moyen d'un carton. « J'aurais donné trois cents écus d'or, dit Erasme, pour racheter une telle infamie. » Il l'attribue à la vengeance d'un compositeur ivrogne, mécontent de n'avoir pas encore reçu de pourboire; mais il est plus probable que les mots *mente illa*, mal formés et mal lus, ont été pris pour *mentula*, dont le compositeur et le correcteur ne savaient pas la signification, car ce mot a été rarement employé par les auteurs latins.

Henri Estienne (1) parle d'un correcteur ignorant qui, toutes

---

(1) *Artis typographicæ Querimonia.*

les fois que deux mots avaient quelque ressemblance phonique, substituait le mot qu'il connaissait à celui qu'il ne connaissait pas ; c'est ainsi que, transposant une lettre, il changeait *procos* (amants) en *porcos* (pourceaux).

Une lettre de plus, dans la réimpression d'une paraphrase évangélique d'Erasme, provoqua la censure de la Faculté de théologie; au lieu de *more* que portait la première édition, on avait mis dans la seconde, par erreur typographique, *amore*; ce qui donnait à la proposition un sens hétérodoxe.

Une lettre de moins causa un vif chagrin au docteur Flavigny, professeur royal en langue hébraïque. En 1647, il publia une dissertation critique en latin contre un autre professeur, Abraham Echellensis, qui reprenait aigrement les fautes de traduction échappées à ses confrères, quoiqu'il en commît aussi lui-même. Pour lui donner une leçon de modestie, Flavigny avait cité ces paroles de l'Evangile : *Quid vides festucam in oculo fratris tui, et trabem in oculo tuo non vides?* (Comment vois-tu une paille dans l'œil de ton frère et ne vois-tu pas une poutre dans ton œil?)

Le malheur voulut que, au moment du tirage, l'*o* initial d'*oculo*, dans le second membre de phrase, tombât; de sorte que le verset se terminait ainsi : *et trabem in* culo *tuo non vides?* Echellensis releva cette faute, évidemment typographique, avec plus d'animosité que de conviction. Il accusa son antagoniste d'avoir falsifié, travesti d'une manière infâme et sacrilége le texe évangélique; il épuisa contre lui toute sa rhétorique latine : Flavigny, lui disait-il, nous connaissons très-bien qui tu es par tes propres paroles, car tel est l'homme, tel sera aussi son langage, comme l'enseigne Socrate au rapport de Cicéron, livre V *des Tusculanes*. Le pauvre Flavigny fut atterré par ces reproches sanglants que son innocence rendait burlesques : dans son désespoir, il s'écriait que, quand son imprimeur avait commis cette faute, il était atteint de frénésie et dans un accès de fièvre chaude ; et son emportement n'était pas encore apaisé trente ans après cette fâcheuse aventure.

Une lettre mise pour une autre donna le frisson à un homme d'État. Pendant la révolution française, l'abbé Sieyès, recevant un jour la première épreuve d'un discours justificatif de sa conduite politique, en fit sur-le-champ la lecture. Il rencontra les mots alors si compromettants : *J'ai abjuré la République*, mis au lieu de *j'ai* adjuré... « Comment fait-on de pareilles fautes? dit-il à l'apprenti ; l'imprimeur veut donc me faire guillotiner? »

L'imprimeur, qui raconte cette anecdote (1) signale une édition du *Catéchisme* de Fleury (Clamecy, 1826) où on lit : ... *et de là naissent tous les péchés qui mènent à la* vie *éternelle.*

« Je n'oublierai jamais, dit encore le même typographe, l'état d'agitation dans lequel je vis un jour mon père Charles Crapelet, tenant une *bonne feuille* dans ses mains : pâle, tremblant, froissant par un mouvement convulsif cette feuille entre ses doigts. Il venait d'apercevoir le mot *Pénélope* imprimé *Pélénope* ; et c'était dans la première feuille d'un *Télémaque*..., et cette feuille avait été lue trois fois avant de passer sous ses yeux, et il l'avait lue et relue encore. (La faute fut réparée au moyen d'un carton, édition de 1796.) »

Une faute plus déplaisante, parce qu'elle prêtait au ridicule, s'était glissée dans une édition de Racine, imprimée chez M. Didot, qui s'en aperçut et la corrigea au moment même où

---

(1) Crapelet, *Études typographiques.*

l'on mettait sous presse la feuille qui la contenait ; ce vers de la tragédie d'*Iphigénie en Aulide* :

> Vous allez à l'*autel*, et moi j'y cours, madame,

se trouvait ainsi défiguré :

> Vous allez à l'*hôtel*, et moi j'y cours, madame.

« On peut se faire une idée, ajoute M. Didot, de la consternation et de la colère d'un imprimeur, atterré par de pareils coups de foudre (1). »

Dans une note lue le 20 mai 1836 à l'Académie de Rouen, M. Berger de Xivrey mentionnait une faute d'impression qui eut les plus fatales conséquences. « Les garanties de correction, disait M. Berger, sont un point sur l'importance duquel il est peu nécessaire d'appuyer devant une compagnie de gens de lettres. Permettez-moi seulement, Messieurs, de vous citer un exemple assez connu qui suffirait pour faire apercevoir l'importance de la correction typographique à ceux qui n'y auraient pas réfléchi. A l'époque où Napoléon fondait de gigantesques projets sur son alliance avec l'empereur Alexandre, le *Moniteur* ou le *Journal de l'Empire* publia, dans ce sens, un article où il était dit, en parlant des deux puissants monarques : « Ces deux souverains dont l'union ne peut qu'être invincible. » Les trois dernières lettres du mot *union* ayant été enlevées pendant l'impression, il resta le mot *un*, et l'empereur de Russie lut avec indignation cette phrase du journal : « Ces deux souverains dont l'*un* ne peut qu'être invincible. » L'errata du numéro suivant lui parut une nouvelle injure. Napoléon, qui vit la portée de cette faute d'impression, s'emporta vaine-

---

(1) Article *Typographie* de l'*Encyclopédie moderne*.

ment. — Ainsi, un accident de la presse, qui pouvait tomber sur mille autres mots insignifiants, et qui frappa sur le plus significatif, détruisit en un instant les plus hautes combinaisons du génie politique. N'y a-t-il pas là matière à réflexions sur une cause si minime en apparence, et qui a eu des effets si prodigieux dans l'état social ? »

Toutes les fautes typographiques n'ont pas la portée de celles que nous venons de signaler ; le plus souvent elles ne consistent que dans des mots estropiés qu'il est parfois très-difficile et même impossible de deviner ; mais quand elles sont multipliées, elles fatiguent et embarrassent le lecteur et déprécient l'ouvrage. Cependant la responsabilité, ainsi que nous l'avons déjà fait remarquer, n'en doit pas peser entièrement sur l'imprimeur. En considérant, d'ailleurs, les innombrables causes de fautes d'impression, on peut dire, avec Ange Rocca (1), que l'art typographique est assujetti aux erreurs, *erroribus obnoxia*; et cet écrivain en parlait par expérience ; car il était directeur de l'imprimerie du Vatican.

Les correcteurs, dit-il, ne peuvent pas tout voir. Nous ajouterons qu'il est bien rare aussi qu'un correcteur réunisse les deux qualités essentielles à sa profession : la pratique de l'imprimerie et l'érudition. Si le correcteur n'est que typographe, ou, en termes du métier, s'il n'a que l'*œil typographique*, il rectifiera les fautes matérielles commises par le compositeur, mais il ne relèvera pas les erreurs manifestes qui se sont glissées dans la copie : par exemple, un nom historique mal écrit, une date évidemment fausse. Quoique, rigoureusement parlant, ces irrégularités ne puissent être imputées qu'à la négligence de l'auteur, un correcteur instruit doit les faire

(1) *Bibliotheca vaticana*, 1591.

disparaître. Si le correcteur n'est qu'érudit et que la pratique de la typographie lui manque, il ne laissera point passer un solécisme, un anachronisme ; mais les doublons, les bourdons, les coquilles lui échapperont.

Au reste, la principale cause de l'incorrection des livres imprimés, c'est l'exécution précipitée que la concurrence impose fatalement aux libraires, aux éditeurs et même aux auteurs. On veut avoir en vingt-quatre heures ce qui exigerait six mois de temps et de labeur. Le compositeur et le correcteur, pressés, harcelés, ne peuvent donner à leur travail respectif toute l'attention nécessaire, et de là les fautes nombreuses qui déparent aujourd'hui les plus belles impressions.

Les premiers livres imprimés contenaient peu de fautes, grâce aux soins et à l'instruction des typographes, secondés d'ailleurs par les philologues qui signalèrent l'époque de la Renaissance. Les fautes étaient corrigées à la main par l'imprimeur, et cette méthode ne déplaisait pas à Erasme ; il approuve, au contraire, que l'on répare avec la plume les erreurs typographiques. C'est ce que fit Géring, à Paris, dans ses premières éditions ; Caxton, en Angleterre, corrigeait aussi à la plume et en encre rouge les fautes d'impression qu'il avait commises.

Mais cet usage, praticable sur le petit nombre d'exemplaires que l'on tirait alors pour chaque édition, fut de courte durée. L'art typographique, prenant de l'extension, fut exercé par une foule d'hommes illettrés, et bientôt les plaintes qu'avait excitées l'incorrection des manuscrits se renouvelèrent à l'égard des livres imprimés. Robert Gaguin, professeur à l'Université de Paris, avait fait imprimer dans cette ville, en 1495, une histoire de France, où il trouva tant de fautes qu'il en publia une nouvelle édition à Lyon, puis une autre à Paris, en

1497. Dans l'avertissement de cette troisième édition, il dit qu'il voudrait avoir chez lui les cinq cents volumes de la première pour les anéantir et les plonger dans un éternel oubli, *sempiterna oblivione*. Le temps a réalisé ce vœu, car on ne connaît plus un seul exemplaire de cette édition primitive.

On conçoit que, les tirages devenant plus considérables, il était impossible de raturer et de corriger à la main les fautes typographiques. Alors on imagina de les réunir toutes et de les reproduire, avec les corrections et l'indication des pages, à la fin du volume sous le titre d'*errata*. Le *Juvénal* annoté par Merula, et imprimé à Venise, en 1478, par Gabriel Pierre, est un des plus anciens livres où se trouve un *errata*; il est de deux pages, et l'imprimeur s'en excuse en ces termes : « Lecteur, ne t'offense pas des fautes dues à l'incurie des ouvriers; car nous ne pouvons pas être soigneux à tous les moments. »

Simon de Colines, les Estienne, Vascosan, Charlotte Guillard, Amerbach, Plantin et plusieurs autres étaient renommés pour la correction de leurs livres; les *errata* qu'ils y joignaient ne relevaient souvent que trois ou quatre fautes.

Malheureusement, tous leurs confrères n'apportaient pas le même soin à leurs impressions. Jean Knoblouch, imprimeur à Strasbourg, laissa passer tant de fautes dans les œuvres de Pic de la Mirandole, publiées en 1507, qu'elles nécessitèrent un *errata* de quinze pages in-folio. Il est vrai que l'imprimeur en fait une amende honorable à la fin du volume : « N'imputez pas, dit-il, les erreurs à l'auteur : elles ont été commises par les typographes. Nous confessons sincèrement notre faute. »

Le cardinal Bellarmin, voyant que les différentes impressions de ses controverses contenaient beaucoup de fautes, voulut en donner une édition exacte qui servît de modèle aux réimpressions qu'on en ferait à l'avenir ; mais cette édition, imprimée à Venise sur un manuscrit irréprochable, était encore plus défectueuse que toutes celles qui avaient paru : l'*errata* qu'il en publia en 1608 est de quatre-vingt-huit pages.

Nous citerons ici l'ouvrage que le docteur Jean-Conrad Zeltner fit imprimer à Nuremberg en 1716. Ce livre, écrit en latin, contient la biographie de cent correcteurs érudits, et, par une espèce de fatalité, il est rempli de fautes ; l'*errata* en signale six cents, mais il y en a bien davantage.

Au reste, les livres qui n'ont point d'*errata* ne sont pas toujours les plus corrects ; souvent, au contraire, c'est dans ceux-là qu'on rencontre le plus de fautes.

Une mesure, longtemps observée en Espagne, obligeait les imprimeurs et les libraires d'envoyer un exemplaire de chaque livre imprimé à un censeur qui, après l'avoir conféré avec le manuscrit, en dressait l'*errata* qu'il signait et qu'on imprimait au commencement du volume.

En France, l'édit de 1649, qui exprime des plaintes sur le peu de correction apporté à l'impression des livres, exigeait, par l'article 26, que, pour les catéchismes, les vies des saints, les missels, les bréviaires, de même que pour les dictionnaires, grammaires et autres livres de classes, les libraires prissent un certificat de correction délivré par le recteur de l'Université. Mais cette mesure fut négligée et resta sans exécution.

Voltaire, dans un endroit de sa *Correspondance*, fait sur le sujet qui nous occupe une observation judicieuse :

« Qu'il me soit permis, dit-il, de proposer ici à tous les éditeurs de livres une idée qui me paraît assez utile au bien de la littérature : c'est que, dans les livres d'instruction, quand il se trouve des fautes, soit de copiste, soit d'imprimeur, qui peuvent aisément induire en erreur des lecteurs peu au fait, on ne doit point se contenter d'indiquer les fautes dans un *errata*; mais alors il faut absolument un carton (1). La raison en est bien simple : c'est que le lecteur n'ira point certainement consulter un *errata* pour une faute qu'il n'aura point aperçue. Toutes les fois encore qu'une faute n'ôte rien au sens et à la construction d'une phrase, mais forme un sens contraire à l'intention de l'auteur, ce qui arrive très-souvent, un carton est indispensable. »

De nos jours, l'art typographique a fait, dans toutes ses branches, d'immenses progrès ; l'élégance, la symétrie, la variété des caractères donnent aux impressions modernes une apparence qui flatterait agréablement la vue, si les incorrections du texte ne l'offusquaient trop souvent. Nous l'avons dit et nous le répétons, il est très-difficile, sinon impossible, d'imprimer un livre sans qu'il y reste quelques fautes ; mais la vigilance du typographe ne doit pas moins tendre à n'en laisser aucune. C'est par l'exactitude de la correction, bien plus encore que par la beauté des types, que les maîtres de l'art se sont illustrés.

VI. La vue d'un pressoir, et surtout le mouvement de la vis qui répond à un poids immense, donnèrent, dit-on, à Gutenberg l'idée de la première presse. Il la fit exécuter par Conrad Saspach, ouvrier en bois, et l'installa chez André Dritzehen, son associé. Cette presse, comme celles qui furent un peu plus tard construites à Mayence, était sans doute fort imparfaite, car on remarque dans les premiers livres des mots imprimés à moitié, et qu'on a été obligé de finir à la main.

---

(1) En terme d'imprimerie on appelle *carton* un ou plusieurs feuillets qu'on réimprime, soit pour y corriger quelques fautes, soit pour y faire quelques changements.

Cependant depuis l'invention de l'imprimerie jusqu'en 1820, le mécanisme des presses n'a, pour ainsi dire, subi aucune variation.

Les premières presses, faites en bois grossièrement travaillé, étaient disgracieuses à la vue, et devaient être fixées à des murs solides, soit par des étançons, soit par des crochets en fer. Sans cette précaution, elles eussent cédé aux efforts de l'ouvrier, obligé d'user de toute sa force pour obtenir une pression suffisante.

Leur dimension était si petite que chaque face d'une feuille de papier exigeait deux tirages.

A partir de 1820, une presse en fer et à vis, inventée par lord *Stanhope*, dont elle a conservé le nom, fut importée d'Angleterre. Sa forme est élégante, et le système de pression permet d'opérer le tirage sans trop d'efforts.

Les États-Unis nous apportèrent, vers la même époque, une presse appelée *Colombienne*, construite d'après un nouveau système et qui pouvait imprimer des papiers de plus grand format.

Ces nouvelles presses furent partout substituées aux anciennes. Les rouleaux en matière élastique, inventés en France par M. Gannal (1819), avaient aussi remplacé les tampons avec lesquels on distribuait l'encre sur les caractères. Ces deux changements amenèrent une véritable révolution dans l'art typographique.

Une révolution plus importante encore fut produite par l'introduction des mécaniques ou machines à imprimer.

C'est en Angleterre qu'on en fit d'abord usage. Dès 1790, William Nicholson, éditeur du *Journal philosophique*, exécuta une presse mécanique qui ne réussit pas. Mais, plus tard, deux Allemands, MM. Kœnig, horloger de Leipsick, et Bauer, son élève, établis à Londres, fabriquèrent une presse imprimant au moyen de deux cylindres en bois et de rouleaux qui distribuaient l'encre en même temps. Cette immense machine, mue par la vapeur, donnait, dans son premier état, 12 à 1,300 impressions par heure. Elle fut construite pour le compte et aux frais de T. Bensley, imprimeur, et de M. Taylor, éditeur du *Times*, et le 21 novembre 1814, les lecteurs de cette feuille apprirent, par un avis officiel, qu'ils lisaient pour la première fois un journal imprimé par une machine à vapeur.

Bientôt après parut la presse mécanique de MM. Applegath et Cowper, la première qui fut importée de Londres en France.

Le succès de cette presse engagea les mécaniciens français à se mettre à l'œuvre ; leurs travaux nous affranchirent de la nécessité où nous étions de recourir à la fabrication étrangère, et fournirent à nos ateliers typographiques un grand nombre de machines, toutes opérant par le même système, mais différentes quant aux détails.

Dans le nombre, nous devons citer particulièrement celles de M. Dutartre, qui impriment même des vignettes avec toute la perfection qu'on pourrrait espérer des meilleures presses à bras, et qui ne coûtent que 6 à 7,000 fr., tandis que les premières presses de Cowper avaient été payées 30,000 fr.

On imprime avec les presses mécaniques, suivant leur système, depuis quinze cents jusqu'à deux mille feuilles par heure, c'est-à-dire le même nombre d'exemplaires que deux ouvriers pouvaient obtenir dans une journée entière du plus rude travail. Ainsi, une seule machine, tout en n'exigeant que le travail d'un homme et de deux enfants, non compris la force motrice, fournit autant d'ouvrage que dix presses anciennes employant vingt ouvriers.

Les journaux, qui n'ont pas besoin d'une impression soignée, se servent de presses beaucoup plus expéditives. Il en est qui impriment jusqu'à quatre feuilles à la fois, ce qui donne un tirage de dix mille feuilles par heure, nombre qu'on pourrait porter à douze mille, si l'on ne craignait les accidents.

C'est surtout en Angleterre et en Amérique que les plus grands sacrifices ont été faits pour perfectionner les presses mécaniques et obtenir avec une extrême vitesse l'impression des papiers de la plus grande dimension.

A cet effet, il a été fabriqué, à Londres, en 1850, une machine qui, au lieu d'imprimer horizontalement, fonctionne verticalement. Mais elle ne fournit que huit mille exemplaires à l'heure, ce qui ne répondait que médiocrement au but que s'étaient proposé les inventeurs. De plus, elle a l'inconvénient de tenir beaucoup de place et de coûter fort cher (40,000 fr.).

Une autre presse mécanique, dite *à papier sans fin*, fut construite vers la même époque, et obtint la préférence, comme pouvant imprimer, dit-on, vingt mille exemplaires par heure. Son mécanisme consiste en quatre cylindres superposés. A deux de ces cylindres sont adaptés des clichés cylindriques; le papier sans fin tourne autour des deux autres, et l'impression se produit par la pression de ces deux couples de cylindres entre eux.

Si cette machine donne, en réalité, le résultat annoncé, elle l'emportera de beaucoup sur la presse monstre de Richard Hoe, qui a fait tant de bruit, il y a deux ou trois ans, et que les propriétaires du journal le *Sun*, de New-York, ont installée avec un si grand éclat dans leur établissement. La presse de Hoe atteint le nombre de vingt mille exemplaires à l'heure; mais elle a le grave inconvénient d'avoir un mécanisme très-compliqué et qui demande un vaste emplacement; on n'y compte pas moins de 8 cylindres, 1,200 roues, 202 rouleaux en bois et 400 poulies, sans compter une infinité d'engrenages. Cette presse monstre a coûté au *Sun* 106,000 fr., non compris les frais d'installation.

Un ingénieur de Londres, que nous avons déjà cité, M. A. Applegath, à qui on exprimait le doute qu'une seule presse pût imprimer vingt mille exemplaires à l'heure, offrit de construire une presse qui tirerait quarante mille exemplaires dans le même espace de temps. Il exigeait, à la vérité, qu'on prît préalablement l'engagement de le dédommager de tous ses frais de construction.

Mais ces prodiges de la mécanique peuvent-ils être regardés comme un véritable progrès ? Nous sommes loin de le croire. Il ne suffit pas de produire vite, il faut aussi produire bien, et les nouvelles presses ne nous paraissent pas pouvoir réaliser à la fois ces deux avantages. Le maximum de nos presses de Paris est de douze mille exemplaires à l'heure, et ce nombre semble devoir suffire. Nous ne regrettons donc pas que les mécaniciens français ne songent point à créer d'autres merveilles. On se rappelle, du reste, la mésaventure de l'inventeur d'une de ces presses prodigieuses, qui devait, disait-il, faire mettre au rebut toutes les presses en usage. Au premier essai, on reconnaît qu'elle ne peut marcher ; on la répare, on y ajoute des pièces ; elle ne marche pas davantage ; enfin, après plusieurs vaines tentatives, on fut forcé de l'abandonner.

Le prix des presses qui sont employées actuellement à Paris ne dépasse pas 10,000 fr. Deux mécaniques de ce prix donnent le même travail que celle de Hoe, le font mieux, et coûtent cinq fois moins.

Les presses à bras ont encore subi, dans ces dernières années, de nouvelles et importantes améliorations. Quoique moins avantageuses, sous le rapport de la célérité et de l'économie du travail, on n'arrivera jamais à les suppléer complétement; car il est beaucoup d'ouvrages qui exigent une délicatesse et une précision qu'on n'obtiendrait pas de l'action inintelligente des mécaniques.

Il semblait que, par l'emploi des machines, on fût arrivé au plus haut période de promptitude pour opérer le tirage typographique. Cependant les investigations de la science ont fourni des moyens plus expéditifs, plus merveilleux encore.

Nous signalerons ici deux inventions récentes, la *photographie* et la *télégraphie électrique*, dont certains résultats peuvent se rattacher à l'imprimerie, et qui, par ce motif, doivent être mentionnées dans une histoire de la typographie.

Depuis la découverte de MM. Niepce et Daguerre, la *photographie* a déjà accompli de très-grands progrès. Nous n'avons pas à nous occuper ici de toutes les applications qu'elle a reçues, nous parlerons seulement de celle qui se rapporte le plus spécialement à notre sujet, c'est-à-dire de la photographie appliquée à l'impression. Elle peut, en effet, reproduire une image quelconque à un grand nombre d'exemplaires avec une célérité prodigieuse et à bien moins de frais que par l'emploi des machines dont l'imprimeur typographe doit être pourvu.

Au lieu de ces appareils mécaniques considérables, dispendieux, et qui réclament, pour fonctionner, le concours de la vapeur, il ne faut à l'imprimeur photographe qu'une *chambre obscure*, de quelques centimètres carrés; quelques produits chimiques, du papier, et la lumière du soleil. Avec cela, le *tirage* s'opère à la volonté de l'éditeur et au fur et à mesure de ses besoins. On est sûr, en outre, d'avoir la reproduction exacte du modèle: c'est l'original même qui renaît à l'infini. Tels sont les avantages de l'impression photographique. Ce qui a manqué jusqu'ici à ces impressions, c'est une teinte noire ou brune, ayant toute l'intensité désirable. Mais les plus habiles imprimeurs photographes sont à la recherche de cette *encre*, si l'on peut ainsi parler, et nous ne doutons pas qu'ils ne parviennent, tôt ou tard, à réaliser ce dernier perfectionnement.

Les dessins photographiques sur papier s'obtiennent à l'aide de deux opérations successives, dont la première n'a besoin d'être renouvelée qu'après avoir donné de nombreux résultats. La première épreuve obtenue est une image étrange, à contresens de la réalité. On y voit dans l'ombre ce qui doit être éclairé, et dans la lumière ce qui doit être dans l'ombre. On appelle cette première image *épreuve négative*. C'est un véritable cliché avec lequel on peut tirer un très-grand nombre d'*épreuves positives*, c'est-à-dire d'images parfaitement vraies de l'objet qu'on veut reproduire. Il suffit pour cela d'exposer à la lumière, derrière l'épreuve anormale, la feuille de papier sensible sur laquelle on veut opérer le transport du dessin primitif, de manière que les rayons qui tombent sur les noirs à contre-sens de celle-ci sont sans effet sur la feuille blanche, et qu'elle n'en reçoit que par les clairs, et, par conséquent, sur les points seuls qui doivent être plus ou moins teintés en noir.

Déjà les faussaires se sont emparés des procédés photographiques pour contrefaire des billets de banque, et les tribunaux ont eu à sévir contre ce nouveau genre de contrefaçon qui rend plus nécessaire que jamais l'emploi d'un papier de sûreté dont nous avons parlé dans le chapitre précédent.

On applique avec succès la photographie à la gravure sur bois : il s'agit simplement de placer un bloc de bois préparé sur l'écran de la chambre obscure, de graver ensuite la pièce et de la tirer selon le mode ordinaire. C'est ce qu'on appelle la *xylophotographie*.

Un habile lithographe, M. Lemercier, a créé aussi la *lithophotographie*, et a publié un recueil de dessins obtenus par cet art nouveau, représentant des vues, des monuments, des intérieurs, etc. (1).

La photographie donne l'image d'un objet, mais n'en reproduit pas les couleurs, et sous ce rapport le secours du pinceau lui est nécessaire. Toutefois, nous croyons qu'elle finira par s'en passer, et que ce complément du nouvel art sera obtenu, si même il ne l'est déjà.

Un journal de New-York, le *Photographic art journal*, a donné, en janvier 1851, la copie d'une lettre par laquelle un M. Hill annonçait qu'il avait découvert le moyen de produire l'image daguerrienne sur la plaque dans tout l'éclat de ses couleurs naturelles, résultat que des hommes éminents de l'Europe avaient cherché en vain. Parmi les 45 spécimens qu'il a obtenus par son procédé, nommé *héliochromie*, il cite une *Vue* où aucune des couleurs naturelles n'a fait défaut : maison rouge, herbe et feuillage verts, troncs et branches d'arbres, vaches de différentes couleurs, vêtements divers étendus pour sécher, ciel bleu, etc. Le bleu pâle et limpide de l'atmosphère, qui s'étendait entre la chambre noire et les montagnes éloignées, est même répandu aussi délicatement

---

(1) *Essai de lithophotographie, impressions obtenues directement sur pierre*. Paris, Lemercier, imprimeur lithographe, rue de Seine, 47, 1855. Planches de divers formats.

sur la peinture, qu'il le serait par la main d'un grand artiste.

Deux artistes français, MM. Niepce et Becquerel, ont alors revendiqué leurs droits à la priorité ; mais cette question si pleine d'intérêt est encore à l'état de germe en France et même en Europe, comme elle l'est probablement aux États-Unis, malgré l'assurance avec laquelle M. Hill affirme l'avoir résolue.

Quant à la télégraphie électrique, quoique nous ne voulions la considérer ici que sous le rapport qu'elle peut avoir avec l'imprimerie, nous croyons devoir donner préalablement et bien succinctement quelques notions historiques sur l'invention elle-même, depuis son origine jusqu'à la nouvelle phase où elle est entrée.

C'est de deux mots grecs (τέλος, *loin*, et γράφω, *j'écris*) qu'on a formé le nom de *télégraphe*, pour désigner un instrument avec lequel on transmet des signaux à des distances éloignées. Ce moyen rapide de correspondance remonte à une haute antiquité ; sans doute les procédés employés par les anciens étaient bien imparfaits : c'étaient, par exemple, des feux, des étendards ; cependant les Grecs, environ 300 ans avant J.-C., se servaient déjà de signaux pour indiquer les lettres de l'alphabet, de manière à former des phrases : c'était l'antique prélude de la télégraphie moderne, dont la France devait doter le monde. En effet, le système télégraphique actuel fut d'abord mis à exécution, en 1792, par ordre de la convention nationale, sous la direction de Claude Chappe, qui en est regardé comme l'inventeur. Il paraît que l'idée primordiale en est due à Guillaume Amontons, de l'Académie des sciences de Paris, mort en 1705 ; mais cette théorie et quelques autres, publiées vers la même époque, n'avaient pas eu de résultats. La télégraphie tire naturellement un grand secours des lunettes d'approche ; mais, combinée avec l'électricité, elle devient, pour ainsi dire, un art magique qui annule l'ancien système.

L'idée d'appliquer l'électricité à la télégraphie, c'est-à-dire de s'en servir pour la prompte transmission des nouvelles, fut émise, vers le milieu du XVIIIe siècle, par Franklin en Amérique, et par d'autres savants en Europe. Dans son *Voyage agronomique en France*, année 1787 (tome Ier, 2e édit., 1794), Arthur Young raconte le fait suivant : « Sur le soir, nous allons chez M. Lomond, mécanicien fort ingénieux, et qui a le génie de l'invention. Il a amélioré la machine à filer le coton. On dit que les machines ordinaires font un fil trop dur pour certaines fabriques ; mais celle-ci le rend doux et moelleux. Il a fait une découverte remarquable dans l'électricité. Vous écrivez deux ou trois mots sur du papier ; il les prend avec lui dans une chambre, et tourne une machine dans un étui cylindrique au haut duquel est un électromètre, une jolie petite balle de moelle de plume. Un fil d'archal est joint à un pareil cylindre et électrise dans un appartement éloigné, et sa femme, en remarquant les mouvements de la balle qui correspond, écrit les mots qu'ils indiquent : d'où il paraît qu'il a formé un alphabet de mouvements. Comme la longueur du fil ne fait aucune différence sur l'effet, on pourrait entretenir une correspondance de fort loin, par exemple, avec une ville assiégée ou pour des objets beaucoup plus dignes d'attention. Quel que soit l'usage qu'on en pourra faire, la découverte est admirable. » Quelques essais eurent lieu en Espagne (1798), à Saint-Pétersbourg (1832) ; dès lors la télégraphie électrique fit des progrès rapides. M. Morse en est regardé comme l'inventeur, parce qu'il a le premier, aux États-Unis, appliqué en grand ce procédé, qui a reçu ensuite d'importantes modifications (1).

Les Anglais, de leur côté, ont fait des expériences qui ont été couronnées de succès. M. Wheatstone, après avoir imaginé, en 1838, le télégraphe à cadran, l'a remplacé plus tard par le télégraphe à double aiguille, beaucoup plus rapide : c'est ce dernier système avec de nouveaux perfectionnements qui est adopté en France.

Autrefois, les gouvernements seuls pouvaient transmettre des nouvelles et des ordres au moyen de leurs anciens signaux télégraphiques, mais seulement pendant le jour et lorsque le ciel était pur. Maintenant, tout particulier peut, moyennant une somme insignifiante, envoyer un message ou inviter un ami, à une distance de plusieurs centaines de milles, dans un intervalle de temps calculé par secondes plutôt que par minutes. Pour la transmission des nouvelles, pour le recouvrement des pertes, pour la découverte des criminels, le télégraphe électrique a prouvé son immense utilité ; enfin, en examinant le mouvement et la direction des vents et des ouragans, on a pu, de la Nouvelle-Orléans, signaler par le télégraphe, à New-York, l'approche de grands orages, douze heures avant leur arrivée, et ainsi empêcher des bâtiments sur le point de partir, de se mettre à la mer avant que le trouble atmosphérique fût passé.

Les divers modes de correspondance télégraphique employés jusqu'à présent consistent dans un alphabet de convention ou dans des mouvements indicateurs des lettres usuelles ; mais de nouvelles combinaisons ont eu des résultats

---

(1) Il y a aujourd'hui aux États-Unis d'Amérique 1500 milles (2,700 kilomètres) de lignes télégraphiques.

bien remarquables, et que nous devons signaler, parce qu'ils ont un rapport plus direct avec l'imprimerie ; ils remplacent, pour ainsi dire, le tirage à la presse, et joignent à la promptitude de la copie la célérité de la transmission.

C'est aux États-Unis que l'expérience a d'abord eu lieu. On y est parvenu à télégraphier en dix minutes vingt mille mots, c'est-à-dire tout le contenu d'un journal ; et cela par un procédé presque entièrement mécanique, sans l'assistance d'un employé, sans nécessité de déchiffrer des signaux particuliers, sans possibilité de faire une seule faute, par l'association du télégraphe électro-magnétique avec la photographie.

Au moyen de l'invention nouvelle, la reproduction photographique d'un manuscrit ou d'une feuille imprimée s'obtient par le télégraphe électrique avec une rapidité presque incroyable. Le procédé est des plus simples. On roule sur un cylindre un papier soumis à une préparation chimique semblable à celle qui sert pour la photographie. Ce papier est mis en contact avec la pointe du fil conducteur, qui, par le mouvement de rotation du cylindre, y trace une ligne noire, produite par le courant électrique. A chaque rotation, le cylindre se déploie d'un cinquantième de pouce, de sorte qu'après 1,300 rotations, une feuille de papier de 26 pouces de largeur se trouve entièrement couverte, d'un côté, de lignes nettement tracées. Au moyen d'une interruption du courant, on obtient des lacunes dans ces lignes ; ces lacunes forment une écriture en blanc sur fond teinté, à peu près comme on en voit souvent sur les gravures. Pour former ces lacunes, on a, à l'autre extrémité du fil, c'est-à-dire à l'endroit d'où part la communication, un cylindre pareil et se mouvant de la même manière. Sur ce cylindre on applique une feuille de papier où la dépêche est écrite ou imprimée avec une encre contenant du vernis. La pointe du fil conducteur repose sur ce papier, tandis que la communication avec la batterie se trouve établie à l'axe du cylindre, de sorte que le courant électrique doit passer par le papier. Le vernis, n'étant point conducteur, interrompt le courant, toutes les fois que le fil rencontre l'écriture par le mouvement de rotation du cylindre. Avec une rapidité de rotation de six pieds par seconde on peut en une minute couvrir d'écriture une feuille de 86 pouces carrés. De la même manière, on peut aussi transmettre des dessins ou des plans de situation.

Chacun a entendu parler du télégraphe sous-marin construit en 1851, entre la France et l'Angleterre. Des essais d'un nouveau procédé ont été faits sur cette ligne, et on espère, au moyen de ce procédé, arriver à la prompte transmission, en caractères ordinaires, des plus longues dépêches. Dans ces expériences, comme dans celles qui avaient été faites précédemment entre Londres et Portsmouth, à une distance de deux cents milles, les messages sont reproduits en clairs et beaux caractères romains. On évite ainsi les erreurs et les pertes de temps causées jusqu'ici par la traduction des dépêches et leur copie.

Cette dernière invention se nomme *télégraphe électro-typographe*.

A l'une des dernières séances de l'institution des ingénieurs civils de Londres, on a décrit les grands perfectionnements récemment introduits sur le *télégraphe-imprimeur* de Bain.

Il a été constaté que cet appareil avait reproduit 300 mots par minute ; que 56,000 messages en un mois avaient été transmis par les chemins de fer des comtés de l'Est, pour le seul service de ces chemins ; que tel était le développement de l'usage des télégraphes pour le service du commerce, que le seul bureau central télégraphique de Londres expédiait par jour des messages dont le total équivalait au contenu d'un volume in-8° d'une impression serrée.

Telle est la facilité de manœuvrer ces appareils aujourd'hui employés, que le service en est fait par des enfants sortant de l'asile des orphelins, qui, au bout de quinze jours d'apprentissage, sont parfaitement au courant de leur emploi.

Les divers États de l'Europe s'empressent d'adopter ce mode rapide de communication; et, selon toute probabilité, le télégraphe électrique sera, dans quelques années, d'un usage aussi général que la poste aux lettres.

Il faut reconnaître cependant que ces belles découvertes, tout en ouvrant à l'imprimerie de nouveaux horizons, n'ont encore rien fait pour sa prospérité, et qu'il n'est guère permis de former que des conjectures sur leurs résultats pratiques et financiers dans l'avenir.

VII. L'encre d'imprimerie est différente de l'encre à écrire : celle-ci, claire et limpide, ne s'emploie que sur un papier sec et collé ; celle-là, épaisse et visqueuse, ne prend bien que sur un papier humide. Elle se compose de noir de fumée et d'huile de lin bouillie jusqu'à consistance, amalgamés dans des proportions convenables; elle doit être assez siccative pour ne pas maculer après l'impression.

Suivant Polydore Virgile (1), c'est Schœffer qui a inventé l'encre typographique; d'après Prosper Marchand et beaucoup d'autres auteurs, ce serait à Gutenberg lui-même que cette invention serait due.

On n'a pas de renseignements sur les procédés dont usaient les anciens typographes pour fabriquer l'encre ; chaque im-

---

(1) *De inventoribus rerum.*

primeur composait celle qui lui était nécessaire. Elle s'est toujours conservée brillante, est en général d'un très-beau noir, et ne laisse autour des lettres aucune de ces traces jaunâtres d'huile que l'on remarque souvent dans les impressions postérieures, et même dans les impressions actuelles.

Cette mauvaise qualité de l'encre provient beaucoup moins de l'ignorance du prétendu secret de la bonne fabrication que d'une parcimonie mal entendue, tant de la part de l'acheteur que de la part du vendeur. Pour livrer sa marchandise à bas prix, le fabricant est obligé d'employer des ingrédients défectueux et n'apporte pas à la main-d'œuvre tous les soins désirables.

Aussi n'y a-t-il guère lieu d'espérer que, par rapport à l'encre, et même au papier, beaucoup d'impressions modernes subissent sans détérioration l'épreuve des siècles comme celles des premiers temps de l'imprimerie. Alors les typographes n'épargnaient ni peines ni dépenses pour la belle exécution de leurs travaux.

Sans doute, il en est encore aujourd'hui plusieurs qui marchent sur les traces de leurs devanciers, et qui, non moins jaloux de la gloire de l'art, ont imprimé des livres dont la confection splendide sera aussi d'une longue durée.

Rarement, les imprimeurs actuels fabriquent l'encre dont ils font usage. De même qu'il existe des établissements spéciaux de fonderie, de stéréotypie, il y a aussi des fabriques d'encre typographique. Une des plus considérables et des plus recommandables de Paris est celle de M. Lorilleux, qui, un des premiers, a établi dans ses ateliers une machine à vapeur pour le broiement et le mélange des matières.

Les tirages en couleur datent des premiers temps de l'imprimerie. On se servait communément d'encre rouge, qui était employée de façons très-diverses. Dans tel livre, le titre est entièrement rouge ; dans tel autre, les lignes sont alternativement rouges et noires ; ici, ce sont les premières lettres de chaque alinéa qui sont en couleur ; ailleurs, ce sont des alinéas entiers, de même que nous mettons aujourd'hui en italique les passages que nous voulons faire remarquer.

Le mélange du rouge et du noir donne à l'impression un aspect agréable. Aussi les inventeurs de l'imprimerie ont-ils mêlé fréquemment ces deux couleurs dans leurs éditions, comme on le voit dans le *Psautier* de Mayence (1457), dans le *Rationale divinorum officiorum* (1459), etc.

Les premiers imprimeurs de Paris imprimèrent aussi en rouge et en noir. Ulric Géring suivit cette méthode, notamment dans les livres liturgiques qu'il imprima d'abord pour le diocèse de Paris, tels que le *Bréviaire*, le *Missel*, et dans les ouvrages de droit qu'il imprima ensuite.

Thielman Kerver, qui réimprima le *Bréviaire* in-8°, en 1500, suivit l'exemple de Géring, et imprima en rouge les *Rubriques*, dont le nom se trouve ainsi parfaitement justifié.

L'usage d'intercaler dans le texte d'un grand nombre de livres des lettres, des mots ou des passages entiers imprimés en encre rouge s'est maintenu jusqu'à la fin du siècle dernier.

Dans un ouvrage de Raban Maur ayant pour titre : *De Laudibus Sanctæ Crucis opus*, imprimé à Augsbourg en 1605, on voit ces tirages de couleur combinés d'une façon assez curieuse. Le portrait de Louis Ier, empereur d'Allemagne, est imprimé au trait dans le milieu d'une pièce de vers, et les mots ou les lettres qui se trouvent dans l'intérieur des traits sont imprimés en rouge et forment un sens à part, tout en coopérant au sens général de la pièce de vers. On trouve dans le même volume des dispositions semblables pour un portrait du Christ.

Les encres de couleur n'étaient pas, comme on le voit, employées d'une manière uniforme dans tous les livres ; le goût ou la fantaisie de l'imprimeur étaient pour beaucoup dans ces combinaisons. Mais ces ouvrages n'en sont pas moins remarquables, car on y trouve réunies les deux qualités essentielles d'une bonne impression, l'uniformité de teinte et l'exactitude de la retiration.

L'uniformité de teinte consiste à avoir sur toutes les pages d'un volume la même nuance d'encre. Cette uniformité s'obtient facilement pour tous les exemplaires d'une même feuille ; mais la difficulté commence aux feuilles suivantes, imprimées successivement, quelquefois à de longs intervalles, et presque toujours dans des conditions atmosphériques diverses.

Quant à l'exactitude de la retiration, appelée en imprimerie le *registre*, elle exige des soins plus grands encore, car la page du recto et celle du verso doivent tomber l'une sur l'autre avec une telle perfection que l'œil ne puisse apercevoir aucune déviation, ni dans les lignes de la page, ni dans les titres courants ou les folios qui sont en tête. Or, cette exactitude peut varier, soit parce que le repère ou trou de pointure s'est agrandi, soit parce que le papier lui-même a pu se retirer plus ou moins, suivant qu'il a été plus ou moins mouillé. Ce retrait était beaucoup plus sensible sur les anciens papiers, dits *papiers à la main*, que sur ceux de nos jours, qui sont exécutés à la mécanique et mieux apprêtés.

Ces explications suffisent pour faire comprendre les difficultés qu'ont dû rencontrer nos devanciers pour que les tirages en rouge vinssent s'adapter avec précision à la place qui leur était réservée à côté de l'impression ordinaire, surtout à une époque où les instruments de travail étaient loin d'être aussi perfectionnés qu'ils le sont aujourd'hui.

Plus tard, l'imprimerie a fait d'immenses progrès sous le rapport des encres de couleur. Ce n'est plus seulement une seule encre rouge qu'on imprime facilement sur la même page, mais autant de couleurs que l'on veut. On peut voir dans nos *Essais d'imprimerie*, publiés en 1849, un papillon et une branche de rosier imprimés en quinze couleurs diverses, par la presse ordinaire, et avec une telle précision qu'aucune couleur n'a dévié de la place qu'elle devait occuper.

On fait aussi maintenant avec beaucoup de perfection des impressions en or, argent ou bronze, de nuances variées, et présentant parfaitement le reflet et l'éclat métalliques.

Les premiers essais de cette sorte d'impression en France sont dus à M. Marcel, directeur de l'imprimerie impériale, qui en présenta plusieurs spécimens à l'exposition de 1806. Une cantate imprimée en encre d'or, et formant 4 pages in-folio, parut aussi en 1810, à l'occasion du mariage de l'Empereur.

Depuis lors, des progrès importants ont été faits dans les impressions métalliques. On emploie actuellement avec un égal succès l'or et l'argent, soit en feuilles, soit en poudre ; on parvient à marier agréablement l'or mat avec l'or à fond ouvré, et on se sert aussi du bronze avec autant d'avantage que des métaux plus précieux. Les impressions en poudre d'or et d'argent peuvent être exécutées à très-bas prix ; mais on n'est point encore parvenu à donner aux lettres toute la solidité désirable. Cela résulte de l'absence d'un corps gras ou d'un mordant ayant toutes les qualités d'adhérence.

La lithographie a également trouvé dans ses impressions en couleur un accroissement de ses travaux et de ses débouchés. La plupart des paysages lithographiés sont exécutés en plusieurs teintes, et on a même réussi, par ce procédé, à imprimer des bouquets de fleurs avec une grande perfection, tout en réalisant une économie notable sur le prix qu'aurait coûté le coloriage fait à la main.

Nous avons parlé plus haut de l'héliochromie, procédé photographique encore peu connu, qui reproduit l'image daguerrienne avec ses couleurs naturelles.

VIII. La stéréotypie, comme l'étymologie du mot l'indique (1), a pour but de substituer des planches d'imprimerie solides et d'une seule pièce aux planches formées par l'assemblage des caractères mobiles.

La stéréotypie ou clichage consiste à mouler en plâtre ou en papier une page de composition typographique; puis à reproduire, au moyen d'un alliage que l'on coule dans ce moule, une planche parfaitement identique à la planche typographique, et dont on se sert pour imprimer.

Tout le monde sait que les ouvrages ne s'écoulent pas toujours rapidement. Il en est, et ce sont quelquefois les meilleurs, dont le placement ne s'opère qu'avec lenteur. Il importait donc de chercher les moyens d'éviter les frais d'une nouvelle composition. La première pensée qui vint à l'esprit fut de conserver les planches toutes composées; mais alors le caractère devenait improductif; peu d'établissements pouvaient en laisser ainsi une partie sans emploi. On essaya ensuite d'imprimer avec des caractères mobiles soudés ensemble, mais c'était tourner la difficulté et non la vaincre, puisque ce procédé exigeait autant de caractères que si l'on se fût contenté de conserver la composition.

---

(1) Le nom de *stéréotypie* est formé de deux mots grecs : στερεός, solide, et τύπος, *type, caractère*.

On dut chercher d'autres moyens. Les premières tentatives remontent fort loin, mais c'est seulement depuis le commencement de ce siècle que la stéréotypie est réellement devenue un art d'une application facile.

Vers l'an 1735, l'imprimeur Valleyre imprima, par un procédé stéréotype, le calendrier d'un livre d'heures. Voici quel était ce procédé : la page une fois composée en caractères mobiles, il l'enfonça du côté de la lettre dans une masse d'argile sur laquelle on coulait du cuivre. Mais il n'obtint qu'un résultat imparfait : les arêtes des caractères n'étaient pas vives, la surface de la plupart était arrondie, quelques caractères même étaient cassés.

De 1725 à 1739, un orfévre écossais, nommé Ged, imprima par le même procédé plusieurs livres, notamment une édition de Salluste : son essai ne fut guère plus heureux.

En 1783, Hoffmann, imprimeur à Schelestadt, se prévalant des essais de Ged et d'une observation faite par Darcet, en 1773, sur quelques alliages métalliques, essaya d'un nouveau procédé. Il fit avec la planche composée en lettres mobiles une empreinte dans une terre grasse, ramollie, mêlée de plâtre et apprêtée avec une colle gélatineuse ; il coula sur cette empreinte une composition de plomb, d'étain et de bismuth, et il obtint ainsi des tables stéréotypes. Alors, il vint à Paris, et un arrêt du conseil du roi, du 5 décembre 1785, lui accorda un privilége exclusif pour un établissement auquel il donna le nom d'*imprimerie polytype*, et d'où sortirent plusieurs impressions exécutées par ses nouveaux procédés, entre autres les *Recherches historiques sur les Maures*, de Chénier père (1787) ; mais un second arrêt du conseil, du mois de novembre 1787, prononça la suppression de l'établissement.

Carez, imprimeur à Toul, employa, en 1785, les mêmes moyens que ses devanciers. Seulement, il remplaça les moules en argile par du métal chaud, et il imagina de frapper un coup vif sur le métal en fusion pour le faire pénétrer plus exactement dans le moule.

Lorsqu'il fut question de fabriquer les assignats, on atteignit promptement la perfection pour le polytypage des planches à graver ; mais il n'en fut pas de même du stéréotypage des planches ou formes en caractères saillants, pour imprimer suivant le mode ordinaire de l'imprimerie en lettres. Le moyen qui parut le plus simple fut de réunir les matrices isolées de toutes les parties de l'assignat, pour former une matrice unique que l'on pût *clicher*. L'idée de ce procédé appartient à Grassal, un des artistes attachés à cette fabrication ; il inventa aussi, ou du moins exécuta la machine à clicher nécessaire pour porter la matrice sur la matière en fusion. Ce résultat était le plus important de ceux qu'on avait obtenus jusqu'à ce jour ; il assura le succès de la stéréotypie.

M. Gatteaux, qui avait, ainsi que Grassal, travaillé à la confection des assignats, imagina (en l'an VI) d'enfoncer, à froid et à l'aide du balancier, la planche composée de caractères mobiles dans une planche de métal. L'opération fut exécutée le 30 brumaire an VI (20 novembre 1797), en présence de Firmin Didot ; la matrice se trouva sans défectuosité. Mais il avait fallu fondre exprès des caractères en matière plus dure que celle dont on se servait ordinairement, et cette matière, composée par Anfry, et dans laquelle il entrait de l'argent, revenait à un prix exorbitant.

Firmin Didot trouva un alliage moins coûteux, qui atteignit exactement le même but. Après s'être muni d'un brevet d'invention, il se réunit à Pierre Didot, son frère, et ils publièrent ensemble un *prospectus d'éditions stéréotypes*, qui excita de nombreuses critiques. Sans s'arrêter à ces clameurs, ils continuèrent leurs opérations et obtinrent un plein succès. Voici la description sommaire de leur procédé.

La planche, composée en caractères de matière dure, est couchée sur une planche de métal malléable du côté de l'œil de la lettre, et on fait passer les deux planches ensemble sous un balancier, tel que celui des monnayeurs. La pression se fait doucement, de sorte que tous les caractères entrent à la fois dans la seconde planche, sans qu'il y ait de refoulement. La matrice obtenue, on l'ajuste dans un châssis et on l'attache, au moyen d'un écrou, à la vis du mouton de la machine à clicher. On obtient alors, par l'action de cette machine, la forme ou planche solide dont on se sert pour l'impression.

Herhan avait fait connaître, en 1804, son *stéréotype en matrices de cuivre creuses*. MM. Mame frères, ses successeurs, suivirent et perfectionnèrent plus tard ce procédé. Les caractères creux, ou matrices mobiles, sont frappés au lieu d'être fondus. La page se compose absolument de la même manière que dans la composition en caractères mobiles en relief; mais le *clichage* a lieu sur la page même. On voit que ce procédé exige une opération de moins que celui dont nous avons parlé plus haut. Il est vrai que les caractères creux demandent dans la fabrication beaucoup d'adresse, de soin, et qu'ils entraînent des frais considérables.

A raison de ces inconvénients, la supériorité est restée au procédé de Firmin Didot; c'est à cet imprimeur illustre que l'on doit réellement la stéréotypie, ou, du moins, les moyens de l'appliquer avec succès à l'art typographique.

Plus tard on obtint, par quelques modifications, des résultats plus complets encore. Au lieu des alliages employés si péniblement pour prendre l'empreinte des caractères mobiles, on se servit de plâtre, qui, à beaucoup moins de frais, les remplace, même avec avantage. Pour obtenir un métal tout à la fois dur et fusible, on mêla au plomb du régule d'antimoine. Enfin, pour prévenir les soufflures, on inventa un instrument qui permet à l'air intérieur de se dégager au dehors, à mesure que le métal en fusion pénètre dans les cavités du moule. — Ces nouvelles découvertes sont dues principalement à M. Durouchail.

A partir de cette époque, la stéréotypie a pris un très-grand développement; on en peut juger par le nombre considérable d'ateliers de clichage qui se sont établis à Paris.

Lottin (Augustin-Martin), imprimeur-libraire à Paris, auteur de plusieurs ouvrages, et qui eut l'honneur, en 1766, d'enseigner à Louis XVI (alors dauphin) l'exercice de l'art typographique, avait vu les premières tentatives de la stéréotypie et n'était point partisan de cette découverte. Voici comment il en parle : « Trois siècles après l'invention de l'imprimerie en caractères mobiles, on essaya de faire *rétrograder* l'art, en prenant toutefois pour base ses premiers principes..., en substituant aux lettres mobiles la fusion de pages entières composées avec des caractères mobiles. » Peut-être aurait-il changé d'avis, s'il eût vu les belles et nombreuses productions stéréotypes que MM. Herhan et Didot ont exécutées par ce procédé.

Une amélioration notable a été obtenue dans la stéréotypie. Jusqu'en 1849, le plâtre avait été seul employé pour la confection des empreintes propres à donner des clichés typographiques. Mais, depuis lors, des perfectionnements apportés dans le clichage au papier, ont fait donner souvent à ce système la préférence sur le plâtre et les autres pâtes.

Voici quelques-uns des avantages de la stéréotypie sur papier :

1º Les caractères d'imprimerie ne sont nullement altérés par le moulage ;

2º Les stéréotypes sont obtenus plus promptement.

3º La dimension n'est plus limitée, puisque avec le moule en papier on reproduit de grands sujets, tels que journaux, gravures, etc. ;

4º Le moule en papier pouvant facilement prendre la forme cintrée, on peut obtenir des stéréotypes ronds s'adaptant aux cylindres de presses mécaniques spéciales ;

5º Ils n'ont plus besoin d'être dressés ni tournés, la fonte les reproduisant tels qu'ils doivent être mis sous presse ;

6º Les moules peuvent se conserver inaltérables pendant plusieurs années ;

7º Enfin, le prix de revient offre, sur l'ancien système, une diminution de 25 p. 0/0.

Un avantage qui mérite d'être signalé, c'est que, au point de vue hygiénique, les ouvriers fondeurs ne sont pas exposés, dans la stéréotypie au papier, à ces incommodités organiques que leur occasionnait souvent une masse de cinq cents à six cents kilogrammes de matière chauffée au rouge, et contenant environ vingt parties de régule sur cent parties de plomb.

M. Victor Michel, clicheur à Paris, a inventé, en 1844, un polytypage bitumineux. Ce procédé ingénieux a donné de fort beaux résultats ; mais il a été en quelque sorte abandonné depuis la découverte de l'électrotypie, dont M. Michel s'occupe spécialement. Ce dernier procédé offre autant de pureté que le premier et a surtout l'avantage de donner des produits plus solides.

Le stéréotypage en *gutta-percha*, dont les Anglais et les Autrichiens commencent à se servir, n'a pas encore été essayé en France, où nous désirons qu'il soit promptement étudié.

Des procédés nouveaux, et du domaine de la stéréotypie, se sont produits à l'exposition universelle de Londres, et ont été signalés par M. Didot, membre du jury international (1). Le plus important de tous ces procédés, celui dont les résultats sont le mieux constatés, est la *galvanoplastie*, qu'on désigne aussi sous le nom de *galvanotypie* ou *électrotypie*.

La *galvanoplastie*, dont l'invention est due à M. Jacobi, de Saint-Pétersbourg, a montré à l'exposition de 1851 des poissons antédiluviens qui se sont reproduits eux-mêmes sur le papier.

« Au moyen de couches successives de *gutta-percha* appliquées sur la pierre où le poisson est pétrifié, on obtient un moule qui, après avoir été enduit d'une teinte légère de minium, est placé dans une cuve contenant une dissolution de cuivre, où le moule est soumis à l'action de la pile galvanique. Le cuivre en dissolution forme en se précipitant une planche où tous les traits du poisson, reproduits en relief et imprimés ensuite à la presse typographique ou en taille-douce, donnent sur le papier un résultat identique à l'objet même.

« Des tableaux typographiques ayant chacun cinq cent quarante pouces carrés ont, par ce procédé, reproduit en cuivre, avec une grande perfection, la série des types orientaux de l'imprimerie impériale d'Autriche. »

Le procédé de la *galvanoplastie* a été utilisé en Belgique avec le plus grand succès. Une presse unique ne pouvant suf-

---

(1) *Encyclopédie moderne*, article *Typographie*. — Rapport du jury de l'exposition de Londres, en 1851.

fire aux besoins de la banque nationale, on a eu recours au galvanisme pour la reproduction de la planche type des nouveaux billets émis par cette banque. Cette opération, des plus difficiles, a été faite par M. Van den Neste, d'Anvers, et n'a pu être conduite à bonne fin que par l'emploi d'un procédé inventé par cet habile graveur. Il est impossible de distinguer les billets tirés sur l'original de ceux tirés sur les planches reproduites.

On a aussi établi à l'hôtel des Monnaies de Paris un atelier *électro-typique*, dont la direction a été confiée à M. Hulot. C'est là que ce savant artiste applique le procédé de la galvanoplastie à la reproduction des types de timbres-poste, de billets de banque et de cartes à jouer; les épreuves qu'il obtient ainsi sont tellement identiques qu'elles déjouent la contrefaçon.

Ces nouveaux types sont d'une dureté qui permet un long tirage ; l'impression se fait à bras d'homme sur un papier particulier fabriqué dans la papeterie d'Echarcon, sous la surveillance de M. Hulot.

D'autres procédés, plus ou moins différents de la *galvanoplastie*, ont exhibé leurs produits à l'exposition universelle de Londres.

Nous allons encore les indiquer sommairement.

1° La *galvanoglyphie*. « Lorsque le graveur a fait mordre à l'eau-forte son trait sur une planche en zinc, au lieu d'enlever le vernis dont il avait d'abord couvert cette planche, c'est sur ce vernis même qu'il étend successivement avec un rouleau de légères couches d'encre siccative qui, sans entrer dans les tailles, ne se déposent que sur le vernis primitif. Au moyen de ces couches superposées, les creux de la gravure acquièrent une profondeur de plus en plus grande. Alors la plaque ainsi préparée est descendue dans une pile galvanique, où se forme une autre planche, en contre-épreuve, dont le relief est égal au creux que l'on avait obtenu par l'effet des couches superposées. »

2° La *galvanographie*. « Sur une planche de zinc un peintre exécute un dessin au moyen d'une peinture monochrome composée d'un oxyde de fer ou de terre de Sienne brûlée. Selon l'intensité donnée aux couches de cette peinture pour obtenir les ombres et les clairs, ces couches successives acquièrent une épaisseur plus ou moins grande. Lorsque le dessin est achevé, on soumet la planche à l'action de la pile galvanique, d'où résulte une autre planche en cuivre, où les divers plans de la peinture superposée se trouvent reproduits en creux; c'est donc une véritable gravure de taille-douce imitant l'*aqua tinta* qui est obtenue sans l'aide d'aucun graveur. » C'est aussi par la presse en taille-douce que l'impression doit en être faite.

3° La *chimitypie*. « Après avoir gravé à l'eau-forte un dessin sur une plaque de zinc, on en enlève le vernis, puis on fait fondre sur cette plaque du métal fusible (alliage d'étain et de bismuth réduit en poudre). Quand il est refroidi, on le rabote jusqu'au niveau de la plaque de zinc, de manière à ce qu'il ne reste de ce métal fusible adhérant à la planche que ce qui est entré dans le creux de la gravure. Alors cette plaque de zinc ainsi alliée au métal fusible est soumise à l'action d'un acide; et comme de ces deux métaux, dont l'un est négatif et l'autre positif, le zinc seul est mangé par l'acide, il en résulte que le métal fusible entré dans les creux de la gravure reste en relief, lequel peut être ensuite imprimé par la presse typographique. »

4° La *paniconographie*. « Par cette invention, M. Gillot, de

Paris, reproduit toute gravure lithographique, autographique, typographique, tout dessin au crayon ou à l'estompe, toute gravure exécutée soit à l'eau-forte, soit au burin.

« Lorsque sur une plaque de zinc un report à l'encre lithographique d'une gravure ou dessin est opéré, on encre avec un rouleau ce report, puis, au moyen d'un tampon en ouate, on le saupoudre de colophane réduite en poudre impalpable. Elle adhère aux parties grasses et les solidifie.

« On place ensuite la plaque au fond d'une caisse remplie d'eau acidulée de cinq jusqu'à douze degrés, et, après une demi-heure d'un mouvement lent de bascule donné à la boîte, le relief est obtenu, si c'est un dessin au crayon.

« Si le dessin offre un travail en tailles plus espacées, on retire la plaque de temps en temps pour l'encrer fortement à l'encre lithographique ; et, après avoir de nouveau enduit de colophane cet encrage, on réitère l'opération dans la boîte remplie d'eau acidulée. Cette opération est répétée jusqu'à ce qu'on ait obtenu le creux nécessaire. Les grandes parties blanches sont enlevées à la scie à repercer. »

M. Nicolas Zach, lithographe, à Munich, a inventé un procédé qu'il nomme *métallographie*, par lequel on peut donner à tout dessin, tracé avec une pointe aiguë sur une plaque de métal quelconque, une préparation qui, en moins d'une heure, reproduit ce dessin en relief sur la planche métallique, opération plus économique et plus prompte que la gravure en bois et le clichage.

Toutes ces inventions récentes ont donc pour but de remplacer, par des moyens physiques et chimiques, le burin du graveur et le travail du clichage. Ainsi, un dessin soumis à la galvanographie devient une planche gravée en taille-douce. Par les autres procédés, un dessin, une lithographie, une gravure, une impression quelconque se transforment en véritables clichés qu'on tire sur la presse typographique.

Si, jusqu'à présent, ces ingénieuses découvertes n'ont pas toujours eu des résultats satisfaisants, du moins elles peuvent donner lieu à de nouvelles conquêtes de l'intelligence, ou même acquérir des perfectionnements qui offrent à la fois la beauté artistique dans l'œuvre, la célérité dans l'exécution, l'économie dans la dépense.

IX. Il a été question dans le cours de ce chapitre de tous les moyens matériels qui concourent au travail typographique; nous ne terminerons pas sans ajouter quelques mots sur le personnel qui les met en œuvre.

Les ouvriers d'imprimerie s'appellent *typographes*, et ils tiennent à honneur d'être nommés ainsi. Ce sont moins, en effet, des ouvriers que des artistes. Presque tous ont de l'esprit et des connaissances générales. Cela tient à ce qu'ils passent leur vie au milieu des chefs-d'œuvre de l'esprit humain : leur intelligence se développe dans le commerce des gens de lettres et de savoir. Heureux et frappant contraste avec l'ouvrier des mines, qui s'étiole et s'abrutit au sein des profondeurs de la terre, loin des hommes et du soleil !

Sous la Restauration, on a reproché aux typographes leurs idées avancées; mais en pouvait-il être autrement, lorsque, venant de réimprimer, en tant de formats, les œuvres de Voltaire et de J.-J. Rousseau, ils étaient encore imprégnés des pensées de ces grands esprits du xviiie siècle? Toujours est-il que la classe des typographes est la plus éclairée, la plus exempte des préjugés qu'on reproche aux autres classes d'ouvriers. Leurs manières, leurs conversations, le choix de leurs expressions, et jusqu'à leur extérieur, se ressentent de la noble profession qu'ils exercent. Il est des ouvriers d'élite qui réunissent au plus haut degré l'instruction, l'intelligence et l'amour de leur art. Plusieurs écrivent et publient d'excellentes pensées, soit dans des brochures, soit dans des journaux. Tout le monde sait que l'illustre Franklin commença par être imprimeur. Nous avons vu, pendant dix ans, dans nos ateliers, un simple margeur (1) de mécanique, qui a composé un ouvrage fort remarquable (2), tout en remplissant ses modestes fonctions, et dont la pensée, disait-il, s'inspirait en voyant reproduire celle des autres.

On remarque chez les typographes un penchant naturel pour les plaisirs qui dénotent des goûts distingués. Ils aiment le spectacle, la musique, les réunions ; ils s'assemblent, à certaines époques de l'année, dans des banquets où règnent d'excellentes manières et une tenue irréprochable.

Ils sont fiers de l'importance acquise par la maison à laquelle ils sont attachés et de tout ce qui peut contribuer à sa considération. En 1852, les ouvriers et employés de l'imprimerie administrative se rendirent spontanément à Saint-Cloud auprès du chef de l'État, pour le remercier d'avoir donné au directeur de cet établissement la croix de la Légion d'honneur.

C'est dans l'imprimerie que l'on compte le plus de sociétés mutuelles. Naturellement charitables, les typographes savent compatir à toutes les infortunes. Un des leurs est-il malade, ils vont le visiter ; a-t-il besoin de secours, ils font des collectes, et s'imposent des privations pour le soulager (3) ; s'il

---

(1) Celui qui présente la feuille blanche à la mécanique qui doit l'imprimer.

(2) *Mémoires d'un Savoisien*, par Genoux.

(3) Peu de jours après la révolution de Juillet, des typographes ont même osé affronter la rampe d'un petit théâtre payant, à Paris, pour venir en aide à un imprimeur amputé à la suite de ses blessures. La recette fut très-fructueuse.

meurt, ils font les frais de l'enterrement, lui rendent les derniers devoirs, aident sa veuve et ses enfants. Et ce n'est pas seulement sur des camarades que leur charité s'exerce : elle s'étend à tout malheureux qui s'adresse à eux, quels que soient son état et son pays.

Le personnel d'une imprimerie se divise en plusieurs classes :

Le contre-maître de l'atelier, celui qui surveille les travaux, qui remet la copie aux compositeurs, qui dirige et conduit le personnel, communique avec les clients, est appelé *prote*, du mot grec πρῶτος, le *premier*. Dans quelques imprimeries, il y a un *prote* aux presses, c'est-à-dire un contre-maître exclusivement chargé de surveiller le travail des imprimeurs. Il y a aussi un ou plusieurs *sous-protes*, suivant l'importance de l'établissement.

Les *correcteurs* qui, pour le traitement, prennent rang après le prote, sont chargés de lire et de corriger les épreuves. Autrefois même, comme nous l'avons dit plus haut à l'article *Correction*, les fonctions de prote et celles de correcteur se confondaient; mais aujourd'hui la plupart des imprimeries sont devenues si considérables, que la direction d'un atelier typographique réclame tous les soins du prote; quelquefois cependant il revoit les tierces, c'est-à-dire les dernières épreuves, avant le tirage.

Il y a, dans les imprimeries, trois sortes de compositeurs : les *metteurs en pages*, qui distribuent la copie aux paquetiers, et qui, lorsque ceux-ci leur ont remis la composition, la disposent de manière à former les pages; les *paquetiers* ou *leveurs de lettres*, qui composent les lignes et en font, par la réunion d'un certain nombre, ce qu'on appelle un paquet; enfin, les *hommes de conscience*, et ce sont les plus habiles, auxquels on confie généralement les travaux de luxe et ceux que des difficultés d'exécution n'ont pas permis de tarifer, qui mettent aussi les caractères en ordre, en ont la surveillance et en font la répartition ; ce travail, qu'il est difficile d'apprécier, se paye à l'heure, et c'est de là que vient à ceux qui en sont chargés le nom d'hommes de conscience. Tous les compositeurs ne sont pas d'une égale habileté : aussi, quoique le prix de main-d'œuvre soit le même pour tous, il arrive souvent que, sur un même ouvrage, l'un gagne un tiers de plus que l'autre. C'est surtout à eux qu'on peut appliquer la devise des saint-simoniens : *A chacun selon sa capacité ; à chaque capacité selon ses œuvres.*

Les *imprimeurs* ou *pressiers* tirent sur la presse à bras les feuilles, après que l'auteur et le correcteur y ont mis le bon à tirer. Chaque presse occupe deux imprimeurs, dont l'opération la plus difficile est la mise en train, c'est-à-dire le travail préparatoire à faire sur la forme pour obtenir un bon résultat.

Dans certaines imprimeries, ce sont des ouvriers spéciaux, appelés *faiseurs d'épreuves*, qui tirent les épreuves destinées à être envoyées aux auteurs ou données aux correcteurs.

Les *conducteurs de presses* sont chargés de la mise en train sur les presses mécaniques, de surveiller le travail et de remédier aux accidents qui peuvent survenir.

Les *margeurs* présentent les feuilles qui doivent être prises par la presse mécanique.

Les *leveurs de feuilles*, placés à l'opposé des margeurs, reçoivent les feuilles à mesure qu'elles sortent imprimées, et sont chargés de mettre au rebut celles qui se présentent avec un défaut.

Les *trempeurs* mouillent le papier destiné à l'impression.

Dans les imprimeries qui ne possèdent pas de machine à vapeur, des *tourneurs de roue* mettent les presses en mouvement.

On trouve encore dans le personnel des imprimeries des *hommes de peine* chargés de porter les formes, de les laver, etc.

Les femmes qui y sont employées sont *plieuses, margeuses*; dans quelques imprimeries, on emploie des *brocheuses*.

Enfin, on doit compter dans le personnel les *apprentis compositeurs*, qui se recrutent d'ordinaire, soit parmi les fils d'ouvriers, soit parmi des personnes qui ont été forcées d'abandonner une première carrière, ou ont choisi celle de l'imprimerie comme satisfaisant le mieux leurs goûts et leur amour-propre. On ne trouve dans les imprimeries de Paris que des apprentis compositeurs; les imprimeurs à la presse ne font pas d'autres apprentis que leurs propres enfants. C'est en général dans les départements que se recrutent les ouvriers imprimeurs de la capitale.

Un premier tarif des salaires avait été adopté, en 1843, par les patrons et les ouvriers typographes réunis: suivant un article de ce document, il devait être revisé après cinq ans, c'est-à-dire en 1848. Une commission mixte d'ouvriers compositeurs et de patrons s'est réunie à cet effet (1). D'après le nouveau tarif qu'elle a publié, les prix de composition sont déterminés par le nombre des *nn*, à condition qu'il en entre 43 dans la justification donnée par deux alphabets du même corps.

---

(1) D'après la *Statistique* publiée par la chambre de commerce de Paris, en 1847, la moyenne du salaire des ouvriers par tête et par jour est de 4 fr. 43 c. Sept cent soixante-seize gagnent plus de 5 fr. par jour.

L'intérieur d'une imprimerie offre une activité qui plaît et attache. Peut-être y parle-t-on trop, mais toujours d'une manière convenable. Dumarsais a dit que « dans un jour de marché, à la campagne, il se faisait plus de tropes et de figures qu'en un mois, à l'Académie : » on pourrait dire avec autant de vérité que, dans certains ateliers de typographie, il se dépense plus d'esprit que dans beaucoup de sociétés savantes. Du reste, on n'y voit jamais fumer, comme on n'y entend jamais chanter ou siffler. Il suffit, pour obtenir cet ordre vraiment remarquable, de le demander à des hommes qui savent apprécier tout ce qui est juste et convenable. Nos ateliers sont situés dans un quartier très-populeux, entourés de maisons, et, depuis vingt-cinq ans, jamais un bruit parti des salles de travail n'a pu faire supposer aux voisins que, tout près d'eux, des centaines d'ouvriers se trouvaient réunis du matin au soir. Si, par exception, quelque manquement à la règle se produit, le coupable est passible d'une amende qui profite à la caisse de secours. Ainsi chaque faute entraîne une punition qui tourne au profit de ceux qui souffrent.

Les ouvriers faisaient autrefois partie de la corporation des imprimeurs, corporation puissante et honorée, qui a disparu, comme tous les privilèges, sous le souffle révolutionnaire. Il ne faut pas se dissimuler, toutefois, que, si nos devanciers sont parvenus à créer des ouvrages dont la pureté et la perfection sont, encore aujourd'hui, l'objet de notre étonnement et de notre admiration, ils le doivent, en grande partie, à ces sages règlements où le maître et les ouvriers trouvaient de salutaires garanties, et qui exigeaient de chacun d'eux des conditions de capacité, de savoir et de moralité.

Les ouvriers, inscrits sur les registres des chambres syndicales, pouvaient, à toute époque, par les extraits de ces livres, justifier de leur conduite et de leur capacité. Les différends qui survenaient étaient jugés par une juridiction particulière. Un imprimeur ne pouvait recevoir chez lui un ouvrier ou compagnon sans savoir de quelle imprimerie il sortait, s'il était libre ou en état de travailler où bon lui semblerait, à peine d'amende, et même de destitution en cas de récidive; et, pour éviter toute surprise à cet égard, il devait indiquer, de semaine en semaine, à la chambre syndicale, les mutations dans le personnel de son imprimerie. Il ne pouvait, sans une cause raisonnable, retirer à un ouvrier l'ouvrage commencé, et encore était-il tenu, dans ce cas, de lui en fournir un autre non moins avantageux, jusqu'à ce que le premier pût être repris. Les ouvriers ne pouvaient être congédiés sans avoir été prévenus huit jours à l'avance, et un mois, s'il s'agissait d'un *homme de conscience*. Le visa que le commissaire de police appose aujourd'hui sur leur livret était donné par la chambre syndicale; c'est elle qui s'occupait de les placer quand ils étaient sans ouvrage. Pour n'avoir que des ouvriers capables, il était défendu aux maîtres, sous peine d'amende, de faire remise aux apprentis d'aucune partie du temps d'apprentissage, qui était de quatre années. Cet acte d'apprentissage était considéré comme chose si importante, qu'il devait être passé devant notaire. Le plus ordinairement, les correcteurs, les principaux ouvriers et les apprentis mangeaient à la table du maître.

Il naissait de ces rapports intimes et constants une affection et un dévouement qui tournaient au profit des affaires. Certains d'être appréciés à leur juste valeur, recevant comme une sorte de reflet des nobles qualités de leur patron, retrouvant en quelque sorte chez lui une famille, les ouvriers ne ménageaient ni leur temps ni leur peine, et mettaient à honneur, non-seulement de conserver intacte, mais encore d'agrandir la réputation d'une maison qu'ils considéraient comme la leur. On ne se persuade peut-être pas assez combien cette union intime du patron et des ouvriers est nécessaire pour réussir en industrie. Celui qui assurera du travail, le rétribuera convenablement, ne demandera et n'exigera rien que de juste, tout en augmentant les salaires en raison de ses propres bénéfices, ne comptera bientôt chez lui que des ouvriers habiles, intelligents, tranquilles, dévoués, et nulle entreprise, quelque importante qu'elle soit, ne lui sera impossible.

Lorsque les mécaniques sont venues se substituer aux anciennes presses, beaucoup de typographes se trouvèrent sans ouvrage; mais nulle révolte, nulle coalition n'éclata parmi eux, ainsi qu'il est arrivé dans d'autres professions. Ils se soumirent avec résignation à cette grande loi du progrès, à laquelle nulle entreprise humaine ne saurait se soustraire. Au reste, comme toujours, ce progrès, tout en causant quelques souffrances individuelles, produisit un bien général. Des livres, des journaux purent, grâce au bon marché du tirage, être placés à un grand nombre d'exemplaires, et donnèrent à l'imprimerie une vive et heureuse impulsion. Il est hors de doute qu'aujourd'hui le chiffre général des ouvriers occupés est plus considérable qu'il ne l'était avant l'introduction des mécaniques.

Les typographes donnèrent encore une preuve de leur raison dans les jours de trouble qui suivirent la révolution de 1848 : ils restèrent fidèles à leurs ateliers, et ne cherchèrent point à imposer à leurs patrons des lois impraticables et éphémères, alors que, dans presque tous les états, des ouvriers, séduits par de coupables et trompeuses théories, perdaient leur temps dans des promenades tumultueuses. Des machines furent brisées, il est vrai, dans quelques imprimeries; mais le corps entier des ouvriers en gémit et déplora cet acte de vandalisme.

Au nombre des anciens priviléges des typographes, qui ont aujourd'hui disparu, se trouvait le droit de prélever, sur tous les ouvrages imprimés dans l'atelier, des exemplaires dits *de chapelle*, dont le nombre s'élevait au moins à trois et souvent à cinq. Ces exemplaires étaient rachetés par les libraires aux ouvriers, ou bien ceux-ci en opéraient la vente, et la somme qui en provenait formait un fonds destiné à secourir les ouvriers malades ou infirmes (1). Il serait à désirer de voir rétablir cet usage; mais nous voudrions que les exemplaires fussent vendus entre les ouvriers seuls, afin qu'ils pussent se faire, à peu de frais, une bibliothèque qui aiderait ainsi à répandre encore davantage parmi eux le goût de l'instruction et les plaisirs de l'intelligence.

On a prétendu que la profession d'imprimeur offrait de graves inconvénients : on a même été jusqu'à dire que peu d'imprimeurs atteignaient cinquante ans (2), et cela parce qu'ils étaient obligés de vivre au milieu de caractères composés de plomb et d'antimoine. C'est une erreur. On vit dans l'imprimerie aussi longtemps que dans toutes les autres professions; pas plus qu'ailleurs les ouvriers ne sont sujets aux maladies d'yeux, aux attaques de goutte, aux coliques de plomb. Ces questions ont été discutées et résolues dans ce

---

(1) Les droits de *tablier*, de *première banque* et de *chevet*, aujourd'hui presque entièrement tombés en désuétude, étaient perçus au profit de la caisse de *chapelle*. Une partie de cette somme servait à célébrer chaque année, en l'honneur de Gutenberg, la fête de la *Saint-Jean-Porte-Latine*, dans laquelle patron, prote et ouvriers se donnaient les témoignages d'une mutuelle sympathie.

(2) *Maladies des artisans*, par Patissier. — Turner-Thakrah, même sujet. Londres, 1855.

sens par un de nos habiles chimistes, M. Chevallier, après une enquête faite avec soin dans un grand nombre d'ateliers de Paris.

En rendant justice au bon esprit dont furent animés les ouvriers typographes lors de nos dernières commotions politiques, nous ne devons pas dissimuler que, à d'autres époques, ils ne se conduisirent pas avec autant de sagesse. Pendant le XVIe siècle, quand la France était livrée aux agitations civiles et religieuses, de graves débats s'élevèrent entre les maîtres et les compagnons imprimeurs. Ceux-ci exigeaient une augmentation de salaire, ne voulaient pas souffrir parmi eux des apprentis ou, s'ils les toléraient, leur faisaient donner de l'argent, soit pour le dépenser en festins, soit pour en former une bourse commune. C'était surtout à Paris et à Lyon que la coalition se montrait plus ardente : les ouvriers abandonnèrent leurs ateliers, et plusieurs libraires furent obligés de faire imprimer des livres en pays étranger. Les maîtres imprimeurs adressèrent une supplique à François Ier qui, par ses édits de 1539, 1541 et 1542, prit des mesures coërcitives pour faire cesser ce fâcheux état de choses, si préjudiciable à l'art typographique (voir tom. Ier, p. 140). Les mêmes désordres s'étant renouvelés plus tard, Charles IX, par édit de 1571, renouvela aussi les mêmes mesures, qui furent maintenues dans les règlements dressés sous Louis XIII et sous Louis XIV, et conservées dans celui de 1723, dont elles forment les articles 41 et 42 (1).

---

(1) « Article 41. Les compagnons, ouvriers et apprentis ne feront aucun festin ou banquet, soit pour entrée, issue d'apprentissage, ou autrement, pour quelque cause et raison que ce soit.

« Art. 42. Défenses sont faites à tous compagnons, ouvriers et apprentis de faire aucune communauté, confrairie, assemblée, cabale ni

Le souvenir de ces mésintelligences, dont plusieurs causes d'ailleurs n'existent plus, est effacé depuis longtemps, et c'est en vain qu'on a essayé de les raviver. Grâce à des concessions réciproques, un accord bien entendu règne aujourd'hui entre les patrons et les ouvriers typographes.

Nous avons parlé dans notre chapitre VI (tom. Ier, p. 139-140) d'une association formée en 1839 entre les maîtres imprimeurs de Paris, pour suppléer à l'absence d'une chambre syndicale. C'est sous les auspices de cette société que des commissions mixtes, composées de maîtres et d'ouvriers, ont fixé, en 1843 et en 1848, les prix de la composition typographique, tarif adopté généralement dans les imprimeries de Paris.

En 1847, une société fraternelle des protes s'est constituée, avec l'autorisation du ministre de l'intérieur, dans le but d'assurer des secours aux membres qui en font partie. Elle s'occupe, en outre, des progrès de la typographie et publie des comptes rendus de ses séances.

Il nous reste maintenant à présenter quelques considérations sur les associations d'ouvriers typographes.

On trouvera au chapitre suivant, article *Imprimerie administrative*, les bases de l'association faite avec les travailleurs de nos ateliers. Nous croyons que ce mode de participation (1) est plus avantageux que tout autre aux intérêts personnels des

---

bourse commune; d'avoir aucun livre ni registre de confrairie; d'élire aucun marguillier, syndic, prévôt, chef, préposé, ni autres officiers; de faire aucune collecte ni levée de deniers; et d'agir en nom collectif pour quelque cause et occasion que ce soit, à peine de prison, de punition corporelle et de trois cents livres d'amende. »

Les règlements défendaient aussi aux compagnons imprimeurs de porter épées, poignards et autres armes offensives.

(1) Le journal *la Presse* a également accordé à ses ouvriers une participation dans les bénéfices de l'entreprise.

ouvriers, en ce qu'il garantit le payement de leur salaire journalier.

Depuis la révolution de 1848, on a émis, au sujet des associations ouvrières, les idées les plus fausses, les plus subversives. On a fait de ce mot, *association*, un mot magique qui devait amener l'abolition du prolétariat, l'émancipation des classes laborieuses, le bonheur, enfin, de l'humanité tout entière. Théories d'autant plus dangereuses qu'elles étaient plus séduisantes, et qu'elles tombaient du haut de la tribune érigée au Luxembourg par le Gouvernement provisoire! Les ouvriers sages ont échappé à cet écueil. Ils ont compris que, en imposant au chef les chances de perte ou de bénéfice inhérentes aux opérations commerciales, l'organisation actuelle de l'industrie est tout en leur faveur, puisqu'elle leur laisse, quoi qu'il arrive, un salaire *fixe* et *assuré* ; qu'une association entre ouvriers seuls n'a pour résultat ordinaire que de faire exploiter les bons par les mauvais ; que de nombreux éléments d'insuccès se réunissent contre elle, car il lui manque les capitaux et cette unité qui, seule, peut réaliser de grandes et utiles entreprises.

En effet, pour alimenter des ateliers, combattre des concurrences, étudier des opérations nouvelles, les exécuter avec cette supériorité qui éloigne la rivalité, ce n'est pas assez d'y employer des avances considérables, il faut une volonté unique et ferme, jointe à une longue habitude des affaires, qualités rares et qu'il est impossible de trouver dans un établissement où tous les travailleurs seraient égaux en autorité. Travaux assurés, appointements fixes régulièrement payés, secours garantis en cas de maladie, participation plus ou moins élevée dans les bénéfices de fin d'année, formant pour l'avenir une caisse de réserve, voilà, dans l'état actuel de l'industrie, tant que les lois économiques du pays resteront les mêmes, ce que l'ouvrier raisonnable peut désirer : le communisme lui-même, libre de pratiquer ses théories, et en admettant qu'il dût tenir ce qu'il promet, n'irait pas au delà.

Les expériences faites jusqu'à présent ont confirmé les principes que nous venons de poser.

Il y a quinze ans, une société d'ouvriers fut formée pour exploiter le brevet d'imprimerie de M. Lacrampe. Tous étaient d'excellents typographes, qui, en s'établissant, avaient pour but de profiter eux-mêmes du bénéfice que les patrons faisaient sur leur travail ; ils mirent en commun leurs économies, et élurent l'un d'eux pour prote et directeur de l'atelier. Les travaux furent considérables, et ils les exécutèrent avec une admirable perfection ; mais, tout occupés de leur ouvrage, ils ne s'assurèrent pas assez de la solvabilité des clients : les billets qu'on leur avait souscrits ne furent point payés. Bientôt la société, accablée sous le poids de ses engagements, faisait faillite, et ses membres, après avoir perdu leur temps et leurs économies, étaient obligés de redemander leurs anciennes places, dont plusieurs étaient occupées.

Vers la même époque, dix ouvriers imprimeurs se réunirent pour exploiter une imprimerie sous la raison sociale *François et Cie* ; on les appelait dans le commerce la société *des Dix*. Ils n'ont pu se maintenir au delà de trois ans, après lesquels ils furent obligés de vendre leur matériel et de liquider. Le capital social, fruit d'économies amassées péniblement pendant qu'ils étaient simples ouvriers, fut entièrement perdu.

D'autres expériences ont eu lieu, tant pour l'imprimerie que pour diverses branches d'industrie.

Un décret de l'Assemblée constituante avait alloué, en 1848, un crédit de trois millions, afin d'étudier et d'encourager des associations, soit d'ouvriers entre eux, soit d'ouvriers avec les patrons. Ces expériences furent confiées à une commission composée d'hommes honorables et éclairés, qui, pleins de zèle, se mirent à l'œuvre et accomplirent leur mission avec le désir de constater nettement ce que ces associations pouvaient présenter de réellement praticable et utile. Cette commission, présidée par le ministre du commerce, fournit aux ouvriers associés des capitaux sous forme de prêts et à certaines conditions; elle rédigea des statuts appropriés à l'industrie qu'ils voulaient exploiter, et chercha, avec le soin le plus minutieux, à prévenir et à atténuer les embarras qui pourraient les entraver.

Quelques mois seulement s'étaient écoulés, et déjà un membre de la commission, M. Nougarède de Fayet, témoignait que, malgré toutes les précautions prises pour communiquer une vie régulière aux associations qui s'étaient constituées, ces associations périssaient par l'action du vice inhérent au principe lui-même.

M. Nougarède de Fayet déclare, dans sa brochure, que les ateliers d'ouvriers associés qu'il a visités à plusieurs reprises, et dans les plus grands détails, lui ont paru presque partout livrés à la discorde, à la jalousie, à l'envie. Nul n'y est satisfait de son sort; les bons ouvriers, qui n'ont accepté cette position désavantageuse que faute de mieux, aspirent à une reprise des affaires qui leur permette de recouvrer leur indépendance; les mauvais ouvriers ne sont pas plus contents, mais par d'autres motifs, parce qu'ils sont obligés de travailler et qu'ils voient déjà et détestent de nouveaux maîtres dans leurs associés, qui se plaignent de leur maladresse et de leur indolence. L'auteur raconte avoir rencontré des hommes qui, par enthou-

siasme et par dévouement pour la cause des travailleurs, avaient fondé des associations, qui avaient fait des sacrifices personnels, qui avaient poussé l'abnégation jusqu'à descendre au niveau commun ; malgré la supériorité de leurs lumières, et qui, pour récompense de leurs services, se voyaient écartés par la jalousie et par de basses intrigues.
« J'éprouvais, dit M. Nougarède, un sentiment de profonde
« tristesse, en entendant ces hommes, à l'air plein de fran-
« chise et de loyauté, montrant parfois une véritable distinc-
« tion de paroles et de manières, me raconter, les larmes
« aux yeux, les injustices qu'on leur avait fait subir et les
« amertumes dont ils avaient été abreuvés. »

Les associations qui éprouvent moins de difficultés que les autres sont celles dont les travaux, consistant presque uniquement en main-d'œuvre, peuvent se répartir et se solder à la tâche ; encore rencontrent-elles souvent de graves embarras pour la fixation du prix à forfait, et surtout pour la réception des objets confectionnés. Mais, de toutes les industries, l'imprimerie, par les détails innombrables qu'elle comporte, nous semble celle qui se prête le moins à une association entre travailleurs égaux en droits et en autorité.

CHAPITRE XV.

LITHOGRAPHIE ET AUTRES ARTS GRAPHIQUES AUXILIAIRES DE LA TYPOGRAPHIE.

SOMMAIRE.

I. Lithographie. — II. Litho-typographie. — III. Gravure sur pierre. — IV. Gravure sur métal. — V. Utilité de ces différents arts pour la typographie.

I. Aloys Senefelder, pauvre choriste du théâtre de Munich et auteur dramatique, né à Prague, en 1772, est l'inventeur de la lithographie.

Réduit à copier de la musique pour se créer des ressources suffisantes, il imagina de multiplier ses copies par des moyens plus expéditifs que ceux qu'il avait employés jusqu'alors.

Ses premiers essais, pour arriver à ce but, datent de 1796. Il s'exerça d'abord à écrire à rebours, au moyen d'une plume d'acier, sur une planche de cuivre recouverte de vernis de graveur; il faisait ensuite creuser à l'eau-forte les parties où le vernis avait été enlevé, et se servait de ces planches pour imprimer.

Un peu plus tard, il remplaça les planches de cuivre, qui étaient trop coûteuses et auxquelles il ne pouvait pas donner un poli convenable, par des pierres calcaires d'un grain très-fin, qu'on trouve abondamment près de Munich, dans les carrières de Solenhofen.

En 1798, il composa l'encre chimique ; les diverses applications qu'il en fit dans ses expériences l'amenèrent, peu à peu, à découvrir tous les procédés de la lithographie, tels qu'on les pratique encore aujourd'hui. Il ne lui resta plus qu'à faciliter le tirage de ses épreuves par des moyens mécaniques ; le rouleau et la presse à levier furent alors inventés et suppléèrent à tous ses besoins.

En 1800, le roi de Bavière lui accorda un privilége exclusif pour l'exercice de son procédé pendant quinze ans. En 1803, il se rendit à Vienne et y fonda une lithographie, sous la garantie d'un autre privilége que l'empereur d'Autriche lui concéda.

En quittant Munich, Senefelder avait laissé son établissement à ses deux frères, Thiébaud et Georges, qui le cédèrent, en 1805, à l'école gratuite de dessin de cette ville. M. Mitterer, habile professeur de dessin, en eut la direction, et il apporta bientôt aux procédés de l'inventeur de remarquables perfectionnements. C'est à lui qu'on doit les premiers travaux importants obtenus par l'emploi du crayon lithographique.

En 1806, Senefelder revint à Munich, où il fit de nouvelles concessions. Strohoffer, qui avait appris la lithographie chez les frères d'Aloys, la porta à Stuttgard. D'autres la répandirent dans les principales villes d'Allemagne. Au commencement de 1807, M. Dallarmi, de Munich, l'introduisit en Italie : Rome, Venise, Florence et Milan eurent leurs lithographies.

Les frères André d'Offenbach, anciens associés de Senefelder, l'avaient aussi importée en France ; mais elle n'y eut d'abord aucun succès. En 1810, M. Manlich, voulant fonder à Paris une imprimerie lithographique, sollicita vainement du gouvernement français une autorisation et des encouragements. C'est seulement en 1814 que le comte de Lasteyrie, après avoir étudié en Allemagne les procédés de Senefelder, commença à obtenir dans cette ville des résultats de quelque importance.

M. Engelmann, de Mulhouse, vint, en 1816, établir à Paris ses ateliers, et les belles lithographies qu'il fit paraître ne tardèrent pas à appeler l'attention des artistes et des amateurs.

La Société d'encouragement pour l'industrie nationale applaudit à ces premiers efforts. Le gouvernement se décida enfin à seconder l'impulsion donnée par des hommes si recommandables, et envoya en Allemagne M. Marcel de Serres, pour s'y initier à tous les secrets de l'art. Celui-ci s'acquitta dignement de sa mission; il inséra à son retour, dans les *Annales des arts et des manufactures*, divers Mémoires qui répandirent en France les connaissances spéciales qu'il était allé puiser à leur source même.

Un ouvrage de M. Raucourt, publié en 1819, et intitulé *Manuel théorique et pratique de l'imprimeur lithographe*, dévoila plus complétement encore les secrets de l'invention.

Peu de temps après, Senefelder lui-même démontra tous ses procédés en publiant, à Paris, son *Traité sur l'art de la lithographie*.

Cet ouvrage donne lieu à une remarque singulière. Senefelder s'est appliqué à parler de toutes les découvertes ou perfectionnements qui pourraient se rattacher plus tard à la lithographie : le décalque des vieux livres ou vieux manuscrits, les tirages en couleurs y sont annoncés; mais sans aucune indication des moyens qui doivent être employés pour les réaliser. Il semble que cet homme remarquable ait mis un certain amour-propre à ce qu'on ne pût, après lui, rien inventer qu'il n'eût prévu ou indiqué.

Depuis cette époque, la lithographie a fait de rapides progrès en France, et elle est à peu près parvenue aujourd'hui à son plus haut degré de perfection.

Elle sert à multiplier en écriture courante des copies d'un écrit qu'il serait trop dispendieux de transcrire à la main, et dont les exemplaires ne seraient pas assez nombreux pour payer les frais d'impression typographique.

Elle reproduit l'écriture même d'un auteur, et elle prend alors le nom d'*autographie*. C'est par ce procédé qu'on obtient à bas prix des modèles d'écritures et de dessin linéaire pour nos écoles primaires.

Elle reproduit aussi les dessins originaux d'un artiste, et rend aux beaux-arts un service immense, en livrant à des prix modérés des copies pures et fidèles de tableaux que la gravure sur cuivre aurait fait payer beaucoup plus cher. Nos dessinateurs lithographes ont surtout porté jusqu'à la perfection l'art du paysage.

Le commerce emploie la lithographie pour ses annonces, afin d'offrir la représentation de produits, de machines, d'édifices, etc.

L'industrie manufacturière s'en est également emparée en l'appliquant aux décorations de la poterie, de la faïence, de la porcelaine; aux dessins qu'elle transporte sur les tissus de tout genre, sur les cuirs, sur les bois et sur les métaux vernis.

Enfin, par une découverte récente, et dont nous parlerons plus loin, on est parvenu à l'appliquer à la reproduction des vieux ouvrages.

Il y a aujourd'hui près de deux cents ateliers lithographiques à Paris, et plus de mille dans les autres villes de France.

Nous citerons, parmi les hommes qui ont le plus contribué en France aux progrès de la lithographie, MM. Engelmann, Thierry frères, Motte, Cattier, Kœppelin, Mlle Fromentin et surtout M. Lemercier, qui a obtenu la médaille d'or à l'exposition de 1844, et, depuis, la croix de la Légion d'honneur.

Nous devons encore citer, comme ayant rendu un service immense à la lithographie, M. Auguste Dupont (1), imprimeur à Périgueux, à qui on doit la découverte des pierres lithographiques de Châteauroux. On sait que ces pierres remplacent avantageusement celles qu'on faisait venir à grands frais de Munich. La Société d'encouragement pour l'industrie nationale, frappée des heureux résultats de cette découverte, lui a décerné, en 1836, une médaille d'argent, et, en 1837, la médaille d'or et le grand prix de 3,000 francs. Enfin, aux expositions générales, il obtint, en 1834, une médaille de bronze; en 1839, une médaille d'argent; en 1844, rappel de médaille d'argent; en 1849, une médaille d'or. Déjà, il avait reçu la croix de la Légion d'honneur.

La lithographie est l'auxiliaire indispensable de toute imprimerie en lettres.

L'une des conditions essentielles du commerce et de l'industrie en général est de tendre constamment à simplifier les moyens de production, pour amener d'abord l'abaissement du prix des produits, et, comme conséquence, un accroissement de la consommation. Sous ce rapport, la typographie, abandonnée à ses seules ressources, est restée depuis bien des années

---

(1) Ancien membre de l'Assemblée nationale, rédacteur en chef de *l'Écho de Vésone*, mort en duel, le 20 août 1851, sous la balle d'un de ses anciens collègues à la Constituante, qui siégeait à la Montagne.

stationnaire. La lithographie est venue prendre place à côté d'elle sans que nul imprimeur ait songé à faire tourner ses ressources au profit de l'art typographique. De leur côté, les lithographes, qui n'avaient ni intérêt, ni les moyens suffisants pour combiner entre elles les deux industries, se sont bornés au dessin et à l'impression des travaux légers, tels que factures, mémoires, circulaires, avis, etc.

Ainsi, dès l'origine, ces deux arts restèrent en quelque sorte étrangers l'un à l'autre. Un petit nombre d'imprimeurs de province réunirent, il est vrai, une lithographie à leur typographie, mais sans les confondre, sans même avoir l'intention d'utiliser réciproquement leurs procédés.

Persuadé que l'union des deux arts aurait des résultats avantageux, le directeur de l'Imprimerie administrative a (le premier parmi les imprimeurs de Paris) annexé une lithographie à cet établissement.

On avait essayé, avant 1853, d'appliquer la vapeur aux presses lithographiques, mais il avait été impossible d'obtenir des résultats satisfaisants. La touche ou encrage exige de la part de l'ouvrier une intelligence qu'on ne peut demander à un moteur mécanique; car il faut, suivant la nature de l'ouvrage, tantôt appuyer sur le rouleau, tantôt effleurer à peine une des parties de la pierre. Pour surmonter cet obstacle, il a été inventé des presses lithographiques où le chariot seul et les rouleaux distributeurs étaient mus par la vapeur; on laissait ainsi à l'ouvrier, comme par le passé, le soin si difficile de répartir l'encrage : d'où il résultait un travail plus suivi et un tirage plus net et plus expéditif que par la presse lithographique ordinaire (1).

(1) Presse Paul Dupont. Brevet d'invention, 1850.

On ne s'est pas arrêté là : une nouvelle presse mécanique (1), qui vient d'être tout récemment inventée, a réalisé les plus grandes améliorations. Ainsi, pour les travaux ordinaires, tels que livres de commerce, factures, cartes, etc., dont l'encrage n'exige pas un soin particulier, la nouvelle presse confie à la mécanique toutes les opérations du tirage lithographique. De là, une grande rapidité dans les tirages et une notable économie, puisqu'un seul ouvrier, aidé de deux apprentis, peut conduire deux presses tirant chacune *quatre mille* exemplaires par jour. — La lithographie n'a plus rien à envier à la typographie.

Déjà, dans le chapitre XIII de cet ouvrage, en parlant du papier de sûreté, nous avons fait connaître les services qui peuvent être demandés à la lithographie pour rendre infalsifiables les titres, actions et billets. Nous avons dit qu'au moyen de certains agents chimiques, on obtient sur pierre lithographique un fond dû au hasard, et, par conséquent, inimitable. Nous ajouterons qu'en soumettant la pierre à des acides, on est parvenu à former un relief qui permet de clicher le dessin servant de fond et de le tirer typographiquement. C'est là un nouveau et véritable progrès.

II. Ainsi que l'indique son nom, la *litho-typographie* est l'alliance de l'imprimerie en lettres et de la lithographie.

On a donné ce nom au transport sur pierre des impressions typographiques et à leur reproduction par les moyens ordinaires de la lithographie.

Ce procédé, dont la découverte est toute récente, s'applique surtout avec avantage à la reproduction des vieux livres et des anciennes estampes. On décalque sur pierre, à l'aide d'une

---

(1) Presse Paul Dupont, Valé et Huguet. Brevet d'invention, 1855.

préparation chimique, les pages de livres ou les gravures dont on veut obtenir de nouvelles épreuves, et on en fait le tirage par la presse lithographique. Des éditions rares et précieuses ont déjà été renouvelées par ce procédé, qui est appelé à rendre de plus grands services encore à la science, lorsqu'il sera passé tout à fait à l'état pratique. Un grand nombre de bibliothèques pourront s'enrichir alors d'ouvrages qui n'existent que dans quelques-unes, ou compléter des exemplaires d'ouvrages anciens auxquels il manquerait quelques feuilles.

On sait qu'il ne se fait pas d'édition sans qu'un certain nombre d'exemplaires soient mis au rebut par suite de l'épuisement ou de la perte de quelques feuilles : la litho-typographie permet de remplir à très-peu de frais ces lacunes, et d'utiliser, en réimprimant quelques feuilles, des exemplaires incomplets, qui seraient restés sans valeur.

La litho-typographie peut recevoir, en outre, diverses applications dans les travaux de l'imprimerie. Nous nous bornerons à en citer deux exemples.

Chacun sait que la composition des cadres et des tableaux est très-coûteuse en typographie, non-seulement à cause du prix de main-d'œuvre, mais par la détérioration des matériaux employés. En lithographie, la composition des tableaux n'est guère plus économique, en raison du prix élevé que coûte l'écriture placée en tête ou dans l'intérieur des colonnes. En général, il est reconnu que l'imprimerie est à meilleur marché, plus lisible et plus prompte pour les textes; que la lithographie, au contraire, est à meilleur marché, plus parfaite et plus prompte pour les filets et les cadres. En empruntant à l'imprimerie et à la lithographie ce que chacune fournit de mieux, de plus prompt et de plus économique, on obtient nécessairement une exécution parfaite sous tous les rapports. Il suffit pour cela de composer le texte en caractères typographiques ordinaires, et de le transporter sur pierre lithographique, au moyen d'une encre et d'un papier préparés; puis d'y faire ajouter les filets noirs et la réglure par un écrivain. On a ainsi, simultanément, la composition des lettres, les filets et les lignes grises.

A l'état de perfection où sont arrivées la gravure et la fonderie, il serait facile aussi, avec un matériel de vignettes très-restreint, de composer, en découpant de bonnes épreuves, un nombre infini de dessins variés, qu'aucun écrivain lithographe ne pourrait imiter avec une régularité et un fini aussi remarquables. Quelques heures suffisent très-souvent pour obtenir les combinaisons les plus heureuses. On parvient à fixer ces compositions fragiles en les transportant sur pierre par le procédé litho-typographique, et on obtient ainsi des encadrements ou des ornements d'une exécution parfaite, qu'on ne pourrait attendre ni de l'imprimerie ni de la lithographie, prises isolément.

Les explications qui précèdent suffiront pour faire juger de ce qu'on peut espérer de la litho-typographie. La nature des travaux, les circonstances, le goût de l'ouvrier feront naître nécessairement d'autres applications; car c'est le privilége des découvertes vraiment utiles de se développer à mesure qu'elles reçoivent la sanction du temps et de l'expérience.

On voit, dans les *Essais pratiques d'Imprimerie*, une page présentant les principaux signes de correction typographique. Le texte, imprimé en caractères mobiles, a été décalqué sur la pierre lithographique, où l'écrivain lithographe a tracé ensuite les signes que les correcteurs font à la main en marge de leurs épreuves. On obtient ainsi des exemplaires d'une *épreuve typographique corrigée*, effet qu'on n'avait pu produire auparavant que par la gravure ou par la fonte d'un caractère exprès portant avec lui les marques de la correction.

La litho-typographie sert aussi à la reproducion des vieux manuscrits et des anciennes écritures. Les *fac-simile* qu'on obtient par son emploi sont de la plus parfaite exactitude, car ce n'est pas une image plus ou moins fidèle de l'écrit, mais c'est l'écrit lui-même qu'ils représentent. Les vieux livres français, avec l'orthographe de leur temps, qu'il est si difficile d'obtenir dans des réimpressions, les anciennes éditions, si correctes, d'ouvrages grecs et latins, les bons ouvrages en langues étrangères (allemand, russe, arabe, hébreu, chinois, etc.), se reproduiront ainsi par la litho-typographie avec une exactitude, une fidélité et une perfection qui ne le céderont en rien à l'original.

Quelques essais avaient été faits précédemment; il a même paru à l'exposition de 1834 des pages de vieux livres reproduites par la lithographie. Mais, soit que des difficultés imprévues aient arrêté les auteurs, soit par toute autre cause, ce procédé, si important pour le commerce de la librairie et les progrès de l'esprit humain, est resté enseveli dans l'obscurité. Ce qui constitue une découverte industrielle, c'est moins un premier essai que la mise à exécution et l'application sur de larges bases.

Le transport des vieux livres et des anciennes gravures, procédé dont la première idée est due à MM. Paul et Auguste Dupont, a été appliqué et perfectionné dans les ateliers de l'Imprimerie administrative. Il a valu à ses inventeurs, lors des diverses expositions et des concours de la Société d'encouragement, des médailles en bronze, argent, platine et or.

Voici la liste de quelques ouvrages publiés ou complétés par le procédé litho-typographique :

Rerum Gallicarum et Francicarum Scriptores, tomus decimus tertius, par Dom Bouquet; un volume grand in-folio de 966 pages, imprimé à Paris, en 1786, par la veuve Desaint, contenant l'*Histoire d'Angleterre, de Normandie, de Cambrai;* la *généalogie des Comtes de Flandre*, etc., etc. (Ce volume, dont les feuilles ont été détruites dans un incendie, manquait à la plupart des collections, et son prix dans les ventes s'élevait de 600 à 800 francs : reproduit, en 1847, par le procédé litho-typographique, à cent exemplaires, il permet de compléter maintenant, au prix de 150 francs, les collections qui en sont dépourvues.)

L'*Histoire de l'incomparable administration de Romieu le Grand*, ministre d'État en Provence, lorsqu'elle était en souveraineté, par Michel Baudier, historiographe de Sa Majesté, 1635, imprimée chez Jean Camusat. (Il ne restait qu'un seul exemplaire de cet ouvrage dans la famille de M. Romieu, ancien préfet : au moyen de la litho-typographie, il a été possible d'en reproduire plusieurs exemplaires qui ne diffèrent en rien du volume original.)

L'*Estat de l'Eglise du Périgord, depvis le christianisme*, par le R. P. Dvpvy, récollet; imprimé à Périgueux par Pierre et Jean Dalvy, en 1629. (Ce volume, in-8º de 224 pages, a été reproduit en 1841 sur l'exemplaire existant à la bibliothèque de la ville, retrouvé après bien des recherches.)

Un grand nombre de libraires ou d'éditeurs trouvent tous les jours le moyen de rendre à la circulation des capitaux inactifs, en complétant à peu de frais, par ce procédé, les volumes qui, par l'épuisement de quelques feuilles, encombraient inutilement leurs magasins.

III. La gravure sur pierre, devant servir, sinon à remplacer la gravure sur bois, du moins à lui prêter un utile concours, a paru à l'exposition de 1844, dans l'exhibition de M. Auguste Dupont, de Périgueux (Dordogne), sous le nom de *clichés-pierre*, et dans celle de M. Tissier, sous le nom de *tissiérographie*.

MM. Duplat, Girard et Dembour ont aussi fait, à diverses époques, des essais de gravure sur pierre.

Les procédés de MM. Duplat, Girard et Dembour n'ont pas passé à l'état pratique. Il en est de même de la *tissiérographie*, dont on a vu cependant quelques planches très-remarquables. Les clichés-pierre, au contraire, sont en pleine voie d'application.

Ce n'est pas à Paris, où les graveurs sur bois sont en grand nombre, où ces artistes trouvent une ample occupation, que la gravure sur pierre peut rendre de bien grands services. Toutefois, elle peut réaliser quelques problèmes d'une exécution presque impossible par la gravure ordinaire, et produire certains effets que le burin ne pourrait rendre. Mais c'est en province, où il n'existe pas de graveurs sur bois, que ce procédé est appelé à devenir d'une grande utilité.

Partout où il y a une lithographie et un dessinateur, on peut obtenir, sans le secours d'un graveur, un cliché en relief. Ce cliché, ou pierre gravée, se place parmi les caractères typographiques et s'imprime comme une gravure sur bois. Ces types peuvent se reproduire par la voie du clichage.

M. Auguste Dupont a fait une utile application de son système dans un ouvrage ayant pour titre *le Périgord illustré*, qui contient plus de 500 clichés de ce genre.

La pierre employée pour ces clichés n'est pas la pierre lithographique ordinaire; c'est un calcaire d'une nature particulière, ayant toutes les propriétés de la pierre lithographique, mais qui peut se tourner, se buriner comme le bois.

Quand le dessin est fixé sur cette pierre à l'aide du transport lithographique, il est encré avec un vernis préservateur, qui permet de le soumettre à l'action de l'acide. Le premier relief une fois obtenu par ce procédé, il ne s'agit plus que d'évider les grands blancs avec l'échoppe, et la main la moins exercée peut opérer cet évidage.

On sait que l'inventeur de la lithographie, Senefelder, avait tenté de se servir de la gravure en relief sur pierre pour l'impression de la musique, et qu'il n'abandonna ce moyen de reproduction que pour s'adonner uniquement à ses recherches sur l'art de la lithographie. D'autres personnes ont voulu, ainsi que nous l'avons dit plus haut, reprendre ces essais : soit difficulté d'application, soit insuffisance des agents chimiques employés, aucune d'elles n'était parvenue à créer un relief assez élevé pour qu'il pût servir immédiatement dans la typographie. Ce problème paraît aujourd'hui résolu : partout où il y a un dessinateur capable d'écrire ou de dessiner convenablement sur pierre avec l'encre lithographique, un imprimeur en lettres peut orner ses publications de figures et de vignettes comparables, pour l'exécution, à celles qu'on obtient par la gravure sur bois.

Au moyen d'une morsure, faite également par les acides, sur les pierres lithographiques, on y ménage des reliefs, avec lesquels on empreint, par le foulage, des clairs sur le papier, ce qui lui donne, à s'y méprendre, l'aspect d'un papier filigrané. On remplace ainsi, presque sans frais, un papier dont la fabrication est très-dispendieuse par les formes filigranées; puis, l'impression sur des fonds de hasard complète le procédé le plus efficace pour déjouer la contrefaçon des actions, billets et autres titres. (Voir ce que nous en avons déjà dit plus haut, page 349.)

IV. Il nous reste à parler d'un art qui se rattache également à la typographie et à la lithographie.

La gravure sur métal, soit en creux, soit en relief, était connue chez les anciens, comme l'attestent l'ornementation des vases, les inscriptions qu'on lit sur des lames de cuivre et autres monuments antiques. Ils avaient même des sceaux, des cachets gravés dont ils apposaient l'empreinte sur les étoffes, le parchemin, le papyrus et plus tard sur le papier; mais ils n'allèrent pas plus loin : aucune estampe, aucun texte reproduit par l'impression, au moyen d'une planche de métal gravée, n'a été transmis par l'antiquité aux générations suivantes.

D'après l'opinion la plus générale, c'est seulement vers le milieu du XVe siècle que l'impression chalcographique fut pratiquée; mais il ne paraît pas, comme quelques auteurs l'ont prétendu, qu'elle ait donné l'idée de la typographie, inventée vers la même époque. La xylographie ou gravure en relief sur des planches de bois fixes, procédé connu en Europe dès la fin du XIVe siècle et qu'on employa d'abord pour imprimer des cartes, puis des images et enfin des livrets, fut le véritable prélude de l'imprimerie en caractères mobiles. Aux caractères de bois la typographie substitua bientôt des caractères métalliques gravés en relief ou fondus, et c'est probablement alors que l'on commença aussi à reproduire des dessins et des images au moyen de planches de métal gravées soit en relief, comme le faisait la xylographie, soit en creux, c'est-à-dire en taille-douce.

Ce dernier genre de gravure est attribué à un orfévre florentin, nommé Maso Finiguerra, qui le trouva, dit-on, par l'effet du hasard. Il avait, selon l'usage du temps, niellé, ou rempli de noir, afin de la faire mieux ressortir, une gravure en creux qu'il avait exécutée sur une pièce d'argenterie; un linge mouillé laissé sur cette nielle reproduisit l'empreinte de la gravure, à rebours il est vrai; mais le procédé d'impression de la taille-douce était trouvé.

Quoi qu'il en soit de cette origine, qu'on reporte à l'année 1452, la gravure en taille-douce ne tarda pas à être cultivée avec succès. Elle devint, ainsi que la gravure en bois, l'auxiliaire de la typographie pour les lettres fleuronnées et les vignettes, pour les cartes géographiques et même pour les portraits et les estampes que l'on joint quelquefois au texte d'un livre. Pendant les deux derniers siècles elle régna presque seule, parce que la gravure en bois avait dégénéré; mais celle-ci, depuis une soixantaine d'années, a repris un nouvel essor et a fait d'immenses progrès. D'un autre côté, la lithographie et la gravure sur pierre, inventions modernes dont nous avons parlé, rivalisent maintenant avec la gravure en taille-douce pour l'ornementation des livres.

Divers moyens ont été employés à différentes époques pour opérer la gravure sur métal. Un des plus connus est celui qui consiste dans l'action de l'eau-forte. Ce procédé plus facile et plus prompt que le travail du burin, mais qui n'en a pas la délicatesse, remonte au XVIe siècle, car on en attribue l'invention à Albert Durer ou au Parmesan.

Nous avons vu plus haut que l'impression en couleurs fut pratiquée pour la gravure en bois et pour la typographie dès l'origine de ces deux arts; mais elle ne le fut que beaucoup plus tard pour la gravure en taille-douce. Un artiste allemand, Jean-Christophe Leblon, de Francfort, en fit les premiers essais à Londres, de 1720 à 1730, et vint s'établir à Paris en 1737. Ce procédé de la gravure imprimée en couleurs, au moyen de plusieurs planches ou même d'une seule, continua d'être pratiqué et s'est encore perfectionné depuis.

Dans ces derniers temps il a été appliqué avec succès à la gravure sur pierre et à la lithographie; c'est ce qu'on appelle lithochromie. Mais il faut avouer que le coloriage de toute espèce de gravure fait au pinceau est plus moelleux et plus varié dans les nuances.

V. Les arts graphiques que nous venons de mentionner sont étroitement liés à la typographie dont ils ornent et complètent même les productions; car il est intéressant et quelquefois utile de joindre à un dictionnaire biographique les portraits des hommes célèbres dont on raconte l'histoire; à une géographie, les cartes des pays dont on donne la description; à un ouvrage technologique, des modèles d'instruments, des plans, des figures.

La gravure et la lithographie remplacent même la typographie pour des textes de peu d'étendue, tels que des calendriers, des circulaires, des prospectus (1).

Si la typographie propage les écrits des auteurs, la gravure et la lithographie portent dans tous les lieux du monde l'image d'un tableau, d'une statue, d'un monument qu'on ne peut voir que dans un seul endroit ou qui même n'existent plus, mais dont elles ont conservé les formes et les proportions d'après une échelle déterminée; et quelquefois ces données ont servi à guider l'artiste dans la reconstruction d'un édifice qu'on voulait rétablir sur son plan primitif.

---

(1) Il faut constater cependant que trop souvent de grandes négligences se remarquent dans les textes gravés : par exemple, des lettres majuscules ou minuscules irrégulièrement placées, de mauvaises coupures de mots, l'absence ou le ridicule de la ponctuation; quelquefois, au bas d'une gravure magnifique, des fautes d'orthographe impardonnables.

La litho-typographie reproduit identiquement, pour ainsi dire, les anciens manuscrits, les vieilles impressions et estampes.

Tous ces arts graphiques, ainsi que la galvanoplastie, la photographie et autres découvertes récentes, que nous avons déjà mentionnées, recevront probablement encore des applications importantes.

CHAPITRE XVI.

IMPRIMERIE IMPÉRIALE.

SOMMAIRE.

I. Sa fondation. — II. Ses premiers directeurs. — III. Ses accroissements et ses travaux sous l'ancienne monarchie. — IV. Sa transformation sous la république ; elle devient imprimerie des administrations nationales. — V. Sa réorganisation sous l'empire ; elle conserve son monopole. — VI. Réforme équitable sous la restauration ; ordonnance de 1823 qui lui rend le monopole des impressions des ministères. — VII. L'imprimerie impériale après la révolution de juillet ; sa situation actuelle. — VIII. Plaintes des imprimeurs contre son monopole ; les prix y sont plus élevés que ceux du commerce. — IX. Bénéfices ; impressions gratuites. — X. Ses lenteurs, etc. — XI. Ses envahissements incessants. — XII. Ce qu'elle devrait être. — XIII. Imprimerie administrative.

I. L'imprimerie royale (aujourd'hui imprimerie impériale) fut fondée par Louis XIII en 1640, sous le ministère du cardinal de Richelieu. Toutefois, il est juste de reconnaître que François Ier en avait jeté les premiers fondements alors que, dans l'unique intérêt de la science, il fit graver, par Garamond, les caractères grecs, connus depuis sous le nom de *grecs du Roi*, et qui ont servi aux belles éditions des Robert et des Henri Estienne.

Elle fut établie dans les galeries du Louvre, et Louis XIII dépensa en sept ans pour sa création plus de 360,000 livres.

La haute administration en fut confiée à Sublet des Noyers, surintendant et ordonnateur général des bâtiments et manufactures du roi; Sébastien II Cramoisy en fut nommé directeur, et Trichet du Fresne, correcteur. Richelieu, voulant propager la foi catholique en Orient et y étendre les relations politiques et commerciales de la France, occupa les premières presses de cet établissement à imprimer les livres destinés à être remis *gratuitement* aux missionnaires. Il fit publier d'abord dans ce but l'Imitation de Jésus-Christ (*de Imitatione Christi*, 1640); puis deux ouvrages qu'on dit avoir été écrits par Richelieu lui-même : *Les principaux points de la foy de l'Église catholique* (1641) et l'*Instruction du Chrétien* (1642). Ainsi c'est une pensée pieuse qui présida à l'institution de l'Imprimerie royale, et c'est par des ouvrages pieux qu'on l'inaugura. On y publia ensuite des éditions de Virgile (1641), d'Horace, de Térence (1642), de la Bible (1642), etc.

Plusieurs de ces éditions sont ornées de frontispices et de vignettes gravés sur les dessins du célèbre Poussin. Par là était justifié, dès le principe, le but de l'imprimerie royale, qui était à la fois de servir aux intérêts de la religion, des lettres et des sciences, et de multiplier leurs plus beaux monuments. « En deux ans seulement, dit Sauval, il sortit des presses de l'imprimerie royale 70 grands volumes grecs, français, latins, italiens, etc., entre autres les Conciles en 37 volumes in-folio, et tous imprimés d'un caractère très-gros, très-net et très-beau, et sur le plus fin papier, le plus fort et le plus grand dont on se soit servi. Et comme le soin qu'on en prit ne fut pas moindre que la dépense, on ne doit pas s'étonner qu'un si riche travail ait porté l'imprimerie à son plus haut point de perfection. Ses premiers produits ravirent toute la terre. Les Anglais, les Allemands, les Italiens proclamèrent la supériorité des Français dans cet art. Le patriarche de Constantinople en félicita le sieur des Noyers dans une lettre fort obligeante qu'il lui écrivit. »

II. Sébastien Cramoisy conserva près de trente ans la charge de directeur, et fut remplacé en 1669 par Sébastien Mabre, son petit-fils, à qui, dès 1660, une ordonnance royale avait accordé la survivance de son grand-père maternel.

Le directeur n'était pas, dans ces premiers temps, un fonctionnaire ; c'était un imprimeur, choisi parmi les plus capables, et à qui l'Etat remettait l'établissement avec certaines charges et certains priviléges. Il avait la garde des poinçons, des matrices et de tout le matériel de l'établissement.

Après la mort de Mabre, arrivée en 1687, sa veuve fut continuée provisoirement dans sa place. En 1690, le ministre Louvois appela de Lyon Jean Anisson. Dans les provisions du roi expédiées en 1691 à Jean Anisson, il est qualifié de recteur et de conducteur de son *imprimerie royale,* et garde des poinçons, matrices, caractères, planches gravées, presses et autres ustensiles servant aux impressions.

Le privilége de directeur se maintint dès lors pendant plus d'un siècle dans cette famille, et on vit même, après la Restauration, un de ses descendants l'exercer encore pendant dix ans et jouir ainsi des mêmes avantages qui avaient été accordés à ses ancêtres (1).

III. Les successeurs de Louis XIII tinrent à honneur d'enrichir l'imprimerie royale et d'étendre sa renommée ; elle acquit bientôt un matériel considérable en caractères précieux, surtout pour les langues orientales.

A cette nombreuse collection vinrent s'ajouter successive-

---

(1) Nous croyons devoir donner ici, pour aider à l'intelligence des faits

ment les poinçons et les matrices des caractères grecs que François Ier avait fait graver par Garamond (1), et qui, en vertu de lettres patentes de Louis XIV, du 15 décembre 1683, furent retirés de la chambre des comptes, où ils étaient déposés, pour être remis entre les mains de Sébastien Mabre, alors directeur de l'imprimerie royale ; — les poinçons arabes, syriaques et persans, dont Savary de Brèves avait surveillé l'exécution à Constantinople, pendant qu'il y était ambassa-

rappelés dans ce chapitre, la liste générale des directeurs de l'imprimerie impériale, depuis son origine jusqu'à nos jours.

1. 1640-1669. — Cramoisy (Sébastien II).
2. 1669-1687. — Mabre-Cramoisy (Sébastien III), petit-fils du précédent.
3. 1687-1691. — Dame Mabre-Cramoisy, veuve du précédent.
4. 1691-1707. — Anisson (Jean II).
5. 1707-1723. — Rigaud (Claude), beau-frère de Jean Anisson.
6. 1723-1735. — Anisson (Louis-Laurent), adjoint du précédent.
7. 1735-1760. — Anisson (Jacques-Louis-Laurent), frère puîné du précédent.
8. 1760-1789. — Anisson (Louis-Laurent), fils du précédent.
9. 1789-1794. — Anisson-Duperon (Etienne-Alexandre-Jacques), fils du précédent.
10. 1794-1802. — Duboy-Laverne (Philippe-Daniel).
11. 1802-1814. — Marcel (Jean-Joseph).
12. 1814-1823. — Anisson-Duperon (Alexandre-Jacques-Laurent).
13. 1823-1824. — Michaud (Louis-Gabriel).
14. 1824-1830. — De Villebois (Etienne-Marie-Louis).
15. 1830-1831. — Vieillard dit Duverger (Eug.), commissaire-provisoire.
16. 1831-1848. — Lebrun (Pierre), de l'Académie française.
17. 1848-1850. — Desenne (Auguste).
18. 1850. — Peauger.
19. 1850. — Vernoy de Saint-Georges, directeur actuel.

(1) Robert Estienne, en se réfugiant à Genève, avait emporté ces poinçons ou ces matrices, car les avis sont partagés à cause de l'obscurité des documents historiques sur cette circonstance; mais ces types, quels qu'ils fussent, lui appartenaient. Son fils Henri ou son petit-fils Paul les ayant engagés pour une somme d'argent, Louis XIII les fit racheter à ses frais en 1619, et déposer plus tard à la cour des comptes.

deur, et qui avaient été achetés de ses héritiers par Antoine Vitré, sur l'ordre du cardinal de Richelieu ; — les poinçons arméniens que Vitré avait fait graver aux frais du roi par Jacques de Sanlecque ; — enfin, les poinçons et matrices de caractères syriaques et samaritains, et les matrices de caractères arméniens, offerts en 1692 à la Bibliothèque royale par l'abbé Le Jay, et que son père avait fait graver pour l'impression de la Bible polyglotte.

En outre, le chancelier de Pontchartrain chargea, en 1692, le graveur Grandjean de faire un grand nombre de poinçons grecs, soit pour compléter les trois corps qui existaient déjà, soit pour suppléer aux pertes qu'ils avaient éprouvées.

Ainsi retrouvés, accrus et complétés, les types de François Ier restèrent la principale richesse de l'imprimerie royale. Les étrangers mêmes les trouvèrent si parfaits de formes et de précision, que l'université de Cambridge en demanda une fonte pour son usage particulier. Le gouvernement français consentit à la lui accorder, mais à la condition qu'on rappellerait le fait dans le premier volume imprimé avec ces caractères et qu'on mettrait sur le frontispice de chaque volume une ligne ainsi conçue : *Characteribus græcis e typographeio regio parisiensi.* L'Université de Cambridge ne voulut point se soumettre à cette condition, et ce sentiment d'amour-propre national mal entendu fut un obstacle à la conclusion d'une affaire qui eût honoré les deux pays.

Les premiers caractères employés à l'imprimerie royale, qu'on désignait sous le nom de *caractères de l'Université* (1), étaient les mêmes que ceux dont se servaient les imprimeurs

---

(1) On trouve un alphabet de ces caractères dans le *specimen* de l'imprimerie royale, publié en 1847.

de Paris. Mais, en 1692, Louis XIV ordonna l'exécution d'un caractère spécial pour le service de l'imprimerie royale, en remplacement des types dont on avait fait usage jusqu'alors.

Un comité composé de Jaugeon, membre de l'Académie des sciences, l'abbé Bignon, Filleau des Billettes, le père Sébastien Truchet, religieux de l'ordre des Carmes, Anisson, directeur de l'imprimerie royale, Simonneau et Grandjean, graveurs, fut chargé de déterminer, d'après des principes généraux, la meilleure forme des lettres. Après avoir compilé à cet effet les manuscrits et les plus belles éditions de la Bibliothèque royale et autres, on eut recours aux procédés de la géométrie, et l'on obtint par ce moyen des types dont la configuration parut devoir être la plus agréable à l'œil. Ce travail considérable occupa le comité pendant plusieurs années, et il en résulta une table exacte des proportions des lettres, où chaque sorte était en même rapport avec celle qui la suivait et celle qui la précédait (1).

Philippe Grandjean et Alexandre, son élève, furent chargés de la gravure et de la fonte des nouveaux caractères. Trente corps de caractères romains et italiques, de rondes, bâtardes, coulées, vignettes assorties, furent successivement gravés et fondus par ces deux habiles artistes. Plus tard, Louis Luce, gendre d'Alexandre, exécuta dans le même style deux autres corps de caractères qui complétèrent la typographie dont Louis XIV avait ordonné la création.

Les beaux ouvrages auxquels elle fut employée élevèrent, dès ce moment, l'imprimerie royale au rang de la première imprimerie du monde. Parmi ceux qu'elle fit paraître sous le

---

(1) Extrait d'un rapport déposé aux Archives nationales.

règne même de Louis XIV on peut citer les grandes collections des *historiens bysantins*, des *actes des conciles*, etc.

C'est à cette typographie que furent ajoutés pour la première fois, sur l'ordre même du roi, les signes qui distinguent les caractères de l'imprimerie royale, et qu'il est formellement interdit aux autres imprimeries d'imiter. Ces signes consistaient alors dans le doublement du délié supérieur des lettres *b*, *d*, *h*, *i*, *j*, *k*, *l*, et dans le trait dont était flanquée cette dernière lettre. Ces doubles déliés n'ont pas été conservés dans les nouveaux types de l'imprimerie impériale; mais le trait latéral de la lettre *l* est resté et forme encore aujourd'hui un des signes les plus apparents des caractères de cet établissement.

Le Régent et Louis XV voulurent aussi ajouter de nouvelles richesses à celles que possédait déjà l'imprimerie du Louvre. De 1715 à 1742, on grava, sous la direction de Fourmont, savant orientaliste, des caractères chinois, dont les modèles furent pris dans les dictionnaires *Tching-tse-tong* et *Tse-oey* (1). Ce sont les premiers types de langue chinoise qui aient été gravés en Europe.

Louis XV ordonna aussi, en 1722, la gravure des types hébraïques qui manquaient encore à l'imprimerie royale. Ces types furent exécutés en quatre corps différents par Villeneuve et aussi sous la direction de Fourmont.

Pour faciliter la surveillance de ces travaux, on réunit, en 1725, à l'imprimerie du Louvre la fonderie royale, dont était

---

(1) Ce travail, interrompu en 1742 par la mort de Fourmont, ne fut repris qu'en 1811, sous la direction de M. de Guignes fils, pour l'impression du Dictionnaire chinois du P. Basile, publié en 1813 par ordre de Napoléon.

chargé le graveur du roi, et dont le matériel était resté jusque-là entre les mains de la veuve Grandjean, qui avait succédé à son mari.

En 1773, l'imprimerie royale s'enrichit d'une nouvelle typographie gravée par Luce, et qui, indépendamment des caractères proprement dits, comprenait une nombreuse collection de vignettes, d'ornements en pièces de rapport, genre de gravure et de fonte encore inconnu à cette époque. Vers ce même temps, la collection des ornements fut augmentée de culs de lampe et autres vignettes gravés sur bois par le célèbre Papillon.

Sous le règne de Louis XVI, l'imprimerie royale continua les grandes collections commencées sous les règnes précédents, et en entreprit de nouvelles, notamment les *OEuvres complètes de Buffon, avec l'histoire des serpents, des ovipares et des poissons*, par Lacépède (1775, 71 vol. in-12); les *Notices et extraits des manuscrits de la Bibliothèque du roi* (1787, in-4°, collection qui se continue et forme aujourd'hui 16 volumes); la *Collection générale des lois, proclamations, instructions et autres actes du pouvoir exécutif* (1792, 23 volumes in-4°).

Son matériel, déjà si considérable, s'accrut encore par la remise qui lui fut faite des caractères et ustensiles de deux autres établissements. En 1775, on réunit à l'imprimerie du Louvre celle qui avait été établie quelques années auparavant à Versailles, pour le service des bureaux de la guerre, de la marine et des affaires étrangères; en 1789, le directeur de l'imprimerie dite *du cabinet*, à Versailles, lui céda également son privilége.

L'imprimerie royale était alors une propriété mixte.

Les poinçons et matrices appartenaient à l'Etat, ainsi que

dix presses dont les travaux étaient dirigés vers un but de perfectionnement de l'art typographique et d'encouragement pour les études de langues orientales. Les impressions d'ouvrages grecs étaient exécutées gratuitement.

Le surplus des machines, ustensiles et caractères appartenait au directeur Anisson (Etienne-Alexandre-Jacques), qui l'exploitait pour son propre compte (1), et était payé de ses travaux sur des tarifs arrêtés par le roi.

Les appointements des employés, l'achat du papier, etc., étaient à la charge du directeur; quant aux dépenses faites par l'État pour l'imprimerie royale, on peut en juger d'après le *compte rendu* au roi en mars 1788, et publié par ses ordres :

Appointements du directeur...............	1,400 fr.
Au correcteur d'épreuves................	300
Impression pour le département de la finance, environ	60,000
Pour le département de la maison du roi...	24,000
Frais de gravure............ 2,000 Frais de reliure............ 2,300	4,300
Total............	90,000

(1) On lit dans un Mémoire adressé en 1789 par Anisson au garde des sceaux, à propos de projets de réforme, le passage suivant : « Tous les poinçons, matrices, moules, instruments de fonderie, presses, casses sont au roi. Le directeur est obligé de les représenter, ainsi que..... pesant de matière, constaté par les inventaires appartenir au roi. Le reste du poids de la matière est au directeur qui s'en fournit à son compte. Les frais à la charge du roi sont, entre autres, un logement pour le directeur aux galeries du Louvre (ce qui ne dispense pas ce dernier d'avoir une maison pour son service, ses commis, etc.), les gages de 800 livres d'un graveur pour l'entretien des poinçons et matrices, des pensions de 100 à 200 livres à de vieux ouvriers, etc. »

Les départements de la guerre et de la marine payaient aussi leurs impressions. Les bénéfices restaient au directeur; l'État n'y prétendait rien.

IV. Les préoccupations et les troubles de la Révolution française ne lui permirent pas d'utiliser l'imprimerie du Louvre comme établissement d'art; elle en fit un instrument purement administratif. A partir de 1789, cette imprimerie ne publia plus, en effet, que des lois, des ordonnances, des décrets, des proclamations,. et telle fut, en de certains moments, l'abondance de ces travaux, que l'ancien matériel cessa bientôt de suffire à les exécuter.

L'Assemblée nationale ne considéra pas cette imprimerie comme un établissement public. Elle se borna à faire constater par un inventaire la propriété de la nation (1790), et confia l'impression de ses procès-verbaux à l'imprimeur Baudouin. Celui-ci prit alors, et sans opposition aucune, le nom *d'imprimerie nationale* pour son propre établissement. Baudouin s'établit d'abord à Versailles, où siégeait l'Assemblée; il la suivit à Paris, après les événements des 5 et 6 octobre 1789, et installa son imprimerie dans la cour et la maison des Capucins.

L'ancienne imprimerie royale du Louvre était restée au service du roi, pour l'impression des ordonnances, proclamations, promulgations de lois, etc. On la nomma l'imprimerie nationale exécutive, pour la distinguer de celle de Baudouin qu'on appelait imprimerie nationale législative.

Cet état de choses dura jusqu'au renversement de la royauté. Après le 10 août 1792, l'imprimerie du Louvre ne pouvant plus suffire aux impressions révolutionnaires, pour lesquelles on était souvent obligé de mettre des ouvriers étrangers en réquisition, l'imprimeur Baudouin y travailla concurremment avec elle. Le 19 août 1792 parut un décret portant : « L'imprimerie de l'Assemblée nationale et l'*imprimerie ci-devant royale* seront mises jusqu'à nouvel ordre en activité jour et nuit, pour suffire aux nombreuses impressions décrétées et à décréter. » Cet ordre si formel, et l'insuffisance de moyens matériels pour en obtenir l'exécution, n'empêchèrent pas, toutefois, Marat de faire enlever de l'imprimerie du Louvre, avec l'autorisation de la commune de Paris, quatre presses et leurs accessoires, dont il avait besoin pour l'impression de ses pamphlets révolutionnaires.

Peu de temps après, le directeur Anisson, devenu l'objet de poursuites politiques, se vit contraint d'abandonner ses ateliers qu'il laissa sous la direction de Duboy-Laverne, son ami et collaborateur. Après sa condamnation à mort par le tribunal révolutionnaire (5 floréal an II), l'État prit possession, avec tous les biens du défunt, de l'immense matériel de l'imprimerie qu'Anisson avait au Louvre et dans sa succursale de la rue Mignon ; matériel qui, par un inventaire en date du 20 ventôse an II, avait été estimé à près de 500,000 livres.

L'imprimerie du Louvre ne survécut pas longtemps à la perte de son directeur ; elle fit place, dans la même année, à deux autres établissements qui constituèrent dès lors ce qu'on a appelé depuis l'imprimerie gouvernementale. C'est en effet à partir de cette époque, c'est-à-dire en pleine révolution, que l'imprimerie de l'État commença à battre en brèche l'industrie particulière.

Un décret de la Convention du 27 frimaire an II donna le signal du monopole, en créant, avec le matériel d'imprimerie provenant de la suppression de la loterie, une *imprimerie des administrations nationales*, qui fut chargée des impressions des divers services publics. Aux termes du règlement qui, par décret du 6 ventôse suivant, fut donné à cette imprimerie, elle devait être montée sur le pied de quarante presses, et un budget d'un million était affecté à ses dépenses.

Déjà la Convention, par un autre décret (14 frimaire an II), avait ordonné, pour le service du *Bulletin des lois* de la République, la création d'une imprimerie spéciale, régie aux frais de l'État. Elle l'avait placée sous la direction et la surveillance d'une commission de quatre membres (1), laquelle prit le nom d'*Agence de l'envoi des lois*.

Un des premiers actes de cette commission fut de requérir l'administration du domaine national de lui faire la délivrance de tout le matériel qui, à l'imprimerie du Louvre et dans sa succursale, pouvait convenir au service de l'impression des lois. Cette délivrance eut lieu immédiatement, et il ne resta plus au Louvre que la typographie scientifique et un modeste atelier sous la direction de Duboy-Laverne.

Par un arrêté du Comité de Salut public, en date du 7 germinal an II, le service dans l'imprimerie du *Bulletin des lois* fut organisé d'après les bases du décret du 6 ventôse précédent, relatif à l'imprimerie des administrations nationales.

L'imprimerie du *Bulletin des lois* avait été installée dans le vaste hôtel Beaujon, à l'extrémité du faubourg Saint-Honoré; au mois de brumaire de l'année suivante, on la transféra rue de la Vrillière, dans l'ancien hôtel de Toulouse ou de Penthièvre, occupé aujourd'hui par la Banque de France.

Ce transfert fut l'occasion d'une réforme générale de l'établissement. Un décret du 8 pluviôse an III réunit à l'imprimerie du *Bulletin des lois* tout ce qui appartenait à l'État

---

(1) La commission de l'envoi des lois fut composée des citoyens Chaube, Bernard, Dumont et Granville.

dans l'ancienne imprimerie royale, et lui donna le nom d'*imprimerie nationale*, qu'elle échangea le 18 germinal suivant contre celui d'*imprimerie de la République*. Elle fut chargée d'imprimer les lois, les rapports, adresses et proclamations, les arrêtés et circulaires des comités, les éditions originales des ouvrages d'instruction publique adoptés par la Convention, et tous les ouvrages de sciences et d'arts qui seraient publiés par ordre de la Convention et aux frais de la République. Un autre décret, en date du 21 prairial, confirma ces dispositions, en décidant de plus que tous les établissements publics, qui ne se servaient pas de l'*imprimerie des administrations nationales*, seraient tenus de demander à l'*imprimerie de la République* tout ce qu'ils auraient à faire imprimer.

Ainsi, le monopole gouvernemental se trouva porté dès le début à ses dernières limites. Il ne manquait plus, pour y mettre le comble, que de centraliser toutes les impressions au compte de l'État dans un seul établissement. Cette proposition fut faite en effet, et le bruit courut que l'imprimerie des administrations nationales allait subir le même sort que celle du Louvre, et être réunie à celle de l'hôtel de Penthièvre. Sur les réclamations des ouvriers de cette imprimerie (qui employait 300 personnes) et les protestations des imprimeurs du commerce, menacés de perdre la faible part qui leur restait dans les travaux administratifs, ce projet fut un moment abandonné. On résolut même de réduire l'importance de l'imprimerie de la République, en fondant une imprimerie scientifique distincte. Tel est, en effet, l'objet d'un décret en date du 4 brumaire an IV, ainsi conçu :

« Art. 1er. Les poinçons, matrices et caractères de langues étrangères, déposés à l'imprimerie de l'agence des lois, en seront distraits pour être exclusivement employés aux sciences et aux arts.

« Art. 2. On y joindra des fontes d'italique et de romain, une fonderie de caractères et huit presses avec leurs accessoires. »

Mais ce décret ne reçut pas même un commencement d'exécution : le Directoire, qui fut organisé presque aussitôt, ne partagea point les vues de la Convention, et un de ses premiers actes fut, au contraire, de donner plus de force au monopole de l'imprimerie du gouvernement. Par un arrêté du 14 brumaire an IV, il réunit l'imprimerie des administrations nationales à l'imprimerie de la République, qui devait rester provisoirement à l'hôtel de Penthièvre.

Ces mesures, qui blessaient les intérêts des imprimeurs de Paris, furent le sujet de plaintes et de réclamations fort vives. Elles donnèrent lieu également à une longue discussion au sein du Corps législatif. Merlin (de Douai), alors ministre de la justice, combattit les prétentions des imprimeurs, et conclut dans son rapport au maintien d'une *imprimerie nationale*. « La centralisation, dit-il, dans une seule imprimerie des
« impressions payées par le trésor national est favorable à la
« surveillance de cette partie importante de la dépense publi-
« que ; elle est nécessaire pour avoir toujours sous la main
« et maintenir dans cette continuelle activité, d'où dépend
« l'économie, des ouvriers auxquels l'impression des lois et
« celle de quelques ouvrages scientifiques ne peuvent fournir
« qu'une occupation intermittente. » Cet avis prévalut ; mais, comme pour pallier le tort que cette décision devait faire à l'imprimerie particulière, le gouvernement permit aux imprimeurs français de se pourvoir à l'imprimerie de la République des fontes de caractères de langues grecque et orientales ;

dont les poinçons y étaient déposés, à la charge par eux, il est vrai, de payer le prix des objets qui leur seraient délivrés. (Décret du 11 pluviôse an V.)

L'époque du Directoire fut, au reste, celle d'une véritable rénovation pour notre imprimerie scientifique, qui sommeillait depuis le commencement de la révolution. L'Italie venait d'être soumise à nos armes. Le général Bonaparte, qui aimait à faire servir ses conquêtes aux progrès intellectuels de la France, avait enlevé de l'imprimerie de la Propagande, à Rome et de celle des Médicis, à Florence, plusieurs séries de poinçons arabes, birmans, coptes, éthiopiens, malabares, persans, samaritains, syriaques, thibétains, etc., qu'il avait fait parvenir à l'imprimerie nationale. Ces richesses typographiques, venant s'ajouter à la collection déjà considérable de types étrangers que possédait cet établissement, excitèrent au plus haut point le zèle de ses artistes. Ils se mirent à l'œuvre, aidés des lumières de plusieurs savants de l'Institut, et gravèrent sur ces modèles de nouveaux poinçons qui eurent sur les premiers une incontestable supériorité. Grâce à ce concours intelligent et empressé, la perte des richesses typographiques que l'imprimerie nationale avait reçues d'Italie, et qui nous furent enlevées en 1815, pour retourner à leurs possesseurs primitifs, nous laissa moins de regrets.

V. Le gouvernement consulaire ne changea rien aux dispositions du Directoire, en ce qui concerne l'existence de l'imprimerie nationale. Napoléon, tout en voulant le progrès de l'art et la prospérité d'un établissement destiné particulièrement à l'assurer, était loin de souhaiter cependant le développement de l'imprimerie en général; il avait, d'ailleurs, pour principe que les gouvernements peuvent sans inconvénient se faire manufacturiers. Non-seulement il ne retira point à l'imprimerie de la République le monopole dont elle jouissait, mais il le confirma et l'agrandit. Après son élévation à l'empire, il donna à cette institution le titre d'*imprimerie impériale* (décret du 22 mai 1804), et en 1808 il lui procura de plus vastes ateliers, en ordonnant qu'elle fût transférée rue Vieille-du-Temple, dans le palais du cardinal de Rohan, qu'elle occupe encore aujourd'hui. Enfin, par un décret en date du 24 mars 1809, il la réorganisa sur de plus larges bases. Un auditeur au conseil d'État fut chargé de surveiller, sous l'autorité du grand-juge ministre de la justice, l'administration et la police de l'établissement, spécialement et exclusivement affecté aux impressions des divers départements ministériels, du service de la maison impériale, du conseil d'État, et à l'impression du *Bulletin des lois*.

De là, suppression de toutes les petites imprimeries attachées encore aux diverses administrations, et réunion de leur matériel à celui de l'imprimerie impériale. Napoléon appela aux fonctions d'inspecteur M. Anisson, fils de l'ancien directeur de l'imprimerie du Louvre, qui eut ainsi sous ses ordres le directeur, M. Marcel. On frappa à cette occasion une médaille portant l'inscription suivante :

A
Francisco 1
conditam MDXXXIX
Lvdovicvs XIII
in ædibvs regiis collocavit
Lvdovicvs XIV
svmptibvs regiis instrvxit
Tandem napoleo
Novis incrementis avctam
Pvblicæ et litterarvm vtilitati
destinavit.

Le décret organique de 1809 fut complété par un décret de 1811, réglant le service intérieur de l'imprimerie impériale, et fixant les prix des ouvrages faits pour le compte de l'État. Un autre décret régla la distribution du *Bulletin des lois*, qui s'imprimait alors en plusieurs langues.

Dans la même année, l'Empereur, qui se plaisait à augmenter et à perfectionner le matériel de son imprimerie, la dota d'une typographie nouvelle, dont il avait confié l'exécution à Firmin Didot. Le premier emploi de ces caractères fut destiné à l'impression de la relation du Sacre de Napoléon, volume orné de magnifiques gravures exécutées sur les dessins d'Isabey, Fontaine et Percier.

Sous cette impulsion puissante, l'imprimerie impériale prit en peu d'années un si grand développement que son budget s'éleva bientôt à quatre millions. Napoléon songea alors à réaliser une idée qu'il avait conçue dès la campagne d'Italie, et dans laquelle son séjour en Égypte n'avait fait que l'affermir ; il rendit un décret (22 mars 1813) en vertu duquel des élèves furent entretenus à l'imprimerie impériale pour y être instruits dans la manipulation typographique des caractères orientaux. En même temps, et comme pour ôter à cet établissement, qui devait être national par excellence, quelque chose du caractère industriel et commercial qu'il lui avait imposé, il ordonna qu'on y imprimerait chaque année des ouvrages en langues orientales, avec le texte français en regard, impressions qui devaient être faites sous l'inspection du savant orientaliste Sylvestre de Sacy.

« Ainsi (1) furent jetés les germes de cette typographie

---

(1) *Notice historique sur l'Imprimerie impériale,* par M. de Saint-Georges, directeur actuel, 1853.

orientale qui, de développements en développements, est devenue, depuis 1815, la plus belle richesse de l'imprimerie impériale, et qui devait donner naissance à la Collection orientale, monument gigantesque, dont l'exécution prouve à quels résultats peuvent conduire l'amour du beau et la persévérance dans les efforts. »

L'invasion étrangère, comme nous l'avons dit, n'eut pas pour l'imprimerie impériale les suites qu'on en aurait pu craindre. Grâce à l'activité dont ses artistes avaient fait preuve, grâce aussi aux ruses innocentes par lesquelles quelques-uns de nos savants détournèrent sur les objets les moins précieux l'attention de l'étranger, on n'enleva guère à notre établissement typographique que ce dont il pouvait à la rigueur se passer.

VI. Sans entrer dans les grandes vues de l'Empereur sur la direction à donner aux travaux de l'imprimerie de l'État, la Restauration ne permit pas cependant que les ouvrages en langues orientales fussent abandonnés. Elle débuta, d'ailleurs, par un acte de justice, dont l'imprimerie particulière doit conserver le souvenir. Les plaintes contre le monopole de l'imprimerie du gouvernement n'avaient pas cessé; elles s'étaient même élevées plus vives que jamais dans les derniers jours de l'Empire. Le chancelier d'Ambray porta le premier à Louis XVIII les doléances des imprimeurs, en mettant adroitement en avant les économies qui résulteraient pour le trésor d'un retour aux errements de l'ancienne monarchie. D'Ambray était appuyé dans cette démarche par le nouveau directeur de l'imprimerie et de la librairie, Royer-Collard. Louis XVIII, plus libéral, en cela comme en beaucoup d'autres choses, que ne l'avaient été la République et l'Empire, rendit, à la date du 28 décembre 1814, une ordonnance qui rapportait le décret du 23 prairial an III, et donnait pleine satisfaction aux justes griefs des imprimeurs.

En effet, l'article 14 de cette ordonnance supprimait le privilége exclusif attribué à l'imprimerie royale pour les impressions necessaires aux services publics. En voici les termes : « ... Il sera loisible à nos ministres de traiter, soit « avec le directeur de l'imprimerie royale, soit avec tout « autre imprimeur du commerce, pour les impressions néces- « saires au service de leurs bureaux. »

L'imprimerie royale resta chargée seulement d'imprimer pour le cabinet du roi, pour les conseils, tout ce qui était relatif aux affaires secrètes ou ce qui exigeait des garanties particulières, comme les congés des troupes, les passe-ports, les brevets, les valeurs des caisses et trésors, les lois et ordonnances, et enfin les ouvrages dont le roi ordonnait la publication à ses frais, etc.

Cet acte est, sans contredit, l'un des plus honorables du règne de Louis XVIII. En respectant les droits privés et surtout ceux du travail, en n'admettant même pas la pensée d'une concurrence, c'est-à-dire d'une lutte entre l'État et les particuliers, il s'est montré animé de ce sentiment de bien-veillance dont ses ancêtres avaient donné, dans les siècles précédents, tant de témoignages à l'imprimerie.

L'imprimerie royale cessa donc, à partir du 1er janvier 1815, d'être régie aux frais de l'État, et fut rétablie sous la conduite et au compte d'un directeur garde des poinçons, matrices, etc. Anisson, inspecteur de l'établissement sous le régime impérial, fut nommé directeur, en remplacement de M. Marcel. Il paraît, toutefois, que les avantages faits à Anisson furent jugés trop considérables, car une ordonnance royale du 12 janvier 1820 renouvela, en les aggravant, plusieurs restrictions de l'ordonnance de 1814; elle retira de nouveau au directeur le privilége exclusif des impressions au compte de l'État, lui fit défense d'imprimer pour les particuliers sans une autorisation spéciale, et porta à sept mille, au lieu de six mille, le nombre des exemplaires du *Bulletin des lois* qu'il devait fournir gratuitement. Elle lui imposa, en outre, l'obligation d'imprimer annuellement, sans rétribution et sur les autorisations du roi, des ouvrages de littérature, sciences ou arts, jusqu'à concurrence de 40,000 francs.

La même ordonnance enjoignait encore au directeur de compter annuellement du produit de la vente du *Bulletin des lois* antérieur à 1815, ainsi que des codes et ouvrages confiés à sa garde, produit qui devait faire la matière d'un compte soumis tous les trois mois à l'approbation du garde des sceaux, et dont le montant, aussitôt après le compte approuvé, serait versé au trésor royal à titre de recettes diverses.

Ces conditions onéreuses furent-elles mal observées par le directeur? ou bien furent-elles jugées insuffisantes en comparaison des avantages que l'ordonnance de 1814 lui avait accordés? C'est ce qu'on ne saurait dire. Toutefois, ce régime si équitable et dont l'imprimerie particulière s'était constamment montrée satisfaite, fut supprimé brusquement le 23 juillet 1823. Une ordonnance de ce jour remit en régie pour le compte de l'État l'administration de l'imprimerie royale, qui fut de nouveau chargée :

1° De l'impression du *Bulletin des lois* ;

2° Des travaux d'impression qu'exigeait le service du cabinet et de la maison du roi, de la chancellerie, des conseils du roi, des *ministères et des administrations générales qui en dépendent.*

Aucun travail d'impression pour le compte des particuliers ne put dès lors être exécuté à l'imprimerie royale, à l'exception des ouvrages dont l'exécution exigeait des caractères qui ne se trouvent pas dans les imprimeries ordinaires, ou dont le gouvernement aurait ordonné l'impression gratuite (art 3).

L'administration fut composée d'un directeur, chargé de la direction de toutes les parties de l'établissement, d'un conservateur chargé du matériel, et d'un caissier chargé de recouvrer les produits et d'acquitter les dépenses (Art. 5). Un maître des requêtes au conseil d'État, prenant le titre d'inspecteur, fut chargé de la surveillance générale (art. 6).

M. de Villebois fut nommé inspecteur, et M. Michaud directeur. Mais, moins d'un an après, cette organisation était encore modifiée : l'inspecteur et le directeur étaient remplacés par un seul fonctionnaire prenant le nom d'administrateur, et cette charge était dévolue à M. de Villebois, qui la garda jusqu'à la révolution de 1830.

L'imprimerie, depuis 1814, avait fait de grands progrès ; la nouvelle administration de l'imprimerie royale trouva la forme des types romains de l'Empire déjà vieillie; elle demanda et obtint le renouvellement intégral de ces caractères. (Arrêté du garde des sceaux, du 14 décembre 1824.)

Comme on l'avait fait pour les types de Louis XIV, une commission fut chargée de déterminer les formes modernes et d'en suivre la gravure. Dans cette commission, présidée par M. de Villebois, entrèrent un membre de chacune des quatre Académies de l'Institut : M. Villemain, maître des requêtes, représentait l'Académie française; M. Daunou, l'Académie des inscriptions et belles-lettres; M. Lacroix, l'Académie des sciences, et M. Galle, l'Académie des beaux-arts.

M. Marcellin Legrand fut chargé de l'exécution de la gravure des nouveaux types, et il s'acquitta de cette tâche de telle sorte qu'il mérita depuis d'obtenir le titre nouveau de graveur en caractères de l'imprimerie nationale. Cette typographie, commencée en 1825, ne fut terminée qu'en 1832; elle se compose de seize corps de caractères, auxquels on a ajouté plus tard quatorze corps d'initiales.

VII. La révolution de juillet vint suspendre un moment ces travaux. Une ordonnance du 17 décembre 1828 avait autorisé l'emploi des presses mécaniques dans les ateliers de l'imprimerie royale, et ces presses y avaient été établies dans le cours de 1829. Profitant de la licence qui régna pendant quelques jours à Paris, à la suite des journées de juillet, un grand nombre d'ouvriers imprimeurs se portèrent à l'imprimerie royale où ils brisèrent ces nouvelles machines, menaçant même l'établissement d'une destruction complète. Le directeur et tous les fonctionnaires supérieurs s'enfuirent, laissant d'immenses et riches ateliers à la merci des dévastateurs. Grâce, cependant, à l'énergie de quelques employés subalternes et au concours de l'illustre Béranger, que le gouvernement provisoire avait envoyé sur les lieux avec le titre de directeur, l'établissement fut préservé de plus grands désastres et put reprendre bientôt ses travaux si malheureusement interrompus.

Sur le refus de Béranger de garder la direction de l'imprimerie royale, cet emploi fut confié provisoirement à M. Duverger, déjà attaché antérieurement à un des services de l'établissement. M. Duverger resta néanmoins près d'un an à ce poste, où il fut remplacé enfin par M. Lebrun, qui prit d'abord le titre d'administrateur, puis celui de directeur.

L'imprimerie royale, dont le monopole avait déjà soulevé des plaintes très-vives sous la Convention, le Directoire, l'Empire et dans les dernières années de la Restauration, fut l'objet de nouvelles critiques après la révolution de 1830. Dans la discussion du budget de 1832, plusieurs députés proposèrent de la ramener au but de son institution, en lui retirant le privilége exclusif des impressions de l'État. La chambre crut devoir, cependant, maintenir l'état de choses créé par l'ordonnance de 1823. Mais elle s'y décida comme à regret, à une faible majorité, et cela sur le rapport de M. de Vatimesnil, qui eut le talent de faire prévaloir les mêmes considérations spécieuses que Merlin avait invoquées en 1796.

C'est peu de temps après, et sans doute pour justifier le sentiment de M. de Vatimesnil, que l'imprimerie royale commença les travaux de la magnifique Collection orientale, depuis longtemps en projet, mais que les luttes de la Restauration l'avaient forcée d'ajourner. De 1836 à 1848, sept volumes in-folio de cette collection furent imprimés sous la direction de MM. Sylvestre de Sacy, Et. Quatremère, Saint-Martin, Eugène Burnouf, Fauriel, Amédée Jaubert et Mohl. Conformément aux prescriptions du décret impérial du 22 mars 1813, on imprima en regard du texte les traductions, qui furent confiées à MM. E. Burnouf, Mohl et Quatremère.

Dans cette publication, si remarquable sous le double rapport de la science et de l'exécution, l'imprimerie royale s'est fait un jeu des plus grandes difficultés et les a vaincues. Les dix exemplaires tirés en or et en couleurs, enrichis de dessins, vignettes et fleurons, dus au crayon de Chenavard et de son élève Clerget, sont la réalisation des plus belles conceptions artistiques, et atteignent un degré de perfection qu'on ne pourra probablement jamais dépasser.

En poursuivant cette œuvre capitale, et qui depuis n'a pas

été interrompue, l'imprimerie royale ne perdit pas de vue les moyens d'augmenter ses types étrangers. Son cabinet des poinçons s'enrichit successivement de plus de cinquante caractères en divers idiomes. Parmi les savants qui l'assistèrent dans ces nobles travaux, nous citerons avec reconnaissance MM. Hase, Letronne, Eug. Burnouf, Landresse, Dulaurier, Brosset jeune, Francisque Michel, Mohl, Botta, de Saulcy, Reinaud, Stanislas Julien, Abel Rémusat et Klaproth. Ce sont ces deux derniers qui s'occupaient du caractère chinois gravé par M. Delafond; ils réduisirent à six ou sept mille les poinçons nécessaires à la formation des signes ou groupes qui, dans le caractère gravé sous Louis XV, étaient au nombre de 42,718.

En 1844, l'imprimerie royale s'accrut d'une lithographie, et, quelques années plus tard, elle établissait encore une taille-douce ; de sorte qu'aujourd'hui ses ateliers s'étendent à toutes les branches de l'imprimerie, sans aucune exception.

La révolution de 1848 n'eut pas, pour l'imprimerie ci-devant royale, les conséquences désastreuses qu'avait eues la révolution de 1830 ; le seul résultat immédiat fut le changement du directeur, remplacé provisoirement par M. Desenne. Mais elle dut pour quelque temps renoncer à la science et à ses œuvres d'art : l'impression des actes du gouvernement provisoire et des ministères réclamait tout son temps et le concours de tous ses bras. Il y eut même un moment, comme sous la première République, où son nombreux personnel ne put plus suffire, et où l'on fut obligé de recourir aux imprimeries particulières.

Cependant, elle restait livrée à une sorte de désorganisation. Ses ouvriers subissaient l'influence d'un grand nombre de socialistes de la pire espèce, que l'accroissement des travaux avait introduits parmi eux. Ils poussèrent même un jour l'aveuglement jusqu'à demander que l'établissement leur fût livré pour être exploité suivant les principes qui avaient cours à cette époque en fait d'associations ouvrières. Le gouvernement résista, il est vrai ; mais les mauvaises passions n'en fermentaient pas moins, sourdement, dans les ateliers et au dehors. Les travaux d'art restaient suspendus, l'intimidation enchaînait l'obéissance et paralysait le travail. C'est alors que M. de Saint-Georges, le directeur actuel, homme d'une haute intelligence et d'une volonté ferme, fut appelé à la direction de l'établissement. Dans un ordre du jour énergique et senti, il annonça qu'il venait mettre fin à la propagande anarchique, rendre à l'établissement son ancienne splendeur avec ses traditions de discipline, et garantir aux bons ouvriers la sécurité, le bien-être et la justice.

M. de Saint-Georges a tenu parole : quelques mois à peine après son arrivée, l'ordre le plus parfait régnait dans les ateliers, et tous les travaux avaient repris leur cours accoutumé.

Nous ajouterons qu'il fut parfaitement secondé par M. Rousseau, chef de la typographie, dont les talents, le zèle et l'activité méritent les plus grands éloges, et ne contribuent pas moins aux progrès de l'art qu'à l'honneur de l'établissement.

Nous avons dit, à l'occasion de l'exposition universelle de Londres, que l'imprimerie nationale n'avait fait aucun effort pour y figurer dignement, et que cette abnégation avait été un sujet d'étonnement pour les typographes étrangers, qui n'ignorent nullement les ressources immenses dont elle dispose. La vérité est que l'état d'agitation et de désordre dans lequel s'était trouvée récemment cette imprimerie ne lui avait pas permis de mettre en œuvre ses moyens et de se préparer convenablement au concours. Mais il n'en sera pas de même pour l'exposition universelle qui aura lieu à Paris en 1855, si l'on en juge par les mesures qui ont déjà été prises en vue de cette solennité industrielle. Une décision ministérielle a institué une commission, composée d'hommes éminents dans la science et dans les arts, pour préparer et faire exécuter les ouvrages que l'imprimerie de l'État doit présenter à l'exposition. Il n'y a pas à douter des succès qui l'attendent, car, il faut le reconnaître, au milieu des préoccupations purement industrielles auxquelles on ne s'est que trop abandonné dans cet établissement, la direction qui préside à ses destinées n'a pas entièrement déserté les intérêts de l'art.

Depuis vingt ans, l'imprimerie impériale a renouvelé la presque totalité de ses caractères, et ses nouvelles frappes sont d'une admirable netteté. Le *specimen typographique* qu'elle a publié en 1845 peut rivaliser avec tout ce qui a été produit de plus beau et à toute époque, tant en France qu'à l'étranger.

Mais c'est surtout dans les types étrangers qu'elle montre son incontestable supériorité. Le cabinet des poinçons, qui n'a cessé de s'accroître depuis François Ier, renferme de véritables richesses, qu'on ne trouverait, nous sommes fiers de le dire, dans aucun autre pays du monde. Ils sont au nombre de 131, ainsi répartis :

Allemand	8	*Report*	15
Anglo-saxon	1	Arabe neskhi	6
Arabe koufique	2	Arménien	7
Arabe karmatique	2	Barman	3
Arabe maghrébin ou arabe d'Afrique	2	Bengali	1
		Bougui	1
A reporter	15	*A reporter*	33

Report.........	33	Report.......	83
Chinois................	4	Ninivite...............	1
Copte.................	1	OElet................	3
Egyptien (hiéroglyphes)....	2	Ouïgour..............	1
Ethiopien amharique.......	1	Pali.................	2
Etrusque...............	2	Palmyrénien..........	1
Géorgien..............	6	Pehlvi...............	1
Grec archaïque...........	4	Persan...............	6
Grec cursif ⎰ types du roi....	3	Persan dit talick.....	1
⎨ types, même style	1	Persépolitain.........	2
⎱ types nouveaux..	5	Phénicien............	1
Guzarati...............	1	Punique..............	1
Hébreu................	3	Runique..............	1
Himyarite..............	1	Russe................	7
Irlandais...............	1	Samaritain...........	2
Japonais...............	1	Sanscrit.............	3
Javanais...............	1	Syriaque.............	3
Kavi..................	1	Tamoul...............	1
Magadha...............	1	Télinga...............	1
Malay, hindi et indoustani...	6	Thibétain............	2
Mandchou..............	3	Turc.................	6
Mœso-gothique..........	1	Zend.................	2
Mongol................	1	Total.........	131
A reporter....	83		

Quant aux caractères français (romain, italique, gothique, etc.), l'imprimerie impériale en possède plus de vingt corps différents, non compris les caractères d'écriture, les signes divers et d'innombrables vignettes assorties à tous les genres de travaux.

VIII. Depuis qu'on a donné à l'imprimerie de l'État une destination purement administrative, les imprimeurs du commerce n'ont pas cessé de se plaindre d'un établissement qui leur enlève à son profit une des principales ressources de leur industrie. Nous nous bornerons à rappeler ici celles de leurs réclamations qui ont donné lieu à des débats publics, nous réservant d'examiner ensuite si le gouvernement était réellement fondé à les rejeter, et s'il n'aurait pas agi plus équitablement en observant, à l'égard des impressions dont il a besoin, les règles établies pour toutes les autres fournitures à la charge de l'État.

Lorsque les premières réclamations se firent entendre, c'est-à-dire sous la Convention et le Directoire, l'imprimerie jouissait de la plus entière liberté, et l'on sait combien cette liberté sans limite fut fatale à ses progrès et à sa considération. Il était donc facile alors de trouver dans les excès de cette industrie des arguments pour repousser les plaintes des imprimeurs. C'est ce que fit, avec son habileté bien connue, Merlin de Douai, alors ministre de la justice, dans deux rapports présentés presque coup sur coup au Directoire exécutif. Dans ces deux documents, dont nous avons cité précédemment quelques passages, il insiste surtout sur l'économie que l'imprimerie nationale doit procurer à l'État, et sur les avantages d'une typographie qui, gravée exprès pour cette imprimerie et dans un système particulier, donne un caractère officiel, une garantie d'authenticité aux lois, aux brevets, à la correspondance et aux divers actes du pouvoir exécutif.

En 1808, de nouvelles réclamations furent adressées au gouvernement contre l'imprimerie alors impériale, et donnèrent lieu à un rapport de M. Pasquier au conseil d'État, rapport où il n'épargne ni les reproches ni les injures aux imprimeurs. On en jugera par l'extrait suivant : « Il est de la prudence, dit M. Pasquier, de se méfier des efforts continuels que font les imprimeurs de Paris pour renverser cet établissement. Aussi ne peut-on s'empêcher de reconnaître, à leur manière de s'exprimer, à l'amertume de leurs reproches et de leurs critiques, une malveillance qui doit inspirer une grande méfiance pour les conseils qu'on en peut recevoir. »

Une nouvelle requête, adressée en 1829 au garde des sceaux par les imprimeurs, eut le même sort que les précédentes.

En 1830 et 1832, ils s'adressèrent sans plus de succès à la Chambre des députés. Le rapporteur de la commission des pétitions, M. de Vatimesnil, fit valoir contre eux les mêmes raisons qu'avait émises Merlin de Douai, trente-six ans auparavant, comme si l'imprimerie particulière avait été, après 1830, dans une situation aussi précaire qu'à l'époque où Merlin ne voulait pas qu'on se confiât à elle et invoquait la nécessité d'une imprimerie gouvernementale.

Les réclamations continuèrent cependant, et la commission du budget de 1845, voulant s'assurer par elle-même de l'état des choses, se rendit à l'imprimerie royale, qu'elle parcourut et visita dans toutes ses parties. Mais, séduite par la grandeur et l'éclat de l'entreprise, par la richesse de son matériel, l'activité et l'ordre de ses ateliers, elle conclut au maintien du privilége, en rappelant, en outre, les administrations publiques à l'obligation de faire exécuter tous leurs travaux à l'imprimerie royale.

Après la révolution de 1848, les plaintes prirent une autre forme; elles se produisirent dans la presse. M. Desenne, directeur, par intérim, de l'établissement, crut devoir y répondre. Voici quelques-unes des observations qu'il envoya à la *Revue de l'Instruction publique*, en réponse à un article de cette feuille où l'imprimerie de l'État était sévèrement jugée :

« Les attributions de l'imprimerie nationale constituent, dit-on, un monopole. Il est temps d'en finir avec cette erreur, qui a été si souvent et si improprement répétée. Que le gouvernement s'empare d'une denrée, d'une production, d'une marchandise, d'un objet de commerce, d'échange et de spéculation à l'usage de tous, comme le sel, le tabac, évidemment dans tous ces cas il exerce un monopole. Mais des impressions exécutées pour son service seulement, qui ne peuvent être achetées par personne, qui ne sont que des copies, multipliées par la voie de la presse, d'états ou de formules qu'on n'obtiendrait qu'au moyen de dépenses considérables par la main d'expéditionnaires, assurément le gouvernement a le droit et le devoir de les faire exécuter au meilleur compte possible, et sous toutes les garanties que ces documents comportent dans un établissement formé *ad hoc*, sans qu'il y ait pour cela monopole. Or, on sait que tous les décrets, lois, ordonnances qui ont constitué l'imprimerie nationale ont interdit à cet établissement, si ce n'est dans des cas tout à fait exceptionnels, la faculté d'imprimer pour des particuliers, c'est-à-dire ont limité ses attributions là où pouvait commencer l'exercice d'un monopole. Aucun reproche sous ce rapport, non plus que sous celui de concurrence faite au commerce, ne peut donc sérieusement être adressé au gouvernement en ce qui concerne les attributions de l'imprimerie nationale. »

Ces observations ne font que reproduire, on le voit, ce qui avait été dit à d'autres époques pour justifier le privilége dont se plaignent les imprimeurs. On soutient qu'il n'y a pas de monopole, parce que l'État consomme lui-même les impressions qu'il fabrique, et qu'il n'imprime pas pour les particuliers : comme si l'État ne représentait pas la nation tout entière et n'avait pas, par conséquent, le devoir de protéger, d'encourager l'industrie particulière, de la vivifier au besoin, par ses commandes, plutôt que de chercher à se passer d'elle en se faisant fabricant lui-même! Il est d'ailleurs blessant, pour les imprimeurs, qu'on fasse, au préjudice de leur industrie, ce qu'on ne croit pas pouvoir se permettre à l'égard des autres, et qu'il y ait une imprimerie pour le service de l'État, alors qu'il n'y a ni papeterie, ni fabrique de draps, de cuirs, etc., pour la même destination.

Loin de nous la pensée de faire ici le procès à un établissement qui, sous le rapport de l'art et par les ressources qu'il offre à la science, est un des plus honorables, des plus utiles et une des gloires de la France. Mais le droit et la raison sont évidemment du côté des imprimeurs dans ce débat, et nous devons à la vérité de dire qu'il y aura déni de justice à leur égard tant que le gouvernement conservera à une imprimerie qui lui appartient et qu'il régit, et cela sans nécessité absolue, un privilége qui a pu avoir sa raison d'être dans les circonstances exceptionnelles où il a été établi, mais dont il est si facile de se passer aujourd'hui, du moins pour la plupart des impressions nécessaires aux administrations publiques.

Du reste, les partisans même les plus déclarés de ce monopole semblent fort bien comprendre, quoi qu'ils en disent, le préjudice qu'il cause à l'imprimerie particulière; car, sans s'arrêter au prétendu droit qu'aurait l'État de fabriquer les objets qu'il consomme lui-même, ils ont cherché constamment à justifier le privilége par d'autres motifs, tels que l'économie, la célérité des travaux, la nécessité du secret, la convenance d'un caractère distinct pour certains documents officiels, etc. Il nous reste à examiner ce qu'il y a de fondé dans ces assertions.

Le principal motif que l'imprimerie impériale allègue pour retenir les impressions administratives, c'est, dit-on, qu'elles coûtent moins cher à l'Etat que celles faites par l'imprimerie privée. Mais on va voir qu'il est permis d'en douter en considérant les plaintes exprimées à ce sujet par les Chambres et la plupart des administrations pour lesquelles elle imprime.

En 1839, le ministre de l'intérieur répondait en ces termes à des observations de la cour des comptes :

« Le ministère de l'intérieur observe l'ordonnance du 23 juillet 1823, relative à l'imprimerie royale, dans toutes ses dispositions rigoureuses. Mais, à l'égard de certaines impressions pour lesquelles les soumissions des imprimeries particulières peuvent être ouvertes sans inconvénients dans le service, le ministre a cru devoir les provoquer avec d'autant plus de raison, qu'il en est résulté pour son administration, au-dessous des tarifs de l'imprimerie royale, des économies qui se sont élevées quelquefois jusqu'à 25 p. 0/0.

« Ce résultat n'a rien d'étonnant si on réfléchit que, depuis quelques années, les prix des impressions du commerce ont considérablement diminué, tandis que les tarifs de l'imprimerie royale sont restés les mêmes. En confiant, sans aucune exception, tous ses travaux à cet établissement, même ceux qui n'y sont pas rigoureusement assujettis, le ministre aurait donc eu à payer beaucoup au delà des ressources de son budget, et, pour faire face à ce surcroît de dépense, il eût été dans l'obligation de demander aux chambres un supplément de fonds. S'il ne l'a pas fait, c'est grâce aux économies produites par la différence des soumissions des imprimeries particulières, différence qui lui a permis en même temps de suffire à l'accroissement des travaux d'impression que la marche ascendante des affaires administratives amène depuis plusieurs années. »

En 1841, le ministre de l'instruction publique opposait,

de son côté, à la cour des comptes les calculs suivants :

« La dépense seule des papiers à lettres, rapports, etc., qui, d'après le tarif de l'imprimerie royale, aurait été de... 10,000 fr.
ne s'est élevée, grâce à l'adjudication que nous avons faite, qu'à...................... 3,800

« Différence en moins............ 6,200

« Toutes les fois qu'on établira des adjudications, on réalisera des économies aussi importantes.

« La Chambre des députés, dans l'intérêt d'une bonne comptabilité, n'hésitera donc point à déclarer que tout ministère pourra, quand il le croira utile, recourir à une adjudication publique, en ce qui concerne ses travaux d'impression. »

Le ministre ajoutait plus loin :

« Il est de l'intérêt du gouvernement de confier aux imprimeries particulières, aussi bien qu'à l'imprimerie royale, des travaux pour lesquels on exige le plus grand soin et la plus grande précision typographique. C'est à la fois un moyen de seconder et d'encourager les efforts de ces imprimeries, et une concurrence à établir dans l'intérêt de l'art typographique. »

Le rapporteur du budget de 1845, à l'occasion d'une demande de crédit supplémentaire, exprimait les mêmes sentiments :

« Les dépenses de l'imprimerie royale dépassent de 235,000 fr. le chiffre porté au budget. Nous devons rappeler, à ce propos, que, dans cet établissement public, les frais d'impression excèdent, dans une proportion énorme, ceux qu'un travail de même espèce occasionnerait dans un établissement particulier. »

Enfin, en 1851, le rapporteur du règlement définitif des

recettes et des dépenses intérieures de l'Assemblée nationale constatait en termes plus vifs encore l'élévation des prix de l'imprimerie de l'État :

« On avait demandé, disait-il, dans un but d'économie, que l'imprimerie nationale conservât, pour les mettre à la disposition de l'Assemblée, le cas de s'en servir venant à se présenter, les formes des impressions exécutées par ordre du conseil d'Etat et relatives aux travaux législatifs. Mais l'expérience a prouvé qu'on avait eu tort de compter sur l'économie qui aurait dû résulter au moins du prix de la composition. Une commande faite a démontré que l'exécution par MM. Henri et Charles Noblet, imprimeurs de l'Assemblée nationale, aurait coûté environ 15 p. 0/0 de moins avec la composition en plus.

« Ce fait étonnant, dont il ne nous appartient d'expliquer ni même de rechercher les motifs, attirera sans doute l'attention de l'Assemblée, lorsqu'elle viendra à discuter le budget de cet établissement. »

Ainsi, il est constaté par des discussions publiques officielles que l'imprimerie de l'État fait payer plus cher ses travaux que les imprimeurs du commerce. Et cependant elle n'a à payer ni loyer, ni patente, ni aucune charge publique. Les frais d'une vaste organisation, les traitements d'un nombreux état-major d'employés supérieurs, et, par-dessus tout, l'absence de concurrence dans un établissement où nul n'a intérêt direct à réaliser des économies, telles sont les causes naturelles et forcées qui rendront constamment ses prix supérieurs à ceux des imprimeries particulières.

Aussi voit-on toutes les administrations qui peuvent se dispenser de s'adresser à elle recourir avec empressement aux imprimeries particulières. Le sénat, le corps législatif, le conseil d'État ont leurs imprimeurs. L'institut, malgré la réclamation de l'imprimerie impériale, malgré les injonctions de la cour des comptes, a continué de faire imprimer ses mémoires par l'imprimerie particulière, parce qu'il y a trouvé des économies et que ces économies lui ont permis de faire face à d'autres dépenses plus nécessaires que cette espèce de subvention réclamée par le gouvernement en faveur de l'imprimerie de l'État.

La cour des comptes elle-même, chargée de faire exécuter les prescriptions de l'ordonnance de 1823, constate que le ministère de l'intérieur a fait faire des impressions en dehors de l'imprimerie nationale, parce qu'il y a trouvé une économie de 25 p. 0/0.

L'imprimerie de l'État comprend très-bien elle-même qu'elle travaille à des prix plus élevés que ceux de toutes les autres imprimeries, car elle refuse obstinément de les stipuler d'avance. La preuve la plus formelle en est dans la manière dont elle s'adressait à un ministre qui, gêné par les limites de son budget, voulait, avant de décider l'impression d'un travail, connaître exactement le chiffre de la dépense.

« Permettez-moi, Monsieur le Ministre, de vous faire observer qu'il ne peut y avoir de prix convenus avec l'imprimerie royale, en dehors du tarif établi chaque année de concert avec les délégués des divers ministères et arrêté ensuite par le roi ; qu'un devis n'est qu'une approximation de dépenses qui varie soit en augmentation, soit en diminution, quant à la dépense réelle, suivant le nombre de feuilles, le format, la qualité du papier, le tirage et les travaux accessoires résultant de la commande définitive ; il n'y a donc de convenu d'avance pour les mains-d'œuvre que les prix du tarif, et pour les papiers que les prix fixés par une adjudication publique. » *(Lettre de M. Lebrun, directeur, du 5 juillet 1847).*

Le tarif en question, il est bon de le faire remarquer, s'occupe exclusivement du tirage ; aucune mention n'y est faite des prix de composition : on se borne à déclarer que ces prix *seront toujours au-dessous de ceux du commerce.* Assertion bien hasardée, selon nous, et que le résultat de la concurrence par adjudication pourrait seul justifier. Un fait certain, c'est que les prix de l'imprimerie impériale se sont trouvés quelquefois égaux, mais plus souvent supérieurs à ceux des établissements particuliers. En peut-il être autrement, en effet, puisque, ne possédant en propre aucun moyen économique, l'imprimerie de l'État emploie pour ses travaux les procédés partout en usage, et paye ses ouvriers d'après les bases généralement adoptées ?

Il est vrai que, chaque année, elle soumet ses tarifs généraux à un comité composé des délégués des divers ministères ; mais on ne peut voir dans cette mesure qu'une simple formalité, puisque, depuis vingt ans, ses prix sont demeurés invariables ou n'ont subi que des diminutions insensibles, tandis que ceux des autres imprimeries ont baissé considérablement. Loin d'être une garantie pour les ministères, ces tarifs sont, au contraire, une arme qu'on leur oppose toutes les fois qu'ils réclament dans les prix une réduction, même la plus raisonnable et la mieux fondée.

On trouve à ce sujet des renseignements curieux dans un Mémoire publié en 1851 par la chambre des imprimeurs, en réponse aux observations de l'administration de l'imprimerie nationale, relativement à une demande de crédit faite par cet établissement. Nous laissons parler les imprimeurs :

« Cet établissement, dit-on, ne prend que 33 1/3 d'étoffes, et le commerce en prend 50. Cet argument paraît concluant, et pourtant ce n'est qu'une fiction. Ouvrons le tarif de l'imprimerie nationale, et nous verrons qu'elle ne se contente de 33 1/3 p. 100 que sur les *demi-labeurs;* sur les labeurs, elle prend 50 p. 100, comme les imprimeries ordinaires. Remarquons tout d'abord cette ingénieuse expression de *demilabeurs*, inventée par elle. Ces mots sont d'une telle élasticité, qu'il est facile de ramener le plus grand nombre des impressions dans la catégorie des labeurs, et l'imprimerie nationale ne s'en fait pas faute. De sorte que le chiffre de 33 1/3 p. 100 figure toujours sur le tarif, et celui de 50 se présente constamment dans les mémoires.

« Ce n'est pas tout : dans le tarif se trouve un chapitre intitulé *Frais accessoires de composition*, et ces frais accessoires sont cotés à des prix à faire envie au commerçant le plus avide. Voilà une ressource que ne connaissent pas les imprimeurs de Paris.

IX. On a dit maintes fois, pour justifier l'élévation des tarifs, que les bénéfices de l'imprimerie impériale forment une branche des revenus publics, et on induit de là que, si les allocations annuelles pour les impressions des ministères sont augmentées, l'excédant revient plus tard au trésor. C'est encore une erreur, puisque ces bénéfices, ainsi qu'on va le voir, ne figurent guère que pour mémoire au budget de l'État. Nous continuons à citer le Mémoire des imprimeurs :

« Examinons un autre profit pécuniaire que dans votre Mémoire vous offrez encore si généreusement à l'État. « Le « retour, dites-vous, fait annuellement au trésor des excé- « dants de recettes sur les dépenses, s'est élevé en moyenne, « de 1823 à 1850, à 64,000 fr. » D'abord, le chiffre est contestable. Mais nous ne voulons pas chicaner. Pour avoir ce profit de 64,000 fr., vous ne dites pas que le somptueux immeuble que vous habitez est pour l'État une valeur improductive, dont le capital est évalué à 2 millions; ce qui, à raison de 5 p. 100, cause une perte annuelle de   100,000ᶠ   »

« Ajoutez-y l'exemption de l'impôt pour le même immeuble, à 10 p. 100 du revenu, moyenne de l'impôt foncier.   10,000   »

« L'exemption de patente, contribution mobilière et commerciale.   3,000   »

« Ajoutez-y l'intérêt du matériel que vous estimez vous-même à. . . . . . . 1,375,695 fr.

Plus, augmentation du matériel, des poinçons, presses et autres ustensiles. . .   500,000
                                      ─────────
                                      1,875,695 fr. à 5 p. 100   93,784 75
                                                                ──────────
                                                                206,784ᶠ 75

« Vous voyez, Monsieur le Directeur, que le bénéfice de 64,000 fr. que vous attribuez à l'État se trouve balancé par une perte de plus de 206,000 fr.

« Ce n'est pas tout. Si l'imprimerie nationale ne se trouvait pas dans les conditions mercantiles où la place la faveur de la loi, avec toutes les affaires qu'elle accapare il pourrait se former vingt maisons de commerce, faisant chacune pour 150,000 fr. de travaux par an. Ces vingt maisons produiraient à l'État, en patentes et contributions diverses, au moins 1,500 fr. chacune, sans compter la circulation bien plus active, et par conséquent plus productive, du numéraire; les transactions nombreuses, qui forment autant de bénéfices par l'enregistrement et le timbre, et enfin ces mille sources diverses par lesquelles les affaires privées apportent sans cesse de nouvelles richesses au trésor..... »

On met aussi en avant que l'imprimerie impériale pourvoit, sur ses bénéfices, à l'impression gratuite du *Bulletin des lois*, et, jusqu'à concurrence de 40,000 fr., à celle des grandes collections scientifiques. Les imprimeurs contestent encore formellement la réalité de ces dépenses :

« Parmi les avantages, disent-ils, que l'administration de l'imprimerie nationale prétend procurer à l'État, elle compte le service gratuit du *Bulletin des lois*, qui coûte, en prix de revient, 80,000 fr., somme qu'elle porte généreusement en avoir pour l'État. Or, nous avons déjà dit, dans notre précédent Mémoire, que le *Bulletin des lois* procure à l'imprimerie nationale 200,000 fr. de bénéfice net. Et n'est-ce pas une singulière manière d'entendre la comptabilité que de porter au profit de l'État 80,000 fr. parce que l'État ne les paye pas ? Cela nous remet en mémoire les arguments d'une certaine Phrosine qui, engageant Harpagon à se marier, met au nombre des apports matrimoniaux de la future l'argent qu'elle ne dépenserait pas : elle lui constitue ainsi 10,000 livres de rente. Les avantages faits à l'État par l'imprimerie nationale sont de même nature.

« Et maintenant, puisque nous en trouvons l'occasion, nous nous emparerons de ce seul article du *Bulletin des lois* pour démontrer tous les avantages de l'industrie privée. Certes, il ne s'agit pas ici d'une œuvre d'art : car il est difficile qu'un ouvrage soit plus grossièrement imprimé et orné de plus détestable papier que le *Bulletin des lois*. Or, il n'y a pas une imprimerie commerciale qui ne se chargeât volontiers d'imprimer gratuitement le *Bulletin des lois* aux mêmes conditions de vente que l'imprimerie nationale, en consentant encore au profit de l'État une prime annuelle de 150,000 fr. Et ces 150,000 fr. ne seraient pas une fiction comme les 80,000 fr. de l'imprimerie nationale ; ils entreraient véritablement dans la caisse du trésor. Est-ce là, dites-nous-le, Monsieur le Directeur, demander à l'État un tiers de plus que vous ? Pour nous, nous trouvons, selon votre compte, que cela ferait une différence de 230,000 fr. de moins sur un article de 300,000 fr....

« On prétend aussi que c'est par ses bénéfices que l'imprimerie nationale a pu subvenir à l'impression de ses grandes collections scientifiques et à l'établissement de sa Collection orientale. Le Directeur de l'imprimerie nationale ne devrait pas ignorer que ces dépenses ont été couvertes par des crédits spéciaux, notamment un crédit de 100,000 fr. pour la Collection orientale, un crédit de 40,000 fr. pour l'impression des œuvres de Laplace ; et pour ce dernier crédit les députés n'auront guère lieu de se féliciter de l'emploi des fonds de l'État, et nous doutons que l'imprimerie nationale ose mettre cette œuvre au rang des « monuments que l'Europe lui envie. »

Il est vrai que les règlements, notamment l'ordonnance du 10 janvier 1820, ont imposé à cet établissement, en raison de ses bénéfices présumés, l'obligation d'imprimer pour 40,000 fr. d'ouvrages de littérature, sciences ou arts, désignés par le gouvernement. Cette clause, au premier aperçu, paraît fort onéreuse, et les ministres, trompés par le chiffre, ont souvent consenti à des concessions qui leur semblaient un juste dédommagement. Cependant l'imprimerie nationale ne fait, en réalité, qu'un très-léger sacrifice, celui de ses bénéfices, puisqu'elle exige le versement d'une somme équivalente au chiffre des travaux exécutés *gratuitement*. Il est arrivé de là que souvent un auteur, qui se croyait privilégié, a été soumis en définitive à des conditions moins avantageuses que celles qu'il aurait trouvées dans une imprimerie particulière (1).

L'impression des ouvrages en langues étrangères ne paraît pas non plus être traitée à des conditions très-favorables, si l'on en juge par la détermination de ce savant qui trouva plus d'économie à envoyer imprimer à Calcutta le manuscrit d'un livre chinois que d'en charger les presses nationales.

Cette élévation dans les prix se fait, au reste, remarquer

---

(1) Un auteur avait obtenu l'impression *gratuite* d'un grand ouvrage commencé à ses frais dans une imprimerie particulière, depuis longues années, et dont il ne restait plus que quelques volumes à publier. Depuis la révolution de 1830, le *gratuit* fut converti en une allocation de 1,200 fr., à déduire sur les frais d'impression d'un volume dont le restant demeurait à la charge de l'auteur. Il commença donc l'impression d'un volume sur ces nouvelles bases, et deux ou trois feuilles étaient à peine imprimées, que le chef de la comptabilité fit la demande à l'auteur d'une somme de 1,200 fr., qu'il dut se procurer sur-le-champ, quoique l'administration fût assurée d'un crédit royal de 1,200 fr. Cette exigence satisfaite, l'auteur crut que l'impression allait marcher régulièrement, sans aucun retard; mais il resta près de deux mois sans recevoir d'épreuves, parce que les travaux d'impressions administratives étaient devenus urgents, et que l'on met de côté, en pareilles circonstances, les labeurs des auteurs. Enfin le volume resta dix-neuf mois sous presse, du 3 mars 1834 au 18 septembre 1835; et, le 19 septembre, l'auteur reçut, avec son mémoire de frais, une lettre d'avis pour effectuer le payement de ce qu'il restait devoir. La somme payée, l'auteur comptait que les exemplaires de son livre allaient lui être livrés. Mais non : le volume devait être accompagné de planches que l'auteur avait fait exécuter de son côté. Or, l'imprimerie royale se réserve vingt-sept exemplaires, tirés en sus du nombre fixé, lesquels exemplaires sont partagés entre les divers employés de l'établissement et les membres de la commission près le garde des sceaux, qui statue sur les demandes d'impressions gratuites. Bref, l'auteur s'était empressé de fournir vingt exemplaires de ses planches, en attendant que le tirage d'une seule planche qui lui manquait pour sept exemplaires fût terminé; mais on retint encore le livre jusqu'à la remise des sept exemplaires, et il se passa ainsi trois mois avant qu'il fût mis en possession de son édition. (Crapelet, *Etudes pratiques et littéraires sur la Typographie*.)

pour tous les documents officiels et ouvrages imprimés aux frais de l'État. Nous en citerons un exemple.

M. Guizot avait sollicité de la générosité des Chambres une allocation de 120,000 fr., destinés à la publication des documents inédits sur l'histoire de France. L'heureuse pensée de cette publication, qui devait exercer une influence salutaire sur les études historiques, fut accueillie comme une bonne fortune par tous les hommes de lettres. On devait croire que, en vue de cette utilité générale, le prix de l'ouvrage serait fixé à un taux très-peu élevé et de manière à le rendre accessible à tout le monde. Mais il n'en fut rien : l'imprimerie royale fixa le prix des trois premiers volumes à 60 fr., et alors que les frais en étaient faits par le budget de l'État ! Ce prix fut exigé jusqu'en 1837, époque où M. de Salvandy, à qui les savants et les hommes de lettres doivent tant de reconnaissance pour la sollicitude qu'il leur a témoignée pendant la durée de son ministère, a fait réduire le prix à 12 fr.

X. L'imprimerie de l'État fabrique donc plus chèrement que les imprimeries du commerce. Ce point nous semble surabondamment prouvé par tout ce qui précède. Est-il vrai qu'elle fabrique avec plus de célérité ? C'est ce que les imprimeurs ne lui accordent pas davantage. « Cet établissement national, disent-ils, montre souvent une négligence qui prouve que l'exactitude et la régularité ne perdent rien à être stimulées par l'intérêt privé. .

« Comme exemple de cette négligence habituelle, nous pouvons citer un fait qui se passe actuellement. Le ministère de l'instruction publique publie un bulletin mensuel intitulé *Bulletin des Comités*. La copie de trois mois consécutifs, mars, avril et mai, est depuis longtemps livrée à l'imprimerie nationale ; et cependant, aujourd'hui, au milieu de juillet, le ministère n'a pas encore pu obtenir la livraison du numéro de *mars*. Toutes les sollicitations, toutes les démarches, les objurgations n'ont pu triompher de l'impassible incurie de l'administration privilégiée. Elle rencontre, selon toute apparence, d'autres travaux qui pourraient la fuir si elle se permettait les mêmes inexactitudes qu'avec ses clients officiels. Toutes les autres publications du même ministère sont également en retard. La *commission des monuments écrits* se réunit tous les premiers lundis du mois, au ministère, et l'on rend compte dans cette séance du mouvement des travaux. Or, dans la séance de ce mois, le secrétaire a déclaré à la commission 'que le mouvement des impressions et épreuves dans le mois écoulé était presque nul, « attendu, dit-il, que « tous les auteurs et éditeurs se plaignent des retards invin- « cibles qu'apporte l'imprimerie nationale dans la remise des « épreuves. »

« Et il s'agit de la publication de 15 ou 20 ouvrages de première importance !

« Faut-il s'étonner que les administrations elles-mêmes soient lasses de subir le joug onéreux et les lenteurs opiniâtres de l'imprimerie nationale! Elles savent comme nous que l'annulation de l'ordonnance de 1823 ne pourrait que profiter aux intérêts du service comme aux intérêts du trésor. »

Ajoutons qu'il existe à Paris plusieurs établissements typographiques en mesure de livrer, dans un temps donné, une quantité d'impressions au moins aussi considérable que celle que peut fournir l'imprimerie impériale. Les nombreuses administrations de Chemins de fer ont toutes été dans le cas d'éprouver sous ce rapport les forces et les ressources de leurs imprimeurs habituels, et il est telles circonstances où ceux-ci ont trouvé le moyen de satisfaire aux exigences les plus déraisonnables. Au reste, on a eu trop souvent recours en 1848 aux imprimeries particulières pour des travaux pressés, tels que proclamations, bulletins de vote, etc., pour qu'on puisse douter encore qu'elles offrent à cet égard des garanties que ne présente pas au même degré un établissement isolé comme l'imprimerie impériale.

Quant à la convenance d'un caractère distinct pour certains documents imprimés aux frais de l'Etat, c'est là, nous osons le dire, une assertion puérile, qui ne mérite pas d'être discutée. C'est comme si l'on prétendait exiger une sorte particulière d'écriture pour les actes manuscrits émanés des autorités publiques. Du reste, rien ne serait plus facile que d'imposer aux imprimeurs, pour les travaux de l'État, l'obligation de se servir d'un caractère fondu exprès et portant tous les signes qui distinguent actuellement ceux de l'imprimerie impériale, caractère dont l'emploi leur serait formellement interdit pour toute autre espèce de travaux.

Cette question, qui se débat depuis près de 60 ans, reste donc tout entière, et doit se représenter un jour ou l'autre, plus vive et plus persistante, devant nos assemblées législatives. La cause de l'imprimerie est celle de toutes les professions industrielles, elle ne peut manquer de trouver de nombreux défenseurs. Quel est celui qui, ayant consacré son temps, son travail, son intelligence, ses capitaux, à une industrie, ne trouverait pas souverainement injuste que l'État vint lui faire concurrence et élevât à côté de lui un établissement rival?

XI. Il y a peu d'années, le chiffre des travaux de l'imprimerie impériale s'élevait à 1,600,000 fr., aujourd'hui il atteint 3,600,000 fr. C'est donc d'abord 3,600,000 fr. enlevés au mouvement général du commerce. Or, on sait que les richesses sociales s'accroissent moins par la disposition d'une quantité déterminée de numéraire que par la puissance de circulation qui fait emploi de ce numéraire dans une infinie multiplicité de mains. Et comme chacune de ces mains donne quelque chose à l'État, il se trouvera lui-même enrichi de toutes les richesses répandues autour de lui.

Aujourd'hui l'État puise dans une de ses caisses pour payer à une autre caisse qui lui appartient, et il s'appauvrit par le fait, en appauvrissant l'industrie privée. Et les sommes enlevées ainsi au commerce s'accroissent incessamment, car l'imprimerie impériale, comme nous venons de le dire, élargit constamment le cercle de son monopole.

Chaque année elle a soin de demander au ministre de la justice qu'il fasse de nouvelles injonctions aux administrations publiques en sa faveur; et telle est, le croirait-on? la rigueur de ces injonctions, qu'on va jusqu'à prescrire de s'adresser à l'imprimerie impériale, alors même qu'elle ferait payer plus cher. C'est ainsi que, dans une circulaire en date du 26 octobre 1849, le garde des sceaux rappelle à ses collègues l'obligation de demander exclusivement à l'imprimerie nationale les impressions à la charge de l'État. On y lit ce passage significatif :

« Il peut arriver, sans doute, que, dans une espèce toute
« particulière, les prix de cet établissement mis en parallèle
« avec des offres intéressées paraissent plus élevés que
« celles-ci. Mais là n'est point la question; c'est sur l'en-
« semble de cette exploitation désintéressée qu'il convient
« d'apprécier les avantages qu'elle offre à l'État, et, sous ce
« rapport, les résultats sont tels que quelques faits isolés ne
« sauraient les détruire.

« Il peut arriver encore que, faute d'avoir recouru à certains

« procédés rapides mis en usage dans le commerce et que
« le Gouvernement n'a pas cru devoir introduire dans l'ate-
« lier qui fait son service, ses frais d'impressions soient dans
« plusieurs cas plus élevés qu'ils ne pourraient l'être; mais
« là encore n'est pas la question, car des considérations d'une
« haute gravité ont pu seules faire ajourner toute décision à
« ce sujet.

« Il suffira donc de cet exposé pour que vous vouliez bien
« prendre les mesures que vous jugerez convenables, afin
« que toute impression payée sur les fonds de l'État soit
« confiée à l'Imprimerie nationale, et pour que si, par impos-
« sible, il existait dans l'intérieur de votre ministère un
« atelier d'imprimerie, de lithographie, de reliure et de ré-
« glure, et formant double emploi avec ceux que le Gouver-
« nement entretient à l'imprimerie nationale pour le service
« des administrations publiques, vous avisiez au moyen de
« supprimer la dépense qu'il occasionnerait.

« *Le président du conseil, garde des sceaux,*

« Signé, BARROT. »

Ce qui s'est passé à l'égard des travaux lithographiques est aussi une preuve de l'esprit mercantile et envahissant de l'imprimerie impériale, dont l'administration ne craignit pas dans cette circonstance de lutter contre les ministères eux-mêmes. Lors de l'introduction de ce nouvel art en France, elle avait provoqué et obtenu (27 novembre 1828) une ordonnance pour être autorisée à faire des impressions lithographiques. Toutefois, comme la lithographie, alors dans l'enfance, ne lui paraissait pas pouvoir encore être appliquée à la confection des ouvrages administratifs, elle laissa dormir l'ordonnance dans ses cartons. C'est en 1842 seulement, et après avoir reconnu le développement que l'industrie nouvelle prenait chaque jour, qu'elle résolut de l'introduire dans ses ateliers et d'obliger les ministères à devenir encore ses tributaires pour ce genre d'impression.

Elle trouva, dans cette circonstance, de sérieuses oppositions, non-seulement de la part des imprimeries particulières, mais encore des ministères eux-mêmes, qui, pendant qu'elle sommeillait, avaient établi des ateliers dans l'intérieur même de leurs bureaux.

Les imprimeurs-lithographes de Paris se réunirent et formulèrent une pétition à la Chambre des députés (1), où nous lisons les passages suivants : « Il nous importe que l'imprimerie royale ne s'empare pas du monopole des travaux lithographiques, en vertu d'un privilége qui ne l'a ni prévu ni autorisé, et qu'elle n'exclue pas l'industrie privée, lorsque cette dernière fait mieux et à meilleur marché...... Notre réclamation n'est pas isolée ; d'autres industries se plaignent comme nous, car l'esprit d'envahissement de l'imprimerie royale est tel, qu'à son privilége des impressions en lettres elle a ajouté successivement celui des réglures de papier et

---

(1) Les imprimeurs en lettres ont souvent élevé la voix contre le monopole de l'imprimerie nationale. On sait quelle était l'opinion de M. Crapelet à cet égard, et combien furent vives ses protestations. M. Ambroise-Firmin Didot, dans une lettre écrite à un journal, le 24 mai 1848, pour démentir le bruit de sa candidature à la direction de l'imprimerie nationale, a protesté également contre la centralisation toujours croissante des impressions administratives dans ce vaste établissement, en rappelant que ce principe de centralisation avait déjà été combattu par son père à la Chambre des députés, en 1831. Il exprimait en même temps le désir de voir cette imprimerie ramenée au but de son institution, qui est d'encourager et de hâter les progrès de l'art typographique. Les imprimeurs des départements (au nombre de 92), réunis en congrès à Tours, le 20 novembre 1848, ont aussi formulé leurs plaintes contre le monopole de l'imprimerie nationale.

jusqu'aux fournitures de bureau...... Si, ayant sur nous tant d'avantages, elle doit continuer à faire des impressions lithographiques, nous demandons que la concurrence soit ouverte à l'industrie privée; qu'à la réduction croissante de nos prix elle ne puisse pas opposer un privilége exclusif, et enfin qu'elle n'obtienne la préférence qu'autant qu'elle EXÉCUTERA MIEUX ET A MEILLEUR MARCHÉ, ou au moins à prix égal. »

D'autre part, les délégués des ministères, à qui l'imprimerie de l'État voulut faire adopter son tarif de lithographie, manifestèrent positivement l'intention de ne l'accepter que dans l'hypothèse où l'usage de ses presses lithographiques serait pour les administrations purement *facultatif*, et ils ont demandé que leurs réserves fussent consignées au procès-verbal de la séance, ce qui eut lieu effectivement en ces termes :

« Les délégués des ministères dans lesquels ont été établies des presses lithographiques pour le besoin de leurs services respectifs, manifestent collectivement l'intention où ils seraient de n'adopter le tarif proposé que dans le cas où l'usage que les ministères qu'ils représentent pourront être appelés à faire des presses lithographiques de l'imprimerie royale ne serait que facultatif et non obligatoire, et demandent que les réserves qu'ils font à ce sujet soient consignées au procès-verbal. Ils fondent cette observation : 1° sur les retards et les inconvénients que pourrait entraîner l'obligation de se servir exclusivement de ces presses, soit lorsqu'il s'agit de circulaires urgentes qui doivent être imprimées, signées et expédiées dans la journée, soit lorsqu'il s'agit d'instructions ou de communications qui exigent le secret : cas pour lesquels, selon eux, les ministères insisteraient pour la conservation du service lithographique qu'ils ont établi ; 2° sur les difficultés que rencontrerait la suppression immédiate de ces services, dont le personnel et le matériel sont établis depuis plusieurs années. »

Malgré toutes ces protestations, l'imprimerie privilégiée n'en a pas moins maintenu ses prétentions, et les ministères ont dû céder devant les injonctions du garde des sceaux et de la cour des comptes.

Du reste, ce n'est pas seulement l'imprimerie et la lithographie qui ont à se plaindre des exigences de l'imprimerie de l'État; une foule d'autres professions ont aussi à souffrir de ses empiétements. Elle a un atelier de fonderie, non-seulement pour les types orientaux, mais pour les caractères ordinaires; elle imprime en taille-douce, fait la réglure, plie ses papiers et entretient des ateliers de satinage et de brochage. Elle se charge également de la reliure, et l'annonce dans ses tarifs en des termes qui ne le cèdent en rien au prospectus du négociant le plus industrieux, comme on peut en juger par l'extrait suivant : « Tous ouvrages de reliure, soit en maroquin, soit en veau, soit en basane, ainsi que les demi-reliures et les cartonnages, non compris dans le présent tarif, seront portés dans les mémoires aux prix courants du commerce. »

Comme on doit bien le penser, tant de travaux accumulés rendent toujours nécessaires de nouveaux agrandissements dans les bâtiments de l'imprimerie impériale.

Le personnel tend à s'accroître dans une égale proportion. En 1848, l'établissement occupait déjà plus de huit cents personnes (1), et il en occupe, sans doute, un plus grand nombre aujourd'hui.

(1) *Notice historique sur l'Imprimerie nationale*, par Aug. Bernard, 1848.

XII. Evidemment, il y a dans cette prospérité factice, dans ce développement forcé et sans autre but que celui de faire illusion, un état de choses anormal et qui par cela même ne saurait durer.

L'imprimerie impériale, fondée dans l'intérêt de l'art et des lettres et pour soutenir en Europe la suprématie de l'imprimerie française, a cessé de satisfaire aux conditions de son institution le jour où elle est devenue un établissement de commerce, où elle a empiété sur le domaine de l'industrie privée et où aux mots SCIENCES ET ARTS elle a ajouté, sur son écusson, ceux de COMMERCE, SPÉCULATION.

On comprend jusqu'à un certain point la régie au compte de l'État des manufactures de Sèvres et des Gobelins, parce qu'il s'agit ici d'une fabrication de luxe, qui exige des frais considérables auxquels l'industrie particulière ne saurait suffire. C'est bien réellement alors l'art qu'on favorise et qu'on protége. Mais il n'en est plus de même pour les impressions ordinaires, qu'il serait facile de se procurer partout ailleurs avec autant de célérité et plus d'économie. Le décret qui rapportera l'ordonnance de 1823 et ramènera l'imprimerie impériale à son véritable but sera donc un hommage rendu aux vrais principes, un acte de justice et de bonne administration, en même temps qu'une diminution de dépenses pour le trésor. Espérons que c'en sera fait bientôt d'un monopole qui semble ôter à l'État sa dignité et aux particuliers leur indépendance. Est-il convenable pour un gouvernement de tenir atelier d'imprimerie, de brochage, de papeterie et de reliure; de se faire fondeur de caractères et lithographe, comme il s'est fait fabricant de tabac, monopole qui, du moins, rapporte cent millions à l'État, tandis que le monopole de l'imprimerie impériale lui est onéreux ; de faire exception à son profit, au mode d'adjudication prescrit pour toutes les fournitures de l'État, et d'établir, au préjudice d'un des arts les plus libéraux et les plus dignes d'encouragement, une concurrence ruineuse, immorale même, puisqu'elle se fait avec l'argent des contribuables, avec celui des imprimeurs et des lithographes eux-mêmes, payé à l'État à titre d'impôt?

Plus l'imprimerie impériale augmentera ses travaux, plus elle perpétuera la lutte qu'elle a engagée avec les intérêts privés, et plus elle dénaturera le véritable et noble caractère qu'elle a reçu de son fondateur. Elle ne peut ni ne doit travailler à meilleur compte, parce qu'elle doit faire mieux. Mais les formules, les tableaux administratifs à l'usage des bureaux ne demandent aucun luxe; ils sont donc par cela même indignes de l'occuper, et par cela même aussi il faut les lui enlever. En un mot, elle ne doit point se livrer à des spéculations, mais à la reproduction, dans l'intérêt de la science et de l'art, des œuvres de luxe et des éditions qui réclament le plus de soin et qui doivent coûter le plus cher. Elle doit être maintenue sans doute, mais pour un but beaucoup plus élevé que celui d'opérations mercantiles : pour être dépositaire des traditions et des progrès de l'art; pour la conservation, l'accroissement et l'emploi de ses collections de caractères orientaux et autres types étrangers; pour entretenir l'émulation parmi les imprimeurs, comme établissement public approprié aux besoins de la science ou même aux nécessités de la politique; enfin pour former à la typographie et à la correction des élèves capables, qui, se répandant ensuite dans les autres imprimeries, y portent, avec les bonnes méthodes, la perfection si désirable dans les œuvres de la presse.

A ces titres divers l'utilité de l'imprimerie impériale n'a jamais été contestée. On s'est plaint seulement des développements exagérés qui lui ont été donnés comme établissement usuel ; on a demandé qu'il fût réduit aux proportions les plus simples que possible sous ce rapport, et qu'on lui retirât toutes les impressions qui peuvent se faire sans inconvénient par les imprimeries particulières.

Son matériel serait conservé intact pour être utilisé plus tard, si des circonstances impérieuses l'exigeaient. Rien, en un mot, ne serait changé à son état actuel, sinon qu'une sage limite serait posée à ses empiétements, afin qu'elle ne s'écartât plus désormais des bases de son organisation primitive.

Non-seulement elle doit suivre les progrès de l'art typographique ; elle doit encore les devancer. C'est à elle à se charger des frais d'études, d'expérimentation, de gravure, etc., qui ne peuvent être supportés par des particuliers, mais qui peuvent être faits utilement au nom et aux dépens d'une grande et intelligente nation.

Une allocation de 500,000 fr. suffirait largement à toutes ses dépenses et à l'augmentation successive de ses caractères étrangers. La dépense annuelle pourrait être ainsi répartie :

Personnel...........................	200,000 fr.
Entretien des bâtiments.............	20,000
Entretien et achat des types, presses, etc.	80,000
Impressions gratuites................	40,000
Dépenses imprévues et recherches de procédés dans l'intérêt de l'art..........	160,000
TOTAL.........	500,000

Cette allocation serait compensée et au delà par le bénéfice que l'État ferait sur les impressions des ministères.

Les impressions seraient données par adjudication publique aux imprimeurs ordinaires, sous la réserve qu'une même imprimerie ne pourrait obtenir qu'une seule administration. Si l'adjudicataire ne suffisait pas aux exigences du service, il lui serait permis, sauf l'agrément de l'administration et sous sa responsabilité personnelle, de s'entendre avec un ou plusieurs de ses confrères. Un cautionnement assurerait l'exécution du marché en même temps que la régularité et le bon état des fournitures. Rien ne s'opposerait à ce qu'il en fût de même pour l'impression du budget et des comptes.

Cette répartition de travaux d'un payement certain serait un immense encouragement à une industrie qui languit et se meurt. Entre autres résultats heureux, elle permettrait à chaque imprimeur adjudicataire de tenir constamment en activité un atelier d'ouvriers toujours disponible, soit pour les entreprises nouvelles qui viendraient à se présenter, soit pour celles qu'on chercherait à créer précisément en vue de ne point désorganiser un personnel qui pourrait être, à chaque instant, réclamé par les travaux de l'État. Nous sommes persuadé que ces travaux ainsi répartis donneraient de l'occupation à un nombre d'ouvriers *beaucoup plus considérable* que ceux employés aujourd'hui par l'imprimerie impériale.

Tel est le rôle, et il est le seul, qui convient à un établissement de l'État. Le jour où il sera accepté, l'imprimerie impériale accomplira sa véritable mission, qui est tout à la fois une mission de gloire et d'utilité. Elle dominera de toute la hauteur qui sépare l'art du métier l'industrie particulière, sera pour elle un modèle à suivre et non une concurrence à redouter, et l'aidera autant à devenir florissante et prospère qu'elle a travaillé jusqu'ici à l'affaiblir et à la paralyser.

XIII. Les cadres et modèles imprimés sont aujourd'hui en

usage dans toutes les administrations publiques. Depuis les ministères jusqu'au dernier degré de la hiérarchie administrative, les fonctionnaires se servent de ces imprimés, qui rendent la rédaction de leurs actes plus facile, plus prompte, plus régulière. On comprend, en effet, l'avantage qu'il y a pour eux à employer des formules préparées à l'avance, et où il ne reste à remplir que des colonnes portant des indications précises, toujours conformes au texte de la loi ou des instructions. L'administration supérieure elle-même y trouve l'avantage inappréciable d'obtenir la parfaite uniformité des actes rédigés par ses agents sur tous les points de la France. Ainsi, sous le double rapport de l'intérêt particulier des fonctionnaires et de l'intérêt général, l'emploi des cadres administratifs a été une véritable amélioration et un complément nécessaire de notre admirable centralisation administrative.

L'imprimerie impériale, comme on vient de le voir, s'est emparée de la plus grande partie de ces fournitures. Cependant, malgré ses efforts, elle n'a pu encore enlever à tous les fonctionnaires le droit de se fournir, partout où ils le jugent convenable, des imprimés qu'ils payent de leurs propres deniers. Parmi les fonctionnaires qui lui ont échappé jusqu'ici sont les agents de la comptabilié générale des finances, de l'administration des contributions directes, des ponts et chaussées, les préfets, les maires, etc., qui alimentent encore plusieurs imprimeries tant à Paris que dans les départements.

L'imprimerie que nous dirigeons depuis 1820, s'est occupée particulièrement de ces sortes d'impressions; de là son nom d'*imprimerie administrative*. Pour tous les services publics, elle a établi des séries de cadres et de modèles imprimés, qu'elle livre à des prix fixés d'avance, aussi bien lorsqu'il ne lui en est demandé qu'*un seul* exemplaire que lorsqu'il s'agit de fournitures plus considérables. Les nombreux agents des divers services, disséminés dans nos villes et dans nos campagnes, ont pu dès lors se procurer à peu de frais les modèles dont ils ont besoin, et qu'ils ne pourraient faire imprimer eux-mêmes qu'à des conditions trop onéreuses.

Indépendamment des cadres imprimés, l'*imprimerie administrative* a créé, pour chaque branche particulière de l'administration, des publications périodiques qui font connaître, tous les mois, les changements de la législation, les nouvelles interprétations de l'autorité et la jurisprudence des tribunaux. Elle publie aussi, sur les mêmes matières, des Codes, des Traités élémentaires, des Manuels, des Formulaires, qui concourent également à répandre l'instruction administrative. Lorsqu'on a voulu, à l'étranger, emprunter à la France quelques-unes des branches si enviées de son administration : organiser, par exemple, comme en Espagne, un service de garde nationale ; ou, comme en Portugal et au Mexique, un régime de comptabilité financière ; ou, comme en Russie, un système de contributions directes et de cadastre, c'est dans cet établissement, unique en Europe, qu'on est venu chercher les instructions, les modèles, en un mot, tous les documents nécessaires à la marche de ces institutions.

Par son importance matérielle, comme par l'étendue de ses relations, l'*imprimerie administrative* est un des établissements typographiques les plus considérables de Paris. Elle occupe, pour ses impressions administratives et celles des Compagnies de chemins de fer, d'assurances, etc., qui rentrent tout naturellement dans le genre de ses travaux, un personnel de quarante employés et d'environ trois cents ouvriers. Des correspondants dans chaque ville chef-lieu d'arrondissement, et quelquefois des sous-correspondants de canton, l'aident à répandre ses ouvrages et ses imprimés. Elle emploie journellement huit presses mécaniques mues par la vapeur, et quarante presses à bras, tant pour la typographie que pour la lithographie. Son matériel s'augmente d'une quantité énorme de planches ou formes qu'elle conserve, au nombre de quatre à cinq mille, dans l'intérêt des fonctionnaires de Paris ou des départements, qui n'ont ainsi jamais à payer les frais d'une nouvelle composition.

Pour arriver à ces résultats, des capitaux considérables étaient nécessaires; il y a été pourvu par la formation d'une Société en commandite. Cette Société, qui régit aujourd'hui *l'imprimerie administrative*, est du petit nombre des établissements industriels de Paris qui ont intéressé leurs ouvriers aux bénéfices. Elle a fondé, d'abord, une caisse de secours, qui, s'augmentant du produit d'une cotisation hebdomadaire, leur assure, en cas de maladie, une indemnité journalière; plus tard, elle leur a accordé un dixième dans ses bénéfices annuels, et cela indépendamment des jetons d'argent, d'une valeur intrinsèque de cinq francs, qu'elle leur distribue dans des réunions périodiques, où règnent entre le patron et les travailleurs les témoignages du dévouement et de la cordialité les plus intimes.

Les bases de l'association méritent d'être signalées, car elles réalisent en partie un problème dont la solution est depuis longtemps l'objet des recherches et des vœux des amis sincères de la classe ouvrière. Les travailleurs, malgré l'intérêt qu'ils ont dans les produits nets de la maison, ne courent aucune chance de perte. Ils reçoivent un salaire suivant le mérite et l'utilité de leurs services, mais le droit au partage des bénéfices est le même. L'un ne reçoit pas plus que l'autre dans cette répartition, parce que chacun a contribué, dans la mesure de son intelligence et de son zèle, à la prospérité de l'entreprise. *Rémunération suivant le travail et la capacité, partage égal dans les bénéfices*, c'est de la fraternité et de l'égalité bien comprises, et qui n'ont rien de commun avec ces déplorables doctrines émises naguère au Luxembourg touchant le nivellement absolu des salaires.

Les ressources que possède cet établissement, tant sous le rapport du matériel que sous celui du personnel, l'ordre qui règne dans ses ateliers, et les garanties morales incontestables qu'il offre aux administrations publiques, comme aux entreprises industrielles, peuvent être opposés victorieusement aux détracteurs intéressés auxquels il porte ombrage. Il est d'ailleurs un exemple éclatant du bien qu'apporterait à un grand nombre d'autres établissements particuliers la suppression du monopole de l'imprimerie impériale, et des avantages que retirerait l'imprimerie en général de tant de travaux ramenés à leur source naturelle.

APPENDICE.

N° 1.

LÉGISLATION.

ANALYSE DES PRINCIPAUX ACTES LÉGISLATIFS ET RÉGLEMENTAIRES
QUI ONT RÉGI LA PRESSE DEPUIS L'INTRODUCTION DE L'IMPRIMERIE EN FRANCE
JUSQU'A L'ÉPOQUE ACTUELLE.

Avant l'invention de l'imprimerie, la transcription et la vente des livres étaient placées sous la juridiction de l'Université qui, dès 1275, publia des statuts sur cet objet. Les libraires, après avoir prêté serment entre les mains du recteur, recevaient de lui leurs lettres de maîtrise en vertu desquelles ils avaient le titre de libraires jurés et jouissaient de toutes les immunités du corps universitaire. Les imprimeurs ayant remplacé les copistes, furent agrégés à l'Université et participèrent à ses priviléges confirmés successivement par les rois.

L'immense développement que prirent bientôt l'imprimerie et la librairie porta l'autorité royale à intervenir dans la réglementation de ces deux industries; le pouvoir que l'Université avait sur elles s'affaiblit graduellement et ne fut plus guère qu'honorifique; surtout depuis 1618, année où Louis XIII créa une chambre syndicale. Cependant les imprimeurs et les libraires furent toujours réputés membres de l'Université et maintenus dans leurs franchises et prérogatives.

La révolution de 1789 détruisit cette organisation spéciale et fit tomber l'imprimerie dans la catégorie des arts mécaniques, dont les règlements royaux l'avaient toujours séparée.

Napoléon la réorganisa en 1810, et limita de nouveau le nombre des maîtres imprimeurs, à qui des brevets furent délivrés. Si l'imprimerie ne recouvra pas son ancien éclat, elle reprit du moins une certaine dignité, que les poursuites incessantes dont la presse politique a été l'objet ne lui ont pas fait perdre entièrement.

Nous avons déjà mentionné un grand nombre de documents relatifs à la législation de l'imprimerie ; quelquefois même nous les avons cités en entier. Mais, comme ils sont disséminés dans le cours de cet ouvrage, nous avons cru devoir les compléter et les résumer ici par ordre chronologique :

1488. *Lettres patentes.* Charles VIII accorde aux imprimeurs les priviléges dont jouissent les membres de l'Université.
1513, 9 avril. *Lettres patentes.* Louis XII confirme et étend les priviléges des imprimeurs.
1516, 20 octobre. *Lettres patentes.* François Ier confirme les priviléges et immunités des imprimeurs.
1521, 20 octobre. *Ordonnance.* François Ier défend de vendre aucun livre avant qu'il ait été examiné par l'Université et la Faculté de théologie.
1536, 8 décembre. *Déclaration.* Voulant arriver à la restauration des belles-lettres dans son royaume, François 1er défend de vendre ou envoyer en pays étranger, aucuns livres ou cahiers, en quelques langues qu'ils soient, sans en avoir remis un exemplaire ès mains des gardes de la Bibliothèque royale.
1539, 31 août. *Lettres patentes.* Règlement concernant l'imprimerie. Mesures prises contre les coalitions d'ouvriers. Il est défendu

aux compagnons et apprentis imprimeurs de faire aucun banquet, communauté, assemblée, ni bourse commune; d'agir en nom collectif et de porter épées, poignards ou autres armes.

Ces mesures, que des cabales récentes avaient provoquées, sont maintenues préventivement dans les règlements postérieurs.

1539, 31 août. *Lettres patentes.* Règlement concernant l'imprimerie de Paris.

1541, 28 décembre. *Lettres patentes.* Règlement concernant l'imprimerie de Lyon.

1547, septembre. *Lettres patentes.* Henri II confirme les priviléges des imprimeurs.

— 11 décembre. *Lettres patentes.* Il ordonne que le nom de l'auteur et celui de l'imprimeur soient imprimés sur tous les livres qui se publient, et défend d'en imprimer aucun avant qu'il ait été vu et approuvé.

1550. *Lettres patentes.* Ordre de mettre dans chaque bibliothèque royale un exemplaire des livres nouvellement imprimés.

1551, 27 juin. *Déclaration.* Les imprimeries et librairies seront visitées deux fois dans l'année par les députés de l'Université qui sont autorisés à saisir les livres suspects.

1553, 23 septembre. *Déclaration.* Exemption des droits de traite foraine, etc., pour les livres écrits et imprimés, reliés et non reliés, etc.

1560, mars. *Lettres patentes.* Charles IX confirme les priviléges et immunités des imprimeurs.

— 18 avril. *Arrêt du parlement.* Défense à toutes personnes autres que les libraires-jurés de mettre en vente à Paris des livres ni autres choses imprimées en latin ou en français.

1561, 17 janvier. *Ordonnance.* Tous imprimeurs, semeurs et vendeurs de placards et libelles diffamatoires, seront punis pour la première fois du fouet et pour la seconde de la vie.

1563, 10 septembre. *Ordonnance.* Défense, sous peine capitale, d'imprimer sans permission.

1565, 14 août. *Lettres patentes.* Le papier est exempté de tous droits et impôts.

1566, février. *Ordonnance.* Défense d'imprimer aucun livre sans privilége du roi et sans y mettre le nom et la demeure de l'imprimeur.

1571, 16 avril. *Ordonnance*. Rappel des mêmes dispositions et défense itérative de publier des libelles et autres écrits diffamatoires.
— mai. *Lettres patentes*. Règlement sur l'imprimerie.
1572, 10 septembre. *Déclaration*. Défense de faire imprimer hors de France.
    Cette disposition est renouvelée dans tous les règlements postérieurs.
1581, 16 novembre. *Lettres patentes*. Henri III confirme et étend les priviléges des imprimeurs.
1583, 30 avril. *Lettres patentes*. Les imprimeurs sont exemptés de la taxe imposée sur les arts mécaniques.
1595, 20 février. *Lettres patentes*. Henri IV confirme les priviléges et exemptions accordés aux imprimeurs, libraires et relieurs.
    Déjà, par lettres patentes du 17 décembre 1594, il les avait déchargés des sommes qu'on leur demandait pour la confirmation de leurs priviléges à cause de l'avénement du roi à la couronne.
— 15 novembre. *Lettres patentes*. Ce prince maintient la franchise du papier.
1610, décembre. *Lettres patentes*. Louis XIII confirme les priviléges, exemptions et franchises dont jouissent les membres de l'Université, parmi lesquels sont compris les imprimeurs et les libraires.
1617, août. *Édit*. Ordre de mettre dans la Bibliothèque publique du roi deux exemplaires de chaque ouvrage nouvellement imprimé.
1618, 1er juin. *Édit*. Règlement général sur l'imprimerie et la librairie. Établissement d'une chambre syndicale. Le syndic et ses adjoints sont tenus de visiter les imprimeries et les librairies et de veiller à l'exécution des règlements. Conformément aux anciens statuts, les libraires et les imprimeurs doivent demeurer dans le quartier de l'Université, dont les limites ont été fixées à différentes époques et en dernier lieu par le règlement de 1723.
1620, 1er avril. *Arrêt du conseil*. Les gazettes à la main sont défendues.
1624, 10 juillet. *Ordonnance*. Défense d'imprimer aucuns mémoi-

res concernant les affaires de l'État sans expresse permission du roi.

1629, 15 janvier. *Édit*. Le roi autorise le chancelier ou garde des sceaux à nommer des censeurs pour l'examen des livres, et c'est sur leur approbation que le privilége du roi doit être délivré.

L'Université réclame inutilement contre cette atteinte portée à son droit d'examiner les livres; les règlements postérieurs restreignent encore sa juridiction sur l'imprimerie et la librairie.

1630, 21 décembre. *Déclaration du roi*. Défenses aux particuliers de tenir des imprimeries chez eux, et aux ouvriers d'y travailler.

1649. *Édit*. Règlement promulgué par Louis XIV sur l'imprimerie et la librairie. Les aspirants à l'une ou l'autre profession doivent être Français, catholiques, de bonnes vie et mœurs, et sont tenus de fournir un certificat du recteur de l'Université, constatant qu'ils sont congrus en langue latine et qu'ils savent lire le grec.

1652, 24 octobre. *Arrêt du conseil*. Les imprimeries de ceux qui impriment des libelles seront vendues sur-le-champ.

1653, 8 avril. *Arrêt du parlement*. L'enregistrement du privilége à la chambre syndicale est obligatoire pour chaque imprimeur ou libraire.

1666, 18 août, *Arrêt du conseil*. Les gazettes à la main sont prohibées.

Cet arrêt est confirmé par un autre arrêt du 9 décembre 1670, portant défenses à toutes personnes de vendre aucuns libelles écrits, qualifiés gazettes à la main, à peine de fouet et bannissement pour la première fois et la seconde des galères.

1667, 17 février. *Arrêt du conseil*. Défense à la chambre de recevoir aucun maître imprimeur à moins qu'il ne soit suffisamment instruit dans la langue latine et ne sache lire le grec.

1674, 28 avril et 2 juin. *Arrêt du conseil*. Exemption du droit de marque sur le papier et parchemin servant à imprimer.

— 4 juin. *Déclaration*. Révocation des priviléges généraux accordés à des communautés ecclésiastiques ou séculières pour imprimer les livres dont elles ont besoin.

Cette révocation est prononcée de nouveau par arrêt du conseil du 13 mai 1686.

Les règlements de 1686 et de 1723 défendent aussi d'accorder des privilèges spéciaux pour les abécédaires, les factures, etc., et confirment la liberté laissée à tout imprimeur de faire ces sortes d'impressions.

1686, août. *Édit.* Règlement sur l'imprimerie et la librairie. Le nombre des imprimeurs de Paris est fixé à trente-six; ils sont tenus de prêter serment entre les mains du lieutenant général de police, et chacun doit avoir au moins deux presses.

— août. *Édit.* Les relieurs et doreurs forment une communauté séparée de celle des imprimeurs et libraires de laquelle ils faisaient précédemment partie.

1702, 10 janvier. *Édit.* Nouveau règlement.

1704, 21 juillet. *Arrêt du conseil.* Fixation du nombre des imprimeurs et des libraires dans toutes les villes du royaume.

1713, 23 octobre. *Déclaration.* Les maîtres imprimeurs seront tenus d'avoir au moins quatre presses.

1722, 13 septembre. *Arrêt du conseil.* Louis XV promulgue un règlement pour les colporteurs et afficheurs.

1723, 28 février. *Ordonnance.* Règlement arrêté en conseil d'État sur l'imprimerie et la librairie de Paris.

Ce règlement, qu'on peut regarder comme un code, fut rédigé par le chancelier d'Aguesseau, et contient 123 articles. Il maintient les privilèges et franchises accordés aux libraires et imprimeurs comme membres de l'Université; — règle les conditions d'examen et d'admission des maîtres, la durée de l'apprentissage, les devoirs des ouvriers, auxquels il défend de faire aucune assemblée, coalition ou communauté.

Les imprimeurs et libraires doivent être établis dans le quartier de l'Université.

Les impressions doivent être faites correctement, sur bon papier et en beaux caractères.

Aucun livre ne peut être publié qu'avec approbation et privilège du roi, et la mention du nom de l'imprimeur et de celui du libraire. — Des exemplaires de chaque ouvrage imprimé doivent être fournis à différentes bibliothèques.

Les publications d'ouvrages par souscription ne peuvent avoir lieu sans autorisation.

La vente des livres est exclusivement attribuée aux libraires et imprimeurs.

Les marchands merciers et les colporteurs ne peuvent vendre que des abécédaires, almanachs et autres livrets revêtus de la permission du lieutenant général de police.

L'étalage des livres sur la voie publique est interdit.

Le contrefacteur est puni corporellement et déchu de la maîtrise.

Les fondeurs de caractères font partie de la communauté des imprimeurs et libraires, mais ne peuvent exercer ni l'une ni l'autre profession.

Le syndic et les adjoints sont élus tous les ans en assemblée générale; ils sont tenus de visiter les librairies, les imprimeries, les fonderies, magasins, etc., d'assister à l'ouverture des ballots de livres qui doivent être apportés à la chambre syndicale, de saisir les ouvrages dangereux et de veiller à la stricte exécution des règlements.

1723, 22 juin. *Arrêt du conseil*. Renouvellement des défenses d'imprimer aucun livret ou écrit n'excédant pas deux feuilles d'impression sans la permission du juge de police des lieux.

1725, 10 avril. *Arrêt du conseil*. Ouvrages publiés par souscription. Conditions imposées aux libraires et imprimeurs et aux souscripteurs.

1728, 10 mai. *Déclaration*. Toute imprimerie doit porter une enseigne visible et n'avoir aucune issue secrète ; il est défendu de se servir de rouleaux (au moyen desquels on pouvait imprimer sans bruit).

1735, 10 septembre. *Arrêt du conseil*. Règlement entre les libraires et imprimeurs et les marchands merciers. Ces derniers sont maintenus dans le droit de vendre des almanachs, abécédaires et autres livrets n'excédant pas deux feuilles d'impression et imprimés hors de la ville où ils font leur résidence.

1739, 27 janvier. *Arrêt du conseil*. Règlement sur la papeterie.

— 31 mars. *Arrêt du conseil*. Nouvelle fixation des imprimeurs dans les différentes villes de France.

1742, 22 février. *Arrêt du conseil*. Police de l'imprimerie.

1744, 24 mars. *Arrêt du conseil*. Le règlement du 28 février 1723, concernant les imprimeurs et libraires de Paris, est exécutoire dans tout le royaume.

1747, 23 août. *Ordonnance*. Douze membres du corps de l'imprimerie et de la librairie doivent assister à la première distribution des prix de l'Université.

1777, 3 août. *Arrêt du conseil.* Durée des priviléges et propriété des ouvrages.

— 3 août. *Arrêt du conseil.* Contrefaçon.

— 3 août. *Arrêt du conseil.* Formalités à observer pour la réception des imprimeurs et des libraires.

— 3 août. *Arrêt du conseil.* Règlement de discipline pour les compagnons imprimeurs.

1785, 16 avril. *Arrêt du conseil.* Dépôt des ouvrages.

1789, 26 août. *Déclaration.* Abolition des priviléges.

1791, 17 mars. *Décret.* Suppression des brevets et lettres de maîtrise.

— 22-28 juillet. *Décret.* Affiches. Celles de l'autorité sont sur papier blanc, celles des particuliers sur papier de couleur.

— 3-14 septembre. *Acte constitutionnel.* La Constitution garantit aux Français la liberté d'écrire, d'imprimer et publier leurs pensées, sauf à répondre des abus de cette liberté.

1793, 24 juin. *Acte constitutionnel.* Déclaration des droits de l'homme et du citoyen. La liberté indéfinie de la presse est proclamée.

— 19-24 juillet. *Décret.* Propriété littéraire. La Convention nationale en garantit la jouissance aux héritiers pendant dix ans après la mort des auteurs.

1796 (an IV, 28 germinal). *Loi.* Délits de la presse.

— (an IV, 4 thermidor). *Loi.* Prix du port par la poste des ouvrages périodiques et des livres brochés.

— (an IV, 16 fructidor). *Arrêté du Directoire.* Police des papeteries.

— (an V, 5 nivôse). *Loi.* Défense d'annoncer publiquement les journaux et les actes des autorités constituées, autrement que par leurs titres.

1797 (an V, 19 fructidor). *Loi.* La police est investie du droit de suspendre les journaux.

— (an VI, 9 vendémiaire). *Loi.* Les journaux et les affiches sont soumis au timbre.

— (an VI, 3 brumaire). *Arrêté.* Ils doivent être imprimés sur papier timbré à l'avance.

1800 (an VIII, 27 nivôse). *Arrêté consulaire.* Fixation du nombre des journaux politiques.

1805 (an XIII, 1er germinal). *Décret.* Propriété littéraire des ouvrages posthumes.
— (an XIII, 7 germinal). *Décret.* Les livres d'église ne peuvent être imprimés qu'avec la permission des évêques diocésains.
1809, 20 février. *Décret.* Les manuscrits des bibliothèques et autres établissements publics ne peuvent être imprimés ni publiés sans autorisation.
— 24 mars. *Décret.* Organisation de l'imprimerie impériale.
1810, 5 février. *Décret.* Règlement sur l'imprimerie et la librairie. Institution, au ministère de l'intérieur, d'une direction générale à laquelle le droit de censure est attribué. Le nombre des imprimeurs à Paris est réduit à soixante; les imprimeurs et les libraires doivent être brevetés et assermentés. — La propriété littéraire est garantie, leur vie durant, aux veuves des auteurs et à leurs enfants pendant vingt ans.
— 6 juillet. *Décret.* Défense d'imprimer les sénatus-consultes, codes, etc., avant leur publication dans le *Bulletin des lois*.
— 3 août. *Décret.* Journaux des départements; le nombre en est fixé.
— 18 novembre. *Décret.* Défense aux individus non brevetés d'avoir en leur possession des presses, caractères et autres ustensiles d'imprimerie.
— 14 décembre. *Décret.* Droits à percevoir sur les livres imprimés à l'étranger.
— 15 décembre. *Décret.* Les censeurs de l'imprimerie prennent le titre de censeurs impériaux.
1811, 2 février. *Décret.* Indemnité aux imprimeurs supprimés de Paris.
— 2 février. *Décret.* Brevets à délivrer aux imprimeurs.
— 11 février. *Décret.* Le nombre des imprimeurs de Paris est porté à 80 au lieu de 60.
— 13 mars. *Circulaire du directeur de la librairie.* Déclaration relative aux livres de prières, heures ou livres de liturgie.
— 29 avril. *Décret.* Établissement d'un droit d'un centime par feuille d'impression sur les ouvrages connus sous le nom de labeurs, lorsque ces ouvrages sont du domaine public.
— 12 septembre. *Décret.* Droits d'entrée à percevoir sur les ouvrages imprimés à l'étranger.
— 14 octobre. *Décret.* La direction générale de l'imprimerie

est autorisée à publier un journal d'annonces des éditions d'ouvrages imprimés ou gravés.

1812, 2 juillet. *Décret.* Un exemplaire de chaque ouvrage imprimé à Paris sera déposé à la préfecture de police, et quatre exemplaires à la direction générale de l'imprimerie et de la librairie.

— 11 juillet. *Décret.* Brevets de libraires.

1814, 13 avril. *Arrêté du gouvernement provisoire.* Police des placards, affiches et feuilles publiques.

— 7-13 avril. *Arrêtés.* Police des journaux et exécution des règlements sur la librairie et l'imprimerie.

— *Charte constitutionnelle octroyée par Louis XVIII.* La liberté de la presse est posée en principe.

— 21 octobre. *Loi.* Libre publication des ouvrages. Police de la presse. Les ouvrages de 20 feuilles d'impression et au-dessous peuvent être soumis à la censure préalable (cette restriction est levée plus tard par l'ordonnance du 20 juillet 1815). Les journaux et écrits périodiques ne peuvent paraître sans autorisation.

Cette disposition est prorogée par les lois du 28 février et du 30 décembre 1817.

— 23 octobre. *Ordonnance.* La direction de l'imprimerie et de la librairie est placée dans les attributions du chancelier de France.

— 24 octobre. *Ordonnance.* Mesures relatives à l'impression, au dépôt et à la publication des ouvrages, etc.

— 24 octobre. *Ordonnance.* Nomination des censeurs royaux.

1815, 28 décembre. *Ordonnance.* Imprimerie royale, ses attributions. Son privilège exclusif est supprimé ; les ministres peuvent faire exécuter leurs impressions par les imprimeurs du commerce.

— 24 mars. *Décret impérial.* Suppression des censeurs et de la direction de l'imprimerie et de la librairie, dont le service passe au ministère de la police.

— 9 novembre. *Loi.* Répression des provocations à la révolte par écrits imprimés, etc.

1817, 28 février. *Loi.* Écrits saisis en vertu de la loi du 21 octobre 1814.

— 25 mars. *Loi de finances.* Les ouvrages périodiques relatifs aux sciences et aux arts, les annonces, prospectus et catalogues de librairie, etc., sont exemptés du timbre.

1817, 8 octobre. *Ordonnance.* Les impressions lithographiques sont soumises aux mêmes formalités que les autres ouvrages imprimés. — Les imprimeurs lithographes doivent être brevetés et assermentés.

1818, 29 décembre. *Ordonnance.* Suppression du ministère de la police. L'imprimerie et la librairie ressortissent au ministère de l'intérieur.

1819, 17 mai. *Loi.* Répression des crimes et délits commis par la voie de la presse ou par tout autre moyen de publication.

— 26 mai. *Loi.* Poursuite et jugement des crimes et délits commis par la voie de la presse ou par tout autre moyen de publication.

— 9 juin. *Loi.* Les journaux politiques sont affranchis de l'autorisation, mais assujettis au cautionnement.

— 9 juin. *Ordonnance.* Mesures relatives à l'exécution de cette loi.

1820, 12 janvier. *Ordonnance.* Organisation de l'imprimerie royale.

— 31 mars. *Loi.* Les journaux politiques sont de nouveau soumis à l'autorisation préalable et à la censure. Ces dispositions sont prorogées par la loi du 26 juillet 1821.

1822, 17 mars. *Loi.* L'autorisation pour les journaux politiques est maintenue; la censure pourra être rétablie par ordonnance.

— 25 mars. *Loi.* Répression et poursuite des délits commis par la voie de la presse ou par tout autre moyen de publication.

1823, 5 mars. *Ordonnance.* Prix de transport par la poste des ouvrages périodiques, journaux, livres brochés, catalogues et prospectus.

— 23 juillet. *Ordonnance.* Fixation de l'époque à compter de laquelle l'imprimerie royale sera administrée en régie au compte de l'État, et règlement des attributions de cet établissement. Son privilège exclusif lui est rendu.

1824, 15 août. *Ordonnance.* La censure des journaux est rétablie.

— 29 septembre. *Ordonnance.* Charles X lève la censure.

1827, 13 mars. *Loi.* Tarif de la poste aux lettres concernant le port des journaux, gazettes et ouvrages périodiques.

— 24 juin. *Loi.* La censure est rétablie pour un an.

— 1er septembre. *Ordonnance.* Amende de 500 fr. pour exercice illégal de la librairie et l'imprimerie.

1828, 9 janvier. *Ordonnance*. Dépôt des exemplaires des écrits imprimés et des épreuves des planches et estampes.
— 27 mars. *Ordonnance*. Formation d'un dépôt des ouvrages destinés à la bibliothèque du ministère de l'intérieur.
— 18 juillet. *Loi*. Les journaux peuvent être publiés sans autorisation préalable. Ceux qui traitent de matières politiques restent assujettis au cautionnement; les journaux scientifiques en sont exempts.
1829, 13 septembre. *Ordonnance*. Suppression des inspecteurs de la librairie.
1830, 10 janvier. *Ordonnance*. Taxe des journaux, gazettes et imprimés à destination des pays d'outre-mer.
— 25 juillet. *Ordonnance*. Suspension de la liberté de la presse.
— 9 août. *Charte constitutionnelle de* 1830. La censure est abolie.
— 8 octobre. *Loi*. Application du jury aux délits de presse.
— 29 novembre. *Loi*. Punition des attaques par la voie de la presse contre les droits et l'autorité du roi et des chambres.
— 10 décembre. *Loi*. Afficheurs et crieurs publics.
— 14 décembre. *Loi*. Cautionnement, droit de timbre et port des journaux et écrits périodiques.
1831, 8 avril. *Loi*. Cautionnement des journaux ou écrits périodiques paraissant même irrégulièrement.
— 8 avril. *Loi*. Procédure en matière de délits de presse.
1832, mai. *Instruction sur le service des postes*. Taxe des avis de naissance, mariage et décès, des journaux et imprimés de toute nature.
1834, 16 février. *Loi*. Autorisation pour exercer la profession de vendeur, crieur ou distributeur d'écrits sur la voie publique.
— 6 avril. *Ordonnance*. L'application des règlements relatifs à l'imprimerie et à la librairie est dans les attributions du ministre de l'intérieur.
1835, 30 juillet. *Ordonnance*. Un exemplaire des livres du dépôt légal doit être remis au ministère de l'instruction publique.
— 9 septembre. *Loi*. Des crimes, délits et contraventions de la presse et des autres moyens de publication.
— 9 septembre. *Ordonnance*. Publication des dessins, gravures, lithographies, estampes ou emblèmes.

1835, 18 novembre. *Ordonnance.* Cautionnement des journaux ou écrits périodiques.

1842, 13 décembre. *Ordonnance.* Importation et transit de la librairie.

1843, 28 août. *Convention avec la Sardaigne.* Garantie réciproque de la propriété littéraire.

1846, 22 avril. *Convention avec la Sardaigne.* Convention supplémentaire faisant suite à celle du 28 août 1843.

1848, 29 février. *Décret.* Annulation de toutes condamnations pour faits de presse.

— 29 février. *Arrêté.* Affichage et distribution d'écrits sans nom d'imprimeur.

— 2 mars. *Arrêté.* Suspension de l'impôt du timbre.

— 6 mars. *Décret.* Abrogation de la loi du 7 septembre 1835, relative aux crimes et délits commis par la voie de la presse.

— 8 mars. *Décret.* Annonces judiciaires.

— 22 mars. *Décret.* Jugement des délits commis contre les fonctionnaires par la voie de la presse.

— 2 mai. *Décret.* Liberté de la presse aux colonies.

— 25 juin. *Arrêté.* Prohibition des affiches traitant de matières politiques et n'émanant pas de l'autorité.

— 9 août. *Décret.* Cautionnement des journaux et écrits périodiques.

— 11 août. *Décret.* Répression des crimes et délits commis par la voie de la presse.

— 4 novembre. *Constitution de la République française.* La liberté de la presse est reconnue.

1849, 13 juin. *Arrêté du Président de la République.* La publication de divers journaux est suspendue.

— 21 avril. *Loi.* Prorogation de l'article 1er du décret du 9 août 1848.

1849, 27 juin. *Loi.* Répression des délits de presse.

1850, 16 juillet. *Loi.* Cautionnement des journaux. Signature des articles, et timbre des écrits périodiques et non périodiques.

— 31 juillet. *Décret.* Taxe postale des journaux et autres imprimés échangés entre la France et les pays étrangers.

— 7 août. *Décret.* Police de la presse aux colonies.

— 5 novembre. *Convention avec la Sardaigne.* Garantie réciproque de la propriété littéraire contre la contrefaçon.

1851, 12 avril. *Convention avec le Portugal.* Garantie réciproque de la propriété littéraire contre la contrefaçon.
— 20 octobre. *Convention avec le Hanovre.* Garantie réciproque de la propriété littéraire contre la contrefaçon.
— 3 novembre. *Convention avec la Grande-Bretagne.* Garantie réciproque de la propriété littéraire contre la contrefaçon.
— 31 décembre. *Décret.* La connaissance des délits prévus par les lois sur la presse est déférée aux tribunaux correctionnels.
1852, 30 janvier. *Décret.* Organisation du ministère de la police générale, et création à ce ministère d'une direction générale de l'imprimerie et de la librairie.
— 17 février. *Décret organique.* Autorisation et cautionnement des journaux et écrits périodiques; timbre; délits et contraventions; jugements; suspension et suppression des journaux.
— 20 février. *Décret.* Presse aux colonies.
— 1er mars. *Décret.* Timbre des journaux et écrits périodiques et des écrits non périodiques traitant de matières politiques ou d'économie sociale, publiés à l'étranger et importés en France.
— 22 mars. *Décret.* Exercice de la profession d'imprimeur en taille-douce; possession ou usage des presses de petite dimension; vente des machines et ustensiles servant à imprimer.
— 22 mars. *Décret.* Les brevets d'imprimeur et de libraire seront conférés par le ministre de la police générale.
— 28 mars. *Décret.* La contrefaçon des ouvrages étrangers est interdite.
— 28 mars. *Décret.* Les journaux et écrits périodiques et non périodiques, exclusivement relatifs aux lettres, aux sciences, aux arts et à l'agriculture, sont exemptés du droit de timbre.
— 28 mars. *Décret.* Presse en Algérie.
— 30 avril. *Décret.* Presse aux colonies.
— juillet. *Arrêté.* En exécution de la loi du 27 juillet 1849, le ministre de la police générale décide, dans l'intérêt de l'ordre et de la morale, que tout ouvrage, écrit ou gravure, destiné au colportage, sera revêtu d'un timbre ou estampille, qui en autorisera la vente.
— 8 août. *Convention avec le duché de Brunswick.* Garantie réciproque de la propriété littéraire.

1852, 18 septembre. *Convention avec le duché de Hesse.* Garantie réciproque de la propriété littéraire.
— 2 octobre. *Convention avec le landgraviat de Hesse.* Garantie réciproque de la propriété littéraire.
— 1er décembre. *Décret.* Annulation des avertissements donnés aux journaux en vertu du décret du 17 février 1852.
— 1er décembre. *Décret impérial.* Remise des peines prononcées pour délits et contraventions relatifs à la presse périodique et à la police de l'imprimerie.
1853, 5 janvier. *Décret impérial.* Amendes en matière de presse.
— 24 février. *Convention avec la principauté de Reuss (branche aînée).* Garantie réciproque de la propriété littéraire.
— 2 mars. *Convention avec le duché de Nassau.* Garantie réciproque de la propriété littéraire.
— 30 mars. *Convention avec la principauté de Reuss (branche cadette).* Garantie réciproque de la propriété littéraire.
— 17 mai. *Convention avec le grand-duché de Saxe-Weimar-Eisenach.* Garantie réciproque de la propriété littéraire.
— 21 juin. *Décret.* Suppression du ministère de la police générale; la direction de l'imprimerie et de la librairie, qui était dans les attributions de ce ministère, rentre dans celles du ministère de l'intérieur (direction de la sûreté générale).
— 14 juillet. *Décret.* Importation de coins gravés, clichés, pierres lithographiques couvertes de dessins, gravures ou écritures et de planches de toute sorte gravées.
— 26 novembre. *Convention avec l'Espagne.* Garantie réciproque de la propriété littéraire.

N° 2.

BIBLIOGRAPHIE.

On a écrit beaucoup de livres sur l'imprimerie. Par cela même que cet art est immortel, on a peut-être espéré s'immortaliser aussi avec lui. Toujours est-il que la plupart de ces ouvrages sont devenus très-rares, très-recherchés et se payent des prix exorbitants dans les ventes publiques, bien qu'ils ne traitent que de parties détachées de l'imprimerie et qu'aucun n'en soit l'histoire véritablement complète.

Nous avons pensé qu'il ne serait pas sans intérêt ni sans utilité d'indiquer ici les différents écrits publiés à toutes les époques et dans toutes les langues sur l'art typographique. Ce catalogue, recueilli et dressé avec soin, sera le complément naturel de l'histoire de l'Imprimerie, dont il forme en quelque sorte la bibliographie.

Ouvrages écrits en latin (1).

Index librorum qui in aldina officina Venetiis impressi sunt. 1563, in-4°.

De Typographiæ inventione, par Math. Judex, *Copenhague*, 1666, in-8°.

Artis typographicæ Querimonia de illitteratis quibusdam typographis, par Henri Estienne, 1569, in-4°. Ce petit poëme, reproduit

---

(1) Jusqu'à la fin du XVIIe siècle la plupart des savants d'Europe écrivaient en latin ; cet usage s'est maintenu plus longtemps encore en Italie

dans plusieurs ouvrages relatifs à la famille des Estienne, a été réimprimé avec la traduction française de Lottin aîné. *Paris*, 1785, in-4°.

Epistola de suæ typographiæ statu, par H. Estienne. *Paris*, 1569, in-8°.

Catalogus librorum qui in Juntarum, bibliotheca Philippi heredum Florentiæ prostant. *Florence*, 1604, in-8°.

Relatio de origine typographiæ... e documentis ad Faustorum de Aschaffenburg familiam pertinentibus hausta. *Francfort*, 1620, in-12.

De ortu ac progressu artis typographicæ, par Bernard de Malinkrot. *Cologne*, 1639, in-4°.

Catalogus librorum qui ex Typographia S. congregationis de propaganda fide variis linguis prodierunt, cum præfatione J.-Christ. Amadutii. *Rome*, 1639, in-8°, 1re édition; 1773, 7e édit.; 1782, 8e édit; 1793, 9e édit. Nouvelle édition, sous le titre d'*Elenchus librorum*, etc., 1817, in-16.

Dissertatio de typographicæ artis inventione, par Boxhorn. *Leyde*, 1640, in-4°.

Excursus de loco et autore inventionis typographicæ, par J. Mentel. *Paris*, 1644, in-4°.

De vera Typographiæ origine paræneiss, par J. Mentel. *Paris*, 1650, in-4°.

De vitis Stephanorum dissertatio, par Th. Jansson d'Almeloveen. *Amsterdam*, 1683, in-12.

Incunabula Typographiæ, par Corn. Beughen. *Amsterdam*, 1688, in-12.

Dissertatio de Typographia, par D.-G. Moller. *Altorf*, 1692, in-4°.

---

et surtout en Allemagne, où il n'a même pas cessé entièrement, et c'est ce qui explique pourquoi les ouvrages scientifiques, écrits en allemand, sont d'une date récente. Au reste, la classification que nous avons adoptée montre dans quelle mesure chaque peuple s'est occupé des études typographiques.

Stephanorum historia, par Maittaire. *Londres*, 1709, 3 tom. en 1 vol. in-8º.

Correctorum in typographiis eruditorum centuria, par J.-Conr. Zeltner. *Nuremberg*, 1716, in-8º. — Le même ouvrage a été reproduit avec un nouveau frontispice, sous ce titre : ***Theatrum virorum eruditorum qui speciatim typographiis laudabilem operam præstiterunt***. Nuremberg, 1720, in-8º.

Historiæ typographorum aliquot parisiensium, par Maittaire. *Londres*, 1717, 2 tom. en 1 vol. in-8º.

Typographiæ excellentia, carmen cum notis, par C.-L. Thiboust, imprimeur. *Paris*, 1718, in-8º. — Ce poëme a été traduit en français par le fils de l'auteur. 1754.

Annales typographici, par Mich. Maittaire. *La Haye*, 1719, 6 tom. en 9 vol. in-4º.

De Germaniæ miraculo optimo; dissertatio de typis litterarum, par Paul Pater, 1720.

Historiola artis typographicæ in Suecia, par J.-O. Alnander. *Rostock*, 1725, in-8º.

Icones bibliopolarum et typographorum, par Fr. Roth-Scholtz. *Nuremberg*, 1726, in-fol.

Thesaurus symbolorum ac emblematum, par Fr. Roth-Scholtz. *Nuremberg*, 1730, in-fol., fig.

Primaria quædam documenta de origine Typographiæ, par C.-G. Schwarz. *Atlorf*, 1740, in-4º.

Monumenta typographica, par J.-C. Wolf. *Hambourg*, 1740, 2 vol. in-8º. — C'est un recueil d'opuscules relatifs à l'imprimerie, publiés à diverses époques par différents auteurs.

Annalium typographicorum selecta quædam capita, par A.-H. Lackmann. *Hambourg*, 1740, in-4º.

De typographiis earumque initiis et incrementis in regno Poloniæ et Lithuaniæ, par J.-D. Hoffmann. *Dantzick*, 1740, in-4º.

Notitia scriptorum artem typogr. illustrantium, par J.-L. Bunemann. *Hanovre*, 1740, in-4º.

Annus tertius artis typographicæ, par J.-C. Seitz. *Harlem*, 1742, in-8º.

Librorum ab anno I ad ann. L seculi XVI typis expressorum ex litteraria quadam (Ebneriana) supellectile, Norimbergæ collecta et observata millenarii I-IV, par C.-Ch. Hirsch. *Nuremberg*, 1746-49, 4 part. in-4º.

Vindiciæ typographicæ, par J.-D. Schœpflin. *Strasbourg*, 1760, in-4º.

De antiquissima latinorum bibliorum editione diatribe, par J.-G. Schelhorn. *Ulm*, 1760, in-4º.

Liber de optimorum scriptorum editionibus quæ Romæ primum prodierunt, par Quirini. *Lindau*, 1761, in-4º.

Conspectus originum typographicarum, par Ger. Meerman, 1761, in-8º; trad. en français par Goujet, 1762.

Origines typographicæ, par Ger. Meerman. *La Haye*, 1765, in-4º, fig.

De hebraicæ Typographiæ origine ac primitiis, par B. de Rossi. *Parme*, 1776, in-4º.

Annales Typographiæ augustanæ, par Zapf. *Augsbourg*, 1778, in-4º.

Specimen historicum Typographiæ romanæ XV^i sæculi, par Laire. *Rome*, 1778, in-8º.

Ad abbatem Ugolini epistoja auctoris libri cui titulus : Specimen Typographiæ romanæ, par Laire. *Strasbourg* (Paris), 1779, in-8º.

De Typographia hebraica ferrariensi commentarius historicus, par J.-B de Rossi. *Parme*, 1780, in-8º.

Catalogus romanarum editionum seculi XV^i, par J.-B. Audiffredi. *Rome*, 1783, in-4º.

Exercitatio de latinorum bibliorum cum nota an. 1462 impressa duplici editione moguntina, par Seb. Seemiller. *Ingolstadt*, 1785, in-4º.

De bibliis polyglottis comptutensibus notitia hist. crit. litter., par Séb. Seemiller. *Ingolstadt*, 1785, in-4º.

Bibliotheca moguntina, par Wurdtwein. *Augsbourg*, 1787, in-4º.

Annalium typographicorum, Mich. Maittaire supplementum, par Denis. *Vienne*, 1789, 2 vol. in-4º.

Index librorum ab inventa Typographia ad ann. 1500, chronologice dispositus cum notis, par Laire. *Sens*, 1791, 2 vol. in-8º.

De Juntarum typographia ejusque censoribus, par Bandini. *Lucques*, 1791, 2 vol. in-8º.

Annales typographici, par G.-Volfg. Panzer. *Nuremberg*, 1793, 11 vol. in-4º.

De prima Typographiæ hispanicæ ætate, par Caballero. *Rome*, 1793, in-4º.

Catalogus editionum italicarum sæculi XV^i, par J.-B. Audiffredi *Rome*, 1794, in-4º.

Annales hebræo-typographici, par B. de Rossi. *Parme*, 1795, 2 vol. in-4º.

Initia typographica, opus Schoepflini Vindicias typographicas elucubrans, necnon earum continuationem offerens, par J.-F. Lichtenberger. *Strasbourg*, 1811, in-4º.

Indulgentiarum litteras Nicolai V impressas anno 1454, matricumque epocham vindicavit, Initia typographica supplevit Lichtenberger. *Strasbourg*, 1816, in-4º.

Repertorium bibliographicum quo libri omnes ab arte inventa usque ad annum M. D. typis expressi... recensentur, par L. Hain. *Stuttgard*, 1828-38, 2 tom. en 4 vol. in-8º.

Explicatio monumenti typographici antiquissimi nuper reperti. Accedunt supplementa nonnulla ad auctoris historiam typographiæ ulmanæ, par C.-D. Hassler. *Ulm*, 1840, in-4º, fig.

Incunabula artis typographicæ in Suecia, par J.-H. Schræder. *Upsal*, 1842, in-4º.

Ouvrages écrits en français.

Histoire de l'imprimerie et de la librairie, par J. de la Caille. *Paris*, 1689, in-4º.

L'origine de l'imprimerie de Paris, par Chevillier. *Paris*, 1694, in-4º.

La science pratique de l'imprimerie, par Fertel. *Saint-Omer*, 1723, in-4°, fig.

Code de la librairie et de l'imprimerie, ou conférence du règlement de 1723 avec les anciennes ordonnances, édits, etc., rédigée par Saugrain. *Paris*, 1744, in-12.

Histoire de l'origine et des premiers progrès de l'imprimerie, par Prosper Marchand. *La Haye*, 1740, in-4°.

Épreuves du premier alphabet droit et penché, par L. Luce. 1740, in-18.

L'excellence de l'imprimerie, poëme latin (de C.-L. Thiboust), traduit en français avec des notes, par le fils de l'auteur (Cl.-Ch. Thiboust, imprimeur). *Paris*, 1754, in-8°.

Épreuves de deux petits caractères, par Fournier. *Paris*, 1757, in-18.

De l'origine et des productions de l'imprimerie primitive, par J.-G. Fugger. *Paris*, 1759, in-8°.

Lettre sur l'origine de l'imprimerie, servant de réponse aux observations publiées par Fournier jeune sur l'ouvrage de Schoepflin, intitulé *Vindiciæ typographicæ*, par Baer. *Strasbourg (Paris)*, 1764, in-8°.

Plan du traité des origines typographiques de Gér. Meerman, traduit du latin par Goujet. *Paris*, 1762, in-8°.

Traité historique et critique sur l'origine et les progrès de l'imprimerie, par Fournier jeune. *Paris*, 1764, in-8°. Ce volume contient cinq opuscules sur cette matière, qui avaient paru de 1758 à 1763.

Manuel typographique, par Fournier jeune. *Paris*, 1764-66, 2 vol. in-8°, fig.

Épître sur les progrès de l'imprimerie, en vers, avec des notes, par Pierre Didot. *Paris*, 1784.

De l'invention de l'imprimerie, suite de celle de l'écriture, par Saunois. *Amsterdam*, 1765, in-12.

L'imprimerie, poëme par Gillet. 1765.

Essai d'une nouvelle Typographie, gravé par Luce. *Paris*, 1771, in-4º.

Supplément à l'Histoire de l'imprimerie de Prosper Marchand, par Mercier de Saint-Léger. *Paris*, 1775, in-4º.

Dissertation sur l'origine de l'imprimerie en Angleterre, traduite de l'anglais du docteur Middleton, par D.-G. Imbert. *Paris*, 1775, in-8º.

Nouveau système typographique, dont les expériences ont été faites en 1775, aux frais du gouvernement, par don Francisco Barletti de Saint-Paul, ancien secrétaire du protectorat de France en cour de Rome, par Madame de ***. *Paris*, Impr. royale, 1776, in-4º et in-fol.

Vie d'Étienne Dolet, imprimeur, avec une notice des libraires et imprimeurs auteurs, par Née de la Rochelle. *Paris*, 1779, in-8º.

L'art de l'imprimerie dans sa véritable intelligence, par Castillon. *Paris*, 1783, in-4º.

Recherches sur l'origine et le premier usage des registres, des signatures, des réclames et des chiffres de pages dans les livres imprimés, par Magné de Marolles. *Paris*, 1783, in-8º de 51 pages. — Il y a dans le 5º vol. du catalogue de Santander une dissertation sur le même sujet.

Lettres de l'abbé Mercier de Saint-Léger au baron de Heiss, sur différentes éditions rares du XVᵉ siècle. *Paris*, 1783, in-8º.

Dissertation sur l'origine et les progrès de l'imprimerie en Franche-Comté, pendant le quinzième siècle, par le P. Laire. *Dôle*, 1785, in-8º.

Description d'une nouvelle presse d'imprimerie, par Pierres. *Paris*, 1786, in-4º.

Essai historique sur la typographie orientale de l'Imprimerie royale, par Joseph de Guignes. *Paris*, 1787, in-4º.

Vie de H.-L. Guérin, par Gabr. Brotier. *Paris*, 1788, in-8º.

Catalogue chronologique des libraires et imprimeurs de Paris, par Lottin aîné. *Paris*, 1789, deux parties, in-8º.

Principes de composition typographique en caractères orientaux, par Joseph de Guignes. *Paris*, 1790, in-4°.

Traité élémentaire de l'imprimerie, ou le manuel de l'imprimeur; avec 40 planches en taille-douce, par Ant.-Franç. Momoro. *Paris*, 1793, in-8°.

Journal typographique, rédigé par Roux et par Dujardin-Sailly. *Paris*, 1797 à 1810, 13 vol. in-8°.

Recherches historiques sur l'origine de l'imprimerie, particulièrement dans la Belgique, par P. Lambinet. *Bruxelles*, 1799, in-8°.

Traité de l'imprimerie, par Bertrand Quinquet. *Paris*, 1799, in-4°, fig.

Notice d'un livre imprimé à Bamberg en 1462, par Arm.-Gast. Camus. *Paris*, 1799, in-4° et in-fol. fig.

Essai d'annales de la vie de Gutenberg, par J. Oberlin. *Strasbourg*, 1800, in-8°; nouvelle édition. *Ibid.*, 1840.

Essai sur les monuments typographiques de J. Gutenberg, par Got. Fischer. *Mayence*, 1802, in-4°.

Analyse des opinions diverses sur l'origine de l'imprimerie, par Daunou. *Paris*, 1802, in-8°.

Dictionnaire bibliographique du XVe siècle, par La Serna Santander. *Bruxelles*, 1805, 3 vol. in-8°.

Notice sur les imprimeurs de la famille des Elzevirs, par un ancien bibliothécaire (Adry). *Paris*, 1806, in-8°.

L'art du typographe, par Vinçard. *Paris*, 1806, in-8°, fig.; 2e édition, 1824.

Essai sur l'origine de la gravure en bois et en taille-douce, et sur la connaissance des estampes des 15e et 16e siècles, où il est parlé de l'origine des cartes à jouer, etc., suivi de recherches sur l'origine du papier, etc., par Jansen. *Paris*, 1808, 2 vol. in-8°.

De l'invention de l'imprimerie, ou analyse de deux ouvrages publiés sur cette matière par M. Meerman; par M. Jacques Visser, et augmentée par l'éditeur (Jansen). *Paris*, 1809, in-8°.

Origine de l'imprimerie, d'après les titres authentiques, l'opinion de Daunou et celle de Van Praet, suivie des établissements de cet art dans la Belgique et de l'histoire de la stéréotypie, par Lambinet. *Paris*, 1810, 2 vol. in-8°. C'est une nouvelle édition refondue des *Recherches historiques* du même auteur, publiées en 1799.

Esquisse d'un projet de règlement, adressé à l'empereur, par F.-J. Baudouin, imprimeur de l'Institut. *Paris*, 1810, in-4°.

Bibliographie de la France, ou Journal général de l'imprimerie et de la librairie, commencé en 1810 et dont la publication se continue. Beuchot, un de nos meilleurs bibliographes, en a été longtemps le rédacteur en chef.

Essai historique sur l'imprimerie, par J. Porthmann. 1810, in-8°. Réimprimé en 1836 sous le titre d'*Éloge historique de l'imprimerie*.

Éloge historique de J. Gutenberg, par J.-F. Née de la Rochelle. *Paris*, 1811, in-8°.

Catalogue des livres imprimés sur vélin, avec date, depuis 1457 jusqu'à 1472, par Jos. Van Praet. *Paris*, 1813, 2 part. en un vol. in-fol.

Notice sur la lithographie, ou l'art d'imprimer sur pierre, par Mairet. *Dijon*, 1818, in-12, fig.

Essai historique sur la lithographie, renfermant l'histoire de cette découverte, une notice des ouvrages sur la lithographie, etc., par Gabriel Peignot. *Paris*, 1819, in-8°, fig.

Dissertation sur l'art typographique, contenant un aperçu historique de ses progrès; mémoire qui a remporté le prix, etc., par G.-H.-M. Deprat. *Utrecht*, 1820, in-8°.

Notice sur le premier ouvrage d'anatomie et de médecine imprimé en turc, à Constantinople, en 1820, suivie du catalogue des livres turcs, arabes et persans imprimés à Constantinople, depuis l'introduction de l'imprimerie en 1726-27 jusqu'en 1820, par T.-X. Bianchi. *Paris*, 1821, in-8°.

Bibliographie cambrésienne, par M. Arthur Dinaux. *Cambrai*, 1822, in-8°. (Dans les mémoires de la Société d'émulation de Cambrai, année 1822.)

Essai bibliographique sur les éditions des Elzevirs, par A.-S.-L. Bérard. *Paris*, 1822, in-8°.

La science de l'imprimerie par Fertel (publiée en 1723), nouvelle édition refondue et augmentée de procédés nouveaux, par Annoy-Vandevyver. *Bruxelles*, 1822, in-4°, fig.

Histoire de l'invention de l'imprimerie, pour servir à la défense de la ville de Strasbourg contre les prétentions de Harlem, par Lichtenberger, avec une préface de M. J.-G. Schweighaeuser. *Strasbourg et Paris*, 1825, in-8°.

Traité de la typographie, par Henri Fournier. *Paris*, 1825, in-8°; 2ᵉ édition. *Tours*, 1854, grand in-18.

Manuel pratique et abrégé de la typographie française, par M.-A. Brun. *Paris*, 1825, in-12.

Lettre trentième (du Voyage bibliographique en France par Dibdin), concernant l'imprimerie et la librairie de Paris, traduite de l'anglais avec une préface et des notes, par A.-G. Crapelet. *Paris*, 1821, in-8°. — L'ouvrage de Dibdin a été traduit en entier par MM. Licquet et Crapelet. *Paris*, 1825, 4 vol. in-8°.

Notice sur l'origine de l'imprimerie en Provence, par M. Ant. Henricy. *Aix*, 1826, in-8°.

Manuel de la typographie française, ou traité complet de l'imprimerie, par P. Capelle. *Paris*, 1826, in-4°, fig. (Non terminé.)

Essai philologique sur les commencements de la typographie à Metz et sur les imprimeurs de cette ville, par M. G.-F. Teissier. *Metz*, 1828, in-8°.

Notice sur Colard Mansion, par Jos. Van Praet. *Paris*, 1829, in-8°.

Recherches sur les premiers temps de l'imprimerie en Normandie, par Ed. Frère. *Rouen*, 1829, in-8°.

L'invention de l'imprimerie, par Legouvé fils, poëme couronné par l'Académie française en 1829.

Observations de l'administration de l'Imprimerie royale, en réponse à la requête de MM. les imprimeurs de Paris; imprimées par autorisation de Mgr le garde des sceaux. — Imprimerie royale, mai 1829, in-4° de 28 pages.

Précis sur l'invention et l'origine de l'imprimerie; sur la fondation de l'Imprimerie royale; suivi de quelques détails statistiques relatifs à cet établissement, composé pour S. A. R. Monseigneur le duc de Bordeaux. — Avril 1830, in-4º de 14 pages.

Recherches historiques et critiques sur l'établissement de l'art typographique en Espagne et en Portugal, extraites des Récréations historiques et bibliographiques de J.-Fr. Née de la Rochelle. *Bourges* et *Paris*, 1830, in-8º.

Notice des ouvrages arabes, persans, turcs et français imprimés à Constantinople, par M. Renaud. 1832, in-8º.

La typographie, poëme, par L. Pelletier, avec des notes. *Genève* et *Paris*, 1832, in-8º.

Essai historique et archéologique sur la reliure des livres et sur l'état de la librairie chez les anciens, par Gab. Peignot. *Dijon* et *Paris*, 1834, in-8º, fig.

Annales de l'imprimerie des Alde, ou histoire des trois Manuce et de leurs éditions, par Ant.-Aug. Renouard. *Paris*, 1834, in-8º, avec une notice de la famille des Junte, 4e édition; la 1re est de 1803, la 2e de 1825.

La stéréotypie perfectionnée et de son véritable inventeur. *Paris*, 1834, in-8º.

Manuel de typographie, par A. Frey. *Paris*, 1835, 2 vol. in-18.

Lettres à M. Jules Olivier, contenant quelques documents sur l'origine de l'imprimerie en Dauphiné, par M. le vicomte P. Colomb de Batines. *Gap*, 1835, in-8º.

Progrès de l'imprimerie en France et en Italie au XVIe siècle, par G.-A. Crapelet. *Paris*, 1836, in-8º.

Études pratiques et littéraires sur la typographie, par G.-A. Crapelet. *Paris*, 1837, in-8º. (Un seul volume a paru.)

Résumé historique de l'introduction de l'imprimerie à Paris, par M.-A. Taillandier. *Paris*, 1837, in-8º.

Matériaux pour servir à l'histoire de l'imprimerie en Dauphiné, par M. le vicomte P. Colomb de Batines. *Gap*, 1837, in-8º.

Alde l'ancien et Henri Estienne, par Ant.-Aug. Renouard. *Paris*, 1838, in-8º.

Note sur Laurent Coster, par Ant.-Aug. Renouard. *Paris*, 1838, in-8º et in-4º.

Annales de la typographie française et étrangère, journal mensuel, commencé en 1838, sous la direction de M. Alkan aîné, et qui a cessé de paraître depuis quelques années.

Recherches sur l'établissement et l'exercice de l'imprimerie à Troyes, par M. Corrard de Breban. *Troyes*, 1839, in-8°.

Robert Estienne, imprimeur royal, et le roi François Ier, nouvelles recherches sur l'état des lettres et de l'imprimerie au XVIe siècle, par G.-A. Crapelet. *Paris*, 1839, in-8°.

Recherches bibliographiques sur quelques impressions néerlandaises du XVe et du XVIe siècle, par Dupuy de Montbrun. *Leyde*, 1839, in-8°, fig.

De la profession d'imprimeur, des maîtres imprimeurs et de la nécessité actuelle de donner à l'imprimerie les règlements promis par les lois, par G.-A. Crapelet. *Paris*, 1840, in-8°.

Album typographique, par Silbermann. *Strasbourg*, 1840, in-4°.

Notice sur le *Speculum humanæ salvationis*, par J.-Mar. Guichard. *Paris*, 1840, in-8°.

Histoire de l'invention de l'imprimerie par les monuments, par M. Duverger. *Paris*, 1840, in-4°.

Débuts de l'imprimerie à Strasbourg, ou recherches sur les travaux de Gutenberg dans cette ville, par Léon de Laborde. *Paris*, 1840, in-8°.

Débuts de l'imprimerie à Mayence et à Bamberg, ou description des lettres d'indulgence du pape Nicolas V imprimées en 1454, par Léon de Laborde. *Paris*, 1840, in-4°.

Bibliographie lyonnaise du XVe siècle, par A. Pericaud aîné. *Lyon*, 1840, in-8°; 2e édit. 1841.

Recherches sur les commencements et le progrès de l'imprimerie dans le duché de Lorraine et dans les villes de Toul et de Verdun, par M. Beaupré. *Nancy*, 1841-42, in-8°.

Notice des imprimeries qui existent ou ont existé en Europe, et hors de l'Europe, par H. Ternaux Compans. *Paris*, 1842, 2 part. in-8°.

Bibliographie douaisienne, par H.-R. Dutillœul, 2ᵉ édit. *Douai*, 1842, in-8º.

Manuel du libraire et de l'amateur de livres, par Jacq.-Ch. Brunet. *Paris*, 1842-44, 4 gros vol. in-8º, 4ᵉ édition ; la 1ʳᵉ est de 1809.

Annales de l'imprimerie des Estienne, ou histoire de la famille des Estienne et de leurs éditions, par Ant.-Aug. Renouard. *Paris*, 1843, in-8º, 2ᵉ édition ; la 1ʳᵉ est de 1837-38.

De l'imprimerie et de la librairie à Rouen dans les XVᵉ et XVIᵉ siècles, et de Martin Morin, par Ed. Frère. *Rouen*, 1843, in-8º.

Notices bibliographiques sur les livres de liturgie des diocèses de Toul et de Verdun imprimés au XVᵉ siècle, par M. de Beaupré. *Nancy*, 1843, in-8º.

Analyse des matériaux les plus utiles pour de futures annales de l'imprimerie des Elsevier, par M. Ch. Pieters. *Gand*, 1843, in-8º.

Vade mecum ou l'indispensable aux typographes (maîtres et ouvriers), etc., par J. Tramaux-Malhet. *Louviers*, 1843, in-18.

Recherches historiques et critiques sur la vie et les éditions de Thierry Martens, par J. de Gand. *Alost*, 1845, in-8º.

Procès de Gutenberg, XIIᵉ dissertation du bibliophile Jacob (Paul Lacroix). *Paris*, 1847, in-8º.

Documents sur l'art d'imprimer à l'aide de planches en bois, etc., inventé en Chine bien longtemps avant que l'Europe en fît usage ; extraits des livres chinois, par Stanislas Julien. *Paris*, Imp. roy., 1847, in-8º de 16 pages.

Notice historique sur l'Imprimerie nationale, par Aug. Bernard. *Paris*, 1848, grand in-32.

Recueil complet d'impositions exécutées en caractères mobiles, suivi d'une nouvelle classification de la casse française, par Théotiste Lefèvre. *Paris*, 1838, in-16 oblong. — Appendice à ce recueil, *ibid.*, 1847.

Quelques recherches sur les débuts de l'imprimerie à Toulouse, par M. Desbarreaux-Bernard, in-8º.

Annales de l'imprimerie, journal mensuel fondé en 1851 par M. Desportes et dont la publication se continue.

Annales de l'imprimerie elsevirienne ou histoire de la famille des Elsevier et de ses éditions, par Charles Pieters. *Gand*, 1851, in-8°.

Essai sur la typographie, par Ambroise-Firmin Didot. *Paris*, 1852, in-8°. (Extrait de l'Encyclopédie moderne.)

Notice sur la police de la presse et de la librairie sous la monarchie, la république et l'empire, par Alexandre Baudouin fils. *Paris*, 1852, in-8°.

De l'origine et des débuts de l'imprimerie en Europe, par Aug. Bernard. *Paris*, 1853, 2 vol. in-8°.

Notice historique sur l'Imprimerie impériale, par M. de Saint-Georges, directeur.

Ouvrages écrits en italien.

Table des caractères existant dans l'imprimerie du Vatican, par André Brogiotti. *Rome*, 1628, in-4°.

Origine et progrès de l'imprimerie, par Orlandi. *Bologne*, 1722, in-4°.

La librairie des Volpi et l'imprimerie cominienne illustrées, par Gaët. Volpi. *Padoue*, 1756, in-8°.

Venise, la première ville hors de l'Allemagne où l'art de l'imprimerie a été exercé, par J.-M. Paitoni. *Venise*, 1772, in-8°.

Essai sur la typographie de Ferrare, par Jérôme Baruffaldi. *Ferrare*, 1777, in-8°.

Lettres typographiques de l'abbé Nicolas Ugolini (pseudonyme de J.-B. Audiffredi). 1778, in-8°.

Leçons sur l'imprimerie, par Vernazza. *Cagliari*, 1778, in-8°. — Appendice au même ouvrage. *Turin*, 1787, in-8°.

Essai historique et critique sur la typographie de Mantoue dans le XVe siècle, par L.-C. Volta. *Venise*, 1786, in-4°.

Essai de mémoires sur la typographie parmesane du XVe siècle, par le P. Iren. Affi. *Parme*, 1791, in-4°, nouvelle édition, augmentée par A.-N.-G. Pezzana, 1827, in-4°.

Essai historique et critique sur la typographie du royaume de Naples, par Laurent Giustiniani. *Naples*, 1793, in-4°.

De la première origine de l'imprimerie de Venise par l'œuvre de Jean de Spire, par D.-M. Pellegrini. *Venise*, 1794, in-8°.

Catalogue raisonné des livres imprimés à Vicence et sur son territoire dans le XVe siècle. *Vicence*, 1796, in-8°.

Examen des commencements de la typographie française et italienne, ou histoire critique de Nic. Janson, par Jacq. Sardini. *Lucques*, 1796, 3 part. in-fol., fig.

Essai épistolaire sur la typographie du Frioul dans le XVe siècle, par Bartolini. *Udine*, 1798, in-4°.

Mémoires trévisans sur la typographie du XVe siècle, par Federici. *Venise*, 1805, in-4°.

De la typographie de Pérouse au XVe siècle, par J.-B. Vermiglioli. *Pérouse*, 1806, in-8°; 2e édition, 1820.

Observations typographiques sur les livres imprimés en Piémont dans le XVe siècle, par le baron Vernazza. *Bassano*, 1807, in-8°.

Notice bibliographique sur deux éditions très-rares du XVe siècle, par A. Pezzana. *Parme*, 1808, in-8°.

Annales hebraïco-typographiques de Crémone. *Parme*, 1808, in-8°.

Annales de l'imprimerie volpi-cominienne, avec des notices sur la vie et les travaux des frères Volpi, par Fortuné Federici. *Padoue*, 1807, in-8°. — Appendice, 1817.

Mémoires historiques et critiques sur la typographie bresciane, par Germ.-Jac. Gussaco. *Brescia*, 1811, in-4°.

Annales de la typographie florentine de Laurent Torrentino, par Moreni. *Florence*, 1811, in-8°.

Vie de Jean-Baptiste Bodoni, par Joseph Lama. *Parme*, 1816, 2 vol. in-4°.

Manuel typographique, par Jean-Bapt. Bodoni. *Parme*, 1818, 2 vol. in-4°.

Recherches bibliographiques sur les éditions ferraraises du XVe siècle, par Jos. Antonelli. *Ferrare*, 1830, in-4°.

Ouvrages écrits en anglais.

Origine et progrès de l'imprimerie, par Atkyns. *Londres*, 1664, in-4°.

Histoire de l'imprimerie, par Palmer. *Londres*, 1732, in-4º.

Dissertation sur l'origine de l'imprimerie en Angleterre, par Conyers Middleton. *Cambridge*, 1735, in-4º.

Vie de Guill. Caxton, par Lewis. *Londres*, 1738, in-8º, fig.

Notice succincte sur l'origine et les premiers progrès de l'imprimerie, par T. Parker. *Londres*, 1763, in-64.

Specimen des caractères d'imprimerie de Caslon et fils. *Londres*, 1764, in-8º.

L'origine de l'imprimerie en deux essais : 1º la substance de la dissertation du docteur Middleton sur l'origine de l'imprimerie en Angleterre ; 2º l'exposé de Meerman sur la première invention de l'art, etc. *Londres*, 1776, in-8º.

Dissertation sur les fondeurs et les fonderies typographiques d'Angleterre, par Edw. Rowe Mores. *Londres*, 1776, in-8º.

Mémoires biographiques de Guillaume Ged, comprenant un exposé de ses progrès dans l'art d'imprimer en planches. *Londres*, 1781, in-8º.

Anecdotes biographiques sur Guill. Bowyer, imprimeur, par J. Nichols. *Londres*, 1782, in-4º.

Antiquités typographiques, par Jos. Ames et W. Herbert. *Londres*, 1785, 3 vol. in-4º. Nouvelle édition, refondue par Dibdin. *Londres*, 1810-19, 4 vol. in-4º.

Grammaire de l'imprimeur, ou introduction à l'art de l'imprimerie, par C. Stower. *Londres*, 1808, in-8º.

Histoire de l'imprimerie en Amérique, par Isaïe Thomas. *Worcester*, 1810, 2 vol. in-8º.

Quelques renseignements sur le livre imprimé à Oxford en 1468, par S. Veller Singer. *Londres*, 1812, in-8º.

Mémoire sur l'origine de l'imprimerie, par R. Willett. *Newcastle*, 1817, in-8º.

Annales de la typographie parisienne, par le révérend William Parr Greswell. *Londres*, 1818, in-8º, fig.

Observations sur l'origine de l'imprimerie, par R. Willett. *Newcastle*, 1819, in-8º.

Idées pratiques sur l'imprimerie ornée avec illustrations, par W. Savage. *Londres*, 1822, in-4°.

La typographie, ou l'instructeur de l'imprimeur, par J. Johnson. *Londres*, 1824, 2 vol. in-32.

Typographie, par T.-C. Hansard. *Londres*, 1825, in-8°.

Le gazetier typographique, par H. Cotton, 2e édit. *Oxford*, 1831, in-8°.

Coup d'œil sur les premiers livres grecs imprimés à Paris, avec la vie des Estienne, par Will. Parr Greswell. *Oxford*, 1833, 2 vol. in-8°.

Dictionnaire des imprimeurs, par C.-H. Timperley. *Manchester* 1839, in-8°.

Ouvrages écrits en allemand.

Histoire de l'imprimerie à Vienne, par Mich. Denis. *Vienne*, 1782, 2 vol in-4°, avec un supplément, 1793, in-4°.

Vie d'Antoine Koburger, un des premiers et des plus célèbres imprimeurs de Nuremberg, avec un catalogue de tous les écrits imprimés par lui, par G.-E. Valdau. *Vienne, Dresde et Leipsick*, 1786, in-8°.

Annales de l'ancienne littérature allemande, ou annonce et description des livres allemands imprimés depuis l'invention de l'imprimerie jusqu'en 1520, par G.-W. Panzer. *Nuremberg*, 1788, in-4°. — Supplément. *Leipsick*, 1802, in-4°.

Impressions de livres slaves dans le Wurtemberg au XVIe siècle. Rapport littéraire, par Ch.-F. Schnurrer. *Tubingue*, 1799, in-8°.

Description de raretés typographiques et de manuscrits remarquables, par Gotthelf Fischer. *Nuremberg*, 1801, in-8°.

Dictionnaire de l'imprimerie, par Taubel. *Vienne*, 1805, 3 vol. in-4°.

Matériaux pour servir à l'histoire de la typographie à Munster, ou catalogue des livres imprimés dans cette ville depuis l'an 1486 jusqu'à l'an 1700, par J. Niesert. *Coesfeld*, 1828, in-8°.

Histoire de l'invention de l'art typographique par Jean Gensfleisch dit Gutenberg, à Mayence, par Schaab. *Mayence*, 1830, 3 vol. in-8°.

Histoire des impressions de Stralsund jusqu'à l'année 1809, pour servir de matériaux à l'histoire littéraire de la Poméranie, par G. Mohnike, *Stralsund*, 1833, in-4°.

Quelques renseignements sur les livres bas-saxons imprimés à Lubeck dans le XVe siècle, par Deecke. *Lubeck*, 1834, in-4°.

Matériaux pour servir à l'histoire de l'imprimerie à Berlin, notice bibliographique, par G. Friedlaender. *Berlin*, 1834, in-4°.

Histoire critique de l'invention de l'art typographique par J. Gutenberg à Mayence, etc., avec un nouvel examen des prétentions de la ville de Harlem, etc., par J. Wetter. *Mayence*, 1836, in-8°.

Histoire de l'art typographique dans son origine et dans son perfectionnement, par Ch. Falkenstein. *Leipsick*, 1840, in-4°.

Histoire de l'imprimerie dans la ville de Halle, par Gustave Schwetschke. *Halle*, 1840, in-4° avec 2 pl.

Histoire de l'imprimerie à Ulm, composée pour la célébration du 400e anniversaire de l'invention de l'art typographique, par Conr. D. Hassler. *Ulm*, 1840, in-4° fig.

Matériaux pour servir à l'histoire de l'imprimerie à Bâle, par Imm. Stockmeyer et Balthasar Rober. *Bâle*, 1840, in-4°.

L'invention de l'art typographique, traités critiques pour servir à s'orienter dans l'état actuel des recherches, par A.-E. Umbreit. *Leipsick*, 1843, in-8°.

Ouvrages écrits en espagnol.

Dissertation sur l'origine de l'art typographique, et son introduction et son usage dans la ville de Valence des Edétains (Valence en Espagne), par D. Joseph Villaroya. *Valence*, 1796, in-4°.

Typographie espagnole, par Fr. Mendez. *Madrid*, 1796, in-4°.

Ouvrages écrits en hollandais.

Dissertation sur l'origine, l'invention et le perfectionnement de l'imprimerie, par J. Kœnig; traduite en français. *Amsterdam*, 1819, in-8º.

Rapport sur les recherches relatives à l'invention première et à l'usage le plus ancien de l'imprimerie stéréotype, par le baron de Westreenen de Tiellandt. *La Haye*, 1833, in-8º.

Eclaircissement sur l'histoire de l'invention de l'imprimerie, par M. de Vries ; traduit en français par Noordziek. *La Haye*, 1843, in-8º.

Nous avons dû nous borner dans ce catalogue à l'indication des ouvrages composés *ex professo* sur l'imprimerie, ou du moins de ceux qui s'y rattachent directement ; mais dans les encyclopédies, les dictionnaires d'arts et métiers, les mémoires des académies, les journaux scientifiques, les catalogues raisonnés et autres recueils bibliographiques, on trouve souvent des articles très-remarquables sur l'imprimerie et les typographes célèbres.

N° 3.

TABLEAU CHRONOLOGIQUE

DES PRINCIPAUX FAITS QUI SE RATTACHENT A L'HISTOIRE DE L'IMPRIMERIE DEPUIS SON ORIGINE JUSQU'A NOS JOURS.

Ce tableau, destiné à résumer tout ce qui a été dit dans l'histoire de l'imprimerie, contient un grand nombre de faits particuliers qui n'avaient pu y trouver place; la date de l'introduction de cet art dans les principales villes; les noms des imprimeurs célèbres; l'indication des divers progrès de la typographie et des nouvelles découvertes qui s'y rapportent. C'est, en un mot, l'abrégé chronologique de l'histoire de l'imprimerie.

XVe siècle.

1450. MAYENCE, *Moguntia*. L'art typographique est inventé dans cette ville par Jean Gutenberg, Jean Faust et Pierre Schœffer. Le premier ouvrage imprimé en caractères mobiles est une *Bible* latine.

1458. Nicolas Jenson, graveur de monnaie à Tours, est envoyé à Mayence par Charles VII, pour y apprendre le nouvel art. A son retour, vers 1461, il fut probablement mal accueilli par Louis XI, n'introduisit point l'imprimerie en France, comme quelques auteurs l'ont dit, et alla même plus tard s'établir à Venise.

1462. BAMBERG (Allemagne). La première ville après Mayence où l'art typographique a été exercé. Albrecht ou Albert Pfister y imprime le livre des *Quatre histoires* de l'Ancien Testament, en allemand.

1463. On rapporte à cette année un voyage fait par Jean Fust à Paris, où il vendit des exemplaires de la Bible à différents prix, les faisant passer, dit-on, pour des manuscrits, ce qui lui attira un procès en fraude et même en sorcellerie, et le força de prendre la fuite ; mais ce récit, répété par Voltaire, paraît fabuleux.

1465. SUBIACO (Italie). Monastère situé dans les États-Romains. Conrad Sweynheym et Arnold Pannartz, élèves de Gutenberg, y impriment d'abord la grammaire de *Donat* et un *Lactance*.

1466. STRASBOURG, *Argentoratum*, alors ville d'Allemagne. Gutenberg y conçut l'idée de l'imprimerie et peut-être même y fit-il ses premiers essais.

Jacques Mentel ou Mentelin, qu'on a voulu à tort faire passer pour l'inventeur de l'imprimerie, est du moins le premier typographe de Strasbourg ; on lui attribue l'impression d'une Bible allemande, vers 1466, et son nom se trouve sur une édition de l'Art de prêcher, par saint Augustin, que l'on croit encore plus ancienne.

— COLOGNE, *Colonia Agrippina*. Ulrich Zell y imprime un commentaire de saint Jean Chrysostome sur le psaume 50.

— Jean Fust meurt de la peste à Paris où il était venu pour les affaires de son commerce de librairie.

1467. ELFELD ou ELTVIL, *Altavilla*, près Mayence. Henri Beecktermuncze y imprime le *Vocabularium latino-teutonicum*, in-4°.

— ROME. Sweynheym et Pannartz, établis d'abord à Subiaco, sont appelés par le pape Paul II à Rome, où ils impriment les *Épîtres familières* de Cicéron, la *Cité de Dieu* de saint Augustin, etc.

Udalric Han, Allemand (en français Le Coq, en latin Gallus) est le second imprimeur de Rome ; après lui viennent Léonard Pflugl, Georges Laver, Jean Gensberg, Philippe de Lignamine et beaucoup d'autres.

1468. AUGSBOURG, *Augusta Vindelicorum*. Gunther Zainer en est regardé comme le premier imprimeur. Il introduit en Allemagne les caractères ronds appelés romains, parce qu'on s'en servit d'abord à Rome ; c'est lui aussi, dit-on, qui porta l'imprimerie en Pologne.

1468. Jean Gutenberg meurt à Mayence; l'archevêque-électeur Adolphe II l'avait admis au nombre des gentilshommes de sa maison.

— Pierre Schœffer, se trouvant à Paris, vend au collége d'Autun, pour quinze écus d'or, un exemplaire d'un ouvrage de saint Thomas d'Aquin qu'il avait imprimé à Mayence. La quittance, écrite de sa main, est conservée aux archives impériales de Paris.

1469. VENISE. Les premiers imprimeurs sont Jean de Spire et Vendelin, son frère. Plus tard, Nicolas Jenson, Français d'origine, arrive à Venise et s'y fait une grande réputation comme graveur, fondeur de caractères et imprimeur. Un autre Français, Jacques des Rouges, se distingue par ses belles impressions. Jean de Cologne est le premier qui fait usage de signatures dans les livres qu'il imprime. Tous ces célèbres typographes et beaucoup d'autres donnent à l'imprimerie de Venise un éclat que les Alde vont bientôt porter à son apogée.

1470. NUREMBERG (Allemagne). On attribue à Henri Kefer, associé avec Jean Sensenschmid, les premières impressions exécutées dans cette ville, dont Antoine Koburger est aussi un des plus anciens et des plus célèbres imprimeurs. Le savant Regiomontanus (Jean de Muller) y exerce pendant quelques années l'art typographique.

— PARIS. Ulric Gering, Martin Crantz et Michel Friburger, typographes allemands, y sont appelés par deux docteurs de Sorbonne. Le premier ouvrage qu'ils impriment est intitulé : *Epistolæ Gasparini Pergamensis*, in-4º.

— FOLIGNO, *Fulginum* (Italie). Un citoyen de cette ville, nommé Émilien *de Ursinis* ou *de Orfinis*, et Jean Numeister, élève de Gutenberg, y impriment : *De bello italico adversus Gothos* de Léonard Arétin.

— MILAN, *Mediolanum*. Philippe de Lavagna et Antoine Zarot en sont les plus anciens imprimeurs. — Dionysius Paravisenus y imprime, en 1476, la Grammaire de Constantin Lascaris, qu'on regarde comme la première impression en grec.

1470-72. VÉRONE. Panzer (*Annal. typogr.*) cite comme le premier livre imprimé à Vérone une traduction en vers italiens de la *Batrachomyomachie* d'Homère, sans nom d'imprimeur, et à la fin de laquelle on lit : *Verone die XV januarii M CCCC LXX*.

Mais, suivant Dibdin (*Ædes Allethorpianæ*), cette date de 1479 se rapporte au travail du traducteur (George Sommariva) et non à l'impression de l'ouvrage, qu'il croit avoir été imprimé à Florence vers 1480.

Une impression qui ne laisse aucun doute est celle du livre de Valterius, *De re militari*, imprimé à Vérone en 1472, par Jean de Vérone, qui paraît être l'introducteur de la typographie dans sa ville natale.

Pierre Maufer, Français de nation, après avoir exercé son art à Padoue, vient à Vérone où il imprime, en 1480, *De bello judaico* de Josèphe Flavius.

1470-72. MUNSTER en Argovie, *Berona*. C'est la première ville de Suisse où l'on ait exercé l'imprimerie. Le chanoine Élie de Louffen y imprime une édition du *Mammetractus* de Marchesini, datée de 1470 ; puis deux éditions du *Speculum vitæ humanæ* de Roderic, en 1472 et 1473.

1471. Pierre Schœffer et Conrad Henlif ou Hannequis, son associé, font un voyage à Paris, où ils fondent à l'abbaye de Saint-Victor un anniversaire pour eux, pour Jean Fust (mort à Paris en 1466 et peut-être inhumé dans cette église), pour leurs femmes, enfants, parents, amis et bienfaiteurs, moyennant un exemplaire des Épîtres de saint Jérôme, imprimées sur parchemin en deux volumes in-folio. L'abbé leur donne douze écus d'or en retour. Cet acte fait partie des manuscrits de la bibliothèque impériale, et l'exemplaire du livre est à la bibliothèque de l'Arsenal.

— FLORENCE, en latin *Florentia*, en italien *Firenze*. Bernard Cennini, orfévre de cette ville, en est aussi le premier typographe. Aidé de ses deux fils, il monte une presse, fabrique des caractères et imprime les Commentaires de Servius sur Virgile.

Les Junte s'y établissent dans le XVIe siècle, sous la protection des Médicis.

— FERRARE (Italie). Une édition de Martial, la première qui porte une date, y est imprimée. On n'en connaît plus que quatre exemplaires dont un a été acheté vers 1840, par la bibliothèque nationale de Paris, au prix de 2,000 fr. L'impression en est attribuée à André Belfort, surnommé *Gallus*, parce qu'il était d'origine française, comme il le dit lui-même dans la souscription de quelques livres : *Andreas, cui Francia nomen tradidit.* Ce typographe imprima la même année (1471), en y mettant son nom, l'ouvrage intitulé : *Augustini Dathi senensis libellus de variis loquendi figuris.*

1471. TRÉVISE, *Tarvisium.* Girard de Lisa y imprime les *Lettres de Phalaris*, traduites du grec en latin par François Arétin ou d'Arezzo ; *Trismegistus*, traduit par Marsile Ficin, etc.

— BOLOGNE, *Bononia.* Balthasar Azoguidus y imprime la première édition d'Ovide.

— NAPLES. Sixte Riessinger, prêtre de Strasbourg, homme très-instruit et qui avait déjà exercé l'imprimerie, la porte le premier à Naples. Il y est accueilli avec la plus grande distinction par le roi Ferdinand.

— COLLE (Italie). Un imprimeur nommé Bonnus Gallus, après avoir obtenu de l'administration municipale l'exemption de la gabelle, vient s'établir dans cette ville où il imprime la première édition du poëme d'Oppien sur la pêche.

Dès le commencement du XIVe siècle, bien avant l'invention de l'imprimerie, il existait à Colle des manufactures de papier.

— L'imprimerie est introduite à *Pavie* (Italie) ; — *Spire* (Allemagne).

1472. PADOUE, *Patavium.* Barthélemi de Valdezoccho, Padouan, et Martin de Sept-Arbres, Prussien, introduisent l'imprimerie à Padoue et y publient la *Fiametta* de Boccace, et les *Sonetti e Trionfi* de Pétrarque. — Pierre Maufer, Français, est aussi un des plus anciens imprimeurs de cette ville ; il va ensuite s'établir à Vérone.

— MANTOUE. Deux Allemands, Georges et Paul, associés à Columbino de Vérone, impriment une édition de Dante, in-fol.

— PARME. Les deux plus anciens imprimeurs de cette ville sont Étienne Coral, Lyonnais, qui passe même pour y avoir introduit l'art typographique, et André Portilia. Dès le commencement de 1473, le premier y imprimait l'*Achilléide* de Stace, et le second les *Triomphes* de Pétrarque. C'est là que Bodini, l'un des plus célèbres typographes de cette époque, avait son établissement.

1473. ULM (Allemagne). Jean Zainer y introduit l'imprimerie et publie la première édition des *Femmes illustres* de Boccace. On croit qu'il était frère de Gunther Zainer, imprimeur à Augsbourg.

1473. BUDE (Hongrie). André Hess en est le premier imprimeur ; il y est appelé par le roi Mathias Corvin.

— ALOST. On y imprime le *Speculum conversionis peccatorum* de Rikel. C'est la première impression datée faite en Belgique ; elle est attribuée par les uns à Jean de Westphalie, par les autres à Thierri Martens, natif d'Alost, tous deux imprimeurs en cette ville, question de priorité résolue en faveur de Martens par ses compatriotes, qui le regardent comme le plus ancien typographe de la Belgique.

— UTRECHT, *Trajectum ad Rhenum* ou *Ultrajectum* (Hollande). Nicolas Ketelaer et Gérard Leempt y impriment l'*Historia scholastica* de Pierre Comestor.

— Introduction de l'imprimerie à *Brescia* et à *Messine* (Italie) ; — à *Esslingen* (Allemagne).

— LYON. Guillaume Regis ou Le Roy y imprime le *Compendium breve* du cardinal Lothaire. Dans le XVIe siècle, Jean Treschel, Sébastien et Antoine Gryphe s'y distinguent par la beauté de leurs impressions.

— Pierre Cæsaris, c'est-à-dire fils de César, maître ès arts et l'un des libraires jurés de l'Université de Paris, fonde avec Jean Stoll une seconde imprimerie dans cette ville. Leur établissement fait une vive concurrence à celui de Géring, dont ils avaient, dit-on, été les élèves.

1474. Louis XI accorde des lettres de naturalité à Gering, Friburger et Crantz.

— Les frères de la vie commune impriment un Psautier dans leur monastère de Marienthal en Rhingau ou du Val Sainte-Marie près Mayence.

— LOUVAIN, *Lovanium*. Jean de Westphalie ou de Paderborn en est le premier imprimeur.

— BALE, *Basilea*. Berthold Rodt, Michel Wensler et Bernard Richel en sont les plus anciens imprimeurs. Bientôt les Amerbach, les Froben, Oporin, Herwagen et autres savants typographes s'y distinguent par leurs belles et nombreuses impressions.

— GÊNES, *Janua*. Mathieu Morave d'Ollmutz et Michel de Monaco y impriment la Somme théologique de Nicolas de Ausmo. Une inadvertance a rendu la date fautive : on lit 1456 au lieu de 1474, parce qu'on a mis *liio quarto*, pour *lxxo quarto*.

En 1516, Porrus imprima à Gênes un Psautier polyglotte à huit colonnes.

1474. VALENCE (Espagne). C'est la première ville d'Espagne où l'imprimerie ait été établie. On croit qu'elle y fut apportée par Lambert Palomar ou Palmart, typographe allemand, qui eut pour élève et pour associé Alfonso Ferdandez de Cordova (Cordoue).

1475. L'imprimerie est introduite à *Modène*, à *Plaisance* (Italie) ; — à *Barcelone, Saragosse* (Espagne) ; — *Deventer* (Hollande) ; — *Breslau* (Allemagne) ; — *Pilsen* (Bohême).

— Louis XI, par lettres royales du 21 avril, ordonne de restituer à Pierre Schœffer et à Conrad Hannequis, son asssocié, la somme de 2,425 écus, valeur des livres qu'ils avaient en dépôt, tant à Paris qu'à Angers, chez leur facteur Hermann Statboen, Allemand non naturalisé en France, et qui, après la mort de celui-ci, avaient été saisis et vendus par droit d'aubaine.

Vers la même époque, Schœffer, que la poursuite de cette affaire et son commerce de librairie avaient appelé à Paris, vend pour trois écus, à un membre du chapitre de la cathédrale, un livre de théologie sur la dernière page duquel se trouve la quittance écrite par Schœffer. Ce volume est maintenant à la bibliothèque de l'Arsenal.

— Pasquier Bonhomme, qui exerçait le commerce de la librairie à Paris dès 1468, c'est-à-dire avant l'établissement de la typographie dans cette ville, est le premier Français qui ait embrassé la profession d'imprimeur à Paris ; car Gering, ses associés et ses premiers émules étaient étrangers.

Bonhomme publie en 1476 les *Chroniques de France*, premier ouvrage imprimé en français à Paris ; jusqu'alors on n'y avait imprimé que des livres en latin.

Mais déjà Barthélemi Buyer, à Lyon, imprimait en français la *Légende dorée*, 1476 ; Colard Mansion, à Bruges, le *Jardin de dévotion*, vers 1475 ; plus anciennement encore, vers 1470, on avait imprimé en français le *Recueil des histoires de Troie*, probablement à Cologne. Ainsi, la première impression en langue française aurait été exécutée dans une ville étrangère.

1475. BRUGES. Colard Mansion introduit la typographie dans cette ville. Le premier ouvrage sorti de ses presses est le *Jardin de dévotion*.

— CRACOVIE. On y imprime une explication des *Psaumes* par le cardinal Jean de Turrecremata, sans date et sans nom d'imprimeur, mais dont l'impression est attribuée à Günther Zainer qui exerçait l'art typographique à Augsbourg dès 1468. Suivant quelques bibliographes allemands et polonais, qui donnent au livre imprimé à Cracovie la date de 1465, au lieu de 1475, c'est après son retour de Pologne que Zainer se serait établi à Augsbourg; mais cette opinion est bien contestée.

— VICENCE (Italie). Herman Levilapis ou Lichtenstein introduit la typographie dans cette ville : il y imprime les *Histoires* de Paul Orose et la *Cosmographie* de Ptolémée.

— REGGIO de Calabre dans le royaume de Naples. Les juifs y impriment un commentaire du rabbin Jarchi sur le Pentateuque. C'est la première impression en langue hébraïque.

1476. BRUXELLES. Les frères de la vie commune établissent une imprimerie dans leur monastère. Ils y impriment le *Speculum conscienciæ* de Denis le Chartreux (Rikel).

— ANVERS, *Antverpia*. Thierri Martens y porte l'imprimerie et publie le *Thesaurus pauperum*.

La date de 1472 qui se trouve aux *Visions de Tondale*, livre flamand imprimé en cette ville, est regardée comme fausse.

Dans le XVIe siècle, le célèbre Christophe Plantin y établit une des plus belles imprimeries de l'Europe.

— ANGERS, *Andegavum*. Jean de la Tour (*Johannes de Turre*) et Jean Morelli y impriment la *Rhétorique* de Cicéron ; puis, en 1477, le *Manipulus curatorum*.

— TOULOUSE. Cette ville dont le nom s'écrivait anciennement Tholose et Tolose (en latin *Tholosa* et *Tolosa*), a été quelquefois confondue par les bibliographes avec Tolosa, petite ville d'Espagne.

Voir, au chapitre de la propagation de l'imprimerie, ce que nous avons dit pour assigner la date de 1476 à l'établissement de la typographie à Toulouse, où elle fut introduite par Jean Teutonicus.

— Introduction de l'imprimerie à *Rostock* (Allemagne) ; — *Mondovi*, *Trente*, *Udine* (Italie).

1477. Lucques (Italie). Barthélemi Civitale y imprime les *Triomphes* de Pétrarque. On a prétendu qu'un opuscule du jurisconsulte Jean-Jacques Canis avait été imprimé dans cette ville en 1468 ; cette conjecture est peu fondée.

— Gouda (Hollande). L'imprimerie y est apportée par Gérard Leeu ou Lyon, qui va ensuite s'établir à Anvers.

— Martin Crantz et Michel Friburger retournent en Allemagne. Ulric Gering reste à Paris. Il s'associe avec Guillaume Maynial (1480), puis avec Berthold Rembolt de Strasbourg (1483).

— Westminster (Angleterre). Guillaume Caxton imprime les *Dits et maximes des philosophes*, en anglais. Il paraît que c'est le premier livre imprimé en Angleterre, et que le *Jeu des échecs moralisé*, de 1474, fut publié par Caxton, à Cologne.

— Introduction de l'imprimerie à *Palerme* (Italie); — *Séville* (Espagne).

1478. Oxford, *Oxonium* (Angleterre). On y imprime l'*Explication du Symbole des Apôtres* en latin, par saint Jérôme, avec la date de M CCCC LXVIII (1468); mais c'est évidemment M CCCC LXXVIII (1478) qu'il faut lire.

— Vienne en Dauphiné (France). Maître Jean y imprime *Scelestissimi Sathane litigacionis contra genus humanum liber*.

— Chablis, *Cabelium*. Pierre Lerouge y imprime le *Livre des bonnes mœurs*.

— Genève. Adam Steinsbacher y imprime le *Livre des saints Anges*. Dans le XVIe siècle, Calvin y fixe sa résidence et l'on y publie beaucoup d'ouvrages en faveur de la réforme.

Conrad Bade et Robert Estienne, son beau-frère, s'y retirent, après avoir embrassé le protestantisme.

— Introduction de l'imprimerie à *Sienne* (Italie); — *Prague* (Bohême).

1479. Pignerol, *Pinarolium* (Italie). Jean de Rubeis ou Des Rouges, Français de nation, imprime *Juvenalis Satiricon*, in-fol. Il était auparavant établi à Venise.

— Poitiers, *Pictavium*. On y imprime, dans la maison d'un chanoine de l'église de Saint-Hilaire, le *Breviarium historiale* de Columna.

— Introduction de l'imprimerie à *Wurzbourg* (Allemagne); — *Massa, Novi* (Italie); — *Delft, Nimègue* (Hollande); — *Lerida* (Espagne).

TOME II. 48

1480. Caen, *Cadomum*. Jacques Durand et Qui-Joue impriment *Epistole Horacii* (Epistolæ Horatii), in-4º.
— Audenarde (Belgique). Arnoud de Keysere (c'est-à-dire de l'Empereur) imprime *Hermanni de Petra sermones* 50.
— Soncino (Italie). Les rabbins Josué et Moïse y fondent une imprimerie hébraïque d'où sortent un grand nombre de livres, notamment la première édition de la Bible en hébreu (1488). Gerson, fils de Moïse, après avoir exercé la typographie en Italie, va s'établir à Constantinople vers le commencement du XVIe siècle.
— Leipsick, *Lipsia* (Allemagne). Marc Brandt paraît en être le premier typographe : il y imprime, en 1481, *Glosa super Apocalipsim*, in-4º.
— Dès cette époque un grand nombre d'habiles typographes exercent l'imprimerie à Paris. Outre Gering et ceux que nous avons déjà nommés, les plus connus pendant le XVe siècle sont Jean Dupré, Jean Higman, Philippe Pigouchet, Gui Marchant, Jean Carcain, Pierre Lerouge, Michel Lenoir, Pierre Lecaron, Wolfgang Hopil, Thielman Kerver, André Bocard, Jean Trepperel, etc.
— Saint-Albans (Angleterre). Un maître d'école dont on ignore le nom y imprime une Rhétorique (*Rhetorica nova*).
— L'imprimerie est introduite à *Burgos* (Espagne).
1481. Londres. Jean Lettou y imprime *Jacobus de Valentia in Psalterium*. Il s'associe bientôt avec Guillaume de Machlinia (de Malines); ce sont les deux plus anciens imprimeurs de Londres.
— Introduction de l'imprimerie à *Salamanque* (Espagne) ; — *Saluces* en Piémont, — *Urbin* (Italie).
1482. Metz, *Metæ*. Jean Collini, religieux carme, et Gérard de Villeneuve y impriment le livre Ier de l'*Imitation* en latin.
— Vienne en Autriche, *Vindobona*. Des typographes inconnus y impriment le *Tractatus distinctionum* de Jean Meyger. Plus tard Jean Winterburger et Jean Singrenius s'y établissent.
— Reutlingen (Allemagne). Jean Ottmar y imprime la *Summa Pisani*, in-fol.
La même année l'imprimerie est introduite dans d'autres villes d'Allemagne : à *Cobourg, Erfurt, Memmingen, Munich*.

1482. ODENSÉE, *Ottonia* (Danemarck). Jean Snel, typographe allemand, y porte l'imprimerie. C'est la première ville danoise qui ait eu des presses.
1483. TROYES, *Treccæ* ou *Tricassus*. Pierre Lerouge et son fils Guillaume en sont les premiers imprimeurs.
— HARLEM (Hollande). Cette ville, qu'un récit fabuleux représente comme le berceau de l'imprimerie, a reçu, au contraire, assez tard des établissements typographiques.
— LEYDE, *Lugdunum Batavorum* (Hollande). Dans le XVIe siècle les Elsevier donnent à cette ville une grande renommée.
— STOCKHOLM, *Holmia*. Jean Snel y imprime le *Dialogus creaturarum moralisatus*. C'est la plus ancienne impression faite en Suède.
— L'imprimerie est introduite à *Gand* (Belgique); — *Magdebourg* (Allemagne); — *Pise* (Italie).
1484. RENNES, *Rhedones*. Pierre Bellesculée et Josse y impriment les *Coutumes de Bretagne*.
— Introduction de l'imprimerie à *Bois-le-Duc*, Busco ducis, en Hollande; — *Chambéry*, Camberiacum, en Savoie.
— Simon Vostre, d'abord libraire et plus tard imprimeur à Paris, est particulièrement connu pour ses publications de livres d'*Heures* à l'embellissement desquels il fait concourir la xylographie et la typographie. Ces livres, destinés à remplacer les manuscrits ornés de peintures, sont accompagnés de gravures en bois, souvent enluminées; les pages sont encadrées dans des bordures remplies d'arabesques, de figures et de petits sujets historiques ou fantastiques gravés. A ces *Heures* est toujours joint un calendrier pouvant servir pendant vingt ans.

Simon Vostre n'imprimait pas lui-même les livres qu'il éditait; il recourait ordinairement aux presses de Philippe Pigouchet. En 1497, Gering et Rembolt imprimèrent pour lui un *Missel de Paris*.
1485. Antoine Verard, imprimeur-libraire à Paris, publie plus de deux cents éditions d'ouvrages divers, la plupart en français, tels que des chroniques et des romans de chevalerie dont un grand nombre sont imprimés sur vélin et ornés de très belles miniatures. Il était plutôt libraire qu'imprimeur et employait les presses de Pierre Lecaron, Pierre Lerouge et autres.

1485. SALINS (France). Jean Desprels (*Joan. de Pratis*), Benoît Bigot et Claude Baudrand impriment un *Missel* à l'usage de l'église de Besançon, in-fol., en rouge et en noir.

— L'imprimerie est introduite à *Heidelberg, Ratisbonne*, Regensburgum (Allemagne); — *Verceil* en Piémont.

1486. ABBEVILLE. Jean Dupré et Pierre Gérard impriment la *Cité de Dieu* de saint Augustin, traduite en français par Raoul de Praesles.

Ce Jean Dupré (*de Pratis* ou *de Prato*) est probablement le même qui imprimait à Paris en 1481 et à Lyon en 1488.

— TOLÈDE (Espagne). On y imprime un livre du cardinal Ximenès. Pierre Hagembach imprime un *Missel* en 1500 et un *Bréviaire* en 1502, par ordre du même cardinal.

— Introduction de l'imprimerie à *Brunn* en Moravie; — *Munster, Slesvig, Stuttgard* (Allemagne).

1487. BESANÇON, *Vesontio*. Jean ou François Contet ou Comtet, imprime *Regimen sanitatis, cum tractatu epidemiæ seu pestilentiæ una cum commentariis Arnoldi de Villanova medico*, in-4°. On croit que c'est l'édition originale de l'Ecole de Salerne.

— ROUEN, *Rhotomagus*. Guillaume Le Talleur y imprime les *Cronicques de Normandie*, in-fol.

— L'imprimerie est introduite à *Ingolstadt* (Allemagne); — *Murcie* (Espagne).

1489. LISBONNE, en latin *Ulyssipo*, en portugais *Lisboa*. La première impression faite en cette ville est un *Commentaire sur le Pentateuque*, en hébreu, imprimé par Rabbi Zorba et Raban Eliézer, dont on a encore d'autres éditions de livres hébreux. Après les Juifs, Nicolas de Saxe et Valentin de Moravie impriment une *Vie de J.-C.*, traduite du latin en portugais, 1495.

— KUTTENBERG (Bohême). Martin Tischniowa y imprime une *Bible* en bohémien.

1490. ORLÉANS, *Aurelianum*. Mathieu Vivian y imprime le *Manipulus curatorum*, traduit en français.

— DOLE (France). Pierre Metleinger ou Betlinger imprime les *Ordonnances du comté de Bourgogne*.

— L'imprimerie est introduite à *Grenoble*, Gratianopolis.

1491. DIJON, *Divio*. Pierre Metleinger y imprime *Cisterciensis ordinis privilegia* et *Compendium sanctorum ordinis cisterciensis*.

1491. Angoulême. On y imprime, sans nom d'imprimeur, *Auto-res VIII*, etc., recueil de poésies morales.

— Narbonne. Un bréviaire est imprimé, dans le cloître de la cathédrale de Saint-Just, sous l'archiépiscopat de François III de Hallé, et sous la surveillance ou censure de Rodolphe Boissely, vicaire général. Ce volume est sans pagination; il est imprimé en rouge et en noir, et sur un très-petit format.

— L'imprimerie est introduite à *Hambourg*.

1493. Nantes, *Nannetas*. Etienne Larcher y imprime les *Lunettes des princes,* par Jean Meschinot.

La souscription porte l'an mil cccc iiii xx et xiii. Quelques bibliographes citent une édition de 1488, mais ils auront probablement lu viii pour xiii.

— Cluni, monastère de Bourgogne. Les religieux y montent une imprimerie.

— Salonique (Turquie), l'ancienne *Thessalonique* de Macédoine en Grèce. Des juifs y impriment en hébreu un *Commentaire* d'Abravanel sur quelques livres de la Bible.

— Copenhague, *Hafnia, Havnia*. On commence à imprimer dans cette capitale.

— L'imprimerie est introduite à *Valladolid* (Espagne).

1495. Limoges, *Lemovicæ*. Jean Berton y imprime le *Bréviaire* du diocèse.

— L'imprimerie est introduite à *Pampelune* (Espagne).

1496. Provins. Guillaume Tavernier y imprime *La Règle des marchands.*

— Tours, *Turones*. Mathieu Lateron imprime la *Vie et Miracles de saint Martin.*

Le roman de Florio, que Maittaire croyait à tort avoir été imprimé à Tours en 1467, l'a été à Paris, par Cæsaris et Stol vers 1475. La date de 1467 se rapporte à la composition de l'ouvrage.

— L'imprimerie est introduite à *Grenade* (Espagne).

— Guillaume Signerre, Français, natif de Rouen, établi à Milan, y imprime la *Practica musicæ* de Gafori, avec la musique notée en caractères mobiles.

1497. Avignon. On y imprime *Luciani Palinurus*, etc., aux dépens de Nicolas Lepe, citoyen avignonnais.

1498. Jean Petit est libraire juré et imprimeur de l'Université de

Paris; mais il paraît qu'il n'imprimait pas lui-même les nombreux ouvrages qu'il publiait : il entretenait, dit-on, les presses de plus de quinze imprimeurs. Il avait pour devise : *Petit à petit*. Il fut garde de la librairie et imprimerie, et fit confirmer, en 1516, les priviléges et exemptions que Louis XII avait accordés à cette corporation.

1498 TUBINGUE (Allemagne). Jean Ottmar y imprime *Lectura Fr. Pauli in primum Sententiarum*, in-fol.

1499. MADRID. L'imprimerie s'y établit tardivement, parce que cette ville, avant que la cour y résidât, n'avait pas une grande importance.

— AMSTERDAM. On y imprime *Tractatus fratris Dionysij de conversione peccatoris*, sans date, mais certainement antérieur à 1500.

1500. PERPIGNAN. Jean Rosembach y imprime le *Bréviaire*.

— L'imprimerie est établie à *Olmutz*, en Moravie.

— VALENCIENNES. Jean de Liége introduit la typographie dans cette ville où il imprime quelques opuscules de Chastelain et de Jehan Molinet. On croit qu'il porta aussi l'imprimerie à *Cambrai*.

— TOLOSA (Espagne). Par suite de l'observation que nous avons faite à l'article Toulouse (en latin *Tholosa* et *Tolosa*) sous la date de 1476, il faudrait reporter l'introduction de l'imprimerie dans la ville espagnole vers la fin du XVe ou au commencement du XVIe siècle.

XVIe siècle.

1501. PARIS. Josse Bade (*Badius*) susnommé *Ascensius*, parce qu'il était né au village d'Assche près de Bruxelles, fut un des plus savants typographes de son temps. Il avait été professeur de belles-lettres, et correcteur chez Treschel, imprimeur à Lyon, dont il épousa la fille. Étant venu s'établir à Paris, il y monta une fameuse imprimerie connue sous le nom de *Prælum ascensianum*.

C'est à tort qu'on lui a quelquefois attribué l'introduction en France des caractères ronds, au lieu des caractères gothiques; car les premiers livres imprimés en Sorbonne dès

1470, par Gering et ses associés, le furent en caractères ronds.

1502. Henri Estienne, chef de l'illustre famille des Estienne, commence à imprimer à Paris avec Hopil Wolfgang, puis avec Jean Petit, Denis Rosse, etc.

1505. CONSTANTINOPLE. David et Samuel, fils de Nachmias, y impriment le *Pentateuque* en hébreu avec des commentaires. C'est le premier ou du moins un des premiers livres datés, imprimés dans cette capitale ; car le dictionnaire hébreu que plusieurs bibliographes supposent avoir été imprimé à Constantinople en 1488, paraît l'avoir été à Naples, et l'Histoire judaïque de Joseph Gorion ou Jossiffon à Mantoue, vers 1480 ; l'édition de Constantinople est de 1510, et non de 1490.

1506. FRANCFORT-SUR-L'ODER. On y imprime les *Éléments d'Euclide*.

1507. ÉDIMBOURG (Écosse). Une imprimerie y est établie sous les auspices du roi Jacques IV, par Chepman et André Millar.

— SAINT-DIÉ, *Deodata*, en Lorraine (France). On y publie un ouvrage intitulé *Cosmographiæ introductio*, in-4°, fig., qui paraît avoir été imprimé par Gauthier Lud, chanoine de cette ville, car il s'est nommé sur un autre ouvrage qu'il imprima en 1509, sous ce titre : *Philesii Vosgesigenæ grammatica figurata*. Suivant M. Gravier, auteur d'une Histoire de Saint-Dié, le chanoine Lud aurait même introduit et pratiqué l'art typographique dans cette ville dès 1494 en imprimant un petit livre sur la fête de la Présentation au Temple ; mais il paraît que cet art n'y prit point racine, car on n'y retrouve plus d'imprimerie qu'en 1726.

— Gilles de Gourmont, libraire et imprimeur, est le premier qui imprime à Paris des livres grecs (1507) et qui fait usage de caractères hébreux (1508), François Tissard d'Amboise, savant humaniste, le dirige dans ce travail.

1510 (23 août). Ulric Gering meurt à Paris.

— UPSAL (Suède). Un *Psautier* latin imprimé par Paul Grüs, dans la maison du docteur Ravald, archidiacre, est regardé comme la première impression faite en cette ville.

1511. VENISE. Daniel Bomberg, natif d'Anvers, monte à Venise une imprimerie hébraïque ; c'est le premier typographe chrétien qui ait imprimé des livres entièrement hébreux, comme les juifs le faisaient depuis longtemps.

1513. FRANCFORT-SUR-LE-MEIN. Christian Hegenolph y exerce le premier l'art typographique, ainsi que le constate une inscription qu'on voit encore aujourd'hui sur la maison qu'il occupait.

1514-17. ALCALA DE HENARÈS, en latin *Complutum* (Espagne). C'est dans cette ville que le cardinal Ximenès, archevêque de Tolède et ministre de Ferdinand et d'Isabelle, fait imprimer par Brocario la première Bible polyglotte, en 6 vol. in-fol., entreprise pour laquelle le prélat dépensa des sommes immenses.

1517. ARRAS, *Atrebatum*. Jean et Antoine Pice y impriment sur vélin le *Bréviaire* du diocèse.

— VILNA (Pologne). On y imprime les *Actes des Apôtres* en slavon.

1518. Berthold Rembolt, ancien associé de Géring, meurt à Paris. — Sa veuve Charlotte Guillard continue à exercer l'imprimerie; elle épouse, en 1520, Claude Chevallon, habile typographe.

1520. BORDEAUX, *Burdigala*. Gaspard Philippe y imprime la *Summa diversarum questionum, medicinalium,* compilation du docteur Taregua, 1 vol. in-fol. Gaspard avait exercé la typographie à Paris avant de venir à Bordeaux, où il eut pour successeur Jean Guyart.

1521. CAMBRIDGE, *Cantabrigia* (Angleterre). La première impression datée de cette ville est un ouvrage de Galien traduit en latin par Th. Linacer et imprimé par Jean Siberch, sous ce titre : *Galeni pergamensis de temperamentis*. La bibliothèque bodléienne en conserve un exemplaire sur vélin.

— Simon de Colines, imprimeur à Paris, succède à Henri Estienne dont il épouse la veuve. Il s'adonne à la gravure des poinçons et à la confection des matrices, et se rend célèbre par la correction et le choix de ses éditions, au nombre de près de cinq cents. Il employait fréquemment le caractère italique inventé par Alde Manuce.

— Parmi les imprimeurs-libraires renommés à cette époque, on cite encore Pierre Vidoue, Galliot Dupré, Guillaume Nyverd, Jean Cornilleau, Yolande Bonhomme, veuve de Thielman Kerver.

1522. Meaux, *Meldœ* (France). On y imprime des ouvrages de théologie de Jacques Lefebvre d'Étaples.

— Chrétien Wechell imprime à Paris sa première édition : les *OEconomiques d'Aristote*, traduites par Sybert Louvenborch (in-folio). En 1548, Gesner lui dédie le 13e livre de ses *Pandectes*, comme à un des plus habiles imprimeurs de l'époque.

— Halle en Prusse. Une édition de la *Pharsale* de Lucain, imprimée en cette ville, porte la date de 1472 ; mais comme elle a des signatures et que ce signe typographique n'était pas encore usité, il est évident que la date est erronée. Panzer (*Annal. typogr.*) croit que, au lieu de M CCCC LXXII (1472), il faut lire M CCCCC XXII (1522).

1525. Hautin (Pierre), imprimeur graveur et fondeur à Paris, fait les premiers poinçons pour la musique. On voit à la bibliothèque impériale plusieurs de ses premières éditions.

— Robert Estienne, fils de Henri, célèbre par ses connaissances dans les langues hébraïque, grecque et latine, commence à imprimer à Paris. Il donne d'excellentes éditions des principaux auteurs grecs, et ses caractères hébreux surpassent en perfection tout ce qui avait été fait avant lui. Gesner lui dédie le 5e livre de ses *Pandectes*. En 1539, François Ier le nomme imprimeur royal pour les lettres hébraïques et latines ; en 1545, il le nomme imprimeur royal pour le grec, en remplacement de Néobar, dont le nom va se présenter bientôt. Obligé de quitter la France, à cause de ses principes religieux, il se retire à Genève où il meurt le 7 septembre 1559.

1527. Pierre Atteignant, imprimeur-libraire à Paris, publie un recueil de *Chansons nouvelles en musique à quatre parties*. C'est, dit M. Brunet, le plus ancien chansonnier imprimé en France où l'on ait employé des caractères mobiles pour l'impression de la musique. Mais ce procédé était déjà usité en Italie et en Allemagne. Gutenberg et ses associés imprimèrent ainsi le plain-chant dans les premiers livres liturgiques qu'ils publièrent, comme on le remarque dans une édition du *Psautier* de Mayence donnée par Pierre Schœffer. Gering fit la même chose à Paris dans ses impressions de livres d'église.

1528. Sébastien Gryphe, originaire d'Allemagne, s'établit à Lyon ; c'est un des plus célèbres typographes de cette ville. — Son frère François était imprimeur à Paris.

A la même époque les Junte de Florence avaient un établissement de librairie et d'imprimerie à Lyon.

1529. Geoffroy Toury ou Tory, libraire à Paris, compose et publie un traité de la proportion des différents caractères d'imprimerie, intitulé le *Champ fleuri*. François Ier lui accorde un privilége pour l'impression des *Heures*.

1530. Michel Vascosan est reçu imprimeur à Paris. Il imprime, en 1542, un *Quintilien*, remarquable par sa correction ; devient gendre de Josse Bade et beau-frère de Robert Estienne. Nommé imprimeur du roi, il obtient de Henri II, en 1553, un privilége général pour les livres qu'il imprimerait dans la suite.

1530. Gérard Morrhi, ami d'Erasme, se distingue par ses impressions grecques.

— Holum en Islande (Danemark). Jean Arcsoen, dernier évêque catholique, y introduit l'imprimerie.

1531. Alençon. On y imprime *le Mirouer de l'ame pécheresse*, par Marguerite de Valois, sœur de François Ier, reine de Navarre.

— François Ier ordonne à Guillaume Le Bé de fondre des caractères hébreux, grecs et latins. Ces caractères sont remarquables par leur beauté. Le roi en confie la garde à Robert Estienne, son imprimeur ordinaire. En 1540, Guillaume Le Bé est chargé de fondre des caractères de langues orientales. C'est lui qui fondit les caractères employés pour la Bible *polyglotte*, imprimée à Anvers en 1569-72, chez Plantin, par ordre de Philippe II, roi d'Espagne.

— Augereau, en latin *Augerellus* (Antoine), est reçu imprimeur-libraire à Paris. Il était aussi graveur en caractères.

1534. Irrité contre les publications audacieuses des sectaires, François Ier, par lettres patentes du 13 janvier, supprime l'exercice de l'imprimerie dans tout le royaume, sous *peine de la hart*; mais, sur les remontrances du parlement, l'exécution de ces lettres est suspendue, et bientôt on se borne à des mesures restrictives.

1538. Conrad Néobar, savant distingué, est nommé par François Ier imprimeur royal pour le grec. Il meurt en 1540 par excès de travail. — Sa veuve lui succède.

1539. Dupuis (Mathurin) est reçu libraire à Paris. Sa famille exerce la librairie jusqu'à la fin du XVIIIe siècle, c'est-à-dire pendant plus de 250 ans.

1539. Claude Garamond, célèbre graveur et fondeur, à Paris, commence, d'après les ordres de François Ier, la gravure de caractères dits *grecs du roi*, sur le modèle que lui fournit Ange Vergèce, calligraphe royal. Le premier ouvrage où ces types sont employés est imprimé par Néobar sous ce titre : *Aristotelis et Philonis libri de mundo ;* il porte, par erreur, la date de MDLX au lieu de MDXL. — Garamond avait déjà gravé des caractères romains et italiques, en prenant pour modèles les types de Jenson et d'Alde Manuce. Sa réputation s'était étendue dans toute l'Europe.

— Par son édit de Villers-Cotterets, François Ier prescrit l'usage de la langue française dans les arrêts judiciaires et les actes publics, qui jusqu'alors avaient été rédigés en latin.

— Barbou (Jean), imprimeur à Lyon, fait paraître les œuvres de Marot en petit format in-8°. Il va plus tard s'établir à Limoges. Jean Barbou, qui s'est rendu recommandable par ses éditions, est la tige de tous les célèbres imprimeurs de ce nom.

1540. BERLIN. On commence à imprimer dans cette capitale de la Prusse qui est aujourd'hui le centre intellectuel du Nord.

— Le premier jubilé, c'est-à-dire le premier anniversaire de l'invention de l'imprimerie, est célébré à Wittemberg en Allemagne. Jean Lufft, imprimeur de cette ville, est le promoteur de la fête.

Quoique les premières impressions en caractères mobiles ne remontent qu'à l'année 1450, il est croyable, d'après le témoignage de Zell et de Palmieri, corroboré par les pièces du procès de Strasbourg, que, dès 1440, Gutenberg avait, en effet, imaginé et peut-être même pratiqué ce procédé. Aussi la date de 1440 est-elle adoptée maintenant pour la célébration des jubilés typographiques.

— BOURGES, *Bituriges*. Barthélemi Bartault y imprime la *Coutume de Berry*.

1542. Charlotte Guillard, femme de Berthold Rembolt, associé de Gering, veuve en 1518, épouse en 1520 Claude Chevallon ; veuve une seconde fois en 1542, elle exerce seule l'imprimerie jusqu'en 1556, année de sa mort. Elle a édité d'importants ouvrages en latin, en grec et même en hébreu, corrigés avec le plus grand soin. Ses contemporains l'ont comblée d'éloges.

1543. François Ier confère le titre d'imprimeur royal pour la langue française à Denis Janot.

1545. AGEN (France). Ant. Reboglio y imprime des poésies italiennes de Bandello.

1546. Conrad Bade, fils de Josse, exerce d'abord l'imprimerie à Paris. Ayant embrassé le protestantisme, il se retire à Genève, où il est rejoint par Robert Estienne, son beau-frère, expatrié pour la même cause.

— Etienne Dolet, savant humaniste et imprimeur, qui, après avoir exercé sa profession à Lyon, était venu à Paris, y est brûlé sur la place Maubert, en 1546, pour cause de religion.

— Le signe typographique appelé *guillemets*, du nom de son inventeur, et qui sert à indiquer les citations, commence à être employé par les imprimeurs.

— LE MANS, *Cenomanum* (France). Denis Gaigeot y imprime le *Missel* du diocèse.

1547. Jean de Tournes, élève de Sébastien Gryphe, Guillaume Roville, Jean et François Frellon exercent avec succès l'imprimerie à Lyon.

1548. Guillaume Morel est reçu imprimeur à Paris. Typographe habile, il enseigne en outre avec distinction la langue grecque, et compose plusieurs ouvrages estimés. Il meurt en 1564.

1551. DUBLIN (Irlande). Humphrey Powel y imprime le *Livre des communes prières* en anglais. — En 1571, Walsh et Kearney impriment un Catéchisme en langue et en caractères irlandais.

1552. BELGRADE (Turquie). On y imprime le *Nouveau Testament* en esclavon.

— Ballard (Robert) est nommé par Henri II libraire et imprimeur du roi pour la musique, titre qui se conserva dans sa famille jusqu'en 1789. — Il y a peu d'années que l'imprimerie de Paris comptait encore un descendant de Robert Ballard parmi ses membres. Cette famille a donc fourni dans l'imprimerie une carrière de près de 300 ans.

1554. Henri Estienne II, fils de Robert, imprime les *Odes d'Anacréon*, ouvrage dont on croyait le manuscrit perdu et qu'il avait rapporté de l'Italie. Aidé par Frédéric Sylburge, il rédige et imprime, en 1572, le *Thesaurus græcæ linguæ*, magnifique travail dont les épreuves sont corrigées par Jean Scapula, qui, abusant de cette circonstance, en fit un extrait et le publia peu de temps après le grand ouvrage de son maître. On doit aussi à Henri Estienne les éditions de *Pausanias*, de *Justin*, de *Clément d'Alexandrie* et de *Denys d'Halicarnasse*. Il passe pour l'imprimeur le plus érudit de tous les temps. Il mourut à l'hôpital de Lyon, en 1598, après avoir été longtemps errant et malheureux par suite des persécutions que lui attirèrent ses écrits sur des matières religieuses.

1554. ANDRINOPLE (Turquie). Les juifs y impriment des livres hébreux.

1555. Corrozet (Gilles), libraire dès 1536, est reçu imprimeur à Paris. Il a composé, traduit et imprimé un grand nombre d'ouvrages. Sa marque, faisant allusion à son nom, était un *cœur* avec une *rose* au milieu.

1558. Frédéric Morel, neveu de Robert Estienne, gendre de Vascosan, imprime son premier ouvrage. Il est nommé imprimeur ordinaire du roi en 1571.

1559. Robert Estienne Ier meurt à Genève, où il s'était retiré pour cause de religion.

1560. Martin Lhomme est pendu à la place Maubert, à Paris, le 15 juillet, pour avoir imprimé un pamphlet, intitulé le *Tigre*, contre le cardinal de Lorraine. — Un marchand rouennais, nommé Robert Dehors, qui se trouvait là le jour de l'exécution, ayant prononcé quelques paroles de compassion pour le condamné, subit, peu de jours après, le même supplice.

1561. Paul Manuce, imprimeur à Venise, est appelé à Rome, par le pape Pie IV, pour diriger l'imprimerie pontificale.

1563. DOUAI, *Duacum*. Jacques Boscard, imprimeur de Louvain, s'établit à Douai, sur l'invitation de l'Université. Il imprime les *Aphorismes* d'Hippocrate, l'*Organum* d'Aristote et l'*Isagoge* de Porphyre, traduits en latin.

— SENS, *Senones*. Gilles Richeboys y imprime les *Coutumes de Sens*.

— MOSCOU. Le czar Ivan IV Vasiliévitch y fonde une imprimerie.

— SCUTARI en Turquie. Camille Zanetti y imprime en langue slave.

1563. GOA (Hindoustan). Les jésuites portugais y établissent une imprimerie dans leur collége; on y imprime, en 1577, la *Doctrine chrétienne* en langue et en lettres malabares.

1566. Jean Bienné succède à Guillaume Morel, imprimeur à Paris, dont il épouse la veuve. Il achève l'édition grecque de *Démosthène*, commencée par Morel, et publie un *Nouveau Testament* en syriaque et en grec, avec une traduction interlinéaire. Il mourut en 1588, et, d'après Scévole de Sainte-Marthe, il aurait été assassiné. — Sa femme prit la gestion de l'établissement, et sa fille, très-versée dans le grec et dans l'hébreu, surveillait les travaux typographiques.

1568. Jean Ricouart, libraire à Paris, s'étant fait charbonnier, est cité devant le recteur et les députés de l'Université qui lui enjoignent de cesser dans trois mois son commerce de charbon, sous peine d'être privé de son titre de libraire.

1572. Simon Millanges établit une imprimerie à Bordeaux sous les auspices des jurats de cette ville, où il exerce sa profession pendant cinquante ans. Il imprime en 1580 la première édition des *Essais* de Michel de Montaigne.

1573. André Wechel, libraire et imprimeur à Paris, fils de Chrétien Wechel, se retire à Francfort pour cause de religion. En 1569 sa boutique avait été pillée, une partie de ses livres brûlés, et lui-même n'échappa qu'avec peine au massacre de la Saint-Barthélemi en 1572.

1576. Sébastien Nivelle, Henri Thierry et Olivier Harsy, imprimeurs-libraires, à Paris, publient le *Corpus juris civilis*, avec des commentaires, 5 vol. in-fol., imprimé en rouge et en noir. C'est un chef-d'œuvre typographique.

1578. VARSOVIE (Pologne). Quelques typographes y impriment en 1578 et 1580; mais ce n'est que dans le XVIIe siècle qu'on y trouve des établissements permanents.

— Robert Granjon, imprimeur, graveur et fondeur à Paris et à Lyon, passe en Italie où il grave des caractères orientaux pour le pape Grégoire XIII et les Médicis. Il revient à Paris où il continue d'exercer son art.

1579. Frédéric Morel fils, professeur et interprète du roi, est nommé imprimeur ordinaire du roi. C'était un excellent traducteur et annotateur. Il mourut le 27 juin 1630.

1580. LEYDE (Hollande). Louis Elsevier Ier s'y établit libraire. —

Son petit-fils Isaac fut le premier de cette famille qui exerça l'imprimerie.

1580. Tycho Brahé, célèbre astronome danois, établit pour son service personnel une imprimerie à sa résidence d'Uranienborg dans l'île de Hveen dont Frédéric II, roi de Danemark, lui avait donné la propriété.

— Mamert Patisson, habile imprimeur à Paris, épouse la veuve de Robert Estienne II, et se montre digne par ses travaux d'être allié à cette illustre famille de typographes.

— Guillaume Nyon est reçu libraire à Paris ; ses descendants ont exercé la librairie jusqu'à nos jours.

1583. Nicolas Nivelle, fils de Sébastien, était, à Paris, avec son frère Robert, Guillaume Chaudière et quelques autres, l'un des *imprimeurs et libraires de la Sainte-Union*, c'est-à-dire de la Ligue.

— ORTHEZ (France). Louis Rabier y imprime les *Psaumes* mis en rimes béarnaises par Arnaud de Salette.

1586. Formation de la compagnie de libraires, dite de la *Grand Navire*, pour de grandes entreprises de librairie, sous les auspices du chancelier Chiverny. Elle était composée de Jacques Dupuis, Baptiste Dupuis, Sébastien Nivelle, Michel Sonnius.

1588. Robert Estienne III, poëte, interprète du roi pour les langues grecque et latine, commence à imprimer. Il traduit et publie les deux premiers livres de la *Rhétorique d'Aristote*.

— Jamet Mettayer, imprimeur ordinaire du roi, imprime, sur l'ordre de Henri III, un grand bréviaire en caractères rouges et noirs, in-fol., regardé comme une merveille de l'art.

— Orry (Marc), libraire-juré, est reçu imprimeur à Paris. Il avait pour marque un lion rampant, avec ces paroles : *Ad astra per aspera virtus*. Cette devise était un heureux présage de la fortune de sa famille, car c'est de cet imprimeur que sont descendus Philibert Orry, contrôleur général des finances (1730 à 1745), et Jean-Louis Orry de Fulvy, son frère, intendant des finances (1737 à 1744). Ces deux financiers conservèrent dans leur blason la marque bibliographique de leur auteur.

1590. Paul Estienne, fils de Henri, est reçu imprimeur. Il imprime, en 1603, les *Tragédies de Sophocle*, édition fort estimée et d'une très-belle impression.

1592. LEIPSICK (Allemagne). Une foire aux livres y est établie et, depuis cette époque, elle se tient régulièrement deux fois par an : à Pâques et à la Saint-Michel.

1593. MACAO (Chine). Les Jésuites y établissent une imprimerie européenne pour leur service personnel.

1595. MARSEILLE. Les poésies provençales de Louis de la Bellaudière, imprimées par Pierre Mascaron, aïeul du célèbre prédicateur de ce nom, sont la première production typographique exécutée dans cette ville.

1596. SAINT-PAUL TROIS-CHATEAUX, *Augustobona Tricassium* (France). C'est là que furent imprimées pour la première fois les *Fables de Phèdre*, d'après le manuscrit découvert par Pierre Pithou.

1600. Une seconde compagnie de libraires associés, dite aussi de la *Grand'Navire*, est formée à Paris et se compose de Barthélemi Macé, d'Ambroise Drouart et des trois frères Michel, Laurent et Jean Sonnius. Comme la première, elle publie des éditions des Pères de l'Église et d'ouvrages de droit canonique.

— BAGNOLET, village près Paris. Le cardinal Duperron y possédait une imprimerie où il faisait d'abord tirer ses ouvrages à un petit nombre d'exemplaires qu'il communiquait à ses amis pour avoir leurs observations, et qu'il corrigeait ensuite ; puis il les publiait définitivement.

— SAINT-OMER, *Audemaropolis*. Les jésuites y avaient fondé un collége pour les jeunes Anglais catholiques, avec une imprimerie d'où sont sortis beaucoup d'ouvrages en latin et en anglais.

Pendant le cours du XVIe siècle l'imprimerie se propagea dans beaucoup d'autres villes. Ainsi elle fut introduite en 1504 à *Zurich*, Tigurum, en Suisse ; — 1508, *Valence* en Dauphiné — 1510, *Nancy* en Lorraine ; — 1518, *Cambrai*, Cameracum, *Schelestadt* en Alsace ; — 1524, *Kœnigsberg*, Regiomontum, en Prusse, *Lucerne* en Suisse ; — 1525, *Berne* ; — 1549, *Canterbury* en Angleterre ; — 1566, *Liége*, Leodium, en Belgique ; — 1576, *Cagliari*, capitale de l'île de Sardaigne ; — 1582, *Dantzick*, Gedanum, en Prusse ; — 1589, *Rotterdam*, *La Haye*, Haga comitis, en Hollande ; *Mâcon* en France, etc.

XVIIe siècle.

1602. Cramoisy (Sébastien II) est reçu imprimeur-libraire à Paris, et achète le fonds de son aïeul maternel Sébastien Nivelle. Il est admis en 1610, après la mort d'Abel Langelier, au nombre des vingt-quatre libraires jurés de l'Université, devient syndic de la communauté, échevin de la ville de Paris, juge consul, administrateur des hôpitaux; est nommé imprimeur ordinaire du roi en 1633, et directeur de l'imprimerie royale qui vient d'être fondée au Louvre (1640). Il imprime un grand nombre d'ouvrages grecs, latins et français. — Ses frères et ses neveux se distinguent dans la même profession.

1606. Gervais Barrois est reçu libraire à Paris. Pendant deux siècles et demi sa famille a exercé avec honneur cette profession.

1608. Claude Morel, fils de Frédéric, est nommé imprimeur du roi. — Ses deux fils, Charles et Gilles, obtiennent successivement le même titre.

1611. Jean Richer, libraire fort instruit, publie à Paris, avec son frère Etienne, un recueil périodique sur les affaires du temps, intitulé le *Mercure Français* (qu'il ne faut pas confondre avec le *Mercure de France*). Jean Richer était très-attaché à Henri IV et l'avait suivi à Tours pendant les guerres civiles. Il prenait pour devise ces deux mots grecs ὄλβιος αὐτάρκης, « qui sait se contenter est riche », faisant allusion à son nom.

1612. Samuel Thiboust, descendant de Guillaume, qui imprimait dès 1544, se distingue par ses belles impressions; est imprimeur de l'Université; laisse un fils, Claude, qui lui succède et dont la veuve reste imprimeur de l'Université, titre qui passe ensuite à leur fils Claude-Louis (1718).

1618. Nicolas Dufossé, imprimeur-libraire, à Paris, est le premier qui, en vertu du règlement de 1618, auquel il avait eu beaucoup de part, prend le titre de syndic de sa communauté, qui n'était pas en usage auparavant.

— Pierre Rocolet est reçu imprimeur, nommé imprimeur ordinaire du roi, le 14 avril 1635, et, peu de temps après, imprimeur de la ville de Paris. Il mourut en 1662.

Pendant les guerres de la Fronde, Rocolet donna des témoignages éclatants de sa fidélité au roi, qui lui fit remettre une médaille et une chaîne d'or. Il eut pour successeur Damien Foucault, qui avait épousé sa petite-fille.

1618 (26 octobre). Antoine Estienne, fils de Paul, né à Genève, obtient des lettres de naturalisation et se fait recevoir imprimeur ; est nommé imprimeur ordinaire du roi, en décembre 1623 ; meurt en 1674. Il était très-savant, grand orateur et bon poëte.

— Jacques Quesnel exerce la librairie à Paris. Son père, gentilhomme écossais, avait été premier peintre de Henri III, et lui-même fut père du fameux oratorien Quesnel, dont le livre des *Réflexions morales* fut condamné par la bulle *Unigenitus*.

— Henault (Mathurin) est reçu libraire à Paris. Le président Henault, auteur de l'Abrégé chronologique de l'histoire de France, était son arrière-petit-fils.

1619. Louis XIII fait racheter pour une somme de 3,000 francs, prise sur ses deniers, les matrices des caractères grecs de Robert Estienne, engagées au gouvernement de Genève, et charge Paul Estienne, petit-fils de Robert, de cette commission.

— YVERDUN dans le canton de Vaud (Suisse). Une société d'imprimeurs, appelée Société helvétiale cadoresque, y publiait des éditions d'auteurs classiques.

En 1778 on y réimprima l'*Encyclopédie* en 58 vol. in-4°.

1621. Jean Camusat est reçu imprimeur. En 1634, l'Académie française, nouvellement fondée, le choisit pour son imprimeur et pendant quelque temps tient ses séances chez lui. Elle assiste en corps à ses obsèques en 1639 et conserve à sa veuve le titre d'imprimeur de l'Académie.

— François de Hansy est reçu libraire. Sa famille exerce encore cette profession à Paris.

1622. Il se forme à Paris plusieurs compagnies de librairie ; une entre autres, composée de Morel, Sonnius, Cramoisy et Buon, pour l'impression des auteurs grecs, publie des éditions de Plutarque, de Xénophon, d'Aristote, etc.

1624. FREDERICSTADT, dans le duché de Schleswig (Danemark).

Cette ville fut fondée en 1621, par les Arminiens exilés de Hollande ; et déjà, en 1624, Hans Goetal y exerçait l'art typographique.

1625. Michel Sonnius (2e du nom), est nommé grand juge consul.

C'est le premier libraire de Paris qui ait rempli ces fonctions.

1625. Jacques de Sanlecque, imprimeur-libraire, se distingue aussi comme graveur et fondeur de caractères ; il était élève de Guillaume Lebé, et grava des caractères orientaux pour la polyglotte de Lejay, imprimée par Antoine Vitré (1628). — Ses fils et ses petits-fils suivirent la même profession. C'étaient les Sanlecque qui gravaient et fondaient les différents types employés par les Elsevier, célèbres imprimeurs de Hollande.

1628. Antoine Vitré commence à Paris l'impression de la *Bible polyglotte* du président Lejay, 10 vol. in-fol., dont le dernier parut en 1645. Elle est en sept langues (hébreu, samaritain, chaldéen, grec, syriaque, latin, arabe) ; les caractères avaient été fondus par Jacques de Sanlecque. Quelques auteurs ont accusé Vitré d'avoir fait fondre les caractères orientaux après l'achèvement de l'ouvrage et d'en avoir détruit les poinçons et les matrices pour ôter ainsi le moyen d'imprimer à Paris des livres en ces langues, après sa mort ; mais ce récit a l'air d'une fable. Au frontispice de cette polyglotte il signe *Vitré* et à la fin *Vitray*. Il fut nommé imprimeur du roi ès langues orientales en 1630 et imprimeur du clergé de France en 1635. Le cardinal de Richelieu le chargea, de la part de Louis XIII, en 1632, d'acheter les caractères orientaux provenant de la succession de Savary de Brèves, ancien ambassadeur de France à Constantinople.

1630. Jean Cusson, libraire à Paris, passait pour le plus habile relieur de son temps. — Ses descendants ont exercé l'imprimerie et la librairie à Paris et à Nancy.

1631. Formation, à Paris, d'une nouvelle compagnie de libraires, dite du *Grand navire*, composée de Sébastien Cramoisy, Denis Moreau, Claude Sonnius, Jean Branchu, Gabriel Cramoisy, Denis Thierry et Denis Bechet.

— (11 octobre). Louis XIII crée, par une charte, l'imprimerie de la Gazette de France et en donne la direction à Théophraste Renaudot, médecin.

1636. Antoine Bertier, neveu des Prost, libraires de Lyon, dirigeait dès l'âge de quatorze ans l'établissement que ses oncles avaient formé à Madrid. Ayant eu occasion de se faire connaître avantageusement du cardinal de Richelieu et du chancelier

Seguier, il s'établit à Paris sous leurs auspices. — La reine-mère, Anne d'Autriche, le choisit pour son libraire. Bertier lui disant qu'il n'osait imprimer les *Mémoires du cardinal de Richelieu*, parce que la conduite de plusieurs grands personnages de la cour y était blâmée : « Travaillez sans crainte, lui « répondit la reine, et faites tant de honte au vice qu'il ne « reste en France que la vertu. »

1636. Éloi Levasseur est reçu libraire. Habile relieur, il fut le premier garde de la communauté des relieurs et doreurs, après que l'édit de 1686 les eut séparés de celle des imprimeurs et libraires.

1639. CAMBRIDGE en Massachusetts (Amérique). Stephen Dage, typographe anglais, y fonde une imprimerie. C'est la première ville des États-Unis, alors colonies anglaises, où l'art typographique fut pratiqué.

1640. Louis XIII fonde au Louvre une imprimerie royale. — Sébastien Cramoisy en est le premier directeur. Le premier livre qu'on y imprime est l'*Imitation de J.-C.* en latin, in-folio.

— RICHELIEU en Touraine. Le cardinal duc de Richelieu établit dans son château une imprimerie particulière, d'où sont sortis quelques ouvrages.

— Pierre Moreau, écrivain juré, à Paris, invente et fait graver deux sortes de caractères imitant l'écriture bâtarde et l'écriture ronde, et imprime ainsi, avec privilége du roi, une *Imitation de J.-C.*, un *Virgile* et autres ouvrages qu'il vendait lui-même; mais il paraît qu'il n'était pas reçu libraire, car la communauté lui fit interdire la vente de ses livres.

1643. Pierre Le Petit est reçu imprimeur; il est nommé imprimeur ordinaire du roi, le 27 janvier 1647, et devient imprimeur de l'Académie française, place qu'avait exercée son beau-père Camusat. Il avait pour marque une croix d'or, avec cette devise : *In hoc signo vinces.*

1644. Charles Coignard est reçu imprimeur-libraire. — Deux de ses fils, Jean-Baptiste et Charles, suivent la même profession (1658). Charles est en outre fondeur de caractères.

— CHRISTIANIA, capitale de la Norvége, alors au Danemark. Tyge Nielsson y porte l'imprimerie.

— On commence à publier une gazette en Danemark.

1649. Nicolas Vivenay, imprimeur-libraire à Paris, est condamné à cinq ans de galères pour avoir imprimé et distribué des pamphlets pendant les troubles de la Fronde.
— De Sercy (Charles) est reçu imprimeur-libraire. Boileau en parle dans son *Art poétique*.
1651. Sébastien Mabre, petit-fils de Cramoisy, du côté maternel, lui succède comme imprimeur ordinaire du roi et directeur de l'imprimerie royale.
— Guillaume Desprez est reçu imprimeur-libraire. Des lettres patentes lui confèrent le titre d'imprimeur du roi, le 10 décembre 1686. Successeur de Savreux, imprimeur-libraire de MM. de Port-Royal, il en adopte la marque, conservée aussi par ses descendants : les trois vertus théologales avec cette devise : *Ardet amans spe nixa fides*. Il imprime la traduction française de la Bible par Lemaistre de Saci.
1652. Bilaine (Louis) est reçu imprimeur. Boileau cite cet imprimeur dans sa IXe satire.
1653. Léonard (Frédéric) est reçu imprimeur à Paris. Il succède, en 1678, à Sébastien Huré comme imprimeur du roi, et devient ensuite imprimeur du clergé. Il imprime plus de trente volumes de la collection des auteurs latins *ad usum delphini*, entreprise par ordre de Louis XIV.
1654. Claude Herissant est reçu libraire. Sa famille a exercé jusqu'en 1788 la profession d'imprimeur-libraire à Paris.
— Claude Barbin est reçu libraire. Il avait sa boutique sur le perron de la Sainte-Chapelle du Palais-de-Justice. Boileau le mentionne souvent dans ses ouvrages.
1657. Th. Roycroft imprime à Londres la Bible polyglotte du docteur Walton. C'est le premier ouvrage publié par souscription.
1660. Nicolas Debure est reçu libraire à Paris. Sa famille est restée jusqu'à nos jours dans la librairie, où quelques-uns de ses membres se sont distingués comme bibliographes.
— SAINT-MANDÉ près Paris. Fouquet, surintendant des finances sous Louis XIV, y possédait une maison de campagne où il avait établi une imprimerie.
1663. MONTREUIL près de Paris. On y découvre une imprimerie clandestine où s'imprimaient des écrits en faveur de Fouquet, surintendant des finances, alors détenu à la Bastille.

1663. John Twyn, imprimeur à Londres, victime d'une législation barbare, est condamné à un horrible supplice pour avoir imprimé un écrit politique. L'arrêt porte qu'il sera suspendu par le cou à une corde, que ses membres seront coupés, ses entrailles arrachées et brûlées lui vivant et sous ses yeux; que sa tête sera ensuite tranchée et son corps divisé en quatre quartiers. — Thomas Brewster, libraire; Simon Dover, imprimeur, et Nathan Brooks, relieur, pour avoir coopéré à cette publication, sont condamnés au pilori, à l'emprisonnement et à de fortes amendes.

1664. Jean de la Caille, dont le père et l'aïeul avaient exercé l'imprimerie, est reçu imprimeur-libraire à Paris. Il publie une *Histoire de l'imprimerie et de la librairie*, 1689, in-4°.

1665. Denis Sallo, conseiller au parlement de Paris, fonde, sous le pseudonyme de sieur d'Hédouville, le *Journal des savants*, l'un des premiers ouvrages périodiques de ce genre qui aient été publiés en Europe.

1679. Laurent d'Houry, libraire à Paris, fonde un almanach qu'il présente à Louis XIV et qui prend le titre d'*Almanach royal* en 1699. Cette publication s'est continuée et porte maintenant le titre d'*Almanach impérial*.

1683. VERSAILLES (France). François Muguet, imprimeur du roi, y fonde le premier établissement typographique. Il y eut aussi au château, à différentes époques, des presses dont plusieurs membres de la famille royale se servaient pour imprimer eux-mêmes quelques opuscules,

1687. Jean-Baptiste Coignard, fils de Charles Coignard Ier, est nommé imprimeur de l'Académie française dont il achève l'impression du *Dictionnaire*. Parmi les belles éditions sorties de ses presses on distingue le Traité d'architecture de Vitruve, traduit et annoté par Cl. Perrault, grand in-fol. avec figures. —Son fils Coignard (Élie-Jean-Baptiste II) est aussi imprimeur-libraire, et syndic en 1728.

1691. Jean Annisson, libraire de Lyon, est reçu imprimeur à Paris. Il est nommé directeur de l'imprimerie royale en 1701, fonctions exercées par ses descendants jusqu'en 1794.

1692. Louis XIV ordonne l'exécution de nouveaux types spécialement destinés à l'imprimerie royale; une commission de savants et d'artistes détermine la forme des caractères dont la gravure est confiée à Philippe Grandjean. Ces caractères portent des signes distinctifs qu'il est interdit aux autres imprimeries d'imiter, mesure qui est encore en vigueur.

1694. Jean Brunet est reçu libraire à Paris. Le savant bibliographe, M. Jacques-Charles Brunet, auteur du *Manuel du libraire*, est un de ses descendants.

Il y a eu à Paris d'autres libraires du même nom, mais appartenant à des familles différentes.

— L'Académie française publie la première édition de son *Dictionnaire* en 2 volumes in-4°, dont l'impression est achevée par Jean-Baptiste Coignard, successeur de Pierre Le Petit.

— A l'occasion de libelles sur le mariage secret de Louis XIV avec madame de Maintenon, plusieurs personnes sont arrêtées : un ouvrier imprimeur et un garçon relieur sont pendus en place de Grève, par sentence de La Reynie, lieutenant général de police.

1696. TRÉVOUX, capitale de l'ancienne principauté de Dombes (France). Le duc du Maine, prince de Dombes, y fonda une imprimerie longtemps exploitée par des compagnies de libraires de Paris, et d'où sortirent les *Mémoires* appelés aussi le *Journal de Trévoux*, 1701 à 1767, 265 vol. in-12, ainsi que le *Dictionnaire* qui porte également le nom de Trévoux.

Pendant le XVIIe siècle l'imprimerie fut introduite dans beaucoup d'autres villes : en 1602 à *Beauvais*, à *Évreux* ; —1604, *Châlon-sur-Saône* ; — 1605, *Saumur* ; — 1606, *Moulins* ; — 1607, *Clermond-Ferrand* ; —1608, *Coutances* ; —1610, *Presbourg*, Posonium, en Hongrie ; —1613, *Arles* ; —1616, *Namur* ; — 1617, *Cadix* en Espagne, *Soissons* en France ; — 1619, *Gotha* en Allemagne ; — 1620, *Montauban* ; — 1624, *Montpellier* ; —1625, *Tulle* ; —1626, *Bourg* en Bresse ; —1628, *Saint-Jean d'Angely* ; — 1629, *Saint-Quentin, Périgueux* ; — 1630, *Bayonne* ; — 1631, *Vendôme* ; — 1633, *Neufchatel* en Suisse, *Dorpat* en Livonie ; — 1638, *Glascow* en Écosse ; — 1639, *Villaviciosa* en Portugal ; —1643, *Bristol* en Angleterre ; —1646, *Abo* en Finlande ; —1647, *Malte* ; —1648, *Dieppe* ; — 1650, *Auxerre, Quimper* ; —1651, *Autun* ; — 1664, *Saint-Lô* ; —1666, *Le Puy* en Velay ; —1672, *Vannes* ; —1675, *Bayeux* ; — 1676, *Le Havre* ; —1682, *Rodez* ; —1685, *Laon* ; —1686, *Noyon* ; —1697, *Aurillac*, etc.

XVIIIᵉ siècle.

1702. De Lespine (Jean-Baptiste-Alexandre) est nommé imprimeur du roi ; se démet le 10 mars 1744 ; meurt le 28 octobre 1767. Il était cousin du célèbre poëte Santeul et fut juge consul et quartinier ou chef de la milice bourgeoise de son quartier. — Son fils, Charles-Jean-Baptiste, est aussi imprimeur-libraire. En 1748, il se rend à la cour de Pologne pour présenter au roi Frédéric-Auguste l'*Histoire générale d'Allemagne* (11 vol. in-4º), par Joseph Barre, chanoine de Sainte-Geneviève et chancelier de l'Université de Paris, histoire dont ce monarque avait accepté la dédicace. De Lespine avait épousé la fille de Desprez (Guillaume II), imprimeur. Attaché ensuite à la maison de la Dauphine, mère de Louis XVI, il est chargé par cette princesse de la direction d'une imprimerie qu'elle avait dans le château de Versailles, et où elle imprime elle-même un petit ouvrage de piété en 1758.

1704. Vincent (Jacques) vient du Mans s'établir à Paris où il est reçu imprimeur-libraire ; est élu syndic en 1744, et meurt en 1760, à l'âge de 89 ans. Il a imprimé une foule de bons ouvrages.

— Barbou (Jean-Joseph), venu de Limoges où sa famille exerce encore l'imprimerie et la librairie, est reçu libraire à Paris. Il meurt en 1752.

1707. Rondet (Laurent) est reçu imprimeur. Il harangue en latin et en très-bons termes, comme adjoint en charge, le recteur de l'Université, qui s'était rendu le 9 mars 1726 à la chambre syndicale, pour recevoir le serment des libraires et imprimeurs. — Son fils Laurent-Étienne Rondet est connu par de savants ouvrages pour la rédaction et la révision des livres liturgiques.

1710. Collombat (Jacques), libraire, est reçu imprimeur et devient imprimeur du cabinet du roi. Sous sa direction, Louis XV enfant imprime au palais des Tuileries, en 1718, un petit volume in-8º intitulé : *Cours des principaux fleuves et rivières de l'Europe, composé et imprimé par Louis XV, roy de France et de Navarre*. — La veuve de Collombat conserve le titre d'imprimeur du cabinet du roi (1744). — Se démet en faveur de son fils Jacques-François, mort en 1751. — Jacqueline Tarlé, veuve de ce dernier, lui succède et meurt en 1752, laissant orphelin et mineur Jean-Jacques-Estienne Collombat, qui exerce sous l'inspection de la chambre syndicale. Il se retire en 1753.

1711. SAINT-PÉTERSBOURG (Russie). Pierre-le-Grand, fondateur de cette capitale, y établit une imprimerie.

— ALEP en Syrie (Empire ottoman). On y imprime les *Homélies* de saint Athanase, en arabe.

— Marchand (Prosper), libraire à Paris depuis 1698, s'établit en Hollande pour y professer librement le protestantisme. Il est auteur d'un *Dictionnaire historique* et d'une *Histoire de l'imprimerie*, La Haye, 1740, in-4°, à laquelle Mercier de Saint-Léger a fait un supplément, Paris, 1775, in-4°.

— Gabriel Martin, libraire à Paris, publie, sous le titre de *Bibliotheca bultelliana*, le catalogue de la bibliothèque de Bulteau, en 2 vol. in-12, avec une préface dans laquelle il expose son système de classification bibliographique, que, du reste, il devait presque entièrement à Prosper Marchand qui l'avait déjà pratiqué en 1706, et qui plus tard en imagina un second ; mais Gabriel Martin préféra le premier et le suivit dans les nombreux catalogues (148) qu'il rédigea. Cette méthode a été adoptée par les libraires de Paris.

— Coignard (Jean-Baptiste III) est reçu libraire à Paris ; est nommé en 1717 imprimeur du roi, puis imprimeur de l'Académie française et syndic de la communauté en 1751. Il meurt en 1768, après avoir fait des dispositions en faveur des ouvriers imprimeurs de Paris. Il avait amassé une grande fortune et fonda un prix d'éloquence latine pour les maîtres ès arts en 1747.

— (14 novembre). François Didot, apprenti d'André Pralard, est reçu libraire. Le 13 juillet 1753, il devient syndic de la chambre. Le 14 août suivant, il fait recevoir libraires ses deux fils, François-Ambroise et Pierre-François. En 1754, il est reçu imprimeur. — François Didot est le chef de cette illustre famille d'imprimeurs qui reproduit à notre époque l'érudition, la patience et le travail ingénieux des Estienne au XVIe siècle.

1718. Thiboust (Claude-Louis), maîtres ès arts, libraire et imprimeur de l'Université, comme ses ancêtres, graveur-fondeur de caractères dès 1694, fait paraître un poëme intitulé *Typographiæ excellentia*, qu'il présente au roi Louis XV. — Son fils (Claude-Charles), aussi imprimeur de l'Université (1754), traduit en prose française le poëme latin de son père, et dresse la liste des libraires et imprimeurs reçus du 1er avril 1689 au 1er janvier 1748 (au nombre de 409).

1720. Coustelier (Ant.-Urbain), dont la famille exerce la librairie depuis 1654, est reçu imprimeur. — Son fils, nommé aussi Antoine-Urbain, mort en 1763, suit la même carrière.—Tous les deux ont donné de belles éditions d'auteurs latins.

— Jean-Baptiste Osmont est reçu libraire. Il est auteur du *Dictionnaire typographique des livres rares*, 1768, 2 vol. in-8°.

1723. Barbou (Joseph), frère puîné de Jean-Joseph, est reçu imprimeur; il était libraire depuis 1717. Il meurt en 1737; sa veuve continue d'exercer l'imprimerie jusqu'en 1750, qu'elle cède son fonds à J.-G. Barbou neveu.

1724. Lottin (Philippe-Nicolas) est reçu imprimeur. Il laissa deux fils dont l'un (Augustin-Martin) fut imprimeur, et l'autre (Antoine-Prosper) libraire.

1727. Constantinople (Turquie). Le sultan Achmet III autorise l'établissement d'une imprimerie turque sous la direction d'Ibrahim Basmadgi. Auparavant l'usage de la typographie était interdit aux musulmans; mais, depuis le commencement du XVIe siècles, les juifs avaient des imprimeries hébraïques à Constantinople. Il y a même aujourd'hui une imprimerie française.

1728. Lemercier (Pierre-Gilles), à Paris, est nommé imprimeur ordinaire de la ville. C'est le dernier de cette ancienne famille qui exerça l'imprimerie. Sa veuve lui succéda et mourut en 1786. Une de leurs filles avait épousé le comte de Messimy.

1730. Fournier jeune (Pierre-Simon) se distingue dans la gravure et la fonte des caractères. Il publie une table des proportions des lettres ; un Manuel typographique et autres ouvrages sur l'imprimerie.

1734. Barrois (Jacques-Marie) est reçu libraire. Bibliographe distingué, il rédige plusieurs catalogues estimés, notamment celui de Falconnet, 1763, 2 vol. in-8°. Il était gendre de François Didot, et mourut en 1769.

— Plusieurs imprimeurs et libraires de Paris, Hérissant, Didot,

Nyon, Barrois et autres, fondent, pour la publication des livres d'église à l'usage du diocèse, une association qui subsiste encore.

1734. Jore (Claude-François), imprimeur à Rouen, est destitué de sa maîtrise par arrêt du conseil (7 septembre 1734), pour avoir imprimé les *Lettres philosophiques* de Voltaire.

1735. Charles Méquignon est reçu libraire à Paris. Sa famille exerce encore aujourd'hui cette profession.

— VERRET, en Touraine. Le duc d'Aiguillon fit imprimer dans ce château un recueil de pièces impies et obscènes tiré à petit nombre, et dont un exemplaire s'est vendu 580 fr. à la vente de Méon.

— Gabriel Valleyre, imprimeur-libraire à Paris, exécute l'impression d'un *Calendrier* par un procédé stéréotypique; mais cette tentative n'a pas de résultats satisfaisants.

1738. Simon (Claude-François) est reçu imprimeur à Paris, profession que son père avait exercée; il devient imprimeur de la reine, du prince de Condé, de l'archevêque de Paris et de la faculté de théologie; est nommé chevalier de l'ordre du Christ et membre de l'académie des Arcades de Rome. Il rédige les *Mémoires de Duguai-Trouin*, travail pour lequel Louis XV lui décerne une médaille d'or, en 1740; imprime la *Bible hébraïque* du P. Houbigant (1753, 4 vol. in-fol.), et laisse inédit un traité complet de l'imprimerie.

1739. Guillaume Ged, orfèvre à Édimbourg en Écosse, publie une édition de Salluste, imprimée en planches solides; cet essai de stéréotypie, encore bien imparfait, n'est pas continué.

1740. Le troisième jubilé séculaire de l'invention de l'imprimerie est célébré en Allemagne, à Paris, à Londres, à Harlem en Hollande. — Plusieurs ouvrages sur l'origine de l'art typographique sont publiés à cette occasion, entre autres l'*Histoire de l'imprimerie* de Prosper Marchand, à La Haye.

— Desprez (Guillaume II), reçu imprimeur à Paris dès 1708, est nommé imprimeur du roi; se démet en 1743. — Son fils, Guillaume-Nicolas, lui succède et devient imprimeur du clergé en 1747.

1741 (6 juin). Un arrêt du conseil du roi enjoint aux imprimeurs et libraires de ne faire aucun apprenti de leur profession pendant l'espace de dix années. — Des mesures semblables avaient déjà été prises à diverses époques dans le but de maintenir la prospérité de l'imprimerie et de la librairie en ne multipliant pas trop le nombre de ceux qui les exercent.

1744. Charles Saillant, libraire instruit, est élu syndic.

— Tilliard (Nicolas-Martin) est reçu libraire. Il rédige plusieurs catalogues estimés.

— Saugrain (Claude-Marin), libraire à Paris en 1702 et auteur de plusieurs ouvrages, publie le *Code de la librairie et imprimerie de Paris*, imprimé aux frais de la communauté. —Un autre Saugrain, d'abord libraire, fut ensuite garde de la bibliothèque du comte d'Artois et mourut, en 1806, conservateur de la bibliothèque de l'Arsenal. —Il existe un tableau généalogique de cette famille, une des plus anciennes qui aient exercé la librairie en France.

1746. Le Breton (André-François), petit-fils de Laurent d'Houry, est reçu imprimeur. Il avait le titre d'imprimeur ordinaire du roi. C'est lui qui imprima l'*Encyclopédie* in-fol. de Diderot. Effrayé des hardiesses du rédacteur, l'imprimeur, qui avait déjà éprouvé des difficultés pour la publication de l'ouvrage, crut devoir faire aux épreuves des derniers volumes quelques modifications atténuantes. Lorsque, après le tirage, Diderot en eut connaissance, il entra en fureur et il écrivit à Le Breton un lettre foudroyante. C'est Brulé, prote de Le Breton, qui rédigea l'article *Imprimerie* pour cette Encyclopédie.

— Lottin (Augustin-Martin), fils de Philippe-Nicolas, est reçu imprimeur à Paris. Plus tard il est nommé imprimeur du dauphin, de la ville et du roi (1775). Il est auteur de divers ouvrages et, pendant plusieurs années, il a publié l'*Almanach des centenaires*, dont la collection forme 12 vol. in-24 ; il a traduit, en 1785, la Plainte de la typographie, *Artis typographiæ querimonia*, de Henri Estienne, avec le texte en regard et une généalogie des Estienne. Il a donné aussi le *Catalogue chronologique* des libraires et imprimeurs de Paris depuis 1470 jusqu'en 1789. Il est mort en 1793. —Son frère puîné, Antoine-Prosper Lottin, reçu libraire en 1758, se retire du commerce en 1782. Il est aussi auteur de plusieurs ouvrages.

1748. Delaguette (François) est reçu imprimeur. Sa famille exerce encore aujourd'hui.

— AVILLY, près de Senlis (France). Le père Houbigant, oratorien, y avait établi une presse avec laquelle il imprime lui-même un

Psautier en hébreu, tiré à cent exemplaires et portant l'indication de *Lugduni Batavorum* (Leyde). Il publia encore par ce moyen quelques autres ouvrages.

1749. Griffiths, homme de lettres et libraire à Londres, né en 1720, mort en 1803, fonde dès 1749 le *Montly-Review* (Revue mensuelle), un des premiers recueils littéraires de ce genre qui aient paru en Angleterre, et dont la publication s'est toujours continuée depuis cette époque.

— Pierre-Alexandre Le Prieur est reçu imprimeur à Paris; devient imprimeur ordinaire du roi; se démet en 1773; est nommé secrétaire du roi en 1785.

— Knapen (André-François) est reçu imprimeur, et devient imprimeur de la cour des aides. En 1783, il s'associe son fils, Achille-Maximin-Philogone, qui continue d'exercer, même pendant les années les plus agitées de la Révolution.

1750. Delatour (Louis-François) est reçu imprimeur. Sa famille exerçait depuis 1606.

— Barbou (Joseph-Gérard), reçu libraire en 1746, succède comme imprimeur à la veuve de Joseph Barbou, son oncle. Il continue la jolie collection des auteurs latins commencée par Coustellier.

1752. Guérin (Hippolyte-Louis), d'abord libraire comme son père (Louis), est reçu imprimeur. Les éditions qu'il a publiées ou imprimées sont très-correctes.

— Bernard (Jean-Frédéric), libraire hollandais, meurt à Amsterdam. Il a été éditeur et collaborateur d'un ouvrage important : *Cérémonies et coutumes religieuses de tous les peuples du monde*, avec des gravures exécutées par B. Picart, 2 vol. in-fol. On en a fait plusieurs réimpressions à Paris.

— Mariette (Pierre-Jean), imprimeur-libraire à Paris, est nommé secrétaire du roi, contrôleur général en la grande chancellerie de France, associé honoraire de l'académie royale de peinture et de sculpture et de l'académie de Florence. Il est auteur d'un *Traité des pierres gravées*, 2 vol. in-fol., ouvrage intéressant et très-estimé.

1753. De Bure (Guillaume-François) est reçu libraire à Paris. Il est auteur de la *Bibliographie instructive*, ou traité de la connaissance des livres rares et singuliers, 1763, 7 vol. in-8°.

1754. Emmanuel Breitkopf, imprimeur, graveur et fondeur à

Leipsick, imprime la musique en caractères mobiles; il grava et fondit aussi des caractères chinois mobiles, procédé pour lequel il reçut des félicitations de la cour de Rome et de l'académie des inscriptions et belles-lettres de Paris.

1754. Jombert (Charles-Antoine), savant imprimeur-libraire à Paris, auteur de plusieurs ouvrages sur l'architecture et le dessin, est nommé imprimeur-libraire du roi pour l'art militaire, le génie, l'artillerie et la marine ; se démet en 1760. — Son fils (Claude-Antoine) et son petit-fils (Louis-Alexandre) portent le même titre. Ce dernier était gendre de François-Ambroise Didot.

1757. François-Ambroise Didot est reçu imprimeur, par suite de la démission de François Didot, son père. Il est l'inventeur de la presse à un seul coup, et devient habile fondeur de caractères. Ses belles éditions, dites *du Dauphin*, jouissent encore d'une juste célébrité.

1758. Michel Lambert est reçu imprimeur.

1759. De Bure (Guillaume II), cousin de Guillaume-François, est reçu libraire, et devient libraire de la bibliothèque du roi et de l'académie des sciences. Il rédige la première partie du *Catalogue de la Vallière*, 1783, 2 vol. in-8°. — Le libraire Nyon, son parent, rédige la seconde partie.

— Pesth (Hongrie). Eitzenberger y fonde la première imprimerie.

1762. Charles-Joseph Panckoucke, fils d'un libraire de Lille et apprenti d'André-François Le Breton, à Paris, est reçu libraire, et devient imprimeur vers 1774. — En 1780, il commence à imprimer l'*Encyclopédie méthodique*, vaste et colossal recueil de tous les progrès accomplis et tentés par l'esprit humain, et dont l'impression, continuée malgré la Révolution et les grands événements qui la suivent, n'est terminée que depuis quelques années.

1763 (1er janvier). Despilly (Jean-Baptiste), libraire, publie le premier journal de la librairie, sous le titre de *Catalogue des livres nouveaux*.

1764. Delalain (Nicolas-Augustin) est reçu libraire. Sa famille continue d'exercer cette profession.

— Le Clerc (Charles-Guillaume), libraire, est nommé archiviste de la chambre syndicale.

1764. Louis-Antoine-Prosper Herissant, jeune médecin, fils de Jean-Thomas Herissant, libraire à Paris, publie un poëme latin sur l'imprimerie : *Typographiœ carmen*.

L'année suivante un auteur nommé Gillet fait paraître un poëme français, intitulé l'*Imprimerie*, traduit en grande partie de celui d'Herissant et de celui de Thiboust, mais qui n'en a pas l'élégance.

1766. Le dauphin (depuis Louis XVI) imprime à Versailles les *Maximes morales et politiques tirées de Télémaque*. Ce prince avait été instruit dans l'art typographique par Augustin-Martin Lottin, son imprimeur.

— Jacques Lacombe, avocat, est reçu libraire. Il est auteur d'un grand nombre d'ouvrages historiques et de plusieurs parties importantes de l'Encyclopédie méthodique. Il mourut en 1801. Le célèbre musicien Grétry était son gendre.

1768. Jean-Baptiste Bodoni, fils d'un imprimeur de Saluces en Piémont et attaché alors à l'imprimerie de la Propagande à Rome, est appelé à Parme pour diriger l'imprimerie ducale. Il y fonde aussi une imprimerie particulière qui, pendant près d'un demi-siècle, jouit d'une renommée universelle.

1770. Marie-Scholastique Wite, veuve de Michel-Antoine David, libraire, meurt ; bienfaitrice des veuves de la communauté des libraires et imprimeurs de Paris.

1771. Christian VII, roi de Danemark, décrète la liberté de la presse dans ses Etats, et reçoit à cette occasion une épître congratulatoire de Voltaire ; mais cette mesure est restreinte en 1790.

1772. Cailleau (André-Charles), littérateur et poëte, libraire depuis 1765, est reçu imprimeur à Paris.

1773. Jean-Georges-Antoine Stoupe est reçu imprimeur.

1774. Guenard de Monville, est reçu imprimeur et devient, en 1788, imprimeur de l'Académie française.

1775. Barletti de Saint-Paul, ancien secrétaire du protectorat de France en cour de Rome, reçoit de Louis XVI une gratification de 20,000 francs pour avoir inventé un nouveau système typographique consistant à graver et à fondre plusieurs groupes de lettres en une seule pièce. Mais ce procédé ne présente pas les avantages que promettait l'auteur.

1776. PEKING (Chine). Une imprimerie européenne en types mobiles est établie dans le palais impérial par l'empereur Khien-long.

1778. Valade (Jacques-Fr.), de Toulouse, est reçu imprimeur de Paris. Il obtient le titre de libraire du roi de Suède, et ce monarque le gratifie d'une médaille d'or.

— CHANTELOUP. Le duc de Choiseul avait établi dans son château une presse qui lui servit à imprimer ses *Mémoires*.

1779. KEHL, petite ville d'Allemagne sur le Rhin en face de Strasbourg. Beaumarchais y fonda un établissement typographique d'où sortirent deux éditions des œuvres de Voltaire, l'une en 70 vol. in-8º, l'autre en 92 vol. in-12 (1785-89); elles furent imprimées avec les beaux caractères de Baskerville que Beaumarchais avait achetés des héritiers de ce célèbre typographe anglais ; l'entreprise coûta trois millions.

— Charles Desaint neveu, libraire, est reçu imprimeur à Paris.

1780 (30 mars). Pierre-François Didot, deuxième fils de François, est reçu imprimeur; est nommé imprimeur de Monsieur, frère du roi; crée la papeterie d'Essonne, se distingue par de grandes et belles éditions. — Une de ses filles épouse Bernardin de Saint-Pierre. — Ses trois fils, Henri Didot, Didot Saint-Léger et Didot jeune suivent avec succès la carrière typographique.

1781. BELOEIL, près de Tournay (Belgique). Le prince Charles de Ligne avait établi, dans cet antique château de sa famille, une imprimerie dont la première production est un opuscule intitulé : *Coup d'œil sur Belœil*. La bibliothèque du même château renferme, entre autres manuscrits précieux, le fameux livre de la passion de J.-C., dont les caractères et les figures sont découpés à jour et qu'on appelle le *Livre unique*, quoiqu'il en existe d'autres du même genre.

— Louis-François Prault est reçu imprimeur à Paris. Il est nommé imprimeur du roi en 1788, titre qu'avaient déjà obtenu plusieurs membres de sa famille.

1782. Baudouin (François-Jean), neveu de Michel Lambert, est reçu imprimeur à Paris. C'est le même qui fut plus tard imprimeur de l'assemblée nationale.

— PASSY, près de Paris. Benjamin Franklin y avait établi sa demeure pendant son séjour en France, et avait monté dans sa maison une petite imprimerie. En 1780, étant allé visiter l'imprimerie de François-Ambroise Didot, il saisit le barreau d'une presse et imprime plusieurs feuilles avec une dextérité qui surprend les ouvriers. « Ne vous étonnez pas, Messieurs, leur dit-il, c'est mon ancien métier. » Il confie son petit-fils Williams Temple à Didot, pour qu'il lui apprenne les principes de la typographie.

1784. Pierres (Philippe-Denis), imprimeur du roi, présente à Louis XVI une presse de son invention, dont le monarque fait l'essai en tirant lui-même plusieurs feuilles; en 1787 il est chargé de monter une imprimerie à Versailles pour le service de l'assemblée des notables, et l'année suivante un arrêt du conseil l'autorise à former lui-même un établissement dans cette ville. Il était aussi imprimeur du collége de France, de la société royale de médecine, des états de Bourgogne et de diverses administrations. La révolution lui fit perdre tous ces avantages. Pierres était un typographe très-instruit; l'académie des sciences le pria, en 1774, de rédiger l'article *Imprimerie* pour la collection des arts et métiers; il rassembla beaucoup de matériaux, s'occupa longtemps de ce travail, mais les circonstances ne lui permirent pas de l'achever. Le roi de Pologne, qui lui avait demandé le plan d'une bibliothèque publique, le gratifia, en 1782, d'une médaille d'or. Sur l'invitation de Franklin il s'occupa aussi du polytypage. En 1802, il sollicita la place de directeur de l'imprimerie du Gouvernement, mais elle fut donnée à Marcel. Pierres mourut à Dijon en 1808.

— Jean-Roch Lottin de Saint-Germain, parent de ceux que nous avons mentionnés plus haut, est reçu imprimeur à Paris. Après la révolution il devint imprimeur de la préfecture de police. — Son fils lui succéda dans cette place, dont le titulaire actuel, depuis 1846, est M. Boucquin.

1785. Carrez, imprimeur à Toul, fait un nouvel essai d'impression stéréotypique.

— Ibarra (Joachim), imprimeur de la chambre du roi d'Espagne, meurt à Madrid. Il a porté la perfection de son art à un point jusque-là inconnu dans ce pays, comme on en peut juger par les belles éditions sorties de ses presses. C'est lui qui, le premier, a fait connaître le moyen de lisser le papier imprimé pour en faire disparaître les plis et lui donner un coup d'œil plus agréable.

1786. Jacques-Gabriel Clousier, imprimeur ordinaire du roi, est nommé directeur de l'imprimerie créée à Paris pour les enfants aveugles par les soins de Valentin Haüy.
— Hoffmann (François-Ignace-Joseph), ancien bailli de Benfeld, en Alsace, et son fils, François-Antoine-Romain-Joseph, sont reçus à la chambre syndicale de Paris imprimeurs polytypes, en vertu d'un arrêt du conseil du 5 décembre 1785. — Cette imprimerie est supprimée le 1er novembre 1787.
1787. Gessner (Salomon), célèbre poëte, graveur et libraire, meurt à Zurich en Suisse. Il dessinait et gravait lui-même les planches qui accompagnaient les éditions de ses poésies.
— Nyon (Marie-Jean-Luc), dont la famille exerce la librairie depuis 1580, est reçu libraire. Il rédige plusieurs catalogues importants, notamment la seconde partie du catalogue de la Vallière, 1784, 6 vol. in-8°. — Guillaume de Bure, son parent, avait rédigé la première partie.
1788. Quillau (Jacques-François), libraire, ouvre le premier, rue Christine, un cabinet littéraire où se rassemblent les lecteurs, idée accueillie par le public.
1789. Pierre Didot, fils aîné de François-Ambroise, est nommé imprimeur et succède à son père. Littérateur distingué, il veille avec un soin extrême à la correction de ses épreuves.
— Firmin Didot, frère de Pierre, succède à son père pour la fonderie de caractères, qu'il avait déjà enrichie, lui-même, de types plus élégants et plus parfaits que tous ceux qui existaient alors. Habile graveur et fondeur de caractères, il se distingue également comme imprimeur, libraire et fabricant de papier.
— Charles Crapelet, prote et correcteur chez Stoupe, lui succède comme imprimeur, et à cette époque où l'abolition des règlements de l'imprimerie allait amener la décadence de l'art, il reste, avec les Didot et quelques autres, un des soutiens de la typographie française. On lui doit de belles éditions du Télémaque (1796), des œuvres de Boileau (1798). C'est lui qui imprima, en 1803, les Annales de l'imprimerie des Alde, par Renouard (1re édition).
— Hugues Barbou succède comme imprimeur à son oncle Joseph-Gérard, qui se retire du commerce.
— (28 avril). La manufacture de papiers peints de Réveillon,

faubourg Saint-Antoine, est saccagée dans une des premières émeutes de la révolution.

1789. Louis XVI, par sa déclaration du 23 juin, consacre la liberté de la presse. Elle est maintenue, avec plus ou moins de restrictions, par toutes les constitutions postérieures.

— (1er octobre). Les députés du corps de la librairie et de l'imprimerie de Paris font à l'Assemblée nationale l'offre patriotique d'une somme de 20,000 livres. Knapen père, syndic, était à la tête de la députation.

— Baudouin est nommé imprimeur de l'Assemblée nationale qui siégeait alors à Versailles. Il la suit à Paris après les journées des 5 et 6 octobre, et son établissement prend le titre d'imprimerie nationale.

— La création des assignats est décrétée par l'Assemblée nationale le 19 décembre. Cette fabrication occupe un grand nombre d'ouvriers et d'artistes, pour la papeterie, la gravure, la stéréotypie et la typographie.

1790. Louis XVI vient au secours d'une société de librairie en lui avançant la somme de 150,000 francs et en engageant, pour la cautionner d'une autre somme de 1,050,000 francs, les fonds de sa liste civile.

1791 (16 mars). Derbaix, imprimeur à Douai et officier de la garde nationale, est saisi par le peuple dans une émeute, traîné dans les rues et pendu à un réverbère de la place de cette ville.

— L'Assemblée nationale supprime les maîtrises, les jurandes et toutes les corporations professionnelles. Tout individu, en payant patente, peut se faire imprimeur ou libraire.

— (29 juillet). Pavie, imprimeur à Angers, fait hommage à l'Assemblée nationale d'une géographie de la France, d'après la nouvelle division en 83 départements. L'Assemblée nationale l'accueille avec applaudissements. En 1793, il fut traduit au tribunal révolutionnaire et condamné pour avoir imprimé, en cédant aux menaces, les proclamations de l'armée vendéenne.

1792. Après le 10 août, Marat fait enlever, au nom de la commune de Paris, pour l'impression de ses pamphlets révolutionnaires, quatre presses de l'ancienne imprimerie royale du Louvre, malgré les réclamations du directeur, Anisson-Duperon.

1794. Momoro, imprimeur à Paris, est décapité avec Hébert,

rédacteur du *Père Duchesne*, et autres révolutionnaires dont il partageait les opinions. Il est auteur d'un *Traité élémentaire de l'imprimerie*.

1794. Anisson-Duperon, directeur de l'imprimerie royale, meurt sur l'échafaud révolutionnaire. Il avait publié un Mémoire sur l'impression en lettres, suivi de la description d'une nouvelle presse, 1785.

Beaucoup d'autres imprimeurs subissent le même sort à cette sanglante époque.

1795. MONREFUGE près de Vienne (Autriche). C'est dans cette maison de campagne que le prince Charles de Ligne, à qui elle appartenait, fit imprimer ses *Mélanges politiques et littéraires*, de 1795 à 1811, 34 vol. in-12.

— Pierre-François Didot meurt à Paris. — Son neveu, Firmin Didot, imprime les *Tables des logarithmes* de Callet par un procédé stéréotypique qu'il porte bientôt à un éminent degré de perfection.

1796. Herhan invente un procédé de stéréotypie qui diffère entièrement de celui de Firmin Didot, et qui consiste dans l'emploi de matrices creuses en cuivre.

— (31 janvier). Didot jeune, troisième fils de Pierre-François, fait hommage au corps législatif d'une magnifique édition du *Contrat social* de J.-J. Rousseau, sortie de ses presses.

1798. Charles-Joseph Panckoucke, éditeur de l'Encyclopédie méthodique et du Mercure de France, fondateur du *Moniteur*, imprimeur instruit et auteur de plusieurs ouvrages, meurt à Paris.—Son fils, Charles-Louis-Fleury Panckoucke, lui succède.

— (Septembre, jours complémentaires de l'an VI). Première exposition de l'industrie française au Champ-de-Mars, organisée par les soins de François de Neufchâteau, ministre de l'intérieur. — Pierre Didot y obtient une des douze médailles d'or pour sa belle édition de *Virgile*, dont les caractères avaient été gravés par son frère Firmin, qui lui-même présente à l'exposition de belles éditions stéréotypes imprimées par son procédé chez Pierre Didot.

— LE CAIRE (Égypte). Bonaparte y établit une imprimerie qui ne subsiste que pendant l'occupation de ce pays par les Français. Elle était dirigée par Marcel, nommé plus tard directeur de l'imprimerie impériale à Paris.

1800. Dampierre, près de Paris. Il y avait dans le château appartenant au duc de Luynes une imprimerie où fut tiré, à un très-petit nombre d'exemplaires, un volume intitulé : *Recueil de pièces de poésie détachées à l'usage de quelques amis habitant la campagne, imprimé par madame Montmorency-Albert-Luynes;* à Dampierre, an VIII, in-4º.

— Haas (Guillaume), graveur de caractères, meurt à Bâle. Il est le premier en Allemagne et en Suisse qui ait gravé avec succès des caractères français dans le goût de Baskerville. Il inventa une nouvelle presse d'imprimerie, dont il a publié la description en Allemagne et en France en 1790. On lui doit les ouvrages suivants : *La Composition systématique des filets et interlignes ; l'Art d'imprimer les cartes géographiques avec des caractères mobiles,* appelé par M. Pleuschen *Typométrie* (Bâle, 1778, in-4º) ; *Carte du canton de Bâle* : c'est le premier essai typométrique fait en grand ; *Carte de la Sicile* et autres.

— Aloys Senefelder, qui venait d'inventer à Munich la lithographie, obtient du roi de Bavière un privilége exclusif pour l'exercice de son procédé pendant quinze ans.

XIXe siècle.

1801. La seconde exposition des produits de l'industrie a lieu à Paris sur l'esplanade des Invalides. — Pierre Didot y obtient une médaille d'or pour ses belles éditions imprimées au Louvre, où le gouvernement, voulant honorer la typographie en sa personne, l'avait autorisé à établir ses presses.

1804. Mort de François-Ambroise Didot, un des typographes les plus renommés du XVIIIe siècle. C'est lui qui introduisit en France l'usage du papier vélin (1780), déjà connu en Angleterre, et qui propagea le système des points typographiques.

1805. Le pape Pie VII, pendant son séjour à Paris, où il était venu pour sacrer Napoléon, va visiter l'imprimerie impériale. Marcel, directeur de cet établissement, fait imprimer sous les yeux du souverain pontife l'*Oraison dominicale* en cent cinquante langues différentes.

1806. Periaux, imprimeur à Rouen et membre de l'académie de cette ville, présente à cette compagnie les essais d'un procédé ingénieux pour exécuter avec des caractères mobiles les cartes géographiques. Il publie la même année le *Recueil du Bulletin des armées françaises en Allemagne et en Italie pendant la guerre de huit semaines*, accompagné d'une carte du théâtre de la guerre, exécutée avec des caractères mobiles; et l'année suivante une *Carte du département de la Seine-Inférieure*, exécutée par le même procédé.

1806. Le jury de l'exposition, qui a lieu cette année dans la cour du Louvre, déclare l'édition de *Racine*, imprimée par Pierre Didot avec les caractères gravés par Firmin Didot, le plus beau monument typographique de tous les pays et de tous les âges. Les deux frères reçoivent une médaille d'or.

Le célèbre Bodoni, imprimeur à Parme, ville qui faisait alors partie du royaume d'Italie, obtient aussi une médaille d'or.

1808. Mort de Hugues Barbou, dernier imprimeur de ce nom à Paris, où ses grands oncles s'étaient établis au commencement du XVIIIe siècle.

La famille Barbou est aujourd'hui la plus ancienne qui exerce l'imprimerie en France. Dès 1539, Jean Barbou était imprimeur à Lyon; il alla plus tard à Limoges où ses descendants suivent encore la même profession.

— Auguste Delalain, libraire à Paris, succède comme imprimeur à Hugues Barbou, dont les héritiers lui cèdent l'établissement.

1809. G.-A. Crapelet, à l'âge de vingt ans, succède à son père, Charles Crapelet, imprimeur connu honorablement pour son savoir et ses travaux typographiques, et se place lui-même au rang des imprimeurs les plus distingués de Paris.

1810 (5 février). Un décret impérial réorganise en France l'imprimerie et la librairie qui, depuis 1791, étaient restées sans réglementation. Les imprimeurs et les libraires doivent être brevetés, et le nombre des imprimeurs de Paris est fixé d'abord à soixante, puis à quatre-vingts.

1814. Le comte de Lasteyrie, après avoir étudié en Allemagne les procédés de Senefelder, propage la lithographie en France.— M. Engelmann, de Mulhouse, vient établir ses ateliers lithographiques à Paris en 1816, et depuis lors les progrès du nouvel art vont toujours croissant.

— Deux mécaniciens allemands, Kœnig et Bauer, son élève, inventent à Londres une machine à imprimer qui consiste principalement en deux cylindres de bois, et distribue en même temps l'encre sur les caractères au moyen de rouleaux composés d'une matière élastique. Cette machine, construite aux frais de T. Bensley, imprimeur, et de M. Taylor, éditeur du *Times*, est employée pour la première fois à l'impression de ce journal.

1815. M. Didot Saint-Léger, fils de Pierre-François, invente la machine à fabriquer le papier sans fin.

— M. Plassan, homme de lettres et fils d'un imprimeur, allié aux familles Saugrain et Didot, est reçu imprimeur à Paris. En 1838, il adressa à M. de Montalivet, alors ministre de l'intérieur, un *Mémoire sur l'imprimerie et la librairie*, in-4°.

1818. Iles Taïti (Océanie). Le roi Pomaré favorise l'établissement d'une imprimerie formée par des missionnaires anglais.

1819. M. Gannal, à Paris, si connu par son procédé d'embaumement, invente les rouleaux gélatineux qui ont remplacé dans toutes les imprimeries les rouleaux de peau.

— M. Henri Didot, imprimeur et fondeur, fils de Pierre-François Didot, invente le moule polyamatype, pour lequel il obtient la médaille d'or à l'exposition de cette année.

— (1er janvier). — MM. Ambroise-Firmin Didot et Hyacinthe-Firmin Didot deviennent associés de leur père, Firmin Didot, pour la fonderie de caractères, l'imprimerie, la librairie et la papeterie. Ils soutiennent dignement la réputation de leur maison. Parmi les grandes et belles éditions sorties de leurs presses nous citerons la *Bibliothèque des auteurs grecs*, avec la traduction latine en regard; la *Bibliothèque des auteurs français* (grand in-8°); le *Dictionnaire de Ducange* (6 volumes in-4°); celui de l'*Académie*; les *Ruines de Pompeï*; l'*Expédition en Morée*; le *Voyage dans l'Arabie Pétrée*; la *Description de l'Asie mineure*, etc. MM. Didot frères obtiennent des médailles d'or aux expositions de 1819, 1823, 1827, 1834 et 1839. M. Ambroise-Firmin Didot étant nommé membre du jury d'exposition, ils n'exposent rien en 1844.

1820. On importe d'Angleterre la presse en fer dite *Stanhope*.

— Thompson, graveur anglais établi à Paris, se distingue dans la gravure sur bois de vignettes et de fleurons appliquée à la typographie, genre d'ornementation qui se pratiquait depuis quelque temps en Angleterre et qu'on avait négligé en France où il s'emploie aujourd'hui avec tant de succès.

1820. La *Société des Bibliophiles français* se forme à Paris, à l'instar du *Roxburgh Club*, fondé à Londres en 1812.

1820-1831. Grèce. Des presses sont établies à Chios, à Cydonie, à Missolonghi, et détruites pendant la lutte des Hellènes contre les Turcs. — D'autres imprimeries s'établissent successivement à Hydra, à Nauplie, et enfin une imprimerie royale est fondée à Athènes. — Les unes et les autres sont dues à l'entremise de MM. Didot, promoteurs de la typographie en Grèce.

1822. Pinard, habile imprimeur de Bordeaux vient s'établir à Paris.

— Son édition du *Temple de Gnide* de Montesquieu, tirée à 140 exemplaires sur papier vélin, in-folio, 1824, est d'une exécution admirable.

— Boulak près du Caire (Égypte). Le vice roi Méhémet-Ali y fonde une imprimerie qui est aujourd'hui en pleine activité.

— Iles Sandwich (Océanie). L'imprimerie y est introduite par des missionnaires américains sous les auspices du roi Kamehameha II.

1823. La première presse mécanique, construite par MM. Applegath et Cowper, est importée d'Angleterre en France.

— M. Didot (Jules) présente à l'exposition des produits de l'industrie une édition in-folio sur satin des *Fables de Phèdre*, édition remarquable par la beauté des caractères, et obtient la médaille d'or.

— MM. Paul Dupont, Gauthier-Laguionie et Middemdorp présentent à l'exposition une presse mécanique à un seul cylindre, pouvant tirer environ 2,000 feuilles à l'heure.

— M. Paul Renouard est reçu imprimeur, et son frère Jules est reçu libraire en 1824. L'un et l'autre soutiennent dignement la réputation de leur père, Antoine-Augustin Renouard, libraire-éditeur et savant bibliographe, auteur des *Annales des Alde*, mort en 1853.

1825. Une commission est nommée pour déterminer les formes des nouveaux types de l'imprimerie royale; la gravure en est confiée à M. Marcellin Legrand, élève de Henri Didot, son oncle.

1827. M. Desrosiers, imprimeur à Moulins, se fait connaître avantageusement à l'exposition des produits de l'industrie, et obtient la médaille d'argent, dont il lui est fait rappel aux expositions de 1834, 1839 et 1844.

1827. M. Didot jeune publie une édition des *Maximes de La Rochefoucauld*, petit in-64 imprimé en caractères microscopiques de deux points et demi gravés et fondus par M. Henri Didot. — Jamais rien de pareil n'avait encore été exécuté dans aucun pays.

1829 (29 décembre). — M. Ambroise-Firmin Didot est nommé imprimeur du roi ; c'est le dernier brevet accordé.

— M. Duverger invente des caractères mobiles pour la musique. Il prend la direction de l'imprimerie royale le 29 juillet 1830.

1830. Dans les premiers jours de la révolution de juillet, quelques ouvriers égarés brisent les machines et les presses mécaniques dans plusieurs ateliers et imprimeries de Paris et à l'imprimerie royale. — Les ouvriers de la capitale affichent une protestation contre ces coupables excès. M. Firmin Didot adresse aussi de sages observations aux ouvriers imprimeurs.

— A la même époque, M. Dupont (de l'Eure), alors ministre de la justice, offre la place de directeur de l'imprimerie royale à Firmin Didot qui met pour condition à son acceptation que ses fonctions seront gratuites, et que les impressions qui n'intéressent pas la sécurité du gouvernement seront rendues à l'imprimerie du commerce. Il n'est pas nommé.

— ALGÉRIE (Afrique française). L'imprimerie s'y propage rapidement. Outre l'imprimerie du Gouvernement à Alger, il y a maintenant dans les principales villes, Oran, Constantine, Bone, etc., quatorze établissements d'imprimerie, de lithographie et de librairie ; sept journaux s'y publient.

1831. M. Rignoux, habile imprimeur, essaye d'initier les femmes à l'art typographique dans un établissement qu'il forme à Montbar, et dont il confie la direction à M. Théotiste Lefèvre ; mais cette tentative n'a pas de succès. — M. Lefèvre réussit mieux dans l'imprimerie fondée au Mesnil par MM. Didot, où de jeunes filles sont employées à la composition des ouvrages grecs et latins. — M. Crété forme un établissement semblable à Corbeil.

1834. Exposition des produits de l'industrie. — M. Duverger y présente des spécimens d'impression musicale exécutée d'après un nouveau procédé de son invention.

— M. Marcellin Legrand, graveur de l'imprimerie royale, expose des essais de gravure de 30,000 caractères chinois, décomposés de manière à n'exiger que 9,000 poinçons.

1834. M. Achille Collas, graveur, expose le 1er volume du *Trésor de numismatique et de glyptique*, où les médailles, les monnaies, etc., sont gravées par un nouveau procédé qui donne aux objets reproduits l'apparence du relief.

— M. Everat, imprimeur à Paris, successeur de son père, est un des premiers qui publient des ouvrages *illustrés*, c'est-à-dire enrichis de gravures en bois insérées dans le texte et tirées typographiquement. Parmi ses belles éditions de ce genre on remarque *Paul et Virginie*, *Corinne ou l'Italie* et le *Voyage en Perse*. Il obtient à l'exposition la médaille d'argent, dont il lui est fait rappel en 1839.

1836. M. Jules Delalain est reçu imprimeur-libraire. Il est nommé imprimeur de l'Université. Il publie en 1850 une édition, annotée par M. Léon Feugère, de la *Précellence du langage françois* de Henri Estienne.

— Firmin Didot, fils d'Ambroise et frère de Pierre, meurt au Mesnil, près de Dreux, où il avait établi une papeterie. Les belles éditions qu'il publia, ses travaux en gravure de caractères, en typographie, en stéréotypie, lui méritèrent six fois la médaille d'or aux grandes expositions des produits de l'industrie. Littérateur distingué, Firmin Didot a composé plusieurs tragédies et publié de savantes traductions; il était chevalier de la Légion d'honneur et membre de la chambre des députés. — En 1827 il avait cédé son immense établissement à ses deux fils, Ambroise-Firmin et Hyacinthe, qui lui ont succédé comme imprimeurs de l'Institut de France, et qui ont entrepris une nouvelle édition du *Thesaurus græcæ linguæ* de Henri Estienne.

1837. M. Hachette, libraire à Paris, depuis 1826, est nommé libraire de l'Université.

— On érige à Mayence, au moyen d'une souscription européenne, une statue de Gutenberg en bronze, coulée à Paris dans l'atelier de M. Crozatier, d'après le modèle du célèbre sculpteur danois Thorwaldsen.

1838. Un journal intéressant est publié à Paris, sous le titre d'*Annales de la typographie*, par M. Alkan aîné, prote de l'imprimerie de M. Vinchon; mais, n'étant pas encouragé, il cesse de paraître en 1840. — Quelques autres journaux typographiques fondés vers la même époque ne sont pas plus heureux.

1839. MM. Paul et Auguste Dupont obtiennent à l'exposition deux médailles d'argent, dont il leur est fait rappel en 1844, 1° pour la découverte et l'exploitation des carrières de pierres lithographiques de Châteauroux; 2° pour la reproduction des vieux livres et des anciennes gravures par le procédé litho-typographique; 3° pour leurs impressions et publications typographiques.

— MM. Lacrampe et Cie, qui, des premiers en France, ont imprimé en couleur, au moyen de *rentrées*, et en or ou argent sur papier de couleur, obtiennent à l'exposition la médaille d'argent, dont il leur est fait rappel en 1844. On leur doit un grand nombre d'ouvrages illustrés, parmi lesquels nous citerons le *Voyage en zig-zag*, le livre de *Silvio Pellico*, *le Diable à Paris*, et le journal *l'Illustration*, tiré aux presses mécaniques.

— Deux libraires, MM. Curmer et Dubochet, reçoivent à l'exposition la médaille d'argent pour leurs magnifiques éditions de luxe.

— M. Brevière, graveur en bois, chargé par l'imprimerie royale de l'illustration de l'*Histoire des Mongols* et du *Livre des Rois*, obtient une médaille d'argent.

— M. Silbermann, imprimeur à Strasbourg, dont l'établissement date du siècle précédent, présente à l'exposition des impressions *polychromes*, remarquables par la vivacité et la variété des couleurs, et l'éclat de l'or et du bronze, qu'il applique avec autant de pureté que l'encre typographique. Il obtient la médaille d'argent à l'exposition de 1844.

1840. MM. Doré et Cie créent un établissement important pour la fabrication des encres typographiques.

— Le quatrième anniversaire séculaire de l'invention de l'imprimerie est célébré à Hambourg, à Stuttgard, à Stockholm, à Copenhague, etc. — A Strasbourg une statue est érigée à Gutenberg, d'après le modèle de M. David d'Angers, sculpteur, membre de l'Institut de France. — Plusieurs écrits sont publiés dans divers pays à cette occasion, entre autres l'*Album typographique* de M. Silbermann, imprimeur à Strasbourg; l'*Histoire de l'invention de l'imprimerie par les monuments* de M. Duverger, imprimeur à Paris, etc.

1842. G.-A. Crapelet, imprimeur à Paris depuis trente-deux ans, meurt en Italie où il était allé pour rétablir sa santé. Il est éditeur des *Œuvres de Destouches* et *de Regnard* (1822), des *Poëtes français* (1824), des *Fables de La Fontaine*, de la *Collection des anciens monuments de la langue française* (en quatorze volumes in-8°), et auteur de plusieurs écrits remarquables sur la typographie. Il avait reçu la croix de la Légion d'honneur et obtenu la médaille d'argent aux expositions de 1827 et de 1834.

1844. Mort de Charles-Louis-Fleury Panckoucke, imprimeur et libraire à Paris. Il a publié, entre autres ouvrages importants, le *Dictionnaire des sciences médicales* (60 volumes in-8°); les *Victoires et conquêtes des Français* (27 volumes); la *Bibliothèque latine-française* (178 volumes), à laquelle il travaillait lui-même comme traducteur; on lui doit notamment la traduction de *Tacite*. Enfin il a continué et terminé l'impression de l'*Encyclopédie méthodique*, commencée par son père en 1780. Fleury Panckoucke obtint des médailles aux expositions de l'industrie et la croix de la Légion d'honneur. — Son fils, M. Ernest Panckoucke, lui a succédé. Ce dernier avait déjà succédé à madame veuve Agasse, sa tante, comme imprimeur du *Moniteur*, créé par son aïeul en 1789.

— Exposition des produits de l'industrie, à Paris. — MM. Duverger, imprimeur, et Marcellin Legrand, graveur, obtiennent des médailles d'or pour la réussite des essais qu'il ont exposés en 1834.

— MM. Andrew, Best et Leloir, graveurs en bois, obtiennent une médaille d'or.

— M. Tissier obtient une médaille de bronze pour des gravures exécutées en relief sur pierre ou sur métal par un procédé chimique.

— M. Lemercier, à Paris, obtient une médaille d'or pour ses travaux lithographiques.

— MM. Young et Delcambre présentent à l'exposition un clavier mécanique pour remplacer le travail du compositeur typographe. Cette machine, fort ingénieuse, laisse beaucoup à désirer; nous avons vainement essayé de l'employer dans nos ateliers. Néanmoins, le jury d'exposition, appréciant le mérite de l'invention, accorde à MM. Young et Delcambre la médaille d'argent.

— MM. Béthune et Plon, imprimeurs des *Faits mémorables de*

l'histoire de France, d'une édition de *Roland furieux*, de l'*Iliade* et de l'*Odyssée* d'Homère, etc., obtiennent à l'exposition la médaille d'argent.

1847. La *Société fraternelle des protes des imprimeries typographiques de Paris* est fondée avec l'autorisation du ministre de l'intérieur.

1848 (1er mars). M. Pagnerre, libraire à Paris, est nommé secrétaire général du gouvernement provisoire.

— MM. Didot sont chargés par la Banque de France de l'impression de billets de cent francs et emploient avec autant de célérité que de succès, pour cette opération, des procédés de gravure exécutée au moyen de la galvanoplastie par M. Hulot, artiste attaché à la Monnaie.

1849. Exposition des produits de l'industrie. — M. Paul Dupont y présente un spécimen typographique et lithographique de son établissement, dans un volume in-fol., intitulé : *Essais pratiques, précédés d'une notice historique sur l'imprimerie*. Il obtient une médaille d'or. — Le jury mentionne honorablement MM. Bramet, prote; Maréchal, compositeur; Dalaud et Fistet ouvriers de l'imprimerie Paul Dupont.

— M. Plon reçoit une médaille d'or pour ses belles impressions.

— La même récompense est accordée à M. Mame, imprimeur à Tours, dont les charmantes publications joignent à l'élégance typographique l'avantage du bon marché.

— M. Desrosiers, imprimeur à Moulins, obtient la croix de la Légion d'honneur pour ses deux publications de l'*Ancien Bourbonnais* et de l'*Ancienne Auvergne*, ouvrages illustrés qui rivalisent avec ce que Paris a produit de plus parfait dans ce genre.

— M. Bachelier, imprimeur à Paris pour les mathématiques, introduit de grands perfectionnements dans l'impression de l'Algèbre, et obtient une médaille d'argent.

— M. Claye reçoit la même récompense pour ses éditions illustrées.

— MM. Laurent et de Berny, graveurs et fondeurs, exposent une édition, dite miniature, des *Fables de La Fontaine*, imprimée en caractères de deux points et demi par M. Plon.

— M. Derriey, graveur, présente des vignettes perfectionnées.

— M. Petyt expose une machine propre à frapper à froid des

caractères d'imprimerie en cuivre et moins coûteux que les caractères fondus.

1849. M. Monpied, prote d'imprimerie, présente deux dessins au trait (*l'Enlèvement de Pandore* et *l'Amour et Psyché*), imprimés sur des planches qu'il a exécutées, en se servant exclusivement de filets typographiques contournés et fixés les uns près des autres sans soudure. Il obtient une médaille de bronze.

— M. Bailleul, président de la société des protes, et M. Lainé, prote de MM. Firmin Didot, reçoivent des médailles d'argent.

1851 (mai). Une exposition universelle a lieu à Londres, dans un édifice construit en verre et appelé Palais de Cristal. Toutes les nations envoient à ce vaste concours les divers produits de leur industrie. — Six médailles d'honneur accordées à la typographie française sont décernées à MM. Claye, Paul Dupont, Plon frères, de Paris ; Desrosiers, de Moulins ; Mame, de Tours, et à l'imprimerie nationale. — L'imprimerie impériale de Vienne obtient la grande et unique médaille de première distinction pour ses nombreuses et remarquables exhibitions en typographie, en stéréotypie, en lithographie, en gravure, etc. — La télégraphie électrique, la photographie, la galvanoplastie, la litho-typographie, la paniconographie et autres découvertes récentes présentent les merveilleux résultats de leurs procédés appliqués à l'imprimerie et à la gravure.

— (25 novembre). Le président de la République distribue aux exposants français de Londres des récompenses nationales. M. Plon, imprimeur à Paris, reçoit la croix de la Légion d'honneur. Cette solennité a lieu dans le Cirque olympique des Champs-Élysées.

— Mort de Théophile Barrois, issu d'une ancienne famille qui exerçait la librairie depuis le commencement du XVIIe siècle et qui compte plusieurs bibliographes distingués. Il avait formé à Paris une librairie spéciale pour les langues étrangères.

— Mort de Daguerre, inventeur des premiers procédés photographiques.

1852 (juillet). Henri Didot, ancien graveur de caractères et inventeur de la fonderie polyamatype, meurt à Lonjumeau près Paris, à l'âge de quatre-vingt-sept ans. Il avait travaillé avec son cousin Firmin Didot à la gravure des assignats. Il était chevalier de la Légion d'honneur.

1852. (15 août). MM. Guiraudet et Paul Dupont, imprimeurs; M. Monpied, prote, et M. Delalain, libraire, sont nommés chevaliers de la Légion d'honneur par le prince-président.

1853 (5 mars). M. Paul Dupont obtient un brevet d'invention pour un système d'impression ayant pour but de rendre infalsifiables les titres, actions et billets. Une pierre lithographique soumise à des agents chimiques fournit un dessin dû au hasard et par conséquent inimitable; puis au moyen d'acides cette pierre est mise en relief et le tirage s'opère typographiquement, ce qui évite les longueurs d'un tirage en lithographie. Ce procédé est à la fois beaucoup plus économique et plus prompt que ceux qu'on avait employés jusqu'à présent.

— M. Henri Maréchal, compositeur chez M. Paul Dupont, honoré déjà d'une médaille de bronze par la Société d'encouragement et d'une mention honorable à l'exposition de 1849 pour ses travaux typographiques, découvre un nouveau moyen d'obtenir des fonds de hasard, qui consiste à reproduire tous les dessins que forment naturellement les pores du bois et que, par le découpage, on peut varier à l'infini. Ce procédé, si simple et si peu couteux, présente contre la falsification toutes les garanties des fonds lithographiques dus au hasard. — M. Paul Dupont, d'accord avec M. Maréchal, obtient un brevet d'addition et de perfectionnement pour l'exploitation de cette découverte.

— (8 mars). Décret impérial portant qu'une exposition universelle des produits de l'industrie, de l'agriculture et des beaux-arts aura lieu à Paris en 1855.

— (15 décembre). Antoine-Augustin Renouard meurt à Saint-Valery-sur-Somme, à l'âge de quatre-vingt-neuf ans.

D'abord fabricant de gazes, il abandonna son commerce pendant la révolution et se fit libraire éditeur. A cette époque désastreuse les comités du gouvernement décident que les reliures portant des armoiries, les épîtres dédicatoires adressées à des princes, etc., doivent disparaître de tous les livres. Renouard rédige et Didot aîné imprime aussitôt les *Observations de quelques patriotes sur la nécessité de conserver les monuments de la littérature et de l'art*. Ce petit écrit est envoyé à la Convention nationale et provoque le décret du 2 brumaire an II (23 octobre 1793) qui met un frein au vandalisme révolutionnaire. Plus tard (1816) on dut aux vives réclamations de Renouard l'exemption du droit de timbre pour les prospectus et annonces de librairie ; il est auteur des *Annales des Alde* et des *Annales des Estienne*, ouvrages fort remarquables. Il avait adopté pour marque l'ancre aldine que ses deux fils Paul Renouard, imprimeur, et Jules, libraire, ont conservée.

1853 (31 décembre). Pierre Didot, fils d'Ambroise et frère de Firmin Didot, meurt, à Paris, à l'âge de quatre-vingt-treize ans, doyen des typographes français et de son illustre famille dont le nom seul est un éloge. Les travaux qu'il a exécutés pendant sa longue carrière, les progrès que l'art typographique lui doit l'ont placé au rang des Alde et des Estienne.

— Mort de Debure, ancien libraire. — La famille Debure exerçait la librairie à Paris depuis 1660 ; plusieurs de ses membres sont connus comme bibliographes, entres autres, Guillaume-François Debure, auteur de la *Bibliographie instructive*

1854 (11 mars). Marcel (Jean-Joseph) meurt à Paris, à l'âge de soixante-dix-huit ans. Orientaliste distingué, il fit partie de l'expédition d'Égypte et fut chargé de diriger l'imprimerie établie au Caire pendant l'occupation française. Rentré en France, il fut nommé, par le premier consul, directeur de l'imprimerie du Gouvernement, place qu'il conserva jusqu'en 1814. C'est lui qui fit les premiers essais de l'impression en or, dont il présenta des spécimens à l'exposition de 180 .

— Brevet d'addition et de perfectionnement pris par MM. Paul Dupont et Victor Derniame, conducteur de mécaniques à l'imprimerie Paul Dupont, pour une presse à bielles et une machine à platine. Un des principaux avantages de ces ingénieuses machines est de fonctionner plus rapidement que les presses ordinaires.

FIN.

Paris, imprimerie Paul Dupont,
rue de Grenelle-Saint-Honoré, 45.

www.ingramcontent.com/pod-product-compliance
Lightning Source LLC
Chambersburg PA
CBHW060358230426
43663CB00008B/1314